Learning MySQL

러닝 MySQL

O'REILLY® ⅢB 한빛미디어 Hanbit Media, Inc.

지은이 소개

지은이 **비니시우스 그리파**Vinicius Grippa

퍼코나의 선임 지원 엔지니어이자 오라클 에이스 어소시에이트입니다. 비니시우스는 컴퓨터 공학 학사 학위를 받고 13년 동안 데이터베이스 관련 일에 종사했습니다. 기업의 주요 애플리케이션을 위한 데이터베이스를 설계한 경력이 있으며, 수년간 MySQL 및 MongoDB 에코시스템의 전문가로 활약했습니다. 지원팀에서 근무하면서 다양한 시나리오와 복잡성을 지닌 수백 가지의 다양한 사례로 퍼코나의 고객사를 지원했습니다. 또 유럽과 아시아, 북미, 남미 등에서 열리는 콘퍼런스에 발표자로 참여하는 등 OS 커뮤니티에서 활발히 활동하고 있습니다.

지은이 **세르게이 쿠즈미체프**Sergey Kuzmichev

퍼코나의 수석 지원 엔지니어입니다. 기술적인 문제의 해결을 비롯해 데이터베이스 관련 작업, 안정적인 시스템 구축을 즐깁니다. 오픈소스 프로젝트에 코드 기여, 버그 보고서 제출 등의 활동을 하며, 블로그에 MySQL과 기타 오픈소스 데이터베이스에 대한 글도 작성합니다. 퍼코나에 입사하기 전에는 약 10년 동안 DBA와 DevOps 엔지니어로 근무했습니다.

옮긴이 소개

옮긴이 **김선종**

고등학교 시절 사람과 대화하는 게 어려워 컴퓨터로 일하는 개발자를 직업으로 선택했다. 하지만 기대와는 달리 개발은 많은 소통이 필요한 일이었고, 그 덕에 소통하며 일하는 것이 더 편해졌다. 기술로 세상에 영향을 끼치는 것을 목표로 삼고 현재는 스타트업에서 플러터로 앱 개발을 하고 있다. 최근에는 뇌가 데이터를 저장하는 방식에 관심을 갖고 있다.

MySQL과 그 생태계를 다룬 좋은 책이 오랜만에 출간되었습니다. 그 사이 많은 변화가 있었습니다. 이 책에서 데이터베이스 설치와 설계에서 시작해 고가용성, 클라우드를 위한 구조 설계와 유지보수에 이르는 다양한 주제를 예시와 함께 명확하게 설명합니다. dbdeployer 또는 proxySQL 같은 서드파티 툴도 다룹니다. 이러한 툴은 DBA에게 좋은 친구 같은 존재지만 다루는 책이 많지 않습니다. 비니시우스와 세르게이가 멋진 결과물을 만들었습니다. 마지막 장을 건너뛰지 마세요. 정말 흥미롭답니다.

프레더릭 디캠스 Frederic Descamps, 오라클Oracle MySQL 에반젤리스트

먼저 비니시우스와 세르게이에게 감사드립니다. 두 분 덕분에 개발자 에디션을 작업하는 동안 MySQL 초보자를 위해 꿈에 그리던 책을 만들 수 있었습니다. 이 책은 MySQL을 시작하는 방법뿐만 아니라 고가용성 및 로드 밸런싱 같은 복잡한 주제에 대해서도 매우 포괄적인 정보를 자세하고도 이해하기 쉽게 알려줍니다. 개발자부터 운영자에 이르기까지 전 독자층에게 이 책을 강력히 추천합니다.

얼킨 테주이살 Alkin Tezuysal, 플래닛스케일PlanetScale 수석 기술 관리자

MySQL을 처음 설치하거나 로드 밸런싱을 배울 때나 데이터베이스를 클라우드로 이전하는 작업을 할 때 훌륭한 참고서가 될 것입니다. 꼭 읽어보세요.

브렛 홀먼 Brett Holleman, 소프트웨어 엔지니어

MySQL 생태계에 입문하려는 사람이라면 꼭 읽어야 합니다. 명확하고 객관적으로 기초부터 고급까지 폭넓은 내용을 다룹니다. MySQL에 대한 이해의 지평을 넓혀주는, 필독해야 할 책입니다.

디에고 헬라스 Diego Hellas, 퍼포먼스DB PerformanceDB CEO

분명하고 간결하며 직접직인 언어를 구사해 SQL과 네이터 모넬링의 기초부터 고가용성과 클라우드 등의 고급 주제까지, MySQL의 주요 개념으로 독자를 안내합니다.

찰리 바티스타 Charly Batista, 퍼코나 PostgreSQL팀 팀장

옮긴이의 말

강산도 변한다는 10년이 넘는 시간 동안 개발자로 일하며 많은 IT 서적을 읽었습니다. 그런 책들은 어떤 식으로 출판되는지 늘 궁금했고 기회가 된다면 한번쯤 기여하고 싶다고 생각했습니다.

그 와중에 감사하게도 연이 닿아 이 책을 번역할 수 있게 되었습니다. 처음 하는 번역이라 시간도 오래 걸리고 힘든 시간을 보냈던 것 같습니다. 정말 쉬운 일이 아니라는 생각과 함께 아직 많이 부족하다는 생각도 하게 되었습니다.

이 책에서 소개하는 MySQL 8.0은 데이터베이스 관리 시스템입니다. 아주 거대한 시스템을 구성하는 게 아니라면 데이터베이스 관리 시스템으로 1순위 고려 대상이 바로 MySQL입니다. 저는 데이터베이스를 구축할 때면 가장 먼저 MySQL을 고민합니다. 2000년도부터 사용된 시스템이라서 높은 신뢰도와 안정성을 제공하기 때문입니다. 이런 이유로 많은 회사에서 광범위하게 사용 중이며 없어서는 안 될 시스템으로 자리 잡았습니다.

지금은 분산 데이터베이스나 시계열 데이터베이스, NoSQL 데이터베이스 같은 특정 목적에 부합해 만들어진 데이터베이스들이 있지만 모두 범용적으로 사용되기보다 특정 상황에서 사용되기 때문에 범용적으로 사용하기에는 MySQL을 따라잡기가 어렵다고 생각합니다.

데이터베이스를 관리하는 데 사용되는 언어인 SQL^{structured query language}을 학습하기 위해서도 연습을 위한 데이터베이스 관리 시스템이 필요한데 오픈소스로 제공되는 MySQL은 이를 학습하기에 아주 좋은 도구이기도 합니다.

이 책은 SQL을 직접 가르쳐주지 않습니다. 하지만 SQL을 모르는 초보자가 읽어도 하나하나 따라 하며 MySQL을 다룰 수 있도록 많은 부분이 친절하게 설명되었습니다. MySQL을 처음 다루는 초보자가 읽는다고 해도 무리 없이 따라 할 수 있고, 어느 정도 MySQL을 다룰 수 있는 중급자가 보기에도 충분히 도움이 될 수 있는 많은 내용이 담겨 있습니다.

이렇게 좋은 책을 번역할 수 있도록 기회를 주신 한빛미디어 출판사와 관계자분들 그리고 책을 끝까지 번역할 수 있도록 도움을 주신 이민혁 에디터님에게 감사의 말씀을 드립니다.

김선종

데이터베이스 관리 시스템은 많은 회사의 핵심입니다. 심지어 기술 중심의 비즈니스가 아니어도 데이터를 빠르고 안전하게 수정, 저장, 사용할 수 있어야 합니다. 코로나바이러스 감염증으로 인한 이동 제한과 사회적 거리두기는 많은 변화를 가져왔습니다. 많은 국가의 사법 체계처럼 디지털로의 전환을 거부해오던 영역들이 기술적 통합을 맞이했고, 온라인 쇼핑과 재택근무가 그 어느 때보다 인기를 구가하고 있습니다.

그러나 재난 하나의 여파로 이 같은 광범한 변화가 일어난 건 아닙니다. 5G의 출현으로 곧 인간보다 더 많은 기계가 인터넷에 연결될 것입니다. 이미 방대한 양의 데이터가 수집되고 저장되어 기계학습과 AI 훈련에 활용되고 있습니다. 지금은 새로운 시대의 시삭섬입니다.

많은 데이터, 특히 비정형 데이터를 저장하기 위해 몽고DB^{MongoDB}, 카산드라^{Cassandra}, 레디스^{Redis} 같은 다양한 종류의 데이터베이스가 등장했습니다. 그렇지만 전통적인 SQL 데이터베이스의 인기는 여전하며 가까운 미래에 사라질 조짐도 보이지 않습니다. 그리고 MySQL은 SQL 세계에서 의심할 여지없이 가장 애용되는 오픈소스 솔루션입니다.

이 책의 두 저자는 전 세계의 많은 고객과 협업한 경력이 있습니다. 그 과정에서 중요한 모놀리식 애플리케이션부터 단순한 마이크로서비스 애플리케이션까지 다양한 사용 사례를 경험하고 교훈을 얻었습니다. 이 책에 가득 담은 팁과 조언은 모든 독자에게 도움이 될 겁니다.

비니시우스 그리파, 세르게이 쿠즈미체프

이 책에 대하여

대상 독자

이 책의 주 대상 독자는 MySQL을 처음 사용하는 사람과 두 번째 데이터베이스로 MySQL을 배우려는 사람입니다. 데이터베이스에 막 입문한 사람을 위해, 첫 장에서 데이터베이스의 설계 개념을 소개하고 MySQL을 다양한 운영체제나 클라우드에 배포하는 방법을 소개합니다.

포스트그레스Postgres, 오라클Oracle, SQL 서버 같은 다른 생태계에서 온 사람들을 위해 백업, 고가용성, 재해 복구 전략을 소개합니다.

이 책이 모든 독자에게 아키텍처부터 제품 환경에 대한 조언까지 MySQL의 기본을 학습하고 복습하도록 돕는 좋은 안내서가 되길 바랍니다.

이 책의 구성

이 책은 기본 설치 과정, 데이터베이스 설계, 백업, 복구부터 CPU 성능 분석, 버그 조사까지 많은 주제를 아우르며 총 4부로 구성되었습니다.

1부 MySQL 시작

1장 MySQL 설치에서는 MySQL을 여러 운영체제에 설치하고 설정하는 방법을 설명합니다. 여느 책보다 훨씬 더 자세한 내용을 알려줍니다. MySQL로 경력을 시작하는 사람들은 다양한 리눅스 배포판과 설치 버전에 익숙하지 않고, MySQL에서 'hello world'를 실행하려면 프로그래밍 언어로 'hello world'를 작성하고 컴파일하는 일 이상의 많은 과정을 거쳐야 합니다. 리눅스Linux, 윈도우Windows, 맥OSMacOS, 도커Docker에서 MySQL을 설정하고 테스트를 위해 빠르게 배포하는 방법을 알아보겠습니다.

2부 MySQL 사용법

2장 데이터베이스 모델링과 설계에서는 데이터베이스를 생성하고 사용하기 전에 적절한 데이터베이스 설계법을 살펴봅니다. 데이터베이스 기능에 어떻게 접근하는지, 데이터베이스 정보가 서로 어떻게 관계되는지 배웁니다. 잘못 설계된 데이터베이스는 변경하기 어렵고 성능 문제로 이어집니다. 강하게 또는 약하게 결합된 엔티티의 개념과 이 엔티티들의 관계(외래 키^{foreign} ^{key})를 소개하고 정규화 과정을 설명합니다. `sakila`, `world`, `employees` 같은 예시 데이터베이스를 다운로드하고 구성하는 방법도 보여줍니다.

3장 기본 SQL에서는 CRUD(create, read, update, delete) 작업을 수행하는 가장 유명한 SQL 명령어를 살펴봅니다. 기존 MySQL 데이터베이스에서 데이터를 저장하고 읽고 조작하는 방법을 배웁니다.

4장 데이터베이스 구성 작업에서는 새로운 MySQL 데이터베이스를 생성하고 테이블, 인덱스, 기타 구성을 생성하고 수정하는 방법을 안내합니다.

5장 고급 쿼리에서는 다른 MySQL 데이터베이스 엔진 사용이나 중첩 쿼리 같은 고급 운영 방법에 대해 다룹니다. 더 복잡한 쿼리를 수행해봅니다.

3부 제품 환경의 MySQL

MySQL을 설치하고 데이터를 조작하는 방법을 알았다면 다음 단계로 MySQL이 동시에 동일한 데이터로 접근할 때의 처리 방법을 이해해봅니다.

6장 트랜잭션 및 잠금에서 격리와 트랜잭션, 교착 상태의 개념을 살펴봅니다.

7장 MySQL 추가 활용법에서는 MySQL에서 실행할 수 있는 복잡한 쿼리의 실행계획을 관찰해 쿼리가 효율적인지 아닌지 확인하는 방법을 알아봅니다. 그리고 MySQL에서 사용할 수 있는 다른 엔진(InnoDB, MyISAM이 가장 유명합니다)도 설명합니다.

8장 사용자 및 권한 관리에서는 데이터베이스에서 사용자를 생성하고 삭제하는 방법을 배웁니다. 사용자가 필요한 권한보다 더 많은 권한을 가지면 데이터베이스와 회사에 상당한 손해를 입힐 수 있으므로 이 내용은 보안 측면에서 가장 중요합니다. 보안 정책을 설정하고 권한을 제거하거나 특정 IP 접근을 제한하는 방법을 볼 수 있습니다.

9장 옵션 파일 사용법에서는 MySQL의 구성 파일이나 옵션 파일에서 MySQL을 시작하거나 성능을 최적화할 때 알아야 할 내용을 모두 다룹니다. MySQL이 익숙한 사람은 /etc/my.cnf 구성 파일과 특수 옵션 파일을 사용해 사용자의 접근을 구성하는 법을 알게 됩니다.

10장 백업 및 복구에서는 여러 종류의 백업 방식(논리적 vs 물리적)을 알아보고 대규모 제품 환경의 데이터베이스에 적합한 방법을 설명합니다. 백업 정책이 없는 데이터베이스는 늦든 빠르든 언젠가는 재앙을 맞닥뜨리게 됩니다.

11장 서버 구성 및 튜닝에서는 서버를 새로 구성할 때 주의가 필요한 필수 옵션을 설명합니다. 이런 옵션은 데이터베이스의 가용한 성능에 알맞은 값인지 확인하는 데 유용합니다.

4부 기타

필수 요소들이 설정되었다면 다음 단계로 넘어갑니다.

12장 MySQL 서버 모니터링에서는 데이터베이스를 모니터링하는 방법과 데이터를 수집하는 방법을 알아봅니다. 데이터베이스의 가용 성능이 사용자의 수, 트랜잭션, 수정되는 데이터의 양에 따라 달라지기 때문에 어떤 자원이 포화 상태이고 문제를 만드는 원인이 무엇인지 파악하는 것은 중요합니다.

13장 고가용성은 복제 서버replicate servers를 사용해 고가용성을 제공하는 방법을 설명합니다. InnoDB 클러스터와 Galera/PXC 클러스터 솔루션에 중점을 둔 클러스터 개념도 알아봅니다.

14장 클라우드 MySQL은 MySQL의 세계를 클라우드로 확장합니다. 서비스형 데이터베이스 Database-as-a-service(DBaaS) 옵션과 가장 많이 알려진 클라우드 업체인 아마존 웹 서비스Amazon Web Services(AWS), 구글 클라우드 플랫폼Google Cloud Platform(GCP), 마이크로소프트 애저Microsoft Azure의 관리형 데이터베이스 서비스를 사용하는 방법을 알아봅니다.

15장 MySQL 로드 밸런싱에서는 여러 MySQL 서버에서 더 좋은 성능을 끌어내기 위해 분산 쿼리를 사용할 때 가장 일반적으로 사용하는 도구에 대해 설명합니다.

16장 기타 주제에서는 고급 분석 방법과 도구 그리고 약간의 프로그래밍을 소개합니다. MySQL 셸, Flame 그래프, 버그 분석법도 설명합니다.

예시 코드

이 책에서 작성한 예시 코드는 다음 주소에서 다운로드할 수 있습니다.

- https://github.com/learning-mysql-2nd/learning-mysql-2nd

감사의 말

이 책을 개선하는 데 도움을 준 코빈 콜린스Corbin Collins, 찰리 바티스타Charly Batista, 새미 알루스 Sami Ahlroos, 브렛 홀먼Brett Holleman에게 감사드립니다. 이분들이 없었다면 이렇게 탁월한 책을 만 들지 못했을 것입니다.

다양한 자료와 훌륭한 도구들을 소개한 MySQL 커뮤니티(특히 슐로미 노아Shlomi Noach, 쥬세페 막시아Giuseppe Maxia, 제러미 콜Jeremy Cole, 브렌든 그레그Brendan Gregg)와 블로그 Planet MySQL, Several Nines, PerconaBlog, MySQL Entomologist에 감사드립니다.

이 책을 쓸 수 있게 도움을 준 퍼코나Percona의 모든 사람들과 특히 베니 그랜트Bennie Grant, 카리 나 펀조Carina Punzo, 마셀로 얼트먼Marcelo Altmann을 비롯해 제가 전문가이자 인간으로 성장할 수 있도록 도움을 주신 모든 분께 감사드립니다.

책을 출판하고 콘퍼런스를 진행해준 훌륭한 오라일리O'Reilly 직원분들에게 감사드립니다.

인내심을 갖고 이 프로젝트를 지원해준 부모님과 동생 줄리아나Juliana, 여자친구 카린Karin에게 감사드립니다. 내가 사랑하는 일을 시작할 수 있도록 기회를 준 파올로 파이퍼Paulo Piffer에게 특 별히 감사 인사를 전합니다.

마지막으로 이 책의 공동 저자인 세르게이 쿠즈미체프에게 감사를 표합니다. 그의 전문성, 헌 신, 노력이 없었다면 이 책은 나오지 못했을 것입니다. 동료로서 함께 프로젝트를 진행하는 영 광을 주신 것에 감사드립니다.

비니시우스 그리파

어렵지만 보람된 프로젝트의 전 단계를 지원하고 도와준 아내 케이트Kate에게 감사드립니다. 이 책을 집필할지 말지 고민하던 순간부터 쓰기 힘들어 괴로워한 나날들에도 아내가 곁을 지켜 주었습니다. 책이 집필되는 동안 첫 아이가 태어났지만 케이트는 변함없이 동기를 불어넣으며 시간과 힘을 쏟았습니다.

지난 몇 년 동안 사람으로, 전문가로 성장할 수 있게 지켜봐주신 부모님, 친척, 친구들에게 감 사드립니다. 이 프로젝트에서 저를 지원해주셔서 감사합니다.

이보 파노비츠크Iwo Panowicz, 프르제미슬라브 말코브스키Przemyslaw Malkowski, 스베타 스미르노바 Sveta Smirnova, 마코스 알베Marcos Albe를 비롯해 이 책을 집필하는 동안 기술적, 비기술적 질문과 문제를 해결할 수 있도록 도와주신 퍼코나의 탁월한 분들에게 감사드립니다. 제 방면에서 놀라운 도움을 주신 스튜어트 벨Stuart Bell과 퍼코나의 지원 관리팀 모든 분에게 감사를 전합니다.

개정판을 출간하는 데 많은 성원을 해주신 오라일리의 모든 분께 감사드립니다. 책의 골자를 세우고 집필이란 여정을 굳건히 함께한 코빈 콜린스에게 감사합니다. 편집 단계에서 무수히 많은 문제를 찾아내고 MySQL의 기술적인 세부 문제까지 찾아주신 레이첼 헤드Rachel Head에게 감사드립니다. 오라일리의 지원이 없었다면 '아무 말 대잔치'가 됐을 겁니다.

기술 편집자 새미 알루스, 브렛 홀먼, 찰리 바티스타에게 특별히 감사합니다. 이 책의 기술적, 비기술적 내용의 질적 수준을 최고로 만들어주셨습니다.

가능한 모든 방법으로 지식을 공유해준 개방적인 MySQL 커뮤니티의 모든 분께 감사드립니다. MySQL 세계는 담으로 둘러싸인 정원이 아니라 누구에게나 열려 있는 광장입니다. 블로그를 통해 MySQL의 내부를 더 잘 이해할 수 있게 해준 발레리 크라우츠크Valerii Kravchuk, 마크 캘러한Mark Callaghan, 디미트리 크라우츠크Dimitri Kravchuk, 제러미 콜에게 감사합니다.

이 책의 초판 저자인 휴 E. 윌리엄스Hugh E. Williams와 사예드 M.M. 타하고기Seyed M.M. Tahaghoghi도 빼놓을 수 없습니다. 그들이 다져놓은 견고한 기반 위에 이 프로젝트를 구축할 수 있었습니다.

마지막으로 훌륭한 공동 저자이자 동료가 되어준 비니시우스 그리파에게 감사드립니다. 그가 없었다면 이 책은 다른 책이 되었을 것입니다.

사랑하는 아들 그리고리에게 이 책을 바칩니다.

세르게이 쿠즈미체프

CONTENTS

PART ❙ MySQL 시작

CHAPTER **1** MySQL 설치

PART **II** MySQL 사용법

CHAPTER **2** 데이터베이스 모델링과 설계

CONTENTS

CHAPTER 3 기본 SQL

CHAPTER **4** **데이터베이스 구성 작업**

CONTENTS

CONTENTS

CHAPTER 8 **사용자 및 권한 관리**

CONTENTS

CHAPTER 11 서버 구성 및 튜닝

CONTENTS

CHAPTER 14 클라우드 MySQL

CHAPTER 15 MySQL 로드 밸런싱

MySQL 시작

1부에서는 MySQL을 여러 운영체제에 설치하고 설정하는 방법을 자세하게 살펴봅니다. MySQL 입문자에게 다양한 리눅스 배포판과 버전에 익숙하지 않아, 'hello world'를 실행하기까지 많은 과정을 거쳐야 합니다. 리눅스, 윈도우, 맥OS, 도커에서 MySQL을 설정하고 테스트를 위해 빠르게 배포하는 방법을 알아보겠습니다.

Part I

MySQL 시작

1장 MySQL 설치

MySQL 설치

MySQL을 설치하고 실행해 학습을 시작해봅시다. 이 책에서는 MySQL 특정 버전 하나만 다루지 않습니다. 실제 세계에서 사용되는 MySQL에 대해 알아보기 위해 머리를 맞댄 만큼, 우분투Ubuntu, 데비안Debian, CentOS, 레드햇 엔터프라이즈 리눅스Red Hat Enterprise Linux (RHEL) 등 다양한 리눅스 운영체제와 많은 서비스에서 활용하는 MySQL 5.7과 MySQL 8.0을 바탕으로 집필했습니다. MySQL 5.7과 8.0은 현재도 개발 중인 프로젝트로 버그를 수정하고 신규 기능을 추가한 새 버전이 계속 출시될 것입니다.

MySQL이 가장 인기 있는 오픈소스 데이터베이스(https://oreil.ly/pPG4q)가 되면서 빠른 설치 과정이 필요했습니다(데이터베이스의 인기 순위 1위인 오라클은 오픈소스가 아닙니다). MySQL을 처음부터 설치하는 과정은 케이크를 굽는 과정과 유사합니다. 그리고 소스 코드는 레시피와 같습니다. 소스 코드가 있어도 소프트웨어를 만드는 과정은 쉽게 따라하지 못합니다. 컴파일에는 시간이 필요하고 일반적으로 개발에 필요한 라이브러리들을 설치하면 제품 환경이 위험에 노출되고 맙니다. 초콜릿 케이크가 필요하다고 해봅시다. 만드는 방법을 알아도 주방이 엉망이 되는 게 싫거나 케이크를 구울 시간이 없다면 베이커리에서 사도 됩니다. 이처럼 MySQL도 컴파일을 하거나 직접 만들지 않고 **배포 패키지**를 사용하면 됩니다.

MySQL 배포 패키지는 리눅스, 윈도우, 맥을 포함해 다양한 플랫폼에서 사용할 수 있으며 MySQL을 빠르고 유연하게 사용하는 방법을 제공합니다. 다시 초콜릿 케이크 이야기로 돌아가서 화이트 초콜릿 케이크처럼 살짝 다른 케이크가 필요하다고 해봅시다. MySQL에서는 이처럼 다른 옵션을 적용한 버전을 포크fork라고 부르는데, 다음 절에서 살펴보겠습니다.

1.1 MySQL의 포크 버전

소프트웨어 개발에서 **포크**^{fork}는 누군가가 소스 코드를 복사해서 직접 개발하고 지원할 때 만들어집니다. 포크 버전은 MySQL의 퍼코나^{Percona} 배포판처럼 원 버전의 개발에 이어 바로 생성되거나 MariaDB처럼 원 버전과 별개로 독립적일 수 있습니다. MySQL의 소스 코드는 무료로 공개되어 있습니다. 원작자의 허가 없이도 소스 코드를 포크해 새 프로젝트를 구성할 수 있습니다. 인기를 얻고 있는 MySQL 포크 버전을 몇 가지 살펴봅시다.

1.1.1 MySQL 커뮤니티 에디션

MySQL 커뮤니티 에디션^{Community Edition}은 오라클에 의해 배포된 오픈소스 버전이며 **업스트림**^{upstream} 또는 **바닐라**^{vanilla} 버전이라고도 합니다. InnoDB 엔진과 신규 기능 개발의 기반이 되며 업데이트나 버그 수정, 신규 기능 추가가 진행된 첫 버전입니다.

1.1.2 MySQL 퍼코나 서버

MySQL 퍼코나 배포판은 MySQL 커뮤니티 에디션의 무료 오픈소스 대체품입니다. 커뮤니티 에디션을 기반으로 성능 개선에 초점을 둔 프로젝트입니다. 퍼코나 서버는 기존 MySQL에 마이락스^{MyRocks} 엔진, 감사 로그 플러그인, PAM 인증 플러그인 같은 개선사항을 적용했습니다. 퍼코나는 피터 자이체프^{Peter Zaitsev}와 바딤 트카첸코^{Vadim Tkachenko}가 공동 설립했습니다.

1.1.3 MySQL 엔터프라이즈 에디션

MySQL 엔터프라이즈 에디션^{Enterprise Edition}은 현재 상업용 라이선스(윈도우처럼 사용료를 지불해야 한다는 의미)가 적용된 유일한 버전입니다. 이 버전은 커뮤니티 에디션의 기능에 보안, 백업, 고가용성 기능이 추가되었으며 오라클이 배포합니다.

1.2 설치할 플랫폼과 버전 선택

먼저 운영체제에 맞는 MySQL 버전을 선택합니다. 호환성은 MySQL 웹사이트에서 확인할 수 있습니다. 퍼코나 서버와 MariaDB에서도 같은 정책을 지원합니다.

컨설팅을 하다 보면 종종 이런 질문을 받습니다. '지원하지 않는 운영체제에도 MySQL을 설치할 수 있나요?' 이에 대한 답은 보통 '예'입니다. 예를 들어, 윈도우 7에 MySQL을 설치할 수 있지만 발열이나 버그, 예측하지 못한 동작(메모리 누수나 성능 저하)이 발생할 확률이 높습니다. 따라서 이러한 환경을 실제 프로덕션 환경에서 사용하는 건 추천하지 않습니다.

다음 단계에선 **개발**development **버전** 또는 **GA**General Availability **릴리스 버전** 중 어느 것을 설치할지 결정합니다. 개발 버전에는 새로운 기능이 있지만 안정적이지 않으므로 제품 환경에 권장하지 않습니다. 제품용production 또는 안정적stable 릴리스 버전이라고도 하는 GA 릴리스는 제품 환경을 위한 버전입니다.

> **TIP_** 안정적이며 버그가 수정되고 성능이 개선된 최신의 GA 릴리스 버전을 추천합니다.

마지막으로 결정할 것은 운영체제에 설치할 배포 형식입니다. 대부분의 경우 바이너리 배포 버전이 적합합니다. 바이너리 배포판은 많은 플랫폼에서 리눅스의 `.rpm` 패키지 또는 맥OS의 `.dmg` 패키지처럼 기본 형식으로 사용할 수 있습니다. 배포판은 `.zip` 또는 압축된 `.tar`(`tarball`) 파일처럼 일반 형식으로 제공됩니다. 윈도우 환경에서는 MySQL 설치용 프로그램으로 바이너리 배포판을 설치합니다.

> **WARNING_** 설치에 앞서 사용하는 운영체제가 32비트인지 64비트인지 확인하세요. 경험상 대개는 64비트 운영체제를 사용할 겁니다. 오래된 OS로 작업하지 않는 이상 32비트 운영체제는 사용하지 않습니다. 64비트 프로세서는 많은 양의 메모리를 처리할 수 있는 반면 32비트 프로세서는 제한된 양의 RAM(4GB 이하)만 처리합니다.

설치 과정은 지금부터 설명할 네 가지 단계로 구성됩니다. 이 단계를 올바르게 따르고 MySQL 데이터베이스에 대한 최소 보안 요구사항을 설정해야 합니다.

1.2.1 1단계: 배포판 다운로드

각 배포판에는 소유자가 있고 소스가 있습니다. 일부 리눅스 배포판은 OS의 저장소에서 기본 패키지를 제공합니다. 예를 들어 록키 리눅스^{Rocky Linux}는 OS의 기본 저장소에서 MySQL 바닐라 배포판을 다운로드해 사용할 수 있습니다. OS가 기본 패키지를 제공한다면 웹사이트에서 MySQL을 다운로드하거나 저장소를 직접 구성할 필요가 없으므로 설치 과정이 간편합니다.

웹사이트를 방문하지 않고 저장소를 설치해 파일을 다운로드하는 방법을 보여드리겠습니다. 다음 링크를 이용해 직접 MySQL을 다운로드합니다.

- MySQL 커뮤니티 서버(https://dev.mysql.com/downloads/mysql)
- MySQL 퍼코나 서버(https://www.percona.com/downloads)
- MariaDB 서버(https://mariadb.org/download)

1.2.2 2단계: 배포 버전 설치

MySQL을 설치하면 MySQL이 작동되어 접속이 가능하지만 보안이 설정되지는 않습니다. 즉, 막 설치가 끝난 MySQL은 비밀번호 없이도 루트 사용자 계정 접속이 가능한데, 이는 매우 위험한 상태입니다. 루트 사용자에게 데이터베이스 삭제를 비롯해 모든 작업을 수행할 권한이 부여되기 때문입니다.

1.2.3 3단계: 설치 후 필수 설정 작업

이 단계에선 MySQL 서버가 올바르게 동작하는지 확인합니다. 서버가 안전한지 확인한 후 가장 먼저 `mysql_secure_installation` 스크립트를 실행합니다. 이 스크립트는 루트 사용자의 비밀번호를 변경하고 루트 사용자의 외부 접근을 비활성화하며 테스트 데이터베이스를 삭제합니다.

1.2.4 4단계: 성능 측정

일부 DBA는 사용 중인 프로젝트에 적합한지 여부를 알기 위해 각 배포판의 성능을 측정합니다. 이를 실행하는 가장 일반적인 도구는 sysbench입니다. 여기서 sysbench는 가상 워크로드[1]를 만듭니다. 실제 애플리케이션이 실행 중인 경우 실제 워크로드라고 합니다. **가상 워크로드**synthetic workload는 최대 서버 성능을 알려주지만 **실제 워크로드**real workload(내부에서 사용하는 잠금, 다양한 쿼리 실행 시간, 저장 프로시저, 트리거 등 포함)를 재연하지는 못합니다. 가장 일반적으로 사용하는 몇 가지 플랫폼의 설치 프로세스를 다음 절에서 살펴보겠습니다.

1.3 리눅스에 MySQL 설치

리눅스 생태계는 RHEL, CentOS, 우분투, 데비안 등 운영체제가 다양합니다. 전부 다루면 책이 두 배로 두꺼워질 테니 이 절에서는 인기가 많은 운영체제 몇 개만 살펴보겠습니다.

1.3.1 CentOS 7에 MySQL 설치

CentOS는 Community ENTerprise Operating System의 약어로 2004년에 설립되고 2014년에 레드햇Red Hat에 인수되었습니다. CentOS는 레드햇의 커뮤니티 버전으로 레드햇과 거의 동일하지만 무료이며 레드햇이 아닌 커뮤니티에서 지원한다는 차이점이 있습니다. CentOS 7은 2014년에 출시되어 2024년에 서비스가 종료됩니다.

MySQL 8.0 설치

CentOS 7에 MySQL 8.0을 설치하기 위해 yum 저장소를 이용합니다. 다음 단계를 따릅니다.

| 리눅스 서버 로그인 |

보통 서버에 접속할 때는 보안 목적상 권한 없는 일반 유저로 로그인합니다. 다음은 맥OS에서 암호 키를 사용해 리눅스로 로그인하는 방법입니다.

```
$ ssh -I key.pem centos@3.227.11.227
```

---

1 옮긴이_ 워크로드 또는 작업부하는 보통 시스템에서 처리하는 작업량을 의미합니다. 데이터베이스에서는 CRUD가 발생하는 트래픽으로 이해하면 편합니다.

성공적으로 로그인했다면 터미널이 다음과 같은 내용을 표시합니다.

```
[centos@ip-172-30-150-91 ~]$
```

| 루트 권한 획득 |

서버에 접속하려면 루트 권한이 필요합니다. 다음 명령어를 입력합니다.

```
$ sudo su - root
```

그럼 터미널에 다음과 같은 프롬프트가 나옵니다.

```
[root@ip-172-30-150-91 ~]#
```

리눅스에서 MySQL을 설치하는 과정에서는 MySQL 사용자 생성, 디렉터리 구성, 권한 설정 같은 작업을 수행하므로 루트 사용자가 되어야 합니다. 루트 권한이 필요한 모든 예시에서 sudo 명령어를 사용해도 되지만 명령어 앞에 sudo를 붙이지 않으면 설치가 완료되지 않습니다.

> **NOTE_** 이 장 대부분의 예시는 리눅스의 루트 권한으로 진행합니다(코드 행에서 프롬프트 맨 앞에 #으로 표시됨). #은 리눅스의 주석 문자이기도 합니다. 이는 책에 쓰인 명령어를 단순히 복사, 붙여넣어도 셸에서 실제로 실행하지 않는다는 장점이 있습니다.

| yum 저장소 구성 |

다음 명령어를 실행해 MySQL의 yum 저장소를 구성합니다.

```
# rpm -Uvh https://repo.mysql.com/mysql80-community-release-el7.rpm
```

| MySQL 8.0 커뮤니티 서버 설치 |

yum 저장소에는 MySQL 여러 버전(5.7과 8.0 등 주요 버전)의 저장소가 있기 때문에 우선 모든 저장소를 비활성화합니다.

```
# sed -i &#39;s/enabled=1/enabled=0/&#39;
/etc/yum.repos.d/mysql-community.repo
```

그다음, MySQL 8.0 저장소만 활성화한 뒤 설치하는 명령어를 입력합니다.

```
# yum --enablerepo=mysql80-community install mysql-community-server
```

| MySQL 서비스 실행 |

이제 `systemctl` 명령어로 MySQL 서비스를 실행하세요.

```
# systemctl start mysqld
```

MySQL을 수동으로 시작할 수도 있습니다. MySQL이 시작되지 않는 경우 `my.cnf` 파일의 위치와, 데이터베이스 파일과 프로세스를 다룰 사용자를 지정해 수동으로 실행하세요.

```
# mysqld --defaults-file=/etc/my.cnf --user=mysql
```

| root 계정 비밀번호 기본값 확인 |

MySQL 8.0을 설치할 때 MySQL은 root 계정의 임시 비밀번호를 생성합니다. 다음 명령어를 실행해 root 계정의 비밀번호를 확인하세요.

```
# grep "A temporary password" /var/log/mysqld.log
```

이 명령은 다음과 같은 형식의 메시지를 출력합니다. 마지막에 출력되는 임시 비밀번호는 각자 다릅니다.

```
2020-05-31T15:04:12.256877Z 6 [Note] [MY-010454] [Server] A temporary password is
generated for root@localhost: #z?hhCCyj2aj
```

| MySQL 보안 설치 |

MySQL은 유닉스 시스템에서 실행 가능한 `mysql_secure_installation` 스크립트를 제공합니다. 이 스크립트는 다음과 같은 방식으로 사용자 서버에 설치된 MySQL 보안을 상향 조정합니다.

- 루트(root) 계정의 비밀번호를 설정합니다.
- 루트 계정이 외부 네트워크로 접속하는 것을 비활성화합니다.
- 익명의 사용자 계정을 제거합니다.
- 익명의 사용자들이 기본적으로 접근 가능한 test 데이터베이스를 삭제합니다.

`mysql_secure_installation` 명령어를 실행해 MySQL 서버를 보호하세요.

```
# mysql_secure_installation
```

위 명령어를 실행하면 루트(root) 계정의 현재 비밀번호를 묻는 내용이 출력됩니다.

```
Enter the password for user root:
```

이 단계에서 임시 비밀번호를 입력하고 엔터키를 누르면 다음 메시지가 나타납니다.

```
The existing password for the user account root has expired. Please set a new password.

New password:
Re-enter new password:
```

> **NOTE_** 이 절에서는 루트 계정의 비밀번호만 변경해 MySQL에 대한 접근 권한만 부여합니다. 권한을 부여하고 비밀번호 정책을 설정하는 자세한 내용은 8장에서 설명합니다.

새 비밀번호를 두 번 입력합니다. 최신 MySQL 버전은 비밀번호 유효성 검사를 진행합니다. 이 검사는 새 비밀번호가 다음의 기본적인 요구사항을 충족하는지 확인합니다.

- 8자 이상이어야 함

- 하나 이상의 숫자가 포함되어야 함

- 하나 이상의 소문자가 포함되어야 함

- 하나 이상의 대문자가 포함되어야 함

- 하나 이상의 특수문자(영문자가 아님)가 포함되어야 함

그다음으로는 몇 번의 예/아니오 질문을 통해 기본 설정값을 변경할지 확인합니다. 보안 수준을 최대로 설정하려면 모든 질문에 'yes'로 응답해 익명 유저를 제거하고 원격 로그인을 비활성화해 test 데이터베이스를 삭제하는 편이 좋습니다.

```
Remove anonymous users? (Press y|Y for Yes, any other key for No) : y
Disallow root login remotely? (Press y|Y for Yes, any other key for No) : y
Remove test database and access to it? (Press y|Y for Yes, any other key for No) : y
Reload privilege tables now? (Press y|Y for Yes, any other key for No) : y
```

| MySQL 접속 |

이 단계는 따라하지 않아도 무방하지만 모든 설정이 올바르게 되었는지 확인하기에 좋습니다. 다음 명령어를 사용해 MySQL 서버에 접속합니다.

```
# mysql -u root -p
```

그러면 루트 사용자의 비밀번호를 입력하라는 내용이 표시됩니다. 비밀번호를 입력하고 엔터 키를 누릅니다.

```
Enter password:
```

접속에 성공하면 MySQL 명령줄이 표시됩니다.

```
mysql>
```

다음 명령어는 서버가 부팅될 때마다 자동으로 MySQL이 시작되도록 설정합니다.

```
# systemctl enable mysqld
```

MariaDB 10.5 설치

CentOS 7에 MariaDB 10.5를 설치하는 과정은 MySQL의 바닐라 버전 설치 과정과 비슷합니다.

| 루트 권한 획득 |

우선 루트 권한을 획득합니다. '1.3.1 CentOS 7에 MySQL 설치'에서 'MySQL 8.0 설치' 부분을 참조합니다.

| MariaDB 저장소 설정 |

다음 명령어는 MariaDB 저장소를 다운로드해 구성합니다. yum 명령어에서 -y 옵션은 명령어 실행 시 발생하는 모든 질문에 동의하도록 설정합니다.

```
# yum install wget -y
# wget https://downloads.mariadb.com/MariaDB/mariadb_repo_setup
# chmod +x mariadb_repo_setup
# ./mariadb_repo_setup
```

| MariaDB 설치 |

저장소 구성이 끝나면 다음 명령어를 입력해 가장 최근에 출시된 MariaDB의 안정적 버전과 필요한 파일을 설치합니다.

```
# yum install MariaDB-server -y
```

출력되는 내용의 끝부분은 다음 내용과 유사합니다.

```
Installed:
  MariaDB-compat.x86_64 0:10.5.8-1.el7.centos
Dependency Installed:
  MariaDB-client.x86_64 0:10.5.8-1.el7.centos MariaDB-common.x86_64
  0:10.5.8-1.el7.centos boost-program-options.x86_64 0:1.53.0-28.el7
  galera-4.x86_64 0:26.4.6-1.el7.centos        libaio.x86_64
  0:0.3.109-13.el7               lsof.x86_64 0:4.87-6.el7
  pcre2.x86_64 0:10.23-2.el7                     perl.x86_64
  4:5.16.3-299.el7_9             perl-Carp.noarch 0:1.26-244.el7
  ...

Replaced:
  mariadb-libs.x86_64 1:5.5.64-1.el7
Complete!
```

로그의 끝에 'Complete!'가 나타나면 성공적으로 설치된 것입니다.

| MariaDB 실행 |

MariaDB가 설치되었으면 systemctl 명령어로 서비스를 초기화합니다.

```
# systemctl start mariadb.service
```

다음 명령어로 서비스 상태를 확인할 수 있습니다.

```
# systemctl status mariadb

  mariadb.service - MariaDB 10.5.8 database server
    Loaded: loaded (/usr/lib/systemd/system/mariadb.service; disabled;
    vendor preset: disabled)
...
 Feb 07 12:55:04 ip-172-30-150-91.ec2.internal systemd[1]: Started
MariaDB 10.5.8 database server.
```

| MariaDB 보안 |

MariaDB는 보안되지 않은 상태로 실행됩니다. MySQL 8.0과 달리 MariaDB는 비밀번호 없이 접속할 수 있습니다.

```
# mysql

Welcome to the MariaDB monitor.  Commands end with ; or \g.
Your MariaDB connection id is 44
Server version: 10.5.8-MariaDB MariaDB Server

Copyright (c) 2000, 2018, Oracle, MariaDB Corporation Ab and others.
Type 'help;' or '\h' for help. Type '\c' to clear the current input
statement.

MariaDB [(none)]>
```

MySQL 8.0과 마찬가지로 `mysql_secure_installation` 명령어로 MariaDB의 보안 수준
을 높일 수 있습니다(자세한 내용은 이전 내용 참조). 다만 질문이 하나 추가되어 결과가 약간
달라집니다.

```
Switch to unix_socket authentication [Y/n] y
Enabled successfully!
Reloading privilege tables..
   ... Success!
```

추가 질문에 **yes**로 답하면 접속 방법이 TCP/IP에서 유닉스 소켓socket 모드로 변환됩니다. 각
접속 방식이 어떻게 다른지는 '1.6.1 MySQL 5.7 기본 파일'에서 다룹니다.

퍼코나 서버 8.0 설치

다음 단계를 통해 CentOS 7에 퍼코나 서버 8.0을 설치하세요.

| 루트 권한 획득 |

우선 루트 권한을 획득합니다. '1.3.1 CentOS 7에 MySQL 설치'에서 'MySQL 8.0 설치' 부분
을 참조하세요.

| 퍼코나 저장소 설치 |

루트 권한을 사용하거나 또는 **sudo** 명령어와 함께 다음 명령어를 사용하면 퍼코나의 **yum** 저장
소를 설치할 수 있습니다.

```
# yum install https://repo.percona.com/yum/percona-release-latest.noarch.rpm
```

설치하고 나면 새로운 저장소 파일 /etc/yum.repos.d/percona-original-release.repo 가 생성됩니다. 이제 다음 명령어로 퍼코나 서버 8.0 저장소를 활성화합니다.

```
# percona-release setup ps80
```

| 퍼코나 서버 8.0 설치 |

다음 명령어는 퍼코나 서버 8.0을 설치합니다.

```
# yum install percona-server-server
```

| 퍼코나 서버 8.0 실행 |

퍼코나 서버 8.0의 바이너리가 설치되었다면 서비스를 실행합니다.

```
# systemctl start mysql
```

그리고 상태를 확인합니다.

```
mysqld.service - MySQL Server
   Loaded: loaded (/usr/lib/systemd/system/mysqld.service; enabled;
          vendor preset: disabled)
   Active: active (running) since Sun 2021-02-07 13:22:15 UTC; 6s ago
     Docs: man:mysqld(8)
          http://dev.mysql.com/doc/refman/en/using-systemd.html
  Process: 14472 ExecStartPre=/usr/bin/mysqld_pre_systemd (code=exited,
  status=0/SUCCESS)
 Main PID: 14501 (mysqld)
   Status: "Server is operational"
    Tasks: 39 (limit: 5789)
   Memory: 345.2M
   CGroup: /system.slice/mysqld.service
           └─14501 /usr/sbin/mysqld
 Feb 07 13:22:14 ip-172-30-92-109.ec2.internal systemd[1]: Starting MySQL Server...
 Feb 07 13:22:15 ip-172-30-92-109.ec2.internal systemd[1]: Started MySQL Server.
```

이 시점부터는 바닐라 버전의 설치와 유사합니다. '1.3.1 CentOS 7에 MySQL 설치'에서 'MySQL 8.0 설치' 부분을 참조해 mysql_secure_installation 명령어를 실행하고 임시 비밀번호를 확인합니다.

MySQL 5.7 설치

CentOS 7에 MySQL 5.7을 설치하는 과정은 다음과 같습니다.

| 루트 권한 획득 |

우선 루트 권한을 획득합니다. '1.3.1 CentOS 7에 MySQL 설치'에서 'MySQL 8.0 설치' 부분을 참조하세요.

| MySQL 5.7 저장소 설치 |

다음 명령어를 루트 유저로 로그인해 입력하거나 sudo를 사용해 실행하면 MySQL 5.7의 yum 저장소를 설치할 수 있습니다.

```
# yum localinstall\
      https://dev.mysql.com/get/mysql57-community-release-el7-9.noarch.rpm -y
```

설치되면 새로운 저장소 파일 /etc/yum.repos.d/mysql-community.repo가 생성됩니다.

| MySQL 5.7 바이너리 설치 |

다음 명령어를 실행해 MySQL 5.7을 설치합니다.

```
# yum install mysql-community-server -y
```

| MySQL 5.7 실행 |

MySQL 5.7 설치가 완료되면 다음 명령어로 서비스를 실행합니다.

```
# systemctl start mysqld
```

그리고 다음 명령어로 상태를 확인합니다.

```
# systemctl status mysqld
```

이 시점부터는 바닐라 버전의 설치와 유사합니다. '1.3.1 CentOS 7에 MySQL 설치'에서 'MySQL 8.0 설치' 부분을 참조해 mysql_secure_installation 명령어를 실행하고 임시 비밀번호를 확인하는 방법을 참고하세요.

퍼코나 서버 5.7 설치

CentOS 7에 퍼코나 서버 5.7 버전을 설치하는 과정은 다음과 같습니다.

| 루트 권한 획득 |

우선 루트 권한을 획득합니다. '1.3.1 CentOS 7에 MySQL 설치'에서 'MySQL 8.0 설치' 부분을 참조하세요.

| 퍼코나 저장소 설치 |

다음 명령어를 루트 권한 또는 sudo를 사용해 실행하면 퍼코나의 yum 저장소를 설치할 수 있습니다.

```
# yum install https://repo.percona.com/yum/percona-release-latest.noarch.rpm
```

저장소를 설치하면 새로운 저장소 파일 /etc/yum.repos.d/percona-original-release.repo가 생성됩니다. 다음 명령어를 사용하면 퍼코나 서버 5.7 저장소를 활성화할 수 있습니다.

```
# percona-release setup ps57
```

| 퍼코나 서버 5.7 바이너리 설치 |

다음 명령어를 실행해 퍼코나 서버 5.7을 설치합니다.

```
# yum install percona-server-server-57 -y
```

| 퍼코나 서버 5.7 실행 |

퍼코나 서버 5.7 바이너리가 설치되었다면 다음 명령어로 서비스를 실행합니다.

```
# systemctl start mysql
```

그리고 다음 명령어로 상태를 확인합니다.

```
# systemctl status mysql
```

이 시점부터는 바닐라 버전의 설치와 유사합니다. '1.3.1 CentOS 7에 MySQL 설치'에서 'MySQL 8.0 설치' 부분을 참조해 `mysql_secure_installation` 명령어를 실행하고 임시 비밀번호를 확인하는 방법을 참고하세요.

1.3.2 록키 리눅스 9에 MySQL 설치

2020년 12월, 레드햇은 CentOS 8의 지원 종료 시점을 2029년에서 2021년으로 앞당기며 (RHEL 7과 CentOS 7은 2024년까지 지원됨)[2] 이후 버전은 RHEL과는 독립적인 배포판으로 개발하겠다고 발표했습니다. CentOS의 창립자인 그레고리 커쳐Gregory Kurtzer는 본래 CentOS의 목표를 이어 록키 리눅스Rocky Linux라는 프로젝트를 시작했습니다.

MySQL 8.0 설치

최신의 MySQL 8.0 버전은 AppStream 저장소를 통해 설치할 수 있습니다. 따라서 전통적 방식인 yum을 사용하는 방식과 차이가 있습니다. 세부사항을 확인해봅시다.

| 루트 권한 획득 |

우선 루트 권한을 획득합니다. '1.3.1 CentOS 7에 MySQL 설치'에서 'MySQL 8.0 설치' 부분을 참조하세요.

---

2 옮긴이_ CentOS는 2021년부터 CentOS Stream이 CentOS의 미래라고 얘기하며 CentOS Stream으로 마이그레이션할 것을 권장합니다(https://blog.centos.org/2020/12/future-is-centos-stream).

| MySQL 8.0 바이너리 설치 |

다음 명령어를 실행해 mysql-server 패키지와 여러 의존성 파일을 설치하세요.

```
# dnf install mysql-server
```

다음 메시지가 표시되면 y를 누른 후 엔터키를 눌러 계속 진행하도록 합니다.

```
Output
...
Transaction Summary
=========================================================
Install  50 Packages
Upgrade   8 Packages
Total download size: 50 M
Is this ok [y/N]: y
```

| MySQL 실행 |

이 시점에서 MySQL은 설치가 되었지만 실행되지는 않습니다. 설치된 MySQL은 시스템 서비스라는 mysqld.service를 통해 실행되도록 설정되어 있습니다. systemctl 명령어를 사용해 MySQL을 실행합니다.

```
# systemctl start mysqld.service
```

| 서비스 실행 여부 확인 |

다음 명령어를 실행해 MySQL 서비스가 실행되고 있는지 확인합니다. 다음 명령어를 실행해 서비스가 실행되고 있는지 확인합니다.

```
# systemctl status mysqld
```

MySQL이 성공적으로 실행되고 있다면 MySQL 서비스가 활성화 상태임을 확인할 수 있습니다.

```
# systemctl status mysqld
```

```
mysqld.service - MySQL 8.0 database server
   Loaded: loaded (/usr/lib/systemd/system/mysqld.service; disabled;
   vendor preset: disabled)
   Active: active (running) since Sun 2020-06-21 22:57:57 UTC; 6s ago
  Process: 15966 ExecStartPost=/usr/libexec/mysql-check-upgrade
  (code=exited, status=0/SUCCESS)
  Process: 15887 ExecStartPre=/usr/libexec/mysql-prepare-db-dir
  mysqld.service (code=exited, status=0/SUCCESS)
  Process: 15862 ExecStartPre=/usr/libexec/mysql-check-socket
  (code=exited, status=0/SUCCESS)
 Main PID: 15924 (mysqld)
   Status: "Server is operational"
    Tasks: 39 (limit: 23864)
   Memory: 373.7M
   CGroup: /system.slice/mysqld.service
           └─15924 /usr/libexec/mysqld --basedir=/usr
Jun 21 22:57:57 ip-172-30-222-117.ec2.internal systemd[1]: Starting
MySQL 8.0 database server...
Jun 21 22:57:57 ip-172-30-222-117.ec2.internal systemd[1]: Started
MySQL 8.0 database server.
```

| MySQL 8.0 보안 |

CentOS 7에서 MySQL 8.0을 설치할 때와 마찬가지로 mysql_secure_installation 명령어를 실행합니다('1.3.1 CentOS 7에 MySQL 설치'에서 'MySQL 8.0 설치' 부분 참조). CentOS 7과 가장 큰 차이점은 임시 비밀번호가 없으므로 스크립트에서 root 계정의 비밀번호를 요청할 때 빈 상태로 두고 엔터키를 눌러야 한다는 점입니다.

| MySQL 8.0 자동 실행 설정 |

다음 명령어로 서버 시작 시 자동으로 MySQL을 실행하도록 설정합니다.

```
# systemctl enable mysqld
```

퍼코나 서버 8.0 설치

록키 리눅스에 퍼코나 서버 8.0을 설치하려면 저장소를 먼저 설치합니다. 단계별로 진행하겠습니다.

| 루트 권한 획득 |

우선 루트 권한을 획득합니다. '1.3.1 CentOS 7에 MySQL 설치'에서 'MySQL 8.0 설치' 부분을 참조하세요.

| 퍼코나 서버 8.0 바이너리 설치 |

다음 명령어를 통해 퍼코나 저장소를 설치하세요.

```
# yum install https://repo.percona.com/yum/percona-release-latest.noarh.rpm
```

다음 메시지가 표시되면 y를 누른 후 엔터키를 눌러 계속 진행하도록 합니다.

```
Last metadata expiration check: 0:03:49 ago on Sun 07 Feb 2021 01:16:41 AM UTC.
percona-release-latest.noarch.rpm
Dependencies resolved.

<...중략...>

Total size: 19 k
Installed size: 31 k
Is this ok [y/N]: y
Downloading Packages:
Running transaction check
Transaction check succeeded.
Running transaction test
Transaction test succeeded.
Running transaction
  Preparing        :
  1/1
  Installing       : percona-release-1.0-25.noarch
  1/1
  Running scriptlet: percona-release-1.0-25.noarch
  1/1
* Enabling the Percona Original repository
<*> All done!
* Enabling the Percona Release repository
<*> All done!
The percona-release package now contains a percona-release script that
can enable additional repositories for our newer products. For example, to
enable the Percona Server 8.0 repository use:
```

```
percona-release setup ps80

Note: To avoid conflicts with older product versions, the percona-release setup
command may disable our original repository for some products. For more
information, please visit:

https://www.percona.com/doc/percona-repo-config/percona-release.html

Verifying: percona-release-1.0-25.noarch 1/1

Installed:
  percona-release-1.0-25.noarch
```

| 퍼코나 8.0 저장소 활성화 |

저장소가 설치되면 새로운 저장소 파일 **/etc/yum.repos.d/percona-original-release. repo**가 생성됩니다. 다음 명령어를 통해 퍼코나 서버 8.0 저장소를 활성화합니다.

```
# percona-release setup ps80
```

이 명령어는 RHEL 9의 MySQL 모듈을 비활성화하는 메시지를 표시합니다. y를 눌러 비활성화할 수 있습니다.

```
* Disabling all Percona Repositories
On RedHat 9 systems it is needed to disable dnf mysql module to install Percona-Server
Do you want to disable it? [y/N] y
Disabling dnf module...
Percona Release release/noarch YUM repository
6.4 kB/s ¦ 1.4 kB 00:00
Dependencies resolved.

<...중략...>

Complete!
dnf mysql module was disabled
* Enabling the Percona Server 8.0 repository
* Enabling the Percona Tools repository
<*> All done!
```

또는 다음 명령어를 통해 수동으로 할 수 있습니다.

```
# dnf module disable mysql
```

| 퍼코나 서버 8.0 바이너리 설치 |

이제 록키 리눅스 9 서버에 퍼코나 서버 8.0을 설치할 준비가 되었습니다. 명령어에 -y를 추가할 경우 설치시 나오는 모든 메시지에 y로 응답합니다.

```
# yum install percona-server-server -y
```

| 퍼코나 서버 8.0 보안 설정과 실행 |

퍼코나 서버 8.0 바이너리가 설치되었으니, mysqld 서비스를 서버가 시작할 때 실행되도록 설정할 수 있습니다.

```
# systemctl enable --now mysqld
# systemctl start mysqld
```

| 서비스 상태 확인 |

모든 단계를 성공적으로 완료한 것에 대한 확인은 중요합니다. 다음 명령어를 통해 서비스의 상태를 확인할 수 있습니다.

```
# systemctl status mysqld

mysqld.service - MySQL Server
   Loaded: loaded (/usr/lib/systemd/system/mysqld.service; enabled;
   vendor preset: disabled)
   Active: active (running) since Sun 2021-02-07 01:30:50 UTC; 28s ago
     Docs: man:mysqld(8)
           http://dev.mysql.com/doc/refman/en/using-systemd.html
  Process: 12864 ExecStartPre=/usr/bin/mysqld_pre_systemd (code=exited,
  status=0/SUCCESS)
 Main PID: 12942 (mysqld)
   Status: "Server is operational"
```

```
    Tasks: 39 (limit: 5789)
   Memory: 442.6M
   CGroup: /system.slice/mysqld.service
          └─12942 /usr/sbin/mysqld

 Feb 07 01:30:40 ip-172-30-92-109.ec2.internal systemd[1]: Starting MySQL Server..
 Feb 07 01:30:50 ip-172-30-92-109.ec2.internal systemd[1]: Started MySQL Server.
```

> **TIP_** 다음 명령어는 MySQL의 자동 시작을 방지합니다.
>
> ```
> # systemctl disable mysqld
> ```

MySQL 5.7 설치

록키 리눅스 9에 MySQL 5.7을 설치하는 과정은 다음과 같습니다.

| 루트 권한 획득 |

우선 루트 권한을 획득합니다. '1.3.1 CentOS 7에 MySQL 설치'에서 'MySQL 8.0 설치' 부분
을 참조하세요.

| 기본 MySQL 모듈 비활성화 |

RHEL 9, 오라클 리눅스 9, 록키 리눅스 9에는 기본으로 MySQL 모듈이 활성화되어 있습니다.
이 모듈을 비활성화하지 않으면 MySQL 저장소에서 제공하는 패키지를 체크해 MySQL 8.0
같은 다른 버전의 설치를 막습니다. 그러므로 다음 명령어로 기본 모듈을 제거합니다.

```
# dnf remove @mysql
# dnf module reset mysql && dnf module disable mysql
```

| MySQL 5.7 저장소 설정 |

록키 리눅스 9에는 MySQL 저장소가 없습니다. 그래서 이 책에서는 CentOS 7의 저장소를 사
용합니다. 다음 명령어로 새로운 저장소 파일을 생성하세요.

```
# vi /etc/yum.repos.d/mysql-community.repo
```

파일이 만들어지고 화면이 보이면 다음 내용을 붙여넣으세요.

```
[mysql57-community]
name=MySQL 5.7 Community Server
baseurl=http://repo.mysql.com/yum/mysql-5.7-community/el/7/$basearch/
enabled=1
gpgcheck=0

[mysql-connectors-community]
name=MySQL Connectors Community
baseurl=http://repo.mysql.com/yum/mysql-connectors-community/el/7/$basearch/
enabled=1
gpgcheck=0

[mysql-tools-community]
name=MySQL Tools Community
baseurl=http://repo.mysql.com/yum/mysql-tools-community/el/7/$basearch/
enabled=1
gpgcheck=0
```

| MySQL 5.7 바이너리 설치 |

모듈을 비활성화하고 저장소가 설정되었다면 다음 명령어를 통해 mysql-server 패키지와 의존성 파일들을 설치할 수 있습니다.

```
# dnf install mysql-community-server
```

다음 메시지가 표시되면 y를 입력하고 엔터키를 눌러 계속 진행합니다.

```
Output
...
Install  5 Packages
Total download size: 202 M
Installed size: 877 M
Is this ok [y/N]: y
```

| MySQL 실행 |

MySQL 바이너리가 서버에 설치되었지만 아직 동작하지는 않습니다. 설치 패키지는 `mysqld.service`라는 이름의 **system** 서비스를 통해 MySQL이 실행되도록 구성합니다. `systemctl` 명령어를 사용해 MySQL을 실행합니다.

```
# systemctl start mysqld.service
```

| 서비스 실행 여부 확인 |

다음 명령어로 MySQL 5.7 서비스가 실행되고 있는지 확인합니다.

```
# systemctl status mysqld
```

MySQL이 성공적으로 실행되었다면 MySQL 서비스가 활성화되었다는 메시지가 나옵니다.

```
# systemctl status mysqld

mysqld.service - MySQL Server
   Loaded: loaded (/usr/lib/systemd/system/mysqld.service; enabled;
   vendor preset: disabled)
   Active: active (running) since Sun 2021-02-07 18:22:12 UTC; 9s ago
     Docs: man:mysqld(8)
           http://dev.mysql.com/doc/refman/en/using-systemd.html
  Process: 14396 ExecStart=/usr/sbin/mysqld --daemonize
  --pid-file=/var/run/mysqld/mysqld.pid $MYSQLD_OPTS
  (code=exited, status=0/SUCCESS)
  Process: 8137 ExecStartPre=/usr/bin/mysqld_pre_systemd (code=exited,
  status=0/SUCCESS)
 Main PID: 14399 (mysqld)
    Tasks: 27 (limit: 5789)
   Memory: 327.2M
   CGroup: /system.slice/mysqld.service
           └─14399 /usr/sbin/mysqld --daemonize
             --pid-file=/var/run/mysqld/mysqld.pid

 Feb 07 18:22:02 ip-172-30-36-53.ec2.internal systemd[1]: Starting MySQL Server...
 Feb 07 18:22:12 ip-172-30-36-53.ec2.internal systemd[1]: Started MySQL Server.
```

| MySQL 5.7 보안 |

이 시점부터는 MySQL 8.0 바닐라 버전 설치와 비슷합니다. `mysql_secure_installation` 명령어를 실행하고 임시 비밀번호를 얻기 위해 '1.3.1 CentOS 7에 MySQL 설치'에서 'MySQL 8.0 설치' 부분을 참조하세요.

| MySQL 5.7 자동 실행 설정 |

다음 명령어는 서버가 시작할 때 MySQL이 실행되도록 설정합니다.

```
# systemctl enable mysqld
```

1.3.3 우분투 22.04 LTS(재미 젤리피시)에 MySQL 설치

우분투는 대부분이 무료 오픈소스 소프트웨어로 구성된 데비안을 기반으로 한 리눅스 배포판입니다. 공식적으로 우분투는 데스크톱, 서버, IoT 전용 버전 코어라는 세 가지 버전이 있는데 이 책에서는 서버 버전을 기준으로 설명합니다.

MySQL 8.0 설치

우분투는 apt 저장소를 사용하기 때문에 설치 과정이 약간 다릅니다. 단계별로 살펴보겠습니다.

| 루트 권한 획득 |

우선 루트 권한을 획득합니다. '1.3.1 CentOS 7에 MySQL 설치'에서 'MySQL 8.0 설치' 부분을 참조하세요.

| apt 저장소 구성 |

우분투 22.04(재미 젤리피시^{Jammy Jellyfish})에서는 apt 패키지 저장소를 사용해 MySQL을 설치할 수 있습니다. 먼저 저장소를 최신 정보로 업데이트하세요.

```
# apt update
```

| MySQL 8.0 설치 |

다음 단계로 `mysql-server` 패키지를 설치합니다.

```
# apt install mysql-server -y
```

`apt` 설치 명령어는 MySQL을 설치하지만 비밀번호를 설정하거나 그 외 구성을 변경하라는 메시지가 나오지 않습니다. CentOS 설치와 달리 우분투는 MySQL을 비보호 모드^{insecure mode}로 초기화합니다.

MySQL을 새로 설치하면, 데이터베이스 관리 시스템에 포함된 보안 스크립트를 실행합니다. 이 스크립트는 루트 사용자의 원격 접속과 테스트 데이터베이스에 대해 덜 안전한 기본 옵션들을 변경합니다. 이 문제는 MySQL 초기화 후 보안 관련 과정에서 다루겠습니다.

| MySQL 실행 |

이 지점에서 MySQL은 서버에 설치되었지만 실행되기 전 상태입니다. `systemctl` 명령어를 사용해 MySQL을 실행합니다.

```
# systemctl start mysql
```

| 서비스 실행 여부 확인 |

다음 명령어는 서비스가 실행되는지 여부를 확인합니다.

```
# systemctl status mysql
```

MySQL이 성공적으로 실행되었다면 다음과 같은 메시지가 출력됩니다.

```
mysql.service - MySQL Community Server
    Loaded: loaded (/lib/systemd/system/mysql.service; enabled;
    vendor preset: enabled)
    Active: active (running) since Sun 2021-02-07 20:19:51 UTC; 22s ago
   Process: 3514 ExecStartPre=/usr/share/mysql/mysql-systemd-start pre
   (code=exited, status=0/SUCCESS)
  Main PID: 3522 (mysqld)
```

```
     Status: "Server is operational"
      Tasks: 38 (limit: 1164)
     Memory: 332.7M
     CGroup: /system.slice/mysql.service
             └─3522 /usr/sbin/mysqld

 Feb 07 20:19:50 ip-172-30-202-86 systemd[1]: Starting MySQL Community Server...
 Feb 07 20:19:51 ip-172-30-202-86 systemd[1]: Started MySQL Community Server.
```

| MySQL 8.0 보안 |

이 시점부터는 CentOS 7에 바닐라 버전을 설치하는 과정과 유사합니다('1.3.1 CentOS 7 에 MySQL 설치'에서 'MySQL 8.0 설치' 부분 참조). 다만 우분투의 MySQL 8.0은 보안 설정 없이 초기화되어 root 계정의 비밀번호가 비어 있습니다. 보안을 위해 mysql_secure_installation 명령어를 실행하세요.

```
# mysql_secure_installation
```

이 명령어는 앞서 설명한 CentOS의 보안 옵션 설정과 유사하게 보안 옵션을 일부 변경하라는 메시지를 출력합니다.

우분투에서는 비밀번호 강도를 관리하는 유효성 검사 정책을 변경할 수 있어 이 점에서 약간 다릅니다. 다음 예시에서는 유효성 검사 정책을 MEDIUM (1)로 설정합니다.

```
Securing the MySQL server deployment.

Connecting to MySQL using a blank password.

VALIDATE PASSWORD COMPONENT can be used to test passwords
and improve security. It checks the strength of password
and allows the users to set only those passwords which are
secure enough. Would you like to setup VALIDATE PASSWORD component?

Press y|Y for Yes, any other key for No: y

There are three levels of password validation policy:

LOW    Length >= 8
```

```
MEDIUM Length >= 8, numeric, mixed case, and special characters
STRONG Length >= 8, numeric, mixed case, special characters and dictionary file

Please enter 0 = LOW, 1 = MEDIUM and 2 = STRONG: 1 Please set the password for root
here.

New password:
Re-enter new password:

Estimated strength of the password: 50
Do you wish to continue with the password provided?(Press y¦Y for Yes, any other key
for No) : y
By default, a MySQL installation has an anonymous user,
allowing anyone to log into MySQL without having to have
a user account created for them. This is intended only for
testing, and to make the installation go a bit smoother.
You should remove them before moving into a production
environment.
```

퍼코나 서버 8 설치

우분투 22.04 LTS에 퍼코나 서버 8.0을 설치하는 과정은 다음과 같습니다.

| 루트 권한 획득 |

우선 루트 권한을 획득합니다. '1.3.1 CentOS 7에 MySQL 설치'에서 'MySQL 8.0 설치' 부분을 참조하세요.

| GNU Privacy Guard 설치 |

오라클은 GNU Privacy Guard(GnuPG)를 사용해 MySQL 설치 패키지에 서명합니다. GnuPG는 Pretty Good Privacy(PGP)의 대체품으로 대부분의 리눅스 배포판에 기본적으로 설치되어 있지만 이 경우에는 설치가 필요합니다.

```
# apt-get install gnupg2 -y
```

| 퍼코나 웹사이트에서 저장소 패키지 가져오기 |

다음 단계로 wget 명령어를 사용해 퍼코나 저장소에서 저장소 패키지를 가져옵니다.

```
# wget https://repo.percona.com/apt/percona-release_latest.$(lsb_release -sc)_all.deb
```

| dpkg로 패키지 설치 |

패키지를 다운로드했다면, 다음 명령어로 패키지를 설치하세요.

```
# dpkg -i percona-release_latest.$(lsb_release -sc)_all.deb
```

etc/apt/sources.list.d/percona-original-release.list 파일에서 저장소 구성이 잘 되었는지 확인할 수 있습니다.

| 저장소 활성화 |

다음으로 저장소에서 퍼코나 서버 8.0을 활성화합니다.

```
# percona-release setup ps80
# apt update
```

| 퍼코나 서버 8.0 바이너리 설치 |

apt-get 명령어를 사용해 percona-server-server 패키지를 설치합니다.

```
# apt-get install percona-server-server -y
```

| MySQL 실행 |

이 시점에서 MySQL이 서버에 설치되었지만 시작은 안 한 상태입니다. systemctl 명령어를 사용해 MySQL을 실행합니다.

```
# systemctl start mysql
```

| 서비스 실행 상태 확인 |

다음 명령어를 실행해 MySQL 서비스가 실행되고 있는지 확인합니다.

```
# systemctl status mysql
```

이 상태에서 퍼코나 서버는 비보안 모드로 실행됩니다. `mysql_secure_installation`을 실행하면 이전 절에서 설명한 것과 마찬가지로 MySQL 설치에 대한 보안 옵션을 일부 변경하라는 메시지가 표시됩니다.

MariaDB 10.5 설치

우분투 22.04 LTS에 MariaDB 10.5를 설치하는 과정은 다음과 같습니다.

| 루트 권한 획득 |

우선 루트 권한을 획득합니다. '1.3.1 CentOS 7에 MySQL 설치'에서 'MySQL 8.0 설치' 부분을 참조하세요.

| apt 패키지 관리자를 통한 시스템 업데이트 |

다음 명령어로 시스템을 최신 상태로 업데이트하고 `software-properties-common` 패키지를 설치하세요.

```
# apt update && sudo apt upgrade
# apt -y install software-properties-common
```

이 패키지는 D-Bus의 백엔드와 사용된 `apt` 저장소의 추상화 같은 소프트웨어 속성에 대한 공통 파일을 포함합니다.

| MariaDB GPG 키 추가 |

다음 명령어를 사용해 저장소 키를 시스템에 추가하세요.

```
# apt-key adv --fetch-keys \
    'https://mariadb.org/mariadb_release_signing_key.asc'
```

| **MariaDB 저장소 추가** |

저장소 GPG 키를 가져온 후 다음 명령어로 apt 저장소를 추가하세요.

```
# add-apt-repository \
    'deb [arch=amd64] http://mariadb.mirror.globo.tech/repo/10.5/ubuntu $(lsb_release
-cs) main'
```

> **NOTE_** MariaDB는 다양한 저장소에서 다운로드할 수 있습니다. 이 책에서는 `http://mariadb.
> `mirror.globo.tech`를 이용합니다.

| **MariaDB 10.5 바이너리 설치** |

다음 단계는 MariaDB 서버의 설치입니다.

```
# apt install mariadb-server mariadb-client
```

| **서비스 실행 여부 확인** |

다음 명령어를 실행해 MariaDB 서비스가 실행되고 있는지 확인합니다.

```
# systemctl status mysql
```

이 상태에서 MariaDB 10.5는 비보안 모드로 실행됩니다. `mysql_secure_installation`을
실행하면 이전 절에서 설명한 것과 마찬가지로 MySQL 보안 옵션을 변경하라는 메시지가 표
시됩니다.

MySQL 5.7 설치

우분투 22.04 LTS에 MariaDB 5.7을 설치하는 과정은 다음과 같습니다.

| **루트 권한 획득** |

우선 루트 권한을 획득합니다. '1.3.1 CentOS 7에 MySQL 설치'에서 'MySQL 8.0 설치' 부분
을 참조하세요.

| apt 패키지 관리자를 사용한 시스템 업데이트 |

다음 명령어로 시스템을 최신 상태로 업데이트하고 software-properties-common 패키지를 설치하세요.

```
# apt update -y && sudo apt upgrade -y
# apt -y install software-properties-common
```

| MySQL 5.7 저장소 구성 및 추가 |

다음 명령어를 실행해 MySQL 저장소를 추가하세요.

```
# wget https://dev.mysql.com/get/mysql-apt-config_0.8.12-1_all.deb
# dpkg -i mysql-apt-config_0.8.12-1_all.deb
```

[그림 1-1]처럼 'ubuntu bionic'을 선택하고 OK를 클릭하세요.

그림 1-1 ubuntu bionic 선택

다음 화면에는 MySQL 8.0이 기본으로 선택되어 있습니다. 이 옵션이 선택된 상태에서 엔터 키를 누르세요.

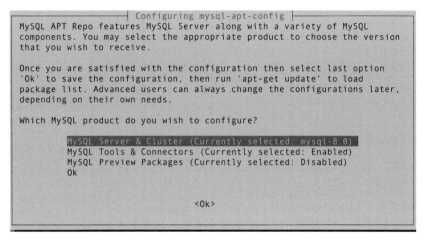

그림 1-2 MySQL Server & Cluster 선택

[그림 1-3]과 같이 MySQL 5.7을 선택하고 OK를 클릭합니다.

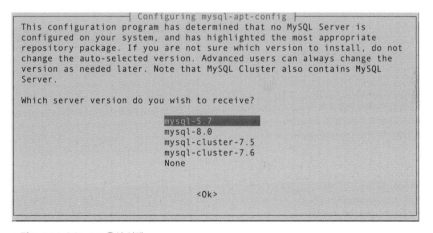

그림 1-3 MySQL 5.7 옵션 선택

[그림 1-4]와 같이 메인 화면으로 돌아온 후, OK를 눌러 종료합니다.

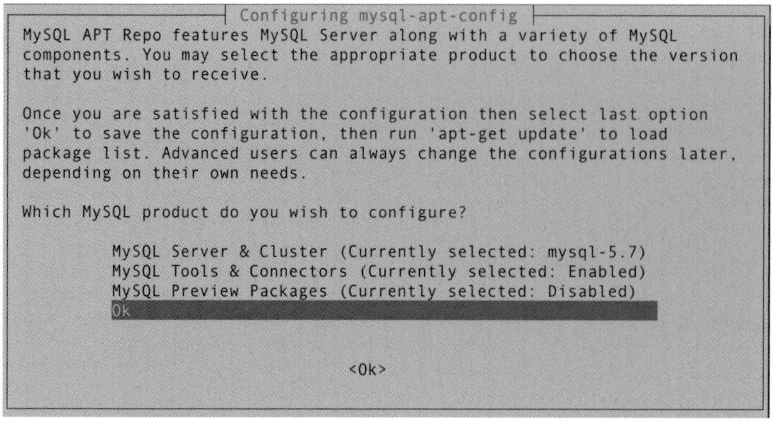

```
┌─────────────────── Configuring mysql-apt-config ───────────────────┐
│ MySQL APT Repo features MySQL Server along with a variety of MySQL  │
│ components. You may select the appropriate product to choose the version │
│ that you wish to receive.                                          │
│                                                                    │
│ Once you are satisfied with the configuration then select last option │
│ 'Ok' to save the configuration, then run 'apt-get update' to load  │
│ package list. Advanced users can always change the configurations later, │
│ depending on their own needs.                                      │
│                                                                    │
│ Which MySQL product do you wish to configure?                      │
│                                                                    │
│         MySQL Server & Cluster (Currently selected: mysql-5.7)     │
│         MySQL Tools & Connectors (Currently selected: Enabled)     │
│         MySQL Preview Packages (Currently selected: Disabled)      │
│         Ok                                                         │
│                                                                    │
│                                                                    │
│                            <Ok>                                    │
│                                                                    │
└────────────────────────────────────────────────────────────────────┘
```

그림 1-4 OK 클릭 후 종료

다음으로 MySQL 패키지를 업데이트합니다.

```
# apt-get update -y
```

MySQL 5.7을 설치하기 위해 우분투의 보안 정책을 검증합니다.

```
# apt-cache policy mysql-server
```

출력된 메시지를 확인해 설치 가능한 MySQL 5.7 패키지를 확인합니다.

```
# apt-cache policy mysql-server

mysql-server:
  Installed: (none)
  Candidate: 5.7.42-1ubuntu18.04
  Version table:
     5.7.42-1ubuntu18.04 500
        500 http://repo.mysql.com/apt/ubuntu bionic/mysql-5.7 amd64 Packages
```

| MySQL 5.7 바이너리 설치 |

MySQL 5.7 버전(5.7.42-1ubuntu18.04)이 설치 가능한지 확인했으므로 설치합니다.

```
# apt-get install mysql-client=5.7.42-1ubuntu18.04 -y
# apt-get install mysql-community-server=5.7.42-1ubuntu18.04 -y
# apt-get install mysql-server=5.7.42-1ubuntu18.04 -y
```

[그림 1-5]와 같이 설치 과정에서 루트 비밀번호를 입력하는 화면이 표시됩니다.

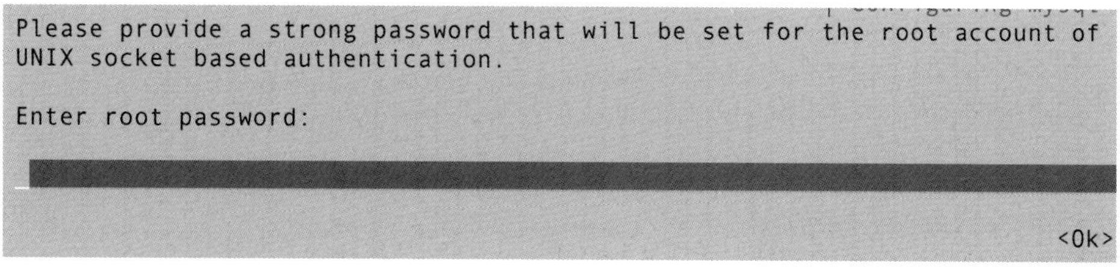

```
Please provide a strong password that will be set for the root account of
UNIX socket based authentication.

Enter root password:

                                                                    <Ok>
```

그림 1-5 루트 비밀번호 정의 후 OK 클릭

| 서비스 실행 여부 확인 |

다음 명령어를 실행해 MySQL 5.7 서비스가 실행되고 있는지 확인합니다.

```
# systemctl status mysql
```

이 시점에서 MySQL 5.7은 root 계정의 비밀번호가 설정되어 있습니다. 그러나 mysql_
secure_installation을 실행해 비밀번호 정책 설정, 원격 루트 로그인 제거, 익명 사용
자 제거, test 데이터베이스 제거를 할 수 있습니다. '1.3.2 록키 리눅스 9에 MySQL 설치'의
'MySQL 8.0 보안' 부분을 참조하세요.

1.4 맥OS Ventura에 MySQL 설치

맥OS를 위한 MySQL은 몇 가지 형태로 제공됩니다. 대부분의 경우 맥OS에 설치되는
MySQL은 개발용이므로 맥OS의 기본 설치 프로그램(.dmg 파일)으로 설치하는 방법만 설명
합니다. 그 외에 tarball을 사용해 MySQL을 설치하는 방법도 있습니다.

1.4.1 MySQL 8.0 설치

먼저 MySQL 웹사이트(`https://dev.mysql.com/downloads/mysql`)에서 MySQL 설치용 `.dmg` 파일을 다운로드합니다.

> **TIP_** 장치에서 사용하는 칩셋에 맞는 버전을 선택해 다운로드하세요. 애플 실리콘은 ARM, 인텔칩은 x86입니다.

[그림 1-6]과 같이 설치 파일을 다운로드했다면 실행해 설치 과정을 시작합니다.

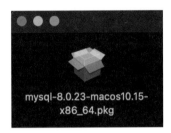

그림 1-6 MySQL 8.0.23 `.dmg` 패키지

그런 다음 [그림 1-7]과 같이 MySQL을 실행하기 위한 권한을 부여합니다.

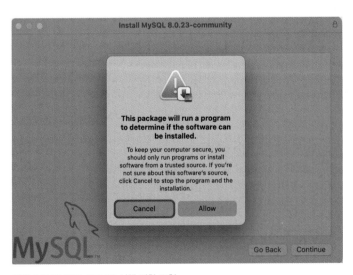

그림 1-7 MySQL 8.0.23 실행 권한 요청

[그림 1-8]은 설치 프로그램의 시작 화면입니다.

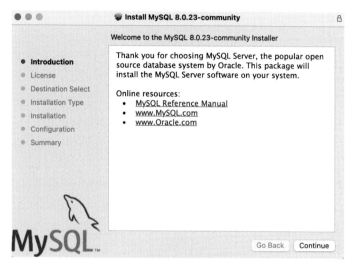

그림 1-8 MySQL 8.0.23 설치 프로그램의 첫 화면

[그림 1-9]는 라이선스 동의 화면입니다. 오픈소스 소프트웨어도 라이선스에 동의하지 않으면 진행하지 못합니다.

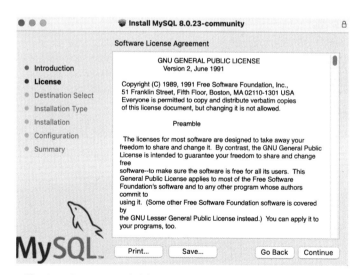

그림 1-9 MySQL 8.0.23 라이선스 동의

[그림 1-10]처럼 이제 설치할 위치를 지정하고 설치할 수 있습니다.

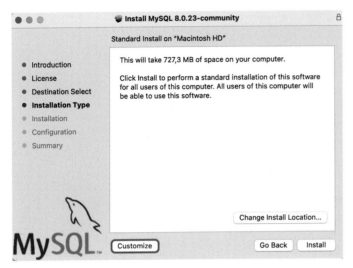

그림 1-10 MySQL 8.0.23 설치 사용자 지정

설치를 계속 진행합니다. 설치를 클릭하면 [그림 1-11]처럼 더 높은 권한을 취득하기 위해 사용자와 비밀번호를 입력하는 화면이 표시될 수 있습니다.

그림 1-11 맥OS 권한 요청

MySQL이 설치되면 설치 과정에서 비밀번호 암호화 방식을 선택하라는 내용이 표시됩니다. [그림 1-12]와 같이 더 안전한 최신의 암호화 방식(기본 옵션)을 선택합니다.

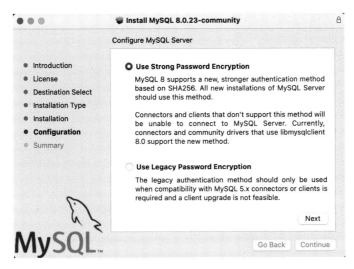

그림 1-12 MySQL 8.0.23 비밀번호 암호화

마지막으로 [그림 1-13]과 같이 root 계정의 비밀번호를 입력하고 초기화합니다.

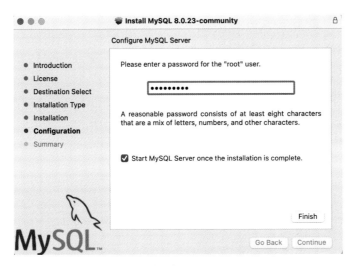

그림 1-13 MySQL 8.0.23 루트 비밀번호

이제 MySQL 서버가 설치되었지만, 기본적으로 실행된 상태가 아닙니다. 실행 과정은 다음과 같습니다. [그림 1-14]처럼 시스템 환경설정에서 MySQL 아이콘을 검색하세요.

그림 1-14 시스템 환경설정의 MySQL

아이콘을 클릭해 MySQL 정보를 확인합니다. [그림 1-15]와 비슷한 화면이 보입니다.

그림 1-15 MySQL 실행 옵션

MySQL을 시작하는 옵션 외에 설정 화면(MySQL 파일의 위치)과 데이터베이스 재초기화(설치 과정에서 이미 초기화 수행) 옵션이 있습니다. MySQL을 시작하면 관리자의 비밀번호를 묻는 화면이 나타날 수 있습니다.

MySQL이 실행되면 연결 정보를 확인하고 서버가 올바르게 실행되고 있는지 확인할 수 있습니다. MySQL Workbench를 통해 테스트하거나 **brew**를 사용해 MySQL 클라이언트를 설치할 수 있습니다.

```
$ brew install mysql-client
```

MySQL 클라이언트가 설치되었다면 [그림 1-13]처럼 설정한 비밀번호를 통해 접속할 수 있습니다. 터미널에서 다음 명령어를 실행하세요.

```
$ mysql -uroot -p
Enter password:
Welcome to the MySQL monitor. Commands end with ; or \g. Your MySQL connection id is 8
Server version: 8.0.23 MySQL Community Server - GPL

Copyright (c) 2000, 2020, Oracle and/or its affiliates. All rights reserved.

Oracle is a registered trademark of Oracle Corporation and/or its
affiliates. Other names may be trademarks of their respective
owners.
Type help; or \h for help. Type \c to clear the current input statement.

mysql> SELECT @@version;

+-----------+
| @@version |
+-----------+
| 8.0.23    |
+-----------+
1 row in set (0.00 sec)
```

1.5 윈도우11에 MySQL 설치

오라클은 설치의 편의를 위해 윈도우용 MySQL 설치 프로그램을 제공합니다. MySQL 설치 프로그램은 32비트지만 32비트와 64비트 운영체제 모두에 설치할 수 있습니다. [그림 1-16] 과 같이 설치 프로그램을 실행하고 설치 유형을 선택합니다.

개발자 기본을 선택하고 다음을 누릅니다. MySQL이 리눅스 환경에 적합하게 개발되었고 윈 도우에서는 실제 제품 환경으로 사용하기를 권장하지 않기 때문에 다른 옵션에 대해서는 설명 하지 않겠습니다.

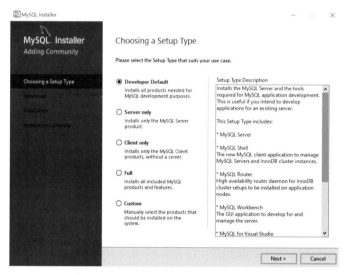

그림 1-16 MySQL 윈도우 사용자 정의 설치

다음으로 넘어가면 설치 프로그램은 모든 요구사항에 만족하는지 확인합니다(그림 1-17).

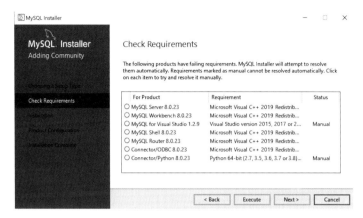

그림 1-17 설치 요구사항

실행을 클릭합니다. Visual C++의 설치가 필요할 수도 있습니다(그림 1-18).

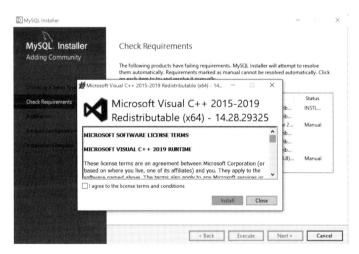

그림 1-18 필요 시 Microsoft Visual C++ 설치

설치 프로그램은 설치가 가능한 제품을 나열합니다(그림 1-19).

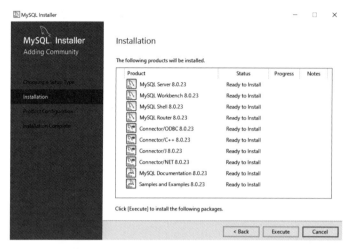

그림 1-19 실행을 클릭해 MySQL 소프트웨어 설치

실행을 클릭하면 MySQL의 속성을 설정할 수 있는 화면이 나타납니다. [그림 1-20]처럼 기본 설정값인 TCP/IP나 X 프로토콜 포트를 사용하거나 사용자가 원하는 대로 변경해 사용해도 됩니다.

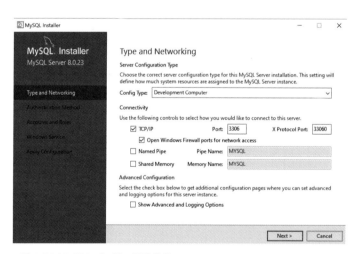

그림 1-20 MySQL 네트워크 설정 옵션

다음으로 인증 방법을 선택합니다. [그림 1-21]과 같이 더 안전한 최신 버전을 선택합니다.

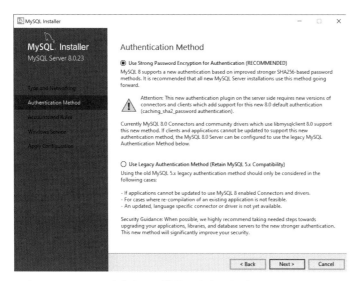

그림 1-21 SHA-256 기반 암호를 사용한 비밀번호 암호화

다음으로 넘어가면 [그림 1-22]처럼 MySQL 데이터베이스에 root 계정의 비밀번호와 원하는 사용자를 추가하는 화면이 나타납니다.

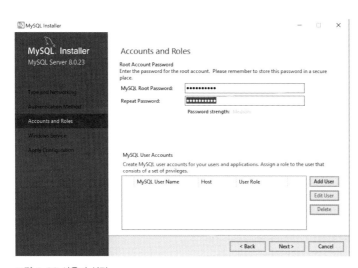

그림 1-22 사용자 설정

사용자 설정이 완료되면 [그림 1-23]과 같이 서비스의 이름과 서비스를 실행할 사용자를 설정
합니다.

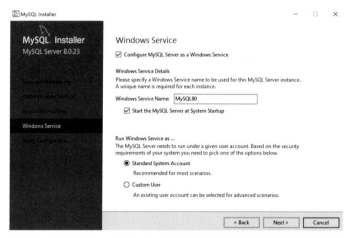

그림 1-23 서비스 이름 설정

다음으로 넘어가면 설치 프로그램이 MySQL 구성을 시작합니다. MySQL 구성이 완료되면
[그림 1-24]처럼 나타나야 합니다.

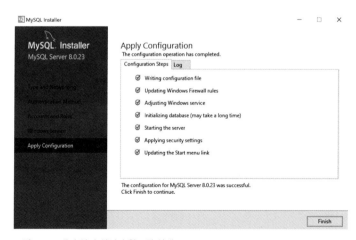

그림 1-24 에러 없이 설치가 완료된 상태

이제 데이터베이스 서버가 운영되기 시작합니다. 개발자 속성을 선택했기 때문에 설치 프로그램은 MySQL 라우터를 설치할 것입니다. 그러나 MySQL 라우터 설치는 필수가 아니고 윈도우 환경의 제품 구성에서는 권장하지 않기 때문에 다루지 않겠습니다. 라우터에 대해서는 '15.4 MySQL 라우터'에서 자세하게 설명하겠습니다.

[그림 1-25]처럼 이제 MySQL Workbench를 통해 서버가 연결되는지 확인할 수 있습니다. MySQL 연결 옵션이 보여야 합니다.

그림 1-25 MySQL Workbench의 MySQL 연결 옵션

연결을 더블 클릭하면 [그림 1-26]처럼 비밀번호를 입력하라는 화면이 표시됩니다.

그림 1-26 연결을 위한 루트 비밀번호 입력

[그림 1-27]처럼 윈도우 환경에서 MySQL을 사용할 수 있습니다.

그림 1-27 사용자 환경에서 테스트 시작

1.6 MySQL 폴더 구성

MySQL은 설치 과정에서 서버를 시작하는 데 필요한 모든 파일을 생성합니다. MySQL은 '데이터 디렉터리'라는 디렉터리에 파일을 저장합니다. 데이터베이스 관리자(DBA)는 일반적으로 이 디렉터리 경로를 저장하는 MySQL 매개변수의 이름을 따라 `datadir`이라고 부릅니다. 리눅스 배포의 기본 위치는 `/var/lib/mysql`입니다. MySQL 인스턴스에서 다음 명령을 실행해 위치를 확인할 수 있습니다.

```
mysql> SELECT @@datadir;
    +----------------+
    | @@datadir      |
    +----------------+
    | /var/lib/mysql/ |
    +----------------+
    1 row in set (0.00 sec)
```

1.6.1 MySQL 5.7 기본 파일

전형적으로 데이터 디렉터리에 있는 파일과 하위 디렉터리에 대해 간략하게 설명하겠습니다.

| REDO 로그 파일 |

MySQL은 `data` 폴더에 `ib_logfile0`과 `ib_logfile1` 이름의 재실행 로그REDO log 파일들을 생성합니다. 이 파일들은 순환 방식으로 기록되기 때문에 구성된 파일 크기(`innodb_log_file_size`로 구성)만큼 커지지 않습니다. ACID를 준수하는 다른 관계형 데이터베이스 관리 시스템(RDBMS)과 마찬가지로 REDO 로그도 데이터 내구성과 충돌 시나리오에서 복구하는 데 필수입니다.

| auto.cnf 파일 |

`auto.cnf` 파일은 MySQL 5.6에서 도입되었습니다. 여기에는 단일 `server_uuid` 설정 및 값이 포함된 단일 섹션만 있습니다. `server_uuid`는 서버에 대한 고유한 서명을 생성하고 복제된 계층에서는 데이터를 복사하기 위해 이 서명을 사용해 다른 서버와 통신합니다.

> **WARNING_** MySQL은 초기화될 때 자동으로 `data` 폴더에 `auto.cnf` 파일을 생성하는데 이 파일은 변경하면 안 됩니다. 9장에서 자세히 설명하겠습니다.

| *.pem 파일 |

간단히 설명해서, 이 파일은 서버와 클라이언트 사이에 암호화된 연결을 할 수 있도록 합니다. 암호화된 연결은 데이터가 애플리케이션에서 MySQL 서버로 전송되는 동안 무단 액세스를 방지하기 위한 네트워크 보안 계층의 기본적인 부분입니다. MySQL은 기본적으로 SSL을 활성화하고 인증서도 생성하지만, 시중에 나와 있는 다른 인증 기관에서 생성한 인증서certificate authority(CA)를 사용할 수도 있습니다.

| performance_schema 하위 폴더 |

MySQL Performance Schema는 실행하는 동안 MySQL에서 저수준의 모니터링을 지원하는 기능입니다. Performance Schema를 사용해 특정 지표를 모니터링하는 행동을 측정이라고 말합니다. 예를 들어 Performance Schema는 연결된 사용자 수를 측정해 알려줍니다.

```
mysql> SELECT * FROM performance_schema.users;
+-----------------+---------------------+-------------------+
| USER            | CURRENT_CONNECTIONS | TOTAL_CONNECTIONS |
+-----------------+---------------------+-------------------+
| NULL            |                  40 |                46 |
| event_scheduler |                   1 |                 1 |
| root            |                   0 |                 1 |
| rsandbox        |                   2 |                 3 |
| msandbox        |                   1 |                 2 |
+-----------------+---------------------+-------------------+
5 rows in set (0.03 sec)
```

> **NOTE_** 많은 사용자들이 사용자 열에서 **NULL**을 보고 놀랍니다. **NULL**은 내부 스레드 또는 사용자 인증에 실패한 경우 사용됩니다. performance_schema.accounts 테이블의 host 열에서도 동일하게 적용됩니다.
>
> ```
> mysql> SELECT user, host, total_connections AS cxns
>     -> FROM performance_schema.accounts ORDER BY cxns DESC;
> +-----------------+-----------+------+
> | user            | host      | cxns |
> +-----------------+-----------+------+
> | NULL            | NULL      |   46 |
> | rsandbox        | localhost |    3 |
> | msandbox        | localhost |    2 |
> | event_scheduler | localhost |    1 |
> | root            | localhost |    1 |
> +-----------------+-----------+------+
> 5 rows in set (0.00 sec)
> ```

측정 기능은 MySQL 5.6부터 존재했지만, MySQL 5.7에서 대폭 개선되면서 MySQL 수준의 문제를 조사하고 해결하기 위한 DBA의 기초 툴이 되었습니다.

| ibtmp1 파일 |

애플리케이션이 임시 테이블을 생성하거나 MySQL이 데이터를 사용하는 내부 임시 테이블을 사용하는 경우 MySQL은 공유 임시 테이블 공간에 임시 테이블을 생성합니다. 기본 동작은 12MB보다 약간 큰 **ibtmp1**이라는 자동 확장 데이터 파일을 만드는 것입니다(크기는 **innodb_ temp_data_file_path** 매개변수에 의해 제어됨).

| ibdata1 파일 |

MySQL 생태계에서 가장 유명할 파일일 겁니다. MySQL 5.7과 이전 버전의 경우 InnoDB 데이터 사전, 이중 쓰기 버퍼, 변경 버퍼, 실행 취소 로그에 대한 데이터를 저장합니다. **innodb_file_per_table** 옵션을 비활성화하면 테이블과 인덱스 데이터도 포함될 수 있습니다. **innodb_file_per_table**이 활성화되면 각 사용자 테이블에는 테이블 영역과 전용 파일이 생깁니다. 그래서 MySQL 데이터 폴더에는 **ibdata** 파일이 여러 개 있기도 합니다.

> **NOTE_** MySQL 8.0에서는 이러한 구성요소의 일부가 **ibdata1**에서 제거되고 별도의 파일에 할당되었습니다. 시스템 테이블 공간에 테이블이 생성된 경우 나머지 구성요소는 버퍼 테이블과 인덱스 데이터로 변경되었습니다(**innodb_file_per_table** 비활성화).

| mysql.sock 파일 |

서버가 로컬 클라이언트와 통신하는 데 사용하는 유닉스 소켓 파일입니다. 이 파일은 MySQL이 실행 중일 때만 존재하며, 파일을 수동으로 생성하거나 제거하면 문제가 될 수 있습니다.

> **NOTE_** 유닉스 소켓은 동일한 시스템에서 실행되는 프로세스 간에 양방향 데이터 교환을 허용하는 프로세스 간 통신 메커니즘입니다. 그리고 IP 소켓(주로 TCP/IP 소켓)은 네트워크를 통해 프로세스 간의 통신을 허용하는 메커니즘입니다.
> 두 가지 방법으로 리눅스의 MySQL 서버에 연결할 수 있습니다. TCP 프로토콜 아니면 소켓입니다. 보안을 위해 애플리케이션과 MySQL이 같은 서버에 있는 경우, 원격 TCP 연결을 비활성화할 수 있습니다. MySQL 서버에서 이를 수행하는 방법은 두 가지입니다. **bind-address**에 기본값인 ***** 대신 **127.0.0.1**로 설정하거나 네트워크 연결을 비활성화하는 **skip-networking** 변수의 값을 수정하는 것입니다.

| mysql 하위 폴더 |

MySQL 시스템 구조에 해당하며, 실행 중인 MySQL 서버의 정보를 포함합니다. 예를 들면 사용자 정보, 권한 정보, 시간대 테이블, 복제된 정보입니다. ls 명령을 사용해 해당 테이블 이름에 따라 명명된 파일을 볼 수 있습니다.

```
# cd /var/lib/mysql
# ls -l mysql/

-rw-r-----. 1 vinicius.grippa percona     8820 Feb 20 15:51 columns_priv.frm
-rw-r-----. 1 vinicius.grippa percona        0 Feb 20 15:51 columns_priv.MYD
-rw-r-----. 1 vinicius.grippa percona     4096 Feb 20 15:51 columns_priv.MYI
-rw-r-----. 1 vinicius.grippa percona     9582 Feb 20 15:51 db.frm
-rw-r-----. 1 vinicius.grippa percona      976 Feb 20 15:51 db.MYD
-rw-r-----. 1 vinicius.grippa percona     5120 Feb 20 15:51 db.MYI
-rw-r-----. 1 vinicius.grippa percona       65 Feb 20 15:51 db.opt
-rw-r-----. 1 vinicius.grippa percona     8780 Feb 20 15:51 engine_cost.frm
-rw-r-----. 1 vinicius.grippa percona    98304 Feb 20 15:51 engine_cost.ibd
-rw-r-----. 1 vinicius.grippa percona    10816 Feb 20 15:51 user.frm
-rw-r-----. 1 vinicius.grippa percona     1292 Feb 20 15:51 user.MYD
-rw-r-----. 1 vinicius.grippa percona     4096 Feb 20 15:51 user.MYI
```

1.6.2 MySQL 8.0 기본 파일

MySQL 8.0에서는 data 폴더의 핵심 구조 몇 가지가 변경되었습니다. 변경사항 중 일부는 새 데이터 사전 구현과 관련되고 나머지는 데이터베이스 관리 개선과 관련됩니다. 새 파일과 변경사항은 다음과 같습니다.

| 실행 취소 파일 |

롤백이 필요한 트랜잭션을 실행 취소하고 일관된 읽기를 수행할 때 트랜잭션의 격리를 보장합니다.

MySQL 8.0부터 실행 취소 로그 파일은 시스템 테이블스페이스(ibdata1)에서 분리되어 데이터 디렉터리에 저장되었습니다. innodb_undo_directory 매개변수를 변경해 위치를 다르게 설정할 수도 있습니다.

| .dblwr 파일(8.0.20 버전에서 추가) |

이중 쓰기 버퍼는 MySQL이 데이터 파일에 페이지를 쓰기 전에 버퍼 풀에서 만료된 페이지를 디스크에 기록합니다. 이중 쓰기 파일 이름의 형식은 `#ib_<page_size>_<file_number>.dblwr`(예: `#ib_16384_0.dblwr`, `#ib_16384_0.dblwr`)입니다. `innodb_doublewrite_dir` 매개변수를 수정해 이 파일의 위치를 변경할 수 있습니다.

| mysql.ibd 파일(8.0 버전에서 추가) |

MySQL 5.7에서 사전 테이블과 시스템 테이블은 데이터와 메타데이터를 `data` 폴더 내부의 `mysql` 폴더에 저장했습니다. MySQL 8.0에서는 모두 `mysql.ibd` 파일에 저장하며 일관성을 보장하기 위해 InnoDB 메커니즘으로 보호합니다.

1.7 명령줄 인터페이스 사용법

`mysql` 바이너리는 입력 및 라인 편집 기능이 있는 간단한 SQL 셸입니다. 사용법은 단순합니다(설치하는 과정에서 이미 몇 번 사용했음). 다음 명령어를 실행해 SQL 셸을 호출합니다.

```
# mysql
```

쿼리를 실행해 기능을 확장할 수 있습니다.

```
# mysql -uroot -pseKret -e "SHOW ENGINE INNODB STATUS\G"
```

그리고 더 복잡한 작업을 수행하기 위해 다른 명령과 연결해 더 고급 명령을 실행할 수 있습니다. 예를 들어 한 데이터베이스에서 백업 덤프를 추출해 네트워크를 통해 전송하고 동일한 명령줄에서 다른 MySQL 서버로 복원할 수 있습니다.

```
# mysql -e "SHOW MASTER STATUS\G" && nice -5 mysqldump \
    --all-databases --single-transaction -R --master-data=2 --flush-logs \
    --log-error=/tmp/donor.log --verbose=TRUE ¦ ssh mysql@192.168.0.1 mysql \
    1> /tmp/receiver.log 2>&1
```

MySQL 8.0에는 이전 버전보다 훨씬 더 강력한 MySQL 셸이 도입되었습니다. MySQL 셸은 자바스크립트, 파이썬, SQL 언어를 지원해 MySQL 서버에 대한 개발 및 관리 기능을 제공합니다. 이에 대한 자세한 내용은 '16장 기타 주제'의 '16.1 MySQL 셸'에서 설명합니다.

1.8 도커

가상화의 출현과 클라우드 서비스의 대중화로 도커Docker를 비롯한 많은 플랫폼이 등장했습니다. 2013년에 탄생한 도커는 이식이 쉽고 소프트웨어 배포 방법이 유연한 솔루션입니다. cgroups 및 커널 네임스페이스 같은 리눅스 기능을 사용해 리소스를 격리합니다.

도커는 몇 가지 실험을 위해 MySQL이나 MariaDB, MySQL 퍼코나 서버의 특정 버전을 설치할 DBA에 유용합니다. 도커를 사용하면 몇 초 만에 MySQL 인스턴스를 배포해 몇 가지 테스트를 수행할 수 있습니다. 테스트를 마치면 인스턴스를 제거하고 운영체제의 리소스를 다른 작업에 해제할 수 있습니다. 도커를 사용하면 가상 머신(VM) 배포, 패키지 설치, 데이터베이스 구성의 모든 프로세스가 더 간단해집니다.

1.8.1 도커 설치

도커는 서비스가 실행되면 모든 운영체제에서 명령이 동일하다는 장점이 있습니다. 명령이 동일하다는 말은 CentOS와 우분투 같은 다른 리눅스 버전을 학습하는 것보다 도커 사용법을 학습하는 것이 더 빠르다는 의미입니다.

도커 설치 과정은 어떤 면에서 MySQL 설치와 유사합니다. 윈도우와 맥OS의 경우 바이너리만 설치하면 서비스가 실행됩니다. 그래픽 인터페이스 없는 리눅스 기반 운영체제의 경우 프로세스에서 저장소를 구성합니다.

CentOS 7에 도커 설치

CentOS용 도커 패키지는 일반적으로 RHEL 및 공식 도커 저장소에서 사용할 수 있는 패키지보다 더 오래되었습니다. 작성 당시 일반 CentOS 저장소에서 제공하는 도커 버전은 1.13.1이고 안정적인 업스트림 버전은 20.10.3입니다. 이 책의 목적을 생각하면 버전별 차이는 없지만 프로덕션 환경에서는 항상 최신 버전을 사용하는 편이 좋습니다.

다음 명령을 실행해 기본 CentOS 저장소에서 도커 패키지를 설치합니다.

```
# yum install docker -y
```

최신 릴리스를 사용하도록 업스트림 저장소에서 도커를 설치하는 과정은 다음과 같습니다.

yum-utils를 설치해 yum-config-manager 명령어를 활성화합니다.

```
# yum install yum-utils -y
```

yum-config-manager를 사용해 docker-ce 저장소를 추가합니다.

```
# yum-config-manager \
    --add-repo \
    https://download.docker.com/linux/centos/docker-ce.repo
```

필요한 패키지들을 설치합니다.

```
# yum install docker-ce docker-ce-cli containerd.io -y
```

도커 서비스를 시작합니다.

```
# systemctl start docker
```

시스템이 재시작할 때 도커 서비스를 자동으로 시작하도록 합니다.

```
# systemctl enable --now docker
```

systemctl status 명령을 실행해 도커 서비스가 실행되고 있는지 확인합니다.

```
# systemctl status docker
```

도커 엔진이 올바르게 설치되었는지 확인하기 위해 hello-world 컨테이너를 실행합니다.

```
# docker run hello-world
```

우분투 22.04에 도커 설치

업스트림 저장소에서 최신 도커 릴리스를 설치하려면 먼저 이전 버전의 도커(docker, docker.io, docker-engine)를 다음 명령으로 제거해야 합니다.

```
# apt-get remove -y docker docker-engine docker.io containerd runc
```

기본 저장소가 제거되면 설치 프로세스를 시작할 수 있습니다.

다음 명령어로 우분투를 최신 상태로 만듭니다.

```
# apt-get update -y
```

apt가 HTTPS를 통해 저장소를 사용할 수 있도록 패키지를 설치합니다.

```
# apt-get install -y \
  apt-transport-https \
  ca-certificates \ curl \
  gnupg-agent \
  software-properties-common
```

다음으로, 도커의 공식 GPG 키를 추가합니다.

```
# curl -fsSL https://download.docker.com/linux/ubuntu/gpg ¦ sudo \
  apt-key add -
```

키를 사용해 도커 저장소를 추가합니다.

```
# add-apt-repository \
  "deb [arch=amd64] https://download.docker.com/linux/ubuntu \
  $(lsb_release -cs) \
  stable"
```

이제 다음 명령어로 도커 패키지를 설치합니다.

```
# apt-get install -y docker-ce docker-ce-cli containerd.io
```

다음 명령어로 우분투가 서비스를 실행하는지 확인할 수 있습니다.

```
# systemctl status docker
```

다음 명령어는 OS가 재시작할 때 도커 서비스를 자동으로 시작하게 합니다.

```
# systemctl enable --now docker
```

도커 버전을 확인하려면 다음 명령어를 사용하세요.

```
# docker --version
```

hello-world 컨테이너를 실행해 도커 엔진이 올바르게 설치되었는지 확인합니다.

```
# docker run hello-world
```

MySQL 컨테이너 배포

도커 엔진을 설치하고 실행했으면 다음 단계는 MySQL 도커 컨테이너를 배포하는 것입니다.

WARNING_ 다음 명령어는 **test** 인스턴스를 빠르고 쉽게 실행하기 위해 설계된 내용입니다. 제품 개발 환경에서는 절대 사용하지 마세요.

다음 명령어를 사용해 최신의 MySQL 버전을 도커에 배포하세요.

```
# docker run --name mysql-latest \
    -p 3306:3306 -p 33060:33060 \
    -e MYSQL_ROOT_HOST=% -e MYSQL_ROOT_PASSWORD='learning_mysql' \
    -d mysql/mysql-server:latest
```

도커 엔진은 최신 버전의 MySQL 인스턴스를 시작하고 지정된 루트 비밀번호를 사용해 어디에서나 원격으로 액세스할 수 있습니다. 도커와 함께 MySQL을 설치하면 기존 호스트(물리적 하드웨어 또는 VM)에서 사용할 수 있는 도구, 유틸리티 또는 표준 라이브러리에 액세스할 수 없습니다. 이때는 이러한 도구를 별도로 배포하거나 필요한 경우 도커 이미지와 함께 제공된 명령을 사용합니다.

다음으로 MySQL 클라이언트를 사용해 MySQL 컨테이너에 연결합니다.

```
# docker exec -it mysql-latest mysql -uroot -plearning_mysql
```

-p 3306:3306 옵션을 사용해 컨테이너의 TCP 포트 3306을 Docker 호스트의 포트 3306에 할당했습니다. 그러므로 호스트(호스트 이름 또는 IP) 및 해당 포트에 연결할 수 있는 가용한 모든 MySQL 클라이언트(Workbench, MySQL 셸)에서 MySQL 데이터베이스에 연결할 수 있습니다.

컨테이너를 관리하는 명령어를 살펴보겠습니다.

다음 명령어는 실행 중인 MySQL 도커 컨테이너를 멈춥니다.

```
# docker stop mysql-latest
```

다음 명령어는 컨테이너를 다시 시작합니다. docker run 대신 사용하세요.

```
# docker start mysql-latest
```

다음 명령어는 컨테이너의 로그를 확인합니다. 컨테이너가 실행되지 않는 등 문제가 발생할 때 원인을 파악하는 데 사용합니다.

```
# docker logs mysql-latest
```

다음 명령어는 컨테이너를 지웠다가 다시 생성합니다.

```
# docker stop mysql-latest
# docker rm mysql-latest
```

호스트에서 실행 중인 도커 컨테이너 수를 확인하려면 다음 명령어를 사용하세요.

```
# docker ps
```

도커 엔진에 대한 명령줄 옵션을 사용해 MySQL 매개변수를 사용자 정의할 수 있습니다. InnoDB 버퍼 풀 크기와 플러시 방법을 구성하는 옵션은 다음과 같습니다.

```
# docker run --name mysql-latest \
  -p 3306:3306 -p 33060:33060 \
  -e MYSQL_ROOT_HOST=% -e MYSQL_ROOT_PASSWORD='strongpassword' \
  -d mysql/mysql-server:latest \
  --innodb_buffer_pool_size=256M \
  --innodb_flush_method=O_DIRECT
```

최신 버전이 아닌 MySQL 버전을 실행하려면 먼저 도커 허브에서 사용이 가능한지 확인하세요. 예를 들어 MySQL 5.7.31을 실행하고 싶다고 가정하겠습니다. 첫 단계는 도커 허브에 공식 MySQL 도커 이미지가 있는지 확인하는 것입니다. 이미지가 확인되었다면 다음 명령어로 해당 이미지를 실행합니다.

```
# docker run --name mysql-5.7.31 \
  -p 3307:3306 -p 33061:33060 \
  -e MYSQL_ROOT_HOST=% \
  -e MYSQL_ROOT_PASSWORD='learning_mysql' \
  -d mysql/mysql-server:5.7.31
```

여러 MySQL 도커 인스턴스를 동시에 실행할 수는 없지만 TCP 포트 충돌이 일어날 수 있습니다. 이전 예시에서 mysql-5.7.31 컨테이너(3307 및 33061)에 서로 다른 포트를 할당했습니다. 또 컨테이너 이름은 고유한 이름으로 지어야 합니다.

MariaDB와 퍼코나 서버 컨테이너 배포

MariaDB나 퍼코나 서버 컨테이너를 배포하기 위해 MySQL 컨테이너 배포에 대해 이전 절에서 설명한 단계를 그대로 따릅니다. 주요 차이점은 서로 다른 도커 이미지를 사용하며 각자 자체 공식 저장소가 있다는 점입니다. 다음 명령어를 사용해 MariaDB 컨테이너를 배포합니다.

```
# docker run --name maria-latest \
  -p 3308:3306 \
  -e MYSQL_ROOT_HOST=% \
  -e MYSQL_ROOT_PASSWORD='learning_mysql' \
  -d mariadb:latest
```

그리고 퍼코나 서버의 경우 다음 명령어를 실행하세요.

```
# docker run --name ps-latest \
  -p 3309:3306 -p 33063:33060 \
  -e MYSQL_ROOT_HOST=% \
  -e MYSQL_ROOT_PASSWORD='learning_mysql' \
  -d percona/percona-server:latest \
  --innodb_buffer_pool_size=256M \
  --innodb_flush_method=O_DIRECT
```

NOTE_ 동일한 호스트에서 모든 컨테이너를 배포하기 때문에 MariaDB(**-p 3308:3306**)와 퍼코나(**-p 3309:3306**)에 서로 다른 포트를 할당합니다.

```
# docker ps
CONTAINER ID            IMAGE
5e487dd41c3e            percona/percona-server:latest


COMMAND                 CREATED             STATUS
"/docker-entrypoint..." About a minute ago  Up 51 seconds
"docker-entrypoint..."  2 minutes ago       Up 2 minutes


PORTS                   NAMES
0.0.0.0:3309->3306/tcp, ps-latest
0.0.0.0:33063->33060/tcp
f5a217f1537b            mariadb:latest
0.0.0.0:3308->3306/tcp  maria-latest
```

단일 컨테이너를 배포하는 경우 포트 3306 또는 원하는 사용자 지정 포트를 사용해도 됩니다.

1.9 샌드박스 사용법

소프트웨어 개발에서 **샌드박스**^{sandbox}는 코드 변경사항을 격리하고 프로덕션에 배포하기 전에 실험과 테스트를 할 수 있는 테스트 환경입니다. DBA는 주로 새 소프트웨어 버전, 성능 테스트, 버그 분석을 테스트하기 위해 샌드박스를 사용하며 MySQL에 있는 데이터는 일회용입니다.

> **NOTE_** 마스터^{master}와 슬레이브^{slave}라는 용어는 MySQL 데이터베이스의 맥락에서 많이 사용되지만 단어의 기원이 부정적입니다. 따라서 오라클, 퍼코나, MariaDB에서는 이 용어 대신 소스^{source}와 레플리카^{replica}라는 용어를 사용하기로 결정했습니다. 이 책에서는 두 용어를 모두 접하게 되어 둘 다 사용하지만 향후 릴리스에서는 다음 용어를 사용한다는 사실을 알아둡시다.
>
> | 옛 이름 | 새 이름 |
> |---|---|
> | master | source |
> | slave | replica |
> | blacklist | blocklist |
> | whitelist | allowlist |

2018년 주세페 막시아^{Giuseppe Maxia}는 MySQL과 관련 포크 버전을 쉽고 빠르게 배포하는 도구인 DBdeployer를 만들었습니다. source/replica(master/slave), source/source(master/master), Galera Cluster, Group Replication 등 다양한 MySQL 토폴로지를 지원합니다.

1.9.1 DBdeployer 설치

이 도구는 Go 언어로 개발되었으며 맥OS와 리눅스(우분투, CentOS)에서 작동하며 독립 실행형 실행 파일을 제공합니다. 여기에서 최신 버전을 받으세요.

```
# wget https://github.com/datacharmer/dbdeployer/releases/download/v1.58.2/ \
    dbdeployer-1.58.2.linux.tar.gz
# tar -xvf dbdeployer-1.58.2.linux.tar.gz
# mv dbdeployer-1.58.2.linux /usr/local/bin/dbdeployer
```

$PATH 변수에 `/usr/local/bin/` 디렉터리가 있으면 `dbdeployer` 명령을 실행할 수 있습니다.

```
# dbdeployer --version
dbdeployer version 1.58.2
```

1.9.2 DBdeployer 사용

DBdeployer를 사용하려면 MySQL 바이너리를 다운로드하고 바이너리를 저장할 폴더에 압축을 풉니다. 대부분의 리눅스 배포판과 호환되므로 'Linux – Generic tarball'을 선택해 /opt/mysql 폴더에 저장합니다.

```
# wget https://dev.mysql.com/get/Downloads/MySQL-8.0/ \
    mysql-8.0.11-linux-glibc2.12-x86_64.tar.gz
# mkdir /opt/mysql
# dbdeployer --sandbox-binary=/opt/mysql/ unpack \
    mysql-8.0.11-linux-glibc2.12-x86_64.tar.gz
```

unpack 명령어는 파일을 추출해 지정한 폴더로 이동시킵니다. 이 작업의 예상 출력 내용은 다음과 같습니다.

```
# dbdeployer --sandbox-binary=/opt/mysql/ unpack

mysql-8.0.11-linux-glibc2.12-x86_64.tar.gz
Unpacking tarball mysql-8.0.11-linux-glibc2.12-x86_64.tar.gz to
/opt/mysql/8.0.11
.........100.........200........289
Renaming directory /opt/mysql/mysql-8.0.11-linux-glibc2.12-x86_64 to
/opt/mysql/8.0.11
```

이제 다음 명령을 사용해 새로 추출된 바이너리로 새로운 독립형 MySQL 샌드박스를 만듭니다.

```
# dbdeployer --sandbox-binary=/opt/mysql/ deploy single 8.0.11
```

그리고 DBdeployer가 MySQL을 초기화하는 것을 관찰합니다.

```
# dbdeployer --sandbox-binary=/opt/mysql/ deploy single 8.0.11

Creating directory /root/sandboxes
Database installed in $HOME/sandboxes/msb_8_0_11
run 'dbdeployer usage single' for basic instructions
. sandbox server started
```

ps 명령어로 MySQL이 실행 중인지 확인하세요.

```
# ps -ef ¦ grep mysql

root     4249     1  0 20:18 pts/0    00:00:00 /bin/sh bin/mysqld_safe
--defaults-file=/root/sandboxes/msb_8_0_11/my.sandbox.cnf
root     4470  4249  1 20:18 pts/0    00:00:00 /opt/mysql/8.0.11/bin/mysqld
--defaults-file=/root/sandboxes/msb_8_0_11/my.sandbox.cnf
--basedir=/opt/mysql/8.0.11 --datadir=/root/sandboxes/msb_8_0_11/data
--plugin-dir=/opt/mysql/8.0.11/lib/plugin --user=root
--log-error=/root/sandboxes/msb_8_0_11/data/msandbox.err
--pid-file=/root/sandboxes/msb_8_0_11/data/mysql_sandbox8011.pid
--socket=/tmp/mysql_sandbox8011.sock --port=8011
root 4527 3836 0 20:18 pts/0 00:00:00 grep --color=auto mysql
```

이제 DBdeployer의 use 명령을 사용해 MySQL에 연결할 수 있습니다.

```
# cd sandboxes/msb_8_0_11/
# ./use
```

아니면 root 계정을 사용할 수 있습니다.

```
# mysql -uroot -pmsandbox -h 127.0.0.1 -P 8011
```

포트 정보는 이전의 ps 명령어의 결과에서 얻을 수 있습니다.

다음 명령어로 source/replica 토폴로지로 복제 환경을 설정합니다.

```
# dbdeployer --sandbox-binary=/opt/mysql/ deploy replication 8.0.11
```

그러면 세 개의 mysqld 프로세스가 실행될 것입니다.

```
# ps -ef | grep mysql

root      4673    1  0 20:26 pts/0    00:00:00 /bin/sh bin/mysqld_safe
--defaults-file=/root/sandboxes/rsandbox_8_0_11/master/my.sandbox.cnf
root      4942 4673  1 20:26 pts/0    00:00:00
/opt/mysql/8.0.11/bin/mysqld
...
--pid-file=/root/sandboxes/rsandbox_8_0_11/master/data/mysql_sandbox201
12.pid --socket=/tmp/mysql_sandbox20112.sock --port=20112

root      5051    1  0 20:26 pts/0    00:00:00 /bin/sh bin/mysqld_safe
--defaults-file=/root/sandboxes/rsandbox_8_0_11/node1/my.sandbox.cnf
root      5320 5051  1 20:26 pts/0    00:00:00
/opt/mysql/8.0.11/bin/mysqld
--defaults-file=/root/sandboxes/rsandbox_8_0_11/node1/my.sandbox.cnf
...
--pid-file=/root/sandboxes/rsandbox_8_0_11/node1/data/mysql_sandbox2011
3.pid --socket=/tmp/mysql_sandbox20113.sock --port=20113

root      5415    1  0 20:26 pts/0    00:00:00 /bin/sh bin/mysqld_safe
--defaults-file=/root/sandboxes/rsandbox_8_0_11/node2/my.sandbox.cnf
root      5684 5415  1 20:26 pts/0    00:00:00
/opt/mysql/8.0.11/bin/mysqld
...
--pid-file=/root/sandboxes/rsandbox_8_0_11/node2/data/mysql_sandbox2011
4.pid --socket=/tmp/mysql_sandbox20114.sock --port=20114
```

DBdeployer가 구성할 수 있는 또 다른 토폴로지는 그룹 복제입니다. 이 예시 기본 포트를 정의합니다.

이렇게 함으로써 DBdeployer가 포트 49007에서 시작하는 서버를 구성하도록 명령할 것입니다.

```
# dbdeployer deploy --topology=group replication --sandbox-binary=/opt/mysql/\
    8.0.11 --base-port=49007
```

이제 퍼코나 XtraDB Cluster 5.7.32를 사용해 Galera Cluster를 배포하는 경우를 살펴보겠습니다. 기본 포트를 표시하고 노드를 log-slave-updates 옵션으로 구성하겠습니다.

```
# wget https://downloads.percona.com/downloads/Percona-XtraDB-Cluster-57/\
    Percona-XtraDB-Cluster-5.7.32-31.47/binary/tarball/Percona-XtraDB-Cluster-\
    5.7.32-rel35-47.1.Linux.x86_64.glibc2.17-debug.tar.gz
# dbdeployer --sandbox-binary=/opt/mysql/ unpack\
    Percona-XtraDB-Cluster-5.7.32-rel35-47.1.Linux.x86_64.glibc2.17-debug.tar.gz
# dbdeployer deploy --topology=pxc replication\
    --sandbox-binary=/opt/mysql/ 5.7.32 --base-port=45007 -c log-slave-updates
```

앞서 보았듯 MySQL 매개변수를 사용자 정의할 수 있습니다. 흥미로운 옵션 중 하나는 글로벌 트랜잭션 식별자나 GTID를 사용해 MySQL 복제를 활성화하는 것입니다(GTID는 13장에서 자세히 설명함).

```
# dbdeployer deploy replication --sandbox-binary=/opt/mysql/ 5.7.32 --gtid
```

마지막 예시는 여러 독립 실행형 버전을 한 번에 배포합니다. 여기서는 독립 실행형 인스턴스를 다섯 개 만듭니다.

```
# dbdeployer deploy multiple --sandbox-binary=/opt/mysql/ 5.7.32 -n 5
```

이런 예시는 DBdeployer 기능의 일부일 뿐입니다. 전체 문서는 깃허브^{GitHub}에서 확인할 수 있습니다. 명령어에 --help 옵션을 사용해 다양한 기능을 확인할 수 있습니다.

```
# dbdeployer --help

dbdeployer makes MySQL server installation an easy task.
Runs single, multiple, and replicated sandboxes.

Usage:
  dbdeployer [command]

Available Commands:
    admin            sandbox management tasks
    cookbook         Shows dbdeployer samples
    defaults         tasks related to dbdeployer defaults
    delete           delete an installed sandbox
    delete-binaries  delete an expanded tarball
    deploy           deploy sandboxes
    downloads        Manages remote tarballs
    export           Exports the command structure in JSON format
    global           Runs a given command in every sandbox
    help             Help about any command
    import           imports one or more MySQL servers into a sandbox
    info             Shows information about dbdeployer environment sampl
    sandboxes        List installed sandboxes
    unpack           unpack a tarball into the binary directory
    update           Gets dbdeployer newest version
    usage            Shows usage of installed sandboxes
    versions         List available versions


Flags:
      --config string          configuration file (default
                               "/root/.dbdeployer/config.json")
  -h, --help                   help for dbdeployer
      --sandbox-binary string  Binary repository (default
                               "/root/opt/mysql")
      --sandbox-home string    Sandbox deployment directory (default
                               "/root/sandboxes")
      --shell-path string      Which shell to use for generated
                               scripts (default "/usr/bin/bash")
      --skip-library-check     Skip check for needed libraries (may
                               cause nasty errors)
      --version                version for dbdeployer

Use "dbdeployer [command] --help" for more information about a command.
```

1.10 MySQL 서버 업그레이드

가장 많이 하는 질문이 복제에 대한 것이라면 그다음으로 많이 하는 질문은 MySQL 인스턴스의 업그레이드에 대한 것입니다. 제품 환경으로 진행하기 전에 테스트가 제대로 되지 않았다면 문제가 발생할 가능성이 높습니다. 업그레이드하는 방법은 두 가지입니다.

- **메이저 업그레이드**: 버전을 5.6에서 5.7로 또는 5.7에서 8.0으로 변경하는 경우를 말합니다. 이러한 업그레이드는 아키텍처에 대한 변경사항이 중요하기 때문에 사소한 업그레이드보다 까다롭고 복잡합니다. 한 예로 MySQL 8.0에서는 데이터 사전이 수정되어 InnoDB에 의해 캡슐화되고 트랜잭션됩니다.
- **마이너 업그레이드**: MySQL 5.7.29에서 5.7.30으로 또는 MySQL 8.0.22에서 MySQL 8.0.23으로 변경하는 경우를 말합니다. 대부분의 경우 배포판의 패키지 관리자를 사용해 새 버전을 설치합니다. 마이너 업그레이드는 아키텍처 변경을 포함하지 않기 때문에 메이저 업그레이드보다 간단합니다. 주된 수정 사항은 버그 수정, 성능 개선, 코드 최적화입니다.

업그레이드를 수행하는 방법은 두 가지가 있습니다. 지금부터 MySQL 공식 문서에서 권장하는 방법으로 살펴보겠습니다.

| 인플레이스 업그레이드 |

인플레이스 업그레이드in-place upgrade란 서버에 데이터를 그대로 두고 업그레이드하는 방식입니다. MySQL을 종료하고 이전 MySQL 바이너리나 패키지를 새것으로 교체한 뒤, 기존 데이터 디렉터리에서 MySQL을 재시작하고 `mysql_upgrade`를 실행합니다.

> **NOTE_** MySQL 8.0.16에서 `mysql_upgrade` 바이너리는 더 이상 사용되지 않으며 MySQL 서버 자체에서 기능을 실행합니다('서버' 업그레이드로 볼 수 있음). MySQL은 데이터 사전 테이블 정의를 업데이트하는 프로세스인 데이터 사전 업그레이드(DD 업그레이드)와 함께 이 변경사항을 추가했습니다. 새로운 프로세스의 이점은 다음과 같습니다.
>
> - 더 빠른 업그레이드
> - 가벼워진 프로세스
> - 더 우수한 보안
> - 업그레이드 단계 감소
> - 더 쉬워진 자동화
> - 재시작 제거
> - 플러그 앤 플레이

| 논리적 업그레이드 |

논리적 업그레이드logical upgrade란 이전 MySQL 버전에서 SQL 형식으로 데이터를 내보내고, 새 MySQL 버전을 설치한 뒤, 내보내둔 SQL 데이터를 새 MySQL 버전에 적용하는 방식입니다. `mysqldump` 또는 `mysqlpump` 같은 백업이나 내보내기 유틸리티를 사용합니다. 즉, 이 프로세스는 전체 데이터 사전과 사용자 데이터를 재작성합니다. 논리적 업그레이드는 그 외 업그레이드보다 시간이 더 오래 걸립니다.

어느 방법을 선택하든 문제 발생 시 대처할 롤백 전략을 수립해두어야 합니다. 롤백 전략은 선택한 업그레이드 계획에 따라 달라지겠지만 데이터베이스 크기와 존재하는 토폴로지(예: 복제본이나 Galera 클러스터를 사용하는 경우)가 이 결정에 영향을 미칩니다.

업그레이드를 계획할 때는 다음과 같은 사항들도 고려합니다.

- MySQL 5.7에서 8.0으로의 업그레이드가 지원됩니다. 단 업그레이드는 GA 릴리스 간에만 지원됩니다. MySQL 8.0의 경우 MySQL 5.7 GA 릴리스(5.7.9 이상)에서 업그레이드합니다. 비GA 릴리스의 MySQL 5.7에서의 업그레이드는 지원되지 않습니다.

- 다음 버전으로 업그레이드하기 전에는 최신 릴리스로 업그레이드하는 편이 좋습니다. 예를 들어, MySQL 8.0으로 업그레이드하기 전에 최신 MySQL 5.7 릴리스로 업그레이드하십시오.

- 버전을 건너뛰는 업그레이드는 지원되지 않습니다. 예를 들어 MySQL 5.6에서 8.0으로 바로 업그레이드하는 것은 지원되지 않습니다.

> **NOTE_** 지금까지 경험에 비춰보면, MySQL 5.6에서 5.7로의 업그레이드는 애플리케이션이 파생된 테이블들('5.4.4 FROM 절에서의 중첩 쿼리' 참조)을 사용하는 경우 가장 심한 성능 문제를 동반합니다. MySQL 5.7은 `optimizer_switch` 시스템 변수를 수정해 기본적으로 `derived_merge` 설정을 활성화하는데 이는 쿼리 성능을 저하시킬 수 있습니다.
> 또 다른 복잡한 변경사항은 MySQL 5.7이 기본적으로 네트워크 암호화를 구현(SSL)한다는 것입니다. MySQL 5.6에서 SSL을 사용하지 않는 애플리케이션은 성능이 크게 저하될 수 있습니다.
> 마지막으로 MySQL 5.7은 `sync_binlog` 기본값을 동기 모드로 변경했습니다. 이 모드는 가장 안전하지만 디스크 쓰기 횟수가 증가해 성능이 저하될 수 있습니다.

MySQL 5.7에서 8.0으로 인플레이스 업그레이드하는 방법을 살펴보겠습니다.

먼저, MySQL 서비스를 중지합니다. systemctl을 사용해 완전히 종료하세요.

```
# systemctl stop mysqld
```

다음으로 오래된 바이너리를 제거합니다.

```
# yum erase mysql-community -y
```

이 과정은 바이너리만 제거하고 **data** 폴더는 건드리지 않습니다('1.6 MySQL 폴더 구성' 참조).

이제, 일반적인 설치 과정을 따르세요('1.3.1 CentOS 7에 MySQL 설치'에서 'MySQL 8.0 설치' 부분 참조). 예를 들어 **yum**을 사용해 CentOS 7에서 MySQL 8.0 커뮤니티 버전을 사용한다면 다음 명령어를 사용하세요.

```
# yum-config-manager --enable mysql80-community
```

그 뒤, 다음 명령어로 새로운 바이너리를 설치하세요.

```
# yum install mysql-community-server -y
```

업그레이드된 MySQL 서비스를 시작하세요.

```
# systemctl start mysqld
```

MySQL이 데이터 사전을 업그레이드했고 현재 MySQL 8.0.21을 실행하고 있다는 것을 로그에서 관찰할 수 있습니다.

```
# tail -f /var/log/mysqld.log
    2020-08-09T21:20:10.356938Z 2 [System] [MY-011003] [Server] Finished
    populating Data Dictionary tables with data.
    2020-08-09T21:20:11.734091Z 5 [System] [MY-013381] [Server] Server
    upgrade from '50700' to '80021' started.
```

```
2020-08-09T21:20:17.342682Z 5 [System] [MY-013381] [Server] Server
upgrade from '50700' to '80021' completed.
...
2020-08-09T21:20:17.463685Z 0 [System] [MY-010931] [Server]
/usr/sbin/mysqld: ready for connections. Version: '8.0.21'  socket:
'/var/lib/mysql/mysql.sock'  port: 3306  MySQL Community Server - GPL.
```

> **NOTE_** MySQL을 업그레이드하기 전에 릴리스 정보를 확인하길 권장합니다. 릴리스 정보에는 변경사항과
> 버그 수정에 대한 내용이 요약되어 있습니다. 릴리스 정보는 MySQL 업스트림, 퍼코나 서버, MariaDB에 적
> 용할 수 있습니다.

최신의 메이저 릴리스로 업그레이드해도 안전한지 묻는 질문을 자주 받습니다. 대답은 상황에
따라 다릅니다. 업계의 모든 신제품과 마찬가지로 얼리어답터는 새 기능의 혜택을 받지만, 테
스터이기도 해서 새로운 버그를 마주하고 그 영향을 받기도 합니다. MySQL 8.0이 출시되었
을 때는 세 개의 마이너 릴리스를 기다린 뒤에 마이그레이션을 고려하라고 권했습니다. 이 책
에서 가장 중요한 규칙은 다음 단계로 나아가기 전에 모든 것을 테스트하는 것입니다. 이 책에
서 배운 내용이 그뿐이어도 우리 사명은 완수한 셈입니다.

Part **II**

MySQL 사용법

2부에서는 데이터베이스 모델링, 기본 SQL 작업, 데이터베이스 구성, 고급 쿼리 같은 MySQL의 기본 사용법을 소개합니다. 데이터베이스를 생성하는 데 필요한 적절한 설계법과 데이터베이스 기능, 정보 관계 등을 이해하며, 엔티티와 관계, 정규화 같은 개념도 배웁니다. MySQL에서 데이터 조작에 필요한 명령어와 MySQL 데이터베이스 생성, 테이블, 인덱스 등의 구성 방법을 안내하고, 다양한 운영 방법과 복잡한 처리를 위한 고급 쿼리 작성법도 살펴봅니다.

Part II

MySQL 사용법

데이터베이스 모델링과 설계

새로운 데이터베이스를 구현할 때는 설계에 충분한 시간과 노력을 투입하지 않고 무언가를 빠르게 세팅하고 실행하려는 마음에 함정에 빠지기 쉽습니다. 이러한 부주의는 종종 비용이 높은 재설계와 재구현으로 이어집니다. 데이터베이스 설계는 주택 청사진 설계와 같습니다. 상세한 계획 없이 건축을 시작하는 일은 바보 같은 짓입니다. 특히 잘된 설계는 모든 것을 처음부터 재설계하지 않고 원래 설계에서 확장이 가능합니다. 그리고 지금부터 살펴볼 잘못된 설계는 데이터베이스의 성능 저하로 직결됩니다.

2.1 데이터베이스 개발 실패 사례

데이터베이스 설계는 이 세상에서 가장 흥미진진한 일은 아니지만 가장 중요한 작업이 되고 있음이 확실합니다. 설계 방법에 대해 본격적으로 설명하기 전에 실제 데이터베이스를 예로 들어 살펴보겠습니다.

대학교 컴퓨터 공학과 학생의 성적을 저장하기 위해 데이터베이스를 만들어야 한다고 상상해봅시다. 각 학생과 수업 성적을 저장하기 위해 Student_Grades 테이블을 만듭니다. 테이블은 각 학생의 이름과 성, 수강한 수업의 이름과 성적 백분위(Pctg로 표시)의 열로 구성됩니다. 행마다 학생별 수업 정보를 저장합니다.

```
+------------+---------+----------------------+------+
| GivenNames | Surname | CourseName           | Pctg |
+------------+---------+----------------------+------+
| John Paul  | Bloggs  | Data Science         | 72   |
| Sarah      | Doe     | Programming 1        | 87   |
| John Paul  | Bloggs  | Computing Mathematics| 43   |
| John Paul  | Bloggs  | Computing Mathematics| 65   |
| Sarah      | Doe     | Data Science         | 65   |
| Susan      | Smith   | Computing Mathematics| 75   |
| Susan      | Smith   | Programming 1        | 55   |
| Susan      | Smith   | Computing Mathematics| 80   |
+------------+---------+----------------------+------+
```

그러나 학생이 동명이인인 경우를 생각해봅시다. 샘플 데이터에는 Computing Mathematics 수업을 수강한 Susan Smith란 학생이 두 명 있습니다. 어떤 Susan Smith가 75%이고 80%인 가요? 일반적으로 이런 중복 데이터를 구분하려면 항목마다 고유한 값을 할당해야 합니다. 자, 학생별로 고유한 학번(StudentID)을 할당했습니다.

```
+-----------+------------+---------+----------------------+------+
| StudentID | GivenNames | Surname | CourseName           | Pctg |
+-----------+------------+---------+----------------------+------+
| 12345678  | John Paul  | Bloggs  | Data Science         | 72   |
| 12345121  | Sarah      | Doe     | Programming 1        | 87   |
| 12345678  | John Paul  | Bloggs  | Computing Mathematics| 43   |
| 12345678  | John Paul  | Bloggs  | Computing Mathematics| 65   |
| 12345121  | Sarah      | Doe     | Data Science         | 65   |
| 12345876  | Susan      | Smith   | Computing Mathematics| 75   |
| 12345876  | Susan      | Smith   | Programming 1        | 55   |
| 12345303  | Susan      | Smith   | Computing Mathematics| 80   |
+-----------+------------+---------+----------------------+------+
```

이제 백분위가 80%인 Susan Smith가 누구인지 구분됩니다. 그 학생은 학번이 12345303입니다.

또 다른 문제가 있습니다. 테이블을 보니, John Paul Bloggs는 Computing Mathematics 수업 성적이 두 개나 있습니다. 알고 보니 43%로 한 번 이수를 실패하고 그다음 재수강해 65%로 이수했습니다. 관계형 데이터베이스에서 행은 집합을 만들고, 행끼리는 정해진 순서가 없습니다. 테이블을 보면 이 학생이 한 차례 이수에 실패한 이후 재수강을 통해 이수했다고 추측할 수는 있지만, 확신은 못합니다. 새 학기가 이전 학기 다음에 표시된다는 보장이 없으므로 각 점수가 부여된 시기를 알려주는 연도(Year)와 학기(Sem) 정보를 추가합니다.

```
+-----------+-----------+---------+---------------------+------+-----+------+
| StudentID | GivenNames | Surname | CourseName         | Year | Sem | Pctg |
+-----------+-----------+---------+---------------------+------+-----+------+
| 12345678  | John Paul | Bloggs  | Data Science        | 2019 |  2  |  72  |
| 12345121  | Sarah     | Doe     | Programming 1       | 2020 |  1  |  87  |
| 12345678  | John Paul | Bloggs  | Computing Mathematics | 2019 |  2  |  43  |
| 12345678  | John Paul | Bloggs  | Computing Mathematics | 2020 |  1  |  65  |
| 12345121  | Sarah     | Doe     | Data Science        | 2020 |  1  |  65  |
| 12345876  | Susan     | Smith   | Computing Mathematics | 2019 |  1  |  75  |
| 12345876  | Susan     | Smith   | Programming 1       | 2019 |  2  |  55  |
| 12345303  | Susan     | Smith   | Computing Mathematics | 2020 |  1  |  80  |
+-----------+-----------+---------+---------------------+------+-----+------+
```

Student_Grades 테이블을 보니 이제 표시된 데이터가 약간 늘었습니다. 연도별로 StudentID, GivenNames, Surname이 반복됩니다. 이런 정보를 분할해 Student_Details 테이블을 만들겠습니다.

```
+-----------+-----------+---------+
| StudentID | GivenNames | Surname |
+-----------+-----------+---------+
| 12345121  | Sarah     | Doe     |
| 12345303  | Susan     | Smith   |
| 12345678  | John Paul | Bloggs  |
| 12345876  | Susan     | Smith   |
+-----------+-----------+---------+
```

이렇게 Student_Grades 테이블을 더 적은 정보로 유지할 수 있습니다.

```
+-----------+---------------------+------+-----+------+
| StudentID | CourseName         | Year | Sem | Pctg |
+-----------+---------------------+------+-----+------+
| 12345678  | Data Science        | 2019 |  2  |  72  |
| 12345121  | Programming 1       | 2020 |  1  |  87  |
| 12345678  | Computing Mathematics | 2019 |  2  |  43  |
| 12345678  | Computing Mathematics | 2020 |  1  |  65  |
| 12345121  | Data Science        | 2020 |  1  |  65  |
```

```
| 12345876  | Computing Mathematics | 2019 |  1  |  75 |
| 12345876  | Programming 1         | 2019 |  2  |  55 |
| 12345303  | Computing Mathematics | 2020 |  1  |  80 |
+-----------+-----------------------+------+-----+------+
```

특정 학생의 성적을 보려면 먼저 Student_Details 테이블에서 학생의 학번을 찾고, Student _Grades 테이블에서 학생의 ID로 성적을 확인하면 됩니다.

아직 살펴보지 않은 문제가 많습니다. 학생의 등록 날짜, 우편번호, 이메일 주소, 수수료, 출석 횟수 같은 정보를 보관해야 할까요? 지번 주소도 저장할까요? 학생들이 주소를 변경할 때 문제가 생기지 않으려면 주소를 어떤 방식으로 저장하는 게 좋을까요?

이러한 방식으로 데이터베이스를 구현하다 보면 문제가 발생합니다. 이처럼 생각지 못한 일들 때문에 데이터베이스의 구조가 계속해서 바뀝니다. 요구사항을 사전에 신중하게 문서화해 일관성 있게 설계하면 많은 재작업을 줄일 수 있습니다.

2.2 데이터베이스 설계 과정

데이터베이스 설계에는 세 가지 주요 단계가 있으며, 단계를 진행할수록 조건이 더 구체화됩니다.

| 요구사항 분석 |

먼저 어느 데이터를 저장할지 그리고 각 아이템이 어떻게 관계되는지 데이터베이스에 필요한 사항을 결정하고 기록합니다. 실제로 애플리케이션의 요구사항에 대한 자세한 내용과 데이터베이스, 애플리케이션을 사용할 다양한 역할의 사람들이 나눈 대화도 기록합니다.

| 개념적 설계 |

데이터베이스 요구사항을 파악한 후에는 데이터베이스 설계에 대한 공식 설명으로 다듬습니다. 잠시 후 개념적 설계를 생성하기 위해 모델링을 사용해보겠습니다.

| 논리적 설계 |

마지막으로 데이터베이스 설계를 기존의 데이터베이스 관리 시스템에 맞춥니다. 이 장의 끝에서 MySQL Workbench를 사용해 개념적 설계를 MySQL 데이터베이스 스키마로 변환하는 방법을 살펴보겠습니다.

2.3 관계형 엔티티 모델

데이터베이스는 객체인 **엔티티**entity와 엔티티 간의 연결 정보인 **관계**relationship를 저장합니다. 예를 들어, 대학교 데이터베이스에는 학생, 수업, 등록자 수에 대한 정보를 저장하는데 여기서 엔티티는 학생과 수업입니다. 마찬가지로 재고와 판매 데이터베이스에는 제품, 고객, 매출 정보를 저장하는데 여기서 엔티티는 제품과 고객이고 제품과 고객의 관계가 판매입니다. 처음에는 엔티티와 관계를 혼동해 관계를 엔티티로 설계하거나 그 반대로 설계하기도 합니다. 이런 혼동을 피하는 가장 좋은 방법은 연습을 많이 해서 데이터베이스 설계 스킬을 연마하는 것입니다.

관계형 엔티티entity relationship(ER) 모델은 개념적 설계의 일반적인 접근방식으로, 요구사항을 데이터베이스의 관계와 엔티티의 형식적인 설명으로 변환할 때 도움됩니다. ER 모델링 과정을 살펴본 후 세 가지 샘플 데이터베이스를 '2.6 엔티티 관계 설계 예시'에서 확인해보겠습니다.

2.3.1 엔티티 표현 방법

설계를 시각화하기 위해 ER 모델링에는 ER 다이어그램을 그리는 과정이 포함됩니다. ER 다이어그램에서 엔티티 집합은 엔티티 이름이 담긴 직사각형으로 표현됩니다. 판매 데이터베이스를 예로 보면 제품과 고객의 엔티티 집합은 ER 다이어그램에서 [그림 2-1]처럼 표현됩니다.

```
┌──────────┐          ┌──────────┐
│   고객    │          │   제품    │
└──────────┘          └──────────┘
```

그림 2-1 직사각형으로 표시된 엔티티 집합

일반적으로 엔티티의 특징이나 **속성**attribute을 저장하기 위해 데이터베이스를 사용합니다. 판매 데이터베이스에는 각 고객의 이름, 이메일 주소, 지번 주소, 전화번호를 저장할 수 있습니다. 보다 정교한 고객 관리 애플리케이션customer relationship management (CRM)에서는 고객의 배우자나 자녀 이름도 저장하고, 고객이 사용하는 언어나 회사와 상호작용한 내역 등을 기록하기도 합니다. 엔티티에 속한 속성은 해당 엔티티를 설명합니다.

속성은 더 세분화해 구성할 수 있습니다. 예를 들어 지번 주소는 도로명 주소(거리 번호), 도시, 우편번호, 국가 정보로 구성됩니다. 속성이 더 작은 단위로 구성된 경우 **복합**composite **속성**으로 분류하고 그렇지 않은 경우 **단순**simple **속성**으로 분류합니다

일부 속성은 한 엔티티 내에서 값이 여러 개일 수 있습니다. 예를 들어 한 고객이 전화번호를 여러 개 보유할 수 있기 때문에 전화번호는 **다중값**multivalued이 될 수 있다는 특징이 있습니다.

속성은 값이 동일한 엔티티를 구별하는 데 도움됩니다. 이름으로 고객을 구별할 수 있지만 동명이인이 존재할 수 있으므로 이름은 부적절합니다. 고객을 구별하기 위해서는 각자 고유한 특성(또는 최소한의 특성 조합)이 필요합니다. 식별할 수 있는 속성 또는 속성들은 고유한 키 값을 구성하는데 이를 **기본 키**primary key라고 부릅니다.

앞선 예시에서는 이메일 주소가 동일한 고객이 단 한 명이라고 가정할 수 있으므로 이메일은 기본 키가 될 수 있습니다. 그러나 데이터베이스를 설계할 때 결정 하나가 어떤 의미를 가질지 신중하게 고민해야 합니다. 예를 들어, 이메일 주소로 고객을 구분할 경우 한 고객이 이메일 주소가 여러 개이면 어떻게 해야 할까요? 이 데이터베이스를 쓰는 애플리케이션에서는 각 이메일 주소를 별도의 개인으로 구분하게 됩니다. 이메일을 두 개 이상 가질 수 있게 변경하기는 어려울 수 있습니다. 이메일을 기본 키로 사용하면 모든 고객이 이메일 주소를 반드시 하나는 가져야 한다는 의미입니다. 즉, 이메일이 없는 고객이 존재한다면 고객을 구분하지 못하게 됩니다.

대체 키로 사용할 수 있는 또 다른 속성을 살펴보겠습니다. 두 명의 고객이 전화번호가 동일할 수 있으나(전화번호는 기본 키로 사용할 수 없음), 번호가 같아도 고객 이름이 같진 않기 때문에 전화번호와 이름을 복합 키composite key로 사용할 수 있습니다.

엔티티를 식별할 때 사용할 수 있는 키가 여러 개일 수 있습니다. 대안 중 하나를 선택하거나 **후보 키**candidate key를 **기본 키**로 선택합니다. 보통은 빈 값이 없고 엔티티마다 값이 고유하며 크기가 가장 작은 키(키의 크기가 작을수록 조회나 변경 작업 성능이 빠름)를 **기본 키**로 선택합니다.

ER 다이어그램에서 속성은 [그림 2-2]처럼 엔티티에 이름이 연결된 타원으로 표시됩니다. 기본 키로 구성된 속성은 밑줄로 표시됩니다. 복합 속성의 속성은 해당 복합 속성의 타원에 연결되어 그려지고 다중값 속성은 이중선으로 그린 타원으로 표시됩니다.

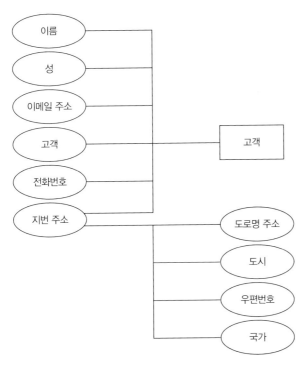

그림 2-2 고객 엔티티의 ER 다이어그램 표현

엔티티 속성 값은 제한된 범위 내에서 정해집니다. 예를 들어 고객의 이름과 성은 각각 최대 100자 문자열, 전화번호는 최대 40자 문자열 내에서 지정합니다. 제품 가격도 양의 유리수로 지정합니다.

속성은 값이 없을 수 있습니다. 예를 들어 일부 고객이 전화번호를 제공하지 않을 수 있습니다. 그러나 엔티티의 기본 키(다중 속성의 기본 키 포함)는 값이 없어서는 안 됩니다(**NOT NULL**이어야 함). 그래서 고객이 이메일 주소를 제공하지 않는다면 이메일 주소를 기본 키로 사용할 수 없습니다.

속성을 다중 속성으로 분류할 때는 값이 모두 들어 있는지 또는 고유한지 같은 사항을 숙고합니다. 예를 들어 고객의 여러 번호를 나열할 때 고객의 회사 전화번호, 집 전화번호, 휴대폰 번호 등으로 별도의 이름을 지정하는 게 더 유용할까요?

이번에는 요구사항에 따라 제품에 이름과 가격이 지정되는 판매 데이터베이스를 생각해봅시다. 제품은 별개의 객체이기 때문에 엔티티임을 알 수 있습니다. 그러나 제품의 이름과 가격은 별개의 객체가 아닌 제품의 엔티티를 설명하는 속성입니다. 다른 시장에서 다른 가격으로 판매하길 원한다면 더 이상 제품 엔티티와 관련이 없어지고, 다른 모델링이 필요합니다.

일부 애플리케이션에서는 속성 조합으로 엔티티를 고유하게 식별할 수 없기 때문에(또는 너무 큰 복합 키를 사용하면 복잡하기 때문에), 고유하게 생성되는 인공 속성 값을 사용합니다. 이런 방식은 다양한 애플리케이션에서 사용하는데 학생 번호, 사회 보장 번호, 운전자 면허 번호, 도서관 카드 번호 등이 그 예입니다. 지금 보고 있는 재고 판매 애플리케이션에서는 제품 이름과 가격을 사용해 다른 제품으로 재고 목록에 넣을 수 있습니다. 예를 들어 'USB 2.0 4포트 허브' 모델 두 가지를 각각 $4.95에 판매할 수 있습니다. 제품을 구분하기 위해 각 아이템에 고유한 제품 ID 값을 부여하면 그 값이 기본 키가 됩니다. 각 제품은 엔티티에 이름과 가격, 제품 ID 속성을 가집니다. 이 내용은 [그림 2-3]에 나와 있습니다.

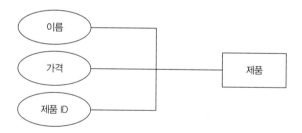

그림 2-3 제품 엔티티의 ER 다이어그램 표현

2.3.2 관계 표현

엔티티는 다른 엔티티와 관계를 가질 수 있습니다. 예를 들어 고객은 제품을 살 수 있고, 학생은 수업을 수강할 수 있고, 직원은 주소를 가질 수 있습니다.

엔티티와 마찬가지로 관계 또한 속성을 가질 수 있습니다. 판매를 고객 엔티티(고유한 이메일 주소로 식별됨)와 특정 날짜 및 시간(타임스탬프)에 존재하는 몇 가지 제품 엔티티(고유한 제품 ID 값으로 식별됨) 사이의 관계로 정의할 수 있습니다.

데이터베이스는 다음과 같은 형식으로 각 판매 내역을 기록합니다. 3월 22일 수요일, 오후 3시 13분에 마르코스 알베^{Marcos Albe}가 라즈베리파이4 1대, M.2 NVMe SSD(500GB) 1대, 2000 와트 5.1 채널 서브우퍼 스피커 2세트를 구입했습니다.

관계의 양쪽에서 엔티티 수가 다를 수 있습니다. 예를 들어 고객이 원하는 수의 제품을 구입할 수 있고, 제품이 원하는 수의 고객에게 구입될 수 있습니다. 이것을 **다대다**^{many to many} 관계라고 합니다. 물론, **일대다**^{one to many} 관계도 가능합니다. 예를 들어 한 사람이 신용 카드를 여러 개 가질 수 있지만 각 신용 카드는 한 사람에게만 속합니다. 다른 방식으로 보면 **일대다** 관계는 **다대일** 관계가 됩니다. 많은 신용 카드가 한 사람의 소유일 수 있습니다. 마지막으로 자동차 엔진의 일련 번호는 **일대일** 관계입니다. 엔진에는 단 하나의 일련 번호만 부여됩니다. 그리고 일련 번호는 하나의 자동차 엔진에만 속합니다. 이 책에서는 일대일, 일대다, 다대다 관계를 **1:1**, **1:N**, **M:N**이라는 약어로 칭하겠습니다.

관계의 양쪽에 있는 엔티티의 수(관계의 **카디널리티**^{cardinality})는 관계의 **주요 제약 조건**^{key constraints}을 정의합니다. 관계의 카디널리티에 대해 신중히 생각합시다. 처음에는 일대일처럼 보이지만 나중에는 더 복잡해지는 관계가 많습니다. 예를 들어 사람들은 때때로 이름을 바꿉니다. 경찰 데이터베이스 같은 일부 애플리케이션에서는 특히 중요하므로 사람 엔티티와 이름 엔티티 간의 다대다 관계를 모델링할 수 있습니다. 관계가 실제보다 단순하다고 가정하면 나중에 데이터베이스를 재설계하는 데 많은 비용과 시간이 소요될 수 있습니다.

설정된 관계는 ER 다이어그램에서 이름이 정의된 마름모로 나타냅니다. 관계의 카디널리티는 관계 마름모에서 각 선에 연결되는 수를 '1', 'M', 'N' 형태로 표시(이 책에서는 이 표기법을 사용)하거나 관계 마름모에서 하나만 연결되는 엔티티 방향 선에 화살촉을 붙입니다. [그림 2-4]는 판매 관계의 수와 타임스탬프 속성, 고객과 제품 엔티티 간의 관계를 정리한 다이어그램입니다.

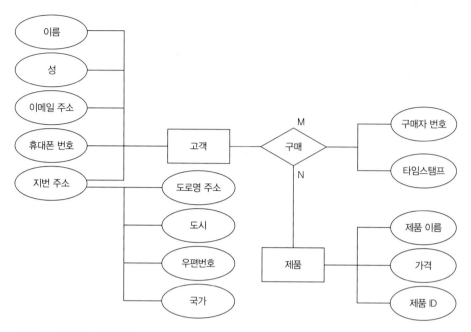

그림 2-4 고객과 제품 엔티티의 ER 다이어그램 표현과 이들 간의 판매 관계

2.3.3 부분 참여와 전체 참여

엔티티 간의 관계는 선택 사항이거나 필수 사항입니다. 위의 예시에서는 제품을 구매한 경우에만 고객으로 간주합니다. 다른 한편으론, 정보를 사용해 물건을 팔려는 대상을 고객으로 볼 수도 있습니다. 위의 예시에서 첫 번째 경우 고객 엔티티는 구매 관계에 완전하게 참여합니다(모든 고객이 제품을 구매했고 제품을 구매하지 않은 고객은 있을 수 없음). 두 번째 경우 부분적으로 참여합니다(고객이 제품을 구입할 수 있음). 이를 관계의 참여 제약이라 합니다. ER 다이어그램에서는 엔티티 상자와 마름모 상자 사이의 이중선으로 전체 참여를 나타냅니다.

2.3.4 엔티티 또는 속성

때로는 항목이 그 자체로 속성인지 아니면 엔티티인지 구분하기 어려운 경우가 있습니다. 예를 들어 이메일 주소는 그 자체로 엔티티가 될 수 있습니다. 확실하지 않은 경우에는 많은 경험을 바탕으로 만들어진 규칙을 사용하세요.

| 데이터베이스와 직접적인 관련이 있는가? |

직접적인 관계의 객체는 엔티티이고, 이를 설명하는 정보는 속성에 저장되어야 합니다. 재고 및 판매 데이터베이스에서는 이메일 주소가 아닌 고객이 중요하므로 이메일 주소는 고객 엔티티의 속성이 되는 편이 가장 좋습니다.

| 항목 자체를 구성하는 요소가 있는가? |

만약 그렇다면 이런 구성요소를 나타낼 방법을 찾아야 합니다. 별도의 엔티티를 만드는 게 좋은 해결책이 될 수 있습니다. 이 장의 시작 부분에 인용한 학생 성적 데이터베이스 예시에서 학생이 수강하는 각 수업의 이름, 연도, 학기를 저장했습니다. 수업을 별도의 엔티티로 취급하고 수업이 학생들에게 제공될 때마다 구분하기 위한 수업 ID 번호를 생성하는 편이 더 단순할 것입니다.

| 객체가 여러 개의 데이터를 가질 수 있는가? |

만약 그렇다면 여러 개의 데이터를 저장할 방법을 찾아야 합니다. 가장 확실한 방법은 객체를 별도의 엔티티로 나타내는 것입니다. 앞의 판매 예시에서는 고객에게 이메일 주소가 하나 이상 있는지 물어야 합니다. 그렇다면 이메일 주소를 별도의 엔티티로 모델링합니다.

| 객체가 존재하지 않거나 알 수 없는 경우가 많은가? |

만약 그렇다면 이 객체는 사실상 일부 엔티티의 속성일 뿐이므로 별도의 엔티티로 만드는 편이 더 좋습니다. 간단한 예시를 들겠습니다. 학생의 수업 성적을 저장하기 위해 [그림 2-5]와 같이 모든 수업에 대한 성적 속성을 취할 수 있습니다. 그러나 대부분의 학생들이 일부 수업에서만 성적을 받으므로 성적은 [그림 2-6]과 같이 별도의 엔티티 집합으로 나타내는 편이 좋습니다.

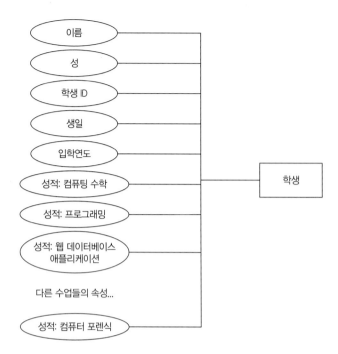

그림 2-5 학생 엔티티의 속성으로 표현한 학생 성적의 ER 다이어그램

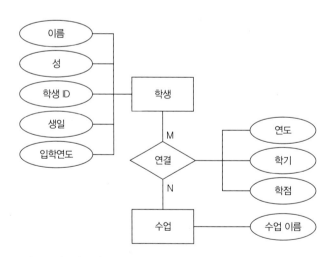

그림 2-6 별도의 엔티티로 표현한 학생 성적의 ER 다이어그램

2.3.5 엔티티 또는 관계

객체를 엔티티로 할 것인지 아니면 관계로 할 것인지 결정하는 손쉬운 방법은 요구사항에서 명사를 엔티티로 바꾸고 동사를 관계로 바꾸는 것입니다. '학위 프로그램은 하나 이상의 과정으로 구성됩니다'라는 문장에서는 '프로그램'과 '과정'이 엔티티가 되고 '구성됨'이 관계가 됩니다. 유사하게 '학생이 프로그램에 등록합니다'라는 문장에서는 엔티티로 '학생'과 '프로그램'을, 관계로 '등록'을 찾을 수 있습니다. 물론 관계에서 나타난 용어가 아닌 다른 용어로 엔티티와 관계를 표현할 수 있지만 설계를 요구사항과 비교해 확인할 수 있도록 요구사항에 사용된 명명 규칙에서 크게 벗어나지 않아야 합니다. 설계를 단순하게 유지하고 가능하다면 소소한 엔티티를 도입하지 마십시오. 정리하면, 기존 학생과 프로그램 엔티티의 관계로 모델링할 수 있다면 학생 등록에 관한 별도의 엔티티는 필요하지 않습니다.

2.3.6 중간 엔티티

다대다 관계를 새로운 중간^{intermediate} 엔티티(연관^{associate} 엔티티라고도 함)로 대체하고 원래 엔티티를 일대다 관계와 다대일 관계로 연결해 다대다 관계를 개념적으로 단순화할 수 있습니다.

'승객이 항공편을 예약합니다'라는 문장을 생각해봅시다. 엔티티 '승객'과 '항공편'의 다대다 관계입니다. 관련 ER 다이어그램 조각은 [그림 2-7]에 나와 있습니다.

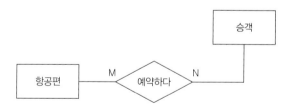

그림 2-7 승객과 항공편의 다대다 관계

이 관계를 양 방향에서 살펴보면 이렇습니다.

- 항공편을 예약한 승객이 많을 수 있습니다.
- 승객이 항공편을 많이 예약할 수 있습니다.

따라서 다대다 관계를 두 개의 일대다 관계로 생각할 수 있습니다. 이 관계에서는 항공편과 승객 사이에 숨겨진 '예약'이란 중간 엔티티의 존재가 드러납니다. 요구사항을 '승객이 항공편 자리를 잡습니다'로 표현하는 것이 더 적절합니다. 업데이트된 ER 다이어그램은 [그림 2-8]에 나와 있습니다.

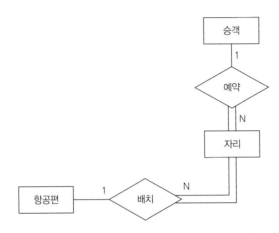

그림 2-8 승객과 항공편 사이의 중간 엔티티인 예약

한 승객이 예약을 여러 번 할 수 있지만 자리는 오직 한 승객에게만 주어지므로 이 관계의 카디널리티는 1:N입니다. 이와 마찬가지로 한 항공편이 많이 예약될 수 있지만 각 자리는 오직 한 항공편에서만 가능하므로 이 관계의 카디널리티도 1:N입니다. 자리가 특정 승객과 특정 항공편과 연결되어야 하므로 자리 엔티티는 모든 엔티티와의 관계에 완전하게 참여합니다('2.3.3 부분 참여와 전체 참여'에 설명된 내용). 전체 참여에 대한 내용은 [그림 2-7]에서 찾아내기 어렵습니다.

2.3.7 약한 엔티티와 강한 엔티티

맥락은 일상적인 상호작용에서 대단히 중요합니다. 맥락을 알면 아주 적은 양의 정보로도 작업할 수 있습니다. 가족을 생각해봅시다. 한 가족이라면 서로를 이름이나 애칭, 관계로만 부릅니다. 모호한 부분이 있다면 명확히 하기 위해 성 같은 정보를 추가합니다. 데이터베이스 설계에서는 다른 엔티티에 종속된 엔티티에 대한 주요 정보를 몇 개 생략할 수 있습니다. 예를 들어 고객의 자녀 이름을 저장하는 경우 자녀 엔티티를 만들고 부모를 잘 구분해주는 주요 정보만 저장할 수 있습니다. 한 고객에게 이름이 동일한 자녀가 여러 명 있을 수 없다는 가정하에 단순히 자녀 이름을 나열할 수 있습니다. 이 같은 자녀 엔티티가 약한 엔티티이며 자녀 엔티티와 고객 엔티티의 관계를 **식별 관계**identifying relationship라고 합니다. **약한**weak 엔티티는 데이터베이스에서 소유 엔티티와 독립적으로 존재할 수 없기 때문에 식별 관계에 완전하게 참여합니다.

ER 다이어그램에서는 [그림 2-9]와 같이 이중선으로 약한 엔티티와의 관계를 구분하고 약한 엔티티의 부분 키를 밑줄로 표시합니다. 약한 엔티티는 해당 엔티티를 소유한(또는 **강한**strong) 엔티티의 맥락 안에서 고유하게 구분되므로 약한 엔티티의 전체 키는 자신의 키(부분)와 소유한 엔티티의 키를 조합한 값입니다. 이 예시에서 자녀를 구분하려면 자녀의 이름과 부모의 이메일 주소가 필요합니다.

[그림 2-10]은 설명을 기호로 요약한 ER 다이어그램입니다.

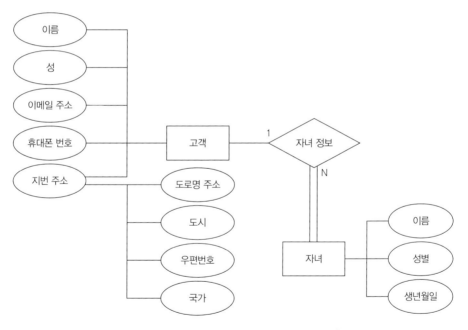

그림 2-9 약한 엔티티의 ER 다이어그램 표현

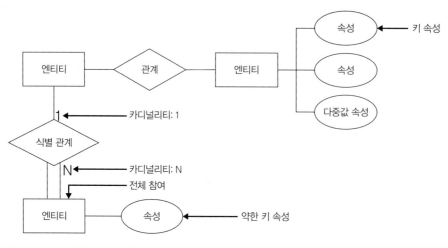

그림 2-10 ER 다이어그램의 기호 요약

2.4 데이터베이스 정규화

데이터베이스 정규화는 관계형 데이터베이스의 구조를 설계할 때 중요한 개념입니다. 정규형은 관계형 데이터베이스 모델을 구상한 에드거 F 코드^{Edgar F. Codd} 박사가 1970년대 초반에 제안한 이래 오늘날까지 업계에서 폭넓게 사용되고 있습니다. NoSQL 데이터베이스의 출현에도 불구하고 단기나 중기적으로 관계형 데이터베이스가 사라지거나 정규형이 사용되지 않게 되리라는 증거는 없습니다.

정규형은 데이터의 중복을 줄이고 무결성을 향상하는 것이 주요 목적입니다. 또 정규화는 데이터베이스 구조를 재설계하거나 확장하는 프로세스를 효율화합니다.

공식적으로 정규형은 여섯 단계이지만, 대부분의 데이터베이스 설계자가 3단계까지만 수행합니다. 데이터베이스의 정규화 과정이 점진적이어서 이전 단계를 거치지 않으면 다음 단계의 더 수준 높은 정규화를 달성할 수 없기 때문입니다. 6단계의 정규화를 사용하면 구성할 수 있는 데이터베이스의 모델이 너무 많이 제한되며, 일반적으로 구현하기가 대단히 복잡해집니다.

실제 워크로드에서는 성능 이슈가 발생하는 경우가 많아 추출, 변환, 로드(ETL) 작업이 필요합니다. 이 작업들은 진행 과정에서 데이터를 비정규화합니다.

우선 세 가지 정규형^{normal form}의 목표를 살펴봅시다.

| 제1정규형(1NF) |

- 개별 테이블에서 반복되는 그룹을 제거합니다.

- 관련 데이터 집합에 대해 별도의 테이블을 만듭니다.

- 기본 키로 각 관련 데이터 집합을 식별합니다.

만약 관계에 복합 또는 다중 속성이 포함된다면 제1정규형을 위반한 것입니다. 반대로 복합 또는 다중 속성이 포함되지 않는다면 제1정규형을 만족합니다. 따라서 해당 관계의 모든 속성 값이 단일 타입인 경우 이를 제1정규형이라고 합니다.

| 제2정규형(2NF) |

- 여러 행에 적용되는 값들의 집합은 별도의 테이블로 만듭니다.

- 이런 테이블들은 외래 키^{foreign key}로 연결합니다.

해당 레코드는 테이블의 기본 키(필요할 경우 복합 키)가 아닌 다른 것에 종속해서는 안 됩니다.

| 제3정규형(3NF) |

- 키에 의존하지 않는 필드를 제거합니다.

해당 레코드 키의 일부가 아닌 값이 테이블에 없어야 합니다. 일반적으로 필드 그룹의 내용이 단일 레코드 이상에 적용될 수 있는 경우 해당 필드를 별도의 테이블에 배치하는 방법을 고려해야 합니다.

[표 2-1]에 최소 정규형부터 최대 정규형까지 정리했습니다. 데이터베이스 정규형 조건을 충족하지 않는 데이터베이스 모델을 비정규형unnormalized form (UNF)이라 합니다.

표 2-1 정규형(최소 정규화부터 최대 정규화까지)

	UNF (1970)	1NF (1970)	2NF (1971)	3NF (1971)	4NF (1977)	5NF (1979)	6NF (2003)
기본 키(중복 항목 없음)	△	O	O	O	O	O	O
반복되는 그룹 없음	X	O	O	O	O	O	O
원자형 열(셀에는 단일 값이 있음)	X	O	O	O	O	O	O
모든 중요하지 않은 기능적 종속성은 후보 키의 적절한 하위 집합으로 시작하지 않거나 주요 속성으로 끝남(후보 키에 대한 기본이 아닌 속성의 부분적 기능 종속성은 없음)	X	X	O	O	O	O	O
모든 중요하지 않은 기능적 종속성은 슈퍼 키로 시작하거나 프라임 속성으로 끝남(후보 키에 대한 비프라임 속성의 이행적 기능 종속성은 없음)	X	X	X	O	O	O	O
모든 중요하지 않은 기능적 종속성은 슈퍼 키로 시작하거나 기본 프라임 속성으로 끝남	X	X	X	X	O	O	N/A
모든 중요하지 않은 기능적 종속성은 슈퍼 키로 시작함	X	X	X	X	O	O	N/A
모든 중요하지 않은 다중값 종속성은 슈퍼 키로 시작함	X	X	X	X	O	O	N/A
모든 조인 종속성에는 슈퍼 키 구성요소가 있음	X	X	X	X	X	O	N/A
모든 조인 종속성에는 슈퍼 키 구성요소만 있음	X	X	X	X	X	O	N/A
모든 제약 조건은 도메인 제약 조건 및 주요 제약 조건의 결과	X	X	X	X	X	X	N/A
모든 조인 종속성은 간단함	X	X	X	X	X	X	O

2.5 예시 테이블 정규화

설명한 개념을 더 명확하게 하기 위해 가상의 학생 테이블을 정규화하는 예시를 살펴보겠습니다.

정규화되지 않은 테이블로 시작하겠습니다.

Student#	Advisor	Adv-Room	Class1	Class2	Class3
1022	Jones	412	101-07	143-01	159-02
4123	Smith	216	201-01	211-02	214-01

2.5.1 제1정규형: 반복 그룹 제거

테이블에는 각 속성에 대해 하나의 필드만 있어야 합니다. 한 명의 학생에게 수업이 여러 개 있으므로 수업을 별도의 테이블로 나눠야 합니다. 정규화되지 않은 테이블의 Class1, Class2, Class3 필드는 설계 오류입니다.

스프레드시트에는 동일한 속성(예: address1, address2, address3)에 대해 여러 필드가 있는 경우가 많지만 테이블에는 없어야 합니다. 이 문제를 다른 관점으로 보면 일대다 관계로 볼 수 있습니다. 하나의 테이블에는 일대다 관계의 데이터를 두면 안 됩니다. 그 대신 다음과 같이 반복 그룹을 제거해서 제1정규형으로 또 다른 테이블을 만듭니다(예: Class# 사용).

Student#	Advisor	Adv-Room	Class#
1022	Jones	412	101-07
1022	Jones	412	143-01
1022	Jones	412	159-02
4123	Smith	216	201-01
4123	Smith	216	211-02
4123	Smith	216	214-01

2.5.2 제2정규형: 중복 데이터 제거

이전 표의 각 Student# 값에 대한 여러 Class# 값을 확인해봅시다. Class#은 기능적으로 Student#(기본 키)에 종속되지 않으므로 이 관계는 제2정규형이 아닙니다.

다음 두 테이블은 제2정규형으로의 변환 예시입니다. Students 테이블입니다.

Student#	Advisor	Adv-Room
1022	Jones	412
4123	Smith	216

그리고 Registration 테이블입니다.

Student#	Class#
1022	101-07
1022	143-01
1022	159-02
4123	201-01
4123	211-02
4123	214-01

2.5.3 제3정규형: 키에 종속하지 않는 데이터 제거

Adv-Room 속성은 Advisor 속성에 종속됩니다. 이 경우엔 다음과 같이 해당 속성을 Students 테이블에서 Faculty 테이블로 옮겨 종속하지 않는 데이터를 제거합니다.

Students 테이블은 다음과 같이 변환됩니다.

Student#	Advisor
1022	Jones
4123	Smith

다음은 새로 생성된 Faculty 테이블입니다.[1]

Name	Room	Dept
Jones	412	42
Smith	216	42

---

1 옮긴이_ Students 테이블의 Advisor와 Faculty 테이블의 Name 값이 동일하기 때문에 가능합니다.

2.6 엔티티 관계 설계 예시

이전 절에서는 데이터베이스 설계, ER 다이어그램, 정규화의 기본을 이해하는 데 도움되는 가상의 예시를 살펴보았습니다. 이번에는 MySQL에 사용할 수 있는 샘플 데이터베이스의 ER 다이어그램 예시를 보겠습니다. ER 다이어그램을 시각화하기 위해 MySQL Workbench(`https://dev.mysql.com/downloads/workbench`)를 사용하겠습니다.

MySQL Workbench는 물리적 ER 표현 방법을 사용합니다. 물리적 ER 다이어그램 모델은 더 세분화되어 데이터베이스에 정보를 추가하는 세부 과정을 보여줍니다. 기호를 사용하는 대신 ER 다이어그램의 테이블을 사용해 실제 데이터베이스에 더 가깝게 만듭니다. 그리고 한 단계 더 나아가 향상된 엔티티 관계enhanced entity relationship(EER) 다이어그램을 사용합니다. EER 다이어그램은 ER 다이어그램의 확장 버전입니다.

세부사항을 모두 자세하게 다루지 못하지만, EER 다이어그램은 ER 다이어그램의 모든 요소를 제공하면서도 다음과 같은 추가 기능을 지원한다는 장점이 있습니다.

- 속성 및 관계 상속
- 카테고리 또는 union 타입
- 전문화 및 일반화
- 서브클래스와 슈퍼클래스

샘플 데이터베이스를 다운로드한 후 MySQL Workbench에서 EER 다이어그램을 시각화하는 방법으로 시작하겠습니다.

우리가 살펴볼 첫 샘플 데이터베이스는 **sakila**입니다. 2005년 개발에 착수한 **sakila**는 초기 설계 시 델Dell에서 발간한 백서『MySQL 애플리케이션에 대한 델 파워엣지PowerEdge 서버의 세 가지 접근방식』에 사용된 데이터베이스를 기반으로 했습니다. 이 데이터베이스는 온라인 DVD 판매 사이트를 구현한 것입니다. 이처럼 **sakila**는 델 샘플 데이터베이스에서 영화 제목과 배우 이름을 빌려왔습니다.

```
# wget https://downloads.mysql.com/docs/sakila-db.tar.gz
# tar -xvf sakila-db.tar.gz
# mysql -uroot -pmsandbox < sakila-db/sakila-schema.sql
# mysql -uroot -pmsandbox < sakila-db/sakila-data.sql
```

sakila는 sakila.mwb 파일에서 EER 모델도 제공합니다. [그림 2-11]과 같이 MySQL Workbench로 파일을 열 수 있습니다.

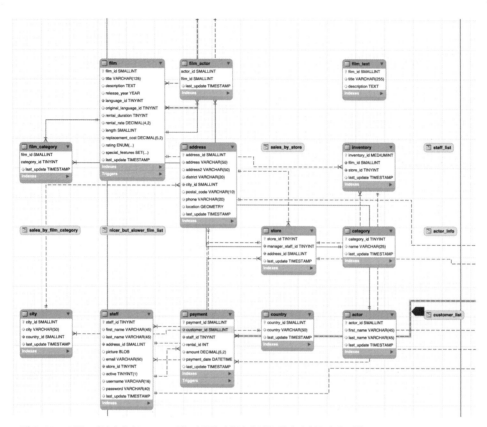

그림 2-11 sakila 데이터베이스 EER 모델, 기호를 사용하지 않은 엔티티의 물리적 표현

두 번째 샘플 데이터베이스는 핀란드 통계 자료의 샘플 데이터(https://tilastokeskus. fi/tup/kvportaali/index_en.html)를 사용한 world 데이터베이스입니다.

다음 명령어는 world 데이터베이스를 MySQL 인스턴스로 가져옵니다.

```
# wget https://downloads.mysql.com/docs/world-db.tar.gz
# tar -xvf world-db.tar.gz
# mysql -uroot -plearning_mysql < world-db/world.sql
```

world 데이터베이스는 **sakila**처럼 EER 파일을 제공하지는 않지만 MySQL Workbench 를 사용해 데이터베이스에서 EER 모델을 생성할 수 있습니다. 먼저, [그림 2-12]처럼 [Database] 메뉴에서 [Reverse Engineer]를 선택합니다.

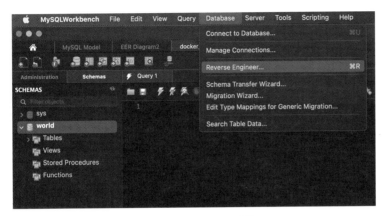

그림 2-12 world 데이터베이스의 Reverse Engineer 실행

Workbench는 데이터베이스에 연결하고(아직 연결되지 않은 경우), [그림 2-13]과 같이 Reverse Engineer를 실행할 스키마를 선택하라는 메시지를 표시합니다. 여기서 [계속]을 클릭합니다.

그림 2-13 스키마 선택

[그림 2-14]와 같은 화면에서 [실행]을 클릭합니다.

그림 2-14 실행 버튼을 클릭해 Reverse Engineer 과정을 시작

이 과정은 [그림 2-15]와 같이 world 데이터베이스에 대한 ER 모델을 생성합니다.

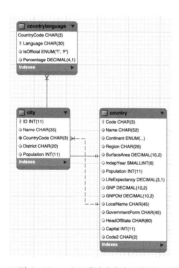

그림 2-15 world 데이터베이스의 ER 모델

마지막으로 가져올 데이터베이스는 employees입니다. 원본 데이터는 푸성 왕Fusheng Wang과 카를로 자니올로Carlo Zaniolo가 지멘스 코퍼레이트 리서치Siemens Corporate Research에서 만들었습니다.

주세페 막시아Giuseppe Maxia가 관계형 스키마를 만들었고 패트릭 크루Patrick Crews는 데이터를 관계형 형식으로 추출했습니다.

먼저 깃Git 저장소를 클론[2]해 데이터베이스를 가져옵니다.

```
# git clone https://github.com/datacharmer/test_db.git
# cd test_db
# cat employees.sql ¦ mysql -uroot -psekret
```

이렇게 하면 MySQL Workbench에서 Reverse Engineer 기능을 다시 사용해 [그림 2-16]과 같이 직원 데이터베이스에 대한 ER 모델을 생성할 수 있습니다.

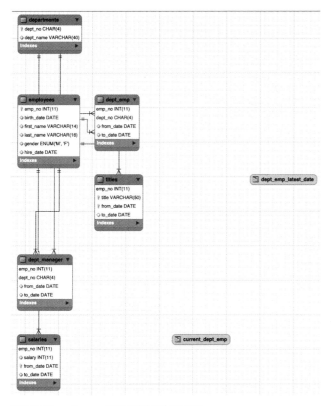

그림 2-16 employees 데이터베이스의 ER 모델

....

2 옮긴이_ 클론은 깃허브에서 해당 url의 코드를 로컬 환경으로 다운로드하는 것을 의미합니다.

여기에 표시된 ER 모델을 자세하게 살펴보고 엔티티와 해당 속성의 관계를 이해해야 합니다. 개념이 확실해지면 연습을 시작하세요. 어떻게 하는지는 다음 절에서 알게 됩니다. 여러분의 MySQL 서버에 데이터베이스를 만드는 방법은 4장에서 살펴봅니다.

2.7 엔티티 관계 모델 사용

이 절에서는 ER 모델을 만들고 데이터베이스 테이블에 배포할 때 필요한 단계를 살펴봅니다. 이전 절에서는 MySQL Workbench로 기존 데이터베이스에 Reverse Engineer를 실행해 데이터베이스 구조를 ER 모델로 생성할 수 있음을 보았습니다. 그렇다면 새 데이터베이스에는 어떻게 모델링하고 배포할까요? MySQL Workbench 도구를 사용해 이 프로세스를 자동화 할 수 있습니다.

2.7.1 데이터베이스 테이블에 엔티티 및 관계 연결

ER 모델을 데이터베이스 스키마로 변환하는 작업은 각 엔티티를 만들고 다음 절에서 논의된 규칙에 따라 관계를 연결한 뒤, 데이터베이스 테이블을 세팅하는 것으로 구성됩니다.

데이터베이스 테이블에 엔티티 할당

각각의 강한 엔티티에 대해 속성으로 구성된 테이블을 만들고 기본 키를 지정합니다. 모든 복합 속성의 일부도 여기에 포함됩니다.

각각의 약한 엔티티에 대해 속성과 약한 엔티티를 소유한 엔티티의 기본 키를 포함하는 테이블을 만듭니다. 소유한 엔티티의 기본 키는 이 테이블이 아닌 다른 테이블의 키이기 때문에 여기선 외래 키입니다. 약한 엔티티에 대한 테이블의 기본 키는 외래 키와 약한 엔티티의 부분 키의 조합입니다. 만약 소유한 엔티티와의 관계에 속성이 있다면 이 테이블에 추가합니다.

각 엔티티의 다중값 속성에 대해 엔티티의 기본 키와 속성으로 구성된 테이블을 만듭니다.

데이터베이스 테이블에 관계 할당

일대일 관계의 두 엔티티에서 한 엔티티의 기본 키가 다른 엔티티에는 외래 키로 포함됩니다. 한 엔티티가 관계에 완전히 참여하는 경우 해당 테이블에 외래 키를 배치합니다. 두 엔티티가 둘 다 관계에 완전히 참여하는 경우 단일 테이블로 병합하는 편이 좋습니다.

두 엔티티의 비식별 일대다 관계에서는 '1'쪽에 엔티티의 기본 키가 'N'쪽에 있는 엔티티의 테이블에 외래 키로 포함됩니다. 외래 키와 함께 테이블의 관계 속성을 추가합니다. (약한 엔티티와 소유 엔티티 사이에서) 일대다 관계는 엔티티 연결 단계 일부에서 식별됩니다.

두 엔티티 간의 다대다 관계에서는 각 엔티티의 기본 키를 묶어 기본 키로 사용하는 테이블을 새로 만들고 관계의 속성을 추가합니다. 이 단계는 중간 엔티티를 식별하는 데 도움을 줍니다.

세 개 이상의 엔티티를 포함하는 각 관계에 대해서는 모든 참여 엔티티의 기본 키가 있는 테이블을 만들고 관계 속성을 추가합니다.

2.7.2 은행 데이터베이스 ER 모델 생성

지금까지 학생 성적 및 고객 정보에 대한 데이터베이스 모델과 MySQL에서 사용할 수 있는 세 가지 오픈소스 EER에 대해 논의했습니다. 이제 은행 데이터베이스를 모델링하는 방법을 살펴보겠습니다. 이해 관계자들로부터 모든 요구사항을 취합하고 온라인 은행 시스템에 대한 요구사항을 정의한 후, 다음 엔티티들이 필요하다고 결정했습니다.

- employee(직원)
- branch(지점)
- customer(고객)
- account(계좌)

이제 방금 전에 설명한 연결 규칙에 따라 각 테이블에 대한 테이블과 속성을 생성합니다. 모든 테이블이 해당 레코드에 대해 고유하도록 식별하기 위해 기본 키를 설정합니다. 다음에는 테이블 간의 관계를 정의합니다.

다대다 관계(N:M)

지점과 직원, 계좌와 고객 사이에 다음과 같은 내용의 관계를 설정했습니다. 직원은 여러 지점에서 일할 수 있으며 지점에는 여러 직원이 있을 수 있습니다. 유사하게 고객은 많은 계좌를 가질 수 있고 두 명 이상의 고객이 보유한 공동 계좌도 있습니다.

이러한 관계를 모델링하려면 두 개의 중간 엔티티가 더 필요합니다. 다음과 같이 생성합니다.

- account_customers(계좌 – 고객)
- branch_employees(지점 – 직원)

account_customers과 branch_employees 엔티티는 각각 계좌와 고객 그리고 지점과 직원 엔티티 사이에서 다리 역할을 합니다. M:N 관계를 두 개의 1:N 관계로 변환하고 그 설계 결과를 다음 절에서 확인하겠습니다.

일대다 관계(1:N)

이 유형의 관계는 지점과 계좌 사이에 그리고 고객과 account_customers 사이에 존재합니다. 이 유형은 비식별적인 관계nonidentifying relationship라는 개념을 가져옵니다. 예를 들어 계정 테이블에서 branch_id 필드는 기본 키의 요소가 아닙니다. 반례로 은행 계좌를 다른 지점으로 이동하는 경우를 들 수 있습니다. 최근에는 대체 키surrogate key를 각 테이블의 기본 키로 유지합니다. 그래서 외래 키가 데이터 모델에서 기본 키의 일부이기도 한 완전한 식별 관계는 드뭅니다.

물리적 EER 모델을 만드는 중이므로 기본 키도 정의합니다. 기본 키에는 일반적으로 unsigned 필드를 사용합니다.

[그림 2-17]은 은행 모델의 최종 모습입니다.

이 모델에서 고려하지 않은 항목이 몇 가지 있습니다. 주소가 여러 개인 고객(예: 직장 주소와 집 주소)있다고 합시다. 하지만 데이터베이스 배포에 앞서 필수 구성요소 수집의 중요성을 강조하기 위해 의도적으로 지원하지 않습니다.

이 모델은 깃허브 저장소(https://github.com/vgrippa/learning_mysql)에서 다운로드할 수 있습니다. 파일은 bank_model.mwb입니다.

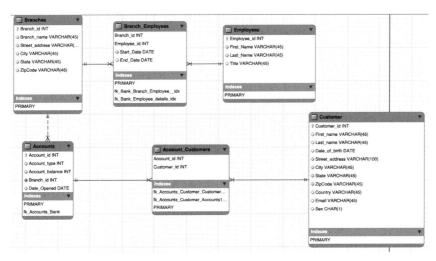

그림 2-17 은행 데이터베이스용 EER 모델

2.7.3 Workbench를 사용한 EER – MySQL 데이터베이스 변환

도구를 사용해 ER 다이어그램을 그리는 것이 좋습니다. 이렇게 하면 최종 다이어그램이 명확해질 때까지 쉽게 편집하고 재정의할 수 있습니다. 모델이 완성되면 배포할 수 있습니다. MySQL Workbench를 사용하면 데이터베이스 메뉴의 [Forward Engineer] 옵션을 사용해 EER 모델을 데이터 정의 언어 구문(DDL)으로 변환해 MySQL 데이터베이스를 생성할 수 있습니다(그림 2-18 참조).

그림 2-18 MySQL Workbench에서 데이터베이스 메뉴의 [Forward Engineering]

데이터베이스에 연결하려면 인증이 필요한데, MySQL Workbench가 몇 가지 옵션을 표시합니다. 이 모델의 경우 [그림 2-19]와 같이 마지막 옵션만 선택한 상태의 표준 옵션을 사용합니다.

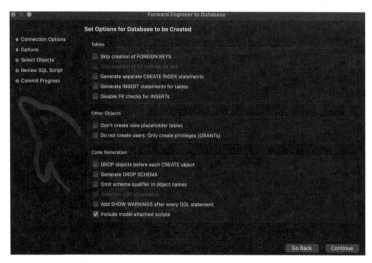

그림 2-19 데이터베이스 생성 옵션

다음 화면에서는 생성하려는 모델의 요소를 묻습니다. 트리거, 프로시저, 사용자 등과 같이 특별히 수정할 사항이 없기 때문에 테이블과 해당 관계만 생성합니다. 나머지 옵션은 선택하지 않습니다.

그러면 MySQL Workbench는 [그림 2-20]과 같이 모델에서 데이터베이스를 생성하기 위해 실행할 SQL 스크립트를 제공합니다.

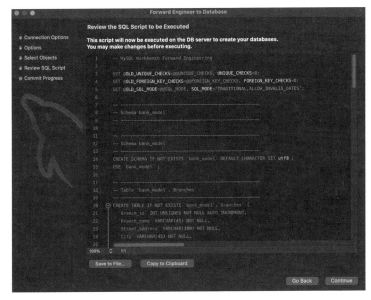

그림 2-20 데이터베이스 생성을 위해 만들어진 스크립트

계속을 클릭하면 [그림 2-21]과 같이 MySQL Workbench가 해당 스크립트를 MySQL 서버에서 실행합니다.

이 스크립트의 구문에 대한 상세한 내용은 '4.2 테이블 생성'에서 다룹니다.

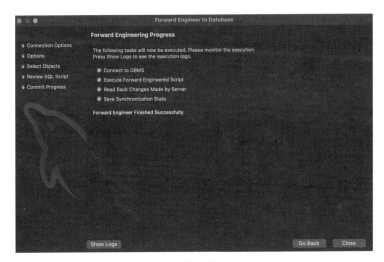

그림 2-21 MySQL Workbench의 스크립트 실행

## CHAPTER 3

기본 SQL

2장에서 언급했듯이 에드거 코드 박사는 1970년대 초반에 관계형 데이터베이스 모델과 정규형을 구상했습니다. 1974년 IBM의 산호세 연구소에서는 관계형 모델의 실현 가능성을 증명하기 위해 System R이라는 프로젝트를 진행 중이었습니다. 동시에 도널드 챔벌린 박사^{Dr. Donald} ^{Chamberlin}도 동료와 함께 데이터베이스 언어를 정의하는 작업을 하고 있었습니다. 그들은 명확하게 정의된 영어식 문장을 사용해 관계형 데이터베이스를 쿼리할 수 있는 SEQUEL(구조화된 영어 쿼리 언어^{Structured English Query Language})이란 언어를 만들었습니다. 이것은 나중에 법적인 이유로 SQL(구조화된 쿼리 언어^{Structured Query Language})로 이름이 변경되었습니다.

SQL 기반의 최초 데이터베이스 관리 시스템은 1970년대 말에 상용화되었습니다. 데이터베이스 언어 개발 관련 활동이 증가하면서 작업을 단순화하기 위한 표준이 등장했고 업계는 SQL에 정착했습니다. 미국과 국제 표준 기구(ANSI와 ISO) 모두가 표준화 프로세스에 참여했으며 1986년에 첫 번째 SQL 표준이 승인되었습니다. 표준은 나중에 여러 차례 수정되었으며 이름으로 해당 연도에 릴리스된 버전임을 나타냅니다(SQL: 1999, SQL: 2003, SQL: 2008 등). 이 책에서는 SQL 표준의 현재 버전을 표현하기 위해 **SQL 표준**^{SQL standard} 또는 **표준 SQL**^{standard SQL}이라는 문구를 사용합니다.

MySQL은 표준 SQL을 확장해 추가 기능을 제공합니다. 예를 들어 MySQL은 다른 DBMS에서 인식하지 못하는 `STRAIGHT_JOIN`(https://dev.mysql.com/doc/refman/8.0/en/join.html)을 구현합니다.

이 장에서는 MySQL에서의 SQL 구현을 소개합니다. 이 구현은 주로 **CRUD**(create, read, update, delete)라고 불립니다. SELECT 문을 사용해 데이터베이스에서 데이터를 읽고 검색할 데이터와 표시되는 순서를 선택하는 방법과, INSERT 문을 사용해 데이터를 추가하는 법, UPDATE 문을 사용해 데이터를 변경하는 법, DELETE 문을 사용해 데이터를 제거하는 방법까지 살펴봅니다. 마지막으로 비표준 구문인 SHOW TABLES와 SHOW COLUMNS 문을 사용해 데이터베이스를 탐색하는 방법을 설명합니다.

3.1 sakila 데이터베이스 사용

2장에서는 ER 모델을 사용해 데이터베이스 다이어그램을 구성하는 방법의 원리를 보였습니다. 그리고 ER 모델을 관계형 데이터베이스 구성에 적합한 형식으로 변환하는 단계도 소개했습니다. 이 절에서는 다양한 데이터베이스 관계형 모델에 익숙해질 수 있도록 MySQL sakila 데이터베이스의 구조를 보겠습니다. 여기서는 데이터베이스를 생성할 때 사용된 SQL 문에 대해 설명하지 않습니다. 4장에서 다룰 것입니다.

아직 데이터베이스를 다운로드하지 않았다면 '2.6 엔티티 관계 설계 예시'의 단계에 따라 데이터베이스를 다운로드하세요.

sakila 데이터베이스를 현재 데이터베이스로 선택하기 위해 USE 문을 사용하겠습니다.

다음을 입력하세요.

```
mysql> USE sakila;
Database changed
mysql>
```

SELECT DATABASE();를 입력해 데이터베이스가 활성화된 것을 확인할 수 있습니다.

```
mysql> SELECT DATABASE();
+------------+
| DATABASE() |
+------------+
| sakila     |
```

```
+------------+
1 row in set (0.00 sec)
```

이제 SHOW TABLES 문을 사용해 sakila 데이터베이스를 구성하는 테이블을 살펴보겠습니다.

```
mysql> SHOW TABLES;
+----------------------------+
| Tables_in_sakila           |
+----------------------------+
| actor                      |
| actor_info                 |
| ...                        |
| customer                   |
| customer_list              |
| film                       |
| film_actor                 |
| film_category              |
| film_list                  |
| film_text                  |
| inventory                  |
| language                   |
| nicer_but_slower_film_list |
| payment                    |
| rental                     |
| sales_by_film_category     |
| sales_by_store             |
| staff                      |
| staff_list                 |
| store                      |
+----------------------------+
23 rows in set (0.00 sec)
```

지금까지 어려운 것은 없습니다. 이제 sakila 데이터베이스를 구성하는 각 테이블에 대해 자세히 살펴보겠습니다. 먼저 SHOW COLUMNS 문을 사용해 actor 테이블을 탐색하겠습니다(출력 내용을 지면에 맞게 수정함).

```
mysql> SHOW COLUMNS FROM actor;
+-------------+------------------+------+-----+------------------+...
| Field       | Type             | Null | Key | Default          |...
+-------------+------------------+------+-----+------------------+...
```

```
| actor_id    | smallint unsigned | NO  | PRI | NULL              |...
| first_name  | varchar(45)       | NO  |     | NULL              |...
| last_name   | varchar(45)       | NO  | MUL | NULL              |...
| last_update | timestamp         | NO  |     | CURRENT_TIMESTAMP |...
+-------------+-------------------+-----+-----+-------------------+...

...+------------------------------------------------+
...| Extra                                          |
...+------------------------------------------------+
...| auto_increment                                 |
...|                                                |
...|                                                |
...| DEFAULT_GENERATED on update CURRENT_TIMESTAMP  |
...+------------------------------------------------+
4 rows in set (0.01 sec)
```

DESCRIBE 키워드는 SHOW COLUMNS FROM과 의미가 같은데, DESC로 줄여 같은 쿼리를 다음과 같이 작성할 수 있습니다.

```
mysql> DESC actor;
```

출력 내용은 동일합니다. 테이블 구조를 자세히 살펴보겠습니다. actor 테이블에는 actor_id, first_name, last_name, last_update 네 개의 열이 있습니다. 각 열의 이름을 보면 각자 갖는 타입도 유추할 수 있습니다. actor_id의 경우 smallint를, first_name과 last_name의 경우 varchar(45)를, last_update의 경우 timestamp를 사용합니다. 어떤 열도 NULL(비어 있음) 값을 허용하지 않으며, 기본 키^{primary key}(PRI)는 actor_id이고, 고유하지 않은 인덱스(MUL)의 첫 번째 열로 last_name을 사용합니다. 세부사항은 걱정하지 마세요. 지금 중요한 것은 SQL 명령에 사용할 열 이름입니다.

다음으로 DESC 문을 실행해 city 테이블을 탐색해보겠습니다.

```
mysql> DESC city;
+-------------+-------------------+------+-----+-------------------+...
| Field       | Type              | Null | Key | Default           |...
+-------------+-------------------+------+-----+-------------------+...
| city_id     | smallint unsigned | NO   | PRI | NULL              |...
| city        | varchar(50)       | NO   |     | NULL              |...
| country_id  | smallint unsigned | NO   | MUL | NULL              |...
| last_update | timestamp         | NO   |     | CURRENT_TIMESTAMP |...
```

```
+--------------+------------------+------+-----+---------------------+...
...+----------------------------------------------+
...| Extra                                        |
...+----------------------------------------------+
...| auto_increment                               |
...|                                              |
...|                                              |
...| DEFAULT_GENERATED on update CURRENT_TIMESTAMP |
...+----------------------------------------------+
4 rows in set (0.01 sec)
```

> **NOTE_** Extra 열에 표시되는 **DEFAULT_GENERATED**는 특정 열이 기본값을 사용한다는 의미입니다. 이는 MySQL 8.0에서 사용하는 표기법으로, MySQL 5.7이나 MariaDB 10.5에는 표시되지 않습니다.

다시 말하지만 각 테이블의 열에 익숙해지는 것이 중요합니다. 이후 쿼리에 대해 논의할 때 열을 자주 사용할 것입니다.

다음 절에서는 MySQL에서 sakila 데이터베이스와 해당 테이블에 저장된 데이터를 탐색하는 방법을 보겠습니다.

3.2 SELECT 문 및 기본 쿼리 기술

이전 장에서 MySQL을 설치하고 구성하는 방법과 MySQL 콘솔을 사용하는 법, ER 모델을 알아보았습니다. 이것으로 SQL 언어를 배울 준비를 마쳤습니다. SQL 언어를 알면 MySQL 클라이언트를 사용해 데이터를 탐색하고 조작할 수 있습니다. 이 절에서는 가장 일반적으로 사용되는 SQL 키워드인 **SELECT**를 소개합니다. **SELECT** 구문의 기본 요소와 스타일, **WHERE** 절의 기능, 불리언 연산자, 정렬 방식에 대해 설명합니다(대부분의 내용이 이후에 논의할 **INSERT**, **UPDATE**, **DELETE**에도 적용됨). 물론 이 장에서 다루는 내용이 **SELECT** 구문의 전부는 아닙니다. 5장에서 고급 기능의 사용법을 더 살펴볼 것입니다.

3.2.1 단일 테이블 SELECT

가장 기본적인 **SELECT** 형식은 테이블에서 모든 행과 열의 데이터를 읽습니다. 명령줄을 사용해 MySQL에 연결하고 **sakila** 데이터베이스를 선택합니다.

```
mysql> USE sakila;
Database changed
```

language 테이블의 모든 데이터를 검색해보겠습니다.

```
mysql> SELECT * FROM language;
+-------------+----------+---------------------+
| language_id | name     | last_update         |
+-------------+----------+---------------------+
|           1 | English  | 2006-02-15 05:02:19 |
|           2 | Italian  | 2006-02-15 05:02:19 |
|           3 | Japanese | 2006-02-15 05:02:19 |
|           4 | Mandarin | 2006-02-15 05:02:19 |
|           5 | French   | 2006-02-15 05:02:19 |
|           6 | German   | 2006-02-15 05:02:19 |
+-------------+----------+---------------------+
6 rows in set (0.00 sec)
```

출력 내용에는 행이 6개 있고 각 행에는 테이블에 있는 모든 열의 값이 담깁니다. 이렇게 테이블에 6개 언어가 있다는 사실을 알았고 각 언어의 식별자와 마지막 업데이트 시간도 확인할 수 있습니다.

간단한 **SELECT** 문에는 네 가지 구성요소가 있습니다.

1 SELECT 키워드

2 열을 표시하는 부분, 별표(*)는 와일드카드로 모든 열을 표시하라는 의미입니다.

3 FROM 키워드

4 테이블 이름

이 예시에서는 **language** 테이블의 모든 열을 요청했고 MySQL은 해당 내용을 출력했습니다.

다른 간단한 **SELECT**를 시도해보겠습니다. 이번에는 **city** 테이블에서 모든 열을 검색합니다.

```
mysql> SELECT * FROM city;
+---------+----------------------+------------+---------------------+
| city_id | city                 | country_id | last_update         |
+---------+----------------------+------------+---------------------+
|       1 | A Corua (La Corua)   |         87 | 2006-02-15 04:45:25 |
|       2 | Abha                 |         82 | 2006-02-15 04:45:25 |
|       3 | Abu Dhabi            |        101 | 2006-02-15 04:45:25 |
|     ... |                      |            |                     |
|     599 | Zhoushan             |         23 | 2006-02-15 04:45:25 |
|     600 | Ziguinchor           |         83 | 2006-02-15 04:45:25 |
+---------+----------------------+------------+---------------------+
600 rows in set (0.00 sec)
```

600개 도시가 있으며 출력 내용은 첫 번째 예시와 기본 구조가 동일합니다.

이 예시는 테이블 간의 관계가 동작하는 방식에 대해 통찰력을 제공합니다. 출력 내용의 첫 번째 행을 보면 country_id 열의 값이 87입니다. 나중에 보겠지만 country 테이블에서 코드가 87인 국가는 스페인(Spain)입니다. 테이블 간 관계에 대한 쿼리를 작성하는 방법은 '3.2.6 조인을 사용한 두 테이블의 결합'에서 살펴봅니다.

전체 출력 내용을 보면 country_id가 동일한 도시가 여러 개 있습니다. 국가에 많은 도시가 있을 것으로 예상되므로(일대다 관계) country_id 값이 반복되는 것은 문제가 되지 않습니다.

이제 데이터베이스를 선택하고, 테이블을 나열해 SELECT 문으로 테이블의 모든 데이터를 검색하는 것이 편안하게 느껴질 것입니다. 연습 삼아 sakila 데이터베이스의 다른 테이블을 보고 싶을 수도 있습니다. SHOW TABLES 문을 사용해 테이블 이름을 찾을 수 있음을 기억하세요.

3.2.2 열 선택

앞서 와일드카드인 *를 사용해 테이블의 모든 열을 검색했습니다. 모든 열을 표시하지 않으려면 원하는 열을 쉼표로 구분해서 원하는 순서대로 구체적으로 나열되게 합니다. city 테이블에서 city 열만 원하는 경우 다음 쿼리를 입력합니다.

```
mysql> SELECT city FROM city;
+--------------------+
```

```
| city               |
+--------------------+
| A Corua (La Corua) |
| Abha               |
| Abu Dhabi          |
| Acua               |
| Adana              |
+--------------------+
5 rows in set (0.00 sec)
```

city 와 city_id 열을 모두 원한다면 이 순서대로 사용합니다.

```
mysql> SELECT city, city_id FROM city;
+--------------------+---------+
| city               | city_id |
+--------------------+---------+
| A Corua (La Corua) |       1 |
| Abha               |       2 |
| Abu Dhabi          |       3 |
| Acua               |       4 |
| Adana              |       5 |
+--------------------+---------+
5 rows in set (0.01 sec)
```

같은 열을 두 번 이상 나열할 수도 있습니다.

```
mysql> SELECT city, city FROM city;
+--------------------+--------------------+
| city               | city               |
+--------------------+--------------------+
| A Corua (La Corua) | A Corua (La Corua) |
| Abha               | Abha               |
| Abu Dhabi          | Abu Dhabi          |
| Acua               | Acua               |
| Adana              | Adana              |
+--------------------+--------------------+
5 rows in set (0.00 sec)
```

이런 열들이 무의미해 보일 수 있지만 5장에서 볼 고급 쿼리에서 별칭과 결합해 유용하게 사용할 수 있습니다.

SELECT 문에서 데이터베이스, 테이블, 열 이름을 지정할 수 있습니다. 이를 통해 USE를 사용하지 않고 SELECT 문으로 직접 데이터베이스와 테이블에 대해 작업할 수 있습니다. 또 '3.2.6 조인을 사용한 두 테이블의 결합'에서 보듯이 모호성을 해결하는 데 도움됩니다. 다음 쿼리는 sakila 데이터베이스의 language 테이블에서 name 열을 검색합니다.

```
mysql> SELECT name FROM sakila.language;
+----------+
| name     |
+----------+
| English  |
| Italian  |
| Japanese |
| Mandarin |
| French   |
| German   |
+----------+
6 rows in set (0.01 sec)
```

FROM 문구 뒤의 sakila.language 요소는 sakila 데이터베이스와 해당 language 테이블을 지정합니다. 이 쿼리를 실행하기 전에 USE sakila;를 입력할 필요가 없습니다. 이 구문은 이 장의 뒷부분에서 설명하는 UPDATE, DELETE, INSERT, SHOW 문을 비롯해 그 외 SQL 문과 함께 사용할 수 있습니다.

3.2.3 WHERE 절로 행 선택

이 절에서는 WHERE 절을 소개하고 연산자를 사용해 표현식을 작성하는 방법을 설명합니다. SELECT 문과 UPDATE, DELETE 같은 문에서 연산자를 볼 수 있습니다. 예시는 이 장의 뒷부분에서 보이겠습니다.

WHERE 기본

WHERE 절은 SELECT 문에서 나온 결과를 필터링하는 강력한 도구입니다. 특정 문자열과 정확히 일치하는 열을 찾거나, 특정 문자열이 접두사로 들어 있는 열을 찾거나, 값이 특정 숫자보다 더 크거나 작은 열을 찾는 등 특별한 조건과 일치하는 행을 반환하는 데 사용합니다. 이 장 이후로는 거의 모든 예시에서 **WHERE**를 사용하니 매우 익숙해질 것입니다.

가장 단순한 **WHERE** 절은 열의 값이 주어진 값과 정확히 일치하는 절입니다. 다음은 language 테이블에서 **English**의 세부 정보를 찾는 쿼리입니다.

```
mysql> SELECT * FROM sakila.language WHERE name = 'English';
+-------------+---------+---------------------+
| language_id | name    | last_update         |
+-------------+---------+---------------------+
|           1 | English | 2006-02-15 05:02:19 |
+-------------+---------+---------------------+
1 row in set (0.00 sec)
```

MySQL은 검색 조건과 일치하는 모든 행을 반환합니다. 이 경우에는 하나의 행과 모든 열을 반환합니다.

상황이 같은 예시를 더 들겠습니다. actor 테이블에서 actor_id 값이 4인 배우의 이름 (first_name)을 찾고 싶다고 가정합니다.

```
mysql> SELECT first_name FROM actor WHERE actor_id = 4;
+------------+
| first_name |
+------------+
| JENNIFER   |
+------------+
1 row in set (0.00 sec)
```

여기에서는 **SELECT** 문 뒤에 열 first_name을 포함하고 **WHERE** actor_id = 4를 지정해 해당 열과 행을 특정했습니다.

값이 둘 이상의 행과 일치하면 결과에 모든 일치 항목이 표시됩니다. 이번에는 country_id가 15인 브라질(Brazil)에 속하는 모든 **city**를 보고 싶다고 가정합니다.

```
mysql> SELECT city FROM city WHERE country_id = 15;
+---------------------+
| city                |
+---------------------+
| Alvorada            |
```

```
¦ Angra dos Reis        ¦
¦ Anpolis               ¦
¦ Aparecida de Goinia   ¦
¦ Araatuba              ¦
¦ Bag                   ¦
¦ Belm                  ¦
¦ Blumenau              ¦
¦ Boa Vista             ¦
¦ Braslia               ¦
¦ ...                   ¦
+---------------------+
28 rows in set (0.00 sec)
```

브라질에 속한 28개 도시의 이름이 결과로 나타납니다. city 테이블에서 얻은 정보를 country 테이블에서 얻은 정보와 결합할 수 있다면 도시 이름을 해당 국가와 함께 표시할 수 있습니다. '3.2.6 조인을 사용한 두 테이블의 결합'에서 이러한 유형의 쿼리를 실행하는 방법을 알아보겠습니다.

이제 범위에 해당하는 값을 검색하겠습니다. 숫자의 경우 여러 값을 검색하는 것이 간단합니다. city_id 값이 5보다 더 작은 도시 이름을 모두 찾아보겠습니다.

```
mysql> SELECT city FROM city WHERE city_id < 5;
+--------------------+
¦ city               ¦
+--------------------+
¦ A Corua (La Corua) ¦
¦ Abha               ¦
¦ Abu Dhabi          ¦
¦ Acua               ¦
+--------------------+
4 rows in set (0.00 sec)
```

숫자의 경우 자주 사용되는 연산자는 같음(=), 더 큼(>), 더 작음(<), 작거나 같음(<=), 크거나 같음(>=), 같지 않음(<> 또는 !=)입니다.

예시 하나를 더 보겠습니다. language_id가 2가 아닌 언어를 모두 찾겠습니다.

```
mysql> SELECT language_id, name FROM sakila.language
    -> WHERE language_id <> 2;
+-------------+----------+
| language_id | name     |
+-------------+----------+
|           1 | English  |
|           3 | Japanese |
|           4 | Mandarin |
|           5 | French   |
|           6 | German   |
+-------------+----------+
5 rows in set (0.00 sec)
```

이번에는 두 번째 언어를 제외한 모든 언어가 출력됐습니다. **같지 않음** 조건에 대해 <> 또는 !=
연산자를 사용할 수 있습니다.

숫자에서 사용한 연산자를 문자열에도 사용할 수 있습니다. 기본적으로 문자열 비교는 대소문
자를 구분하지 않으며 현재 문자 집합을 사용합니다.

```
mysql> SELECT first_name FROM actor WHERE first_name < 'B';
+------------+
| first_name |
+------------+
| ALEC       |
| AUDREY     |
| ANNE       |
| ANGELA     |
| ADAM       |
| ANGELINA   |
| ALBERT     |
| ADAM       |
| ANGELA     |
| ALBERT     |
| AL         |
| ALAN       |
| AUDREY     |
+------------+
13 rows in set (0.00 sec)
```

대소문자를 구분하지 않는다는 의미는 B와 b가 동일한 필터로 간주되어 다음 쿼리가 위의 결과
와 동일한 결과를 제공한다는 뜻입니다.

```
mysql> SELECT first_name FROM actor WHERE first_name < 'b';
+------------+
| first_name |
+------------+
| ALEC       |
| AUDREY     |
| ANNE       |
| ANGELA     |
| ADAM       |
| ANGELINA   |
| ALBERT     |
| ADAM       |
| ANGELA     |
| ALBERT     |
| AL         |
| ALAN       |
| AUDREY     |
+------------+
13 rows in set (0.00 sec)
```

문자열을 사용한 또 다른 일반적인 작업은 접두사로 시작하거나, 문자열을 포함하거나, 접미사로 끝나는 일치 항목을 찾는 것입니다. 예를 들면 'Retro'라는 단어로 시작하는 앨범 이름을 모두 찾습니다. WHERE 절에서 LIKE 연산자를 사용하면 이 작업을 수행할 수 있습니다. family라는 단어가 포함된 제목으로 영화를 검색하는 예시를 살펴보겠습니다.

```
mysql> SELECT title FROM film WHERE title LIKE '%family%';
+----------------+
| title          |
+----------------+
| CYCLONE FAMILY |
| DOGMA FAMILY   |
| FAMILY SWEET   |
+----------------+
3 rows in set (0.00 sec)
```

이 쿼리가 어떻게 작동하는지 살펴보겠습니다. LIKE 절은 문자열과 함께 사용되며 일치 항목이 LIKE 다음 문자열의 패턴에 맞아야 합니다. 이 예시는 LIKE '%family%'를 사용했습니다. 이 LIKE 절은 문자열에 family가 포함되어야 하며 앞이나 뒤에 0개 이상의 문자가 올 수 있음을 의미합니다. LIKE와 함께 사용되는 대부분의 문자열에는 가능한 모든 문자열과 매칭하는 와일드카드 문자로 백분율 문자 **%**가 포함됩니다. 이를 사용해 **"%ing"** 같은 접미사로 끝나는 문자열이나 **"Corruption%"** 같은 특정 하위 문자열로 시작하는 문자열을 정의할 수 있습니다.

예를 들어 **"John%"**는 John Smith 또는 John Paul Getty와 같이 John으로 시작하는 모든 문자열과 매칭됩니다. 패턴 **"%Paul"**은 문자열의 끝에 Paul이 있는 모든 문자열과 매칭됩니다. 마지막으로 **"%Paul%"** 패턴은 문자열의 시작이나 끝만이 아니라 Paul이 포함된 모든 문자열과 매칭됩니다.

LIKE 절에서 임의의 문자 한 개만 매칭할 때는 와일드카드인 **_**를 사용합니다. 예를 들어 다음 쿼리는 이름이 **NAT**로 시작하는 배우가 출연하는 모든 영화의 제목을 모두 찾습니다.

```
mysql> SELECT title FROM film_list WHERE actors LIKE 'NAT_%';
+----------------------+
| title                |
+----------------------+
| FANTASY TROOPERS     |
| FOOL MOCKINGBIRD     |
| HOLES BRANNIGAN      |
| KWAI HOMEWARD        |
| LICENSE WEEKEND      |
| NETWORK PEAK         |
| NUTS TIES            |
| TWISTED PIRATES      |
| UNFORGIVEN ZOOLANDER |
+----------------------+
9 rows in set (0.04 sec)
```

> **TIP_** 다음과 같이 패턴 시작 부분에 와일드카드 **%**를 사용하면 안 됩니다.
>
> ```
> mysql> SELECT title FROM film WHERE title LIKE '%day%';
> ```
>
> 결과는 얻을 수 있지만 MySQL은 이런 쿼리에서 인덱스를 사용하지 않습니다. 조건에 와일드카드를 사용하면 MySQL은 검색을 위해 전체 테이블을 읽어야 하므로, 테이블에 행이 수백만 개라면 성능에 심각한 타격을 줄 수 있습니다.

AND, OR, NOT, XOR 조건의 결합

지금까지는 WHERE 절에서 하나의 조건을 사용해 테스트하고 이 조건에 맞는 모든 행을 반환했습니다. 불리언 연산자와 AND, OR, NOT, XOR을 사용해 둘 이상의 조건을 결합해 사용할 수 있습니다.

예시로 시작해보겠습니다. 등급이 PG인 공상과학 영화의 제목을 찾고 싶다고 가정합니다. AND 연산자를 사용하면 간단합니다.

```
mysql> SELECT title FROM film_list WHERE category LIKE 'Sci-Fi'
    -> AND rating LIKE 'PG';
+----------------------+
| title                |
+----------------------+
| CHAINSAW UPTOWN      |
| CHARADE DUFFEL       |
| FRISCO FORREST       |
| GOODFELLAS SALUTE    |
| GRAFFITI LOVE        |
| MOURNING PURPLE      |
| OPEN AFRICAN         |
| SILVERADO GOLDFINGER |
| TITANS JERK          |
| TROJAN TOMORROW      |
| UNFORGIVEN ZOOLANDER |
| WONDERLAND CHRISTMAS |
+----------------------+
12 rows in set (0.07 sec)
```

WHERE 절의 AND 연산은 두 조건을 모두 충족하는 행으로 결과를 제한합니다.

OR 연산자는 여러 조건 중 하나 이상을 충족하는 행을 찾는 데 사용됩니다. 설명을 위해 어린이 또는 가족 범주에 있는 영화 목록을 원한다고 상상해보십시오. OR과 두 개의 LIKE 절을 사용해 이 작업을 수행할 수 있습니다.

```
mysql> SELECT title FROM film_list WHERE category LIKE 'Children'
    -> OR category LIKE 'Family';
+----------------------+
| title                |
+----------------------+
| AFRICAN EGG          |
```

```
¦ APACHE DIVINE           ¦
¦ ATLANTIS CAUSE          ¦
...
¦ WRONG BEHAVIOR          ¦
¦ ZOOLANDER FICTION       ¦
+------------------------+
129 rows in set (0.04 sec)
```

WHERE 절의 OR 연산은 두 조건 중 하나를 충족하는 응답으로 제한합니다. 그런데 이것과 별개로 결과가 정렬되었음을 확인할 수 있습니다. 이것은 단지 우연의 일치이며 이 경우에는 데이터베이스에 추가된 순으로 나타났습니다. 우리는 이 결과를 '3.2.4 ORDER BY 절'에서 정의하는 정렬 방식으로 반환할 것입니다.

AND와 OR를 결합하기 전에 AND 조건과 OR 조건 중에서 어떤 조건을 먼저 원하는지 명확히 순서를 정합니다. 괄호는 쿼리의 일부를 함께 묶어 표현식을 바르게 읽게 해줍니다. 기초 수학과 괄호의 쓰임새가 같습니다. 이제 PG 등급의 SF(Sci-Fi)나 가족 영화(Family) 장르의 영화를 원한다고 가정해보겠습니다. 쿼리는 다음과 같이 작성할 수 있습니다.

```
mysql> SELECT title FROM film_list WHERE (category like 'Sci-Fi'
    -> OR category LIKE 'Family') AND rating LIKE 'PG';
+------------------------+
¦ title                  ¦
+------------------------+
¦ BEDAZZLED MARRIED       ¦
¦ CHAINSAW UPTOWN         ¦
¦ CHARADE DUFFEL          ¦
¦ CHASING FIGHT           ¦
¦ EFFECT GLADIATOR        ¦
...
¦ UNFORGIVEN ZOOLANDER    ¦
¦ WONDERLAND CHRISTMAS    ¦
+------------------------+
30 rows in set (0.07 sec)
```

괄호로 평가 순서를 명확하게 합니다. SF나 가족 영화 장르를 원하지만 모든 영화가 PG 등급이어야 합니다.

괄호를 사용하면, 평가 순서를 변경할 수도 있습니다. 작동 방식을 확인하는 가장 쉬운 방법은 계산을 해보는 것입니다.

```
mysql> SELECT (2+2)*3;
+---------+
| (2+2)*3 |
+---------+
|      12 |
+---------+
1 row in set (0.00 sec)

mysql> SELECT 2+2*3;
+-------+
| 2+2*3 |
+-------+
|     8 |
+-------+
1 row in set (0.00 sec)
```

> **NOTE_** 구문 오류는 없지만 예상한 결과가 나오지 않은 쿼리는 진단하기가 어렵습니다. 괄호는 **AND** 연산자에 영향을 미치지 않지만 **OR** 연산자에는 큰 영향을 미칩니다. 다음 쿼리를 살펴보십시오.

```
mysql> SELECT * FROM sakila.city WHERE city_id = 3
    -> OR city_id = 4 AND country_id = 60;
+---------+-----------+------------+---------------------+
| city_id | city      | country_id | last_update         |
+---------+-----------+------------+---------------------+
|       3 | Abu Dhabi |        101 | 2006-02-15 04:45:25 |
|       4 | Acua      |         60 | 2006-02-15 04:45:25 |
+---------+-----------+------------+---------------------+
2 rows in set (0.00 sec)
```

연산자의 순서를 변경하면 결과가 달라집니다.

```
mysql> SELECT * FROM sakila.city WHERE country_id = 60
    -> AND city_id = 3 OR city_id = 4;
+---------+------+------------+---------------------+
| city_id | city | country_id | last_update         |
+---------+------+------------+---------------------+
|       4 | Acua |         60 | 2006-02-15 04:45:25 |
+---------+------+------------+---------------------+
1 row in set (0.00 sec)
```

> 괄호를 사용하면 쿼리를 훨씬 더 쉽게 이해할 수 있고 원하는 결과를 얻을 확률이 높아집니다. MySQL이 의도를 잘못 해석할 가능성이 있다면 괄호를 사용하는 것이 좋습니다. MySQL의 암시적 평가 순서에 의존할 이유가 없습니다.

단항 NOT 연산자는 불 문을 무효화합니다. 이전에 language_id 값이 2가 아닌 언어를 모두 나열하는 예시를 보였습니다. 이 쿼리를 NOT 연산자를 사용해 작성할 수도 있습니다.

```
mysql> SELECT language_id, name FROM sakila.language
    -> WHERE NOT (language_id = 2);
+-------------+----------+
| language_id | name     |
+-------------+----------+
|           1 | English  |
|           3 | Japanese |
|           4 | Mandarin |
|           5 | French   |
|           6 | German   |
+-------------+----------+
5 rows in set (0.01 sec)
```

괄호 안의 표현식 (language_id = 2)는 매칭할 조건을 제공하고 NOT 연산은 이를 반전시키기 때문에 조건과 매칭하는 결과를 제외한 값을 모두 얻을 수 있습니다. 동일한 아이디어로 WHERE 절을 작성하는 방법이 몇 가지 있습니다. 그중 좋은 성능을 얻을 수 있는 작성법을 5장에서 확인하겠습니다.

NOT 또는 괄호를 사용한 또 다른 예시를 봅시다. FID가 7보다 더 작으면서 4나 6이 아닌 영화 제목의 목록을 원한다고 생각해봅시다. 다음 쿼리로 원하는 목록을 가져올 수 있습니다.

```
mysql> SELECT fid,title FROM film_list WHERE FID < 7 AND NOT (FID = 4 OR FID = 6);
+------+-----------------+
| fid  | title           |
+------+-----------------+
|    1 | ACADEMY DINOSAUR |
|    2 | ACE GOLDFINGER  |
|    3 | ADAPTATION HOLES |
|    5 | AFRICAN EGG     |
+------+-----------------+
4 rows in set (0.06 sec)
```

연산자 순위를 이해하기가 약간 까다로울 수 있고 때로는 DBA가 쿼리를 디버깅하고 요청한 값을 반환하지 않는 이유를 확인하는 데 오랜 시간이 걸립니다. 사용 가능한 연산자를 우선 순위가 높은 것부터 내림차순으로 제시했습니다. 우선 순위가 같은 연산자는 한 줄에 같이 열거했습니다.

- INTERVAL
- BINARY, COLLATE
- !
- -(부정 연산자), ~(비트 반전)
- ^
- *, /, DIV, %, MOD
- -, +
- <<, >>
- &(비트연산자 AND)
- ¦(비트연산자 OR)
- =(비교 연산자), <=>, >=, >, <=, <, <>, !=, IS, LIKE, REGEXP, IN, MEMBER OF
- BETWEEN, CASE, WHEN, THEN, ELSE
- NOT
- AND, &&
- XOR
- OR, ¦¦
- =(대입), :=

원하는 결과를 얻기 위해 다양한 방법으로 연산자를 조합하는 것도 가능합니다. 예를 들어 가격(price) 범위가 2에서 4 사이이고 다큐멘터리(Documentary)나 공포(Horror) 범주에 속하며 Bob이라는 배우(actor)가 등장한 영화 제목(title)을 모두 가져오는 쿼리를 작성할 수 있습니다.

```
mysql> SELECT title
    -> FROM film_list
    -> WHERE price BETWEEN 2 AND 4
    -> AND (category LIKE 'Documentary' OR category LIKE 'Horror')
    -> AND actors LIKE '%BOB%';
+------------------+
```

```
| title            |
+------------------+
| ADAPTATION HOLES |
+------------------+
1 row in set (0.08 sec)
```

정렬로 넘어가기 전에 마지막으로 결과가 없는 쿼리를 실행할 수도 있습니다. 이 경우 쿼리는
빈 결과를 반환합니다.

```
mysql> SELECT title FROM film_list
    -> WHERE price BETWEEN 2 AND 4
    -> AND (category LIKE 'Documentary' OR category LIKE 'Horror')
    -> AND actors LIKE '%GRIPPA%';
Empty set (0.04 sec)
```

3.2.4 ORDER BY 절

열을 선택하는 방법과 쿼리 결과의 일부만 반환하는 방법에 대해서는 논의했지만, 결과가 표시
되는 방식을 제어하는 방법은 아직 다루지 않았습니다. 관계형 데이터베이스에서 테이블의 행
은 집합을 형성합니다. 행 사이에는 고유한 순서가 없으므로 결과를 특정 순서로 정렬하려면
MySQL에 요청해야 합니다. 이 절에서는 ORDER BY 절을 사용해 정렬하는 방법을 설명합니다.
정렬은 반환되는 결과에는 영향을 주지 않습니다. 결과가 반환되는 순서에만 영향을 줍니다.

> **TIP_** MySQL의 InnoDB 테이블에는 행 데이터를 저장하는 **클러스터형 인덱스**clustered index라는 특수 인덱
> 스가 있습니다. 테이블에 기본 키를 정의하면 InnoDB는 이를 클러스터형 인덱스로 사용합니다. 기본 키를
> 기반으로 쿼리를 실행한다고 가정하면 결과가 기본 키에 따라 오름차순으로 반환됩니다. 하지만 특정 내용을
> 적용하려면 항상 ORDER BY 절을 사용하는 편이 좋습니다.

이름이 알파벳 순으로 정렬된 sakila 데이터베이스에서 상위에 있는 10명 고객의 목록을 반
환하려고 한다고 가정해봅시다. 입력할 내용은 다음과 같습니다.

```
mysql> SELECT name FROM customer_list
    -> ORDER BY name
    -> LIMIT 10;
```

```
+--------------------+
| name               |
+--------------------+
| AARON SELBY        |
| ADAM GOOCH         |
| ADRIAN CLARY       |
| AGNES BISHOP       |
| ALAN KAHN          |
| ALBERT CROUSE      |
| ALBERTO HENNING    |
| ALEX GRESHAM       |
| ALEXANDER FENNELL  |
| ALFRED CASILLAS    |
+--------------------+
10 rows in set (0.01 sec)
```

ORDER BY 절은 정렬을 진행한다는 의미로 그 뒤에 기준으로 사용할 열 이름을 입력합니다. 이 쿼리는 name을 기준으로 알파벳 오름차순으로 정렬합니다. 기본 정렬은 대소문자를 구분하지 않고 오름차순으로 정리하며, name 열이 문자열을 담고 있어 MySQL은 자동으로 알파벳 순으로 정렬합니다. 문자열 정렬 방식은 사용 중인 문자 집합과 데이터가 정렬된 순서에 따라 결정됩니다. 이 내용은 '4.2.2 데이터 정렬 방식과 문자 집합'에서 설명합니다. 이 책에서는 기본 설정을 사용한다고 가정합니다.

또 다른 예시를 살펴보겠습니다. 이번에는 last_update 열을 기준으로 주소 테이블의 출력을 오름차순으로 정렬하고 상위 5개 결과만 표시합니다.

```
mysql> SELECT address, last_update FROM address
    -> ORDER BY last_update LIMIT 5;
+---------------------------+---------------------+
| address                   | last_update         |
+---------------------------+---------------------+
| 1168 Najafabad Parkway    | 2014-09-25 22:29:59 |
| 1031 Daugavpils Parkway   | 2014-09-25 22:29:59 |
| 1924 Shimonoseki Drive    | 2014-09-25 22:29:59 |
| 757 Rustenburg Avenue     | 2014-09-25 22:30:01 |
| 1892 Nabereznyje Telny Lane | 2014-09-25 22:30:02 |
+---------------------------+---------------------+
5 rows in set (0.00 sec)
```

보다시피 다양한 타입의 열을 정렬합니다. 또 두 개 이상의 열로 정렬할 수도 있습니다. 예를 들어 주소를 알파벳 순으로 정렬하고 지역별로 그룹화하고 싶다고 가정하겠습니다.

```
mysql> SELECT address, district FROM address
    -> ORDER BY district, address;
+-------------------------------------+---------------------+
| address                             | district            |
+-------------------------------------+---------------------+
| 1368 Maracabo Boulevard             |                     |
| 18 Duisburg Boulevard               |                     |
| 962 Tama Loop                       |                     |
| 535 Ahmadnagar Manor                | Abu Dhabi           |
| 669 Firozabad Loop                  | Abu Dhabi           |
| 1078 Stara Zagora Drive             | Aceh                |
| 663 Baha Blanca Parkway             | Adana               |
| 842 Salzburg Lane                   | Adana               |
| 614 Pak Kret Street                 | Addis Abeba         |
| 751 Lima Loop                       | Aden                |
| 1157 Nyeri Loop                     | Adygea              |
| 387 Mwene-Ditu Drive                | Ahal                |
| 775 ostka Drive                     | al-Daqahliya        |
| ...                                 |                     |
| 1416 San Juan Bautista Tuxtepec Avenue | Zufar            |
| 138 Caracas Boulevard               | Zulia               |
+-------------------------------------+---------------------+
603 rows in set (0.00 sec)
```

내림차순으로도 정렬할 수 있으며 정렬 키마다 내림차순과 오름차순 중 선택할 수 있습니다. 주소를 알파벳 내림차순으로 정렬하고 구역을 오름차순으로 정렬한다고 가정해봅시다. 다음 쿼리를 입력하세요.

```
mysql> SELECT address,district FROM address
    -> ORDER BY district ASC, address DESC
    -> LIMIT 10;
+-----------------------+------------+
| address               | district   |
+-----------------------+------------+
| 962 Tama Loop         |            |
| 18 Duisburg Boulevard |            |
| 1368 Maracabo Boulevard |          |
```

```
| 669 Firozabad Loop      | Abu Dhabi    |
| 535 Ahmadnagar Manor    | Abu Dhabi    |
| 1078 Stara Zagora Drive | Aceh         |
| 842 Salzburg Lane       | Adana        |
| 663 Baha Blanca Parkway | Adana        |
| 614 Pak Kret Street     | Addis Abeba  |
| 751 Lima Loop           | Aden         |
+-------------------------+--------------+
10 rows in set (0.01 sec)
```

다른 정렬 키가 지정되지 않는다면 같은 값을 가진 결과가 있는 경우 정렬 기준 없이 무작위로 출력됩니다. 이름이 John A. Smith인 고객이 두 명 있다면 앞에서 설명한 것처럼 ORDER BY 절에 열을 추가해 정렬합니다.

3.2.5 LIMIT 절

앞서 얘기했듯이 이전 쿼리 중 일부는 LIMIT 절을 사용했습니다. LIMIT은 출력되는 행 수를 제어하는 유용한 MySQL 전용 비표준 구문입니다. 기본 형식을 사용하면 SELECT 문에서 반환되는 행 수를 제한할 수 있습니다. 이는 네트워크를 통해 통신하거나 화면에 출력되는 데이터양을 제한하고자 할 때 유용합니다. 예를 들어 다음과 같이 테이블에서 데이터 샘플을 가져오는 데 사용합니다.

```
mysql> SELECT name FROM customer_list LIMIT 10;
+------------------+
| name             |
+------------------+
| VERA MCCOY       |
| MARIO CHEATHAM   |
| JUDY GRAY        |
| JUNE CARROLL     |
| ANTHONY SCHWAB   |
| CLAUDE HERZOG    |
| MARTIN BALES     |
| BOBBY BOUDREAU   |
| WILLIE MARKHAM   |
| JORDAN ARCHULETA |
+------------------+
```

LIMIT 절에 두 개의 인수가 있을 수 있습니다. 첫 번째 인수는 반환되는 첫 번째 행을 지정하고 두 번째 인수는 반환할 최대 행 수를 지정합니다. 첫 번째 인수는 **오프셋**offset[1]입니다. 상위 5개 행을 건너뛰고 그다음 5개 행을 원한다고 가정합니다. 결괏값이 6행에서 시작하는 것입니다. LIMIT에 대한 레코드 오프셋이 0에서 시작하므로 다음과 같이 지정할 수 있습니다.

```
mysql> SELECT name FROM customer_list LIMIT 5, 5;
+------------------+
| name             |
+------------------+
| CLAUDE HERZOG    |
| MARTIN BALES     |
| BOBBY BOUDREAU   |
| WILLIE MARKHAM   |
| JORDAN ARCHULETA |
+------------------+
5 rows in set (0.00 sec)
```

SELECT 문 결과의 6행부터 10행까지 출력된 내용입니다. LIMIT 키워드를 자세히 작성할 수 있는 구문이 있습니다. LIMIT 10, 5 대신 LIMIT 10 OFFSET 5를 사용하는 것입니다. OFFSET 구문은 여기에서 지정된 N 값을 버립니다.

오프셋이 없는 결과는 다음과 같습니다.

```
mysql> SELECT id, name FROM customer_list
    -> ORDER BY id LIMIT 10;
+----+------------------+
| ID | name             |
+----+------------------+
|  1 | MARY SMITH       |
|  2 | PATRICIA JOHNSON |
|  3 | LINDA WILLIAMS   |
|  4 | BARBARA JONES    |
|  5 | ELIZABETH BROWN  |
|  6 | JENNIFER DAVIS   |
|  7 | MARIA MILLER     |
|  8 | SUSAN WILSON     |
|  9 | MARGARET MOORE   |
```

---

1 옮긴이_ 오프셋은 시작하는 포인트를 의미합니다.

```
¦ 10 ¦ DOROTHY TAYLOR    ¦
+----+-----------------+
10 rows in set (0.00 sec)
```

오프셋이 5인 결과는 다음과 같습니다.

```
mysql> SELECT id, name FROM customer_list
    -> ORDER BY id LIMIT 10 OFFSET 5;
+----+----------------+
¦ ID ¦ name           ¦
+----+----------------+
¦  6 ¦ JENNIFER DAVIS ¦
¦  7 ¦ MARIA MILLER   ¦
¦  8 ¦ SUSAN WILSON   ¦
¦  9 ¦ MARGARET MOORE ¦
¦ 10 ¦ DOROTHY TAYLOR ¦
¦ 11 ¦ LISA ANDERSON  ¦
¦ 12 ¦ NANCY THOMAS   ¦
¦ 13 ¦ KAREN JACKSON  ¦
¦ 14 ¦ BETTY WHITE    ¦
¦ 15 ¦ HELEN HARRIS   ¦
+----+----------------+
10 rows in set (0.01 sec)
```

3.2.6 조인을 사용한 두 테이블의 결합

지금까지 테이블 하나에서만 **SELECT** 쿼리를 사용했습니다. 그러나 웬만해선 한 번에 두 개 이상의 테이블에서 정보를 추출합니다. **sakila** 데이터베이스의 테이블을 탐색해보며, 관계를 사용하면 더 흥미로운 쿼리를 만들 수 있다는 사실이 분명해졌습니다. 예를 들면 각 도시가 속한 국가가 어디인지 찾을 수 있습니다. 이 절에서는 두 테이블을 조인해 응답하는 방법을 알아봅니다. 5장에서 조인에 대한 고급 내용을 더 길게 다시 다루겠습니다.

이 장에서는 하나의 조인 구문만 사용합니다. 두 개의 조인(**LEFT**와 **RIGHT JOIN**)이 더 있으며 각각은 두 개 이상의 테이블에서 데이터를 모으는 방법이 다릅니다. 여기서 사용하는 구문은 **INNER JOIN**으로 가장 일반적으로 사용하는 구문입니다. 예시를 살펴보고 어떻게 작동하는지 자세히 설명하겠습니다.

```
mysql> SELECT city, country FROM city INNER JOIN country
    -> ON city.country_id = country.country_id
    -> WHERE country.country_id < 5
    -> ORDER BY country, city;
+----------+----------------+
| city     | country        |
+----------+----------------+
| Kabul    | Afghanistan    |
| Batna    | Algeria        |
| Bchar    | Algeria        |
| Skikda   | Algeria        |
| Tafuna   | American Samoa |
| Benguela | Angola         |
| Namibe   | Angola         |
+----------+----------------+
7 rows in set (0.00 sec)
```

country_id가 5보다 더 작은 각 국가의 도시가 출력됩니다. 각 국가에 있는 도시들을 처음으로 확인할 수 있습니다.

INNER JOIN은 어떻게 동작할까요? 쿼리에는 두 부분이 있습니다. 첫째, INNER JOIN 키워드로 구분된 두 개의 테이블 이름입니다. 둘째, 조건을 구성하는 데 필요한 열을 지정하는 ON 키워드입니다. 이 예시에서 조인할 두 테이블은 도시와 국가이고 city INNER JOIN country로 표시됩니다(기본 INNER JOIN의 경우에는 테이블을 나열하는 것이 중요하지 않으므로 country INNER JOIN city를 사용해도 효과가 동일함). ON 절(ON city.country_id = country.country_id)은 테이블 간의 관계를 유지하는 열을 MySQL에 알려줍니다.

조인 조건에서 사용된 두 테이블의 열 이름이 동일한 경우에는 USING 절을 사용할 수 있습니다.

```
mysql> SELECT city, country FROM city
    -> INNER JOIN country using (country_id)
    -> WHERE country.country_id < 5
    -> ORDER BY country, city;
+----------+----------------+
| city     | country        |
+----------+----------------+
| Kabul    | Afghanistan    |
| Batna    | Algeria        |
| Bchar    | Algeria        |
| Skikda   | Algeria        |
```

```
¦ Tafuna   ¦ American Samoa ¦
¦ Benguela ¦ Angola         ¦
¦ Namibe   ¦ Angola         ¦
+----------+----------------+
7 rows in set (0.00 sec)
```

[그림 3-1]은 내부 조인[inner join]을 설명한 벤다이어그램입니다.

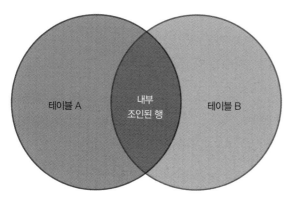

그림 3-1 내부 조인(INNER JOIN)을 표현한 벤다이어그램

함수 하나를 살펴보고 **SELECT**에 대한 설명을 마무리하겠습니다. 데이터베이스에 이탈리아 도시가 몇 개 있는지 세어봅시다. 두 테이블을 조인하고 해당 `country_id`가 있는 행 수를 계산해 이를 수행할 수 있습니다. 작동 방식은 다음과 같습니다.

```
mysql> SELECT COUNT(1) FROM city INNER JOIN country
    -> ON city.country_id = country.country_id
    -> WHERE country.country_id = 49
    -> ORDER BY country, city;
+----------+
¦ count(1) ¦
+----------+
¦        7 ¦
+----------+
1 row in set (0.00 sec)
```

5장에서 **SELECT**와 집계 함수의 더 많은 기능을 설명하겠습니다. **COUNT()** 함수에 대한 자세한 내용은 '5.2.2 GROUP BY 절'의 '집계 함수' 부분을 확인하세요.

3.3 INSERT 문

INSERT 문은 테이블에 새 데이터를 추가하는 데 사용됩니다. 이 절에서는 기본 구문을 설명하고 **sakila** 데이터베이스에 새 행을 추가하는 간단한 예시를 살펴봅니다. 기존 테이블이나 외부 데이터 소스에서 데이터를 로드하는 방법은 4장에서 설명합니다.

3.3.1 INSERT 기본 사용법

데이터 입력은 전형적으로 두 가지 상황에서 발생합니다. 데이터베이스를 생성할 때 대규모 배치를 통해 대량으로 입력하는 경우와 데이터베이스 사용 중에 임시로 데이터를 추가하는 경우입니다. MySQL에서는 각 상황을 최적화하는 방식이 서버에 내장되었습니다. 두 경우 모두에서 서버를 쉽게 사용하도록 다양한 SQL 구문을 사용할 수 있습니다. 이 절에서는 그중 기본 **INSERT** 구문을 설명하고 대량과 단일 레코드를 삽입하는 예시를 설명합니다.

language 테이블에 새 행을 하나 넣는 기본 작업부터 시작해보겠습니다. 이를 위해서는 테이블의 구조를 이해해야 합니다. '3.1 sakila 데이터베이스 사용'에서 설명했듯이 SHOW COLUMNS 문으로 구조를 확인할 수 있습니다.

```
mysql> SHOW COLUMNS FROM language;
+-------------+------------------+------+-----+-------------------+...
| Field       | Type             | Null | Key | Default           |...
+-------------+------------------+------+-----+-------------------+...
| language_id | tinyint unsigned | NO   | PRI | NULL              |...
| name        | char(20)         | NO   |     | NULL              |...
| last_update | timestamp        | NO   |     | CURRENT_TIMESTAMP |...
+-------------+------------------+------+-----+-------------------+...

...+--------------------------------------------+
...| Extra                                      |
...+--------------------------------------------+
...| auto_increment                             |
...|                                            |
...| DEFAULT_GENERATED on update CURRENT_TIMESTAMP |
...+--------------------------------------------+
3 rows in set (0.00 sec)
```

여기서 language_id 열이 자동 생성되었고 UPDATE 작업이 발생할 때마다 last_update 열이 업데이트된다는 점을 확인할 수 있습니다. 유효한 다음 식별 값을 자동으로 할당하는 AUTO_INCREMENT 단축키에 대해서는 4장에서 자세히 알아보겠습니다.

포르투갈어(Portuguese)에 대한 새 행을 추가해보겠습니다. 두 가지 방법이 있습니다. 가장 일반적인 방법은 MySQL이 language_id의 기본값을 자동으로 채우도록 하는 것입니다.

```
mysql> INSERT INTO language VALUES (NULL, 'Portuguese', NOW());
Query OK, 1 row affected (0.10 sec)
```

지금 테이블에서 SELECT를 실행하면 MySQL이 행을 삽입한 것을 볼 수 있습니다.

```
mysql> SELECT * FROM language;
+-------------+------------+---------------------+
| language_id | name       | last_update         |
+-------------+------------+---------------------+
|           1 | English    | 2006-02-15 05:02:19 |
|           2 | Italian    | 2006-02-15 05:02:19 |
|           3 | Japanese   | 2006-02-15 05:02:19 |
|           4 | Mandarin   | 2006-02-15 05:02:19 |
|           5 | French     | 2006-02-15 05:02:19 |
|           6 | German     | 2006-02-15 05:02:19 |
|           7 | Portuguese | 2020-09-26 09:11:36 |
+-------------+------------+---------------------+
7 rows in set (0.00 sec)
```

last_update 열에 NOW() 함수가 입력된 것을 확인하십시오. NOW() 함수는 MySQL 서버의 현재 날짜와 시간을 반환합니다.

두 번째 옵션은 language_id 열의 값을 수동으로 넣는 것입니다. 이미 7개 언어가 들어 있으므로 language_id의 다음 값으로 8을 사용합니다. 다음 쿼리로 확인하겠습니다.

```
mysql> SELECT MAX(language_id) FROM language;
+------------------+
| max(language_id) |
+------------------+
|                7 |
+------------------+
1 row in set (0.00 sec)
```

MAX() 함수는 매개변수로 제공된 열의 최댓값을 알려줍니다. 이 함수는 모든 행을 출력하고 최댓값을 찾기 위해 사용하는 SELECT language_id FROM language보다 더 확실합니다. ORDER BY나 LIMIT 절을 추가하면 이 작업이 더 쉬워지지만, SELECT language_id FROM language ORDER BY language_id DESC LIMIT 1보다 훨씬 더 간단한 MAX()를 사용해 동일한 값을 반환합니다.

이제 행을 삽입할 준비가 끝났습니다. 이번 INSERT 문에는 last_update 값도 수동으로 삽입합니다. 필요한 쿼리는 다음과 같습니다.

```
mysql> INSERT INTO language VALUES (8, 'Russian', '2020-09-26 10:35:00');
Query OK, 1 row affected (0.02 sec)
```

MySQL은 하나의 행이 영향을 받았다고 알려줍니다(이 경우에는 추가된 행). 영향받은 내용은 테이블을 다시 확인하면 알 수 있습니다.

```
mysql> SELECT * FROM language;
+-------------+------------+---------------------+
| language_id | name       | last_update         |
+-------------+------------+---------------------+
|           1 | English    | 2006-02-15 05:02:19 |
|           2 | Italian    | 2006-02-15 05:02:19 |
|           3 | Japanese   | 2006-02-15 05:02:19 |
|           4 | Mandarin   | 2006-02-15 05:02:19 |
|           5 | French     | 2006-02-15 05:02:19 |
|           6 | German     | 2006-02-15 05:02:19 |
|           7 | Portuguese | 2020-09-26 09:11:36 |
|           8 | Russian    | 2020-09-26 10:35:00 |
+-------------+------------+---------------------+
8 rows in set (0.00 sec)
```

단일 행 INSERT는 기본 키 중복을 감지하면 그 즉시 중지합니다. 예를 들어 language_id가 동일한 행을 삽입하려고 한다고 가정해봅시다.

```
mysql> INSERT INTO language VALUES (8, 'Arabic', '2020-09-26 10:35:00');
ERROR 1062 (23000): Duplicate entry '8' for key 'language.PRIMARY'
```

중복 키를 감지하면 INSERT 작업이 중지됩니다. 원하는 경우 오류를 방지하기 위해 IGNORE 절을 추가해도 되지만 행은 여전히 삽입되지 않습니다.

```
mysql> INSERT IGNORE INTO language VALUES (8, 'Arabic', '2020-09-26 10:35:00');
Query OK, 0 rows affected, 1 warning (0.00 sec)
```

보통은 발생할 수 있는 문제를 파악하고 싶어하므로(기본 키는 고유함) IGNORE 구문은 거의 사용하지 않습니다.

한 번에 여러 값을 삽입할 수도 있습니다.

```
mysql> INSERT INTO language VALUES (NULL, 'Spanish', NOW()),
    -> (NULL, 'Hebrew', NOW());
Query OK, 2 rows affected (0.02 sec)
Records: 2  Duplicates: 0  Warnings: 0
```

MySQL에서 대량 삽입은 단일 삽입과 다른 방식으로 결과를 보고합니다.

첫 번째 줄은 삽입된 행의 수를 알려주고 두 번째 줄의 첫 번째 항목은 실제로 처리된 행(또는 레코드) 수를 나타냅니다. INSERT IGNORE를 사용하고 중복 레코드(기본 키가 기존 행의 기본 키와 일치하는 레코드)를 삽입하려고 하면 MySQL은 조용히 삽입을 건너뛰고 두 번째 줄의 두 번째 항목에 중복으로 보고합니다.

```
mysql> INSERT IGNORE INTO language VALUES (9, 'Portuguese', NOW()),
    -> (11, 'Hebrew', NOW());
Query OK, 1 row affected, 1 warning (0.01 sec)
Records: 2  Duplicates: 1  Warnings: 1
```

출력 내용에서 두 번째 줄의 세 번째 항목으로 표시된 경고의 원인은 4장에서 설명합니다.

3.3.2 대체 구문

이전 절에서 설명한 VALUES 구문에는 몇 가지 대안이 있습니다. 이 절에서는 각각의 대안을 살펴보고 장점과 단점을 설명합니다. 지금까지 설명한 기본 구문에 만족하고 새로운 주제로 이동하려면 '3.4 DELETE 문'으로 넘어가십시오.

지금 사용하고 있는 **VALUES** 구문에는 다음과 같은 장점이 있습니다. 단일 및 대량 삽입 모두에서 작동하며, 어느 열이든 값을 입력하지 않을 경우 오류 메시지를 표시하고, 값마다 열 이름을 입력할 필요가 없습니다. 반대로 단점도 있습니다. 열의 순서를 외워야 합니다. 그리고 모든 열에 값을 입력해야 합니다. 또 구문이 기본 테이블 구조와 밀접하게 연결되어 있습니다. 즉, 테이블 구조를 변경할 때 **INSERT** 문도 변경해야 합니다. 다행히 구문을 변경하면 이 단점을 피할 수 있습니다.

actor 테이블에 열이 4개 있다는 사실과 각 열의 이름은 기억하지만 순서는 잊어버렸다고 가정해보겠습니다. 다음 방법을 사용해 행을 삽입할 수 있습니다.

```
mysql> INSERT INTO actor (actor_id, first_name, last_name, last_update)
    -> VALUES (NULL, 'Vinicius', 'Grippa', NOW());
Query OK, 1 row affected (0.03 sec)
```

테이블 이름 뒤의 괄호 안에 열 이름을 작성하고 해당 열에 저장할 값은 **VALUES** 키워드 뒤의 괄호 안에 나열합니다. 따라서 새 행이 생성되고, actor_id에 201이 저장되고(actor_id는 auto_increment 속성을 가진다는 점을 기억해두세요) first_name에는 Vinicius가, last_name에 Grippa가, last_update 열에는 현재 타임스탬프가 채워집니다. 이 구문에는 읽기 쉽고 유연하며(세 번째 단점 해결) 순서 독립적(첫 번째 단점 해결)이라는 장점이 있습니다. 다만, 열 이름을 알고 직접 입력해야 한다는 부담이 있습니다.

이 새로운 구문은 간단하게 작성할 경우 생기는 두 번째 단점도 해결합니다. 즉, 일부 열에만 값을 삽입해도 됩니다. 쿼리가 얼마나 유용한지 이해하기 위해 city 테이블을 살펴보겠습니다.

```
mysql> DESC city;
+-------------+----------------------+------+-----+-------------------+...
| Field       | Type                 | Null | Key | Default           |...
+-------------+----------------------+------+-----+-------------------+...
| city_id     | smallint(5) unsigned | NO   | PRI | NULL              |...
| city        | varchar(50)          | NO   |     | NULL              |...
| country_id  | smallint(5) unsigned | NO   | NUL | NULL              |...
| last_update | timestamp            | NO   |     | CURRENT_TIMESTAMP |...
+-------------+----------------------+------+-----+-------------------+...
...+--------------------------------------------+
...| Extra                                      |
```

```
...+--------------------------------------------+
...¦ auto_increment                             ¦
...¦                                            ¦
...¦                                            ¦
...¦ on update CURRENT_TIMESTAMP                ¦
...¦--------------------------------------------+
4 rows in set (0.00 sec)
```

last_update 열의 기본값은 CURRENT_TIMESTAMP입니다. 즉 last_update 열에 값을 삽입하지 않으면 MySQL이 기본적으로 현재 날짜와 시간을 삽입합니다. 레코드를 저장할 때 날짜와 시간을 확인하고 입력할 필요가 없습니다. 한번 불완전한 항목을 삽입해보겠습니다.

```
mysql> INSERT INTO city (city, country_id) VALUES ('Bebedouro', 19);
Query OK, 1 row affected (0.00 sec)
```

city_id 열에 값을 설정하지 않았으므로 MySQL은 기본값(auto_increment 속성이 생성한)을 유효한 다음 식별 값으로 설정하고 last_update에는 현재 날짜와 시간을 저장합니다. 다음 쿼리로 확인할 수 있습니다.

```
mysql> SELECT * FROM city where city like 'Bebedouro';
+---------+-----------+------------+---------------------+
¦ city_id ¦ city      ¦ country_id ¦ last_update         ¦
+---------+-----------+------------+---------------------+
¦     601 ¦ Bebedouro ¦         19 ¦ 2021-02-27 21:34:08 ¦
+---------+-----------+------------+---------------------+
1 row in set (0.01 sec)
```

대량 삽입에도 이 접근방식을 사용할 수 있습니다.

```
mysql> INSERT INTO city (city,country_id) VALUES
    -> ('Sao Carlos',19),
    -> ('Araraquara',19),
    -> ('Ribeirao Preto',19);
Query OK, 3 rows affected (0.00 sec)
Records: 3  Duplicates: 0  Warnings: 0
```

열 이름을 기억해 입력한다는 점 말고도 실수로 열 값을 누락할 수 있다는 단점이 있습니다.

MySQL은 누락된 열을 기본값으로 설정합니다. 테이블을 생성하거나 수정할 때 다른 기본값을 명시적으로 할당하지 않는 한 MySQL 테이블의 모든 열에는 기본값이 NULL입니다.

테이블 열에 기본값을 사용하는 경우 DEFAULT 키워드(MySQL 5.7 이상에서 지원)를 사용할 수 있습니다. 다음 쿼리는 DEFAULT를 사용해 country 테이블에 행을 추가합니다.

```
mysql> INSERT INTO country VALUES (NULL, 'Uruguay', DEFAULT);
Query OK, 1 row affected (0.01 sec)
```

DEFAULT 키워드는 MySQL이 해당 열에 기본값을 사용하도록 지시하므로 이 예시에서는 현재 날짜와 시간이 삽입됩니다. 이 접근방식은 기본값으로 대량 삽입 기능을 사용할 수 있고 열을 실수로 누락할 수 없다는 장점이 있습니다.

또 다른 INSERT 구문 작성법이 있습니다. 이 접근방식에서는 열 이름과 값을 함께 나열하므로 값 목록을 이전 열 목록에 순서를 따라 매핑할 필요가 없습니다. 다음 쿼리는 country 테이블에 새 행을 추가합니다.

```
mysql> INSERT INTO country SET country_id=NULL,
    -> country='Bahamas', last_update=NOW();
Query OK, 1 row affected (0.01 sec)
```

이 작성법은 테이블 이름, 키워드 SET, 열=값 쌍을 쉼표로 구분해 나열합니다. 값이 제공되지 않은 열은 기본값으로 설정됩니다. 다시 말하지만, 특정 열에 값을 누락하는 경우가 생길 수 있고 열 이름을 일일이 적어야 한다는 단점이 있습니다. 또 대량 삽입에는 이 방법을 사용하지 못한다는 점도 단점입니다.

쿼리에서 반환된 값을 사용해 삽입할 수도 있습니다. 이에 대해서는 7장에서 살펴보겠습니다.

3.4 DELETE 문

DELETE 문은 테이블에서 하나 이상의 행을 제거하는 데 사용합니다. 여기서는 단일 테이블 삭제에 대해 설명하고 7장에서 하나의 쿼리로 둘 이상의 테이블에서 데이터를 제거하는 다중 테이블 삭제에 대해 설명합니다.

3.4.1 DELETE 기본 사용법

DELETE 문의 가장 단순한 용도는 테이블의 모든 행을 제거하는 것입니다. 대여(rental) 테이블을 비우고 싶다고 가정해보겠습니다. 다음과 같이 할 수 있습니다.

```
mysql> DELETE FROM rental;
Query OK, 16044 rows affected (2.41 sec)
```

DELETE 구문은 행의 값뿐만 아니라 전체 행을 제거하는 데 사용되기 때문에 열 이름을 포함하지 않습니다. 행의 값을 재설정하거나 수정하려면 '3.5 UPDATE 문'에 설명된 대로 UPDATE 문을 사용합니다. DELETE 문은 테이블 자체를 제거하지 않습니다. 예를 들어 rental 테이블의 모든 행을 삭제한 후에도 테이블을 계속 쿼리할 수 있습니다.

```
mysql> SELECT * FROM rental;
Empty set (0.00 sec)
```

DESCRIBE 또는 SHOW CREATE TABLE을 사용해 구조를 계속 탐색하고 INSERT를 사용해 새 행을 삽입할 수도 있습니다. 테이블을 제거하려면 4장에서 설명할 DROP 문을 사용합니다.

테이블에 다른 테이블과 관계가 있는 경우 외래 키 제약 조건으로 인해 삭제가 실패할 수 있습니다.

```
mysql> DELETE FROM language;
ERROR 1451 (23000): Cannot delete or update a parent row: a foreign key
constraint fails (`sakila`.`film`, CONSTRAINT `fk_film_language` FOREIGN KEY
 (`language_id`) REFERENCES `language` (`language_id`) ON UPDATE CASCADE)
```

3.4.2 WHERE, ORDER BY, LIMIT 사용

이전 절에서 행을 삭제했다면 '2.6 엔티티 관계 설계 예시'의 설명에 따라 지금 sakila 데이터베이스를 다시 로드하십시오. 이 절의 예시에는 복원된 대여 테이블의 행이 필요합니다.

테이블의 행을 모두가 아니라 하나 이상 제거하려면 WHERE 절을 사용하십시오. 이것은 SELECT에서와 같은 방식으로 작동합니다. 예를 들어, rental_id가 10보다 더 작은 대여 테이블에서 행을 모두 제거하려고 한다고 가정하겠습니다. 다음 쿼리를 실행할 수 있습니다.

```
mysql> DELETE FROM rental WHERE rental_id < 10;
Query OK, 9 rows affected (0.01 sec)
```

결과는 조건과 일치하는 9개 행이 제거된다는 내용입니다.

이제 데이터베이스에서 Mary Smith라는 고객의 모든 지출 내용을 제거하려고 한다고 가정합니다. 먼저 INNER JOIN을 사용해 customer 및 payment 테이블에 SELECT를 수행합니다 ('3.2.6 조인을 사용한 두 테이블의 결합' 참조).

```
mysql> SELECT first_name, last_name, customer.customer_id,
    -> amount, payment_date FROM payment INNER JOIN customer
    -> ON customer.customer_id=payment.customer_id
    -> WHERE first_name like 'Mary'
    -> AND last_name like 'Smith';
+------------+-----------+-------------+--------+---------------------+
| first_name | last_name | customer_id | amount | payment_date        |
+------------+-----------+-------------+--------+---------------------+
| MARY       | SMITH     |           1 |   2.99 | 2005-05-25 11:30:37 |
| MARY       | SMITH     |           1 |   0.99 | 2005-05-28 10:35:23 |
| MARY       | SMITH     |           1 |   5.99 | 2005-06-15 00:54:12 |
| MARY       | SMITH     |           1 |   0.99 | 2005-06-15 18:02:53 |
...
| MARY       | SMITH     |           1 |   1.99 | 2005-08-22 01:27:57 |
| MARY       | SMITH     |           1 |   2.99 | 2005-08-22 19:41:37 |
| MARY       | SMITH     |           1 |   5.99 | 2005-08-22 20:03:46 |
+------------+-----------+-------------+--------+---------------------+
32 rows in set (0.00 sec)
```

다음으로 DELETE 작업을 수행해 payment 테이블에서 customer_id가 1인 행을 제거합니다.

```
mysql> DELETE FROM payment where customer_id=1;
Query OK, 32 rows affected (0.01 sec)
```

DELETE와 함께 ORDER BY 및 LIMIT 절을 사용할 수 있습니다. 일반적으로 삭제되는 행의 수를 제한하려는 경우 이 작업을 수행합니다. 예시입니다.

```
mysql> DELETE FROM payment ORDER BY customer_id LIMIT 10000;
Query OK, 10000 rows affected (0.22 sec)
```

TIP_ DELETE 또는 UPDATE 작업은 성능의 영향을 받으므로 행 집합의 크기가 작을 때 사용하는 것이 좋습니다. 하드웨어에 따라 적정 크기가 다르지만 일반적으로 배치당 20,000~40,000개 행이 좋습니다.

3.4.3 TRUNCATE로 모든 행 삭제

테이블의 모든 행을 제거하려면 DELETE로 제거하는 것보다 더 빠른 방법이 있습니다. TRUNCATE TABLE 문을 사용할 때 MySQL은 테이블을 삭제하고 테이블 구조를 제거한 다음 다시 생성하는 지름길을 사용합니다. 테이블에 행이 많으면 훨씬 빠릅니다.

NOTE_ MySQL 5.6에는 MySQL이 대규모 InnoDB 버퍼 풀(200GB 이상)로 구성된 경우 TRUNCATE 작업을 수행할 때 MySQL이 중단될 수 있는 버그가 있습니다. 자세한 내용은 버그 보고서(https://bugs.mysql.com/bug.php?id=80060)를 참조하세요.

다음 명령어는 payment 테이블의 모든 데이터를 제거합니다.

```
mysql> TRUNCATE TABLE payment;
Query OK, 0 rows affected (0.07 sec)
```

영향을 받은 행 수가 0으로 표시됩니다. 작업 속도를 높이기 위해 MySQL은 삭제된 행 수를 계산하지 않으므로 표시된 숫자가 삭제된 실제 행 수를 반영하지는 않습니다.

TRUNCATE TABLE 문은 많은 면에서 DELETE와 다른데, 그중 몇 가지는 알아야 합니다.

- TRUNCATE 작업은 큰 테이블의 경우 행을 하나씩 삭제하는 것보다 훨씬 더 빠르게 테이블을 삭제하고 다시 만듭니다.
- TRUNCATE 작업은 암시적 커밋을 일으키므로 롤백할 수 없습니다.
- 세션의 테이블에 락이 걸린 경우 TRUNCATE 작업을 수행할 수 없습니다.

테이블 유형, 트랜잭션, 잠금은 5장에서 설명합니다. 이러한 제한은 실제로 대부분의 애플리케이션에 영향을 미치지 않으며 TRUNCATE TABLE을 사용해 처리 속도를 높일 수 있습니다. 물론 작업 중에 전체 테이블을 삭제하는 것은 일반적이지 않습니다. 예외는 특정 사용자 세션에 대한 쿼리 결과를 임시로 저장할 때 사용되는 임시 테이블로, 이 테이블은 원본 데이터를 잃지 않고 삭제할 수 있습니다.

3.5 UPDATE 문

UPDATE 문은 데이터를 변경하는 데 사용됩니다. 이 절에서는 단일 테이블에서 하나 이상의 행을 업데이트하는 방법을 소개합니다. 다중 테이블 업데이트는 '7.5.2 업데이트'에서 설명합니다.

sakila 데이터베이스에서 행을 삭제했다면 계속하기 전에 다시 로드하세요.

3.5.1 UPDATE 기본 사용법

UPDATE 문의 가장 단순한 용도는 테이블의 모든 행을 변경하는 것입니다. payment 테이블에서 모든 지불 금액에 10%를 추가해 amount 열을 업데이트한다고 가정해봅시다. 다음을 실행해 이 작업을 수행할 수 있습니다.

```
mysql> UPDATE payment SET amount=amount*1.1;
Query OK, 16025 rows affected, 16025 warnings (0.41 sec)
Rows matched: 16049 Changed: 16025 Warnings: 16025
```

last_update 상태를 업데이트하는 것을 잊었군요. 데이터베이스 모델이 일관성을 유지하려면 다음 쿼리로 이 문제를 해결할 수 있습니다.

```
mysql> UPDATE payment SET last_update='2021-02-28 17:53:00';
Query OK, 16049 rows affected (0.27 sec)
Rows matched: 16049 Changed: 16049 Warnings: 0
```

> TIP_ NOW() 함수를 사용해 실행의 현재 타임스탬프 값으로 last_update 열을 업데이트할 수 있습니다.
> 예시를 봅시다.
>
> ```
> mysql> UPDATE payment SET last_update=NOW();
> ```

UPDATE 문에 의해 보고된 두 번째 행은 구문의 전체 영향을 받은 행 수를 출력합니다.

```
Rows matched: 16049  Changed: 16049  Warnings: 0
```

첫 번째 열은 일치 항목으로 검색된 행 수를 보고합니다. 이 경우 WHERE 또는 LIMIT 절이 없으므로 테이블의 모든 행이 쿼리와 일치합니다. 두 번째 열은 변경된 행 수를 보고하는데, 항상 일치한 행 수와 같거나 더 적습니다. 다시 한번 쿼리를 입력하면 다른 결과가 표시됩니다.

```
mysql> UPDATE payment SET last_update='2021-02-28 17:53:00';
Query OK, 0 rows affected (0.07 sec)
Rows matched: 16049 Changed: 0 Warnings: 0
```

이번에는 날짜가 이미 2021-02-28 17:53:00으로 설정되고 WHERE 조건이 없기 때문에 모든 행이 쿼리와 일치하므로 변경된 것이 없습니다. 그리고 변경된 행 수는 출력의 첫 번째 행에 보고된 대로 항상 영향을 받은 행 수와 동일합니다.

3.5.2 WHERE, ORDER BY, LIMIT 사용

종종 테이블의 모든 행을 변경하고 싶지는 않을 것입니다. 대신 조건과 일치하는 하나 이상의 행을 업데이트하고자 할 것입니다. SELECT 및 DELETE와 마찬가지로 WHERE 절이 이 작업에 사용됩니다. 또 DELETE와 동일한 방식으로 ORDER BY 및 LIMIT를 함께 사용해 정렬된 목록에서 업데이트되는 행 수를 제어할 수 있습니다.

테이블의 한 행을 수정하는 예시를 살펴보겠습니다. 여배우 Penelope Guiness가 성을 바꿨다고 가정해봅시다. 다음 쿼리는 데이터베이스의 actor 테이블에서 해당 행을 업데이트합니다.

```
mysql> UPDATE actor SET last_name= UPPER('cruz')
    -> WHERE first_name LIKE 'PENELOPE'
    -> AND last_name LIKE 'GUINESS';
Query OK, 1 row affected (0.01 sec)
Rows matched: 1  Changed: 1  Warnings: 0
```

예상대로 MySQL은 하나의 행과 일치해 하나의 행을 변경했습니다.

업데이트 발생 횟수를 제어하기 위해 ORDER BY와 LIMIT를 조합할 수 있습니다.

```
mysql> UPDATE payment SET last_update=NOW() LIMIT 10;
Query OK, 10 rows affected (0.01 sec)
Rows matched: 10  Changed: 10  Warnings: 0
```

DELETE와 마찬가지로 작은 묶음으로 작업을 수행하거나 일부 행만 수정하기를 원하기 때문에 이 작업을 수행합니다. 여기에서 10개 행이 일치하고 변경된 것을 볼 수 있습니다.

이전 쿼리는 업데이트의 중요한 특징도 보여줍니다. 업데이트에는 WHERE 절과 일치하는 행을 찾는 매칭 단계와 변경이 필요한 행이 업데이트되는 수정 단계 이렇게 두 단계가 있습니다.

3.6 SHOW와 mysqlshow로 데이터베이스와 테이블 탐색

SHOW를 사용해 데이터베이스의 구조, 테이블, 테이블 열에 대한 정보를 얻는 방법은 이미 설명했습니다. 이 절에서는 sakila 데이터베이스를 사용하는 간단한 예시와 함께 가장 일반적인 유형의 SHOW 문을 알아봅니다. mysqlshow는 SHOW 명령과 동일한 기능을 수행하지만 MySQL 클라이언트를 시작할 필요가 없습니다.

SHOW DATABASES 구문은 접근할 수 있는 데이터베이스 리스트를 출력합니다. '2.6 엔티티 관계 설계 예시'의 샘플 데이터베이스 설치 단계를 실행하고 '2.7.2 은행 데이터베이스 ER 모델 생성'에서 은행 모델을 배포한 경우 출력되는 내용은 다음과 같아야 합니다.

```
mysql> SHOW DATABASES;
+--------------------+
| Database           |
```

```
+--------------------+
¦ information_schema ¦
¦ bank_model         ¦
¦ employees          ¦
¦ mysql              ¦
¦ performance_schema ¦
¦ sakila             ¦
¦ sys                ¦
¦ world              ¦
+--------------------+
8 rows in set (0.01 sec)
```

이 내용은 USE 명령(4장에서 설명함)으로 접근할 수 있는 데이터베이스입니다. 서버의 다른 데이터베이스에 대한 접근 권한이 있는 경우 해당 권한도 같이 나열됩니다. global SHOW DATABASES 권한이 없으면 일부 권한이 있는 데이터베이스만 볼 수 있습니다. mysqlshow 프로그램을 사용해 명령줄에서도 동일한 결과를 얻을 수 있습니다.

```
$ mysqlshow -uroot -pmsandbox -h 127.0.0.1 -P 3306
```

SHOW DATABASE에는 LIKE 절을 추가할 수 있습니다. 이 방법은 많은 데이터베이스에서 짧은 목록을 출력할 때 유용합니다. 예를 들어 다음 쿼리는 이름이 s로 시작하는 데이터베이스만 출력합니다.

```
mysql> SHOW DATABASES LIKE 's%';
+---------------+
¦ Database (s%) ¦
+---------------+
¦ sakila        ¦
¦ sys           ¦
+---------------+
2 rows in set (0.00 sec)
```

LIKE는 SELECT에서의 사용 방식과 동일합니다. 데이터베이스를 생성하는 데 사용된 쿼리는 SHOW CREATE DATABASE 문을 입력해 확인할 수 있습니다. 예를 들어 sakila를 생성한 쿼리를 보려면 다음을 입력합니다.

```
mysql> SHOW CREATE DATABASE sakila;
*********************** 1. row ***************************
       Database: sakila
Create Database: CREATE DATABASE `sakila` /*!40100 DEFAULT CHARACTER SET
utf8mb4 COLLATE utf8mb4_0900_ai_ci */ /*!80016 DEFAULT ENCRYPTION='N' */
1 row in set (0.00 sec)
```

몇 가지 추가 주석(/*! */ 안쪽 내용)과 함께 쿼리만 표시합니다.

```
40100 DEFAULT CHARACTER SET utf8mb4 COLLATE utf8mb4_0900_ai_ci
80016 DEFAULT ENCRYPTION='N'
```

이러한 주석에는 다른 데이터베이스 프로그램에서 동작하지 않는 지침을 제공하는 MySQL 관련 키워드가 포함됩니다. MySQL 이외의 데이터베이스 서버는 이 주석 텍스트를 무시하므로 해당 구문은 MySQL과 다른 데이터베이스 서버 소프트웨어에서 모두 사용할 수 있습니다. 주석의 맨 앞에 있는 숫자는 특정 명령을 처리할 수 있는 MySQL의 최소 버전을 나타냅니다(예: 40100은 버전 4.01.00을 나타냄). 이전 버전의 MySQL은 이러한 지침을 무시합니다. 4장에서 데이터베이스 생성에 대해 배울 것입니다.

SHOW TABLES 문은 데이터베이스의 테이블을 나열합니다. 다음 쿼리로 sakila의 테이블을 확인합니다.

```
mysql> SHOW TABLES FROM sakila;
+---------------------------+
| Tables_in_sakila          |
+---------------------------+
| actor                     |
| actor_info                |
| address                   |
| category                  |
| city                      |
| country                   |
| customer                  |
| customer_list             |
| film                      |
| film_actor                |
| film_category             |
| film_list                 |
```

```
¦ film_text                    ¦
¦ inventory                    ¦
¦ language                     ¦
¦ nicer_but_slower_film_list   ¦
¦ payment                      ¦
¦ rental                       ¦
¦ sales_by_film_category       ¦
¦ sales_by_store               ¦
¦ staff                        ¦
¦ ...                          ¦
+------------------------------+
23 rows in set (0.01 sec)
```

USE sakila 쿼리로 sakila 데이터베이스를 이미 선택했다면 더 짧은 쿼리를 입력할 수 있습니다.

```
mysql> SHOW TABLES;
```

mysqlshow 프로그램에서는 데이터베이스 이름을 지정해 유사한 결과를 얻을 수 있습니다.

```
$ mysqlshow -uroot -pmsandbox -h 127.0.0.1 -P 3306 sakila
```

SHOW DATABASES와 마찬가지로 권한이 없는 테이블은 볼 수 없습니다. 즉, SHOW DATABASES 전역 권한이 있더라도 접근할 수 없는 데이터베이스의 테이블은 보지 못합니다.

SHOW COLUMNS 문은 테이블의 열을 나열합니다. 예를 들어 country 열을 확인하려면 다음 쿼리를 입력합니다.

```
mysql> SHOW COLUMNS FROM country;
*************************** 1. row ***************************
    Field: country_id
     Type: smallint unsigned
     Null: NO
      Key: PRI
  Default: NULL
    Extra: auto_increment
*************************** 2. row ***************************
    Field: country
     Type: varchar(50)
```

```
    Null: NO
     Key:
  Default: NULL
    Extra:
*************************** 3. row ***************************
    Field: last_update
     Type: timestamp
     Null: NO
      Key:
   Default: CURRENT_TIMESTAMP
    Extra: DEFAULT_GENERATED on update CURRENT_TIMESTAMP
3 rows in set (0.00 sec)
```

모든 열의 이름, 해당 열의 타입과 크기, NULL 여부, 키의 일부인지 여부, 기본값, 추가 정보가
출력됩니다. 타입, 키, NULL 값, 기본값은 4장에서 자세히 설명합니다. USE 명령으로 sakila
데이터베이스를 아직 선택하지 않은 경우 sakila.country처럼 테이블 이름 앞에 데이터베이
스 이름을 추가할 수 있습니다. 이전 SHOW 문과 달리 테이블에 대한 접근 권한이 있는 경우 항
상 모든 열 이름을 볼 수 있습니다. 모든 열에 대해 특정 권한이 없는 것은 중요하지 않습니다.

데이터베이스, 테이블 이름과 함께 mysqlshow를 사용하면 유사한 결과를 얻을 수 있습니다.

```
$ mysqlshow -uroot -pmsandbox -h 127.0.0.1 -P 3306 sakila country
```

SHOW CREATE TABLE 문을 사용하면 특정 테이블을 생성할 때 사용된 쿼리를 볼 수 있습니다
(테이블 생성도 4장에서 살펴봄). 일부 사용자는 CREATE TABLE 문의 형식이 친숙하다는 이
유로 SHOW COLUMNS의 출력보다 이 출력을 더 선호합니다. 다음은 country 테이블 확인 예시
입니다.

```
mysql> SHOW CREATE TABLE country\G
*************************** 1. row ***************************
       Table: country
Create Table: CREATE TABLE `country` (
  `country_id` smallint unsigned NOT NULL AUTO_INCREMENT,
  `country` varchar(50) NOT NULL,
  `last_update` timestamp NOT NULL DEFAULT CURRENT_TIMESTAMP ON UPDATE
  CURRENT_TIMESTAMP,
  PRIMARY KEY (`country_id`)
) ENGINE=InnoDB AUTO_INCREMENT=110 DEFAULT CHARSET=utf8mb4
```

```
    COLLATE=utf8mb4_0900_ai_ci
1 row in set (0.00 sec)
```

## CHAPTER 4

데이터베이스 구성 작업

이 장에서는 자체 데이터베이스를 생성하고, 테이블과 인덱스 같은 구조를 추가 및 제거하고, 테이블의 열 타입을 선택하는 방법을 살펴봅니다. SQL의 구문과 기능에 중점을 두는 것이지 데이터베이스 설계를 구성, 설정, 수정한다는 의미가 아닙니다. 데이터베이스 설계 기법은 2장에서 소개했습니다. 그리고 3장에서 논의한 기존 데이터베이스와 해당 테이블의 사용법을 알아야 이 장을 진행할 수 있겠습니다.

이 장에서는 샘플 sakila 데이터베이스의 구조를 이용합니다. '2.6 엔티티 관계 설계 예시'에 따라 데이터베이스를 로드했다면 이미 데이터베이스를 사용할 수 있고 구조를 수정하거나 복원하는 방법을 알 것입니다. 이 장을 마치게 되면 이제 데이터베이스 구조를 생성, 수정, 삭제하는 데 필요한 모든 기본 사항을 알게 됩니다. 3장에서 배운 기술과 함께 다양한 기본 작업을 수행할 수 있는 기술도 갖게 됩니다. MySQL을 사용해 고급 작업을 수행하는 기술까지 5장과 7장에서 다루겠습니다.

4.1 데이터베이스 생성 및 사용

데이터베이스 설계를 마쳤다면, MySQL에서 수행할 실용적인 첫 단계는 새로운 데이터베이스를 만드는 것입니다. CREATE DATABASE 문으로 이 작업을 실행합니다. 이름이 lucy인 데이터베이스를 생성한다고 가정합니다. 입력할 구문은 다음과 같습니다.

```
mysql> CREATE DATABASE lucy;
Query OK, 1 row affected (0.10 sec)
```

여기서는 1장에서 설명한 대로 MySQL 클라이언트를 사용해 연결하는 방법을 알고 있다고 가정합니다. 또 루트 사용자나 구조를 생성, 삭제, 수정할 수 있는 다른 사용자로 연결할 수 있다고 가정합니다(사용자 권한에 대한 자세한 설명은 8장 참조). 데이터베이스를 생성할 때 MySQL은 하나의 행이 영향을 받았다고 출력합니다. 이는 실제로 데이터베이스의 특정 행이 영향을 받았다는 의미가 아니라 SHOW DATABASES 쿼리로 볼 수 있는 목록에 새 항목이 추가되었다는 의미입니다.

데이터베이스를 생성했으니 사용해봅시다. 작업할 데이터베이스로 선택합니다. MySQL의 USE 명령어로 이 작업을 수행하겠습니다.

```
mysql> USE lucy;
Database changed
```

이 명령은 한 줄로 입력하고 습관적으로 세미콜론을 붙일 필요가 없습니다. 데이터베이스를 사용(선택)하고 나면 다음 절의 단계를 따라 테이블, 인덱스, 기타 구조의 생성을 시작할 수 있습니다.

다른 구조를 생성하기 전에 데이터베이스 생성에 대한 몇 가지 기능과 제한 사항을 논의하겠습니다. 첫째로 이미 존재하는 데이터베이스를 생성하려고 하면 어떻게 되는지 알아보겠습니다.

```
mysql> CREATE DATABASE lucy;
ERROR 1007 (HY000): Can't create database 'lucy'; database exists
```

쿼리에 IF NOT EXISTS 키워드 구문을 추가해 이 오류를 피할 수 있습니다.

```
mysql> CREATE DATABASE IF NOT EXISTS lucy;
Query OK, 0 rows affected (0.00 sec)
```

MySQL은 아무런 에러 메시지를 출력하지 않았지만 다른 일도 전혀 하지 않았음을 알 수 있습니다. 0 rows affected 메시지는 데이터가 변경되지 않았음을 나타냅니다. 이 추가 기능은 스크립트에 SQL 문을 추가할 때 유용합니다. 스크립트가 오류로 멈추는 것을 방지해줍니다.

데이터베이스 이름을 선택하는 방법과 대소문자를 사용하는 방법을 살펴보겠습니다. 데이터베이스 이름은 디스크의 물리적 디렉터리(또는 폴더) 이름을 정의합니다. 일부 운영체제에서는 디렉터리 이름의 대소문자를 구분하지만 어떤 운영체제에서는 대소문자가 중요하지 않습니다. 예를 들어 리눅스와 맥OS 같은 유닉스^{Unix} 계열 시스템은 일반적으로 대소문자를 구분하지만 윈도우는 그렇지 않습니다. 이 제한은 데이터베이스 이름에도 동일하게 적용됩니다. 운영체제에서 대소문자가 중요하면 MySQL에서도 중요합니다. 예를 들어 LUCY, lucy, Lucy는 서로 다른 데이터베이스 이름입니다. 윈도우에서는 하나의 데이터베이스만 참조합니다. 리눅스 또는 맥OS에서 대소문자를 잘못 사용하면 MySQL이 다음과 같이 에러 메시지를 출력합니다.

```
mysql> SELECT SaKilA.AcTor_id FROM ACTor;
ERROR 1146 (42S02): Table 'sakila.ACTor' doesn't exist
```

그러나 윈도우에서는 정상적으로 동작합니다.

> **TIP_** SQL 시스템을 독립적으로 만들려면 데이터베이스(및 테이블, 열, 별칭, 인덱스)에서 일관되게 소문자 이름을 사용하는 것이 좋습니다. 물론 요구사항은 아니며 앞선 예시에서 보듯 쓰기에 편한 명명 규칙을 따르면 됩니다. 다만 작성 시 일관성을 유지하고 MySQL이 운영체제에 따라 다르게 동작한다는 점을 기억하십시오.

대소문자를 구분하는 동작은 `lower_case_table_names` 매개변수의 설정값으로 제어됩니다. 0으로 설정하면 테이블 이름이 지정된 대로 저장되고 비교할 때 대소문자를 구분합니다. 1로 설정하면 테이블 이름이 디스크에 소문자로 저장되고 비교할 때 대소문자를 구분하지 않습니다. 이 값이 2로 설정되면 테이블 이름은 주어진 대로 저장되지만 소문자로 비교합니다. 기본값은 윈도우에서 1이고 맥OS에서 2입니다. 리눅스에서는 값 2가 지원되지 않아 대신 0으로 설정합니다.

데이터베이스 이름도 제한됩니다. 이름이 최대 64자여야 합니다. SELECT, FROM, USE 같은 MySQL 예약어를 구조 이름에 사용해서도 안 됩니다. 그러면 MySQL 분석기가 혼동해 문장의 의미를 해석하지 못합니다. 이 제한은 예약어를 백틱(`)으로 묶어 피할 수 있지만, 기억하기 어렵습니다. 그리고 이름에 특정 문자(슬래시, 백슬래시, 세미콜론, 마침표)를 사용해선 안 되고 이름이 공백으로 끝나도 안 됩니다. 다시 말해 이러한 문자를 사용하면 MySQL 분석기에서 예측하지 못한 동작이 발생할 수 있습니다. 한 예로 데이터베이스 이름에 세미콜론을 삽입하면 다음과 같은 일이 일어납니다.

```
mysql> CREATE DATABASE IF NOT EXISTS lu;cy;
Query OK, 1 row affected (0.00 sec)

ERROR 1064 (42000): You have an error in your SQL syntax; check the manual
that corresponds to your MySQL server version for the right syntax to use
near 'cy' at line 1
```

한 줄에 SQL 문을 두 개 이상 입력할 수 있으므로 앞선 쿼리는 데이터베이스 lu를 생성하고 매우 짧고 예기치 못한 SQL 문인 cy;를 만나 오류를 일으킵니다. 이름에 세미콜론이 들어간 데이터베이스를 꼭 만들고 싶다면 백틱을 사용합니다.

```
mysql> CREATE DATABASE IF NOT EXISTS `lu;cy`;
Query OK, 1 row affected (0.01 sec)
```

이제 두 개의 데이터베이스가 생성되었습니다.

```
mysql> SHOW DATABASES LIKE `lu%`;
+----------------+
| Database (lu%) |
+----------------+
| lu             |
| lu;cy          |
+----------------+
2 rows in set (0.01 sec)
```

4.2 테이블 생성

이 절에서 다루는 주제는 테이블 구조에 대한 것이며 다음을 수행하는 방법을 안내합니다. 도입부 예시를 통해 테이블을 생성합니다.

• 테이블과 테이블 관련 구조의 이름을 선택합니다.

- 열에 사용할 데이터 타입을 이해하고 선택합니다.

- 키와 인덱스를 이해하고 선택합니다.

- MySQL 소유자의 `AUTO_INCREMENT` 기능을 사용합니다.

이 절을 마치면 데이터베이스 구조 생성에 대한 기본 내용을 모두 섭렵한 것입니다. 이 장의 나머지 부분에서는 샘플 sakila 데이터베이스와 기본 구조를 변경, 제거하는 방법을 알아봅니다.

4.2.1 기본

이 절의 예시에서는 sakila 데이터베이스가 아직 생성되지 않았다고 가정합니다. 예시를 따라 실행해 이미 데이터베이스를 불러온 경우, 이 절에서 데이터베이스를 삭제하고 나중에 다시 불러올 수 있습니다. 삭제하면 데이터베이스, 해당 테이블, 데이터가 모두 제거되지만 원본을 '2.6 엔티티 관계 설계 예시'의 단계에 따라 쉽게 복원할 수 있습니다. 임시적인 삭제 방법은 다음과 같습니다.

```
mysql> DROP DATABASE sakila;
Query OK, 23 rows affected (0.06 sec)
```

DROP 문은 이 장의 끝부분인 '4.4.2 테이블 제거'에서 자세히 설명합니다.

먼저, sakila 데이터베이스를 생성하세요.

```
mysql> CREATE DATABASE sakila;
Query OK, 1 row affected (0.00 sec)
```

그런 후 데이터베이스를 선택하세요.

```
mysql> USE sakila;
Database changed
```

이제 데이터를 저장할 테이블을 만들 준비가 되었습니다. 배우의 세부 정보를 저장할 테이블을 만들어보겠습니다. 지금은 구조를 단순화하고 나중에 복잡하게 만들겠습니다. 다음과 같은 쿼리를 입력합니다.

```
mysql> CREATE TABLE actor (
    -> actor_id SMALLINT UNSIGNED NOT NULL DEFAULT 0,
    -> first_name VARCHAR(45) DEFAULT NULL,
    -> last_name VARCHAR(45),
    -> last_update TIMESTAMP,
    -> PRIMARY KEY (actor_id)
    -> );
Query OK, 0 rows affected (0.01 sec)
```

MySQL이 영향을 받은 행이 0개라고 출력했지만 당황하지 마십시오. 테이블은 제대로 생성되었습니다.

```
mysql> SHOW tables;
+------------------+
| Tables_in_sakila |
+------------------+
| actor            |
+------------------+
1 row in set (0.01 sec)
```

각 부분을 자세하게 살펴보겠습니다. **CREATE TABLE** 쿼리에서 주목할 부분은 셋입니다.

1. CREATE TABLE 문 다음에는 생성할 테이블의 이름이 옵니다. 이 예시에서는 actor입니다.

2. 테이블에 추가할 여러 가지 열 목록입니다. 이 예시에서는 actor_id SMALLINT UNSIGNED NOT NULL DEFAULT 0과 first_name VARCHAR(45) DEFAULT NULL, last_name VARCHAR(45), last_ update TIMESTAMP 명령어 몇 가지를 입력했습니다. 잠시 후 이에 대해 논의하겠습니다.

3. 선택적 키 정의입니다. 이 예시에서는 기본 키(actor_id)라는 단일 키를 정의했습니다. 키와 인덱스는 이 장의 뒷부분에서 자세히 설명하겠습니다.

CREATE TABLE 구성요소의 뒤에는 문 마지막에 닫는 괄호와 짝이 되는 여는 괄호가 오고 다른 구성요소들은 쉼표로 구분한다는 점도 기억해두세요. **CREATE TABLE** 문에 추가할 수 있는 그 외 요소는 잠시 뒤에 설명하겠습니다.

열에 대해 알아보겠습니다. 기본 문법은 `name type [NOT NULL | NULL] [DEFAULT value]`입니다. `name` 필드는 열 이름인데 이전 절에서 설명한 대로 데이터베이스 이름과 제한 사항이 동일합니다. 이름 길이가 최대 64자, 역슬래시, 슬래시, 마침표, 공백으로 끝날 수 없고 대

소문자 구분은 기본 운영체제에 따라 다릅니다. type 필드는 열에 저장되는 방법과 내용을 정의합니다. 예를 들어 문자열의 경우 VARCHAR, 숫자형일 경우 SMALLINT, 날짜와 시간의 경우 TIMESTAMP로 설정할 수 있음을 확인했습니다.

NOT NULL을 지정하면 열의 값이 없을 때 행이 유효하지 않게 됩니다. 그렇지 않고 NULL을 지정하거나 이 절을 생략하면 열 값 없이 행이 존재할 수 있습니다. 값을 DEFAULT 절로 지정하면, 데이터가 제공되지 않은 열 값을 기본값으로 채웁니다. 이는 국가 이름 같은 기본값을 자주 재사용할 때 특히 유용합니다. 값은 열이 TIMESTAMP 타입인 경우를 제외하고 상수(예: 0, "cat" 또는 20060812045623)여야 합니다. 타입에 대해서는 '4.2.4 열에 사용할 수 있는 타입'에서 자세하게 설명하겠습니다.

NOT NULL과 DEFAULT는 함께 사용할 수 있습니다. NOT NULL을 지정하고 DEFAULT 값을 추가하면 열에 대한 값을 제공하지 않을 때 기본값을 사용합니다. 경우에 따라 다음과 같이 잘 작동합니다.

```
mysql> INSERT INTO actor(first_name) VALUES ('John');
Query OK, 1 row affected (0.01 sec)
```

잘 작동하지 않는 경우도 있습니다.

```
mysql> INSERT INTO actor(first_name) VALUES ('Elisabeth');
ERROR 1062 (23000): Duplicate entry '0' for key 'actor.PRIMARY'
```

작동 여부는 데이터베이스의 기본 제약 조건에 좌우됩니다. 이 예시에서 actor_id는 기본값이 0인데 기본 키이기도 합니다. 기본 키 값이 두 행에서 동일한 것이 허용되지 않으므로 값이 없는 행을 삽입하려는 두 번째 시도(결과 기본 키 값 0)는 실패합니다. 기본 키는 '4.2.5 키와 인덱스'에서 자세히 설명하겠습니다.

열 이름은 데이터베이스 이름이나 테이블 이름보다 제한 사항이 적습니다. 대소문자를 구분하지 않고 모든 플랫폼에서 사용 가능합니다. 열 이름에는 모든 문자가 허용되지만, 공백으로 종료하거나 마침표, 세미콜론, 대시 같은 특수 문자를 포함하려면 이름을 백틱(`)으로 묶어야 합니다. 정리하면 개발자의 주도하에 소문자 이름(예: 데이터베이스, 별칭, 테이블 이름)을 일관되게 선택하고 백틱이 필요한 문자는 피하길 추천합니다.

열과 기타 데이터베이스의 이름은 새로 시작할 때(예시 데이터베이스를 보고 영감을 얻을 수 있음) 개인의 취향이나 기존 코드베이스에서 작업할 때 표준을 따라야 하는 사항입니다. 보통은 반복을 피하는 것을 목표로 삼는 게 좋습니다. 테이블 이름이 actor라면 열 이름으로는 actor_first_name 대신 first_name을 사용하는 편이 좋습니다. 전자를 택할 경우 복잡한 쿼리에서 테이블 이름이 앞에 오면 actor.actor_first_name처럼 중복되기 때문입니다. 열 이름으로 id를 사용하는 경우는 예외입니다. 웬만하면 id를 사용하지 않거나 id 앞에 테이블 이름을 추가해(예: actor_id) 가독성을 높이길 추천합니다.

단어는 밑줄(_)을 사용해 구분하는 것이 좋습니다. 대시나 슬래시 같은 문자를 사용해도 되지만(예: actor-id) 이때는 이름을 백틱(`)으로 묶어야 합니다. 단어 구분 형식을 완전히 생략하는 방법도 있지만 이때 사용하는 카멜케이스^{CamelCase}는 확실히 읽기가 더 어렵습니다. 데이터베이스 및 테이블 이름과 마찬가지로 열 이름도 허용되는 가장 긴 길이는 64자입니다.

4.2.2 데이터 정렬 방식과 문자 집합

문자열을 비교하거나 정렬할 때 MySQL이 결과를 평가하는 방법은 사용된 문자 집합과 데이터 정렬 방식에 따라 다릅니다. 문자 집합^{character sets, charsets}은 저장할 수 있는 문자를 정의합니다. 예를 들어 값으로 IO 또는 ü와 같이 영어가 아닌 문자도 저장할 수 있습니다. 데이터 정렬 방식은 문자열이 정렬되는 방식을 정의하는데 언어마다 다릅니다. 예를 들어 문자 ü의 위치는 스웨덴어와 핀란드어에서 각기 다르며, 독일어는 나열 방식에 따라서도 문자의 위치가 달라집니다. 모든 사람이 영어 문자열을 저장하지는 않으므로 데이터베이스 서버는 영어 외에 다양한 문자의 정렬 방식에도 대응할 수 있어야 합니다.

물론 MySQL을 막 배우기 시작한 단계에서 데이터 정렬 방식이나 문자 집합에 대한 논의는 너무 부담스럽다는 점에 동감합니다. 그러나 문자 집합과 데이터 정렬 방식이 일치하지 않아 데이터 손실, 잘못된 쿼리 결과와 같은 예기치 않은 일이 발생할 수 있으므로 이러한 논의도 필요하다고 생각합니다. 내용이 너무 부담스럽다면 이 절과 이 장의 뒷부분에 나오는 일부 내용을 건너뛰었다가 추후 구체적으로 알고 싶을 때 다시 펼쳐봐도 좋습니다. 그렇게 해도 다른 내용을 이해하는 데 아무런 문제가 없습니다.

이전의 문자열 비교 예시에서는 데이터 정렬 방식과 문자 집합 문제를 무시하고 MySQL이 기본값을 사용하도록 했습니다. MySQL 8.0 이전 버전에서 기본 문자 집합은 latin1이고 기본 데이터 정렬 방식은 latin1_swedish_ci입니다. MySQL 8.0에서는 기본 문자 집합을 utf8mb4, 기본 데이터 정렬 방식을 utf8mb4_0900_ai_ci로 변경했습니다. MySQL은 연결, 데이터베이스, 테이블, 열 수준에서 다른 문자 집합과 정렬 순서를 사용하도록 구성할 수 있습니다. 다음은 MySQL 8.0이 지원하는 문자 집합 목록입니다.

```
mysql> SHOW CHARACTER SET;
+----------+-----------------------------+--------------------+--------+
| Charset  | Description                 | Default collation  | Maxlen |
+----------+-----------------------------+--------------------+--------+
| armscii8 | ARMSCII-8 Armenian          | armscii8_general_ci |     1 |
| ascii    | US ASCII                    | ascii_general_ci   |      1 |
| big5     | Big5 Traditional Chinese    | big5_chinese_ci    |      2 |
| binary   | Binary pseudo charset       | binary             |      1 |
| cp1250   | Windows Central European    | cp1250_general_ci  |      1 |
| cp1251   | Windows Cyrillic            | cp1251_general_ci  |      1 |
| ...      |                             |                    |        |
| ujis     | EUC-JP Japanese             | ujis_japanese_ci   |      3 |
| utf16    | UTF-16 Unicode              | utf16_general_ci   |      4 |
| utf16le  | UTF-16LE Unicode            | utf16le_general_ci |      4 |
| utf32    | UTF-32 Unicode              | utf32_general_ci   |      4 |
| utf8     | UTF-8 Unicode               | utf8_general_ci    |      3 |
| utf8mb4  | UTF-8 Unicode               | utf8mb4_0900_ai_ci |      4 |
+----------+-----------------------------+--------------------+--------+
41 rows in set (0.00 sec)
```

latin1을 살펴보겠습니다. 설명에 따르면 Windows-1252 문자 집합으로 서유럽 언어를 지원합니다. 문자 집합의 기본 데이터 정렬 방식은 latin1_swedish_ci이고 스웨덴어 규칙을 따라 악센트 부호가 있는 문자를 정렬합니다(영어는 정상적으로 처리됨). 데이터 정렬 방식의 끝에 적힌 ci는 대소문자를 구분하지 않는다는[case-insensitive] 의미입니다. latin1의 각 문자는 최대 1바이트의 저장 공간을 차지합니다. 이에 비해 기본 utf8mb4 문자 집합은 각 문자가 최대 4바이트의 저장 공간을 차지합니다. 때로는 기본값을 변경하는 것이 합리적입니다. 예를 들어 base64로 인코딩된 데이터(정의상 ASCII를 의미함)를 utf8mb4에 저장할 이유가 없습니다.

마찬가지로, 데이터 정렬 순서와 정렬 순서가 적용되는 문자 집합을 나열할 수 있습니다.

```
mysql> SHOW COLLATION;
+--------------------+----------+-----+---------+...+---------------+
| Collation          | Charset  | Id  | Default |...| Pad_attribute |
+--------------------+----------+-----+---------+...+---------------+
| armscii8_bin       | armscii8 | 64  |         |...| PAD SPACE     |
| armscii8_general_ci| armscii8 | 32  | Yes     |...| PAD SPACE     |
| ascii_bin          | ascii    | 65  |         |...| PAD SPACE     |
| ascii_general_ci   | ascii    | 11  | Yes     |...| PAD SPACE     |
| ...                |          |     |         |...|               |
| utf8mb4_0900_ai_ci | utf8mb4  | 255 | Yes     |...| NO PAD        |
| utf8mb4_0900_as_ci | utf8mb4  | 305 |         |...| NO PAD        |
| utf8mb4_0900_as_cs | utf8mb4  | 278 |         |...| NO PAD        |
| utf8mb4_0900_bin   | utf8mb4  | 309 |         |...| NO PAD        |
| ...                |          |     |         |...|               |
| utf8_unicode_ci    | utf8     | 192 |         |...| PAD SPACE     |
| utf8_vietnamese_ci | utf8     | 215 |         |...| PAD SPACE     |
+--------------------+----------+-----+---------+...+---------------+
272 rows in set (0.02 sec)
```

> **NOTE_** 사용 가능한 문자 집합과 데이터 정렬 방식의 개수는 MySQL 서버 버전과 패키지에 따라 다릅니다. 현재 예시에서는 리눅스와 윈도우에서 MySQL 8.0을 기본 설치한 때의 정렬 방식을 볼 수 있습니다. MariaDB 10.5에는 데이터 정렬 방식이 322개 있고 문자 집합이 40개 있습니다.

다음과 같이 서버의 현재 기본값을 볼 수 있습니다.

```
mysql> SHOW VARIABLES LIKE 'c%';
+-------------------------+-------------------------------+
| Variable_name           | Value                         |
+-------------------------+-------------------------------+
| ...                     |                               |
| character_set_client    | utf8mb4                       |
| character_set_connection| utf8mb4                       |
| character_set_database  | utf8mb4                       |
| character_set_filesystem| binary                        |
| character_set_results   | utf8mb4                       |
| character_set_server    | utf8mb4                       |
| character_set_system    | utf8                          |
| character_sets_dir      | /usr/share/mysql-8.0/charsets/|
| ...                     |                               |
| collation_connection    | utf8mb4_0900_ai_ci            |
+-------------------------+-------------------------------+
```

```
| collation_database     | utf8mb4_0900_ai_ci           |
| collation_server       | utf8mb4_0900_ai_ci           |
| ...                    |                              |
+------------------------+------------------------------+
21 rows in set (0.00 sec)
```

데이터베이스를 생성할 때 데이터베이스와 해당 테이블의 기본 문자 집합과 정렬 순서를 설정할 수 있습니다. 예를 들어 utf8mb4 문자 집합과 utf8mb4_ru_0900_as_cs(대소문자 구분) 정렬 순서를 사용하려면 다음과 같이 작성합니다.

```
mysql> CREATE DATABASE rose DEFAULT CHARACTER SET utf8mb4
    -> COLLATE utf8mb4_ru_0900_as_cs;
Query OK, 1 row affected (0.00 sec)
```

일반적으로 언어와 지역에 맞게 MySQL을 올바르게 설치했고 애플리케이션에 다국어 지원을 진행할 계획이 없다면, 이 작업을 수행할 필요가 없습니다. MySQL 8.0부터 utf8mb4가 기본값이므로 문자 집합을 변경할 필요가 훨씬 적습니다. 개별 테이블이나 열에 대한 문자 집합과 데이터 정렬 방식을 제어할 수도 있지만 그 방법은 여기에서 자세히 다루지 않습니다. '4.2.4 열에 사용할 수 있는 타입'의 '문자열 타입'에서 데이터 정렬 방식이 문자열 타입에 미치는 영향에 대해 설명합니다.

4.2.3 테이블 생성 시 유용한 기타 기능

CREATE TABLE 문에 사용할 수 있는 기타 기능을 간략히 설명하겠습니다. IF NOT EXISTS 기능을 사용한 예와 고급 기능, 그리고 이에 대한 설명을 볼 수 있는 자료를 안내합니다. 예시로 사용된 쿼리는 앞서 사용한 요약된 예시와 달리 sakila 데이터베이스에 포함된 전체 테이블을 사용합니다.

테이블을 생성할 때 IF NOT EXISTS 키워드 구문을 사용할 수 있는데, 이는 데이터베이스에도 마찬가지로 작동합니다. 다음은 actor 테이블이 존재할 때 오류를 보고하지 않는 예입니다.

```
mysql> CREATE TABLE IF NOT EXISTS actor (
    -> actor_id SMALLINT UNSIGNED NOT NULL AUTO_INCREMENT,
    -> first_name VARCHAR(45) NOT NULL,
```

```
        -> last_name VARCHAR(45) NOT NULL,
        -> last_update TIMESTAMP NOT NULL DEFAULT
        -> CURRENT_TIMESTAMP ON UPDATE CURRENT_TIMESTAMP,
        -> PRIMARY KEY (actor_id),
        -> KEY idx_actor_last_name (last_name));
    Query OK, 0 rows affected, 1 warning (0.01 sec)
```

영향을 받은 행이 없고 경고가 하나 있다는 결과가 출력됩니다. 해당 경고를 살펴봅시다.

```
mysql> SHOW WARNINGS;
+-------+------+------------------------------+
| Level | Code | Message                      |
+-------+------+------------------------------+
| Note  | 1050 | Table 'actor' already exists |
+-------+------+------------------------------+
1 row in set (0.01 sec)
```

CREATE TABLE 문에는 다양한 기능을 추가할 수 있는데 이 예시에서는 일부만 소개합니다. 대부분이 MySQL의 고급 기능으로, 책에 소개하지 않아도 MySQL 공식 문서의 CREATE TABLE 문에 대한 설명(https://dev.mysql.com/doc/refman/8.0/en/create-table.html)에서 많은 정보를 볼 수 있습니다. 대표적인 추가 기능은 다음과 같습니다.

| 숫자형 열에 대한 AUTO_INCREMENT 기능 |

테이블에 고유 식별자를 자동으로 생성할 수 있습니다. 이 내용은 '4.2.6 AUTO_INCREMENT 기능'에서 자세히 설명합니다.

| 열 주석 |

열에 주석을 추가할 수 있습니다. 열 주석은 SHOW CREATE TABLE 명령을 사용할 때 표시됩니다. 이 명령은 뒤에서 살펴보겠습니다.

| 외래 키 제약 조건 |

하나 이상의 열에 있는 데이터와 다른 테이블에 있는 데이터가 일치하는지 확인하기 위해 이 조건을 MySQL에 구성할 수 있습니다. 예를 들어 sakila 데이터베이스에는 city 테이블의 city_id 열을 참조하는 주소 테이블의 city_id 열에 대한 외래 키 제약 조건이 있습니다. 이

것은 도시 테이블에 없는 도시의 주소를 갖는 것이 불가능하다는 의미입니다. 외래 키 제약 조건은 2장에서 소개했으며 외래 키 제약 조건을 지원하는 엔진은 '7.8 대체 스토리지 엔진'에서 살펴보겠습니다. MySQL의 모든 저장소 엔진이 외래 키를 지원하지는 않습니다.

| 임시 테이블 생성 |

CREATE TEMPORARY TABLE 명령어를 사용해 테이블을 생성하면 연결이 끊길 때 테이블이 제거(삭제)됩니다. 임시 테이블을 사용하면 직접 삭제하지 않아도 되기 때문에 데이터를 복사하고 다시 포맷할 때 유용합니다. 때로는 임시 테이블을 중간 데이터를 저장하는 데 사용하기도 합니다.

| 고급 테이블 옵션 |

테이블 옵션을 사용해 테이블의 다양한 기능을 제어할 수 있습니다. AUTO_INCREMENT의 시작 값, 인덱스와 행의 저장 방식, MySQL 쿼리 최적화 프로그램이 테이블에서 수집하는 정보를 재정의하기 등입니다. 여기에 옵션을 사용한 열 생성도 가능합니다. 예를 들어 다른 두 열의 합을 구해 이에 대한 인덱스를 함께 저장하는 열을 생성할 수 있습니다.

| 인덱스 구조 제어 |

MySQL의 일부 스토리지 엔진을 사용하면 비-트리[B-tree] 또는 해시 테이블[hash table] 같은 내부 구조 타입을 지정하고 제어할 수 있습니다. 또 열에 대한 전체 텍스트나 공간 데이터 인덱스를 MySQL에 설정해 특정 타입을 검색할 수 있습니다.

| 파티션 분할 |

MySQL은 테이블 생성 시점이나 그 이후에 선택할 수 있는 다양한 파티션 분할 전략을 지원합니다. 파티션 분할은 이 책에서 다루지 않습니다.

3장에서 소개한 SHOW CREATE TABLE 문을 사용하면 테이블을 생성할 때 사용된 쿼리를 볼 수 있습니다. 이때 앞서 언급한 고급 기능에 해당하는 쿼리를 확인할 수 있습니다. 출력된 내용은 테이블을 생성하기 위해 실제로 입력한 것과 거의 일치하지 않습니다. actor 테이블의 예시는 다음과 같습니다.

```
mysql> SHOW CREATE TABLE actor\G
*************************** 1. row ***************************
       Table: actor
Create Table: CREATE TABLE `actor` (
  `actor_id` smallint unsigned NOT NULL AUTO_INCREMENT,
  `first_name` varchar(45) NOT NULL,
  `last_name` varchar(45) NOT NULL,
  `last_update` timestamp NOT NULL DEFAULT CURRENT_TIMESTAMP
       ON UPDATE CURRENT_TIMESTAMP,
  PRIMARY KEY (`actor_id`),
  KEY `idx_actor_last_name` (`last_name`)
) ENGINE=InnoDB DEFAULT CHARSET=utf8mb4
       COLLATE=utf8mb4_0900_ai_ci
1 row in set (0.00 sec)
```

출력된 내용에서 원래 **CREATE TABLE** 문에 작성하지 않았지만 MySQL이 별도로 추가한 다음 내용을 확인할 수 있습니다.

- 테이블과 열의 이름을 백틱으로 묶습니다. 필수는 아니지만, 앞에서 논의한 바와 같이 예약어와 특수 문자를 사용해 생기는 구문 분석 오류를 방지하기 위함입니다.

- 사용되어야 하는 테이블 유형을 명시적으로 나타내는 추가 기본 ENGINE 절이 포함됩니다. MySQL의 기본 설치 설정은 InnoDB이므로 이 예시의 경우 영향을 주지 않습니다.

- DEFAULT CHARSET 절이 포함되어 테이블의 열이 사용하는 문자 집합을 MySQL에 알려줍니다. 다시 말하지만 해당 옵션은 기본 설치에 영향을 미치지 않습니다.

4.2.4 열에 사용할 수 있는 타입

이번에는 MySQL에서 열에 사용할 수 있는 타입에 대해 설명합니다. 타입별로 사용하는 상황과 제한 사항을 설명하고 목적에 따른 타입도 살펴보겠습니다. 가장 널리 사용하는 데이터 타입부터 알아본 뒤 고급 타입과 잘 사용하지 않는 타입을 보겠습니다. 잘 사용하지 않는 타입이라고 아예 사용하지 않는 것이 아니므로 사용법을 연습해두는 게 좋습니다. 모든 데이터 타입과 각 타입의 복잡성을 기억하기가 어려울 것입니다. 나중에 이 장을 복습하며 각 타입에 대한 MySQL 공식 문서를 참조해 지식을 최신 상태로 유지하기를 권합니다.

정수형 타입

숫자라는 기준보다 더 구체적인 정수 타입이나 특정 정수를 보유하는 타입을 먼저 살펴보겠습니다. 가장 많이 사용하는 타입은 두 가지 정수형입니다.

| INT[(width)] [UNSIGNED] [ZEROFILL] |

가장 일반적으로 사용하는 숫자 타입입니다. -2,147,483,648 ~ 2,147,483,647 범위의 숫자(정수) 값을 저장합니다. UNSIGNED 키워드가 추가되는 경우 범위는 0 ~ 4,294,967,295입니다. INT 키워드는 INTEGER의 약자이며 둘은 서로 바꿔 사용해도 됩니다. INT 열에는 4바이트의 저장 공간이 필요합니다.

INT와 그 외 정수 타입에는 MySQL에만 존재하는 두 가지 속성인 선택 옵션 너비(width) 값과 ZEROFILL 인수가 있습니다. 이 두 옵션은 SQL의 표준이 아니며 MySQL 8.0부터는 사용되지 않습니다. 하지만 여전히 많은 코드베이스에서 사용하므로 간략하게 설명하겠습니다.

너비(width) 매개변수는 열 메타데이터의 일부로 애플리케이션이 읽을 수 있는 표시 너비를 지정합니다. 다른 데이터 타입에서 유사한 위치에 있는 매개변수와 달리, 이 매개변수는 특정 정수 타입의 저장 특성에 영향을 미치지 않으며 사용 가능한 값 범위를 제한하지 않습니다. 데이터 저장 목적에 있어 INT(4)나 INT(32)는 동일합니다.

ZEROFILL은 너비 매개변수에 의해 지정된 길이까지 왼쪽부터 값을 0으로 채우는 추가 인수입니다. ZEROFILL을 사용하는 경우 MySQL은 UNSIGNED 키워드를 자동으로 추가합니다(0으로 채우는 것은 양수에서만 의미가 있기 때문입니다).

ZEROFILL 및 너비가 유용한 몇 가지 애플리케이션에서 LPAD() 함수를 사용하거나 숫자를 CHAR 열 형식으로 저장할 수 있습니다.

| BIGINT[(width)] [UNSIGNED] [ZEROFILL] |

갈수록 데이터 크기가 커지면서 수십억 개 행이 있는 테이블이 점차 흔해지고 있습니다. 단순한 id 타입의 열조차 INT가 제공하는 것보다 범위가 더 넓어야 할 때가 있습니다. 이 문제를 해결하는 것이 BIGINT입니다. 음수를 포함하는 BIGINT는 범위가 -9,223,372,036,854,775,808 ~ 9,223,372,036,854,775,807인 큰 정수 타입으로, 음수를 포함하지 않는(UNSIGNED) BIGINT는 0에서 18,446,744,073,709,551,615 사이의 숫자를 저장할 수 있습니다. 이 타입의 열에는 8바이트의 저장 공간이 필요합니다.

MySQL 내의 모든 정수 계산은 내부적으로 음수를 포함한 BIGINT 또는 DOUBLE 값을 사용해 수행됩니다. 매우 큰 숫자를 다룰 때는 늘 주의가 필요한데 대표적으로 신경 써야 할 문제는 두 개입니다. 첫째, 9,223,372,036,854,775,807보다 큰 음수를 포함하지 않는 정수는 비트 함수에서만 사용합니다. 둘째, 산술 연산의 결과가 9,223,372,036,854,775,807보다 크면 예기치 않은 결과가 나타날 수 있습니다.

```
mysql> CREATE TABLE test_bigint (id BIGINT UNSIGNED);
Query OK, 0 rows affected (0.01 sec)
mysql> INSERT INTO test_bigint VALUES (18446744073709551615);
Query OK, 1 row affected (0.01 sec)
mysql> INSERT INTO test_bigint VALUES (18446744073709551615-1);
Query OK, 1 row affected (0.01 sec)
mysql> INSERT INTO test_bigint VALUES (184467440737095516*100);
ERROR 1690 (22003): BIGINT value
is out of range in '(184467440737095516 * 100)'
```

184,467,440,737,095,516*100의 결과인 18,446,744,073,709,551,600은 18,446,744,073,709,551,615보다 더 작지만, MySQL 내부에서 곱셈 계산에 음수를 포함한 BIGINT를 사용하므로 범위 초과 오류가 나타납니다.

> **TIP_** SERIAL 데이터 타입은 BIGINT UNSIGNED NOT NULL AUTO_INCREMENT UNIQUE의 별칭으로 사용할 수 있습니다. 데이터 크기와 성능을 최적화하는 경우가 아니면 **id** 같은 열에는 **SERIAL**을 사용하는 것이 좋습니다. UNSIGNED INT도 예상보다 훨씬 빠르게 범위를 벗어나며 종종 최악의 시점에 문제가 발생할 수 있습니다.

모든 정수를 BIGINT로 저장할 수는 있지만 이는 저장 공간 측면에서 낭비라는 점을 명심합시다. 게다가 앞서 논의한 바와 같이 너비 매개변수는 값의 범위를 제한하지 않습니다. 공간을 절약하고 저장된 값에 제약을 두려면 다른 정수 타입을 사용합니다.

| SMALLINT[(width)] [UNSIGNED] [ZEROFILL] |
음수를 포함할 경우 −32,768 ~ 32,767의 정수를, 음수를 포함하지 않을 경우(UNSIGNED) 0 ~ 65,535 범위의 작은 정수를 저장합니다. 2바이트의 저장 공간이 필요합니다.

| TINYINT[(width)] [UNSIGNED] [ZEROFILL] |

더 작은 정수를 저장하는 가장 작은 숫자 데이터 타입입니다. 이 타입은 음수를 포함할 경우 −128 ~ 127 범위의 정수를, 음수를 포함하지 않을 경우(UNSIGNED) 0 ~ 255 범위의 정수를 저장합니다. 1바이트의 저장 공간이면 됩니다.

| BOOL[(width)] |

BOOLEAN의 약자이며 TINYINT(1)의 동의어입니다. 일반적으로 불 타입은 true 또는 false 두 가지 값만 허용합니다. 그러나 MySQL의 BOOL은 정수형이기 때문에 −128 ~ 127 범위의 정수를 저장할 수 있습니다. 값 0은 false로 처리되고 0이 아닌 모든 값은 true로 처리됩니다. 1과 0에 각각 true와 false라는 별칭을 사용할 수도 있습니다.

```
mysql> CREATE TABLE test_bool (i BOOL);
Query OK, 0 rows affected (0.04 sec)
mysql> INSERT INTO test_bool VALUES (true),(false);
Query OK, 2 rows affected (0.00 sec)
Records: 2  Duplicates: 0  Warnings: 0
mysql> INSERT INTO test_bool VALUES (1),(0),(-128),(127);
Query OK, 4 rows affected (0.02 sec)
Records: 4  Duplicates: 0  Warnings: 0
mysql> SELECT i, IF(i,'true','false') FROM test_bool;
+------+---------------------+
|    i | IF(i,'true','false') |
+------+---------------------+
|    1 | true                |
|    0 | false               |
|    1 | true                |
|    0 | false               |
| -128 | true                |
|  127 | true                |
+------+---------------------+
6 rows in set (0.01 sec)
```

| MEDIUMINT[(width)] [UNSIGNED] [ZEROFILL] |

음수를 포함할 경우 −8,388,608 ~ 8,388,607 범위의 정수를, 음수를 포함하지 않을 경우 (UNSIGNED) 0 ~ 16,777,215 범위의 정수를 저장합니다. 3바이트의 저장 공간이 필요합니다.

| BIT[(M)] |

비트 값을 저장하는 데 사용되는 특수 타입입니다. M은 값의 비트 수를 의미하는데 생략할 경우 기본값 1이 지정됩니다. MySQL은 바이너리 값을 b'값'[1] 형태로 표현합니다.

고정 소수점 타입

MySQL의 DECIMAL 및 NUMERIC 데이터 타입이 동일하므로 이 책에서는 DECIMAL만 설명하지만 이 설명은 NUMERIC에도 적용됩니다. 고정 소수점 타입과 부동 소수점 타입의 차이점은 정확도입니다. 고정 소수점 타입의 경우 검색된 값과 저장된 값이 동일합니다. 나중에 설명할 FLOAT와 DOUBLE 타입처럼 소수점이 포함된 타입은 두 값이 늘 동일하지는 않습니다. 이 점은 MySQL에서 일반적으로 사용하는 숫자 타입인 DECIMAL 데이터 타입의 가장 중요한 속성입니다.

| DECIMAL[(width[,decimals])] [UNSIGNED] [ZEROFILL] |

급여나 거리 같은 고정 소수점 수를 저장합니다. 전체 자릿수인 너비(width)에는 소수점 뒤에 따라오는 소수 자릿수(decimals)까지 들어가야 합니다. 예를 들어 price DECIMAL(6,2)로 선언된 열은 −9,999.99에서 9,999.99까지의 값을 저장할 수 있습니다. price DECIMAL(10,4)는 123,456.1234 같은 값을 저장할 수 있습니다.

MySQL 5.7 이전 버전에서는 이 범위 밖의 값을 저장하려고 하면 허용된 범위에서 가장 가까운 값으로 저장됩니다. 예를 들어 100은 99.99로 저장되고 −100은 −99.99로 저장됩니다. 버전 5.7.5부터는 기본 SQL 모드에 STRICT_TRANS_TABLES 모드가 포함되어 기타 안전하지 않은 동작을 금지합니다.

SQL 모드는 쿼리와 관련해 MySQL의 동작을 제어하는 특수 설정입니다. 예를 들어, '안전하지 않은' 동작을 제한하거나 쿼리를 해석하는 방식에 영향을 줍니다. MySQL을 학습할 목적으로는 기본값이 안전하므로 그대로 사용하길 권합니다. MySQL 버전에 따라 기존 애플리케이션과의 호환성을 위해 SQL 모드를 변경하는 경우도 있습니다.

너비 매개변수는 선택사항으로 생략할 경우 값이 10으로 설정됩니다. 소수 자릿수 매개변수 또한 선택사항으로 생략하면 값이 0으로 설정됩니다. 소수 자릿수는 너비를 초과할 수 없습니

---

1 옮긴이_ b'1000001', b'11111111' 등의 형태입니다.

다. 너비의 최댓값은 65이고 소수 자릿수의 최댓값은 30입니다.

양수 값만 저장하려는 경우 INT에서 설명한 UNSIGNED 키워드를 사용하며, 앞자리를 0으로 채우려면 INT에서 설명한 ZEROFILL 키워드를 사용합니다. DECIMAL이란 키워드는 DEC, NUMERIC, FIXED라는 세 가지 키워드로 대신할 수 있습니다.

DECIMAL 열의 값은 이진 형식으로 저장됩니다. 이 형식은 아홉 자리마다 4바이트를 사용합니다.

부동 소수점 타입

이전 절에서 설명한 고정 소수점 DECIMAL 타입 외에 소수점을 지원하는 DOUBLE(REAL이라고도 함)과 FLOAT 타입도 있습니다. 이 타입들은 정확한 값을 저장하는 DECIMAL과 달리, 대략의 숫자 값을 저장하도록 설계되었습니다.

왜 대략의 값을 저장할까요? 소수점이 있는 대부분의 숫자가 실제 값의 근사치이기 때문입니다. 연간 수입이 $50,000이고 이를 월 급여로 저장하려고 한다고 가정해봅시다. 월 금액으로 변환하면 $4,166에 66센트와 2/3센트를 더한 금액이 됩니다. 이 금액을 $4,166.67로 저장하면 연간 급여로 변환할 경우 정확히 같지 않습니다($4,166.67에 12를 곱한 값이 $50,000.04이기 때문). 그러나 2/3를 충분한 길이의 소수 형태로 저장하면 값이 근사치에 더 가까워집니다. 이 새로운 값으로 앞선 계산을 MySQL 같은 정확도가 높은 환경에서 수행해보면 약간의 반올림으로 원래 값을 얻을 수 있습니다. DOUBLE과 FLOAT가 유용한 이유가 이것입니다. 소수 자릿수가 긴 자료형에 2/3 또는 파이(π) 같은 값을 저장할 수 있어 정확한 값을 근접하게 나타낼 수 있습니다. 나중에 ROUND() 함수를 사용하면 결과를 원하는 수준의 자릿수로 복원할 수도 있습니다.

DOUBLE을 사용해 이전 예시를 계속해보겠습니다. 다음과 같은 테이블을 생성한다고 가정합시다.

```
mysql> CREATE TABLE wage (monthly DOUBLE);
Query OK, 0 rows affected (0.09 sec)
```

이제 다음 구문으로 월 급여를 삽입할 수 있습니다.

```
mysql> INSERT INTO wage VALUES (50000/12);
Query OK, 1 row affected (0.00 sec)
```

저장된 결과를 확인해보세요.

```
mysql> SELECT * FROM wage;
+-----------------+
| monthly         |
+-----------------+
| 4166.666666666  |
+-----------------+
1 row in set (0.00 sec)
```

그리고 연간 급여를 계산하면 높은 정확도의 근삿값을 얻을 수 있습니다.

```
mysql> SELECT monthly*12 FROM wage;
+---------------------+
| monthly*12          |
+---------------------+
| 49999.999999992004  |
+---------------------+
1 row in set (0.00 sec)
```

원래 값을 다시 얻으려면 원하는 정밀도로 반올림합니다. 예를 들어 소수점 이하 다섯 자리까지 정확도를 요구해봅시다. 이 경우 다음 쿼리를 사용해 원래 값을 복원할 수 있습니다.

```
mysql> SELECT ROUND(monthly*12,5) FROM wage;
+---------------------+
| ROUND(monthly*12,5) |
+---------------------+
|         50000.00000 |
+---------------------+
1 row in set (0.00 sec)
```

다음과 같이 소수점 이하 여덟 자리까지 기준으로는 원래 값이 되지 않습니다.

```
mysql> SELECT ROUND(monthly*12,8) FROM wage;
+---------------------+
```

```
| ROUND(monthly*12,8) |
+---------------------+
|       49999.99999999 |
+---------------------+
1 row in set (0.00 sec)
```

부동 소수점 데이터 타입의 부정확하고 대략적인 특성을 이해하는 것이 중요합니다.

| FLOAT[(width, decimals)] [UNSIGNED] [ZEROFILL] |
| FLOAT[(precision)] [UNSIGNED] [ZEROFILL] |

부동 소수점 숫자를 저장합니다. 여기선 두 가지 작성법이 있습니다. 소수 자릿수(decimals)를 포함한 너비(width)와 비트 단위로 측정된 근사치의 정확도를 제어하는 정밀도(precision)입니다. 매개변수가 없으면(일반적인 사용법) 이 타입은 작은 4바이트 단정밀도의 부동 소수점 값을 저장합니다. 정밀도가 0에서 24 사이라면 기본 동작을 합니다. 정밀도가 25에서 53 사이이면 타입을 DOUBLE처럼 취급합니다. UNSIGNED 및 ZEROFILL 옵션은 INT와 같은 방식으로 사용합니다.

| DOUBLE[(width, decimals)] [UNSIGNED] [ZEROFILL] |

부동 소수점 숫자를 저장합니다. 소수 자릿수와 표시 너비를 지정할 수 있습니다. 매개변수가 없으면(일반적인 사용법) 이 타입은 8바이트, 배정밀도 부동 소수점 값을 저장합니다. 너비 매개변수는 저장된 항목에 영향을 주지 않고 표시되는 항목에만 영향을 줍니다. UNSIGNED 및 ZEROFILL 옵션은 INT와 같은 방식으로 사용합니다. DOUBLE 타입에는 동의어가 두 개 있습니다. REAL과 DOUBLE PRECISION입니다.

문자열 타입

문자열 데이터 타입은 텍스트와 이진 데이터를 저장하는 데 사용됩니다. MySQL은 다음의 문자열 타입을 지원합니다.

| [NATIONAL] VARCHAR(width) [CHARACTER SET charset_name] [COLLATE collation_name] |

가장 일반적으로 사용되는 단일 문자열 타입인 VARCHAR는 최대 너비(width)까지 가변 길이

의 문자열을 저장합니다. 너비의 최댓값은 65,535자입니다. 이 타입에서 설명하는 대부분의 조건은 다른 문자열 타입에도 적용됩니다.

VARCHAR와 CHAR 타입은 매우 유사하지만 중요한 차이점이 있습니다. VARCHAR는 값이 255바이트보다 더 작거나 큰 여부에 따라 문자열 값을 저장하기 위해 1바이트나 2바이트의 오버헤드가 추가됩니다. 특정 문자에 최대 4바이트의 공간이 필요할 수 있으므로 이 크기는 문자열 길이(문자)와 다릅니다. 이런 이유로 VARCHAR가 덜 효율적이라는 주장이 타당해 보일 수 있습니다. 그러나 항상 그렇지는 않습니다. VARCHAR가 임의의 길이(최대 정의된 너비) 문자열을 저장할 수 있으므로 더 짧은 문자열은 비슷한 길이의 CHAR보다 더 적은 저장 공간을 차지합니다.

VARCHAR와 CHAR의 또 다른 차이점은 후행 공백 처리입니다. VARCHAR는 지정된 열 너비까지 후행 공백을 유지하고 초과된 부분을 잘라 경고를 생성합니다. 나중에 보겠지만 CHAR 값은 열 너비에 맞게 오른쪽으로 채워지고 후행 공백은 유지되지 않습니다. VARCHAR의 경우 후행 공백은 잘리지 않는 한 중요하며 고유한 값으로 계산됩니다. 예를 들면 다음과 같습니다.

```
mysql> CREATE TABLE test_varchar_trailing(d VARCHAR(2) UNIQUE);
Query OK, 0 rows affected (0.02 sec)

mysql> INSERT INTO test_varchar_trailing VALUES ('a'), ('a ');
Query OK, 2 rows affected (0.01 sec)
Records: 2  Duplicates: 0  Warnings: 0

mysql> SELECT d, LENGTH(d) FROM test_varchar_trailing;
+------+-----------+
| d    | LENGTH(d) |
+------+-----------+
| a    |         1 |
| a    |         2 |
+------+-----------+
2 rows in set (0.00 sec)
```

삽입한 두 번째 행에는 후행 공백이 있으며 d 열의 너비가 2이므로 해당 공백은 행의 고유성에 포함됩니다. 그러나 후행 공백이 있는 행을 두 개 삽입하려고 하면 MySQL은 다음과 같이 새 행의 생성을 거부합니다.

```
mysql> INSERT INTO test_varchar_trailing VALUES ('a ');
ERROR 1062 (23000): Duplicate entry 'a '
for key 'test_varchar_trailing.d'
```

VARCHAR(2)는 설정된 너비를 초과하는 후행 공백을 암시적으로 자르므로 저장된 값은 'a   ' (a 뒤에 공백 둘)에서 'a ' (a 뒤에 공백 하나)로 변경됩니다. 그리고 이미 'a '라는 값을 가진 행이 있으므로 중복 입력 오류가 발생합니다. VARCHAR와 TEXT 타입은 열 데이터 정렬 방식을 변경해 이런 동작을 제어합니다. latin1_bin과 같은 데이터 정렬 방식에는 PAD SPACE 속성이 있습니다. 즉 검색 시 너비가 공백으로 채워집니다. 이 공백은 저장소에 영향을 미치지 않지만 고유성 검사와 GROUP BY 및 DISTINCT 연산자의 작동 방식에 영향을 미칩니다. 이에 대해서는 5장에서 설명합니다. '4.2.2 데이터 정렬 방식과 문자 집합'에 표시된 대로 SHOW COLLATION을 실행해 데이터 정렬 방식이 PAD SPACE인지 아니면 NO PAD인지 확인할 수 있습니다. PAD SPACE 데이터 정렬 방식이 있는 테이블을 생성해 실제 효과를 살펴보겠습니다.

```
mysql> CREATE TABLE test_varchar_pad_collation(
    -> data VARCHAR(5) CHARACTER SET latin1
    -> COLLATE latin1_bin UNIQUE);
Query OK, 0 rows affected (0.02 sec)

mysql> INSERT INTO test_varchar_pad_collation VALUES ('a');
Query OK, 1 row affected (0.00 sec)

mysql> INSERT INTO test_varchar_pad_collation VALUES ('a ');
ERROR 1062 (23000): Duplicate entry 'a '
for key 'test_varchar_pad_collation.data'
```

NO PAD 데이터 정렬 방식은 MySQL 8.0에 새로 추가되었습니다. 여전히 자주 사용되는 MySQL의 이전 버전에서 모든 데이터 정렬 방식에는 암시적으로 PAD SPACE 속성이 있습니다. 따라서 MySQL 5.7과 그 이전 버전에서 후행 공백을 보존하는 유일한 방법은 VARBINARY 또는 BLOB 같은 바이너리 타입을 사용하는 것입니다.

VARCHAR, CHAR, TEXT 타입의 정렬과 비교는 할당된 문자 집합의 데이터 정렬 방식에 따라 수행됩니다. 각각의 개별 문자열 타입 열은 데이터 정렬 방식뿐 아니라 문자 집합도 지정할 수 있습니다. 이진 문자 집합을 지정해 VARCHAR를 VARBINARY로 효과적으로 변환할 수도 있습니다. 바이너리 문자 집합을 문자 집합의 BINARY 속성과 혼동하면 안 됩니다. BINARY 속성은 바이너리(_bin) 데이터 정렬 방식을 지정하기 위한 MySQL 전용 속기입니다.

ORDER BY 절에서 직접 데이터 정렬 방식을 지정할 수도 있습니다. 사용 가능한 데이터 정렬 방식은 열의 문자 집합에 따라 다릅니다. test_varchar_pad_collation 테이블에 문자 ä를 저장해 데이터 정렬 방식이 문자 순서에 미치는 영향을 확인하겠습니다.

```
mysql> INSERT INTO test_varchar_pad_collation VALUES ('ä'), ('z');
Query OK, 2 rows affected (0.01 sec)
Records: 2  Duplicates: 0  Warnings: 0
```

```
mysql> SELECT * FROM test_varchar_pad_collation
    -> ORDER BY data COLLATE latin1_german1_ci;
+------+
| data |
+------+
|   a  |
|   ä  |
|   z  |
+------+
3 rows in set (0.00 sec)
```

```
mysql> SELECT * FROM test_varchar_pad_collation
    -> ORDER BY data COLLATE latin1_swedish_ci;
+------+
| data |
+------+
```

```
|    a |
|    z |
|    ä |
+------+
3 rows in set (0.00 sec)
```

NATIONAL(또는 NCHAR 같은 짧은 형식) 속성은 문자열 타입 열이 미리 정의된 문자 집합을 사용함을 표시하는 표준 SQL 방식입니다. MySQL은 여기에 utf8을 사용합니다. 다만 MySQL 5.7과 8.0이 생각하고 있는 utf8이 서로 다르다는 점에 유의합니다. MySQL 5.7은 utf8을 utf8mb3의 별칭으로 사용하고 MySQL 8.0은 utf8을 utf8mb4의 별칭으로 사용합니다. 따라서 NATIONAL 속성과 모호한 별칭을 사용하지 않는 것이 가장 좋습니다. 텍스트 관련 열 데이터에 대한 모범 사례는 가능한 한 명확하고 구체적이어야 합니다.

| [NATIONAL] CHAR(width) [CHARACTER SET charset_name] [COLLATE collation_name] |

CHAR는 길이 너비의 고정 길이 문자열(예: 이름, 주소 또는 도시)을 저장합니다. 너비가 제공되지 않으면 CHAR(1)이 설정됩니다. 너비의 최댓값은 255입니다. VARCHAR와 마찬가지로 CHAR 열의 값은 항상 지정된 길이로 저장됩니다. CHAR(255) 열에 저장된 단일 문자는 255 바이트를 사용하면 (latin1 문자 집합에서) 공백으로 채워집니다. PAD_CHAR_TO_FULL_LENGTH SQL 모드가 활성화되지 않으면 데이터를 읽을 때 패딩이 제거됩니다. CHAR 열에 문자열을 저장할 경우 모든 후행 공백이 없어진다는 점을 다시 말씀드리겠습니다.

과거에는 CHAR 열의 너비가 바이트 단위의 크기를 따랐습니다. 지금은 이런 경우가 거의 없고 기본값은 더더욱 아닙니다. MySQL 8.0에서 사용하는 기본 문자 집합 utf8mb4 같은 멀티바이트 문자 집합은 훨씬 더 큰 값을 사용할 수 있습니다. InnoDB는 최대 크기가 768바이트를 초과하는 경우 실제로 고정 길이 열을 가변 길이 열로 인코딩합니다. 따라서 MySQL 8.0에서 기본적으로 InnoDB는 CHAR(255) 열을 VARCHAR 열처럼 저장합니다.

```
mysql> CREATE TABLE test_char_length(
    -> utf8char CHAR(10) CHARACTER SET utf8mb4
    -> , asciichar CHAR(10) CHARACTER SET binary
    -> );
Query OK, 0 rows affected (0.04 sec)
```

```
mysql> INSERT INTO test_char_length VALUES ('Plain text', 'Plain text');
Query OK, 1 row affected (0.01 sec)

mysql> INSERT INTO test_char_length VALUES ('的開源軟體', 'Plain text');
Query OK, 1 row affected (0.00 sec)

mysql> SELECT LENGTH(utf8char), LENGTH(asciichar) FROM test_char_length;
+------------------+-------------------+
| LENGTH(utf8char) | LENGTH(asciichar) |
+------------------+-------------------+
|               10 |                10 |
|               15 |                10 |
+------------------+-------------------+
2 rows in set (0.00 sec)
```

값이 왼쪽 정렬되고 오른쪽이 공백으로 채워지며 후행 공백은 CHAR에서 전혀 고려되지 않으므로 공백만으로 구성된 문자열을 비교하기는 불가능합니다. 이것이 중요한 상황에 처한 경우 VARCHAR를 사용해야 하는 이유입니다.

| BINARY[(width)] |
| VARBINARY(width) |

이 두 타입은 VARCHAR 및 CHAR와 매우 유사하지만 이진 문자열을 저장합니다. 이진 문자열에는 특수 이진 문자 집합과 데이터 정렬 방식이 있으며, 정렬은 저장된 값의 바이트 숫자 값에 따라 다릅니다. 문자열 대신 바이트 문자열이 저장됩니다. 앞서 VARCHAR에 대한 설명에서 이진 문자 집합과 BINARY 속성을 설명했습니다. 바이너리 문자 집합만이 VARCHAR 또는 CHAR를 각각의 BINARY 형식으로 변환합니다. BINARY 속성을 문자 집합에 적용해도 문자열이 저장된다는 사실은 변경되지 않습니다. VARCHAR 및 CHAR와 달리 여기에서 너비는 정확한 바이트 수입니다. BINARY에서 너비를 생략하면 기본값은 1입니다.

CHAR와 마찬가지로 BINARY 열의 데이터는 오른쪽에 채워집니다. 이진 데이터기 때문에 일반적으로 0x00 또는 \0으로 기록되는 0바이트를 사용해 채워집니다. BINARY는 공백을 단순 패딩 값이 아닌 중요한 문자로 취급합니다. 중요한 0바이트로 끝날 수 있는 데이터를 저장하는 경우에는 VARBINARY 또는 BLOB 타입을 사용하십시오.

이 두 데이터 타입으로 작업할 때는 늘 이진 문자열의 개념을 염두에 둬야 합니다. 비록 문자열을 입력받더라도 텍스트 문자열을 사용하는 데이터 타입과 동일한 것은 아닙니다. 예를 들어,

저장된 문자의 대소문자를 변경할 수 없습니다. 그 개념이 실제로 바이너리 데이터에 적용되지 않기 때문입니다. 저장된 실제 데이터를 고려해보면 확실히 알게 됩니다.

```
mysql> CREATE TABLE test_binary_data (
    ->   d1 BINARY(16)
    -> , d2 VARBINARY(16)
    -> , d3 CHAR(16)
    -> , d4 VARCHAR(16)
    -> );
Query OK, 0 rows affected (0.03 sec)

mysql> INSERT INTO test_binary_data VALUES (
    ->   'something'
    -> , 'something'
    -> , 'something'
    -> , 'something');
Query OK, 1 row affected (0.00 sec)

mysql> SELECT d1, d2, d3, d4 FROM test_binary_data;
************************** 1. row **************************
d1: 0x736F6D657468696E6700000000000000
d2: 0x736F6D657468696E67
d3: something
d4: something
1 row in set (0.00 sec)

mysql> SELECT UPPER(d2), UPPER(d4) FROM test_binary_data;
************************** 1. row **************************
UPPER(d2): 0x736F6D657468696E67
UPPER(d4): SOMETHING
1 row in set (0.01 sec)
```

MySQL 명령줄에서 바이너리 타입의 값을 16진수 형식으로 표시하는 방법에 집중합시다. 우리는 MySQL 8.0 이전 버전에서 사용된 자동 변환보다 훨씬 더 낫다고 생각합니다. 실제 텍스트 데이터를 다시 가져오려면 이진 데이터를 텍스트로 변환합니다.

```
mysql> SELECT CAST(d1 AS CHAR) d1t, CAST(d2 AS CHAR) d2t
    -> FROM test_binary_data;
+-----------------+-----------+
| d1t             | d2t       |
+-----------------+-----------+
```

```
| something       | something |
+-----------------+-----------+
1 row in set (0.00 sec)
```

추가로 변환이 실행될 때 **BIANRY** 패딩이 공백으로 변환된 것을 볼 수 있습니다.

| **BLOB[(width)]** |

| **TEXT[(width)] [CHARACTER SET charset_name] [COLLATE collation_name]** |

BLOB과 **TEXT**는 대용량 데이터를 저장할 때 일반적으로 사용하는 데이터 타입입니다. **BLOB**을 원하는 만큼의 데이터를 보유하는 **VARBINARY**로 생각할 수 있으며 **TEXT**와 **VARCHAR**도 이와 같습니다. **BLOB**과 **TEXT** 타입은 각각 최대 65,535바이트 또는 문자를 저장할 수 있습니다. 평소와 같이 멀티바이트 문자 집합이 존재한다는 점에 유의합니다. width 속성은 선택 사항이며, 지정되면 MySQL은 실제로 **BLOB** 또는 **TEXT** 데이터 타입을 해당 데이터 양을 보유할 수 있는 가장 작은 타입으로 변경합니다. 예를 들어 **BLOB(128)**은 **TINYBLOB**이 사용되도록 합니다.

```
mysql> CREATE TABLE test_blob(data BLOB(128));
Query OK, 0 rows affected (0.07 sec)

mysql> DESC test_blob;
+-------+----------+------+-----+---------+-------+
| Field | Type     | Null | Key | Default | Extra |
+-------+----------+------+-----+---------+-------+
| data  | tinyblob | YES  |     | NULL    |       |
+-------+----------+------+-----+---------+-------+
1 row in set (0.00 sec)
```

BLOB 타입과 관련 타입의 경우 데이터는 **VARBINARY**의 경우와 동일하게 처리됩니다. 즉, 문자 집합이 가정되지 않으며 저장된 실제 바이트의 숫자 값을 기반으로 비교 및 정렬이 실행됩니다. **TEXT**의 경우 원하는 문자 집합과 데이터 정렬 방식을 지정할 수 있습니다. 두 타입과 파생 자료 타입은 모두 **INSERT**에서 데이터를 채우거나 **SELECT**에서 데이터를 제거하지 않으므로 데이터를 있는 그대로 저장하는 데 이상적입니다. 추가로 **DEFAULT** 절은 허용되지 않으며 **BLOB** 또는 **TEXT** 열에 인덱스를 생성할 때는 인덱스 값의 길이를 제한하는 접두사를 정의합니다. '4.2.5 키와 인덱스'에서 자세히 설명하겠습니다.

BLOB과 **TEXT**의 잠재적인 차이점 중 하나는 후행 공백을 처리하는 방법에 있습니다. 이미 보앞듯이 VARCHAR와 TEXT는 사용된 데이터 정렬 방식에 따라 문자열을 채웁니다. BLOB과 VARBINARY는 둘 다 데이터를 채우지 않는 단일 이진 데이터 정렬 방식과 함께 이진 문자 집합을 사용해 데이터 정렬 방식과 관련 문제에 영향을 받지 않습니다. 때로는 안정성을 확보하기 위해 이러한 타입을 사용하는 것이 좋습니다. MySQL 8.0 이전에도 BLOB과 TEXT는 후행 공백을 유지하는 유일한 타입이었습니다.

| TINYBLOB [CHARACTER SET charset_name] [COLLATE collation_name] |
| TINYTEXT [CHARACTER SET charset_name] [COLLATE collation_name] |
최대 255바이트 또는 문자를 저장할 수 있다는 점을 제외하고는 각각 BLOB 및 TEXT와 동일합니다.

| MEDIUMBLOB [CHARACTER SET charset_name] [COLLATE collation_name] |
| MEDIUMTEXT [CHARACTER SET charset_name] [COLLATE collation_name] |
최대 16,777,215바이트 또는 문자를 저장할 수 있다는 점을 제외하고는 각각 BLOB 및 TEXT와 동일합니다. LONG 및 LONG VARCHAR 타입은 호환성을 위해 MEDIUMTEXT 타입에 매핑됩니다.

| LONGBLOB [CHARACTER SET charset_name] [COLLATE collation_name] |
| LONGTEXT [CHARACTER SET charset_name] [COLLATE collation_name] |
최대 4GB의 데이터를 저장할 수 있다는 점을 제외하면 각각 BLOB 및 TEXT와 동일합니다. 이는 LONGTEXT의 경우에도 넘길 수 없는 하드 리밋$^{hard\ limit}$(엄격한 제한)이므로 멀티바이트 문자 집합의 문자 수는 4,294,967,295개보다 더 적습니다. 클라이언트가 저장할 수 있는 데이터의 유효 최대 크기는 가용한 메모리의 양과 max_packet_size 변수 값에 의해 제한됩니다. 기본값은 64MB입니다.

| ENUM(value1[,value2[, ...]]) [CHARACTER SET charset_name] [COLLATE collation_name] |
이 타입은 문자열, 값의 목록 또는 열거형을 저장합니다. ENUM 타입의 열은 목록의 값인 value1, value2 등의 값으로 최대 65,535개의 다른 값을 설정할 수 있습니다. 값이 문자열로 입출력되지만 실제 데이터베이스에 저장하고 불러올 때 사용하는 값은 정수입니다. ENUM 열은 NULL 값(NULL로 저장됨), 빈 문자열 ''(0으로 저장됨), 유효한 요소(1, 2, 3 등으로 저장됨)

를 포함할 수 있습니다. 테이블을 생성할 때 열을 NOT NULL로 설정하면 NULL 값이 허용되지
않습니다.

이 타입은 도시나 국가 이름과 같은 미리 정의된 값 목록에서 값을 저장하는 간결한 방법입니
다. 과일 이름을 사용하는 예시를 생각해봅시다. 이름은 사전 정의된 값 Apple, Orange, Pear
중 하나일 수 있습니다(NULL 또는 빈 문자열 추가).

```
mysql> CREATE TABLE fruits_enum
    -> (fruit_name ENUM('Apple', 'Orange', 'Pear'));
Query OK, 0 rows affected (0.00 sec)

mysql> INSERT INTO fruits_enum VALUES ('Apple');
Query OK, 1 row affected (0.00 sec)
```

목록에 없는 값을 삽입하려고 하면 MySQL은 요청한 데이터를 저장하지 못했다는 오류를 출
력합니다.

```
mysql> INSERT INTO fruits_enum VALUES ('Banana');
ERROR 1265 (01000): Data truncated for column 'fruit_name' at row 1
```

사전에 정의한 값이더라도 여러 값을 동시에 입력하면 저장되지 않습니다.

```
mysql> INSERT INTO fruits_enum VALUES ('Apple,Orange');
ERROR 1265 (01000): Data truncated for column 'fruit_name' at row 1
```

테이블의 내용을 출력해보면 잘못된 값은 저장되지 않았다는 사실을 알게 됩니다.

```
mysql> SELECT * FROM fruits_enum;
+------------+
| fruit_name |
+------------+
| Apple      |
+------------+
1 row in set (0.00 sec)
```

이전 버전의 MySQL은 오류 대신 경고를 출력하고 잘못된 값 대신 빈 문자열을 저장했습니다.

기본으로 설정된 SQL 엄격 모드를 비활성화하면 같은 동작을 할 수 있습니다. 빈 문자열이 아닌 기본값을 지정할 수도 있습니다.

```
mysql> CREATE TABLE new_fruits_enum
    -> (fruit_name ENUM('Apple', 'Orange', 'Pear')
    -> DEFAULT 'Pear');
Query OK, 0 rows affected (0.01 sec)

mysql> INSERT INTO new_fruits_enum VALUES();
Query OK, 1 row affected (0.02 sec)

mysql> SELECT * FROM new_fruits_enum;
+------------+
| fruit_name |
+------------+
| Pear       |
+------------+
1 row in set (0.00 sec)
```

여기서 값을 지정하지 않으면 기본값 Pear가 저장됩니다.

| SET(value1 [, value2 [, ...]]) [CHARACTER SET charset_name] [COLLATE collation_name] |

이 타입은 문자열 값 세트를 저장합니다. SET 타입의 열은 목록 값인 **value1**, **value2** 등 0개 이상의 값을 최대 64개의 다른 값으로 설정할 수 있습니다. 표시되는 값은 문자열이지만 데이터베이스에 저장되는 것은 정수입니다. SET 타입은 각 행이 열 하나에 ENUM 값만 저장하지만 여러 SET 값을 저장할 수 있다는 점에서 ENUM과 다릅니다. 이 타입은 사용자 기본 설정과 같은 목록에서 선택 항목을 저장하는 데 유용합니다. 과일 이름을 사용하는 예시를 살펴봅시다. 이때 사전 정의된 값의 조합이 입력될 수 있습니다.

```
mysql> CREATE TABLE fruits_set
    -> ( fruit_name SET('Apple', 'Orange', 'Pear') );
Query OK, 0 rows affected (0.08 sec)

mysql> INSERT INTO fruits_set VALUES ('Apple');
Query OK, 1 row affected (0.00 sec)
```

```
mysql> INSERT INTO fruits_set VALUES ('Banana');
ERROR 1265 (01000): Data truncated for column 'fruit_name' at row 1

mysql> INSERT INTO fruits_set VALUES ('Apple,Orange');
Query OK, 1 row affected (0.00 sec)

mysql> SELECT * FROM fruits_set;
+--------------+
| fruit_name   |
+--------------+
| Apple        |
| Apple,Orange |
+--------------+
2 rows in set (0.00 sec)
```

다시 말하지만, 집합의 여러 값을 단일 필드에 저장할 수 있으며 잘못된 입력에는 빈 문자열이 저장됩니다.

숫자 타입과 마찬가지로 값을 저장할 수 있는 가장 작은 타입을 선택하는 것이 늘 좋습니다. 예를 들어 도시 이름을 저장하는 경우 TEXT 타입 대신 CHAR 또는 VARCHAR를 사용하는 식입니다.

MySQL 서버는 각 행이 시작하고 끝나는 위치를 알고 필요한 행을 찾기 위해 빠르게 건너뛸 수 있기 때문에 VARCHAR 같은 가변 길이 타입을 사용하는 것보다 CHAR 같은 고정 길이 타입을 사용하는 편이 빠릅니다. 그러나 고정 길이 필드를 사용하면 사용하지 않는 공간이 낭비된다는 단점이 있습니다. 예를 들어, 도시 이름에 CHAR(40)을 선언해 최대 40자를 허용한다면 실제 도시 이름의 길이와 상관없이 항상 최대 40자를 사용합니다. 도시 이름을 VARCHAR(40)으로 선언하면 공간과 이름의 길이를 저장하는 데 필요한 용량만 사용하게 됩니다. 평균 도시 이름 길이가 10자일 때, VARCHAR 필드를 사용하면 평균 29바이트를 절약합니다. 수백만 개의 주소를 저장하는 경우 차이가 막대합니다.

저장 공간이 부족하거나 저장할 문자열의 길이가 크게 다를 것으로 예상되는 경우 가변 길이 필드를 사용하고, 성능이 우선인 경우 고정 길이 필드를 사용하길 권장합니다.

날짜/시간 타입

이 타입은 특정 타임스탬프, 날짜, 시간 범위를 저장하는 데 사용됩니다. 시간대를 다룰 때는 각별히 주의를 기울여야 합니다. 차후에 실제로 표준 시간대 작업이 필요한 경우 이 절과 설명서를 다시 읽는 편이 좋습니다. MySQL의 날짜와 시간 타입은 다음과 같습니다.

| DATE |

1000-01-01에서 9999-12-31 사이의 날짜를 YYYY-MM-DD 형식으로 저장하고 표시합니다. 날짜는 항상 연, 월, 일을 입력하지만 다음 예와 같이 입력 형식이 다를 수 있습니다.

> YYYY-MM-DD, YY-MM-DD
>
> 두 자리 연도 아니면 네 자리 연도를 제공할지 여부는 선택 사항입니다. 세기에 대한 혼동을 피하기 위해 네 자리 버전을 사용하는 것이 좋습니다. 실제로 연도를 두 자리로 입력하면 70에서 99까지는 1970년에서 1999년으로 해석되고 00에서 69까지는 2000년에서 2069년으로 해석됩니다.
>
> YYYY/MM/DD, YYYY:MM:DD, YY-MM-DD 등 구두점 형식
>
> MySQL은 구두점 문자로 날짜의 구성요소를 구분하는 것을 허용하지만 대시 사용을 권장합니다. 다시 말하지만, 두 자리 연도를 사용하지 않는 것이 좋습니다.
>
> YYYY-M-D, YYYY-MM-D, YYYY-M-DD
>
> 구두점이 사용되는 경우(다시 말하지만 모든 구두점 문자가 허용됨) 한 자리 날짜와 월을 그대로 지정할 수 있습니다. 예를 들어 2006년 2월 2일은 2006-2-2로 지정할 수 있습니다. 두 자리 연도를 사용할 수 있지만 권장하지는 않습니다.
>
> YYYYMMDD, YYMMDD
>
> 구두점은 두 날짜 형식 모두에서 생략할 수 있지만 연속된 숫자를 사용할 때는 6자리 또는 8자리 길이로 입력합니다.

나중에 설명할 DATETIME 및 TIMESTAMP 타입으로 날짜와 시간을 모두 제공해 날짜를 입력하는 방법도 있지만 DATE는 날짜 구성요소만 저장합니다. 입력 타입에 상관없이 저장하고 표시되는 형태는 항상 YYYY-MM-DD입니다. 알 수 없는 값이나 더미 값을 나타낼 때는 제로 데이트 zero date(0000-00-00)를 사용합니다. MySQL 5.6 이하 버전에서는 입력 날짜가 범위를 벗어나면 제로 데이트가 저장됩니다. 5.7과 8.0은 모두 기본적으로 해당 동작을 금지하는 SQL 모드 STRICT_TRANS_TABLES, NO_ZERO_DATE, NO_ZERO_IN_DATE를 사용합니다.

이전 버전의 MySQL을 사용하는 경우 현재 세션에 다음 모드를 추가하는 것이 좋습니다.

```
mysql> SET sql_mode=CONCAT(@@sql_mode,
    -> ',STRICT_TRANS_TABLES',
    -> ',NO_ZERO_DATE', ',NO_ZERO_IN_DATE');
```

다음은 MySQL 8.0 서버에서 기본 설정으로 날짜를 입력하는 예시입니다.

```
mysql> CREATE TABLE testdate (mydate DATE);
Query OK, 0 rows affected (0.00 sec)

mysql> INSERT INTO testdate VALUES ('2020/02/0');
ERROR 1292 (22007): Incorrect date value: '2020/02/0'
for column 'mydate' at row 1

mysql> INSERT INTO testdate VALUES ('2020/02/1');
Query OK, 1 row affected (0.00 sec)

mysql> INSERT INTO testdate VALUES ('2020/02/31');
ERROR 1292 (22007): Incorrect date value: '2020/02/31'
for column 'mydate' at row 1

mysql> INSERT INTO testdate VALUES ('2020/02/100');
ERROR 1292 (22007): Incorrect date value: '2020/02/100'
for column 'mydate' at row 1
```

INSERT 문으로 테이블에서 저장된 데이터를 확인할 수 있습니다.

```
mysql> SELECT * FROM testdate;
+------------+
| mydate     |
+------------+
| 2020-02-01 |
+------------+
1 row in set (0.00 sec)
```

MySQL은 테이블에 '나쁜' 데이터가 저장되지 않도록 보호합니다. 때로는 실제 입력을 저장해 두었다가 나중에 수동으로 처리하는 경우도 있습니다. 앞서 언급한 SQL 모드를 **sql_mode** 변수의 모드에서 제거하면 오류가 발생하지 않습니다. 이 경우 INSERT 문을 실행하면 데이터는 다음과 같이 저장됩니다.

```
mysql> SELECT * FROM testdate;
+------------+
| mydate     |
+------------+
| 2020-02-00 |
| 2020-02-01 |
| 0000-00-00 |
| 0000-00-00 |
+------------+
4 rows in set (0.01 sec)
```

날짜는 입력 방식에 관계없이 **YYYY-MM-DD** 형태로 표시됩니다.

| TIME [소수 초] |

-838:59:59에서 838:59:59까지의 범위에서는 **HHH:MM:SS** 형식으로 시간을 저장합니다. 이 것은 일부 활동의 지속시간을 저장하는 데 유용합니다. 저장할 수 있는 값은 24시간제 범위를 벗어나 시간 값(최대 34일, 22시간, 59분, 59초) 사이의 큰 차이를 계산하고 저장할 수 있습니다. **TIME**과 기타 관련 데이터 타입의 소수 초 값은 0에서 6까지의 소수점 이하 자릿수의 정밀도를 지정합니다. 기본값은 0이며, 이는 소수 초가 보존되지 않음을 의미합니다.

시간은 항상 다음 형식을 사용해 일, 시, 분, 초의 순서로 입력합니다.

DD HH:MM:SS[.소수 초], HH:MM:SS[.소수 초], DD HH:MM, HH:MM, DD HH, SS[.소수 초]

DD는 0에서 34 사이의 한 자리나 두 자리 날짜 값을 나타냅니다. DD 값은 시간 값 HH와 공백으로 구분되고 그 외 구성요소는 콜론으로 구분됩니다. MM:SS는 HH:MM과 명확하게 구분할 수 없으므로 유효한 조합이 아닙니다. TIME 값을 정의할 때 **소수 초** 입력 범위를 지정하지 않거나 0으로 설정한 경우 소수 초를 삽입하면 값이 가장 가까운 초로 반올림됩니다.

예를 들어 **소수 초** 입력 범위가 0인 TIME 열에 2 13:25:58.999999를 삽입하면 2일(48시간)과 13시간의 합인 61시간으로 변환해 61:25:59 값을 저장합니다. MySQL 5.7부터 기본 SQL 모드는 잘못된 값의 삽입을 금지합니다. 그러나 이전 버전의 동작을 활성화할 수 있습니다. 이 동작을 활성화하면 범위를 벗어난 값을 삽입할 때 경고가 생성되고 값이 사용 가능한 최대 시간으로 제한됩니다. 마찬가지로 잘못된 값을 삽입하면 경고가 생성되고 값이 0으로 설정됩니다. SHOW WARNINGS 명령을 사용해 이전 SQL 문에서 생성된 경고의 세부 정보를 보고할 수 있습니다. 기본으로 설정된 엄격한 SQL 모드를 유지하길 권장합니다. DATE 타입과 달리 TIME 타입은 잘못된 입력을 허용해도 큰 이점이 없습니다. 애플리케이션에서 오류 관리가 좀 더 쉬워지고 이전 동작을 사용할 수 있는 정도입니다.

```
mysql> CREATE TABLE test_time(id SMALLINT, mytime TIME);
Query OK, 0 rows affected (0.00 sec)

mysql> INSERT INTO test_time VALUES(1, "2 13:25:59");
Query OK, 1 row affected (0.00 sec)

mysql> INSERT INTO test_time VALUES(2, "35 13:25:59");
ERROR 1292 (22007): Incorrect time value: '35 13:25:59'
for column 'mytime' at row 1

mysql> INSERT INTO test_time VALUES(3, "900.32");
Query OK, 1 row affected (0.00 sec)

mysql> SELECT * FROM test_time;
+------+----------+
| id   | mytime   |
+------+----------+
|    1 | 61:25:59 |
|    3 | 00:09:00 |
+------+----------+
2 rows in set (0.00 sec)
```

H:M:S, 다양한 자릿수의 숫자 입력

데이터를 삽입하거나 업데이트할 때 다른 숫자 조합을 사용할 수 있습니다. MySQL은 이를 내부 시간 형식으로 변환해 일관되게 표시합니다. 예를 들어 1:1:3은 01:01:03과 같습니다. 자릿수가 다른 수를 혼합할 수도 있습니다. 예를 들어 1:12:3은 01:12:03과 같습니다.

```
mysql> CREATE TABLE mytime (testtime TIME);
Query OK, 0 rows affected (0.12 sec)

mysql> INSERT INTO mytime VALUES
    -> ('-1:1:1'), ('1:1:1'),
    -> ('1:23:45'), ('123:4:5'),
    -> ('123:45:6'), ('-123:45:6');
Query OK, 4 rows affected (0.00 sec)
Records: 4  Duplicates: 0  Warnings: 0

mysql> SELECT * FROM mytime;
+------------+
| testtime   |
+------------+
|  -01:01:01 |
```

```
¦   01:01:01 ¦
¦   01:23:45 ¦
¦  123:04:05 ¦
¦  123:45:06 ¦
¦ -123:45:06 ¦
+------------+
5 rows in set (0.01 sec)
```

시간은 −99에서 99 사이의 범위에서 두 자리 숫자로 표시됩니다.

HHMMSS, MMSS, SS

　　콜론(:)이나 점(.) 같은 구두점은 생략할 수 있지만 숫자 열의 길이는 2나 4, 6이 되어야 합니다. 가장 마지막 두 자리는 항상 SS(초) 값으로 해석되고, 그 앞에 있는 두 숫자(있는 경우)는 MM(분)으로, 또 그 앞에 있는 두 숫자(있는 경우)는 HH(시간)로 해석됩니다. 1222와 같은 값이 12시간 22분이 아닌 12분 22초로 해석됩니다.

　　DATETIME과 TIMESTAMP는 나중에 설명할 형식으로 날짜와 시간을 모두 제공해 시간을 입력할 수도 있지만 TIME 열에는 시간 구성요소만 저장됩니다. 입력 타입에 관계없이 저장하고 표시되는 타입은 항상 HH:MM:SS입니다. 제로 타임zero time은 00:00:00으로 알 수 없는 값이나 더미 값을 나타내는 데 사용할 수 있습니다.

| TIMESTAMP[(소수 초)] |

1970-01-01 00:00:01.000000부터 2038-01-19 03:14:04.999999의 범위에서 YYYY-MM-DD HH:MM:SS[.소수 초][시간대 기준] 형식으로 날짜와 시간 조합을 저장하고 표시합니다. 이 타입은 DATETIME 타입과 매우 유사하지만 차이점이 있습니다. 두 타입은 모두 MySQL 8.0 입력 값에 대한 시간대의 모든 클라이언트에 동일한 방식으로 데이터를 저장하고 제공합니다. 그러나 TIMESTAMP 열의 값은 내부적으로 항상 UTC 시간대에 저장되므로 다른 시간대의 클라이언트에 대해 자동으로 현지 시간대를 가져올 수 있습니다. 이는 매우 중요한 부분입니다. 시간대가 다를 때는 TIMESTAMP를 사용하는 것이 확실히 더 편리합니다.

MySQL 5.6 이전에는 TIMESTAMP 타입만 자동 초기화와 업데이트를 지원했습니다. 더욱이 주어진 테이블당 하나의 열만 그렇게 할 수 있었습니다. 그러나 5.6부터 TIMESTAMP와 DATETIME 모두가 초기화를 지원하며 원하는 열의 수만큼 지원합니다.

TIMESTAMP 열에 저장된 값은 항상 템플릿 YYYY-MM-DD HH:MM:SS[.소수 초][시간대 기준]과 일치하지만 값은 다양한 형식으로 제공될 수 있습니다.

```
YYYY-MM-DD HH:MM:SS, YY-MM-DD HH:MM:SS
```
날짜 및 시간 구성요소는 이전에 설명한 DATE, TIME 구성요소와 제한 사항이 동일합니다. TIME과 달리 시간 구성요소에 구두점을 허용하는 등 어느 구두점 문자든 사용할 수 있습니다.

```
YYYYMMDDHHMMSS, YYMMDDHHMMSS
```
구두점은 생략할 수 있지만 문자열 길이는 12자리나 14자리여야 합니다. DATE 타입에서 논의한 이유 때문에 모호하지 않은 14자리 버전만 사용하는 것이 좋습니다. 구분 기호 없이 다른 길이로 값을 지정할 수 있지만, 그렇게 하지 않는 것이 좋습니다.

자동 업데이트 기능에 대해 자세히 알아보겠습니다. 테이블을 생성할 때 또는 나중에 '4.3 구조 변경'에서 설명하는 것처럼 열 정의에 다음 속성을 추가해 이를 제어합니다.

1 새 행이 테이블에 삽입될 때만 타임스탬프가 설정되도록 하려면 DEFAULT CURRENT_TIMESTAMP를 추가합니다.

2 기본 타임스탬프는 원하지 않지만 행의 데이터가 업데이트될 때마다 현재 시간을 사용하려면 열 선언 끝에 ON UPDATE CURRENT_TIMESTAMP를 추가합니다.

3 위의 두 가지 모두를 원하는 경우, 즉 각 새 행의 현재 시간으로 타임스탬프를 설정하고 기존 행이 수정될 때마다 타임스탬프 값을 수정하려면, 열 선언 끝에 DEFAULT CURRENT_TIMESTAMP ON UPDATE CURRENT_TIMESTAMP를 추가합니다.

TIMESTAMP 열에 DEFAULT NULL 또는 NULL을 지정하지 않으면 기본값으로 0이 사용됩니다.

| YEAR[(4)] |

1901년에서 2155년 사이의 네 자리 연도와 제로 이어^{zero year}인 0000을 저장합니다. 잘못된 값은 0년으로 변환됩니다. 연도 값은 문자열(예: '2005')이나 정수(예: 2005)로 입력할 수 있습니다. YEAR 타입에는 1바이트의 저장 공간이 필요합니다.

이전 버전의 MySQL에서는 매개변수에 2나 4를 전달해 자릿수를 지정할 수 있었습니다. 두 자리 연도를 입력할 때는 1970년부터 2069년까지를 나타내는 70에서 69까지의 값을 저장했습니다. MySQL 8.0은 두 자리 YEAR 타입을 지원하지 않으며 표시 목적으로 자릿수 매개변수를 더 이상 사용하지 않습니다.

| DATETIME[(소수 초)] |

1000-01-01 00:00:00부터 9999-12-31 23:59:59의 범위에 대해 날짜와 시간 조합을 YYYY-MM-DD HH:MM:SS[.소수 초][시간대 기준] 형식으로 저장하고 표시합니다. TIMESTAMP의

경우와 같이 저장된 값은 항상 템플릿 YYYY-MM-DD HH:MM:SS와 일치하지만 값은 TIMESTAMP와 동일한 형식으로 입력할 수 있습니다. DATETIME 열에 날짜만 할당할 경우 시간은 제로 타임 00:00:00이 가정됩니다. DATETIME 열에 시간만 할당하면 제로 데이트^{zero date} 0000-00-00이 가정됩니다. 이 타입에는 TIMESTAMP와 동일한 자동 업데이트 기능이 있습니다. NOT NULL 속성이 DATETIME 열에 지정되지 않으면 기본값은 NULL입니다. 지정되면 기본값은 0입니다. TIMESTAMP와 달리 DATETIME 값은 저장을 위해 UTC 시간대로 변환되지 않습니다.

그 외 타입

현재 MySQL 8.0부터 공간 데이터 타입과 JSON 데이터 타입이 추가되었습니다. 이 타입의 사용법은 상당한 고급 주제이므로 깊이 있게 다루지 않겠습니다.

공간 데이터 타입은 기하학적 객체를 저장하는 데 사용하며 MySQL에서는 OpenGIS 클래스에 해당하는 타입을 이용합니다. 이런 타입으로 작업하는 내용은 그 자체로 책 한 권의 분량이 될 것입니다.

JSON 데이터 타입을 사용하면 유효한 JSON 문서를 기본적으로 저장할 수 있습니다. MySQL 5.7 이전에는 일반적으로 JSON이 TEXT 또는 유사한 열에 저장되었습니다. 그러나 이 경우 단점이 많습니다. 문서의 유효성이 검사되지 않으며, 스토리지 최적화 또한 수행되지 않습니다 (모든 JSON은 텍스트 형식으로만 저장됨). 기본 JSON 타입은 데이터를 바이너리 형식으로 저장합니다. 한마디로 말해, JSON에는 JSON 데이터 타입을 사용하세요.

4.2.5 키와 인덱스

사용하는 거의 모든 테이블에는 CREATE TABLE 문에 PRIMARY KEY 절이 선언되어 있으며 때로는 여러 개의 KEY를 선언하는 절이 있습니다. 기본 키와 보조 키가 필요한 이유는 2장에서 설명했습니다. 이 절에서는 기본 키를 선언하는 방법, 선언했을 때 일어나는 일, 데이터에 다른 키와 인덱스도 생성하는 이유를 설명합니다.

기본 키^{primary key}는 테이블의 각 행을 고유하게 식별합니다. 더욱 중요한 것은 기본 InnoDB 스토리지 엔진의 경우 기본 키가 **클러스터형 인덱스**^{clustered index}로도 사용된다는 점입니다. 즉, 실제 테이블 데이터가 모두 인덱스 구조에 저장됩니다. 이는 데이터와 인덱스를 별도로 저장하는 MyISAM과 다릅니다. 테이블이 클러스터형 인덱스를 사용하는 경우 클러스터형 테이블이라고 합니다. 클러스터링된 테이블에서 각 행은 인덱스 내에 저장됩니다. 테이블을 클러스터링하면 클러스터링된 인덱스 순서에 따라 행이 정렬되고 실제로 해당 인덱스의 리프 페이지 내에 저장됩니다. 테이블당 클러스터형 인덱스는 두 개 이상이 될 수 없습니다. 이러한 테이블의 경우 보조 인덱스는 실제 테이블 행 대신 클러스터형 인덱스의 레코드를 참조합니다. 쓰기 동작에는 좋지 않을 수 있지만 일반적으로 쿼리 성능이 향상됩니다. InnoDB는 클러스터형 테이블과 비클러스터형 테이블 중에서 선택할 수 없습니다. 이것은 변경할 수 없는 설계 결정입니다.

기본 키는 일반적으로 모든 데이터베이스 설계에서 권장되지만 InnoDB의 경우 필수입니다. 실제로 InnoDB 테이블을 생성할 때 PRIMARY KEY 절을 지정하지 않으면 MySQL은 클러스터형 인덱스의 기반으로 첫 번째 UNIQUE NOT NULL 열을 사용합니다. 사용 가능한 열이 없으면 InnoDB가 각 행에 할당한 ID 값을 기반으로 숨겨진 클러스터형 인덱스가 생성됩니다.

InnoDB가 MySQL의 기본 스토리지 엔진이자 오늘날 사실상의 표준이라는 점을 감안해서 이 장에서는 그 동작 방식에 집중할 것입니다. MyISAM, MEMORY 또는 MyRocks 같은 대체 스토리지 엔진은 '7.8 대체 스토리지 엔진'에서 설명합니다.

앞서 언급했듯이 기본 키가 정의되면 클러스터형 인덱스가 되며 테이블의 모든 데이터는 해당 인덱스의 리프 블록에 저장됩니다. InnoDB는 R-트리 구조를 사용하는 공간 데이터 타입에 대한 인덱스를 제외하고 B-트리 인덱스(보다 구체적으로 B+트리 변형)를 사용합니다. 다른 스토리지 엔진은 다른 인덱스 타입을 구현할 수 있지만 테이블의 스토리지 엔진이 지정되지 않은 경우 모든 인덱스가 B-트리라고 가정할 수 있습니다.

클러스터형 인덱스, 즉 인덱스 구성 테이블이 있으면 기본 키 열과 관련된 쿼리 및 정렬 속도가 빨라집니다. 단점은 기본 키의 열을 수정할 때 비용이 많이 든다는 점입니다. 따라서 좋은 설계에서는 쿼리 필터링에 자주 사용되지만 거의 수정되지 않는 열을 기반으로 하는 기본 키가 필요합니다. 기본 키가 전혀 없으면 InnoDB가 암시적 클러스터 인덱스를 사용한다는 점을 기억하십시오. 따라서 기본 키로 선택할 열이 확실하지 않은 경우 합성 id와 같은 열을 사용하는 것이 좋습니다. 한 예로, SERIAL 데이터 타입이 이 경우에 적합할 수 있습니다.

InnoDB의 내부 세부사항에서 벗어나 MySQL에서 테이블의 기본 키를 선언하면 테이블의 각 행 데이터가 저장되는 위치 정보를 저장하는 구조가 생성됩니다. 이 정보를 **인덱스**index라고 하는데 그 목적은 기본 키를 사용하는 검색의 속도를 높이는 것입니다. 예를 들어, sakila 데이터베이스의 actor 테이블에서 PRIMARY KEY(actor_id)를 선언하면 MySQL은 특정 actor_id(또는 식별자 범위)와 일치하는[match] 행을 매우 빠르게 찾을 수 있는 구조를 생성합니다.

가령 인덱스는 배우를 영화에 매칭하거나 영화를 범주에 매칭할 때 유용합니다. SHOW INDEX(또는 SHOW INDEXES) 명령을 사용하면 테이블에서 사용 가능한 인덱스를 표시할 수 있습니다.

```
mysql> SHOW INDEX FROM category\G
*********************** 1. row ***************************
        Table: category
   Non_unique: 0
     Key_name: PRIMARY
 Seq_in_index: 1
  Column_name: category_id
    Collation: A
  Cardinality: 16
     Sub_part: NULL
       Packed: NULL
         Null:
   Index_type: BTREE
      Comment:
Index_comment:
      Visible: YES
   Expression: NULL
1 row in set (0.00 sec)
```

카디널리티[cardinality]는 인덱스의 고윳값 개수입니다. 기본 키에 대한 인덱스의 경우 이는 테이블의 행 개수와 같습니다.

기본 키에 포함된 모든 열은 행에 대한 값을 가져야 하므로 NOT NULL로 선언합니다. 인덱스가 없으면 테이블에서 행을 찾는 유일한 방법은 디스크에서 각 행을 읽고 찾고 있는 category_id와 일치하는지 확인하는 것입니다. 행이 많은 테이블에서 이 철저한 방식의 순차 검색은 매우 느립니다. 그러나 모든 것에 인덱스를 생성하고 있을 수는 없습니다. 이 절의 끝에서 다시 고민해보겠습니다.

테이블의 데이터마다 각자 다른 인덱스를 생성할 수 있습니다. 그러면 다른 검색(다른 열 또는 열 조합에 관계없이)이 빠르고 순차 스캔을 피할 수 있습니다. 가령 actor 테이블을 다시 가져옵니다. actor_id에 기본 키가 있는 점 외에 last_name에 보조 키가 있어 배우의 성을 기준으로 검색 성능을 개선합니다.

```
mysql> SHOW CREATE TABLE actor\G
*************************** 1. row ***************************
        Table: actor
 Create Table: CREATE TABLE `actor` (
    `actor_id` smallint unsigned NOT NULL AUTO_INCREMENT,
    ...
    `last_name` varchar(45) NOT NULL,
    ...
    PRIMARY KEY (`actor_id`),
    KEY `idx_actor_last_name` (`last_name`)
)...
1 row in set (0.00 sec)
```

KEY 키워드는 MySQL에 추가 인덱스가 필요하다고 알려줍니다. KEY 대신 INDEX라는 명령어를 사용할 수 있습니다. 해당 키워드 뒤에는 인덱스 이름이 오고 인덱스의 대상이 되는 열은 괄호 안에 포함됩니다. 테이블이 생성된 후 인덱스를 추가할 수도 있습니다. 테이블이 생성된 후에는 모든 것을 변경할 수 있습니다. 이에 대한 내용은 '4.3 구조 변경'에서 설명합니다.

둘 이상의 열을 사용해 인덱스를 작성할 수 있습니다. sakila에서 수정된 테이블을 생성해보겠습니다.

```
mysql> CREATE TABLE customer_mod (
    -> customer_id smallint unsigned NOT NULL AUTO_INCREMENT,
    -> first_name varchar(45) NOT NULL,
    -> last_name varchar(45) NOT NULL,
    -> email varchar(50) DEFAULT NULL,
    -> PRIMARY KEY (customer_id),
    -> KEY idx_names_email (first_name, last_name, email));
Query OK, 0 rows affected (0.06 sec)
```

customer_id 식별자 열에 기본 키 인덱스를 추가했고 first_name, last_name, email 열을 이 순서로 포함하는 idx_names_email이라는 다른 인덱스도 추가한 것을 볼 수 있습니다.

idx_names_email 인덱스를 사용하면 세 개의 이름 열을 조합해 빠르게 검색할 수 있습니다. 예를 들어 다음과 같은 쿼리에 유용합니다.

```
mysql> SELECT * FROM customer_mod WHERE
    -> first_name = 'Rose' AND
    -> last_name = 'Williams' AND
    -> email = 'rose.w@nonexistent.edu';
```

인덱스에 나열된 모든 열이 쿼리에 사용되기 때문에 검색에 도움이 됩니다. EXPLAIN 문을 사용해 생각한 일이 실제로 일어나고 있는지 확인할 수 있습니다.

```
mysql> EXPLAIN SELECT * FROM customer_mod WHERE
    -> first_name = 'Rose' AND
    -> last_name = 'Williams' AND
    -> email = 'rose.w@nonexistent.edu'\G
*************************** 1. row ***************************
           id: 1
  select_type: SIMPLE
        table: customer_mod
   partitions: NULL
         type: ref
possible_keys: idx_names_email
          key: idx_names_email
      key_len: 567
          ref: const,const,const
         rows: 1
     filtered: 100.00
        Extra: Using index
1 row in set, 1 warning (0.00 sec)
```

MySQL에서 possible_keys가 idx_names_email이고(이 쿼리에 인덱스를 사용할 수 있음을 의미함) idx_names_email을 키로 사용하기로 결정했음을 출력합니다. 즉, 예상대로 작동하고 있다는 말입니다! EXPLAIN 문에 대한 자세한 내용은 7장에서 확인하겠습니다.

여기서 사용하는 인덱스는 first_name 열에 대한 쿼리에만 유용합니다. 예를 들어 다음 쿼리에서 사용할 수 있습니다.

```
mysql> SELECT * FROM customer_mod WHERE
    -> first_name = 'Rose';
```

EXPLAIN을 다시 사용해 인덱스가 사용 중인지 확인할 수 있습니다. first_name 열이 인덱스에 나열된 첫 번째 열이므로 인덱스를 사용할 수 있습니다. 인덱스는 이름이 같은 모든 사람의 행에 대한 정보를 클러스터링하거나 함께 저장하므로 인덱스를 사용해 이름이 일치하는 사람을 찾을 수 있다는 의미입니다.

그런 이유로 인덱스는 이름과 성을 조합해 검색할 때도 사용할 수 있습니다. 인덱스는 이름이 같은 사람들을 함께 클러스터링하고 이름이 비슷한 사람들을 성을 기준으로 클러스터링합니다.

```
mysql> SELECT * FROM customer_mod WHERE
    -> first_name = 'Rose' AND
    -> last_name = 'Williams';
```

인덱스의 맨 왼쪽 열인 first_name이 쿼리에 나타나지 않는다면 해당 쿼리는 사용할 수 없습니다.

```
mysql> SELECT * FROM customer_mod WHERE
    -> last_name = 'Williams' AND
    -> email = 'rose.w@nonexistent.edu';
```

인덱스는 행 집합을 가능한 더 작은 양의 답변을 가진 집합으로 좁힙니다. MySQL은 쿼리가 다음 조건을 모두 충족해야 인덱스를 사용할 수 있습니다.

1 KEY(또는 PRIMARY KEY) 절에 나열된 맨 왼쪽 열이 쿼리에 있어야 합니다.

2 쿼리는 인덱스로 등록되지 않은 열에 대한 OR 절을 포함하지 않아야 합니다.

다시 강조하자면 항상 EXPLAIN 문을 사용해 특정 쿼리에 인덱스를 사용할 수 있는지 여부를 확인하는 것이 좋습니다.

다음은 인덱스를 선택하고 설계하는 방법에 대한 몇 가지 아이디어입니다. 인덱스 추가를 생각한다면 다음 내용을 고려하십시오.

• 인덱스는 디스크 공간을 차지하며 데이터가 변경될 때마다 업데이트되어야 합니다. 데이터가 변경될 때 횟수가 잦거나 양이 많으면 인덱스로 인해 프로세스가 느려집니다. 하지만 실제로는 보통 SELECT 문(데이터 읽기)이 다른 문(데이터 수정)보다 훨씬 더 많기 때문에 인덱스를 설정하는 편이 더 유리합니다.

• 자주 사용할 인덱스만 추가합니다. 사용자와 애플리케이션에 필요한 쿼리가 무엇인지 확인하기 전에는 인덱스를 설정하지 마십시오. 인덱스는 나중에 언제든지 추가할 수 있습니다.

- 인덱스의 모든 열이 모든 쿼리에서 사용되는 경우 KEY 절 왼쪽에 중복 횟수가 가장 많은 열을 나열합니다. 이렇게 하면 인덱스 크기가 최소화됩니다.

- 인덱스가 작을수록 빨라집니다. 만약 큰 열을 인덱싱하면 더 큰 인덱스를 얻게 됩니다. 그래서 테이블을 디자인할 때 열을 가능한 한 작게 유지하는 것이 좋습니다.

- 긴 열의 경우 열 값의 접두사만 사용해 인덱스를 만들 수 있습니다. KEY idx_names_email(first_name(3), last_name(2), email(10))와 같이 열을 정의한 뒤, 괄호 안에 값을 추가하면 됩니다. 즉, first_name은 앞의 석 자만 인덱싱되고, last_name은 앞의 두 자가 인덱싱되며, email은 열 자가 인덱싱됩니다. 이는 세 열에서 140자를 인덱싱하는 것보다 훨씬 절약됩니다! 이렇게 하면 인덱스가 각 행을 고유하게 식별할 수 없지만 인덱스 크기는 훨씬 작아지고 여전히 합리적으로 일치하는 행을 찾을 수 있습니다. TEXT와 같은 긴 타입의 경우 접두사를 사용합니다.

InnoDB의 보조 키와 관련된 특성에 대해 논의하고 이 절을 마무리하겠습니다. 모든 테이블 데이터는 클러스터형 인덱스의 리프에 저장된다는 사실을 기억하십시오. actor 테이블을 예시로 들면, last_name으로 필터링할 경우 first_name 데이터를 가져와야 하고, 빠른 필터링을 위해 idx_actor_last_name을 사용하면 기본 키로 데이터에 액세스합니다. 결과적으로 InnoDB는 각 보조 키 정의에 기본 키 열을 암시적으로 선언합니다. 따라서 InnoDB에 불필요하게 긴 기본 키를 사용할 경우 보조 키가 크게 늘어나게 됩니다. EXPLAIN 명령으로 해당 사항을 확인할 수 있습니다(첫 번째 명령의 첫 번째 출력에서 Extra: Using index 참조).

```
mysql> EXPLAIN SELECT actor_id, last_name FROM actor WHERE last_name = 'Smith'\G
*************************** 1. row ***************************
           id: 1
  select_type: SIMPLE
        table: actor
   partitions: NULL
         type: ref
possible_keys: idx_actor_last_name
          key: idx_actor_last_name
      key_len: 182
          ref: const
         rows: 1
     filtered: 100.00
        Extra: Using index
1 row in set, 1 warning (0.00 sec)

mysql> EXPLAIN SELECT first_name FROM actor WHERE last_name = 'Smith'\G
*************************** 1. row ***************************
```

```
            id: 1
    select_type: SIMPLE
          table: actor
     partitions: NULL
           type: ref
  possible_keys: idx_actor_last_name
            key: idx_actor_last_name
        key_len: 182
            ref: const
           rows: 1
       filtered: 100.00
          Extra: NULL
1 row in set, 1 warning (0.00 sec)
```

idx_actor_last_name은 첫 번째 쿼리에 대한 효과적인 **커버링 인덱스**covering index입니다. 즉, InnoDB는 해당 인덱스에서 필요한 데이터를 모두 추출할 수 있습니다. 그러나 두 번째 쿼리의 경우 InnoDB는 클러스터형 인덱스를 추가로 조회해 first_name 열의 값을 가져와야 합니다.

4.2.6 AUTO_INCREMENT 기능

MySQL의 독점적인 AUTO_INCREMENT 기능을 사용하면 SELECT 쿼리를 실행하지 않고도 행에 대한 고유 식별자를 생성할 수 있습니다.

```
mysql> CREATE TABLE actor (
    -> actor_id smallint unsigned NOT NULL AUTO_INCREMENT,
    -> first_name varchar(45) NOT NULL,
    -> last_name varchar(45) NOT NULL,
    -> PRIMARY KEY (actor_id)
    -> );
Query OK, 0 rows affected (0.03 sec)
```

actor_id를 지정하지 않고 해당 테이블에 행을 삽입할 수 있습니다.

```
mysql> INSERT INTO actor VALUES (NULL, 'Alexander', 'Kaidanovsky');
Query OK, 1 row affected (0.01 sec)
```

```
mysql> INSERT INTO actor VALUES (NULL, 'Anatoly', 'Solonitsyn');
Query OK, 1 row affected (0.01 sec)

mysql> INSERT INTO actor VALUES (NULL, 'Nikolai', 'Grinko');
Query OK, 1 row affected (0.00 sec)
```

데이터 삽입 후 테이블의 데이터를 보면 각 행의 **actor_id** 열에 값이 할당되었음을 알 수 있습니다.

```
mysql> SELECT * FROM actor;
+----------+------------+-------------+
| actor_id | first_name | last_name   |
+----------+------------+-------------+
|        1 | Alexander  | Kaidanovsky |
|        2 | Anatoly    | Solonitsyn  |
|        3 | Nikolai    | Grinko      |
+----------+------------+-------------+
3 rows in set (0.00 sec)
```

새 행이 삽입될 때마다 해당 행의 **actor_id** 열에 대한 고윳값이 생성됩니다.

이 기능이 작동하는 과정을 생각해봅시다. **actor_id** 열은 **NOT NULL AUTO_INCREMENT** 절을 사용해 정수형으로 선언되었습니다. **AUTO_INCREMENT**는 MySQL에서 해당 열에 값이 제공되지 않으면 할당된 값이 현재 테이블에 저장된 최댓값보다 하나 더 큰 값이어야 한다고 알려줍니다. **AUTO_INCREMENT**는 빈 테이블의 경우 1부터 시작합니다.

NOT NULL 절은 **AUTO_INCREMENT** 열에 필수 조건입니다. **NULL**(또는 권장하지 않는 **0**)을 삽입하면 자동으로 MySQL 서버는 다음으로 사용 가능한 식별자를 찾아 새 행에 할당합니다. 열이 **UNSIGNED**로 정의되지 않은 경우 음수 값을 수동으로 삽입할 수 있습니다. 그러나 다음 자동 증가에 대해 MySQL은 단순히 열에서 가장 큰(양수) 값을 사용하거나 양수 값이 없으면 1부터 시작합니다.

AUTO_INCREMENT 기능에는 다음 요구사항이 있습니다.

- 해당 열은 인덱싱되어야 합니다.
- 해당 열은 **DEFAULT** 값을 가질 수 없습니다.
- 테이블당 **AUTO_INCREMENT** 열은 하나만 가능합니다.

MySQL은 다양한 스토리지 엔진을 지원합니다. 이에 대한 자세한 내용은 '7.8 대체 스토리지 엔진'에서 설명합니다. 기본값이 아닌 MyISAM 테이블 타입을 사용할 때 여러 열을 구성하는 키에 AUTO_INCREMENT 기능을 사용할 수 있습니다. 실제로 단일 AUTO_INCREMENT 열 내에 여러 개의 독립적인 카운터를 가질 수 있습니다. 그러나 이것은 InnoDB에서는 불가능합니다.

AUTO_INCREMENT 기능은 유용하지만 다른 데이터베이스 환경으로 이식할 수 없으며 새 식별자를 생성하는 논리적 단계를 숨겨 모호해질 수 있습니다. 예를 들어 카운터는 테이블을 삭제하거나 TRUNCATE를 사용해 초기화하면 재설정되지만 WHERE 절을 사용해 일부 행을 삭제할 경우에는 재설정되지 않습니다. 또한 트랜잭션 내부에 행이 삽입되고 바로 해당 트랜잭션이 롤백되어도 식별자는 사용됩니다. 한 예로 자동 증가 필드 카운터가 포함된 테이블 count를 생성해보겠습니다.

```
mysql> CREATE TABLE count (counter INT AUTO_INCREMENT KEY);
Query OK, 0 rows affected (0.13 sec)

mysql> INSERT INTO count VALUES (),(),(),(),(),();
Query OK, 6 rows affected (0.01 sec)
    Records: 6  Duplicates: 0  Warnings: 0

mysql> SELECT * FROM count;
+---------+
| counter |
+---------+
| 1       |
| 2       |
| 3       |
| 4       |
| 5       |
| 6       |
+---------+
6 rows in set (0.00 sec)
```

여러 값을 삽입하면 예상대로 작동합니다. 이제 행 몇 개를 삭제하고 6개를 새로 추가해보겠습니다.

```
mysql> DELETE FROM count WHERE counter > 4;
Query OK, 2 rows affected (0.00 sec)
```

```
mysql> INSERT INTO count VALUES (),(),(),(),(),();
Query OK, 6 rows affected (0.00 sec)
Records: 6  Duplicates: 0  Warnings: 0

mysql> SELECT * FROM count;
+---------+
| counter |
+---------+
| 1       |
| 2       |
| 3       |
| 4       |
| 7       |
| 8       |
| 9       |
| 10      |
| 11      |
| 12      |
+---------+
10 rows in set (0.00 sec)
```

출력 내용을 보면 카운터가 재설정되지 않고 7부터 계속됩니다. 테이블을 초기화해 모든 데이터를 제거하면 카운터는 1로 재설정됩니다.

```
mysql> TRUNCATE TABLE count;
Query OK, 0 rows affected (0.00 sec)

mysql> INSERT INTO count VALUES (),(),(),(),(),();
Query OK, 6 rows affected (0.01 sec)
Records: 6  Duplicates: 0  Warnings: 0

mysql> SELECT * FROM count;
+---------+
| counter |
+---------+
| 1       |
| 2       |
| 3       |
| 4       |
| 5       |
| 6       |
+---------+
6 rows in set (0.00 sec)
```

요약하면 AUTO_INCREMENT는 트랜잭션에 따라 값을 증가시킵니다. 그러나 제공된 각 식별자가 앞 식별자의 값에 정확히 이어진다는 보장이 없습니다. 일반적으로 AUTO_INCREMENT의 동작은 명확하며 문제가 되지 않지만 특정 상황에서 연속적인 값을 보장하는 카운터가 필요할 경우 다른 해결 방법을 고려하는 것이 좋습니다. 안타깝지만 보통 이런 카운터는 애플리케이션에서 구현할 가능성이 높습니다.

4.3 구조 변경

데이터베이스, 테이블, 인덱스, 열을 생성하는 데 필요한 기본 사항을 모두 살펴보았습니다. 이번에는 이미 존재하는 구조에서 열, 데이터베이스, 테이블, 인덱스를 추가, 제거, 변경하는 방법을 배우겠습니다.

4.3.1 열 추가, 제거, 변경

ALTER TABLE 문을 사용해 테이블에 새 열을 추가하고, 기존 열을 제거하고, 열 이름, 타입, 길이를 변경할 수 있습니다. 먼저 기존 열을 수정하는 방법을 살펴보겠습니다. 테이블 열의 이름을 바꾸는 예시를 살펴봅시다. language 테이블에는 레코드가 수정된 시간이 포함된 last_update라는 열이 있습니다. 이 열의 이름을 last_updated_time으로 변경하려면 다음과 같이 작성합니다.

```
mysql> ALTER TABLE language RENAME COLUMN last_update TO last_updated_time;
Query OK, 0 rows affected (0.03 sec)
Records: 0  Duplicates: 0  Warnings: 0
```

이번 예시에서는 MySQL의 **온라인 DDL** 기능을 활용합니다. 실제로 시스템에서 일어나는 일은 MySQL이 메타데이터만 수정할 뿐이어서 실제로 테이블을 다시 작성할 필요가 없습니다. 영향을 받는 행이 없다는 점으로 확인할 수 있습니다. 모든 DDL 문을 온라인으로 수행하지 못하므로 많은 변경사항이 적용되지는 않습니다.

DDL 문을 실행할 때는 특수 잠금이라는 내부 메커니즘을 사용합니다. 이는 쿼리가 실행되는 동안 테이블이 변경되지 않도록 하는 아주 좋은 기능입니다. MySQL에서는 특수 잠금을 메타데이터 잠금이라고 부르며 '6.2.1 메타데이터 잠금'에서 작동 방식을 자세히 살펴봅니다.

온라인 DDL을 통해 실행되는 문을 포함해 모든 DDL 문은 메타데이터 잠금이 실행되어야 합니다. 그런 관점에서 온라인 DDL은 엄밀히 따졌을 때 온라인이 아니지만 실행 대상 테이블을 완전히 잠그지는 않습니다. 부하가 있는 작업을 진행 중인 시스템에서 DDL 문을 실행하는 것은 위험한 모험이 됩니다. 그런 시스템에서는 즉시 실행되어야 하는 명령문이라도 혼란을 일으킵니다. 6장과 메타데이터 잠금에 대한 MySQL 공식 문서(`https://dev.mysql.com/doc/refman/8.0/en/metadata-locking.html`)를 자세히 읽고 동시 로드를 사용하는 DDL 문이나 동시 로드를 사용하지 않는 DDL 문 등 다양한 DDL 문을 실행해보기를 권합니다. MySQL을 배우는 데 그다지 중요하지 않을지 몰라도 미리 조심해두면 좋습니다. 그럼 이제 `language` 테이블의 **ALTER** 문으로 돌아가봅시다.

SHOW COLUMNS 문으로 결과를 확인할 수 있습니다.

```
mysql> SHOW COLUMNS FROM language;
+------------------+-----------------+------+-----+-----------------+...
| Field            | Type            | Null | Key | Default         |...
+------------------+-----------------+------+-----+-----------------+...
| language_id      | tinyint unsigned | NO  | PRI | NULL            |...
| name             | char(20)        | NO   |     | NULL            |...
| last_updated_time | timestamp      | NO   |     | CURRENT_TIMESTAMP |...
+------------------+-----------------+------+-----+-----------------+...
3 rows in set (0.01 sec)
```

이전 예시는 **ALTER TABLE** 문을 **RENAME COLUMN** 키워드와 함께 사용했습니다. 이것이 MySQL 8.0 기능입니다. 또는 호환성을 위해 **ALTER TABLE** 문을 **CHANGE** 키워드와 함께 사용할 수 있습니다.

```
mysql> ALTER TABLE language CHANGE last_update last_updated_time TIMESTAMP
    -> NOT NULL DEFAULT CURRENT_TIMESTAMP ON UPDATE CURRENT_TIMESTAMP;
Query OK, 0 rows affected (0.04 sec)
Records: 0  Duplicates: 0  Warnings: 0
```

이 예시는 ALTER TABLE 문에 CHANGE 키워드를 사용해 네 가지 매개변수를 제공했습니다.

1 테이블 이름: language

2 원래 열 이름: last_update

3 새 열 이름: last_updated_time

4 열 타입: TIMESTAMP, 원래 정의된 설정을 변경하지 않도록 필요한 추가 속성을 많이 포함함

네 가지 매개변수를 모두 입력합니다. 즉, 모든 절을 타입과 함께 다시 지정합니다. 이 예시는 기본 설정으로 MySQL 8.0을 사용하므로 TIMESTAMP에 더 이상 명시적인 기본값이 없습니다. 보다시피 CHANGE보다 RENAME COLUMN을 사용하는 것이 훨씬 쉽습니다.

이름은 수정하지 않고 열의 타입과 데이터 너비를 수정하려면 MODIFY 키워드를 사용합니다.

```
mysql> ALTER TABLE language MODIFY name CHAR(20) DEFAULT 'n/a';
Query OK, 0 rows affected (0.14 sec)
Records: 0 Duplicates: 0 Warnings: 0
```

CHANGE 키워드를 사용해 같은 작업을 수행할 수도 있지만 그러면 동일한 열 이름을 두 번 입력하게 됩니다.

```
mysql> ALTER TABLE language CHANGE name name CHAR(20) DEFAULT 'n/a';
Query OK, 0 rows affected (0.03 sec)
Records: 0  Duplicates: 0  Warnings: 0
```

타입을 수정할 때는 주의가 필요합니다.

- 호환되지 않는 타입을 사용하지 마십시오. 한 형식에서 다른 형식으로 데이터를 성공적으로 변환하기 위해 MySQL의 시스템에 의존하기 때문입니다(가령 INT 열을 DATETIME으로 변환하면 원하는 결과를 얻지 못함).

- 원하는 경우가 아니면 데이터를 자르지 마십시오. 타입의 크기를 줄이면 새 너비에 맞게 값이 편집되고 데이터가 손실될 수 있습니다.

기존 테이블에 새로 열을 추가한다고 가정합니다. **ALTER TABLE** 문으로 수행하는 방법은 다음과 같습니다.

```
mysql> ALTER TABLE language ADD native_name CHAR(20);
Query OK, 0 rows affected (0.04 sec)
Records: 0  Duplicates: 0  Warnings: 0
```

열을 추가하는 경우에는 **ADD** 키워드, 새 열 이름, 열 타입을 제공합니다. 이 예시는 SHOW COLUMNS 문에 표시된 대로 새 열 native_name을 테이블의 마지막 열로 추가합니다.

```
mysql> SHOW COLUMNS FROM artist;
+------------------+------------------+------+-----+------------------+...
| Field            | Type             | Null | Key | Default          |...
+------------------+------------------+------+-----+------------------+...
| language_id      | tinyint unsigned | NO   | PRI | NULL             |...
| name             | char(20)         | YES  |     | n/a              |...
| last_updated_time| timestamp        | NO   |     | CURRENT_TIMESTAMP|...
| native_name      | char(20)         | YES  |     | NULL             |...
+------------------+------------------+------+-----+------------------+...
4 rows in set (0.00 sec)
```

새로 추가하는 열을 첫 번째 열로 만들고 싶다면 다음과 같이 **FIRST** 키워드를 사용하십시오.

```
mysql> ALTER TABLE language ADD native_name CHAR(20) FIRST;
Query OK, 0 rows affected (0.08 sec)
Records: 0  Duplicates: 0  Warnings: 0

mysql> SHOW COLUMNS FROM language;
+------------------+------------------+------+-----+------------------+...
| Field            | Type             | Null | Key | Default          |...
+------------------+------------------+------+-----+------------------+...
| native_name      | char(20)         | YES  |     | NULL             |...
| language_id      | tinyint unsigned | NO   | PRI | NULL             |...
| name             | char(20)         | YES  |     | n/a              |...
| last_updated_time| timestamp        | NO   |     | CURRENT_TIMESTAMP|...
+------------------+------------------+------+-----+------------------+...
4 rows in set (0.01 sec)
```

특정 위치에 추가하려면 **AFTER** 키워드를 사용하십시오.

```
mysql> ALTER TABLE language ADD native_name CHAR(20) AFTER name;
    Query OK, 0 rows affected (0.08 sec)
    Records: 0  Duplicates: 0  Warnings: 0

mysql> SHOW COLUMNS FROM language;
+------------------+------------------+------+-----+------------------+...
| Field            | Type             | Null | Key | Default          |...
+------------------+------------------+------+-----+------------------+...
| language_id      | tinyint unsigned | NO   | PRI | NULL             |...
| name             | char(20)         | YES  |     | n/a              |...
| native_name      | char(20)         | YES  |     | NULL             |...
| last_updated_time| timestamp        | NO   |     | CURRENT_TIMESTAMP|...
+------------------+------------------+------+-----+------------------+...
4 rows in set (0.01 sec)
```

DROP 키워드 다음에 열 이름을 사용해 열을 제거합니다. 새로 추가된 `native_name` 열을 제거하는 방법은 다음과 같습니다.

```
mysql> ALTER TABLE language DROP native_name;
Query OK, 0 rows affected (0.07 sec)
Records: 0  Duplicates: 0  Warnings: 0
```

이렇게 하면 열 구조와 해당 열에 포함된 데이터가 모두 제거됩니다. 그리고 열이 있던 인덱스 모두에서 열이 제거됩니다. 인덱스에서 해당 열이 유일한 경우에는 인덱스도 함께 삭제됩니다. 테이블에 열이 하나뿐인 경우에는 제거할 수 없지만 '4.4 구조 제거'에서 설명한 방법대로 테이블 전체를 삭제할 수 있습니다. 테이블 구조가 변경되면 일반적으로 특정 순서로 값을 삽입할 때 사용한 모든 INSERT 문을 수정하기 때문에 열을 삭제할 때 주의하십시오. 이에 대한 자세한 내용은 '3.3 INSERT 문'을 참조합니다.

MySQL에서는 단일 ALTER TABLE 문에서 여러 변경사항을 쉼표로 구분해 지정할 수 있습니다. 새 열을 추가하고 다른 열을 조정해보겠습니다.

```
mysql> ALTER TABLE language ADD native_name CHAR(255), MODIFY name CHAR(255);
Query OK, 6 rows affected (0.06 sec)
Records: 6  Duplicates: 0  Warnings: 0
```

이번에는 6개 레코드가 변경되었습니다. 이전의 **ALTER TABLE** 명령에서 MySQL은 영향을 받는 행이 없다고 출력했습니다. 이전과 다른 점은 이번에는 온라인 DDL 작업을 수행하지 않는다는 것입니다. 열 타입을 변경하면 테이블이 항상 다시 작성되기 때문입니다. 변경을 계획할 때 공식 문서의 '온라인 DDL 작업'(https://dev.mysql.com/doc/refman/8.0/en/innodb-online-ddl-operations.html)을 읽어보면 좋습니다. 온라인 작업과 오프라인 작업을 결합한 작업은 오프라인 작업인 셈입니다.

온라인 DDL을 사용하지 않거나 수정 사항이 오프라인인 경우 단일 작업으로 여러 수정 사항을 결합하는 것이 매우 효율적입니다. 이렇게 하면 새 테이블을 만들고, 이전 테이블에서 데이터를 새 테이블로 복사하고, 이전 테이블을 삭제하고, 각 수정에 따라 개별적으로 새 테이블의 이름을 이전 테이블의 이름으로 바꾸는 비용을 절약할 수 있습니다.

4.3.2 인덱스 추가, 제거, 변경

이전에 논의한 바와 같이 빌드 중인 애플리케이션을 사용해보기 전에는 어떤 인덱스가 유용한지 알기 어려운 경우가 많습니다. 애플리케이션의 특정 기능이 생각외로 많이 사용되어 관련 쿼리의 성능을 개선하는 방법을 검토할 수도 있습니다. 그렇기 때문에 애플리케이션이 배포된 후 즉시 인덱스를 추가, 변경, 제거하면 좋습니다. 이 절에서는 해당 작업을 수행해봅니다. 인덱스를 수정해도 테이블에 저장된 데이터에는 영향을 미치지 않습니다.

먼저 새로운 인덱스를 추가하겠습니다. `language` 테이블에 이름(`name`)을 지정하는 **WHERE** 절 쿼리를 자주 호출한다고 생각해봅시다. 쿼리의 속도를 높이기 위해 `idx_name`이라는 새 인덱스를 추가하기로 결정했다면, 생성된 테이블에 인덱스를 추가하는 방법은 다음과 같습니다.

```
mysql> ALTER TABLE language ADD INDEX idx_name (name);
Query OK, 0 rows affected (0.05 sec)
Records: 0  Duplicates: 0  Warnings: 0
```

다시 말하지만, **KEY**와 **INDEX**라는 용어는 같은 의미로 사용할 수 있습니다. **SHOW CREATE TABLE** 문으로 결과를 확인해보겠습니다.

```
mysql> SHOW CREATE TABLE language\G
*************************** 1. row ***************************
       Table: language
Create Table: CREATE TABLE `language` (
    `language_id` tinyint unsigned NOT NULL AUTO_INCREMENT,
    `name` char(255) DEFAULT NULL,
    `last_updated_time` timestamp NOT NULL
     DEFAULT CURRENT_TIMESTAMP ON UPDATE CURRENT_TIMESTAMP,
     PRIMARY KEY (`language_id`),
     KEY `idx_name` (`name`)
) ENGINE=InnoDB AUTO_INCREMENT=8
     DEFAULT CHARSET=utf8mb4 COLLATE=utf8mb4_0900_ai_ci
```

예상대로 새 인덱스는 테이블 구조의 일부를 형성합니다. 테이블이 생성된 후 기본 키를 지정할 수도 있습니다.

```
mysql> CREATE TABLE no_pk (id INT);
Query OK, 0 rows affected (0.02 sec)

mysql> INSERT INTO no_pk VALUES (1),(2),(3);
Query OK, 3 rows affected (0.01 sec)
Records: 3  Duplicates: 0  Warnings: 0

mysql> ALTER TABLE no_pk ADD PRIMARY KEY (id);
Query OK, 0 rows affected (0.13 sec)
Records: 0  Duplicates: 0  Warnings: 0
```

이제 인덱스를 제거하는 방법을 살펴보겠습니다. 다음 쿼리는 기본 키가 아닌 인덱스를 제거합니다.

```
mysql> ALTER TABLE language DROP INDEX idx_name;
Query OK, 0 rows affected (0.08 sec)
Records: 0  Duplicates: 0  Warnings: 0
```

다음과 같이 기본 키 인덱스를 삭제할 수 있습니다.

```
mysql> ALTER TABLE no_pk DROP PRIMARY KEY;
Query OK, 3 rows affected (0.07 sec)
Records: 3  Duplicates: 0  Warnings: 0
```

MySQL은 테이블에 여러 개의 기본 키를 가질 수 없기 때문에 기본 키를 변경하려면 기존 인덱스를 제거한 후 새 인덱스를 추가합니다. 하지만 DDL 작업은 그룹화가 가능합니다.

```
mysql> ALTER TABLE language DROP PRIMARY KEY,
    -> ADD PRIMARY KEY (language_id, name);
Query OK, 0 rows affected (0.09 sec)
Records: 0  Duplicates: 0  Warnings: 0
```

인덱스가 생성된 후에는 수정이 불가합니다. 그러나 열에서 인덱싱된 문자의 수를 줄이거나 인덱스에 다른 열을 추가하는 식으로 변경하게 될 경우가 있습니다. 이런 경우 가장 좋은 방법은 인덱스를 삭제한 뒤 새로운 조건으로 다시 만드는 것입니다. idx_name 인덱스로 artist_name의 첫 10자만 포함하는 경우를 보겠습니다.

```
mysql> ALTER TABLE language DROP INDEX idx_name,
    -> ADD INDEX idx_name (name(10));
Query OK, 0 rows affected (0.05 sec)
Records: 0  Duplicates: 0  Warnings: 0
```

4.3.3 테이블 이름 변경 및 기타 구조 변경

지금까지 테이블에서 열과 인덱스를 수정하는 방법을 살펴보았습니다. 이제 테이블 자체를 수정하는 방법을 보겠습니다. 테이블 이름을 바꾸기는 쉽습니다. 다음 쿼리는 테이블 이름을 language에서 languages로 바꿉니다.

```
mysql> ALTER TABLE language RENAME TO languages;
Query OK, 0 rows affected (0.04 sec)
```

TO 키워드는 선택 사항입니다.

다음을 포함해 ALTER 문으로 수행할 수 있는 기타 작업이 있습니다.

- 데이터베이스, 테이블 또는 열에 대한 기본 문자 집합과 데이터 정렬 순서를 변경합니다.
- 제약 조건을 관리하고 변경합니다. 예를 들어 외래 키를 추가하거나 제거할 수 있습니다.
- 테이블에 파티셔닝을 추가하거나 현재 파티셔닝 정의를 변경합니다.
- 테이블의 스토리지 엔진을 변경합니다.

이러한 작업에 대한 자세한 내용은 MySQL 공식 문서의 **ALTER DATABASE**(https://dev. mysql.com/doc/refman/8.0/en/alter-database.html) 및 **ALTER TABLE**(https://dev. mysql.com/doc/refman/8.0/en/alter-table.html) 문 설명에서 찾을 수 있습니다. 동일한 명령문을 대체하는 단축 표기법은 **RENAME TABLE**입니다.

```
mysql> RENAME TABLE languages TO language;
Query OK, 0 rows affected (0.04 sec)
```

유일하게 변경할 수 없는 것은 특정 데이터베이스의 이름입니다. 하지만 InnoDB 엔진을 사용하는 경우 **RENAME**을 사용해 데이터베이스 간에 테이블을 이동할 수는 있습니다.

```
mysql> CREATE DATABASE sakila_new;
Query OK, 1 row affected (0.05 sec)

mysql> RENAME TABLE sakila.language TO sakila_new.language;
Query OK, 0 rows affected (0.05 sec)

mysql> USE sakila;
Database changed

mysql> SHOW TABLES LIKE 'lang%';
Empty set (0.00 sec)

mysql> USE sakila_new;
Database changed

mysql> SHOW TABLES LIKE 'lang%';
+----------------------------+
| Tables_in_sakila_new (lang%) |
+----------------------------+
| language                   |
+----------------------------+
1 row in set (0.00 sec)
```

4.4 구조 제거

앞서 데이터베이스에서 열과 행을 삭제하는 방법을 확인했습니다. 이제 데이터베이스와 테이블을 제거하는 방법을 보겠습니다.

4.4.1 데이터베이스 제거

데이터베이스를 제거하거나 삭제하는 방법은 간단합니다. sakila 데이터베이스를 삭제하는 쿼리는 다음과 같습니다.

```
mysql> DROP DATABASE sakila;
Query OK, 25 rows affected (0.16 sec)
```

응답에서 반환된 행 수가 곧 제거된 테이블 수입니다. 데이터베이스를 삭제하면 모든 테이블과 인덱스, 열이 삭제되고 MySQL을 유지 관리하는 모든 관련 파일과 디렉터리가 실제 디스크에서 삭제되므로 주의가 필요합니다.

존재하지 않는 데이터베이스를 삭제하려고 하면 MySQL이 오류를 보고합니다. sakila 데이터베이스를 다시 삭제해보겠습니다.

```
mysql> DROP DATABASE sakila;
ERROR 1008 (HY000): Can't drop database 'sakila'; database doesn't exist
```

IF EXISTS 구문을 사용해서 스크립트에 삭제 명령문을 포함할 때 발생하는 오류를 피할 수 있습니다.

```
mysql> DROP DATABASE IF EXISTS sakila;
Query OK, 0 rows affected, 1 warning (0.00 sec)
```

sakila 데이터베이스가 이미 삭제되었으므로 경고가 발생합니다.

4.4.2 테이블 제거

테이블 제거는 데이터베이스 제거만큼 쉽습니다. sakila 데이터베이스에서 테이블을 만들고 제거하겠습니다.

```
mysql> CREATE TABLE temp (id SERIAL PRIMARY KEY);
Query OK, 0 rows affected (0.05 sec)

mysql> DROP TABLE temp;
Query OK, 0 rows affected (0.03 sec)
```

0 rows affected라는 메시지 때문에 오해할 수 있지만 테이블은 확실히 없어졌습니다.

IF EXISTS 구문을 사용하면 오류를 방지할 수 있습니다.

```
mysql> DROP TABLE IF EXISTS temp;
Query OK, 0 rows affected, 1 warning (0.01 sec)
```

평소와 같이 SHOW WARNINGS 문으로 경고를 조사할 수 있습니다.

```
mysql> SHOW WARNINGS;
+-------+------+----------------------------+
| Level | Code | Message                    |
+-------+------+----------------------------+
| Note  | 1051 | Unknown table 'sakila.temp' |
+-------+------+----------------------------+
1 row in set (0.00 sec)
```

테이블 이름을 쉼표로 구분하면 단일 쿼리에서 둘 이상의 테이블을 삭제할 수 있습니다.

```
mysql> DROP TABLE IF EXISTS temp, temp1, temp2;
Query OK, 0 rows affected, 3 warnings (0.00 sec)
```

이 경우 테이블 3개가 없기 때문에 경고도 마찬가지로 3번 발생합니다.

## CHAPTER 5

고급 쿼리

3, 4장에서 SQL을 사용해 데이터베이스를 쿼리하고 수정하는 기본 기능을 소개했습니다. 이제 여러분은 항목을 읽고, 삽입하고, 삭제하고, 업데이트하면서 데이터베이스 구조를 생성, 수정, 제거할 뿐만 아니라 데이터로 작업할 수 있게 되었습니다. 5장부터 7장까지는 고급 개념을 살펴본 다음 관리와 운영에 대한 내용을 살펴보겠습니다. 이 장을 간단히 훑어본 뒤 MySQL을 사용하는 데 익숙해진 후, 다시 돌아와 제대로 읽어도 좋습니다.

이 장에서는 쿼리에 대해 자세히 설명하고 복잡한 요구사항에 응답하는 기술을 알려줍니다. 이를 통해 다음을 수행하는 방법을 배우겠습니다.

- 쿼리에서 별칭을 사용해 입력을 저장하고 하나의 쿼리에서 동일한 테이블을 두 번 이상 사용할 수 있도록 합니다.
- 데이터를 그룹으로 집계해 합계, 평균, 개수를 검색합니다.
- 다양한 방식으로 테이블을 조인합니다.
- 중첩 쿼리를 사용합니다.
- 쿼리 결과를 변수에 저장해 다른 쿼리에 사용합니다.

5.1 별칭

별칭alias을 사용해 열, 테이블, 함수 이름을 표시하는 약식을 만들어 다음과 같이 사용할 수 있습니다.

- 더 짧은 쿼리를 작성합니다.

- 쿼리를 더 명확히 표현합니다.

- 단일 쿼리에서 두 가지 이상의 방법으로 하나의 테이블을 사용합니다.

- 프로그램에서 보다 쉽게 데이터에 접근합니다.

- '5.4 중첩 쿼리'에서 설명된 특수 유형의 중첩 쿼리를 사용합니다.

5.1.1 열 별칭

열 별칭은 쿼리 표현을 개선하고 입력하는 문자 수를 줄이며 파이썬Python 또는 PHP 같은 프로그래밍 언어의 작업을 더 쉽게 만들어줍니다. 먼저 그리 유용하지 못한 예시를 보겠습니다.

```
mysql> SELECT first_name AS 'First Name', last_name AS 'Last Name'
    -> FROM actor LIMIT 5;
+------------+--------------+
| First Name | Last Name    |
+------------+--------------+
| PENELOPE   | GUINESS      |
| NICK       | WAHLBERG     |
| ED         | CHASE        |
| JENNIFER   | DAVIS        |
| JOHNNY     | LOLLOBRIGIDA |
+------------+--------------+
5 rows in set (0.00 sec)
```

first_name 열은 First Name으로, last_name 열은 Last Name으로 별칭이 지정됩니다. 출력된 내용을 보면 열 이름 first_name 및 last_name이 별칭 First Name 및 Last Name으로 대체되었습니다. 이런 별칭은 사용자에게 의미를 더 정확하게 전달합니다. 적어도 사람이 더 잘 읽을 수 있습니다. 열에 키워드 AS를 추가한 다음 원하는 문자열을 별칭으로 지정하면 됩니다. AS 키워드를 반드시 사용할 필요는 없지만 의미를 더 명확하게 전달합니다.

이제 열 별칭으로 더 유용한 작업을 해보겠습니다. 다음은 MySQL 함수와 ORDER BY 절을 사용하는 예입니다.

```
mysql> SELECT CONCAT(first_name, ' ', last_name, ' played in ', title) AS movie
    -> FROM actor JOIN film_actor USING (actor_id)
    -> JOIN film USING (film_id)
    -> ORDER BY movie LIMIT 20;
+------------------------------------------+
| movie                                    |
+------------------------------------------+
| ADAM GRANT played in ANNIE IDENTITY      |
| ADAM GRANT played in BALLROOM MOCKINGBIRD |
| ...                                      |
| ADAM GRANT played in TWISTED PIRATES     |
| ADAM GRANT played in WANDA CHAMBER       |
| ADAM HOPPER played in BLINDNESS GUN      |
| ADAM HOPPER played in BLOOD ARGONAUTS    |
+------------------------------------------+
20 rows in set (0.03 sec)
```

MySQL 함수 CONCAT()은 매개변수인 문자열(이 경우 first_name, 문자열 ' ', last_name, 문자열 ' played in ', title)을 연결^{concatenate}해 ZERO CAGE played in CAN YON STOCK 같은 출력을 제공합니다. 쿼리 전체에서 영화를 쉽게 참조할 수 있도록 AS movie 절을 통해 별칭을 추가했습니다. ORDER BY 절은 movie의 결과 값을 오름차순으로 정렬하도록 요청하고 있습니다. CONCAT() 함수를 다시 작성하기보다 별칭을 사용하는 편이 훨씬 낫습니다.

```
mysql> SELECT CONCAT(first_name, ' ', last_name, ' played in ', title) AS movie
    -> FROM actor JOIN film_actor USING (actor_id)
    -> JOIN film USING (film_id)
    -> ORDER BY CONCAT(first_name, ' ', last_name, ' played in ', title)
    -> LIMIT 20;
+------------------------------------------+
```

```
| movie                               |
+-------------------------------------+
| ADAM GRANT played in ANNIE IDENTITY      |
| ADAM GRANT played in BALLROOM MOCKINGBIRD |
| ...                                 |
| ADAM GRANT played in TWISTED PIRATES     |
| ADAM GRANT played in WANDA CHAMBER       |
| ADAM HOPPER played in BLINDNESS GUN      |
| ADAM HOPPER played in BLOOD ARGONAUTS    |
+-------------------------------------+
20 rows in set (0.03 sec)
```

CONCAT() 함수를 다시 작성하면, 쿼리 작성이 어려워지고 **ORDER BY** 절을 조금이라도 잘못 입력해 예상과 다른 결과를 얻을 위험도 있습니다(출력된 열에 movie라는 레이블이 존재하도록 첫 번째 줄에 AS movie를 사용했습니다).

열 별칭을 사용할 수 있는 위치는 제한됩니다. **WHERE** 절이나 이 장의 뒷부분에서 논의할 **USING, ON** 절에는 사용할 수 없습니다. 즉, 다음과 같은 쿼리는 작성할 수 없습니다.

```
mysql> SELECT first_name AS name FROM actor WHERE name = 'ZERO CAGE';
ERROR 1054 (42S22): Unknown column 'name' in 'where clause'
```

MySQL이 **WHERE** 절을 실행하기 전에는 열 값을 알 수 있는 방법이 없으므로 별칭을 사용할 수 없습니다. 그러나 **ORDER BY** 절과 이 장의 뒷부분에서 설명하는 **GROUP BY**와 **HAVING** 절에서는 열 별칭을 사용할 수 있습니다.

앞서 말했듯이 **AS** 키워드는 선택 사항입니다. 다음 두 쿼리는 동일합니다.

```
mysql> SELECT actor_id AS id FROM actor WHERE first_name = 'ZERO';
+----+
| id |
+----+
| 11 |
+----+
1 row in set (0.00 sec)

mysql> SELECT actor_id id FROM actor WHERE first_name = 'ZERO';
+----+
| id |
```

```
+----+
| 11 |
+----+
1 row in set (0.00 sec)
```

AS 키워드를 사용하면 별칭이 지정된 열을 명확하게 구분하는 데 도움됩니다. 특히 쉼표로 구분된 열 목록에서 여러 열을 선택할 때 유용합니다.

별칭을 지정할 때는 몇 가지가 제한됩니다. 모든 문자를 포함할 수 있으나 길이가 최대 255자여야 합니다. 별칭에 항상 따옴표를 붙일 필요는 없으며 4장에서 설명한 테이블 및 열 이름과 동일한 규칙을 따릅니다. 별칭에 대시나 더하기 기호, 공백 같은 특수 기호를 포함하거나 USE 같은 키워드를 사용할 경우 큰따옴표, 작은따옴표 또는 백틱을 사용해 별칭을 인용합니다. 하지만 그렇지 않은 단일 문자를 별칭으로 지정한다면 따옴표를 사용할 필요는 없습니다. 별칭 이름에는 소문자와 숫자를 사용하길 권장합니다. 단어를 구분할 때는 밑줄(_) 같은 일관된 규칙을 세워두는 편이 좋습니다. 모든 플랫폼에서 별칭은 대소문자를 구분하지 않습니다.

5.1.2 테이블 별칭

테이블 별칭은 열 별칭과 똑같이 유용하며, 때로는 쿼리를 표현하기도 합니다. 이 절에서는 테이블 별칭을 사용하는 방법을 보여주고 테이블 별칭이 필수인 쿼리 예시는 '5.4 중첩 쿼리'에서 다루겠습니다.

다음은 일부 입력 내용을 저장하는 기본 테이블 별칭 예시입니다.

```
mysql> SELECT ac.actor_id, ac.first_name, ac.last_name, fl.title FROM
    -> actor AS ac INNER JOIN film_actor AS fla USING (actor_id)
    -> INNER JOIN film AS fl USING (film_id)
    -> WHERE fl.title = 'AFFAIR PREJUDICE';
+----------+------------+-----------+------------------+
| actor_id | first_name | last_name | title            |
+----------+------------+-----------+------------------+
|       41 | JODIE      | DEGENERES | AFFAIR PREJUDICE |
|       81 | SCARLETT   | DAMON     | AFFAIR PREJUDICE |
|       88 | KENNETH    | PESCI     | AFFAIR PREJUDICE |
|      147 | FAY        | WINSLET   | AFFAIR PREJUDICE |
|      162 | OPRAH      | KILMER    | AFFAIR PREJUDICE |
```

```
+----------+-----------+-----------+------------------+
5 rows in set (0.00 sec)
```

AS 키워드를 사용해 film과 actor 테이블의 별칭이 각각 fl 및 ac인 것을 볼 수 있습니다. 이를 통해 fl.title과 같이 열 이름을 간결하게 표현할 수 있습니다. WHERE 절에서 테이블 별칭을 사용할 수도 있습니다. 열 별칭과 달리 쿼리에서 테이블 별칭을 사용할 수 있는 위치에는 제한이 없습니다. 앞서 입력한 쿼리를 보면 FROM에서 별칭이 정의되기 이전에 작성한 SELECT에서 테이블 별칭을 참조하고 있습니다. 대신 테이블에 별칭이 사용되었다면, 새 별칭을 사용해 해당 테이블을 참조합니다. 예를 들어 다음 쿼리는 SELECT 절에서 film을 언급해 오류가 발생합니다.

```
mysql> SELECT ac.actor_id, ac.first_name, ac.last_name, fl.title FROM
    -> actor AS ac INNER JOIN film_actor AS fla USING (actor_id)
    -> INNER JOIN film AS fl USING (film_id)
    -> WHERE film.title = 'AFFAIR PREJUDICE';
ERROR 1054 (42S22): Unknown column 'film.title' in 'where clause'
```

열 별칭과 마찬가지로 AS 키워드는 선택 사항으로, actor AS ac INNER JOIN film_actor AS fla 및 actor ac INNER JOIN film_actor fla는 같은 동작을 합니다. 다시 말하지만, 쿼리를 보는 사람에게 더 명확하기 때문에 AS 스타일을 사용합니다. 테이블 별칭 이름에 대한 길이와 내용 제한은 열 별칭과 동일하며 선택에 대한 권장 사항도 동일합니다.

이 절을 소개할 때 설명한 것처럼 테이블 별칭을 사용하면 다른 방법으로는 쉽게 표현할 수 없는 쿼리를 작성할 수 있습니다. 컬렉션에 있는 영화 중 제목이 같은 영화가 두 개 이상인지, 그렇다면 그 영화가 무엇인지 알고 싶어한다고 가정해보겠습니다. 기본 요구사항에 대해 생각해본 여러분은 제목이 같은 두 영화를 찾기 위해 다음과 같은 쿼리를 입력합니다.

```
mysql> SELECT * FROM film WHERE title = title;
```

하지만 이 쿼리는 말이 되지 않습니다. 이 쿼리는 영화에 붙은 제목을 그 제목과 비교해서 같은 경우 출력합니다. 한 영화의 제목이 다를 수는 없기 때문에 쿼리는 모든 영화를 출력합니다.

```
+---------+-----------------...
| film_id | title        ...
```

```
+---------+----------------...
|       1 | ACADEMY DINOSAUR ...
|       2 | ACE GOLDFINGER  ...
|       3 | ADAPTATION HOLES ...
|     ... |              ...
|    1000 | ZORRO ARK       ...
+---------+----------------...
1000 rows in set (0.01 sec)
```

정말로 원하는 동작은 영화 테이블에 있는 두 개의 서로 다른 영화가 같은 제목을 가졌는지 확인하는 것입니다. 테이블에 두 개의 다른 별칭을 지정하면 쿼리 하나로 알아낼 수 있습니다. 그런 다음 첫 번째 별칭이 지정된 테이블의 행이 두 번째 테이블의 행과 일치하는지 확인합니다.

```
mysql> SELECT m1.film_id, m2.title
    -> FROM film AS m1, film AS m2
    -> WHERE m1.title = m2.title;
+---------+------------------+
| film_id | title            |
+---------+------------------+
|       1 | ACADEMY DINOSAUR |
|       2 | ACE GOLDFINGER   |
|       3 | ADAPTATION HOLES |
|     ... |                  |
|    1000 | ZORRO ARK        |
+---------+------------------+
1000 rows in set (0.02 sec)
```

하지만 여전히 작동하지 않습니다. 1,000편의 영화를 모두 출력합니다. 각 영화가 별칭으로 지정된 두 테이블에 모두 존재하므로 자체로 일치하는 경우가 생기기 때문입니다.

별칭이 지정된 한 테이블의 영화가 다른 별칭 테이블의 영화와 일치하지 않아야 쿼리가 작동합니다. 즉, 각 테이블의 영화는 ID가 동일해선 안 됩니다.

```
mysql> SELECT m1.film_id, m2.title
    -> FROM film AS m1, film AS m2
    -> WHERE m1.title = m2.title
    -> AND m1.film_id <> m2.film_id;
Empty set (0.00 sec)
```

이제 데이터베이스에 같은 이름으로 된 영화가 두 개 이상 없다는 것을 알 수 있습니다. 새롭게 추가된 `AND m1.film_id != m2.film_id`가 두 테이블에서 확인할 영화의 ID가 동일한 경우 값이 출력되지 않도록 합니다.

테이블 별칭은 `EXISTS`와 `ON` 절을 사용하는 이 장에 뒷부분에서 다룰 중첩 쿼리에도 유익하게 사용할 수 있습니다.

5.2 데이터 집계

집계 함수를 사용해 행 그룹의 속성을 검색할 수 있습니다. 가령 테이블에 행이 몇 개 있는지, 테이블에 속성을 공유하는(예: 이름, 생년월일이 같은) 행이 몇 개 있는지 알아내거나 평균값(예: 11월 평균 기온)을 찾거나, 아니면 특정 조건(예: 8월 중 가장 추운 날 찾기)을 충족하는 행의 최댓값이나 최솟값을 찾을 목적으로 집계 함수를 사용합니다.

이 절에서는 집계에 가장 일반적으로 사용되는 SQL 문인 `GROUP BY`와 `HAVING` 절에 대해 설명합니다. 그전에 먼저 쿼리 출력의 고유한 결과를 보고하는 데 사용되는 `DISTINCT` 절에 대해 설명합니다. `DISTINCT`나 `GROUP BY` 절을 지정하지 않는 경우 반환되는 원시 데이터는 이 절에서 설명하는 집계 함수를 사용해 계속 처리할 수 있습니다.

5.2.1 DISTINCT 절

집계 함수에 대한 논의를 시작하기 위해 `DISTINCT` 절을 중점으로 살펴보겠습니다. `DISTINCT` 절은 사실 집계 함수보다는 중복을 제거하는 사후 처리 필터에 가깝습니다. 집계 함수와 마찬가지로 개별 행을 처리하는 대신 쿼리 출력에서 일부만 선택해 보여주는 방식과 관련되므로 이 절에 추가했습니다.

`DISTINCT`는 다음 쿼리를 살펴보면 더 잘 이해하게 됩니다.

```
mysql> SELECT DISTINCT first_name
    -> FROM actor JOIN film_actor USING (actor_id);
+-------------+
| first_name  |
```

```
+-------------+
¦ PENELOPE    ¦
¦ NICK        ¦
¦ ...         ¦
¦ GREGORY     ¦
¦ JOHN        ¦
¦ BELA        ¦
¦ THORA       ¦
+-------------+
128 rows in set (0.00 sec)
```

쿼리는 영화에 출연한 모든 배우의 이름을 데이터베이스에 나열하고 각 이름에서 중복을 제거한 뒤 하나씩 출력합니다. DISTINCT 절을 제거하면 데이터베이스에 있는 모든 영화의 역할별로 하나씩 5,462개 행을 출력합니다.

```
mysql> SELECT first_name
    -> FROM actor JOIN film_actor USING (actor_id)
    -> LIMIT 5;
+------------+
¦ first_name ¦
+------------+
¦ PENELOPE   ¦
¦ PENELOPE   ¦
¦ PENELOPE   ¦
¦ PENELOPE   ¦
¦ PENELOPE   ¦
+------------+
5 rows in set (0.00 sec)
```

따라서 DISTINCT 절은 요약된 데이터를 얻는 데 도움됩니다.

DISTINCT 절은 쿼리에서 선택한 열에서 값이 동일한 행을 제거한 뒤 출력합니다. 이전 쿼리를 바꿔서(대신, DISTINCT와 JOIN 절을 그대로 사용) first_name과 last_name을 모두 출력하면 중복되지 않는 이름과 성으로 조합된 199개 행을 출력하게 됩니다.

```
mysql> SELECT DISTINCT first_name, last_name
    -> FROM actor JOIN film_actor USING (actor_id);
+------------+-------------+
¦ first_name ¦ last_name   ¦
```

```
+-------------+---------------+
| PENELOPE    | GUINESS       |
| NICK        | WAHLBERG      |
| ...         |               |
| JULIA       | FAWCETT       |
| THORA       | TEMPLE        |
+-------------+---------------+
199 rows in set (0.00 sec)
```

안타깝지만 성을 추가했음에도 사람의 이름은 여전히 고유 키로 적절하지 않습니다. sakila 데이터베이스의 actor 테이블에는 200개 행이 있지만 그중 하나가 누락되었습니다. DISTINCT 를 무분별하게 사용하면 잘못된 쿼리 결과가 발생할 수 있음을 기억합시다.

MySQL은 중복을 제거하기 위해 출력 내용을 정렬합니다. 정렬에 필요한 순서로 인덱스를 사용할 수 있거나 데이터 자체가 유용한 순서로 정렬되었다면 이 프로세스에는 작업부하가 거의 발생하지 않습니다. 그러나 큰 테이블에서 데이터에 순서대로 쉽게 액세스할 수 있는 방법이 없으면 정렬 과정이 매우 느려집니다. 큰 데이터셋에서는 DISTINCT(및 기타 집계 함수)를 주의해 사용합시다. 7장에서 설명할 EXPLAIN 문을 사용하면 DISTINCT의 동작을 확인할 수 있습니다.

5.2.2 GROUP BY 절

GROUP BY 절은 집계 목적으로 출력 데이터를 그룹화합니다. 특히, (SELECT 절로) 설계한 집계 함수 내의 열이 아닌 열이 포함된 경우 데이터에 집계 함수(잠시 후 살펴볼 '집계 함수'에서 설명)를 사용할 수 있습니다. GROUP BY는 열 목록을 인수로 취한다는 점에서 ORDER BY와 유사합니다. 그러나 이 절은 다른 시점에 실행되며 작동하는 방식이 아니라 보이는 방식만 유사합니다.

몇 가지 예시를 통해 GROUP BY를 어떤 용도로 사용하는지 살펴보겠습니다. 가장 기본적인 형태로 GROUP BY에서 SELECT한 모든 열을 나열하면 DISTINCT와 동일한 형태의 결과가 나옵니다. 앞서 actor 테이블에서 이름이 고유 식별자가 아님을 확인했습니다.

```
mysql> SELECT first_name FROM actor
    -> WHERE first_name IN ('GENE', 'MERYL');
```

```
+------------+
| first_name |
+------------+
| GENE       |
| GENE       |
| MERYL      |
| GENE       |
| MERYL      |
+------------+
5 rows in set (0.00 sec)
```

중복된 결과를 제거하도록 출력되는 내용을 그룹화할 수 있습니다. 이번에는 열을 하나만 선택했으므로 다음과 같이 입력합니다.

```
mysql> SELECT first_name FROM actor
    -> WHERE first_name IN ('GENE', 'MERYL')
    -> GROUP BY first_name;
+------------+
| first_name |
+------------+
| GENE       |
| MERYL      |
+------------+
2 rows in set (0.00 sec)
```

원래 5개였던 행이 2개로 줄었습니다. 더 정확하게는 그룹화되어 2개 결과가 표시되었습니다. 여기에선 DISTINCT가 동일한 작업을 수행할 수 있으므로 별로 도움되지 않습니다. 그러나 항상 그렇지는 않다는 점을 알아둘 필요가 있습니다. DISTINCT와 GROUP BY는 쿼리 실행의 다른 단계에서 평가되고 실행되므로 때때로 효과가 비슷하더라도 혼동하지 마십시오.

SQL 표준에 따르면 SELECT 절에 입력한 열 중에서 집계 함수의 일부가 아닌 열은 GROUP BY 절에도 입력해야 합니다. 결과 그룹에 행이 각각 하나씩만 있는 경우가 아니라면 반드시 이 규칙을 따라야 합니다. actor 테이블에서 first_name과 last_name을 선택하고, first_name으로 그룹화하면 데이터베이스는 어떻게 작동할까요? 그룹화 규칙에 따라, 이름이 같은 행을 두 개 이상 출력하지는 않지만 주어진 이름 하나에 성이 두 개 이상 있을 수 있습니다.

MySQL은 오랜 기간 동안 SELECT에 정의된 개수보다 더 적은 열을 기반으로 GROUP BY를 허용해 표준을 확장했습니다. 표준에 맞지 않게 정의되지 않은 개수보다 더 많은 열을 넣으면 무슨 일이 생길까요? 불확실성을 초래합니다. 예를 들어, 성으로 그룹화하지 않고 이름으로 그룹화하면 GENE, WILLIS라는 행과 GENE, HOPKINS라는 행 중 하나를 얻습니다. 이는 비표준적인 작성법일 뿐 아니라 위험하기도 합니다. 1년 동안 결과를 알파벳 순으로 정렬해 결과로 Hopkins를 얻는 과정에 익숙해졌는데, 테이블이 재구성되고 순서가 변경되었다고 상상해보십시오. SQL 표준은 예측 불가능성을 피하기 위해 그러한 동작을 제한하는 것이 옳다고 굳게 믿습니다.

SELECT의 모든 열은 GROUP BY 또는 집계 함수에서 사용하는 반면에 SELECT의 일부가 아닌 열은 GROUP BY를 할 수 있음을 유념하십시오. 나중에 이에 대한 몇 가지 예시를 보겠습니다.

이제 더 유용한 예시를 구성해보겠습니다. 배우는 활동 기간 동안 많은 영화에 출연합니다. 특정 배우가 출연한 영화가 몇 편인지 알아내도록 각 배우의 출연작 수를 집계해 등급을 매기겠습니다. 지금까지 배운 기술을 사용해 actor와 film_actor 테이블 간에 INNER JOIN을 수행합니다. 이때는 영화 자체에 대한 세부 정보를 찾을 필요가 없으므로 영화 테이블 전체가 필요하지 않습니다. 그렇게 배우의 이름으로 출력을 정렬해 원하는 결과를 더 쉽게 계산하게 됩니다.

```
mysql> SELECT first_name, last_name, film_id
    -> FROM actor INNER JOIN film_actor USING (actor_id)
    -> ORDER BY first_name, last_name LIMIT 20;
+------------+-----------+---------+
| first_name | last_name | film_id |
+------------+-----------+---------+
| ADAM       | GRANT     |      26 |
| ADAM       | GRANT     |      52 |
| ADAM       | GRANT     |     233 |
| ADAM       | GRANT     |     317 |
| ADAM       | GRANT     |     359 |
| ADAM       | GRANT     |     362 |
| ADAM       | GRANT     |     385 |
| ADAM       | GRANT     |     399 |
| ADAM       | GRANT     |     450 |
| ADAM       | GRANT     |     532 |
| ADAM       | GRANT     |     560 |
| ADAM       | GRANT     |     574 |
| ADAM       | GRANT     |     638 |
| ADAM       | GRANT     |     773 |
| ADAM       | GRANT     |     833 |
```

```
¦ ADAM      ¦ GRANT      ¦     874 ¦
¦ ADAM      ¦ GRANT      ¦     918 ¦
¦ ADAM      ¦ GRANT      ¦     956 ¦
¦ ADAM      ¦ HOPPER     ¦      81 ¦
¦ ADAM      ¦ HOPPER     ¦      82 ¦
+-----------+----------+---------+
20 rows in set (0.01 sec)
```

목록을 보면 각 배우나 적어도 Adam Grant가 영화에 얼마나 많이 출연했는지 쉽게 셀 수 있습니다. LIMIT를 설정하지 않으면 쿼리는 5,462개의 개별 행을 반환하고 수동으로 개수를 계산하는 데 많은 시간이 걸립니다. GROUP BY 절은 배우별로 영화를 그룹화해 이 프로세스를 자동화하는 데 유용합니다. 그런 다음 COUNT() 함수를 사용해 각 그룹의 영화 수를 계산합니다. 마지막으로 ORDER BY와 LIMIT를 사용해 출연한 영화 수에 따라 상위 10명의 배우를 알아냅니다.

```
mysql> SELECT first_name, last_name, COUNT(film_id) AS num_films FROM
    -> actor INNER JOIN film_actor USING (actor_id)
    -> GROUP BY first_name, last_name
    -> ORDER BY num_films DESC LIMIT 5;
+-----------+-------------+-----------+
¦ first_name ¦ last_name  ¦ num_films ¦
+-----------+-------------+-----------+
¦ SUSAN     ¦ DAVIS       ¦        54 ¦
¦ GINA      ¦ DEGENERES   ¦        42 ¦
¦ WALTER    ¦ TORN        ¦        41 ¦
¦ MARY      ¦ KEITEL      ¦        40 ¦
¦ MATTHEW   ¦ CARREY      ¦        39 ¦
¦ SANDRA    ¦ KILMER      ¦        37 ¦
¦ SCARLETT  ¦ DAMON       ¦        36 ¦
¦ VAL       ¦ BOLGER      ¦        35 ¦
¦ ANGELA    ¦ WITHERSPOON ¦        35 ¦
¦ UMA       ¦ WOOD        ¦        35 ¦
+-----------+-------------+-----------+
10 rows in set (0.01 sec)
```

쿼리에서 first_name과 last_name, COUNT(film_id) as num_films를 요청했고 원하는 정보가 정확히 출력되었습니다. 데이터를 first_name과 last_name 열로 그룹화하고 프로세스에서 COUNT() 집계 함수를 실행합니다. 이전 쿼리에서는 각 버킷에 대해 모든 행을 제공했는데, 여기서는 단일 행으로 제공합니다. 원하는 순서를 얻기 위해 GROUP BY와 ORDER BY를 결합해 출연한 영화 수가 많은 순서로 배우를 정렬합니다. GROUP BY는 그룹화만 보장할 뿐 순서를 보장하지는 않습니다. 마지막으로 영화에 가장 많이 출연한 배우 10명을 확인하기 위해 결과에 LIMIT를 사용합니다. 그렇지 않으면 199행의 결과를 얻게 됩니다.

쿼리에 대해 더 살펴봅시다. GROUP BY 절로 시작합니다. GROUP BY 절은 행을 그룹으로 묶는 방법을 알려줍니다. 앞의 예시에서 first_name, last_name을 기준으로 행을 그룹화했습니다. 그 결과 이름이 동일한 배우에 대한 행이 클러스터 또는 버킷을 형성했습니다. 즉, 각각의 고유한 이름이 하나의 그룹이 되는 셈입니다. 행이 그룹화되면 나머지 쿼리에서 마치 하나의 행처럼 처리됩니다. 따라서 예를 들어 SELECT first_name, last_name을 작성하면 결과로 각 그룹에 대해 하나의 행만 얻습니다. 앞서 얘기한 것처럼 DISTINCT와 정확히 동일하게 작동합니다. COUNT() 함수는 그룹의 속성을 알려줍니다. 더 구체적으로는 각 그룹을 구성하는 행의 개수를 출력합니다. 그룹의 모든 열 개수를 세고 동일한 답을 얻을 수 있으므로 COUNT(film_id)는 거의 항상 COUNT(*) 또는 COUNT(first_name)와 동일합니다(거의라는 전제를 단 이유는 '집계 함수'에서 확인함). COUNT(1)을 수행하거나 실제로 모든 리터럴 literal[1]을 지정할 수도 있습니다. 이것을 테이블에서 SELECT 1을 수행한 다음 결과를 계산하는 것으로 생각해보십시오. 테이블의 각 행에 대해 값 1이 출력되고 COUNT()가 계산을 수행합니다. 한 가지 예외는 NULL입니다. COUNT(NULL)을 지정하는 것은 문법적으로 문제가 없지만 COUNT()가 NULL 값을 버리기 때문에 결과가 항상 0입니다.

다른 예를 들어보겠습니다. 영화 이름, 카테고리와 함께 각 영화에 몇 명의 배우가 출연했는지 알고 제작진 수가 가장 많은 영화를 5개 찾는다고 가정합니다. 쿼리는 다음과 같습니다.

```
mysql> SELECT title, name AS category_name, COUNT(*) AS cnt
    -> FROM film INNER JOIN film_actor USING (film_id)
    -> INNER JOIN film_category USING (film_id)
    -> INNER JOIN category USING (category_id)
    -> GROUP BY film_id, category_id -> ORDER BY cnt DESC LIMIT 5;
+-----------------+---------------+-----+
| title           | category_name | cnt |
+-----------------+---------------+-----+
| LAMBS CINCINATTI | Games        |  15 |
| CRAZY HOME      | Comedy        |  13 |
```

---

1 옮긴이_ 변하지 않는 값이라는 의미입니다.

```
¦ CHITTY LOCK       ¦ Drama       ¦  13 ¦
¦ RANDOM GO         ¦ Sci-Fi      ¦  13 ¦
¦ DRACULA CRYSTAL   ¦ Classics    ¦  13 ¦
+------------------+-------------+-----+
5 rows in set (0.03 sec)
```

쿼리의 일반 기능에 대해 생각해본 후 새로운 기능에 대한 논의로 넘어갑시다. 식별자 열인 film, film_actor, film_category, category를 사용해 INNER JOIN으로 네 개 테이블을 조인합니다. 잠시 집계에 대해 잊어버리면 이 쿼리의 영화와 배우의 조합당 하나의 행이 출력될 것입니다.

GROUP BY 절은 행을 클러스터에 함께 넣습니다. 이 쿼리는 영화를 카테고리와 함께 그룹화합니다. GROUP BY 절은 이를 수행하기 위해 film_id와 category_id를 사용합니다. 세 테이블 중 하나에서 film_id 열을 사용할 수 있습니다. 이를 위해 film.film_id, film_actor.film_id, film_category.film_id가 동일하며 그중 어느 것을 사용하든 상관없습니다. INNER JOIN은 어쨌든 일치 여부를 확인합니다. category_id에도 동일하게 적용됩니다.

앞서 언급했듯이 집계되지 않은 모든 열을 GROUP BY에 나열하려 하지만 SELECT 외부의 열에 GROUP BY를 적용할 수 있습니다. 이전 예시 쿼리에서 COUNT() 함수를 사용하면 각 그룹에 몇 개의 행이 있는지 알려줍니다. 예를 들어, COUNT(*)는 코미디 영화 'CRAZY HOME'에 13명의 배우가 등장한다는 사실을 알려줍니다. 다시 말하지만 쿼리에서 계산하는 열은 중요하지 않습니다. COUNT(*)는 COUNT(film.film_id)나 COUNT(category.name)과 효과가 같습니다.

그런 다음 cnt라는 별칭을 가진 COUNT(*) 열로 출력 내용을 내림차순으로 정렬하고 처음 5개 행을 선택합니다. cnt가 13인 행이 여러 개 있다는 점에 주의하세요. 사실 데이터베이스에는 더 많은 행(총 6개)이 있습니다. 출연 배우 인원수가 같은 영화가 무작위로 정렬되기 때문에 이 순서가 약간 부정확합니다. 제목 같은 다른 열을 ORDER BY 절에 추가해 정렬을 보다 예측 가능하게 정리할 수 있습니다.

다른 예시를 살펴보겠습니다. sakila 데이터베이스는 영화나 배우와 관련된 것이 아니라 영화 대여에 대한 데이터입니다. 무엇보다도 각 고객이 어떤 영화를 대여했는지에 대한 정보가 담겨 있습니다. 특정 카테고리의 영화를 많이 대여하는 고객을 알고 싶다고 가정해보겠습니다. 예를 들어, 한 사람이 다양한 영화 카테고리를 좋아하는지 한 카테고리만 즐겨 보는지에 따라 노출할 광고를 조정할 수 있습니다. 어떻게 그룹화할지 신중하게 생각합시다. 영화별로 그룹화하고 싶지는 않습니다. 그렇게 하면 고객이 대여한 횟수만 알 수 있기 때문입니다. 결과 쿼리는 여전히 INNER JOIN과 GROUP BY를 기반으로 하지만 매우 복잡합니다.

```
mysql> SELECT email, name AS category_name, COUNT(category_id) AS cnt
    -> FROM customer cs INNER JOIN rental USING (customer_id)
    -> INNER JOIN inventory USING (inventory_id)
    -> INNER JOIN film_category USING (film_id)
    -> INNER JOIN category cat USING (category_id)
    -> GROUPBY 1, 2
    -> ORDER BY 3 DESC LIMIT 5;
+--------------------------------+---------------+-----+
| email                          | category_name | cnt |
+--------------------------------+---------------+-----+
| WESLEY.BULL@sakilacustomer.org | Games         |   9 |
| ALMA.AUSTIN@sakilacustomer.org | Animation     |   8 |
| KARL.SEAL@sakilacustomer.org   | Animation     |   8 |
| LYDIA.BURKE@sakilacustomer.org | Documentary   |   8 |
| NATHAN.RUNYON@sakilacustomer.org | Animation   |   7 |
+--------------------------------+---------------+-----+
5 rows in set (0.08 sec)
```

이러한 고객은 동일한 카테고리의 영화를 반복적으로 대여합니다. 이 결과로는 각 고객이 같은 영화를 여러 번 대여했는지, 한 카테고리에서 여러 편의 영화를 대여했는지 알지 못합니다. GROUP BY 절은 세부 정보를 숨깁니다. 다시 말하지만, COUNT(*)를 사용해 그룹의 행 수를 계산하고 쿼리에서 INNER JOIN이 2~5행에 걸쳐 있는 것을 볼 수 있습니다.

이 쿼리에서 흥미로운 점은 GROUP BY 또는 ORDER BY 절에 대한 열 이름을 명시적으로 지정하지 않았다는 것입니다. 대신 SELECT 절에 나타나는 열의 위치 번호(1부터 계산)를 사용했습니다. 이 기술은 입력 내용을 줄일 수 있지만 나중에 SELECT에 다른 열을 추가하기로 결정하면 문제가 될 수 있습니다. 그러면 순서가 깨집니다.

DISTINCT와 마찬가지로 GROUP BY에도 주의 사항이 있습니다. 다음 쿼리를 살펴보세요.

```
mysql> SELECT COUNT(*) FROM actor GROUP BY first_name, last_name;
+----------+
| COUNT(*) |
+----------+
```

```
¦           1 ¦
¦           1 ¦
¦         ... ¦
¦           1 ¦
¦           1 ¦
+----------+
199 rows in set (0.00 sec)
```

매우 이 단순해 보이는 쿼리는 actor 테이블에서 주어진 이름과 성의 조합이 발견된 횟수를
생성합니다. 숫자 1의 199개 행만 출력한다고 가정할 수 있습니다. 그러나 actor 테이블에서
COUNT(*)를 수행하면 200개 행을 얻습니다. 무엇이 문제일까요? 분명 두 배우의 이름과 성은
동일합니다. 고유 식별자를 만들지 않는 열을 기반으로 그룹화하는 경우 관련 없는 행을 실수
로 그룹화해 데이터를 생성할 수 있습니다. 중복값을 찾기 위해 '5.1.2 테이블 별칭'에서 구성
한 쿼리를 수정해 제목이 같은 영화를 찾을 수 있습니다.

```
mysql> SELECT a1.actor_id, a1.first_name, a1.last_name
    -> FROM actor AS a1, actor AS a2
    -> WHERE a1.first_name = a2.first_name
    -> AND a1.last_name = a2.last_name
    -> AND a1.actor_id <> a2.actor_id;
+----------+------------+-----------+
¦ actor_id ¦ first_name ¦ last_name ¦
+----------+------------+-----------+
¦      101 ¦ SUSAN      ¦ DAVIS     ¦
¦      110 ¦ SUSAN      ¦ DAVIS     ¦
+----------+------------+-----------+
2 rows in set (0.00 sec)
```

MySQL이 GROUP BY 절을 중심으로 SQL 표준을 확장하는 방법을 다시 살펴보겠습니다.
MySQL 5.7 이전에는 기본적으로 GROUP BY 절에 불완전한 열 목록을 지정하는 것이 가능했
으며, 설명했듯이 그룹화되지 않은 종속 열에 대한 그룹 내에서 임의의 행이 출력되는 결과를
가져왔습니다. 이전 버전의 소프트웨어를 지원한다는 이유로 MySQL 5.7과 8.0은 명시적으로
활성화되어야겠지만 해당 동작을 계속 제공하고 있습니다. 동작은 기본적으로 설정되는 ONLY_
FULL_GROUP_BY SQL 모드에 의해 제어됩니다. 이전 버전의 GROUP BY 동작에 의존하는 프
로그램을 이식할 상황에 처한 경우 SQL 모드 변경에 의존하지 않는 것이 좋습니다. 일반적으
로 이 문제를 처리하는 방법은 두 가지입니다. 첫째는 쿼리 논리에 불완전한 그룹화가 필요한

지 여부를 이해하는 것입니다. 둘째는 MIN() 또는 MAX() 같은 집계 함수나 그룹 내에서 임의의 값을 생성하는 특수 ANY_VALUE() 집계 함수를 사용해 그룹화되지 않은 열에 대한 임의 데이터 동작을 지원하는 것입니다. 다음에 집계 함수에 대해 더 자세히 살펴보겠습니다.

집계 함수

COUNT() 함수를 사용해 그룹에 몇 개의 행이 있는지 알려주는 방법을 살펴보았습니다. 여기에서는 집계된 행의 속성을 탐색하는 데 일반적으로 사용되는 기능을 몇 가지 다룹니다. 자주 사용되는 COUNT()에 대해서도 조금 더 폭넓게 알아보겠습니다.

| COUNT() |

행 수 또는 열의 값 수를 반환합니다. 앞서 COUNT(*)는 거의 항상 COUNT(<column>)과 동일하다고 언급했습니다. 문제는 NULL입니다. COUNT(*)는 해당 행의 열이 NULL인지 여부에 관계없이 반환된 행 수를 계산합니다. 그러나 COUNT(<column>)을 실행하면 NULL이 아닌 값만 계산합니다. sakila 데이터베이스에 이메일 주소가 NULL인 고객이 있어 그 결과를 관찰할 수 있습니다.

```
mysql> SELECT COUNT(*) FROM customer;
+----------+
| count(*) |
+----------+
|      599 |
+----------+
1 row in set (0.00 sec)

mysql> SELECT COUNT(email) FROM customer;
+--------------+
| count(email) |
+--------------+
|          598 |
+--------------+
1 row in set (0.00 sec)
```

또한 COUNT()는 COUNT(DISTINCT <column>)과 같이 내부에 DISTINCT 절을 포함할 수 있으며, 이 경우 모든 값 대신 고유한 값의 수를 반환한다는 점을 유의합니다.

| AVG() |

그룹의 모든 행에 대해 지정된 열 값의 평균을 반환합니다. 예를 들어 주택이 도시별로 그룹화되었을 때 도시에서 주택의 평균 비용을 찾는 데 사용할 수 있습니다.

```
SELECT AVG(cost) FROM house_prices GROUP BY city;
```

| MAX() |

그룹의 행에서 최댓값을 반환합니다. 예를 들어 행이 월별로 그룹화되었을 때 한 달 중 가장 따뜻한 날을 찾는 데 사용할 수 있습니다.

| MIN() |

그룹의 행에서 최솟값을 반환합니다. 예를 들어 행이 학급별로 그룹화되었을 때 학급에서 가장 어린 학생을 찾는 데 사용할 수 있습니다.

| STD(), STDDEV(), STDDEV_POP() |

그룹에 있는 행 값의 표준 편차를 반환합니다. 예를 들어 행을 대학 과정별로 그룹화할 때 시험 점수의 분포를 이해하는 데 이 세 가지를 사용할 수 있습니다. 이 셋은 모두 기능이 비슷합니다. STD()는 MySQL 확장이고, STDDEV()는 오라클과의 호환성을 위해 추가되었으며, STDDEV_POP()은 SQL 표준 함수입니다.

| SUM() |

그룹 내에 있는 모든 행의 총합을 반환합니다. 예를 들어 행이 월별로 그룹화되었다면 특정 월의 매출 금액을 계산할 수 있습니다.

이외에 GROUP BY와 함께 사용할 수 있는 또 다른 기능이 있지만 자주 사용되지 않습니다. MySQL 공식 문서의 집계 함수(https://dev.mysql.com/doc/refman/8.0/en/aggregate-functions.html) 설명에서 자세한 설명을 볼 수 있습니다.

5.2.3 HAVING 절

이제 GROUP BY 절에 익숙해져 데이터를 정렬하고 클러스터링할 수 있을 것입니다. 또 GROUP BY 절을 사용해 카운트, 평균, 최솟값과 최댓값도 찾을 수 있게 되었습니다. 이 절에서는 HAVING 절을 사용해 **GROUP BY** 작업에서 행 집계를 추가로 제어하는 방법을 안내합니다.

데이터베이스에 인기 배우가 얼마나 많은지 알고 싶다고 가정해봅시다. 배우가 40편 이상의 영화에 출연했다면 인기 있는 배우로 정의하겠습니다. 이전 절에서는 거의 비슷한 쿼리를 시도했지만 인기에 제한을 두지 않았습니다. 또 이름과 성을 기준으로 배우를 그룹화할 때 레코드 하나가 손실되었음을 확인했습니다. 따라서 고유한 `actor_id` 열에 그룹화를 추가할 것입니다. 다음은 제약 조건을 추가하는 HAVING 절이 있는 새 쿼리입니다.

```
mysql> SELECT first_name, last_name, COUNT(film_id)
    -> FROM actor INNER JOIN film_actor USING (actor_id)
    -> GROUP BY actor_id, first_name, last_name
    -> HAVING COUNT(film_id) > 40
    -> ORDER BY COUNT(film_id) DESC;
+------------+-----------+----------------+
| first_name | last_name | COUNT(film_id) |
+------------+-----------+----------------+
| GINA       | DEGENERES |             42 |
| WALTER     | TORN      |             41 |
+------------+-----------+----------------+
2 rows in set (0.01 sec)
```

배우 두 명이 새로운 기준을 충족한다는 것을 알 수 있습니다. HAVING 절은 SELECT 절에 나열된 표현식이나 열을 포함해야 합니다. 이 예시는 HAVING COUNT(film_id) >= 40을 사용했으며 COUNT(film_id)가 SELECT 절에 포함되었습니다. 일반적으로 HAVING의 표현식으로 **COUNT()**, **SUM()**, **MIN()**, **MAX()** 같은 집계 함수를 사용합니다. SELECT 절에 없는 열이나 표현식을 사용하는 HAVING 절을 작성하는 대신 WHERE 절을 사용할 수도 있습니다. HAVING 절은 출력에서 행을 선택하기 위해 사용하지 않고 각 그룹이나 클러스터를 구성하는 방법을 결정하기 위해 사용합니다. HAVING을 사용해선 안 되는 경우도 나중에 살펴보겠습니다.

다른 예시로 대여 횟수를 인기도 기준으로 삼아 역정렬해 30회 이상 대여된 상위 5개 영화 목록을 보겠습니다. 사용할 쿼리는 다음과 같습니다.

```
mysql> SELECT title, COUNT(rental_id) AS num_rented FROM
    -> film INNER JOIN inventory USING (film_id)
    -> INNER JOIN rental USING (inventory_id)
    -> GROUP BY title
    -> HAVING num_rented > 30
    -> ORDER BY num_rented DESC LIMIT 5;
+-------------------+------------+
| title             | num_rented |
+-------------------+------------+
| BUCKET BROTHERHOOD |         34 |
| ROCKETEER MOTHER   |         33 |
| FORWARD TEMPLE     |         32 |
| GRIT CLOCKWORK     |         32 |
| JUGGLER HARDLY     |         32 |
+-------------------+------------+
5 rows in set (0.04 sec)
```

SELECT 절과 HAVING 절 모두에서 COUNT()가 사용되었습니다. 하지만 이번에는 COUNT
(rental_id) 함수의 별칭을 num_rented로 지정하고 HAVING과 ORDER BY 절에서 별칭을 사
용했습니다.

이제 HAVING을 사용하면 안 되는 예시를 살펴보겠습니다. 특정 배우가 몇 편의 영화에 출연했
는지 알고 싶은 경우 쿼리를 다음과 같이 사용하면 안 됩니다.

```
mysql> SELECT first_name, last_name, COUNT(film_id) AS film_cnt FROM
    -> actor INNER JOIN film_actor USING (actor_id)
    -> GROUP BY actor_id, first_name, last_name
    -> HAVING first_name = 'EMILY' AND last_name = 'DEE';
+------------+-----------+----------+
| first_name | last_name | film_cnt |
+------------+-----------+----------+
| EMILY      | DEE       |       14 |
+------------+-----------+----------+
1 row in set (0.02 sec)
```

정답은 얻을 수 있지만 잘못된 방식(데이터가 많을수록 느려짐)입니다. 표시할 답변을 필터
링하기 위해 HAVING 절을 사용했으므로 쿼리가 올바르지 못합니다. 이런 쿼리는 다음과 같이
WHERE 절에 조건을 넣어 사용합니다.

```
mysql> SELECT first_name, last_name, COUNT(film_id) AS film_cnt FROM
    -> actor INNER JOIN film_actor USING (actor_id)
    -> WHERE first_name = 'EMILY' AND last_name = 'DEE'
    -> GROUP BY actor_id, first_name, last_name;
+------------+-----------+----------+
| first_name | last_name | film_cnt |
+------------+-----------+----------+
| EMILY      | DEE       |       14 |
+------------+-----------+----------+
1 row in set (0.00 sec)
```

이 쿼리는 그룹을 먼저 형성한 다음 WHERE 절에 따라 표시할 그룹을 선택합니다.

5.3 고급 조인

지금까지 책에서 두 개 이상의 테이블에서 행을 가져올 때 INNER JOIN 절을 사용했습니다. 이 절에서 내부 조인을 더 자세히 설명하고 기타 유형인 통합, 왼쪽 및 오른쪽 조인, 자연 조인과 비교하겠습니다. 이 절을 마치면 어려운 정보 요구사항에 답하고 당면한 작업에서 올바른 조인 선택에 능숙해질 것입니다.

5.3.1 내부 조인

INNER JOIN 절은 USING 절에 제공한 기준에 따라 두 테이블 사이의 행과 일치합니다. 여러분은 이제 actor와 film_actor 테이블의 내부 조인에 매우 익숙합니다.

```
mysql> SELECT first_name, last_name, film_id FROM
    -> actor INNER JOIN film_actor USING (actor_id)
    -> LIMIT 20;
+------------+-----------+---------+
| first_name | last_name | film_id |
+------------+-----------+---------+
| PENELOPE   | GUINESS   |       1 |
| PENELOPE   | GUINESS   |      23 |
| ...        |           |         |
```

```
| PENELOPE  | GUINESS  |   980 |
| NICK      | WAHLBERG |     3 |
+-----------+----------+-------+
20 rows in set (0.00 sec)
```

INNER JOIN의 주요 기능을 살펴보겠습니다.

- 두 개의 테이블(또는 이전 조인의 결과)이 핵심 문구 INNER JOIN의 양쪽에 나열됩니다.

- USING 절은 테이블 또는 결과 모두에 있고 행을 조인하거나 일치시키는 데 사용되는 하나 이상의 열을 정의합니다.

- 일치하지 않는 행은 반환되지 않습니다. 예를 들어, film_actor 테이블에 일치하는 영화가 없는 actor 테이블의 행은 결과 내용에 포함되지 않습니다.

실제로 INNER JOIN의 핵심 값을 사용하지 않고 WHERE 절을 사용해 내부 조인 쿼리를 작성할 수 있습니다. 다음은 이전 쿼리와 동일한 결과를 생성하도록 재작성한 쿼리입니다.

```
mysql> SELECT first_name, last_name, film_id
    -> FROM actor, film_actor
    -> WHERE actor.actor_id = film_actor.actor_id
    -> LIMIT 20;
+------------+-----------+---------+
| first_name | last_name | film_id |
+------------+-----------+---------+
| PENELOPE   | GUINESS   |       1 |
| PENELOPE   | GUINESS   |      23 |
| ...        |           |         |
| PENELOPE   | GUINESS   |     900 |
| NICK       | WAHLBERG  |       3 |
+------------+-----------+---------+
20 rows in set (0.00 sec)
```

이 쿼리에서는 내부 조인을 사용하지 않습니다. actor 및 film_actor 테이블 사이에 식별자 actor_id가 일치하는 행을 선택합니다.

WHERE 절과 유사한 방식으로 조인 기준을 나타내도록 INNER JOIN 구문을 수정할 수 있습니다. 이 방식은 식별자의 이름이 일치하지 않을 때 유용하지만 이번 예시에서는 식별자의 이름이 같습니다. 이번에는 같은 쿼리를 새 스타일로 작성하겠습니다.

```
mysql> SELECT first_name, last_name, film_id FROM
    -> actor INNER JOIN film_actor
    -> ON actor.actor_id = film_actor.actor_id
    -> LIMIT 20;
+------------+-----------+---------+
| first_name | last_name | film_id |
+------------+-----------+---------+
| PENELOPE   | GUINESS   |       1 |
| PENELOPE   | GUINESS   |      23 |
| ...        |           |         |
| PENELOPE   | GUINESS   |     900 |
| NICK       | WAHLBERG  |       3 |
+------------+-----------+---------+
20 rows in set (0.00 sec)
```

ON 절이 USING 절을 대체하고 테이블과 열 이름을 모두 정확하게 명시했습니다. 두 테이블에서 열 이름이 서로 다르게 지정되었다면 테이블 이름을 생략할 수 있습니다. ON과 WHERE 절을 비교해보면 딱히 장점이나 단점이 없이 그저 취향의 문제입니다. 오늘날 대부분의 SQL 이용자는 WHERE 절보다 ON 절과 함께 INNER JOIN을 더 선호하지만 WHERE 절을 선호하는 이용자도 있습니다.

다음으로 넘어가기 전에 WHERE, ON, USING 절이 어떤 목적으로 실행되는지 살펴보겠습니다. 이전 쿼리에서 WHERE 절을 생략하면 결과가 전혀 달라집니다.

```
mysql> SELECT first_name, last_name, film_id
    -> FROM actor, film_actor LIMIT 20;
+------------+-----------+---------+
| first_name | last_name | film_id |
+------------+-----------+---------+
| THORA      | TEMPLE    |       1 |
| JULIA      | FAWCETT   |       1 |
| ...        |           |         |
| BEBBIE     | AKROYD    |       1 |
| MATTHEW    | CARREY    |       1 |
+------------+-----------+---------+
20 rows in set (0.00 sec)
```

결과는 무의미합니다. 가능한 모든 조합에 대해 actor 테이블의 각 행이 film_actor 테이블의 각 행과 함께 출력되었을 뿐입니다. film_actor 테이블에 200명 배우와 5,462개 레코드가 있으므로 200 × 5,462 = 1,092,400행이 출력되는데 이 조합 중 5,462개만 실제로 의미 있음을 알고 있습니다(영화에 출연한 배우에 대한 레코드가 5,462개임). 다음 쿼리를 사용해 LIMIT 없이 얻을 수 있는 행 수를 확인할 수 있습니다.

```
mysql> SELECT COUNT(*) FROM actor, film_actor;
+----------+
| COUNT(*) |
+----------+
|  1092400 |
+----------+
1 row in set (0.00 sec)
```

행과 일치하는 절이 없는 이러한 유형의 쿼리를 **데카르트 곱**Cartesian product(곱집합)이라고 합니다. 덧붙여서, 다음 쿼리와 같이 USING 또는 ON 절이 있는 열을 지정하지 않고 내부 조인을 수행하는 경우에도 데카르트 곱을 얻습니다.

```
SELECT first_name, last_name, film_id
FROM actor INNER JOIN film_actor;
```

'5.3.4 자연 조인'에서 이름이 동일한 열에 대한 내부 조인인 자연 조인을 소개합니다. 자연 조인은 명시적으로 지정된 열을 사용하지 않지만 데카르트 곱이 아닌 내부 조인을 생성합니다.

핵심 문구 INNER JOIN은 JOIN 또는 STRAIGHT JOIN으로 대체될 수 있는데, 이 둘은 동일합니다. 다만, STRAIGHT JOIN은 MySQL이 오른쪽 테이블을 읽기 전에 항상 왼쪽 테이블을 읽도록 합니다. 7장에서 MySQL 시스템이 쿼리를 처리하는 방법을 살펴보는데, 이때 많은 예시에서 JOIN이라는 문구가 가장 일반적으로 사용될 것입니다. JOIN은 MySQL 외에 많은 데이터베이스 시스템에서 사용되는 INNER JOIN의 표준 축약형입니다.

5.3.2 통합

UNION은 조인 연산자가 아닙니다. 대신 둘 이상의 SELECT 문 출력 내용을 합쳐 통합된 결과를 출력해줍니다. 둘 이상의 소스를 통합union해 단일 목록을 생성하거나 단일 쿼리로 표현하기 어려운 단일 소스에서 목록을 생성할 때 유용하게 사용할 수 있습니다.

sakila 데이터베이스의 모든 배우, 영화, 고객의 이름을 출력하고자 할 때 UNION 문을 사용할
수 있습니다. 데이터의 관계를 의미 있게 나타내지 못하는 억지스러운 예시지만 모든 텍스트
조각을 나열할 수 있습니다. actor.first_name, film.title, customer.first_name 열을
모두 표시하는 방법은 다음과 같습니다.

```
mysql> SELECT first_name FROM actor
    -> UNION
    -> SELECT first_name FROM customer
    -> UNION
    -> SELECT title FROM film;
+---------------------------+
| first_name                |
+---------------------------+
| PENELOPE                  |
| NICK                      |
| ED                        |
| ...                       |
| ZHIVAGO CORE              |
| ZOOLANDER FICTION         |
| ZORRO ARK                 |
+---------------------------+
1647 rows in set (0.00 sec)
```

1,647개 행 중 일부를 보였습니다. UNION 문은 첫 번째 쿼리에 맞춰 모든 쿼리의 결과를 함께
출력합니다.

덜 인위적인 예시로 가장 많이 대여한 영화와 가장 적게 대여한 영화 5편의 목록을 만들겠습니
다. UNION 연산자를 사용하면 쉽게 수행할 수 있습니다.

```
mysql> (SELECT title, COUNT(rental_id) AS num_rented
    -> FROM film JOIN inventory USING (film_id)
    -> JOIN rental USING (inventory_id)
    -> GROUP BY title ORDER BY num_rented DESC LIMIT 5)
    -> UNION
    -> (SELECT title, COUNT(rental_id) AS num_rented
    -> FROM film JOIN inventory USING (film_id)
    -> JOIN rental USING (inventory_id)
    -> GROUP BY title ORDER BY num_rented ASC LIMIT 5);
+--------------------+------------+
| title              | num_rented |
```

```
+--------------------+------------+
| BUCKET BROTHERHOOD |         34 |
| ROCKETEER MOTHER   |         33 |
| FORWARD TEMPLE     |         32 |
| GRIT CLOCKWORK     |         32 |
| JUGGLER HARDLY     |         32 |
| TRAIN BUNCH        |          4 |
| HARDLY ROBBERS     |          4 |
| MIXED DOORS        |          4 |
| BUNCH MINDS        |          5 |
| BRAVEHEART HUMAN   |          5 |
+--------------------+------------+
10 rows in set (0.04 sec)
```

첫 번째 쿼리는 DESC(내림차순)와 LIMIT 5 절과 함께 ORDER BY를 사용해 가장 많이 대여한 상위 5개 영화를 찾습니다. 두 번째 쿼리는 ASC(오름차순)와 LIMIT 5 절과 함께 ORDER BY를 사용해 가장 적게 대여한 영화 5편을 찾습니다. UNION은 결과 내용을 합칩니다. num_rented 값이 동일한 영화 제목이 여러 개 존재하며, 값이 동일한 영화 제목의 순서가 보장되지 않는다는 점에 유의하십시오. num_rented 값 32와 5에 다른 제목이 나열된 것을 볼 수 있습니다.

UNION 연산자에는 몇 가지 제한 사항이 있습니다.

첫째, 출력된 내용은 첫 번째 쿼리의 열 이름이나 표현식으로 열의 이름이 지정됩니다. 이 동작을 변경하려면 열 별칭을 사용하십시오.

둘째, 쿼리는 동일한 수의 열을 출력합니다. 다른 수의 열을 사용하면 MySQL에서 오류가 발생합니다.

셋째, 일치하는 모든 열의 타입은 동일합니다. 예를 들어 첫 번째 쿼리의 첫 번째 열 출력이 날짜이면 다른 쿼리의 첫 번째 열 출력도 날짜입니다.

넷째, 전체 결과 집합에 DISTINCT를 적용한 것처럼 반환된 결과는 고유합니다. 이것을 실제로 보기 위해 간단한 예를 들어보겠습니다. 배우의 이름에 문제가 있음을 기억하십시오. 이름은 고유 식별자가 될 수 없습니다. 이름이 같은 두 배우를 선택하고 두 쿼리에 UNION을 이용하면 하나의 행만 남습니다. 암시적 DISTINCT 작업은 UNION의 경우 다음과 같이 중복 행을 숨깁니다.

```
mysql> SELECT first_name FROM actor WHERE actor_id = 88
    -> UNION
```

```
-> SELECT first_name FROM actor WHERE actor_id = 169;
+------------+
| first_name |
+------------+
| KENNETH    |
+------------+
1 row in set (0.01 sec)
```

중복 항목을 표시하려면 UNION을 UNION ALL로 바꿉니다.

```
mysql> SELECT first_name FROM actor WHERE actor_id = 88
    -> UNION ALL
    -> SELECT first_name FROM actor WHERE actor_id = 169;
+------------+
| first_name |
+------------+
| KENNETH    |
| KENNETH    |
+------------+
2 rows in set (0.00 sec)
```

여기에서는 KENNETH란 이름이 두 번 출력됩니다. UNION이 수행하는 암시적 DISTINCT는 성능 측면에서 비용이 0이 아닙니다. UNION을 사용할 때마다 UNION ALL이 논리적으로 맞는지, 쿼리 성능을 향상할 수 있는지 확인하십시오.

다섯째, UNION 문에 포함된 개별 쿼리에 LIMIT 또는 ORDER BY를 적용하려면 이전 예와 같이 적용할 쿼리를 괄호로 묶어야 합니다. 괄호를 사용하면 쿼리를 이해하기 쉽습니다.

UNION 연산은 구성요소 쿼리의 결과를 순서에 상관없이 연결하므로 하위 쿼리에 ORDER BY를 사용해도 큰 의미가 없습니다. UNION 작업에서는 하위 집합을 결과로 선택하는 경우만 하위 쿼리의 결과를 정렬할 수 있습니다. 대여 횟수에 따라 영화를 정렬한 다음 상위 5개(첫 번째 하위 쿼리에서)와 하위 5개(두 번째 하위 쿼리에서)만 선택했습니다.

하위 쿼리에 LIMIT가 없을 경우 MySQL은 효율을 위해 ORDER BY 절을 무시합니다. 정확한 작동 방식을 보기 위해 몇 가지 예시를 살펴보겠습니다. 먼저, 특정 영화에 대한 대여 정보와 대여 시간을 나열하는 간단한 쿼리를 실행해보겠습니다. ORDER BY와 LIMIT 절을 사용하지 않았습니다. 다른 예시와의 일관성을 위해 쿼리를 괄호로 묶었습니다. 괄호는 영향을 미치지 않습니다.

```
mysql> (SELECT title, rental_date, return_date
    -> FROM film JOIN inventory USING (film_id)
    -> JOIN rental USING (inventory_id)
    -> WHERE film_id = 998);
+--------------+---------------------+---------------------+
| title        | rental_date         | return_date         |
+--------------+---------------------+---------------------+
| ZHIVAGO CORE | 2005-06-17 03:19:20 | 2005-06-21 00:19:20 |
| ZHIVAGO CORE | 2005-07-07 12:18:57 | 2005-07-12 09:47:57 |
| ZHIVAGO CORE | 2005-07-27 14:53:55 | 2005-07-31 19:48:55 |
| ZHIVAGO CORE | 2005-08-20 17:18:48 | 2005-08-26 15:31:48 |
| ZHIVAGO CORE | 2005-05-30 05:15:20 | 2005-06-07 00:49:20 |
| ZHIVAGO CORE | 2005-06-18 06:46:54 | 2005-06-26 09:48:54 |
| ZHIVAGO CORE | 2005-07-12 05:24:02 | 2005-07-16 03:43:02 |
| ZHIVAGO CORE | 2005-08-02 02:05:04 | 2005-08-10 21:58:04 |
| ZHIVAGO CORE | 2006-02-14 15:16:03 | NULL                |
+--------------+---------------------+---------------------+
9 rows in set (0.00 sec)
```

쿼리는 특별한 순서 없이 영화를 대여한 모든 시간을 반환합니다(네 번째 및 다섯 번째 항목 참조).

이제 이 쿼리에 ORDER BY 절을 추가해보겠습니다.

```
mysql> (SELECT title, rental_date, return_date
    -> FROM film JOIN inventory USING (film_id)
    -> JOIN rental USING (inventory_id)
    -> WHERE film_id = 998
    -> ORDER BY rental_date ASC);
+--------------+---------------------+---------------------+
| title        | rental_date         | return_date         |
+--------------+---------------------+---------------------+
| ZHIVAGO CORE | 2005-05-30 05:15:20 | 2005-06-07 00:49:20 |
| ZHIVAGO CORE | 2005-06-17 03:19:20 | 2005-06-21 00:19:20 |
| ZHIVAGO CORE | 2005-06-18 06:46:54 | 2005-06-26 09:48:54 |
| ZHIVAGO CORE | 2005-07-07 12:18:57 | 2005-07-12 09:47:57 |
| ZHIVAGO CORE | 2005-07-12 05:24:02 | 2005-07-16 03:43:02 |
| ZHIVAGO CORE | 2005-07-27 14:53:55 | 2005-07-31 19:48:55 |
| ZHIVAGO CORE | 2005-08-02 02:05:04 | 2005-08-10 21:58:04 |
| ZHIVAGO CORE | 2005-08-20 17:18:48 | 2005-08-26 15:31:48 |
| ZHIVAGO CORE | 2006-02-14 15:16:03 | NULL                |
```

```
+--------------+--------------------+--------------------+
9 rows in set (0.00 sec)
```

예상대로 영화를 대여한 모든 시간을 대여 날짜 순서대로 가져옵니다.

이전 쿼리에 **LIMIT** 절을 추가하면 상위 5개 항목이 시간 순으로 선택됩니다.

```
mysql> (SELECT title, rental_date, return_date
    -> FROM film JOIN inventory USING (film_id)
    -> JOIN rental USING (inventory_id)
    -> WHERE film_id = 998
    -> ORDER BY rental_date ASC LIMIT 5);
+--------------+--------------------+--------------------+
| title        | rental_date        | return_date        |
+--------------+--------------------+--------------------+
| ZHIVAGO CORE | 2005-05-30 05:15:20 | 2005-06-07 00:49:20 |
| ZHIVAGO CORE | 2005-06-17 03:19:20 | 2005-06-21 00:19:20 |
| ZHIVAGO CORE | 2005-06-18 06:46:54 | 2005-06-26 09:48:54 |
| ZHIVAGO CORE | 2005-07-07 12:18:57 | 2005-07-12 09:47:57 |
| ZHIVAGO CORE | 2005-07-12 05:24:02 | 2005-07-16 03:43:02 |
+--------------+--------------------+--------------------+
5 rows in set (0.01 sec)
```

이제 **UNION** 연산을 수행할 때 어떤 일이 발생하는지 봅시다. 이 예시는 각각 **ORDER BY** 절이 있는 두 개의 하위 쿼리를 사용하고 있습니다. 두 번째 하위 쿼리에는 **LIMIT** 절을 사용했지만 첫 번째 하위 쿼리에는 사용하지 않았습니다.

```
mysql> (SELECT title, rental_date, return_date
    -> FROM film JOIN inventory USING (film_id)
    -> JOIN rental USING (inventory_id)
    -> WHERE film_id = 998
    -> ORDER BY rental_date ASC)
    -> UNION ALL
    -> (SELECT title, rental_date, return_date
    -> FROM film JOIN inventory USING (film_id)
    -> JOIN rental USING (inventory_id)
    -> WHERE film_id = 998
    -> ORDER BY rental_date ASC LIMIT 5);
+--------------+--------------------+--------------------+
| title        | rental_date        | return_date        |
```

```
+-------------+---------------------+---------------------+
| ZHIVAGO CORE | 2005-06-17 03:19:20 | 2005-06-21 00:19:20 |
| ZHIVAGO CORE | 2005-07-07 12:18:57 | 2005-07-12 09:47:57 |
| ZHIVAGO CORE | 2005-07-27 14:53:55 | 2005-07-31 19:48:55 |
| ZHIVAGO CORE | 2005-08-20 17:18:48 | 2005-08-26 15:31:48 |
| ZHIVAGO CORE | 2005-05-30 05:15:20 | 2005-06-07 00:49:20 |
| ZHIVAGO CORE | 2005-06-18 06:46:54 | 2005-06-26 09:48:54 |
| ZHIVAGO CORE | 2005-07-12 05:24:02 | 2005-07-16 03:43:02 |
| ZHIVAGO CORE | 2005-08-02 02:05:04 | 2005-08-10 21:58:04 |
| ZHIVAGO CORE | 2006-02-14 15:16:03 | NULL                |
| ZHIVAGO CORE | 2005-05-30 05:15:20 | 2005-06-07 00:49:20 |
| ZHIVAGO CORE | 2005-06-17 03:19:20 | 2005-06-21 00:19:20 |
| ZHIVAGO CORE | 2005-06-18 06:46:54 | 2005-06-26 09:48:54 |
| ZHIVAGO CORE | 2005-07-07 12:18:57 | 2005-07-12 09:47:57 |
| ZHIVAGO CORE | 2005-07-12 05:24:02 | 2005-07-16 03:43:02 |
+-------------+---------------------+---------------------+
14 rows in set (0.01 sec)
```

예상대로 첫 번째 하위 쿼리는 영화를 대여한 모든 시간(출력 내용에서 상위 9개 행)을 반환하고 두 번째 하위 쿼리는 처음 5개 대여(출력 내용에서 하위 5개 행)를 반환합니다. 그런데, 첫번째 하위 쿼리에 ORDER BY 절이 있음에도 불구하고 처음 9개 행이 정렬되지 않았습니다(네 번째 행과 다섯 번째 행 참조). 우리가 UNION 연산을 수행하므로 MySQL 서버는 하위 쿼리의 결과를 정렬하는 것이 의미가 없다고 판단했기 때문입니다. 두 번째 하위 쿼리에는 LIMIT 작업이 포함되었으므로 해당 결과가 정렬됩니다.

UNION 연산의 출력은 하위 쿼리가 정렬되어도 순서를 보장하지 않으므로 최종 출력을 정렬하고 싶다면 전체 쿼리 끝에 ORDER BY 절을 추가합니다. 하위 쿼리의 정렬 결과와 다를 수 있습니다.

```
mysql> (SELECT title, rental_date, return_date
    -> FROM film JOIN inventory USING (film_id)
    -> JOIN rental USING (inventory_id)
    -> WHERE film_id = 998
    -> ORDER BY rental_date ASC)
    -> UNION ALL
    -> (SELECT title, rental_date, return_date
    -> FROM film JOIN inventory USING (film_id)
    -> JOIN rental USING (inventory_id)
    -> WHERE film_id = 998
```

```
    -> ORDER BY rental_date ASC LIMIT 5)
    -> ORDER BY rental_date DESC;
+-------------+---------------------+---------------------+
| title       | rental_date         | return_date         |
+-------------+---------------------+---------------------+
| ZHIVAGO CORE | 2006-02-14 15:16:03 | NULL                |
| ZHIVAGO CORE | 2005-08-20 17:18:48 | 2005-08-26 15:31:48 |
| ZHIVAGO CORE | 2005-08-02 02:05:04 | 2005-08-10 21:58:04 |
| ZHIVAGO CORE | 2005-07-27 14:53:55 | 2005-07-31 19:48:55 |
| ZHIVAGO CORE | 2005-07-12 05:24:02 | 2005-07-16 03:43:02 |
| ZHIVAGO CORE | 2005-07-12 05:24:02 | 2005-07-16 03:43:02 |
| ZHIVAGO CORE | 2005-07-07 12:18:57 | 2005-07-12 09:47:57 |
| ZHIVAGO CORE | 2005-07-07 12:18:57 | 2005-07-12 09:47:57 |
| ZHIVAGO CORE | 2005-06-18 06:46:54 | 2005-06-26 09:48:54 |
| ZHIVAGO CORE | 2005-06-18 06:46:54 | 2005-06-26 09:48:54 |
| ZHIVAGO CORE | 2005-06-17 03:19:20 | 2005-06-21 00:19:20 |
| ZHIVAGO CORE | 2005-06-17 03:19:20 | 2005-06-21 00:19:20 |
| ZHIVAGO CORE | 2005-05-30 05:15:20 | 2005-06-07 00:49:20 |
| ZHIVAGO CORE | 2005-05-30 05:15:20 | 2005-06-07 00:49:20 |
+-------------+---------------------+---------------------+
14 rows in set (0.00 sec)
```

다음은 반환된 결과 수를 제한하고 최종 결과를 정렬하는 또 다른 예입니다.

```
mysql> (SELECT first_name, last_name FROM actor WHERE actor_id < 5)
    -> UNION
    -> (SELECT first_name, last_name FROM actor WHERE actor_id > 190)
    -> ORDER BY first_name LIMIT 4;
+------------+-----------+
| first_name | last_name |
+------------+-----------+
| BELA       | WALKEN    |
| BURT       | TEMPLE    |
| ED         | CHASE     |
| GREGORY    | GOODING   |
+------------+-----------+
4 rows in set (0.00 sec)
```

UNION 연산은 다루기가 다소 어려워 대개는 다른 방법을 사용해 동일한 결과를 얻습니다. 예를 들어 이전 쿼리는 다음과 같이 더 간단하게 작성할 수 있습니다.

```
mysql> SELECT first_name, last_name FROM actor
    -> WHERE actor_id < 5 OR actor_id > 190
    -> ORDER BY first_name LIMIT 4;
+------------+-----------+
| first_name | last_name |
+------------+-----------+
| BELA       | WALKEN    |
| BURT       | TEMPLE    |
| ED         | CHASE     |
| GREGORY    | GOODING   |
+------------+-----------+
4 rows in set (0.00 sec)
```

5.3.3 왼쪽 조인과 오른쪽 조인

지금까지 논의한 조인은 테이블 간에 일치하는 행만 출력합니다. 예를 들어 inventory 테이블을 통해 film과 rental 테이블을 조인하면 대여한 영화만 표시됩니다. 대여하지 않은 영화의 행은 무시됩니다. 이 방식은 유용하게 사용할 수 있지만 데이터를 결합하는 유일한 방법은 아닙니다. 이번에는 다른 방법들을 설명하겠습니다.

영화마다 대여 횟수를 확인할 수 있는 목록을 원한다고 가정하겠습니다. 이 장 앞부분의 예와 달리 목록에는 대여하지 않은 영화 옆에 0이 표시됩니다. 조인에 참여하는 두 테이블 중 하나에 의해 구동되는 왼쪽 조인^{left join}을 사용해 이 작업을 수행할 수 있습니다. 왼쪽 조인에서는 왼쪽 테이블의 각 행(구동을 수행하는 행)이 처리되고 출력되며, 두 번째 테이블에 일치하는 데이터가 있으면 두 번째 테이블의 데이터가 함께 출력되고, 두 번째 테이블에 일치하는 데이터가 없으면 NULL 값을 출력합니다. 이 절의 뒷부분에서 이러한 유형의 쿼리를 작성하는 방법을 보여주겠지만 간단한 예로 시작하겠습니다.

다음은 간단한 LEFT JOIN 예입니다. 모든 영화를 나열하고 대여했다는 의미를 각 영화 옆에 표시하려고 합니다. 한 번도 대여한 적 없는 영화나 여러 번 대여한 영화가 있다면 대여할 가능성이 큽니다. 쿼리는 다음과 같습니다.

```
mysql> SELECT title, rental_date
    -> FROM film LEFT JOIN inventory USING (film_id)
```

```
    -> LEFT JOIN rental USING (inventory_id);
+---------------------------+--------------------+
| title                     | rental_date        |
+---------------------------+--------------------+
| ACADEMY DINOSAUR          | 2005-07-08 19:03:15 |
| ACADEMY DINOSAUR          | 2005-08-02 20:13:10 |
| ACADEMY DINOSAUR          | 2005-08-21 21:27:43 |
| ...                       |                    |
| WAKE JAWS                 | NULL               |
| WALLS ARTIST              | NULL               |
| ...                       |                    |
| ZORRO ARK                 | 2005-07-31 07:32:21 |
| ZORRO ARK                 | 2005-08-19 03:49:28 |
+---------------------------+--------------------+
16087 rows in set (0.06 sec)
```

쿼리 결과 rental_date 열에 영화를 대여한 날짜와 시간이 출력되고 대여 기록이 없는 영화에는 NULL이 출력됩니다. 이때 LEFT JOIN을 두 번 사용합니다. 먼저 film과 inventory를 합쳐 film에 있는 영화가 inventory에 없는 경우(대여 불가능)에도 출력되도록 합니다. 그런 다음 이전 조인의 결과 데이터와 rental 테이블을 조인합니다. 앞 목록에 없는 영화나 rental 테이블에 행이 없는 영화가 있을 수 있으므로 다시 LEFT JOIN을 사용합니다. 그래서 두 테이블을 모두 LEFT JOIN합니다. LEFT JOIN에서 테이블의 순서는 매우 중요합니다. 쿼리의 순서를 반대로 하면 전혀 다른 결과가 출력됩니다.

```
mysql> SELECT title, rental_date
    -> FROM rental LEFT JOIN inventory USING (inventory_id)
    -> LEFT JOIN film USING (film_id)
    -> ORDER BY rental_date DESC;
+---------------------------+--------------------+
| title                     | rental_date        |
+---------------------------+--------------------+
| ...                       |                    |
| LOVE SUICIDES             | 2005-05-24 23:04:41 |
| GRADUATE LORD             | 2005-05-24 23:03:39 |
| FREAKY POCUS              | 2005-05-24 22:54:33 |
| BLANKET BEVERLY           | 2005-05-24 22:53:30 |
+---------------------------+--------------------+
16044 rows in set (0.06 sec)
```

이 쿼리는 rental 테이블을 중심으로 실행되므로 rental 테이블의 모든 행을 inventory 테이블과 비교한 다음 film과 비교합니다. rental 테이블의 모든 행은 정의에 따라 film 테이블에 연결된 inventory 테이블을 기반으로 하므로 출력에 NULL 값이 없습니다. 존재하지 않는 영화에 대한 대여 기록은 없습니다. 실제로 NULL 값은 없다는 것을 확인하기 위해 쿼리에 ORDER BY rental_date DESC를 추가했습니다(NULL 값이 있다면 마지막에 출력되었을 것입니다).

왼쪽 테이블에 중요한 데이터가 있다고 확신하지만 오른쪽 테이블에 데이터가 있는지 확신하지 못할 때 왼쪽 조인은 유용합니다. 이번에는 왼쪽 테이블의 행을 기준으로 오른쪽 테이블에 데이터가 있건 없건 가져온다고 가정해봅시다. 앞서 '5.2.2 GROUP BY 절'에서 작성한 쿼리에 이 방법을 적용해보겠습니다.

```
mysql> SELECT email, name AS category_name, COUNT(cat.category_id) AS cnt
    -> FROM customer cs INNER JOIN rental USING (customer_id)
    -> INNER JOIN inventory USING (inventory_id)
    -> INNER JOIN film_category USING (film_id)
    -> INNER JOIN category cat USING (category_id)
    -> GROUP BY email, category_name
    -> ORDER BY cnt DESC LIMIT 5;
+---------------------------------+---------------+-----+
| email                           | category_name | cnt |
+---------------------------------+---------------+-----+
| WESLEY.BULL@sakilacustomer.org  | Games         |   9 |
| ALMA.AUSTIN@sakilacustomer.org  | Animation     |   8 |
| KARL.SEAL@sakilacustomer.org    | Animation     |   8 |
| LYDIA.BURKE@sakilacustomer.org  | Documentary   |   8 |
| NATHAN.RUNYON@sakilacustomer.org| Animation     |   7 |
+---------------------------------+---------------+-----+
5 rows in set (0.06 sec)
```

이런 식으로 찾은 고객이 자신이 가장 좋아하는 카테고리에 속하지 않은 영화를 대여하는지 여부를 확인하려면 어떻게 할까요? 실제로 꽤 어려운 작업입니다.

작업 과정을 생각해봅시다. category 테이블부터 시작합니다. 영화의 모든 카테고리가 저장되었기 때문입니다. 그런 다음 왼쪽 조인의 전체 구조를 구성합니다. 먼저 카테고리 내에 영화가 없는 경우도 있으므로 category와 film_category를 조인합니다. 그런 다음 일부 영화가 목록에 없을 경우를 대비해 결과를 inventory 테이블에 조인합니다. 그다음, 고객이 카테고리 내 일부 영화를 대여하지 않을 수 있으므로 해당 결과를 rental 테이블과 조인합니다. 마지막으로 그 결과를 customer 테이블에 왼쪽 조인합니다. 대여 기록이 없는 고객의 레코드가 없을 수 있지만, 여기에서 왼쪽 조인을 생략하면 MySQL은 고객 데이터가 없는 카테고리에 대한 행을 무시합니다.

드디어 이메일 주소로 필터링하고 데이터를 얻을 수 있을까요? 아닙니다! 불행히도 왼쪽 조인 관계에서 왼쪽 테이블이 아닌 테이블에 WHERE 조건을 추가하면서 이 조인이 깨졌습니다. 어떤 일이 일어나는지 확인해보세요.

```
mysql> SELECT COUNT(*) FROM category;
+----------+
| COUNT(*) |
+----------+
|       16 |
+----------+
1 row in set (0.00 sec)

mysql> SELECT email, name AS category_name, COUNT(category_id) AS cnt
    -> FROM category cat LEFT JOIN film_category USING (category_id)
    -> LEFT JOIN inventory USING (film_id)
    -> LEFT JOIN rental USING (inventory_id)
    -> JOIN customer cs ON rental.customer_id = cs.customer_id
    -> WHERE cs.email = 'WESLEY.BULL@sakilacustomer.org'
    -> GROUP BY email, category_name
    -> ORDER BY cnt DESC;
+--------------------------------+---------------+-----+
| email                          | category_name | cnt |
+--------------------------------+---------------+-----+
| WESLEY.BULL@sakilacustomer.org | Games         |   9 |
| WESLEY.BULL@sakilacustomer.org | Foreign       |   6 |
| ...                            |               |     |
| WESLEY.BULL@sakilacustomer.org | Comedy        |   1 |
| WESLEY.BULL@sakilacustomer.org | Sports        |   1 |
+--------------------------------+---------------+-----+
14 rows in set (0.00 sec)
```

총 16개 카테고리 중에 14개 카테고리만 출력되었습니다. 실제로 MySQL은 이런 방식이 무의미하다고 판단해 쿼리의 모든 왼쪽 조인을 최적화합니다. 원하는 결과는 간단히 조인만 사용해 얻을 수 없습니다. 이 예시는 '5.4.5 JOIN에서의 중첩 쿼리'에서 다시 살펴보겠습니다.

그래도 앞서 작성한 쿼리는 여전히 유용합니다. sakila에서는 카테고리 내 모든 영화가 한 번 이상의 대여 기록이 있지만 데이터베이스를 약간 확장하면 왼쪽 조인의 효과를 볼 수 있습니다.

```
mysql> INSERT INTO category(name) VALUES ('Thriller');
Query OK, 1 row affected (0.01 sec)

mysql> SELECT cat.name, COUNT(rental_id) cnt
    -> FROM category cat LEFT JOIN film_category USING (category_id)
    -> LEFT JOIN inventory USING (film_id)
    -> LEFT JOIN rental USING (inventory_id)
    -> LEFT JOIN customer cs ON rental.customer_id = cs.customer_id
    -> GROUP BY 1
    -> ORDER BY 2 DESC;
+---------------+------+
| category_name | cnt  |
+---------------+------+
| Sports        | 1179 |
| Animation     | 1166 |
| ...           |      |
| Music         |  830 |
| Thriller      |    0 |
+---------------+------+
17 rows in set (0.07 sec)
```

여기에서 일반 INNER JOIN(또는 동의어인 JOIN)을 사용하면, 스릴러(Thriller) 카테고리에 대한 정보를 얻지 못할 뿐 아니라 다른 카테고리의 값도 다르게 나올 겁니다. category가 가장 왼쪽에 위치한 테이블이므로 쿼리 프로세스를 구동하고 해당 테이블의 모든 행이 출력에 포함됩니다.

LEFT JOIN 구문에서는 테이블의 위치가 중요합니다. 왼쪽에 있는 모든 테이블이 프로세스를 구동하므로 이름이 LEFT JOIN입니다. 쿼리의 형태를 유지한 채로 결과를 바꾸고 싶다면 RIGHT JOIN을 사용할 수 있습니다. 오른쪽에 있는 테이블을 기준으로 구동한다는 점을 제외하고는 완전히 동일하게 동작합니다.

앞서 영화 대여 정보에 두 가지 쿼리를 사용하며 왼쪽 조인에서 테이블 순서의 중요성을 확인했습니다. 오른쪽 조인right join을 사용해 잘못된 데이터가 표시된 두 번째 쿼리를 다시 작성해보겠습니다.

```
mysql> SELECT title, rental_date
    -> FROM rental RIGHT JOIN inventory USING (inventory_id)
    -> RIGHT JOIN film USING (film_id)
    -> ORDER BY rental_date DESC;
...
| SUICIDES SILENCE            | NULL                 |
| TADPOLE PARK                | NULL                 |
| TREASURE COMMAND            | NULL                 |
| VILLAIN DESPERATE           | NULL                 |
| VOLUME HOUSE                | NULL                 |
| WAKE JAWS                   | NULL                 |
| WALLS ARTIST                | NULL                 |
+-----------------------------+----------------------+
16087 rows in set (0.06 sec)
```

올바른 쿼리가 제공한 값과 동일하게 동일한 수의 행을 얻고 **NULL** 값도 출력됩니다. 오른쪽 조인은 쿼리를 보다 자연스럽게 작성해 보다 직관적인 방식으로 표현할 수 있습니다. 그러나 자주 사용되지 않으므로 가급적 사용하지 않는 편이 좋습니다.

왼쪽 및 오른쪽 조인은 '5.3.1 내부 조인'에서 설명한 **USING**과 **ON** 절을 사용합니다. 둘 중 하나는 무조건 사용합니다. 만약 둘 다 없으면 해당 절에서 논의한 데카르트 곱을 얻게 됩니다.

왼쪽 및 오른쪽 조인에서 선택적으로 사용 가능한 **LEFT OUTER JOIN**과 **RIGHT OUTER JOIN**으로 읽을 수 있는 추가 **OUTER** 키워드도 있습니다. 이는 다른 작업을 수행하지 않는 대체 구문으로, 자주 사용되지 않습니다.

5.3.4 자연 조인

우리는 자연 조인natural join을 그리 좋아하지 않습니다. 전체 내용을 소개하기 위해 언급할 뿐, SQL 문에서 가끔 사용되는 조인입니다. 가능한 한 사용하지 않는 것이 좋습니다.

자연 조인은 마법처럼 자연스러워야 합니다. 어떤 테이블을 조인하고 싶은지 알려주면 MySQL은 그 방법을 알아내 **INNER JOIN** 결과 세트를 제공합니다. 다음은 `actor_info`와 `film_actor` 테이블에서 자연 조인을 활용한 예입니다.

```
mysql> SELECT first_name, last_name, film_id
    -> FROM actor_info NATURAL JOIN film_actor
    -> LIMIT 20;
+------------+-----------+---------+
| first_name | last_name | film_id |
+------------+-----------+---------+
| PENELOPE   | GUINESS   |       1 |
| PENELOPE   | GUINESS   |      23 |
| ...        |           |         |
| PENELOPE   | GUINESS   |     980 |
| NICK       | WAHLBERG  |       3 |
+------------+-----------+---------+
20 rows in set (0.28 sec)
```

그러나 실제로는 마법처럼 자연스럽지 않습니다. MySQL은 이름이 동일한 열을 찾고, WHERE 절에 작성된 조인 조건을 내부 조인에 자동으로 추가합니다. 실제로는 다음과 같은 쿼리가 실행됩니다.

```
mysql> SELECT first_name, last_name, film_id FROM
    -> actor_info JOIN film_actor
    -> WHERE (actor_info.actor_id = film_actor.actor_id)
    -> LIMIT 20;
```

식별자 열끼리 이름이 동일하지 않으면 자연 조인은 작동하지 않습니다. 또 동일한 이름을 공유하는 열이 식별자가 아닌 경우 USING 절에 사용된다는 점도 주의하세요. 이 점은 sakila 데이터베이스에서 쉽게 확인할 수 있습니다. 사실, 이전 예시는 이를 확인하기 위해 actor_info를 사용했습니다. actor와 film_actor 테이블을 사용하면 어떤 일이 발생하는지 봅시다.

```
mysql> SELECT first_name, last_name, film_id FROM actor NATURAL JOIN film_actor;
Empty set (0.01 sec)
```

어떻게 이런 결과가 나왔을까요? 문제는 NATURAL JOIN이 실제로 **모든 열**을 확인한다는 것입니다. sakila 데이터베이스에는 테이블마다 last_update라는 큰 장애물이 있습니다. 이전 쿼리에서 EXPLAIN 문을 실행한 다음 SHOW WARNINGS를 실행하면 결과 쿼리가 의미 없음을 보았습니다.

```
mysql> SHOW WARNINGS\G
*************************** 1. row ***************************
    Level: Note
    Code: 1003
Message: /* select#1 */ select `sakila`.`customer`.`email` AS `email`,
`sakila`.`rental`.`rental_date` AS `rental_date`
from `sakila`.`customer` join `sakila`.`rental`
where ((`sakila`.`rental`.`last_update` = `sakila`.`customer`.`last_update`)
and (`sakila`.`rental`.`customer_id` = `sakila`.`customer`.`customer_id`))
1 row in set (0.00 sec)
```

때때로 왼쪽 및 오른쪽 조인이 혼합된 자연 조인을 볼 수 있습니다. 유효한 조인 구문은
NATURAL LEFT JOIN, NATURAL LEFT OUTER JOIN, NATURAL RIGHT JOIN, NATURAL RIGHT
OUTER JOIN입니다. ON 또는 USING 절이 없는 조인으로 앞의 두 개는 왼쪽 조인이고 뒤의 두
개는 오른쪽 조인입니다. 다시 말하지만, 가능하면 작성하지 않는 게 좋지만 있는 쿼리의 의미
는 이해할 수 있어야 합니다.

5.3.5 조인의 상수 표현식

지금까지 제공한 조인 관련 예시는 조인 조건을 정의할 때 모두 열 식별값을 사용했습니다. 열
식별값은 USING 절을 사용하는 유일한 방법입니다. WHERE 절에서 조인 조건을 정의할 때도 열
식별값을 사용합니다. ON 절을 사용할 때는 상수 표현식을 추가할 수 있습니다.

특정 배우의 모든 영화를 나열하는 예시를 생각해보겠습니다.

```
mysql> SELECT first_name, last_name, title
    -> FROM actor JOIN film_actor USING (actor_id)
    -> JOIN film USING (film_id)
    -> WHERE actor_id = 11;
+------------+-----------+---------------------+
| first_name | last_name | title               |
+------------+-----------+---------------------+
| ZERO       | CAGE      | CANYON STOCK        |
| ZERO       | CAGE      | DANCES NONE         |
| ...        |           |                     |
| ZERO       | CAGE      | WEST LION           |
| ZERO       | CAGE      | WORKER TARZAN       |
```

```
+-----------+-----------+--------------------+
```
25 rows in set (0.00 sec)

다음과 같이 actor_id 절을 조인으로 이동할 수 있습니다.

```
mysql> SELECT first_name, last_name, title
    -> FROM actor JOIN film_actor
    -> ON actor.actor_id = film_actor.actor_id
    -> AND actor.actor_id = 11
    -> JOIN film USING (film_id);
+-----------+-----------+--------------------+
¦ first_name ¦ last_name ¦ title             ¦
+-----------+-----------+--------------------+
¦ ZERO      ¦ CAGE      ¦ CANYON STOCK       ¦
¦ ZERO      ¦ CAGE      ¦ DANCES NONE        ¦
¦ ...       ¦           ¦                    ¦
¦ ZERO      ¦ CAGE      ¦ WEST LION          ¦
¦ ZERO      ¦ CAGE      ¦ WORKER TARZAN      ¦
+-----------+-----------+--------------------+
25 rows in set (0.00 sec)
```

물론 쿼리가 깔끔하지만 잘 정리된 WHERE 절이 쓰인 쿼리보다 표현력이 더 좋을까요? 조인의
상수 조건은 WHERE 절의 조건과 다르게 실행되고 해결됩니다. 예시로 사용하기는 쉽지만 좋지
않은 쿼리입니다. 조인에서 상수 조건의 영향은 왼쪽 조인으로 가장 잘 알 수 있습니다. 왼쪽
조인에서 사용한 쿼리가 좋은 예입니다.

```
mysql> SELECT email, name AS category_name, COUNT(rental_id) AS cnt
    -> FROM category cat LEFT JOIN film_category USING (category_id)
    -> LEFT JOIN inventory USING (film_id)
    -> LEFT JOIN rental USING (inventory_id)
    -> LEFT JOIN customer cs USING (customer_id)
    -> WHERE cs.email = 'WESLEY.BULL@sakilacustomer.org'
    -> GROUP BY email, category_name
    -> ORDER BY cnt DESC;
+--------------------------------+---------------+-----+
¦ email                          ¦ category_name ¦ cnt ¦
+--------------------------------+---------------+-----+
¦ WESLEY.BULL@sakilacustomer.org ¦ Games         ¦   9 ¦
¦ WESLEY.BULL@sakilacustomer.org ¦ Foreign       ¦   6 ¦
¦ ...                            ¦               ¦     ¦
```

```
| WESLEY.BULL@sakilacustomer.org | Comedy        |     1 |
| WESLEY.BULL@sakilacustomer.org | Sports        |     1 |
+--------------------------------+---------------+-------+
14 rows in set (0.01 sec)
```

계속해서 cs.email 절을 LEFT JOIN customer cs 부분으로 이동하면 결과는 완전히 달라집니다.

```
mysql> SELECT email, name AS category_name, COUNT(rental_id) AS cnt
    -> FROM category cat LEFT JOIN film_category USING (category_id)
    -> LEFT JOIN inventory USING (film_id)
    -> LEFT JOIN rental USING (inventory_id)
    -> LEFT JOIN customer cs ON rental.customer_id = cs.customer_id
    -> AND cs.email = 'WESLEY.BULL@sakilacustomer.org'
    -> GROUP BY email, category_name
    -> ORDER BY cnt DESC;
+--------------------------------+-----------+------+
| email                          | name      | cnt  |
+--------------------------------+-----------+------+
| NULL                           | Sports    | 1178 |
| NULL                           | Animation | 1164 |
| ...                            |           |      |
| NULL                           | Travel    |  834 |
| NULL                           | Music     |  829 |
| WESLEY.BULL@sakilacustomer.org | Games     |    9 |
| WESLEY.BULL@sakilacustomer.org | Foreign   |    6 |
| ...                            |           |      |
| WESLEY.BULL@sakilacustomer.org | Comedy    |    1 |
| NULL                           | Thriller  |    0 |
+--------------------------------+-----------+------+
31 rows in set (0.07 sec)
```

웨슬리Wesley가 각 영화의 카테고리별로 대여한 횟수를 가져오던 쿼리가 다른 모든 사람의 대여 횟수까지 보여주기 시작했습니다. 게다가 아직까지 대여 횟수가 0인 스릴러도 출력됩니다. 여기서 무슨 일이 일어나는지 이해해봅시다.

WHERE 절의 내용은 조인이 실행된 후 논리적으로 적용됩니다. 먼저, cs.email 열이 'WESLEY.BULL@sakilacustomer.org'인 모든 항목의 행이 필요하다고 MySQL에 알립니다. 실제로 MySQL은 이러한 상황을 최적화할 수 있을 만큼 똑똑해 일반적인 내부 조인처럼 실행합니다.

LEFT JOIN customer 절 내에 cs.email 조건이 있을 때 고객 테이블의 열을 지금까지의 결과 집합(category, inventory, rental 테이블 포함)에 추가하고 싶다고 MySQL에 알립니다. 특정 값이 email 열에 있는 경우, 이것은 왼쪽 조인이므로 일치하지 않는 행의 모든 고객 열에서 NULL을 얻습니다.

5.4 중첩 쿼리

MySQL 4.1 버전부터 지원하기 시작한 중첩 쿼리^{nested query}는 가장 배우기 어려운 개념입니다. 그렇지만 간결한 SQL 문으로 어려운 정보 요구사항을 표현하는 가장 강력하고 유용한 방법입니다. 이 절에서는 간단한 예시로 시작해 EXISTS나 IN 같은 복잡한 기능까지 설명합니다. 이 절에서 데이터 쿼리에 대한 모든 내용이 갈무리되어, 이번 장까지 끝마친 독자는 앞으로 나올 대부분의 SQL 쿼리를 이해할 수 있습니다.

5.4.1 중첩 쿼리 기초

앞서, INNER JOIN을 사용해 특정 영화에 출연한 모든 배우의 이름을 찾는 방법을 살펴보았습니다.

```
mysql> SELECT first_name, last_name FROM
    -> actor JOIN film_actor USING (actor_id)
    -> JOIN film USING (film_id)
    -> WHERE title = 'ZHIVAGO CORE';
+------------+-----------+
| first_name | last_name |
+------------+-----------+
| UMA        | WOOD      |
| NICK       | STALLONE  |
| GARY       | PENN      |
| SALMA      | NOLTE     |
| KENNETH    | HOFFMAN   |
| WILLIAM    | HACKMAN   |
+------------+-----------+
6 rows in set (0.00 sec)
```

다른 방식으로 중첩 쿼리를 사용하는 방법이 있습니다.

```
mysql> SELECT first_name, last_name FROM
    -> actor JOIN film_actor USING (actor_id)
    -> WHERE film_id = (SELECT film_id FROM film
    -> WHERE title = 'ZHIVAGO CORE');
+------------+-----------+
| first_name | last_name |
+------------+-----------+
| UMA        | WOOD      |
| NICK       | STALLONE  |
| GARY       | PENN      |
| SALMA      | NOLTE     |
| KENNETH    | HOFFMAN   |
| WILLIAM    | HACKMAN   |
+------------+-----------+
6 rows in set (0.00 sec)
```

한 쿼리가 다른 쿼리 안에 있기 때문에 중첩 쿼리라고 부릅니다. **내부 쿼리**inner query 또는 **하위 쿼리**subquery는 괄호 안에 작성되며 제목이 ZHIVAGO CORE인 영화의 `film_id`를 찾습니다. 내부 쿼리를 작성하는 데는 괄호가 필요합니다. **외부 쿼리**outer query는 괄호로 묶이지 않고 가장 먼저 나열된 쿼리입니다. 하위 쿼리의 결과와 일치하는 `film_id`를 가진 `film_actor`, 그리고 `film_actor`를 가진 JOIN에서 배우의 `first_name`과 `last_name`을 찾습니다. 따라서 내부 쿼리는 `film_id`를 찾고 외부 쿼리는 그 결과를 사용해 배우의 이름을 찾습니다. 중첩 쿼리는 몇 개의 개별 쿼리로 다시 작성할 수 있습니다. 이전 예시를 개별 쿼리로 재작성해 무슨 일이 일어나고 있는지 알아보겠습니다.

```
mysql> SELECT film_id FROM film WHERE title = 'ZHIVAGO CORE';
+---------+
| film_id |
+---------+
|     998 |
+---------+
1 row in set (0.03 sec)

mysql> SELECT first_name, last_name
    -> FROM actor JOIN film_actor USING (actor_id)
    -> WHERE film_id = 998;
```

```
+------------+------------+
| first_name | last_name  |
+------------+------------+
| UMA        | WOOD       |
| NICK       | STALLONE   |
| GARY       | PENN       |
| SALMA      | NOLTE      |
| KENNETH    | HOFFMAN    |
| WILLIAM    | HACKMAN    |
+------------+------------+
6 rows in set (0.00 sec)
```

중첩이 필요할까요? 필요 없을까요? 선뜻 답하기 어렵습니다. 성능 측면에서 생각하면 중첩 쿼리는 최적화하기 어렵기 때문에 중첩되지 않은 쿼리보다 대부분 실행 속도가 느립니다.

그럼 속도 때문에 중첩을 사용하지 않는 게 좋을까요? 그럴 필요는 없습니다. 때로는 단일 쿼리를 작성하는 것이 유일한 해결책인 경우도 있고, 때로는 중첩 쿼리를 작성하지 않고 쉽게 해결할 수 없는 요구사항이 있는 경우도 있습니다. 게다가 중첩 쿼리는 표현력이 뛰어납니다. 중첩 쿼리의 개념에 익숙해지면 쿼리가 실행되는 방식을 매우 쉽게 이해하게 됩니다. 실제로 많은 SQL 설계자가 앞서 소개한 고급 조인 기능 이전에 중첩 쿼리를 학습하길 권장합니다. 이제부터 중첩의 가독성과 효과를 강하게 확인할 수 있는 예시를 보이겠습니다.

중첩된 쿼리에서 사용할 수 있는 키워드를 소개하기에 앞서, LIMIT 절을 사용한 예시를 살펴보겠습니다. LIMIT 절은 MySQL에서 사용되는 비표준 구문이지만 SQL 엔진에 따라 비슷한 기능들이 존재합니다. LIMIT를 활용하면 단일 쿼리로 쉽게 해결할 수 있는 문제들이 있습니다. 한 예로 고객이 가장 최근에 대여한 영화가 무엇인지 알아봅시다. 이전에 배운 방법에 따라 해당 고객의 rental 테이블에서 가장 최근에 저장된 행의 날짜와 시간을 찾으면 됩니다.

```
mysql> SELECT MAX(rental_date) FROM rental
    -> JOIN customer USING (customer_id)
    -> WHERE email = 'WESLEY.BULL@sakilacustomer.org';
+---------------------+
| MAX(rental_date)    |
+---------------------+
| 2005-08-23 15:46:33 |
+---------------------+
1 row in set (0.01 sec)
```

그런 다음 출력된 내용을 다른 쿼리에 입력으로 사용해 영화 제목을 찾을 수 있습니다.

```
mysql> SELECT title FROM film
    -> JOIN inventory USING (film_id)
    -> JOIN rental USING (inventory_id)
    -> JOIN customer USING (customer_id)
    -> WHERE email = 'WESLEY.BULL@sakilacustomer.org'
    -> AND rental_date = '2005-08-23 15:46:33';
+-------------+
| title       |
+-------------+
| KARATE MOON |
+-------------+
1 row in set (0.00 sec)
```

> **NOTE_** '5.5 사용자 변수'에서 변수를 사용해 두 번째 쿼리에 값을 입력하지 않아도 되는 방법을 소개하겠습니다.

중첩 쿼리를 사용하면 두 단계를 한 번에 수행합니다.

```
mysql> SELECT title FROM film JOIN inventory USING (film_id)
    -> JOIN rental USING (inventory_id)
    -> WHERE rental_date = (SELECT MAX(rental_date) FROM rental
    -> JOIN customer USING (customer_id)
    -> WHERE email = 'WESLEY.BULL@sakilacustomer.org');
+-------------+
| title       |
+-------------+
| KARATE MOON |
+-------------+
1 row in set (0.01 sec)
```

이전의 두 쿼리를 중첩해 쿼리 하나로 만들 수 있습니다. 이전 쿼리에서 발견한 일정한 날짜와 시간 값을 사용하는 대신 쿼리에 하위 쿼리를 직접 입력합니다. 이런 유형은 단일 값인 **스칼라 피연산자**scalar operand를 반환하는 가장 간단한 중첩 유형입니다.

5.4.2 ANY, SOME, ALL, IN, NOT IN 절

중첩 쿼리의 고급 기능을 보여주기 전에 예시 데이터베이스를 새것으로 전환합시다. 불행히도 sakila 데이터베이스는 중첩 쿼리의 모든 기능을 효과적으로 보여주기에는 정규화가 너무 잘 이루어져 있습니다. 그러니 가지고 놀 만한 새로운 데이터베이스를 추가해봅시다.

이번에 설치할 데이터베이스는 직원(employees) 샘플 데이터베이스입니다. MySQL 공식 문서나 데이터베이스의 깃허브 저장소에서 설치 지침을 볼 수 있습니다. git을 사용해 저장소를 복제하거나 최신 릴리스(https://github.com/datacharmer/test_db/releases)를 다운로드하십시오. 필요한 파일이 준비되면 두 가지 명령을 실행합니다.

먼저 필요한 구조를 만들고 데이터를 로드합니다.

```
$ mysql -uroot -p < employees.sql
INFO
CREATING DATABASE STRUCTURE
INFO
storage engine: InnoDB
INFO
LOADING departments
INFO
LOADING employees
INFO
LOADING dept_emp
INFO
LOADING dept_manager
INFO
LOADING titles
INFO
LOADING salaries
data_load_time_diff
00:00:28
```

다음으로, 설치가 잘 됐는지 확인합니다.

```
$ mysql -uroot -p < test_employees_md5.sql
INFO
TESTING INSTALLATION
table_name      expected_records        expected_crc
departments     9       d1af5e170d2d1591d776d5638d71fc5f
dept_emp        331603  ccf6fe516f990bdaa49713fc478701b7
dept_manager    24      8720e2f0853ac9096b689c14664f847e
employees       300024  4ec56ab5ba37218d187cf6ab09ce1aa1
salaries        2844047 fd220654e95aea1b169624ffe3fca934
titles  443308  bfa016c472df68e70a03facafa1bc0a8
table_name      found_records           found_crc
departments     9       d1af5e170d2d1591d776d5638d71fc5f
dept_emp        331603  ccf6fe516f990bdaa49713fc478701b7
dept_manager    24      8720e2f0853ac9096b689c14664f847e
employees       300024  4ec56ab5ba37218d187cf6ab09ce1aa1
salaries        2844047 fd220654e95aea1b169624ffe3fca934
titles  443308  bfa016c472df68e70a03facafa1bc0a8
table_name      records_match   crc_match
departments     OK      ok
dept_emp        OK      ok
dept_manager    OK      ok
employees       OK      ok
salaries        OK      ok
titles  OK      ok
computation_time
00:00:25
summary result
CRC     OK
count   OK
```

이 작업이 완료되면 다음 예시를 따라 작업을 계속할 수 있습니다. 새 데이터베이스에 연결하려면 다음과 같이 명령줄에서 mysql을 실행하거나 선택한 MySQL 클라이언트를 대상으로 employees를 지정합니다.

```
$ mysql employees
```

또는 mysql 프롬프트에서 다음을 실행해 기본 데이터베이스를 변경합니다.

```
mysql> USE employees
```

이제 다음으로 넘어갈 준비가 되었습니다.

ANY와 IN

이제 샘플 테이블을 만들었으므로 **ANY**를 예시에 적용해보겠습니다. 근무 기간이 가장 짧은 관리자보다 더 오래 재직한 보조 엔지니어^{Assistant Engineer}를 찾고 있다고 가정하겠습니다. 다음과 같은 쿼리로 표현할 수 있습니다.

```
mysql> SELECT emp_no, first_name, last_name, hire_date
    -> FROM employees JOIN titles USING (emp_no)
    -> WHERE title = 'Assistant Engineer'
    -> AND hire_date < ANY (SELECT hire_date FROM
    -> employees JOIN titles USING (emp_no)
    -> WHERE title = 'Manager');
+--------+------------+-----------------+------------+
| emp_no | first_name | last_name       | hire_date  |
+--------+------------+-----------------+------------+
|  10009 | Sumant     | Peac            | 1985-02-18 |
|  10066 | Kwee       | Schusler        | 1986-02-26 |
|  ...   |            |                 |            |
|  ...   |            |                 |            |
| 499958 | Srinidhi   | Theuretzbacher  | 1989-12-17 |
| 499974 | Shuichi    | Piazza          | 1989-09-16 |
+--------+------------+-----------------+------------+
10747 rows in set (0.20 sec)
```

조건을 충족하는 사람이 많습니다! 하위 쿼리를 자세히 보면 관리자가 고용된 날짜를 찾고 있습니다.

```
mysql> SELECT hire_date FROM
    -> employees JOIN titles USING (emp_no)
    -> WHERE title = 'Manager';
+------------+
| hire_date  |
+------------+
| 1985-01-01 |
| 1986-04-12 |
| ...        |
| 1991-08-17 |
```

```
│ 1989-07-10 │
+------------+
24 rows in set (0.10 sec)
```

외부 쿼리는 직함(title)이 보조 엔지니어(Associate Engineer)이면서 동시에 고용 날짜 (hire_date)가 하위 쿼리에서 반환된 집합의 값보다 낮은(오래 재직한) 엔지니어를 출력합니다. 예를 들어 1985-02-18이 집합 내에 있는 날짜 중 하나 이상보다 오래되었으므로(보다시피 관리자 중 둘째로 오래 재직한 사람의 고용일은 1986-04-12임) Sumant Peac가 출력됩니다. ANY 키워드는 이런 의미입니다. '앞에 있는 열과 표현식이 하위 쿼리에서 반환된 집합의 값 중 어느 값에든 참이면 참입니다.' ANY에는 별칭 SOME이 있습니다. SOME은 일부 쿼리를 영어 표현으로 더 명확하게 읽도록 하기 위해 포함되었습니다. 다른 기능은 전혀 없으며 거의 사용되지 않습니다.

ANY 키워드는 중첩 쿼리를 더 명확하게 표현하는 데 도움됩니다. 실제로 방금 본 쿼리는 **열 하위 쿼리**column subquery에 대한 첫 예시입니다. 즉, 하위 쿼리는 단일 스칼라 값 대신 열에 저장된 하나 이상의 값을 반환합니다. 이를 통해 외부 쿼리의 열 값과 하위 쿼리에서 반환된 값 집합을 비교할 수 있습니다.

ANY를 사용하는 다른 예시를 살펴봅시다. 직함이 다른 관리자를 알고 싶다고 가정하겠습니다.

```
mysql> SELECT emp_no, first_name, last_name
    -> FROM employees JOIN titles USING (emp_no)
    -> WHERE title = 'Manager'
    -> AND emp_no = ANY (SELECT emp_no FROM employees
    -> JOIN titles USING (emp_no) WHERE
    -> title <> 'Manager');
+--------+------------+--------------+
│ emp_no │ first_name │ last_name    │
+--------+------------+--------------+
│ 110022 │ Margareta  │ Markovitch   │
│ 110039 │ Vishwani   │ Minakawa     │
│ ...    │            │              │
│ 111877 │ Xiaobin    │ Spinelli     │
│ 111939 │ Yuchang    │ Weedman      │
+--------+------------+--------------+
24 rows in set (0.11 sec)
```

= ANY 절은 emp_no가 하위 쿼리에서 반환된 엔지니어 직원 번호와 같을 때 외부 쿼리에서 관리자를 반환합니다. = ANY 키워드 구문에는 별칭 IN이 있는데, IN은 중첩 쿼리에서 많이 사용됩니다. IN을 사용해 이전 쿼리를 재작성해보겠습니다.

```
mysql> SELECT emp_no, first_name, last_name
    -> FROM employees JOIN titles USING (emp_no)
    -> WHERE title = 'Manager'
    -> AND emp_no IN (SELECT emp_no FROM employees
    -> JOIN titles USING (emp_no) WHERE
    -> title <> 'Manager');
+--------+------------+-------------+
| emp_no | first_name | last_name   |
+--------+------------+-------------+
| 110022 | Margareta  | Markovitch  |
| 110039 | Vishwani   | Minakawa    |
| ...    |            |             |
| 111877 | Xiaobin    | Spinelli    |
| 111939 | Yuchang    | Weedman     |
+--------+------------+-------------+
24 rows in set (0.11 sec)
```

물론 이 경우에는 조인 쿼리를 사용할 수도 있습니다. 이번에는 DISTINCT를 함께 사용합니다. 그렇지 않으면 30개 행이 반환됩니다. 엔지니어가 아닌 직함을 두 개 이상 보유한 직원도 있습니다.

```
mysql> SELECT DISTINCT emp_no, first_name, last_name
    -> FROM employees JOIN titles mgr USING (emp_no)
    -> JOIN titles nonmgr USING (emp_no)
    -> WHERE mgr.title = 'Manager'
    -> AND nonmgr.title <> 'Manager';
+--------+------------+-------------+
| emp_no | first_name | last_name   |
+--------+------------+-------------+
| 110022 | Margareta  | Markovitch  |
| 110039 | Vishwani   | Minakawa    |
| ...    |            |             |
| 111877 | Xiaobin    | Spinelli    |
| 111939 | Yuchang    | Weedman     |
+--------+------------+-------------+
24 rows in set (0.11 sec)
```

다시 말하지만, 중첩 쿼리는 표현력이 뛰어나지만 MySQL에서는 속도가 느리므로 조인을 사용하길 권장합니다.

ALL

모든 관리자보다 근무 기간이 긴, 즉 가장 오래 재직한 관리자보다도 더 오래 재직한 보조 엔지니어를 찾는다고 가정하겠습니다. ANY 대신 ALL 키워드를 사용하면 됩니다.

```
mysql> SELECT emp_no, first_name, last_name, hire_date
    -> FROM employees JOIN titles USING (emp_no)
    -> WHERE title = 'Assistant Engineer'
    -> AND hire_date < ALL (SELECT hire_date FROM
    -> employees JOIN titles USING (emp_no)
    -> WHERE title = 'Manager');
Empty set (0.18 sec)
```

결과에 아무것도 출력되지 않습니다. 데이터를 더 조사해 관리자와 보조 엔지니어 집단에서 최초의 고용 날짜를 확인할 수 있습니다.

```
mysql> (SELECT 'Assistant Engineer' AS title,
    -> MIN(hire_date) AS mhd FROM employees
    -> JOIN titles USING (emp_no)
    -> WHERE title = 'Assistant Engineer')
    -> UNION
    -> (SELECT 'Manager' title, MIN(hire_date) mhd FROM employees
    -> JOIN titles USING (emp_no)
    -> WHERE title = 'Manager');
+--------------------+------------+
| title              | mhd        |
+--------------------+------------+
| Assistant Engineer | 1985-02-01 |
| Manager            | 1985-01-01 |
+--------------------+------------+
2 rows in set (0.26 sec)
```

데이터를 보면 첫 번째 관리자는 1985년 1월 1일에 고용되었고 첫 번째 보조 엔지니어는 같은 해 2월 1일에만 고용되었습니다. ANY 키워드는 하나 이상의 조건을 충족하는 값(불리언 OR)을 반환하지만 ALL 키워드는 모든 조건이 충족되는 경우에 해당하는 값(불리언 AND)만 반환합니다.

<> ANY 또는 != ANY 대신 NOT IN이란 별칭을 사용할 수 있습니다. 고위 직원(Senior Staff)이 아닌 모든 관리자를 찾아보겠습니다.

```
mysql> SELECT emp_no, first_name, last_name
    -> FROM employees JOIN titles USING (emp_no)
    -> WHERE title = 'Manager' AND emp_no NOT IN
    -> (SELECT emp_no FROM titles
    -> WHERE title = 'Senior Staff');
+--------+------------+--------------+
| emp_no | first_name | last_name    |
+--------+------------+--------------+
| 110183 | Shirish    | Ossenbruggen |
| 110303 | Krassimir  | Wegerle      |
| ...    |            |              |
| 111400 | Arie       | Staelin      |
| 111692 | Tonny      | Butterworth  |
+--------+------------+--------------+
15 rows in set (0.09 sec)
```

이 쿼리를 연습 삼아 ANY 구문과 조인 쿼리를 사용해 작성해보십시오.

ALL 키워드에는 몇 가지 주의해야 할 사항이 있습니다.

- 한 값이라도 거짓이 나온다면 전체 결과는 거짓입니다. 테이블 a에 값이 14인 행이 있고 테이블 b에 값이 각각 16, 1, NULL인 행이 있다고 가정합니다. a의 값이 b의 모든 값보다 더 큰지 확인하면 14가 16보다 더 크지 않으므로 거짓이 나옵니다. 다른 값이 1과 NULL인 것은 중요하지 않습니다.

- 어느 값이든 거짓이 나오지 않더라도, 모든 값이 참이 아니면 전체 결과는 참이 아닙니다. 테이블 a에 다시 14가 포함되고 b에 1과 NULL이 포함되었다고 가정합니다. a의 값이 b의 모든 값보다 더 큰지 확인하면 NULL이 14보다 더 큰지 작은지 결정할 수 없기 때문에 UNKNOWN(참도 거짓도 아님)을 얻게 됩니다.

- 하위 쿼리의 테이블이 비어 있다면 결과는 항상 참입니다. 따라서 a가 14를 포함하고 b가 비어 있으면 a의 값이 b의 모든 값보다 더 큰지 확인할 때 참이 됩니다.

ALL 키워드를 사용할 때 열에 NULL 값이 들어갈 수 있는 테이블을 매우 주의합시다. 이러한 경우 NULL 값을 허용하지 않는 것이 좋습니다. 또 빈 테이블도 주의합시다.

행 하위 쿼리 작성

이전 예시에서 하위 쿼리는 단일 스칼라 값(예: `actor_id`) 또는 한 열의 값 집합(예: 모든

emp_no 값)을 반환했습니다. 이 절에서는 여러 행의 여러 열에서 작동하는 또 다른 유형의 하위 쿼리인 **행 하위 쿼리**^{row subquery}에 대해 설명합니다.

관리자가 같은 연도 내에 다른 직위^{position}를 맡았는지 여부에 관심이 있다고 가정합니다. 이 요구사항에 답하려면 직원 번호와 직함(`title`) 부여 날짜, 더 정확하게는 연도가 모두 일치해야 합니다. 이것을 조인으로 작성할 수 있습니다.

```
mysql> SELECT mgr.emp_no, YEAR(mgr.from_date) AS fd
    -> FROM titles AS mgr, titles AS other
    -> WHERE mgr.emp_no = other.emp_no
    -> AND mgr.title = 'Manager'
    -> AND mgr.title <> other.title
    -> AND YEAR(mgr.from_date) = YEAR(other.from_date);
+--------+------+
| emp_no | fd   |
+--------+------+
| 110765 | 1989 |
| 111784 | 1988 |
+--------+------+
2 rows in set (0.11 sec)
```

중첩 쿼리로도 작성할 수 있습니다.

```
mysql> SELECT emp_no, YEAR(from_date) AS fd
    -> FROM titles WHERE title = 'Manager' AND
    -> (emp_no, YEAR(from_date)) IN
    -> (SELECT emp_no, YEAR(from_date)
    -> FROM titles WHERE title <> 'Manager');
+--------+------+
| emp_no | fd   |
+--------+------+
| 110765 | 1989 |
| 111784 | 1988 |
+--------+------+
2 rows in set (0.12 sec)
```

이 중첩 쿼리에서 다른 구문이 사용되었음을 알 수 있습니다. 괄호 안에 있는 두 개의 열 이름 목록은 WHERE 문 다음에 오고 내부 쿼리는 두 개의 열을 반환합니다. 이 구문은 다음에 설명하겠습니다.

행 하위 쿼리 구문을 사용하면 행당 여러 값을 비교할 수 있습니다. 표현식(emp_no, YEAR(from_date))은 행당 두 값이 하위 쿼리의 출력과 비교됨을 의미합니다. 하위 쿼리가 emp_no 및 YEAR(from_date)의 두 값을 반환하는 IN 키워드를 따라가는 것을 볼 수 있습니다. 해당 쿼리 부분입니다.

```
(emp_no, YEAR(from_date)) IN (SELECT emp_no, YEAR(from_date)
FROM titles WHERE title <> 'Manager')
```

관리자 번호 및 시작 연도와 비관리자 번호 및 시작 연도를 일치시킬 때 해당하는 항목이 있으면 true를 반환합니다. 일치하는 쌍이 발견되면 전체 쿼리가 결과를 출력합니다. 이것은 일반적인 구조의 행 하위 쿼리입니다. 이 쿼리는 두 테이블에 존재하는 행을 찾습니다.

구문을 더 설명하기 위해 다른 예시를 보겠습니다. 특정 직원이 고위 직원인지 확인하려고 한다고 가정합시다.

```
mysql> SELECT first_name, last_name
    -> FROM employees, titles
    -> WHERE (employees.emp_no, first_name, last_name, title) =
    -> (titles.emp_no, 'Marjo', 'Giarratana', 'Senior Staff');
+------------+------------+
| first_name | last_name  |
+------------+------------+
| Marjo      | Giarratana |
+------------+------------+
1 row in set (0.09 sec)
```

이번 예시는 중첩 쿼리는 아니지만 새 행 하위 쿼리 구문이 작동하는 방식을 보여줍니다. 쿼리에서 등호 앞의 열 목록인 (employees.emp_no, first_name, last_name, title)과 등호 뒤의 열 및 값 목록인 (titles.emp_no, 'Marjo', 'Giarratana', 'Senior Staff')의 개수가 서로 일치하는 것을 볼 수 있습니다. 이렇게 두 테이블에서 emp_no 값이 일치하고 이름은 Marjo Giarratana이고 직함이 Senior Staff인 직원의 정보가 출력됩니다. 하지만 이런 쿼리는 권장하지 않습니다. 대신 여러 AND 조건을 포함한 WHERE 절을 사용하세요. 정확히 무슨 일이 일어나는지 볼 수 있는 쿼리가 좋습니다. 조인을 사용해서 같은 쿼리를 작성해 익히는 방법을 추천합니다.

행 하위 쿼리를 사용하려면 열에 있는 값의 수와 순서, 타입이 서로 일치해야 합니다. 예를 들어 이전 예시에서는 **INT** 자리에 **INT**를 입력했고 문자열인 두 개의 항목 자리엔 문자열을 입력했습니다.

5.4.3 EXISTS와 NOT EXISTS 절

지금까지 스칼라 하위 쿼리와 열 하위 쿼리, 행 하위 쿼리까지 총 세 유형의 하위 쿼리를 보았습니다. 이 절에서는 외부 쿼리에 사용된 테이블이 하위 쿼리에서 참조되는 네 번째 유형인 **상호연관 하위 쿼리**correlated subquery를 알아보겠습니다.

상호연관 하위 쿼리는 이미 논의한 **IN** 문과 함께 자주 사용되며 거의 항상 이 절의 초점인 EXISTS 및 NOT EXISTS 절과 함께 사용됩니다.

EXISTS와 NOT EXISTS 기초

상호연관 하위 쿼리에 대해 알아보기 전에 EXISTS 절의 역할을 조사해보겠습니다. 아직 상호연관 하위 쿼리를 배우지 않았으므로 **EXISTS**를 알아보기 위해 간단하지만 이상한 예를 들어보겠습니다. 데이터베이스가 활성화된 경우에만 데이터베이스에 저장된 영화의 수를 알고 싶다고 가정하겠습니다. 데이터베이스는 어떤 지점에서든 영화를 한 번 이상 대여해가면 활성화됩니다. 이 쿼리를 실행하기 전에 sakila 데이터베이스에 다시 연결하는 것을 잊지 마십시오(힌트: use \<db\> 명령 사용).

```
mysql> SELECT COUNT(*) FROM film
    -> WHERE EXISTS (SELECT * FROM rental);
+----------+
| COUNT(*) |
+----------+
|     1000 |
+----------+
1 row in set (0.01 sec)
```

하위 쿼리는 rental 테이블의 모든 값을 반환합니다. 여기서 중요한 점은 적어도 하나 이상의 행을 반환한다는 것입니다. 행이 몇 개나 반환되는지, 어떤 값이 들어 있는지, **NULL** 값만 포함되어 있는지도 중요하지 않습니다. 따라서 하위 쿼리를 참 또는 거짓으로 판단할 때, 이 하위 쿼리는 어떤 값이든 출력을 생성하므로 참입니다. 하위 쿼리가 참이면 EXISTS 절을 사용하는 외부 쿼리는 행을 반환합니다. 전체 결과는 각각에 대해 하위 쿼리가 참이기 때문에 `film` 테이블의 모든 행을 계산합니다.

하위 쿼리가 참이 아닌 쿼리를 시도해보겠습니다. 이번에는 데이터베이스에 있는 모든 영화의 이름을 출력하지만 특정 영화가 존재하는 경우에 한해 출력하는 쿼리를 만들겠습니다.

```
mysql> SELECT title FROM film
    -> WHERE EXISTS (SELECT * FROM film
    -> WHERE title = 'IS THIS A MOVIE?');
Empty set (0.00 sec)
```

`'IS THIS A MOVIE?'`란 제목을 가진 영화가 없으므로 하위 쿼리가 참이 아니게 되어 아무런 행도 출력되지 않습니다. 그에 따라 데이터베이스도 결과가 출력되지 않습니다.

`NOT EXISTS` 절은 그 반대 역할을 합니다. 데이터베이스에 특정 영화가 없는 경우에만 모든 배우의 목록을 출력하도록 만들어봅시다.

```
mysql> SELECT * FROM actor WHERE NOT EXISTS
    -> (SELECT * FROM film WHERE title = 'ZHIVAGO CORE');
Empty set (0.00 sec)
```

이번에는 내부 쿼리가 참이지만 **NOT EXISTS** 절이 이를 부정해 거짓을 반환합니다. 내부 쿼리가 참이 아니게 되므로 외부 쿼리는 결과를 생성하지 않습니다.

하위 쿼리를 보면 `SELECT * FROM film`으로 시작합니다. **EXISTS** 절을 사용할 때 내부 쿼리에서 무엇을 선택했는지는 실제로 중요하지 않습니다. 어쨌든 외부 쿼리에서는 사용되지 않기 때문입니다. 열 하나든, 그 외 무엇이든, 심지어 (`SELECT 'cat' from flim` 처럼) 상수도 선택할 수 있으며 그 효과는 전부 동일합니다. 그러나 대부분의 SQL 작성자는 의례적으로 `SELECT *`를 작성합니다.

상호연관 하위 쿼리

지금까지는 EXISTS 및 **NOT EXISTS** 절로 무엇을 할지 상상하기 어려웠습니다. 이 절에서는 실제로 어떻게 사용하는지와 일반적인 상황에서 볼 수 있는 가장 고급 유형의 중첩 쿼리를 보여줍니다.

sakila 데이터베이스에서 알 수 있는 현실적인 정보를 생각해보겠습니다. 직원 중에서 대여 기록이 있거나 단지 고객일 뿐인 직원의 목록을 알고 싶다고 가정하겠습니다. 물론, 조인 쿼리를 사용하면 이 작업을 쉽게 수행할 수 있으므로 그 외에 다양한 방법을 생각해보길 권합니다. 중첩 쿼리에 상호연관 하위 쿼리를 사용해도 문제를 해결할 수 있습니다.

```
mysql> SELECT first_name, last_name FROM staff
    -> WHERE EXISTS (SELECT * FROM customer
    -> WHERE customer.first_name = staff.first_name
    -> AND customer.last_name = staff.last_name);
Empty set (0.01 sec)
```

직원 중 누구도 고객이 아니므로 출력되는 내용은 없습니다(직원은 고객으로 등록할 수 없다는 제약이 있을지도 모르지만 무시하겠습니다). 직원 중 한 명과 세부 정보가 동일한 고객을 추가하겠습니다.

```
mysql> INSERT INTO customer(store_id, first_name, last_name,
    -> email, address_id, create_date)
    -> VALUES (1, 'Mike', 'Hillyer',
    -> 'Mike.Hillyer@sakilastaff.com', 3, NOW());
Query OK, 1 row affected (0.02 sec)
```

다시 쿼리를 시도해봅시다.

```
mysql> SELECT first_name, last_name FROM staff
    -> WHERE EXISTS (SELECT * FROM customer
    -> WHERE customer.first_name = staff.first_name
    -> AND customer.last_name = staff.last_name);
+------------+-----------+
| first_name | last_name |
+------------+-----------+
| Mike       | Hillyer   |
+------------+-----------+
1 row in set (0.00 sec)
```

그러면 쿼리가 작동합니다. 이제 방법만 이해하면 됩니다!

하위 쿼리를 살펴보겠습니다. FROM 절에는 customer 테이블만 나열되지만 WHERE 절에는 staff 테이블의 열이 사용됩니다. 분리해 실행할 경우 다음과 같은 에러가 발생합니다.

```
mysql> SELECT * FROM customer WHERE customer.first_name = staff.first_name;
ERROR 1054 (42S22): Unknown column 'staff.first_name' in 'where clause'
```

하지만 외부 쿼리에 나열된 테이블은 하위 쿼리에서 액세스할 수 있으므로 하위 쿼리로 실행할 경우 문법적으로 올바릅니다. 따라서 외부 쿼리의 staff.first_name 및 staff.last_name 의 현재 값은 하위 쿼리에 상수 스칼라 값으로 제공되어 고객의 이름과 성을 비교합니다. 고객과 직원의 이름이 일치하면 하위 쿼리가 참이므로 외부 쿼리는 행을 출력합니다. 작동 방식을 더 정확히 이해할 수 있도록 두 경우를 비교해보겠습니다.

- 외부 쿼리에서 처리 중인 first_name과 last_name이 Jon 과 Stephens인 경우 하위 쿼리는 SELECT * FROM customer WHERE first_name = 'Jon' AND last_name = 'Stephens';가 되는데 행을 반환하지 않으므로 거짓이 됩니다. 이에 따라 Jon Stephens에 대한 행은 출력되지 않습니다.
- 외부 쿼리에 의해 처리되는 first_name과 last_name이 Mike와 Hillyer인 경우 하위 쿼리는 SELECT * FROM customer WHERE first_name = 'Mike' AND last_name = 'Hillyer';가 되는데 적어도 하나의 행을 반환하므로 참이 됩니다. Mike Hillyer라는 직원 행이 반환됩니다.

상호연관 하위 쿼리의 위력이 느껴지나요? 내부 쿼리에 외부 쿼리 값을 사용해 복잡한 정보 요구사항을 해결할 수 있습니다.

이제 EXISTS를 사용하는 예시를 살펴보겠습니다. 두 개 이상 있는 영화의 수를 구해봅시다. EXISTS를 사용하려면 내부 및 외부 쿼리가 수행할 작업을 계획합니다. 내부 쿼리는 검사하는 조건이 참일 때만 결과를 생성합니다. 그러므로 이번 경우, 동일한 영화에 대한 행이 두 개 이상 있을 때만 출력을 생성합니다. 외부 쿼리는 내부 쿼리가 참일 때마다 카운터를 증가시킵니다.

```
mysql> SELECT COUNT(*) FROM film WHERE EXISTS
    -> (SELECT film_id FROM inventory
    -> WHERE inventory.film_id = film.film_id
    -> GROUP BY film_id HAVING COUNT(*) >= 2);
+----------+
| COUNT(*) |
+----------+
```

```
|       958 |
+-----------+
1 row in set (0.00 sec)
```

군이 중첩 쿼리까지 쓸 필요 없이 조인만 사용해도 충분하지만, 설명을 위해 중첩을 사용하겠습니다. 내부 쿼리를 보면 WHERE 절이 현재 영화에 대해 영화가 가진 고유한 `film_id`의 일치 여부를 확인해 일치하는 행만 확인합니다. GROUP BY 절은 목록에 항목이 두 개 이상 있는 경우에만 해당 영화에 대한 행을 클러스터링합니다. 따라서 내부 쿼리는 목록에 현재 영화에 대한 행이 두 개 이상 있는 경우에만 출력을 생성합니다. 외부 쿼리는 간단합니다. 하위 쿼리가 출력을 생성할 때 카운터 값을 증가시킵니다.

다른 예시를 하나 더 보겠습니다. 이 예시는 employees 데이터베이스에서 실행하므로 데이터베이스를 전환합시다. 앞서 IN을 사용해 직위^{position}가 다른 관리자를 찾는 쿼리를 실행했습니다.

```
mysql> SELECT emp_no, first_name, last_name
    -> FROM employees JOIN titles USING (emp_no)
    -> WHERE title = 'Manager'
    -> AND emp_no IN (SELECT emp_no FROM employees
    -> JOIN titles USING (emp_no) WHERE
    -> title <> 'Manager');
+--------+------------+--------------+
| emp_no | first_name | last_name    |
+--------+------------+--------------+
| 110022 | Margareta  | Markovitch   |
| 110039 | Vishwani   | Minakawa     |
| ...    |            |              |
| 111877 | Xiaobin    | Spinelli     |
| 111939 | Yuchang    | Weedman      |
+--------+------------+--------------+
24 rows in set (0.11 sec)
```

이 쿼리를 EXISTS를 사용하도록 다시 작성해보겠습니다. 하위 쿼리는 관리자와 이름이 같은 직원의 직함(title) 값이 있을 때 출력을 생성합니다.

그다음 외부 쿼리는 내부 쿼리가 출력을 생성할 때 직원의 이름을 반환합니다. 쿼리를 재작성하면 다음과 같습니다.

```
mysql> SELECT emp_no, first_name, last_name
    -> FROM employees JOIN titles USING (emp_no)
    -> WHERE title = 'Manager'
    -> AND EXISTS (SELECT emp_no FROM titles
    -> WHERE titles.emp_no = employees.emp_no
    -> AND title <> 'Manager');
+--------+------------+-------------+
| emp_no | first_name | last_name   |
+--------+------------+-------------+
| 110022 | Margareta  | Markovitch  |
| 110039 | Vishwani   | Minakawa    |
| ...    |            |             |
| 111877 | Xiaobin    | Spinelli    |
| 111939 | Yuchang    | Weedman     |
+--------+------------+-------------+
24 rows in set (0.09 sec)
```

이번에도 하위 쿼리가 외부 쿼리에서 가져온 emp_no 열을 참조합니다.

상호연관 하위 쿼리는 모든 중첩 쿼리 유형과 함께 사용할 수 있습니다. 앞서 **IN**으로 작성된 쿼리를 외부 참조로 다시 작성해보겠습니다.

```
mysql> SELECT emp_no, first_name, last_name
    -> FROM employees JOIN titles USING (emp_no)
    -> WHERE title = 'Manager'
    -> AND emp_no IN (SELECT emp_no FROM titles
    -> WHERE titles.emp_no = employees.emp_no
    -> AND title <> 'Manager');
+--------+------------+-------------+
| emp_no | first_name | last_name   |
+--------+------------+-------------+
| 110022 | Margareta  | Markovitch  |
| 110039 | Vishwani   | Minakawa    |
| ...    |            |             |
| 111877 | Xiaobin    | Spinelli    |
| 111939 | Yuchang    | Weedman     |
+--------+------------+-------------+
24 rows in set (0.09 sec)
```

쿼리가 필요 이상으로 복잡하지만 아이디어를 설명합니다. 하위 쿼리의 **emp_no**가 외부 쿼리의 **employees** 테이블을 참조하는 것을 볼 수 있습니다.

쿼리가 단일 행을 반환하는 경우 IN 대신 등호를 사용하도록 다시 작성할 수도 있습니다.

```
mysql> SELECT emp_no, first_name, last_name
    -> FROM employees JOIN titles USING (emp_no)
    -> WHERE title = 'Manager'
    -> AND emp_no = (SELECT emp_no FROM titles
    -> WHERE titles.emp_no = employees.emp_no
    -> AND title <> 'Manager');
ERROR 1242 (21000): Subquery returns more than 1 row
```

하위 쿼리가 둘 이상의 스칼라 값을 반환하므로 이 경우에는 작동하지 않습니다. 범위를 좁혀
봅시다.

```
mysql> SELECT emp_no, first_name, last_name
    -> FROM employees JOIN titles USING (emp_no)
    -> WHERE title = 'Manager'
    -> AND emp_no = (SELECT emp_no FROM titles
    -> WHERE titles.emp_no = employees.emp_no
    -> AND title = 'Senior Engineer');
+--------+------------+-----------+
| emp_no | first_name | last_name |
+--------+------------+-----------+
| 110344 | Rosine     | Cools     |
| 110420 | Oscar      | Ghazalie  |
| 110800 | Sanjoy     | Quadeer   |
+--------+------------+-----------+
3 rows in set (0.10 sec)
```

원하는 대로 잘 동작합니다. 각자 관리자와 수석 엔지니어 직함이 있으므로 열 하위 쿼리 연산
자 IN이 필요하지 않습니다. 물론 직함이 중복된 경우(예: 한 사람의 직위명 내에서 앞뒤가 뒤
바뀐 경우) 대신 IN, ANY 또는 ALL을 사용합니다.

5.4.4 FROM 절에서의 중첩 쿼리

지금까지는 WHERE 절에서 중첩 쿼리를 사용하는 방법을 살펴보았습니다. 이번에는 FROM 절에
서 사용하는 방법을 보겠습니다. 이는 쿼리에서 사용 중인 데이터의 소스를 조작할 때 유용합
니다.

employees 데이터베이스의 salaries 테이블은 직원 ID와 함께 연봉을 저장합니다. 예를 들어 월급을 알고 싶다면 쿼리에서 계산할 수 있습니다. 먼저 하위 쿼리를 사용하는 방법을 살펴보겠습니다.

```
mysql> SELECT emp_no, monthly_salary FROM
    -> (SELECT emp_no, salary/12 AS monthly_salary FROM salaries) AS ms
    -> LIMIT 5;
+--------+----------------+
| emp_no | monthly_salary |
+--------+----------------+
|  10001 |      5009.7500 |
|  10001 |      5175.1667 |
|  10001 |      5506.1667 |
|  10001 |      5549.6667 |
|  10001 |      5580.0833 |
+--------+----------------+
5 rows in set (0.00 sec)
```

FROM 절 뒷부분을 봅시다. 하위 쿼리는 salaries 테이블을 사용하고 두 개의 열을 반환합니다. 첫 번째 열은 emp_no입니다. 두 번째 열은 salary 값을 12로 나눈 값으로 별칭은 monthly_salary입니다. 외부 쿼리는 간단합니다. emp_no와 하위 쿼리에서 생성한 monthly_salary 값을 반환합니다. 하위 쿼리에 대한 테이블 별칭 ms를 추가했습니다. 하위 쿼리를 테이블로 사용할 때(즉, SELECT FROM 작업을 사용하는 경우) 이 파생 테이블에는 쿼리에서 별칭을 사용하지 않더라도 별칭이 있어야 합니다. 별칭을 생략하면 MySQL이 에러를 출력합니다.

```
mysql> SELECT emp_no, monthly_salary FROM
    -> (SELECT emp_no, salary/12 AS monthly_salary FROM salaries)
    -> LIMIT 5;
ERROR 1248 (42000): Every derived table must have its own alias
```

sakila 데이터베이스를 이용한 또 다른 예시가 있습니다. 영화 한 편이 대여되면 받는 금액의 평균 합계나 평균 총수입을 알고 싶다고 가정합시다. 하위 쿼리는 각 영화에 대해 결제한 금액의 합계를 반환합니다. 그런 다음 외부 쿼리는 반환된 값의 평균을 구합니다.

```
mysql> SELECT AVG(gross) FROM
    -> (SELECT SUM(amount) AS gross
    -> FROM payment JOIN rental USING (rental_id)
    -> JOIN inventory USING (inventory_id)
    -> JOIN film USING (film_id)
    -> GROUP BY film_id) AS gross_amount;
+------------+
| AVG(gross) |
+------------+
|  70.361754 |
+------------+
1 row in set (0.05 sec)
```

내부 쿼리가 결제, 대여, 재고, 영화를 조인해 영화별로 매출을 그룹화하고 각 영화에 대한 합계를 얻습니다. 내부 쿼리를 단독으로 실행하면 다음과 같은 결과가 나옵니다.

```
mysql> SELECT SUM(amount) AS gross
    -> FROM payment JOIN rental USING (rental_id)
    -> JOIN inventory USING (inventory_id)
    -> JOIN film USING (film_id)
    -> GROUP BY film_id;
+--------+
| gross  |
+--------+
|  36.77 |
|  52.93 |
|  37.88 |
|   ...  |
|  14.91 |
|  73.83 |
| 214.69 |
+--------+
958 rows in set (0.08 sec)
```

이제 외부 쿼리는 이러한 합계(gross라는 별칭이 지정됨)를 가져와 평균을 구해서 최종 결과를 제공합니다. 하나의 데이터 집합에 두 개의 집계 함수를 적용할 때는 일반적으로 이런 방법을 사용합니다. 다음에서 보듯, AVG(SUM(amount))처럼 중첩되면 집계 함수를 적용할 수 없습니다.

```
mysql> SELECT AVG(SUM(amount)) AS avg_gross
    -> FROM payment JOIN rental USING (rental_id)
    -> JOIN inventory USING (inventory_id)
    -> JOIN film USING (film_id) GROUP BY film_id;
ERROR 1111 (HY000): Invalid use of group function
```

FROM 절의 하위 쿼리를 사용하면 스칼라 값, 열 값 집합, 둘 이상의 행 또는 전체 테이블을 반환할 수 있습니다. 하지만 상호연관 하위 쿼리를 사용할 수 없습니다. 즉, 하위 쿼리에 명시적으로 나열하지 않는 테이블이나 열을 참조할 수 없습니다. 한 가지 더 주의하자면, 하위 쿼리에는 AS 키워드를 사용해 별칭을 지정합니다. 쿼리에서 그 별칭을 사용하지 않더라도 말입니다.

5.4.5 JOIN에서의 중첩 쿼리

마지막으로 확인할 중첩 쿼리 사용법은 조인에서 사용하는 방법입니다. 이 방법 역시 앞서 설명한 방법들 못지않게 유용합니다. JOIN에서 중첩 쿼리를 사용할 경우 하위 쿼리의 결과는 새 테이블을 구성하고, 그 결과를 앞서 살펴본 모든 조인 유형에서 사용할 수 있습니다. 앞서 특정 고객이 대여한 각 카테고리별 영화 수를 확인하는 쿼리로 돌아가보겠습니다. 조인만 사용해 해당 쿼리를 작성하기는 어려웠습니다. 다음과 같이 고객이 대여하지 않은 카테고리에 대해서는 아무 값도 얻지 못했습니다.

```
mysql> SELECT cat.name AS category_name, COUNT(cat.category_id) AS cnt
    -> FROM category AS cat LEFT JOIN film_category USING (category_id)
    -> LEFT JOIN inventory USING (film_id)
    -> LEFT JOIN rental USING (inventory_id)
    -> JOIN customer AS cs ON rental.customer_id = cs.customer_id
    -> WHERE cs.email = 'WESLEY.BULL@sakilacustomer.org'
    -> GROUP BY category_name ORDER BY cnt DESC;
+-------------+-----+
| name        | cnt |
+-------------+-----+
| Games       |   9 |
| Foreign     |   6 |
| ...         |     |
| ...         |     |
| Comedy      |   1 |
| Sports      |   1 |
```

```
+------------+-----+
14 rows in set (0.00 sec)
```

이제 하위 쿼리와 조인에 대해 알게 되었으니 작업을 쉽게 완료할 수 있습니다. 쿼리를 새롭게 작성해보겠습니다.

```
mysql> SELECT cat.name AS category_name, cnt
    -> FROM category AS cat
    -> LEFT JOIN (SELECT cat.name, COUNT(cat.category_id) AS cnt
    ->      FROM category AS cat
    ->      LEFT JOIN film_category USING (category_id)
    ->      LEFT JOIN inventory USING (film_id)
    ->      LEFT JOIN rental USING (inventory_id)
    ->      JOIN customer cs ON rental.customer_id = cs.customer_id
    ->      WHERE cs.email = 'WESLEY.BULL@sakilacustomer.org'
    ->      GROUP BY cat.name) customer_cat USING (name)
    -> ORDER BY cnt DESC;
+------------+------+
| name       | cnt  |
+------------+------+
| Games      |    9 |
| Foreign    |    6 |
| ...        |      |
| Children   |    1 |
| Sports     |    1 |
| Sci-Fi     | NULL |
| Action     | NULL |
| Thriller   | NULL |
+------------+------+
17 rows in set (0.01 sec)
```

모든 카테고리가 표시되고 한 번도 대여하지 않은 카테고리에는 NULL이 표시됩니다. 새 쿼리에서 진행 중인 작업을 검토해보겠습니다. ORDER BY 절이 없는 이전 하위 쿼리에는 customer_cat이란 별칭을 지정했습니다. 따라서 Wesley가 무언가를 대여한 카테고리 14개 행은 대여 횟수가 반환됩니다. 그런 다음 LEFT JOIN을 사용해 해당 정보를 category 테이블의 전체 카테고리 목록에 연결합니다. category 테이블이 조인을 주도하므로 모든 행이 선택됩니다. 하위 쿼리의 출력과 category 테이블의 열 중에서 이름이 일치하는 열을 사용해 조인합니다. 이 방법은 매우 강력한 테크닉이지만 하위 쿼리가 늘 그렇듯 비용이 따릅니다. MySQL은 조인 절 내부에 하위 쿼리가 있는 쿼리를 효율적으로 최적화하지 못합니다.

5.5 사용자 변수

종종 쿼리에서 반환된 값을 저장할 때가 있습니다. 저장한 값은 나중에 쿼리에서 쉽게 사용하거나 추후 결과를 표시하는 데 사용할 수 있습니다. 이때 긴요한 것이 사용자 변수입니다. 다음 쿼리는 영화 제목을 찾고 결과를 사용자 변수에 저장합니다.

```
mysql> SELECT @film:=title FROM film WHERE film_id = 1;
+------------------+
| @film:=title     |
+------------------+
| ACADEMY DINOSAUR |
+------------------+
1 row in set, 1 warning (0.00 sec)
```

사용자 변수의 이름은 **film**으로 앞에 **@** 문자를 입력해 사용자 변수임을 나타냅니다. 사용자 변수에는 := 연산자를 이용해 값을 할당합니다. 이제 매우 짧은 쿼리를 사용해 사용자 변수의 값을 확인할 수 있습니다.

```
mysql> SELECT @film;
+------------------+
| @film            |
+------------------+
| ACADEMY DINOSAUR |
+------------------+
1 row in set (0.00 sec)
```

앞서 경고가 출력되었습니다. 어떤 경고인지 보겠습니다.

```
mysql> SELECT @film:=title FROM film WHERE film_id = 1;
mysql> SHOW WARNINGS\G
*************************** 1. row ***************************
    Level: Warning
     Code: 1287
Message: Setting user variables within expressions is deprecated
and will be removed in a future release. Consider alternatives:
'SET variable=expression, ...', or
'SELECT expression(s) INTO variables(s)'.
1 row in set (0.00 sec)
```

경고는 표현식 내부에서 사용자 변수를 사용하는 기능이 추후 종료된다고 알려줍니다. 두 가지 대안을 살펴보겠습니다. 먼저, SET 문에서 중첩 쿼리를 실행할 수 있습니다.

```
mysql> SET @film := (SELECT title FROM film WHERE film_id = 1);
Query OK, 0 rows affected (0.00 sec)

mysql> SELECT @film;
+------------------+
| @film            |
+------------------+
| ACADEMY DINOSAUR |
+------------------+
1 row in set (0.00 sec)
```

또는 SELECT INTO 문을 사용할 수 있습니다.

```
mysql> SELECT title INTO @film FROM film WHERE film_id = 1;
Query OK, 1 row affected (0.00 sec)

mysql> SELECT @film;
+------------------+
| @film            |
+------------------+
| ACADEMY DINOSAUR |
+------------------+
1 row in set (0.00 sec)
```

SELECT 없이 SET 문을 사용하면 변수를 명시적으로 설정할 수 있습니다. 카운터를 0으로 초기화한다고 가정합니다.

```
mysql> SET @counter := 0;
Query OK, 0 rows affected (0.00 sec)
```

:=의 입력은 선택 사항이며, := 대신 =를 사용해도 됩니다. 여러 값을 할당할 때는 쉼표로 구분하거나 각자 별도로 지정합니다.

```
mysql> SET @counter = 0, @age := 23;
Query OK, 0 rows affected (0.00 sec)
```

SET의 대체 구문은 SELECT INTO입니다. 단일 변수를 지정할 때는 다음과 같이 입력합니다.

```
mysql> SELECT 0 INTO @counter;
Query OK, 1 row affected (0.00 sec)
```

한 번에 여러 변수를 지정하려면 다음과 같이 입력합니다.

```
mysql> SELECT 0, 23 INTO @counter, @age;
Query OK, 1 row affected (0.00 sec)
```

사용자 변수는 보통 나중에 사용할 결과를 저장하는 데 사용합니다. 이 장의 앞부분에서 중첩 쿼리의 장점을 설명하며 사용한 예시를 다시 살펴보겠습니다. 특정 고객이 가장 최근에 대여한 영화의 제목을 찾으려 합니다(이때 중첩 쿼리를 사용하는 편이 좋음).

```
mysql> SELECT MAX(rental_date) FROM rental
    -> JOIN customer USING (customer_id)
    -> WHERE email = 'WESLEY.BULL@sakilacustomer.org';
+---------------------+
| MAX(rental_date)    |
+---------------------+
| 2005-08-23 15:46:33 |
+---------------------+
1 row in set (0.01 sec)

mysql> SELECT title FROM film
    -> JOIN inventory USING (film_id)
    -> JOIN rental USING (inventory_id)
    -> JOIN customer USING (customer_id)
    -> WHERE email = 'WESLEY.BULL@sakilacustomer.org'
    -> AND rental_date = '2005-08-23 15:46:33';
+-------------+
| title       |
+-------------+
| KARATE MOON |
+-------------+
1 row in set (0.00 sec)
```

사용자 변수를 사용하면 결과를 다음 쿼리에 입력하기 편하게 저장할 수 있습니다. 다음은 사용자 변수를 사용해 다시 작성한, 이전과 동일한 쿼리 쌍입니다.

```
mysql> SELECT MAX(rental_date) INTO @recent FROM rental
    -> JOIN customer USING (customer_id)
    -> WHERE email = 'WESLEY.BULL@sakilacustomer.org';
1 row in set (0.01 sec)

mysql> SELECT title FROM film
    -> JOIN inventory USING (film_id)
    -> JOIN rental USING (inventory_id)
    -> JOIN customer USING (customer_id)
    -> WHERE email = 'WESLEY.BULL@sakilacustomer.org'
    -> AND rental_date = @recent;
+-------------+
| title       |
+-------------+
| KARATE MOON |
+-------------+
1 row in set (0.00 sec)
```

이렇게 하면 앞 결과를 복사해 붙여넣지 않아도 되며 입력 오류를 방지할 수 있습니다. 사용자 변수를 사용할 때 다음 주의 사항을 기억해둡시다.

- 연결에 따라 사용자 변수는 달라집니다. 생성한 변수는 다른 사람이 볼 수 없으며 두 개의 다른 연결에는 이름이 같은 두 개의 다른 변수가 있을 수 있습니다.

- 변수 이름에는 숫자, 문자열을 사용하며 마침표(.), 밑줄(_) 및 달러 기호($) 문자를 포함할 수도 있습니다.

- 변수 이름은 MySQL 버전 5 이전에서는 대소문자를 구분하고 버전 5 이후부터는 대소문자를 구분하지 않습니다.

- 초기화되지 않은 모든 변수는 NULL 값을 갖습니다. 수동으로 변수를 NULL로 설정할 수도 있습니다.

- 연결이 끊기면 변수는 소멸됩니다.

- 한 쿼리에서 변수에 값을 할당하는 동시에 SELECT에 변수를 사용해선 안 됩니다. 한 쿼리에서 새 값을 즉시 사용할 수 없으며 변수의 타입형은 쿼리에서 처음 할당될 때 설정되기 때문입니다. 나중에 동일한 SQL 문에서 다른 타입을 사용하면 예기치 않은 결과가 발생할 수 있습니다.

새로 만든 변수 @fid를 사용해 이 주의 사항을 더 자세히 살펴보겠습니다. 이전에 이 변수를 사용한 적이 없으므로 값은 비어 있습니다. 이제 inventory 테이블에 항목이 있는 영화의 film_id를 표시해보겠습니다. 직접 표시하는 대신 @fid 변수에 film_id를 할당합니다. 쿼리에 변수를 할당 작업 전에 한 번, 할당 작업의 일부로 한 번, 나중에 한 번, 총 세 번 표시합니다.

```
mysql> SELECT @fid, @fid:=film.film_id, @fid FROM film, inventory
    -> WHERE inventory.film_id = @fid;
Empty set, 1 warning (0.16 sec)
```

사용 중단 경고 외에 아무것도 반환하지 않습니다. 변수에 시작할 항목이 없어 WHERE 절은 비어 있는 inventory.film_id 값을 찾으려고 합니다. WHERE 절에서 film.film_id를 사용하도록 쿼리를 수정하면 예상대로 작동합니다.

```
mysql> SELECT @fid, @fid:=film.film_id, @fid FROM film, inventory
    -> WHERE inventory.film_id = film.film_id LIMIT 20;
+------+-------------------+------+
| @fid | @fid:=film.film_id | @fid |
+------+-------------------+------+
| NULL |                 1 | 1    |
| 1    |                 1 | 1    |
| 1    |                 1 | 1    |
| ...  |                   |      |
| 4    |                 4 | 4    |
| 4    |                 4 | 4    |
+------+-------------------+------+
20 rows in set, 1 warning (0.00 sec)
```

이제 @fid가 비어 있지 않으며, 다음과 같이 초기 쿼리에서 몇 가지 결과를 생성합니다.

```
mysql> SELECT @fid, @fid:=film.film_id, @fid FROM film, inventory
    -> WHERE inventory.film_id = @fid LIMIT 20;
+------+-------------------+------+
| @fid | @fid:=film.film_id | @fid |
+------+-------------------+------+
|    4 |                 1 |    1 |
|    1 |                 1 |    1 |
| ...  |                   |      |
|    4 |                 4 |    4 |
|    4 |                 4 |    4 |
+------+-------------------+------+
20 rows in set, 1 warning (0.00 sec)
```

동작이 명확하게 보장되지 않아 결과를 예측할 수 없는 상황은 피하는 것이 상책입니다.

Part III

제품 환경의 MySQL

3부에서는 MySQL을 실제 제품 환경에서 활용할 때 도움을 주는 핵심 지식을 안내합니다. 동일한 데이터에 동시 접근할 때의 데이터 처리 방법을 시작으로, 복잡한 쿼리의 효율성 평가 방법과 데이터베이스 보안을 위한 사용자 관리 방법도 알아봅니다. MySQL 성능 최적화를 위해 구성 파일과 옵션을 설정하는 방법을 자세히 알아보고 운영에 도움을 주는 다양한 백업 전략을 소개합니다.

Part III

제품 환경의 MySQL

## CHAPTER 6

트랜잭션 및 잠금

SQL 데이터베이스에서 잠금은 트랜잭션 격리를 위한 핵심이지만 신규 사용자에게 많은 혼란을 주는 영역이기도 합니다. 개발자는 잠금이 데이터베이스 문제이며 DBA의 책임이라 생각합니다. 반대로 DBA는 잠금이 애플리케이션 문제이며 개발자의 책임이라 생각합니다. 이 장에서는 서로 다른 프로세스가 같은 행에 동시에 값을 입력하려고 하는 상황에서 발생하는 일에 대해 알아보겠습니다. 또 MySQL에서 사용할 수 있는 다양한 유형의 격리 수준을 사용하는 트랜잭션 내부의 읽기 쿼리 동작에 대해 설명합니다.

먼저 개념부터 정의하겠습니다. **트랜잭션**transaction은 데이터베이스에서 (하나 이상의 SQL 문을 사용해) 수행되는 작업으로 논리적 작업 단위입니다. 트랜잭션에서 발생하는 모든 SQL 문 수정은 단위별로 커밋(데이터베이스에 적용) 혹은 롤백rollback(데이터베이스에서 실행 취소)되며 부분적으로만 적용되는 일은 없습니다. 데이터베이스 트랜잭션은 원자성atomic, 일관성consistent, 격리성isolated, 영속성durable(**ACID**)이 보장되어야 합니다.

잠금lock은 애플리케이션과 사용자가 상호작용하는 동안 데이터베이스에 저장된 데이터의 무결성을 보장합니다. 유형이 다양하며 제한 정도도 종류별로 다릅니다.

요청이 순차적으로 발행되고 한 번에 하나씩(SELECT, INSERT, UPDATE 등) 순서대로 처리된다면 데이터베이스에는 트랜잭션과 잠금이 필요하지 않습니다. [그림 6-1]에서 직렬 실행의 흐름을 볼 수 있습니다.

다행히도 MySQL은 초당 수천 개의 요청을 직렬이 아닌 병렬로 처리할 수 있습니다. 이 장에서는 동일한 행에 **SELECT**와 **UPDATE** 요청이 동시에 도착하거나, 요청 하나가 실행 중인 동안에 다른 요청이 도착하는 경우처럼 MySQL이 병렬 처리를 위해 수행하는 작업을 설명합니다. [그림 6-2]에서 병렬 실행의 흐름을 볼 수 있습니다.

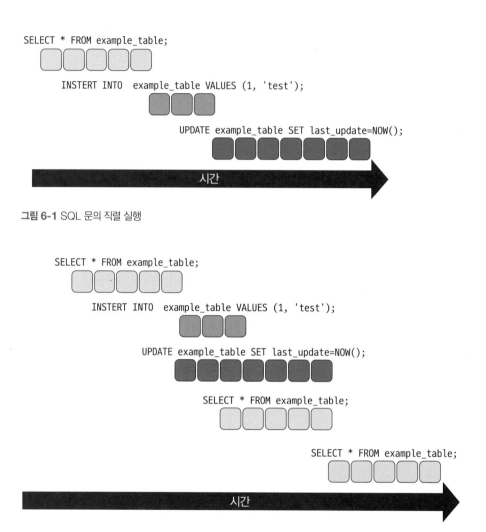

그림 6-1 SQL 문의 직렬 실행

그림 6-2 SQL 문의 병렬 실행

이 장에서는 MySQL이 트랜잭션을 격리(ACID의 I)하는 방법에 중점을 둡니다. 잠금이 발생하는 일반적인 상황에 대해 자세히 알아보고, 트랜잭션이 잠금을 획득할 때까지 대기하는 시간을 제어하는 MySQL 매개변수를 살펴보겠습니다.

6.1 격리 수준

격리 수준^{isolation level}은 여러 트랜잭션이 동시에 변경을 수행하고 쿼리를 수행할 때 결과의 성능, 안정성, 일관성, 재생산성의 균형을 유지하는 설정입니다.

MySQL은 SQL:1992 표준에서 정의한 기본적인 격리 수준 네 가지를 모두 지원합니다. InnoDB는 다양한 잠금 방식을 사용해 모든 트랜잭션 격리 수준을 지원합니다. 사용자는 SET [GLOBAL/SESSION] TRANSACTION 문을 사용해 단일 세션 또는 모든 후속 연결에 대한 격리 수준을 변경할 수도 있습니다.

ACID 준수가 필수적인 데이터를 다루는 작업에서는 기본값으로 사용되는 REPEATABLE READ 격리 수준을 적용해 높은 수준의 일관성을 유지합니다. 또 대량 보고처럼 정확한 일관성과 결과의 반복성보다 잠금 오버헤드 양의 최소화가 더 중요한 상황에서는 READ COMMITTED 또는 READ UNCOMMITTED 격리를 사용해 일관성 규칙을 완화합니다. 오류 해결을 책임져야 하는 특수한 상황에서는 SERIALIZABLE 격리를 사용해 REPEATABLE READ보다 더 엄격한 규칙을 적용합니다. 자세한 내용을 살펴보기 전에 몇 가지 용어를 알아보겠습니다.

| 잘못된 읽기 |

잘못된 읽기^{dirty reads}는 한 트랜잭션이 아직 COMMIT이 실행되지 않은 다른 트랜잭션에 의해 수정된 행에서 데이터를 읽으면 발생합니다. 수정한 트랜잭션이 롤백되면 또 다른 트랜잭션은 데이터베이스 상태를 반영하기 전의 잘못된 결과를 보게 됩니다. 데이터 무결성이 손상됩니다.

| 반복 불가능한 읽기 |

반복 불가능한 읽기^{non-repeatable reads}는 한 트랜잭션에서 두 쿼리가 SELECT를 실행했을 때 중간에 다른 트랜잭션에서 변경이 발생해 반환된 값이 서로 다를 때 일어납니다(T1이란 시점에서 행을 읽은 다음 T2란 시점에서 해당 행을 다시 읽으려 하는 사이 행의 값이 업데이트되었을 수

있음). 잘못된 읽기와의 차이점은 여기에는 COMMIT이 있다는 것입니다. 초기 SELECT 쿼리는 두 번째 실행될 때 다른 값을 반환하므로 반복할 수 없습니다.

| 가상 읽기 |

가상 읽기phantom reads는 한 트랜잭션이 실행 중이고, 읽히고 있는 레코드에 다른 트랜잭션이 행을 추가하거나 삭제할 때 발생합니다(이 경우에도 데이터를 수정하는 트랜잭션에 의한 COMMIT이 발생). 즉, 동일한 트랜잭션에서 동일한 쿼리가 다시 실행되면 다른 수의 행이 반환됩니다. 데이터의 일관성을 보장하는 범위 잠금이 없을 때 가상 읽기가 발생할 수 있습니다.

이러한 개념을 염두에 두고 MySQL의 다양한 격리 수준을 자세히 알아보겠습니다.

6.1.1 REPEATABLE READ

REPEATABLE READ는 InnoDB의 기본 격리 수준입니다. 동일한 트랜잭션 내에서 일관된 읽기를 보장합니다. 즉, 트랜잭션 내의 모든 쿼리가 첫 번째 읽기에 의해 설정된 데이터의 스냅샷과 동일한 스냅샷을 보게 됩니다. 이 모드에서 InnoDB는 간격 잠금 또는 다음 키 잠금('6.2 잠금'에 설명)을 사용해 스캔된 인덱스 범위를 잠궈서 해당 범위 내 간격에 다른 세션이 삽입하지 못하게 차단합니다.

예를 들어, 한 세션(세션 1)에서 다음 SELECT 문을 실행한다고 가정합니다.

```
session1 > SELECT * FROM person WHERE i BETWEEN 1 AND 4;
+---+----------+
| i | name     |
+---+----------+
| 1 | Vinicius |
| 2 | Sergey   |
| 3 | Iwo      |
| 4 | Peter    |
+---+----------+
4 rows in set (0.00 sec)
```

그리고 다른 세션(세션 2)에서 두 번째 행의 이름을 업데이트합니다.

```
session2 > UPDATE person SET name = 'Kuzmichev' WHERE i=2;
Query OK, 1 row affected (0.00 sec)
Rows matched: 1  Changed: 1  Warnings: 0

session2> COMMIT;
Query OK, 0 rows affected (0.00 sec)
```

세션 2에서 변경사항을 확인할 수 있습니다.

```
session2 > SELECT * FROM person WHERE i BETWEEN 1 AND 4;
+---+-----------+
¦ i ¦ name      ¦
+---+-----------+
¦ 1 ¦ Vinicius  ¦
¦ 2 ¦ Kuzmichev ¦
¦ 3 ¦ Iwo       ¦
¦ 4 ¦ Peter     ¦
+---+-----------+
4 rows in set (0.00 sec)
```

그러나 세션 1은 여전히 데이터의 원래 스냅샷에서 이전 값을 출력합니다.

```
session1> SELECT * FROM person WHERE i BETWEEN 1 AND 4;
+---+----------+
¦ i ¦ name     ¦
+---+----------+
¦ 1 ¦ Vinicius ¦
¦ 2 ¦ Sergey   ¦
¦ 3 ¦ Iwo      ¦
¦ 4 ¦ Peter    ¦
+---+----------+
```

REPEATABLE READ 격리 수준을 사용하면 잘못된 읽기 또는 반복 불가능한 읽기가 일어나지 않습니다. 각 트랜잭션은 처음 읽어들인 스냅샷을 참고합니다.

6.1.2 READ COMMITTED

포스트그레스나 오라클, SQL 서버 등 많은 데이터베이스가 기본값으로 READ COMMITTED 격리 수준을 사용하지만 MySQL은 그렇지 않습니다. 따라서 MySQL로 마이그레이션할 때는 이 차이점에 유의합니다.

READ COMMITTED와 REPEATABLE READ의 가장 큰 차이점은 READ COMMITTED를 사용하면 동일한 트랜잭션 내에서도 각 읽기가 자체적으로 새 스냅샷을 만들고 읽는다는 데 있습니다. 이 동작으로 트랜잭션 내에서 여러 쿼리를 실행하면 **가상 읽기**가 일어날 수 있습니다. 예시를 살펴보겠습니다. 세션 1에서 행 1은 다음과 같습니다.

```
session1 > SELECT * FROM person WHERE i = 1;
+---+----------+
| i | name     |
+---+----------+
| 1 | Vinicius |
+---+----------+
1 row in set (0.00 sec)
```

이제 세션 2에서 person 테이블의 첫 번째 행을 업데이트하고 트랜잭션을 커밋한다고 가정합니다.

```
session2 > UPDATE person SET name = 'Grippa' WHERE i = 1;
Query OK, 1 row affected (0.00 sec)
Rows matched: 1  Changed: 1  Warnings: 0

session2 > COMMIT;
Query OK, 0 rows affected (0.00 sec)
```

세션 1을 다시 확인하면 첫 번째 행의 값이 변경된 것을 볼 수 있습니다.

```
session1 > SELECT * FROM person WHERE i = 1;
+---+--------+
| i | name   |
+---+--------+
| 1 | Grippa |
+---+--------+
```

READ COMMITTED의 중요한 이점은 간격 잠금이 없어 잠긴 레코드 옆에 새 레코드를 자유롭게 삽입할 수 있다는 것입니다.

6.1.3 READ UNCOMMITTED

READ UNCOMMITTED 격리 수준에서 MySQL은 SELECT 문을 잠금이 없는 방식으로 수행합니다. 즉, 동일한 트랜잭션 내에 두 개의 SELECT 문이 서로 다른 버전의 행을 읽을 수 있음을 의미합니다. 앞에서 보았듯이 이 현상을 잘못된 읽기라고 합니다. 이번에는 READ UNCOMMITTED 를 사용해 이전 예시가 어떻게 실행되는지 생각해봅시다. 세션 1은 커밋 전에 세션 2의 업데이트 결과를 볼 수 있다는 차이가 있습니다. 다른 예시를 살펴보겠습니다. 세션 1에서 다음 SELECT 문을 실행한다고 가정합니다.

```
session1 > SELECT * FROM person WHERE i = 5;
+---+---------+
| i | name    |
+---+---------+
| 5 | Marcelo |
+---+---------+
1 row in set (0.00 sec)
```

그리고 세션 2에서는 커밋 없이 다음 업데이트를 수행합니다.

```
session2 > UPDATE person SET name = 'Altmann' WHERE i = 5;
Query OK, 1 row affected (0.00 sec)
Rows matched: 1  Changed: 1  Warnings: 0
```

이제 세션 1에서 SELECT를 다시 수행하면 다음과 같이 표시됩니다.

```
session1 > SELECT * FROM person WHERE i = 5;
+---+---------+
| i | name    |
+---+---------+
| 5 | Altmann |
+---+---------+
1 row in set (0.00 sec)
```

세션 1이 임시 상태에 있는 경우에도 수정된 데이터를 읽을 수 있으며 이 변경사항이 결국 롤백되고 커밋되지 않을 수 있음을 알 수 있습니다.

6.1.4 SERIALIZABLE

MySQL에서 사용할 수 있는 가장 제한된 격리 수준은 SERIALIZABLE입니다. 이는 REPEATABLE READ와 유사하지만 한 트랜잭션이 다른 트랜잭션을 방해하지 못하게 추가적으로 제한합니다. 따라서 이 잠금 메커니즘을 사용하면 일관성 없는 데이터가 생기지 않습니다.

> **NOTE_** SERIALIZABLE을 사용하는 애플리케이션에서는 재시도 전략이 중요합니다.

이를 명확히 하기 위해 고객의 계좌 잔액을 계좌 테이블에 등록하는 재무 데이터베이스를 상상해보십시오. 두 거래가 동시에 고객의 계좌 잔액을 업데이트하려고 하면 어떻게 될지 생각해봅시다. 기본 격리 수준인 REPEATABLE READ를 사용해 두 세션을 시작했고 각각 BEGIN을 사용해 트랜잭션을 명시적으로 열었다고 가정합니다. 세션 1에서는 accounts 테이블의 모든 계좌를 선택합니다.

```
session1> SELECT * FROM accounts;
+----+--------+---------+----------+---------------------+
| id | owner  | balance | currency | created_at          |
+----+--------+---------+----------+---------------------+
|  1 | Vinnie |      80 | USD      | 2021-07-13 20:39:27 |
|  2 | Sergey |     100 | USD      | 2021-07-13 20:39:32 |
|  3 | Markus |     100 | USD      | 2021-07-13 20:39:39 |
+----+--------+---------+----------+---------------------+
3 rows in set (0.00 sec)
```

그런 다음 세션 2에서 잔액이 80달러 이상인 모든 계좌를 선택합니다.

```
session2> SELECT * FROM accounts WHERE balance >= 80;
+----+--------+---------+----------+---------------------+
| id | owner  | balance | currency | created_at          |
+----+--------+---------+----------+---------------------+
|  1 | Vinnie |      80 | USD      | 2021-07-13 20:39:27 |
```

```
| 2 | Sergey |        100 | USD      | 2021-07-13 20:39:32 |
| 3 | Markus |        100 | USD      | 2021-07-13 20:39:39 |
+----+--------+----------+----------+---------------------+
3 rows in set (0.00 sec)
```

이제 세션 1에서 첫 번째 계좌의 잔액을 10달러 빼고 결과를 확인합니다.

```
session1> UPDATE accounts SET balance = balance - 10 WHERE id = 1;
Query OK, 1 row affected (0.00 sec)
Rows matched: 1 Changed: 1 Warnings: 0

session1> SELECT * FROM accounts;
+----+--------+---------+----------+---------------------+
| id | owner  | balance | currency | created_at          |
+----+--------+---------+----------+---------------------+
|  1 | Vinnie |      70 | USD      | 2021-07-13 20:39:27 |
|  2 | Sergey |     100 | USD      | 2021-07-13 20:39:32 |
|  3 | Markus |     100 | USD      | 2021-07-13 20:39:39 |
+----+--------+---------+----------+---------------------+
3 rows in set (0.00 sec)
```

계좌 1의 잔액이 70달러로 감소했습니다. 이제 세션 1을 커밋한 다음 세션 2로 이동해 세션 1
에서 만든 새 변경사항을 읽을 수 있는지 확인합니다.

```
session1> COMMIT;
Query OK, 0 rows affected (0.01 sec)

session2> SELECT * FROM accounts WHERE id = 1;
+----+--------+---------+----------+---------------------+
| id | owner  | balance | currency | created_at          |
+----+--------+---------+----------+---------------------+
|  1 | Vinnie |      80 | USD      | 2021-07-13 20:39:27 |
+----+--------+---------+----------+---------------------+
1 row in set (0.01 sec)
```

트랜잭션 1이 계좌 1의 잔액을 70달러로 변경하고 성공적으로 커밋했지만, 이 **SELECT** 쿼리는
계속해서 계좌 1에 대한 이전 데이터인 80달러로 반환합니다. 이는 **REPEATABLE READ** 격리
수준이 트랜잭션의 모든 읽기 쿼리가 반복 가능하도록 보장하기 때문입니다. 즉, 커밋된 다른
트랜잭션에 의해 변경이 이루어진 경우에도 항상 동일한 결과를 반환합니다.

그러나 세션 2에서 계좌 1 잔액을 10달러 빼기 위해 **UPDATE** 쿼리도 실행하면 어떻게 될까요? 잔액이 70달러나 60달러로 변경될까요? 아니면 오류가 발생할까요?

```
session2> UPDATE accounts SET balance = balance - 10 WHERE id = 1;
Query OK, 1 row affected (0.00 sec)
Rows matched: 1  Changed: 1  Warnings: 0

session2> SELECT * FROM accounts WHERE id = 1;
+----+--------+---------+----------+---------------------+
| id | owner  | balance | currency | created_at          |
+----+--------+---------+----------+---------------------+
|  1 | Vinnie |      60 | USD      | 2021-07-13 20:39:27 |
+----+--------+---------+----------+---------------------+
1 row in set (0.01 sec)
```

오류가 발생하지 않고 계좌 잔액은 60달러로 바뀝니다. 트랜잭션 1이 잔액을 70달러로 수정한 변경사항을 이미 커밋한 뒤므로 올바른 값입니다.

그러나 트랜잭션 2의 입장에서는 말이 되지 않는 일이 벌어졌습니다. 마지막 **SELECT** 쿼리에서 잔액이 80달러임을 보았지만 계좌에서 10달러를 뺐더니 잔액이 60달러가 된 셈입니다. 이 트랜잭션은 계속해서 다른 트랜잭션의 동시 업데이트의 영향을 받기 때문에 비수학적인 일이 벌어지는 것입니다.

이런 경우 **SERIALIZABLE**을 사용하면 도움됩니다. 변경하기 전으로 돌아가보겠습니다. 이번에는 **BEGIN**으로 트랜잭션을 시작하기 전에 **SET SESSION TRANSACTION ISOLATION LEVEL SERIALIZABLE**을 사용해 두 세션의 격리 수준을 명시적으로 **SERIALIZABLE**로 설정합니다. 다시 세션 1에서 모든 계좌를 선택합니다.

```
session1> SELECT * FROM accounts;
+----+--------+---------+----------+---------------------+
| id | owner  | balance | currency | created_at          |
+----+--------+---------+----------+---------------------+
|  1 | Vinnie |      80 | USD      | 2021-07-13 20:39:27 |
|  2 | Sergey |     100 | USD      | 2021-07-13 20:39:32 |
|  3 | Markus |     100 | USD      | 2021-07-13 20:39:39 |
+----+--------+---------+----------+---------------------+
3 rows in set (0.00 sec)
```

그리고 세션 2에서는 잔액이 미화 80달러보다 많은 모든 계좌를 선택합니다.

```
session2> SELECT * FROM accounts WHERE balance >= 80;
+----+--------+---------+----------+---------------------+
| id | owner  | balance | currency | created_at          |
+----+--------+---------+----------+---------------------+
|  1 | Vinnie |      80 | USD      | 2021-07-13 20:39:27 |
|  2 | Sergey |     100 | USD      | 2021-07-13 20:39:32 |
|  3 | Markus |     100 | USD      | 2021-07-13 20:39:39 |
+----+--------+---------+----------+---------------------+
3 rows in set (0.00 sec)
```

이제 세션 1에서 계좌 1의 잔액 10달러를 뺍니다.

```
session1> UPDATE accounts SET balance = balance - 10 WHERE id = 1;
```

그리고 … 아무 일도 일어나지 않습니다. 이번에는 UPDATE 쿼리가 차단됩니다. 세션 1의 SELECT 쿼리가 해당 행을 잠그고 세션 2의 업데이트가 성공하지 못하게 합니다. BEGIN(자동 커밋을 비활성화하는 것과 효과가 동일함)으로 트랜잭션을 명시적으로 시작했기 때문에 InnoDB는 각 트랜잭션의 모든 일반 SELECT 문을 암시적으로 SELECT ... FOR SHARE로 변환합니다. 트랜잭션이 읽기만 수행할지 아니면 행을 수정할지 사전에 알지 못하므로 InnoDB는 이전 예시에서 설명한 문제를 피하기 위해 잠금을 설정합니다. 이 예시에서 자동 커밋이 활성화된 경우 세션 2의 SELECT 쿼리는 세션 1에서 수행하려는 업데이트를 차단하지 않습니다. MySQL은 쿼리가 일반 SELECT임을 인식하고 행을 수정하지 않기 때문에 다른 쿼리를 차단할 필요가 없습니다.

그러나 세션 2의 업데이트가 영원히 중단되지는 않습니다. 이 잠금에는 innodb_lock_wait_timeout(https://dev.mysql.com/doc/refman/8.0/en/innodb-parameters.html#sysvar_innodb_lock_wait_timeout) 매개변수에 의해 제어되는 제한 시간이 있습니다. 따라서 세션 1이 잠금을 해제하기 위해 트랜잭션을 커밋하거나 롤백하지 않은 채 제한 시간에 도달하면 MySQL에서 다음 오류가 발생합니다.

```
ERROR 1205 (HY000): Lock wait timeout exceeded; try restarting transaction
```

6.2 잠금

이제 각 격리 수준이 어떻게 작동하는지 확인했으니 InnoDB가 이를 구현하기 위해 사용하는 다양한 잠금 전략을 살펴보겠습니다.

잠금은 데이터베이스에서 공유 리소스나 개체를 보호하는 데 사용되며, 다음과 같은 다양한 수준에서 동작합니다.

- 테이블 잠금
- 메타데이터 잠금
- 행 잠금
- 애플리케이션 수준 잠금

MySQL은 메타데이터 잠금을 사용해 데이터베이스에 대한 동시 액세스를 관리하고 데이터 일관성을 보장합니다. 테이블에 활성 트랜잭션(명시적 또는 암시적)이 있는 경우 MySQL은 메타데이터 쓰기(테이블의 메타데이터를 업데이트하는 등의 DDL 문)를 허용하지 않습니다. 이는 다음과 같은 동시 환경에서 메타데이터 일관성을 유지하기 위해 수행됩니다.

- 인덱스를 생성하거나 삭제하는 경우
- 테이블 구조를 수정하는 경우
- 테이블 유지 관리 작업(OPTIMIZE TABLE REPAIR TABLE 등)을 수행하는 경우
- 테이블을 삭제하는 경우
- 테이블에 대해 쓰기 잠금을 얻으려고 하는 경우(LOCK TABLE 테이블_이름 WRITE)

여러 세션에서 동시 쓰기 액세스를 활성화하기 위해 InnoDB는 행 수준 잠금을 지원합니다.

GET_LOCK()에서 제공하는 것과 같은 애플리케이션 수준 또는 사용자 수준 잠금을 사용해 레코드 잠금과 같은 데이터베이스 잠금을 시뮬레이션할 수 있습니다. 그중 메타데이터 및 행 잠금이 대부분의 사용자에게 영향을 미치고 가장 일반적이므로 이에 중점을 둡니다.

6.2.1 메타데이터 잠금

MySQL 공식 문서(https://dev.mysql.com/doc/refman/8.0/en/metadata-locking.html)는 메타데이터 잠금을 명확하게 정의합니다.

서버는 트랜잭션 직렬성을 보장하기 위해 특정 세션에서 명시적으로 또는 암시적으로 시작된 트랜잭션이 완료되지 않았다면 해당 세션이 사용하는 테이블에는 다른 세션이 데이터 정의 언어(DDL) 문을 수행하지 못하도록 차단합니다. 서버는 트랜잭션 내에서 사용되는 테이블에 대한 메타데이터 잠금을 획득하고 트랜잭션이 끝날 때까지 잠금 해제를 연기하는 식으로 차단을 수행합니다. 테이블에 대한 메타데이터 잠금은 테이블 구조의 변경을 방지합니다. 이 잠금 방식은 한 세션 내의 트랜잭션에서 사용 중인 테이블은 해당 트랜잭션이 종료될 때까지 다른 세션의 DDL 문에서 사용할 수 없음을 의미합니다.

이 정의를 염두에 두고 작동 중인 메타데이터 잠금을 살펴보겠습니다. 먼저 더미 테이블을 만들고 여기에 일부 행을 로드합니다.

```
USE test;

DROP TABLE IF EXISTS `joinit`;

CREATE TABLE `joinit` (
    `i` int(11) NOT NULL AUTO_INCREMENT,
    `s` varchar(64) DEFAULT NULL,
    `t` time NOT NULL,
    `g` int(11) NOT NULL,
    PRIMARY KEY (`i`)
) ENGINE=InnoDB  DEFAULT CHARSET=latin1;

INSERT INTO joinit VALUES (NULL, uuid(), time(now()),  (FLOOR( 1 + RAND( ) *60 )));
INSERT INTO joinit SELECT NULL, uuid(), time(now()),  (FLOOR( 1 + RAND( ) *60 )) FROM
joinit;
INSERT INTO joinit SELECT NULL, uuid(), time(now()),  (FLOOR( 1 + RAND( ) *60 )) FROM
joinit;
INSERT INTO joinit SELECT NULL, uuid(), time(now()),  (FLOOR( 1 + RAND( ) *60 )) FROM
joinit;
INSERT INTO joinit SELECT NULL, uuid(), time(now()),  (FLOOR( 1 + RAND( ) *60 )) FROM
joinit;
INSERT INTO joinit SELECT NULL, uuid(), time(now()),  (FLOOR( 1 + RAND( ) *60 )) FROM
joinit;
INSERT INTO joinit SELECT NULL, uuid(), time(now()),  (FLOOR( 1 + RAND( ) *60 )) FROM
joinit;
INSERT INTO joinit SELECT NULL, uuid(), time(now()),  (FLOOR( 1 + RAND( ) *60 )) FROM
joinit;
INSERT INTO joinit SELECT NULL, uuid(), time(now()),  (FLOOR( 1 + RAND( ) *60 )) FROM
joinit;
INSERT INTO joinit SELECT NULL, uuid(), time(now()),  (FLOOR( 1 + RAND( ) *60 )) FROM
joinit;
```

이제 더미 데이터가 있으므로 하나의 세션(세션 1)을 열고 업데이트를 실행합니다.

```
session1> UPDATE joinit SET t=now();
```

그런 다음 세션 1의 업데이트가 아직 실행 중인 상태일 때 두 번째 세션에서 이 테이블에 새 열을 추가하려고 시도하겠습니다.

```
session2> ALTER TABLE joinit ADD COLUMN b INT;
```

그리고 세 번째 세션에서 SHOW PROCESSLIST 명령을 실행해 메타데이터 잠금을 시각화하겠습니다.

```
session3> SHOW PROCESSLIST;
+----+----------+-----------+------+---------+------+...
| Id | User     | Host      | db   | Command | Time |...
+----+----------+-----------+------+---------+------+...
| 10 | msandbox | localhost | test | Query   |    3 |...
| 11 | msandbox | localhost | test | Query   |    1 |...
| 12 | msandbox | localhost | NULL | Query   |    0 |...
+----+----------+-----------+------+---------+------+...

...+-------------------------------+-----------------------------------+...
...| State                         | Info                              |...
...+-------------------------------+-----------------------------------+...
...| updating                      | UPDATE joinit SET t=now()         |...
...| Waiting for table metadata lock | ALTER TABLE joinit ADD COLUMN b INT |...
...| starting                      | SHOW PROCESSLIST                  |...
...+-------------------------------+-----------------------------------+...

...+-----------+---------------+
...| Rows_sent | Rows_examined |
...+-----------+---------------+
...|         0 |        179987 |
...|         0 |             0 |
...|         0 |             0 |
...+-----------+---------------+
```

장기 실행 쿼리 또는 자동 커밋을 사용하지 않은 쿼리가 동일한 효과를 가집니다. 예를 들어 세션 1에서 실행 중인 업데이트가 있다고 가정합니다.

```
mysql > SET SESSION autocommit=0;
Query OK, 0 rows affected (0.00 sec)
```

```
mysql > UPDATE joinit SET t=NOW() LIMIT 1;
Query OK, 1 row affected (0.00 sec)
Rows matched: 1  Changed: 1  Warnings: 0
```

그리고 세션 2에서 DML 문을 실행합니다.

```
mysql > ALTER TABLE joinit ADD COLUMN b INT;
```

세션 3의 프로세스 목록을 확인하면 DDL이 메타데이터 잠금(스레드 11)을 기다리는 반면 스레드 10은 UPDATE를 실행한 후(아직 커밋되지 않음) 휴면 상태인 것을 볼 수 있습니다.

```
mysql > SHOW PROCESSLIST;
```

> **NOTE_** MySQL은 다중 스레드를 지원하므로 많은 클라이언트가 한 테이블에 대해 동시에 쿼리를 발행할 수 있습니다. 동일한 테이블에 대해 상태가 서로 다른 여러 클라이언트 세션의 문제를 최소화하기 위해 각 동시 세션은 테이블을 독립적으로 엽니다. 이 방법은 추가 메모리를 사용하지만 일반적으로 성능을 향상합니다.

잠금을 모니터링하기 위해 sys 스키마 사용을 시작하기 전에 MySQL 계측을 활성화합니다.

```
mysql> UPDATE performance_schema.setup_instruments SET enabled = 'YES'
    -> WHERE NAME = 'wait/lock/metadata/sql/mdl';
Query OK, 0 rows affected (0.00 sec)
Rows matched: 1 Changed: 0 Warnings: 0
```

다음 쿼리는 sys 스키마의 schema_table_lock_waits 뷰를 사용해 MySQL 데이터베이스에서 메타데이터 잠금을 관찰합니다.

```
mysql> SELECT * FROM sys.schema_table_lock_waits;
```

이 뷰는 메타데이터 잠금을 기다리는 동안 차단된 세션과 이를 차단하는 세션을 표시합니다.

다음 예시는 모든 필드를 선택하는 대신 더 간결하게 결과를 출력합니다.

```
mysql> SELECT object_name, waiting_thread_id, waiting_lock_type,
```

```
    -> waiting_query, sql_kill_blocking_query, blocking_thread_id
    -> FROM sys.schema_table_lock_waits;
+-------------+-------------------+--------------------+...
| object_name | waiting_thread_id | waiting_lock_type  |...
+-------------+-------------------+--------------------+...
| joinit      |                29 | EXCLUSIVE          |...
| joinit      |                29 | EXCLUSIVE          |...
+-------------+-------------------+--------------------+...

...+------------------------------------------------------------+...
...| waiting_query                                              |...
...+------------------------------------------------------------+...
...| ALTER TABLE joinit ADD COLUMN  ...  CHAR(32) DEFAULT 'dummy_text' |...
...| ALTER TABLE joinit ADD COLUMN  ...  CHAR(32) DEFAULT 'dummy_text' |...
...|------------------------------------------------------------+...

...+-----------------------+--------------------+
...| sql_kill_blocking_query | blocking_thread_id |
...+-----------------------+--------------------+
...| KILL QUERY 3          |                 29 |
...| KILL QUERY 5          |                 31 |
...+-----------------------+--------------------+
2 rows in set (0.00 sec)
```

metadata_locks 테이블을 쿼리할 때 어떤 일이 발생하는지 봅시다.

```
mysql> SELECT * FROM performance_schema.metadata_locks\G
*********************** 1. row ***************************
          OBJECT_TYPE: GLOBAL
        OBJECT_SCHEMA: NULL
          OBJECT_NAME: NULL
OBJECT_INSTANCE_BEGIN: 140089691017472
            LOCK_TYPE: INTENTION_EXCLUSIVE
```

```
           LOCK_DURATION: STATEMENT
             LOCK_STATUS: GRANTED
                  SOURCE:
        OWNER_THREAD_ID: 97
         OWNER_EVENT_ID: 34
...
*********************** 6. row ***********************
             OBJECT_TYPE: TABLE
           OBJECT_SCHEMA: performance_schema
             OBJECT_NAME: metadata_locks
   OBJECT_INSTANCE_BEGIN: 140089640911984
               LOCK_TYPE: SHARED_READ
           LOCK_DURATION: TRANSACTION
             LOCK_STATUS: GRANTED
                  SOURCE:
        OWNER_THREAD_ID: 98
         OWNER_EVENT_ID: 10
6 rows in set (0.00 sec)
```

joinit 테이블에 SHARED_UPGRADABLE 잠금이 설정되었고 동일한 테이블에 EXCLUSIVE 잠금
이 보류 중이라는 점에 유의하십시오.

다음 쿼리를 사용해 현재 세션을 제외한 세션의 모든 메타데이터 잠금을 볼 수 있습니다.

```
mysql> SELECT object_type, object_schema, object_name, lock_type,
    -> lock_status, thread_id, processlist_id, processlist_info FROM
    -> performance_schema.metadata_locks INNER JOIN performance_schema.threads
    -> ON thread_id = owner_thread_id WHERE processlist_id <> connection_id();
+-------------+---------------+-------------+--------------------+...
| OBJECT_TYPE | OBJECT_SCHEMA | OBJECT_NAME | LOCK_TYPE          |...
+-------------+---------------+-------------+--------------------+...
| GLOBAL      | NULL          | NULL        | INTENTION_EXCLUSIVE |...
| SCHEMA      | test          | NULL        | INTENTION_EXCLUSIVE |...
| TABLE       | test          | joinit      | SHARED_UPGRADABLE   |...
| BACKUP      | NULL          | NULL        | INTENTION_EXCLUSIVE |...
| TABLE       | test          | joinit      | EXCLUSIVE           |...
+-------------+---------------+-------------+--------------------+...

...+-------------+-----------+----------------+...
...| LOCK_STATUS | THREAD_ID | PROCESSLIST_ID |...
...+-------------+-----------+----------------+...
...| GRANTED     |        97 |             71 |...
...| GRANTED     |        97 |             71 |...
```

```
...| GRANTED          |       97 |              71 |...
...| GRANTED          |       97 |              71 |...
...| PENDING          |       97 |              71 |...
...+------------+----------+----------------+...

...+-----------------------------------+
...| PROCESSLIST_INFO                  |
...+-----------------------------------+
...| alter table joinit add column b int |
...| alter table joinit add column b int |
...| alter table joinit add column b int |
...| alter table joinit add column b int |
...| alter table joinit add column b int |
...+-----------------------------------+
5 rows in set (0.00 sec)
```

자세히 살펴보면 쿼리를 기다리는 DDL 문 자체는 문제가 되지 않습니다. 예상한 메타데이터가 잠길 때까지 기다려야 합니다. 다만, 기다리는 사이 다른 쿼리가 모두 리소스에 액세스할 수 없습니다.

메타데이터 잠금이 길어지는 사태를 방지하려면 다음 작업을 수행하길 권합니다.

- DDL 작업을 바쁘지 않은 시간에 수행합니다. 이렇게 하면 일반 애플리케이션 워크로드와 작업이 수행하는 추가 워크로드 간의 데이터베이스 동시성을 줄일 수 있습니다.
- 자동 커밋을 항상 사용하십시오. MySQL에는 기본적으로 자동 커밋이 활성화되어 있습니다. 이렇게 하면 보류 중인 커밋이 있는 트랜잭션을 피할 수 있습니다.
- DDL 작업을 수행할 때 세션 수준에서 lock_wait_timeout에 낮은 값을 설정합니다. 그러면 메타데이터 잠금을 획득할 수 없으며 오랜 시간 동안 차단되지 않습니다.

```
mysql> SET lock_wait_timeout = 3;
mysql> CREATE INDEX idx_1 ON example (col1);
```

pt-kill(https://www.percona.com/doc/percona-toolkit/LATEST/pt-kill.html) 도구를 사용해 오랫동안 실행된 쿼리를 종료할 수도 있습니다. 예를 들어, 60초 이상 실행된 쿼리를 종료하려면 다음 명령을 실행하십시오.

```
$ pt-kill --busy-time 60 --kill
```

6.2.2 행 잠금

InnoDB는 표준 행 수준 잠금을 구현하는데, 이 잠금에는 일반적으로 두 가지 유형이 있습니다.

- **공유**shared(S) 잠금은 잠금 상태에 있는 트랜잭션이 행을 읽을 수 있게 합니다.
- **배타적**exclusive(X) 잠금을 사용하면 잠금 상태에 있는 트랜잭션이 행을 업데이트하거나 삭제할 수 있습니다.

이름 그대로입니다. 배타적 잠금은 공유 잠금 상태에 있는 동안 여러 트랜잭션이 같은 행에서 배타적 잠금 상태가 되는 것을 허용하지 않습니다.

InnoDB는 다중 세분화 잠금도 지원하는데, 이 잠금에서는 행 잠금과 테이블 잠금의 공존을 허용합니다. 또 세분화된 잠금은 **의도 잠금**이 있기 때문에 가능한데, 의도 잠금은 트랜잭션이 나중에 테이블의 행에 필요한 잠금 유형(공유 또는 배타적)을 나타내는 테이블 수준 잠금입니다. 의도 잠금에는 두 가지 유형이 있습니다.

- **의도 공유**intention shared(IS) 잠금은 트랜잭션이 테이블의 개별 행에 공유 잠금을 설정하려고 함을 나타냅니다.
- **의도 배타적**intention exclusive(IX) 잠금은 트랜잭션이 테이블의 개별 행에 배타적 잠금을 설정하려고 함을 나타냅니다.

트랜잭션이 공유 잠금이나 배타적 잠금을 획득하기 전에 각각 의도 잠금(IS 또는 IX)을 획득해야 합니다.

좀 더 이해하기 쉽게 [표 6-1]을 살펴봅시다.

표 6-1 잠금 유형 호환성 매트릭스

	X	IX	S	IS
X	호환 불가	호환 불가	호환 불가	호환 불가
IX	호환 불가	호환 가능	호환 불가	호환 가능
S	호환 불가	호환 불가	호환 가능	호환 가능
IS	호환 불가	호환 가능	호환 가능	호환 가능

또 다른 중요한 개념은 인덱스 레코드 간의 간격[1]을 잠그는 간격 잠금^{gap lock}입니다. 간격 잠금은 쿼리에 지정된 간격에 새 행이 추가되지 않도록 합니다. 즉, 동일한 쿼리를 두 번 실행하면 해당 테이블에 대한 다른 세션의 수정 사항에 관계없이 동일한 수의 행을 얻게 됩니다. 결과가 일관되게 나오므로 서버 간 복제도 일관성 있게 진행됩니다. SELECT * FROM example_table WHERE id > 1000 FOR UPDATE를 두 번 실행하면 동일한 결과가 두 번 나오리라 예상됩니다. 이를 달성하기 위해 InnoDB는 WHERE 절에서 찾은 모든 인덱스 레코드를 배타적 잠금으로 잠그고 이들 사이의 간격은 공유 간격 잠금으로 잠급니다.

작동 중인 간격 잠금의 예시를 살펴보겠습니다. 먼저 person 테이블에서 SELECT 문을 실행합니다.

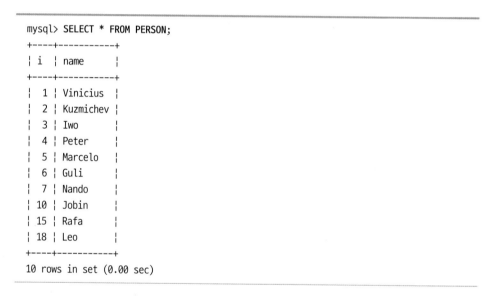

```
mysql> SELECT * FROM PERSON;
+----+----------+
| i  | name     |
+----+----------+
|  1 | Vinicius |
|  2 | Kuzmichev |
|  3 | Iwo      |
|  4 | Peter    |
|  5 | Marcelo  |
|  6 | Guli     |
|  7 | Nando    |
| 10 | Jobin    |
| 15 | Rafa     |
| 18 | Leo      |
+----+----------+
10 rows in set (0.00 sec)
```

이제 세션 1에서 삭제 작업을 수행하고 커밋은 하지 않습니다.

```
session1> DELETE FROM person WHERE name LIKE 'Jobin';
Query OK, 1 row affected (0.00 sec)
```

세션 2에서 확인하면 Jobin이 있는 행을 계속 볼 수 있습니다.

---

1 옮긴이_ 인덱스가 정의된 테이블에서 인덱싱된 데이터와 데이터 사이에 비어 있는 레코드를 말합니다.

```
mysql> SELECT * FROM PERSON;
+----+-----------+
| i  | name      |
+----+-----------+
|  1 | Vinicius  |
|  2 | Kuzmichev |
|  3 | Iwo       |
|  4 | Peter     |
|  5 | Marcelo   |
|  6 | Guli      |
|  7 | Nando     |
| 10 | Jobin     |
| 15 | Rafa      |
| 18 | Leo       |
+----+-----------+
10 rows in set (0.00 sec)
```

기본 키 열을 보면 빈 값이 있으니 이론상 새 레코드를 삽입할 수 있습니다. 값이 11인 새 행을 삽입하려고 하면 어떻게 될까요? 대상 테이블이 잠기고 실패합니다.

```
transaction2 > INSERT INTO person VALUES (11, 'Bennie');
ERROR 1205 (HY000): Lockwait timeout exceeded; try restarting transaction
```

SHOW ENGINE INNODB STATUS를 실행하면 TRANSACTIONS 섹션에 잠긴 트랜잭션이 표시됩니다.

```
------- TRX HAS BEEN WAITING 17 SEC FOR THIS LOCK TO BE GRANTED:
RECORD LOCKS space id 28 page no 3 n bits 80 index PRIMARY of table
`test`.`person` trx id 4773 lock_mode X locks gap before rec insert
intention waiting
```

MySQL에서는 고유 행을 검색하기 위해 고유 인덱스를 사용하므로 행을 잠그는 명령문에 간격 잠금을 사용하지 않습니다(검색 조건에 다중 열 고유 인덱스의 일부 열만 들어가는 경우는 제외되며 이때는 간격 잠금이 발생합니다). 예를 들어 이름 열에 고유 인덱스가 있는 경우 다음 DELETE 문은 인덱스 레코드 잠금만 사용합니다.

```
mysql> CREATE UNIQUE INDEX idx ON PERSON (name);
```

```
Query OK, 0 rows affected (0.01 sec)
Records: 0  Duplicates: 0  Warnings: 0

mysql> DELETE FROM person WHERE name LIKE 'Jobin';
Query OK, 1 row affected (0.00 sec)
```

6.2.3 교착 상태

교착 상태deadlock는 두 개(또는 그 이상)의 경쟁 작업이 서로 작업이 완료되기를 기다리는 상황입니다. 결과적으로 둘 다 끝나지 않습니다. 컴퓨터 과학에서는 둘 이상의 각각 다른 프로세스가 리소스를 해제하기를 기다리는 경우를 교착 상태라고 합니다. 이 절에서는 트랜잭션 교착 상태와 InnoDB가 이 문제를 해결하는 방법에 대해 구체적으로 설명합니다.

교착 상태는 네 가지 조건(코프만Coffman 조건이라고 함)에서 발생합니다.

1 **상호 배제**mutual exclusion : 프로세스는 공유 불가능 모드에서 최소한 하나의 리소스를 보유합니다. 그렇지 않으면 MySQL은 필요할 때 프로세스가 리소스를 사용하는 것을 막지 않습니다. 주어진 시간에 하나의 프로세스만 리소스를 사용할 수 있습니다.

2 **점유 대기**hold and wait 또는 **자원 점유**resource holding : 한 프로세스가 현재 적어도 하나 이상의 리소스를 보유한 상태에서 다른 프로세스가 보유한 추가 리소스를 요청합니다.

3 **비선점**no preemption : 리소스는 리소스를 보유한 프로세스에 의해서만 자발적으로 해제될 수 있습니다.

4 **순환 대기**circular wait : 각 프로세스는 다른 프로세스들이 보유한 리소스를 기다려야 하는데, 다른 프로세스들은 첫 번째 프로세스가 리소스를 해제할 때를 기다립니다.

예시로 넘어가기 전 교착에 대한 몇 가지 오해부터 바로잡읍시다.

| 교착 상태는 트랜잭션 격리 수준 때문에 발생합니다 |

교착 상태가 일어날 가능성은 격리 수준과 무관합니다. **READ COMMITTED** 격리 수준은 더 적은 수의 잠금을 설정하므로 특정 잠금 유형(예: 간격 잠금)을 방지하는 데 도움이 될 수 있지만 교착 상태를 완전히 방지하지는 못합니다.

| 교착 상태는 작은 트랜잭션에 영향을 미치지 않습니다 |

작은 트랜잭션은 빠르게 실행되기 때문에 교착 상태가 발생하기 쉽지 않으므로 긴 시간이 걸리는 작업보다 충돌이 발생할 가능성은 더 작습니다. 그러나 동시에 실행된 트랜잭션이 우선 순위order of operation가 다른 작업을 사용하면 교착 상태가 발생할 수 있습니다.

| 교착 상태는 끔찍한 일 |

데이터베이스에서 교착 상태가 발생하면 문제로 볼 수 있지만 (innodb_deadlock_detect의 값을 변경해) 교착 상태 감지가 비활성화되지 않는 한 InnoDB는 교착 상태를 자동으로 해결할 수 있습니다. 교착 상태가 발생하면 좋은 상황은 아니지만 트랜잭션 중 하나를 종료하면 프로세스가 오랫동안 리소스를 보유할 수 없으므로 문제가 되는 쿼리가 innodb_lock_wait_timeout 설정에 의해 취소될 때까지 데이터베이스가 완전히 느려지거나 지연됩니다.

교착 상태를 설명하기 위해 world 데이터베이스를 사용하겠습니다. 이 데이터베이스는 '2.6 엔티티 관계 설계 예시'의 지시를 따라 가져올 수 있습니다. world 데이터베이스에서 이탈리아의 Toscana 지방에 위치한 도시 목록을 가져와보겠습니다.

```
mysql> SELECT * FROM city WHERE CountryCode = 'ITA' AND District='Toscana';
+------+---------+-------------+----------+------------+
| ID   | Name    | CountryCode | District | Population |
+------+---------+-------------+----------+------------+
| 1471 | Firenze | ITA         | Toscana  |     376662 |
| 1483 | Prato   | ITA         | Toscana  |     172473 |
| 1486 | Livorno | ITA         | Toscana  |     161673 |
| 1516 | Pisa    | ITA         | Toscana  |      92379 |
| 1518 | Arezzo  | ITA         | Toscana  |      91729 |
+------+---------+-------------+----------+------------+
5 rows in set (0.00 sec)
```

이제 Toscana에 있는 두 도시의 인구를 동일하게 동시에 업데이트하려는 두 개의 트랜잭션이 있는데, 순서가 다르다고 가정해보겠습니다.

```
session1> UPDATE city SET Population=Population + 1 WHERE ID = 1471;
Query OK, 1 row affected (0.00 sec)
Rows matched: 1  Changed: 1  Warnings: 0

session2> UPDATE city SET Population=Population + 1 WHERE ID =1516;
Query OK, 1 row affected (0.00 sec)
```

```
Rows matched: 1  Changed: 1  Warnings: 0
session1> UPDATE city SET Population=Population + 1 WHERE ID =1516;
ERROR 1213 (40001): Deadlock found when trying to get lock; try restarting transaction

session2> UPDATE city SET Population=Population + 1 WHERE ID = 1471;
Query OK, 1 row affected (5.15 sec)
Rows matched: 1  Changed: 1  Warnings: 0
```

세션 1에서 교착 상태가 발생했습니다. 항상 두 번째 트랜잭션만 실패하지 않는다는 점이 중요
합니다. 이 예시에서 MySQL은 세션 1을 중단합니다. SHOW ENGINE INNODB STATUS를 실행
해 MySQL 데이터베이스에서 발생한 최신 교착 상태에 대한 정보를 얻을 수 있습니다.

```
mysql> SHOW ENGINE INNODB STATUS\G
------------------------
LATEST DETECTED DEADLOCK
------------------------
2020-12-05 16:08:19 0x7f6949359700
*** (1) TRANSACTION:
TRANSACTION 10502342, ACTIVE 34 sec starting index read
mysql tables in use 1, locked 1
LOCK WAIT 3 lock struct(s), heap size 1136, 2 row lock(s), undo log
entries 1
MySQL thread id 71, OS thread handle 140090386671360, query id 5979282
localhost msandbox updating
update city set Population=Population + 1 where ID = 1471
*** (1) WAITING FOR THIS LOCK TO BE GRANTED:
RECORD LOCKS space id 6041 page no 15 n bits 248 index PRIMARY of table
`world`.`city` trx id 10502342 lock_mode X locks rec but not gap waiting
*** (2) TRANSACTION:
TRANSACTION 10502341, ACTIVE 62 sec starting index read
mysql tables in use 1, locked 1
3 lock struct(s), heap size 1136, 2 row lock(s), undo log entries 1
MySQL thread id 75, OS thread handle 140090176542464, query id 5979283
localhost msandbox updating
update city set Population=Population + 1 where ID =1516
*** (2) HOLDS THE LOCK(S):
RECORD LOCKS space id 6041 page no 15 n bits 248 index PRIMARY of table
`world`.`city` trx id 10502341 lock_mode X locks rec but not gap
*** (2) WAITING FOR THIS LOCK TO BE GRANTED:
RECORD LOCKS space id 6041 page no 16 n bits 248 index PRIMARY of tablc
`world`.`city` trx id 10502341 lock_mode X locks rec but not gap waiting
```

```
*** WE ROLL BACK TRANSACTION (2)
...
```

원하는 경우 MySQL에서 발생하는 모든 교착 상태를 MySQL 오류 로그에 기록할 수 있습니다. MySQL은 innodb_print_all_deadlocks 매개변수를 사용해 InnoDB 사용자 트랜잭션의 교착 상태에 대한 모든 정보를 오류 로그에 기록합니다. 그렇지 않으면 SHOW ENGINE INNODB STATUS 명령을 사용해 마지막 교착 상태에 대한 정보만 볼 수 있습니다.

6.3 격리 및 잠금과 관련된 MySQL 매개변수

이 장의 마지막 내용으로 격리 동작 및 잠금 기간과 관련된 몇 가지 MySQL 매개변수를 살펴보겠습니다.

| transaction_isolation |

트랜잭션의 격리 수준을 설정합니다. 이 매개변수는 GLOBAL, SESSION 또는 NEXT_TRANSACTION 수준에서 동작을 변경할 수 있습니다.

```
mysql> SET SESSION transaction_isolation='READ-COMMITTED';
Query OK, 0 rows affected (0.00 sec)

mysql> SHOW SESSION VARIABLES LIKE '%isol%';
+-----------------------+----------------+
| Variable_name         | Value          |
+-----------------------+----------------+
| transaction_isolation | READ-COMMITTED |
| tx_isolation          | READ-COMMITTED |
+-----------------------+----------------+
```

NOTE_ transaction_isolation은 MySQL 5.7.20에서 추가된 tx_isolation의 동의어입니다. tx_isolation은 MySQL 8.0에서 제거되어 현재 사용되지 않습니다. tx_isolation 대신 transaction_isolation을 사용하도록 애플리케이션을 변경합시다.

| innodb_lock_wait_timeout |

InnoDB 트랜잭션이 끝나기 전에 행 잠금을 기다리는 시간(초)을 지정합니다. 기본값은 50초입니다. 잠금을 기다리는 시간이 innodb_lock_wait_timeout 값을 초과하면 트랜잭션에서 다음 오류가 발생합니다.

```
ERROR 1205 (HY000): Lock wait timeout exceeded; try restarting transaction
```

| innodb_print_all_deadlocks |

MySQL이 오류 로그에 InnoDB 사용자 트랜잭션으로 인한 모든 교착 상태에 대한 정보를 기록하도록 합니다. 다음 명령을 사용해 이를 동적으로 활성화할 수 있습니다.

```
mysql> SET GLOBAL innodb_print_all_deadlocks = 1;
```

| lock_wait_timeout |

메타데이터에 잠금을 걸기 위한 시간 제한(초)을 지정합니다. 데이터베이스를 지연시키는 긴 메타데이터 잠금을 피하기 위해 DDL 문을 실행하기 전에 세션 수준에서 lock_wait_timeout=1을 설정할 수 있습니다. 이 경우 작업이 잠금을 걸 수 없으면 포기하고 다른 요청이 실행되도록 합니다.

```
mysql> SET SESSION lock_wait_timeout=1;
mysql> CREATE TABLE t1(i INT NOT NULL AUTO_INCREMENT PRIMARY KEY)
    -> ENGINE=InnoDB;
```

| innodb_deadlock_detect |

교착 상태 모니터링을 비활성화합니다. 그러면 MySQL이 쿼리를 종료해 교착 상태를 풀어내지 않게 됩니다. 교착 상태가 발생하는 것을 방지할 수 없지만 교착 상태가 발생하면 MySQL이 innodb_lock_wait_timeout 설정에 따라 트랜잭션 롤백을 실행합니다.

## CHAPTER 7

MySQL 추가 활용법

MySQL 기능은 매우 풍부합니다. 앞의 세 장에서 데이터를 쿼리, 수정, 관리하는 다양한 기술을 살펴보았는데, MySQL로 할 수 있는 일은 그 이상입니다. 이번에는 MySQL로 가능한 추가 기능 몇 가지를 살펴보겠습니다.

이 장에서 하게 될 실습입니다.

- 쿼리를 사용해 데이터베이스에 텍스트 파일 같은 다른 소스의 데이터를 삽입합니다.
- 단일 쿼리에서 여러 테이블을 사용해 업데이트와 삭제를 수행합니다.
- 데이터를 교체합니다.
- MySQL 함수를 사용한 쿼리로 보다 복잡한 정보 요구사항을 충족합니다.
- EXPLAIN 문을 사용해 쿼리를 분석한 뒤 간단한 최적화 기술로 성능을 향상합니다.
- 대체 스토리지 엔진을 사용해 테이블 속성을 변경합니다.

7.1 쿼리를 사용한 데이터 입력

작업을 하다 보면 대부분의 경우 다른 소스의 데이터로 테이블을 생성하게 됩니다. 따라서 3장에서 본 예시는 문제의 일부에 불과합니다. 즉 여러분이 원하는 형태(INSERT SQL 문 형식)로 이미 가공된 데이터를 삽입하는 방법을 보여줄 뿐입니다. 그런데 데이터를 삽입하려면 다른 테이블이나 데이터베이스에서 **SELECT** SQL 문을 사용해 다른 소스에서 파일을 읽어야 할 때도 있습니다. 이 절에서는 앞서 소개한 데이터 삽입 방법을 발전시킵니다. 그리고 '7.2 쉼표로 구분된 파일(CSV)에서 데이터 로드'에서는 쉼표로 구분된 값의 파일에서 데이터를 삽입하는 방법을 배울 것입니다.

sakila 데이터베이스에 새 테이블을 생성하기로 결정했다고 가정합시다. 홍보에 주력할 영화를 무작위로 선택해 저장하겠습니다. 실제 세계에서는 어떤 영화의 홍보에 주력할지 결정하기 위해 데이터 과학을 이용하겠지만 여기서는 기본에 충실하겠습니다. 새 영화 목록은 카탈로그에서 고객이 무심히 지나친 부분을 확인하고, 오래된 인기 영화를 재발견하고, 미처 탐색하지 못한 숨겨진 명작을 찾는 방법이 될 겁니다. 다음과 같이 테이블을 구성하겠습니다.

```
mysql> CREATE TABLE recommend
    -> film_id SMALLINT UNSIGNED,
    -> language_id TINYINT UNSIGNED,
    -> release_year YEAR,
    -> title VARCHAR(128),
    -> length SMALLINT UNSIGNED,
    -> sequence_id SMALLINT AUTO_INCREMENT,
    -> PRIMARY KEY (sequence_id)
    -> );
Query OK, 0 rows affected (0.05 sec)
```

이 테이블은 각 영화에 대한 몇 가지 세부 정보를 저장하므로 다른 테이블에서 간단한 쿼리를 사용해 배우, 카테고리 등 기타 정보를 찾을 수 있습니다. 또 지금 생성하는 짧은 목록에 영화 위치를 열거하는 고유 번호인 sequence_id도 저장합니다. 추천 기능을 사용하기 시작하면 sequence_id 순서로 영화가 표시됩니다. MySQL AUTO_INCREMENT 기능을 사용해 sequence_id 값을 할당하겠습니다.

이제 무작위로 선택한 영화로 새로운 **recommend** 테이블을 채워야 합니다. 중요한 것은 하나의 쿼리에서 **SELECT**와 **INSERT**를 함께 수행한다는 것입니다.

```
mysql> INSERT INTO recommend (film_id, language_id, release_year, title, length)
    -> SELECT film_id, language_id, release_year, title, length
    -> FROM film ORDER BY RAND() LIMIT 10;
Query OK, 10 rows affected (0.02 sec)
Records: 10  Duplicates: 0  Warnings: 0
```

이 쿼리가 어떻게 작동하는지 설명하기 전에 무슨 일이 일어났는지 확인해보겠습니다.

```
mysql> SELECT * FROM recommend;
+---------+-----+------------------+--------+-------------+
| film_id | ... | title            | length | sequence_id |
+---------+-----+------------------+--------+-------------+
|     542 | ... | LUST LOCK        |     52 |           1 |
|     661 | ... | PAST SUICIDES    |    157 |           2 |
|     613 | ... | MYSTIC TRUMAN    |     92 |           3 |
|     757 | ... | SAGEBRUSH CLUELESS |  106 |           4 |
|     940 | ... | VICTORY ACADEMY  |     64 |           5 |
|     917 | ... | TUXEDO MILE      |    152 |           6 |
|     709 | ... | RACER EGG        |    147 |           7 |
|     542 | ... | LION UNCUT       |     50 |           8 |
|      30 | ... | ANYTHING SAVANNAH |   82 |           9 |
|     602 | ... | MOURNING PURPLE  |    146 |          10 |
+---------+-----+------------------+--------+-------------+
10 rows in set (0.00 sec)
```

추천 목록에 1에서 10까지 sequence_id 값으로 번호가 매겨진 10개의 영화가 있습니다. 선택할 무작위 영화를 추천할 준비가 되었습니다. 결과가 달라도 걱정하지 마십시오. RAND() 함수는 늘 결과가 다르게 나옵니다.

테이블을 채우는 데 사용한 SQL 문에는 INSERT INTO와 SELECT 두 부분이 있습니다. INSERT INTO 문에는 데이터를 저장할 대상 테이블과 데이터를 입력할 열 이름 목록을 괄호 안에 작성합니다. 열 이름 목록의 입력은 선택 사항이지만 생략할 경우 대상 테이블의 모든 열이 DESCRIBE TABLE 또는 SHOW CREATE TABLE 문의 출력에 나타난 순서로 입력됩니다. SELECT 문에는 INSERT INTO 문에 작성한 열 이름 목록(제공되지 않은 경우 암시적 전체 목록)의 유형 및 순서와 일치하도록 열을 입력합니다. 이 쿼리는 SELECT 문으로 출력된 행을 INSERT INTO 문으로 대상 테이블에 삽입합니다. 이 예시에서 film 테이블의 film_id, language_id, release_year, title, length 값은 recommend 테이블에서 이름과 유형이 동일한 5개 열에 삽입됩니다. sequence_id는 MySQL의 AUTO_INCREMENT 기능을 사용해 자동으로 생성되므로 쿼리에 지정하지 않습니다.

이 예시에는 MySQL 함수 RAND()에 따라 결과를 정렬한다는 ORDER BY RAND() 절이 포함되었습니다. RAND() 함수는 0에서 1 사이의 의사 난수를 반환합니다.

```
mysql> SELECT RAND();
+--------------------+
| RAND()             |
+--------------------+
| 0.4593397513584604 |
+--------------------+
1 row in set (0.00 sec)
```

의사 난수 생성기는 진정한 난수는 아니지만 시간 같은 시스템의 일부 속성을 기반으로 숫자를 생성합니다. 의사 난수는 대부분의 애플리케이션에서는 무작위성이 우수하지만, 보안을 위해 숫자의 진정한 무작위성에 의존하는 암호화 애플리케이션에서는 당연히 사용되지 않습니다.

SELECT 작업에서 RAND() 값을 요청하면 반환된 각 행에 대해 임의의 값을 얻게 됩니다.

```
mysql> SELECT title, RAND() FROM film LIMIT 5;
+------------------+---------------------+
| title            | RAND()              |
+------------------+---------------------+
| ACADEMY DINOSAUR | 0.5514843506286706  |
| ACE GOLDFINGER   | 0.37940252980161693 |
| ADAPTATION HOLES | 0.2425596278557178  |
| AFFAIR PREJUDICE | 0.07459058060738312 |
| AFRICAN EGG      | 0.6452740502034072  |
+------------------+---------------------+
5 rows in set (0.00 sec)
```

값은 사실상 무작위로 생성되기 때문에 책과 화면에 나온 결과가 다를 겁니다. 또 같은 쿼리를 반복해도 다른 값이 반환됩니다. RAND()에는 **시드**seed라는 정수 인수를 전달할 수 있습니다. 시드를 사용할 경우 RAND() 함수가 동일한 시드에 따라 동일한 값을 생성합니다. 물론 지금 사용하려는 방식에는 유용하지 않지만 그럼에도 알아두면 유익합니다. 다음 쿼리를 아무리 실행해도 결과는 변경되지 않습니다.

```
SELECT title, RAND(1) FROM film LIMIT 5;
```

INSERT 작업으로 돌아가겠습니다. RAND()로 결과를 정렬하도록 요청할 때 SELECT 문의 결과는 의사 난수 순서로 정렬됩니다. LIMIT 10은 SELECT에 의해 반환되는 행 수를 제한합니다. 이 예시에서는 가독성을 위해 제한했습니다.

INSERT INTO 문에 들어 있는 SELECT 문은 보통 SELECT 문이 할 수 있는 일반 기능을 모두 사용할 수 있습니다. 조인, 집계, 함수 등 원하는 기능을 모두 사용할 수 있습니다. 테이블 이름 앞에 마침표(.) 문자가 오는 데이터베이스 이름을 사용해 한 데이터베이스의 데이터를 다른 데이터베이스에 쿼리할 수도 있습니다. film 데이터베이스의 actor 테이블을 새 art 데이터베이스에 삽입해보겠습니다.

```
mysql> CREATE DATABASE art;
Query OK, 1 row affected (0.01 sec)

mysql> USE art;
Database changed

mysql> CREATE TABLE people
    -> person_id SMALLINT UNSIGNED,
    -> first_name VARCHAR(45),
    -> last_name VARCHAR(45),
    -> PRIMARY KEY (person_id)
    -> );
Query OK, 0 rows affected (0.03 sec)

mysql> INSERT INTO art.people (person_id, first_name, last_name)
    -> SELECT actor_id, first_name, last_name FROM sakila.actor;
Query OK, 200 rows affected (0.01 sec)
Records: 200  Duplicates: 0  Warnings: 0
```

새로운 people 테이블을 art.people(현재 사용 중인 데이터베이스가 art이므로 꼭 이렇게 지정할 필요는 없습니다)로 지정하고 actor 테이블을 sakila.actor(사용 중인 데이터베이스가 sakila가 아니므로 이렇게 지정합니다)로 지정하고 있습니다. SELECT와 INSERT에서 열 이름이 같을 필요는 없습니다.

SELECT 문으로 삽입할 때 중복 문제가 발생하는 경우가 있습니다. 같은 기본 키 값을 두 번 삽입하려고 하는 경우 MySQL은 중단됩니다. AUTO_INCREMENT 기능을 사용해 새 sequence_id를 자동으로 할당하는 한 recommend 테이블에서는 이런 일이 발생하지 않습니다. 그러나 이 동작을 확인하기 위해 강제로 값을 복제해보겠습니다.

```
mysql> USE sakila;
Database changed
```

```
mysql> INSERT INTO recommend (film_id, language_id, release_year,
    -> title, length, sequence_id )
    -> SELECT film_id, language_id, release_year, title, length, 1
    -> FROM film LIMIT 1;
ERROR 1062 (23000): Duplicate entry '1' for key 'recommend.PRIMARY'
```

MySQL에서 중복을 무시하고 계속 진행하게 하려면 INSERT 다음에 IGNORE 키워드를 추가하십시오.

```
mysql> INSERT IGNORE INTO recommend (film_id, language_id, release_year,
    -> title, length, sequence_id )
    -> SELECT film_id, language_id, release_year, title, length, 1
    -> FROM film LIMIT 1;
Query OK, 0 rows affected, 1 warning (0.00 sec)
Records: 1  Duplicates: 1  Warnings: 1
```

MySQL은 에러를 출력하지는 않지만 중복이 발생했다고 보고합니다. 데이터는 변경되지 않습니다. IGNORE를 사용하면 오류만 무시합니다. IGNORE는 백만 개의 행을 삽입하는 스크립트를 실행하는 동안 중간에 실패하고 싶지 않은 대량 로드 작업에 유용합니다. 이제 경고를 검사해 중복 항목(Duplicate entry) 오류를 확인하겠습니다.

```
mysql> SHOW WARNINGS;
+---------+------+------------------------------------------------+
| Level   | Code | Message                                        |
+---------+------+------------------------------------------------+
| Warning | 1062 | Duplicate entry '1' for key 'recommend.PRIMARY' |
+---------+------+------------------------------------------------+
1 row in set (0.00 sec)
```

SELECT 문에 나열된 테이블에 삽입은 가능하지만 기본 키의 중복은 일어나선 안 됩니다.

```
mysql> INSERT INTO actor SELECT
    -> actor_id, first_name, last_name, NOW() FROM actor;
ERROR 1062 (23000): Duplicate entry '1' for key 'actor.PRIMARY'
```

오류가 발생하지 않도록 하는 방법은 두 가지입니다. 먼저 actor 테이블에는 actor_id에 대해 AUTO_INCREMENT가 활성화되었기 때문에 INSERT에서 이 열을 생략하면 새 값이 자동으로 생성되어 오류가 발생하지 않습니다(**INSERT** 문 구문은 '3.3.2 대체 구문'에 설명함). 다음은 LIMIT를 사용해 하나의 레코드만 사용하는 예입니다.

```
INSERT INTO actor(first_name, last_name, last_update)
SELECT first_name, last_name, NOW() FROM actor LIMIT 1;
```

두 번째 방법은 충돌을 방지하는 방식으로 **SELECT** 쿼리에서 actor_id를 수정하는 것입니다.

```
mysql> INSERT INTO actor SELECT
    -> actor_id+200, first_name, last_name, NOW() FROM actor;
Query OK, 200 rows affected (0.01 sec)
Records: 200  Duplicates: 0  Warnings: 0
```

여기에서는 행을 복사하지만 삽입하기 전에 해당 actor_id 값을 200만큼 늘립니다. 처음에는 200개 행이 있었기 때문입니다.

```
mysql> SELECT * FROM actor;
+----------+------------+-------------+---------------------+
| actor_id | first_name | last_name   | last_update         |
+----------+------------+-------------+---------------------+
|        1 | PENELOPE   | GUINESS     | 2006-02-15 04:34:33 |
|        2 | NICK       | WAHLBERG    | 2006-02-15 04:34:33 |
|      ... |            |             |                     |
|      198 | MARY       | KEITEL      | 2006-02-15 04:34:33 |
|      199 | JULIA      | FAWCETT     | 2006-02-15 04:34:33 |
|      200 | THORA      | TEMPLE      | 2006-02-15 04:34:33 |
|      201 | PENELOPE   | GUINESS     | 2021-02-28 10:24:49 |
|      202 | NICK       | WAHLBERG    | 2021-02-28 10:24:49 |
|      ... |            |             |                     |
|      398 | MARY       | KEITEL      | 2021-02-28 10:24:49 |
|      399 | JULIA      | FAWCETT     | 2021-02-28 10:24:49 |
|      400 | THORA      | TEMPLE      | 2021-02-28 10:24:49 |
+----------+------------+-------------+---------------------+
400 rows in set (0.00 sec)
```

first_name과 last_name, last_update 값이 어떻게 actor_id 201부터 반복되기 시작하는지 확인할 수 있습니다.

INSERT SELECT 문에서 하위 쿼리를 사용할 수도 있습니다.

```
INSERT INTO actor SELECT * FROM
(SELECT actor_id+400, first_name, last_name, NOW() FROM actor) foo;
```

7.2 쉼표로 구분된 파일(CSV)에서 데이터 로드

오늘날 데이터베이스는 초기부터 고려하는 필수 사항이 되어 나중에 황급히 도입하는 일은 없습니다. 데이터베이스는 어디서든 사용할 수 있고, 그 어느 때보다 사용하기 쉬우며, 대부분의 IT 전문가가 알고 있습니다. 그럼에도 불구하고 최종 사용자는 전문적인 UI가 제공되지 않는 한 데이터베이스를 어렵게 느끼고, 많은 데이터 입력과 분석을 스프레드시트 프로그램에서 수행합니다. 이러한 프로그램은 일반적으로 파일 형식이 고유하지만 대부분 데이터를 **쉼표로 구분된 형식**comma-separated values(CSV)으로 내보냅니다. CSV 데이터는 약간의 노력을 거쳐 MySQL로 가져올 수 있습니다.

CSV를 사용하면 서로 다른 환경에서 데이터를 전송할 수 있습니다. 다양한 데이터베이스 소프트웨어가 실행되고 있고 특히 클라우드에서 DBaaS를 사용하는 경우 이러한 시스템 간에 데이터 이동이 어려울 수 있습니다. 그러나 기본 CSV 데이터는 가장 낮은 수준에서 공통 분모로 작용합니다. 데이터 전송 시 CSV에는 스키마, 데이터 유형 또는 제약 조건의 개념이 없다는 점을 항상 기억합시다. 플랫 데이터 파일 형식으로 잘 작동합니다.

스프레드시트 프로그램을 사용하지 않는 경우에도 sed 및 awk 같은 명령줄 도구(매우 오래되고 강력한 유닉스 유틸리티)를 사용해 텍스트 데이터를 MySQL에서 가져오기에 적합한 CSV 형식으로 변환할 수 있습니다. 일부 클라우드 데이터베이스는 데이터를 CSV로 직접 내보낼 수 있습니다. 그 외 경우에는 데이터를 읽어 CSV 파일을 생성하는 작은 프로그램을 작성합니다. 이 절에서는 CSV 데이터를 MySQL로 가져오는 방법의 기본 사항을 알려줍니다.

예시를 통해 작업해보겠습니다. 소재지와 연락처 정보를 정리한 NASA 시설 목록을 데이터베이스에 저장하겠습니다. 현재 NASA_Facilities.csv라는 CSV 파일에 저장되었으며 [그림 7-1]과 같은 형식으로 되어 있습니다.

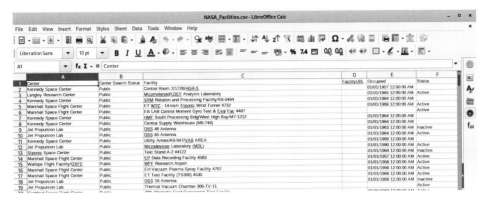

그림 7-1 스프레드시트 파일에 저장된 NASA 시설 목록

각 시설은 센터에 연결되었으며 선택적으로 점유 날짜와 상태를 표시합니다. 전체 열 목록은 다음과 같습니다.

- 센터
- 센터 검색 현황
- 시설
- 시설 URL
- 이용 현황
- 상태
- URL 링크
- 녹음 날짜

- 마지막 업데이트
- 국가
- 담당자
- 핸드폰
- 위치
- 도시
- 상태
- 우편번호

이 예시는 공개적으로 사용 가능한 NASA의 공개 데이터 포털^{Open Data Portal}(https://data.nasa.gov/Management-Operations/NASA-Facilities/gvk9-iz74)에서 가져온 것으로 파일은 책의 깃허브 저장소(https://data.nasa.gov/Management-Operations/NASA-Facilities/gvk9-iz74)에서 사용할 수 있습니다. 이미 CSV 파일이므로 다른 파일 형식(예: XLS)에서 변환할 필요가 없습니다. 그러나 실제 프로젝트에서 변환한다면 스프레드시트 프로그램에서 다른 이름으로 저장할 때 출력 형식을 CSV로 선택합니다.

텍스트 편집기를 사용해 `NASA_facilities.csv` 파일을 열면 스프레드시트 행당 한 줄이 있고 각 열의 값이 쉼표로 구분되었음을 알 수 있습니다. 윈도우가 아닌 플랫폼을 사용하는 경우 일부 CSV 파일에서 각 행이 ^M으로 끝나는데 걱정하지 마세요. 윈도우 선조에게 물려받은 유물입니다. 이 형식의 데이터는 종종 **DOS 형식**이라고 하는데 대부분의 소프트웨어 애플리케이션에서 문제 없이 처리할 수 있습니다. 지금 사용하는 데이터는 **유닉스 형식**이므로 윈도우에서 보면 모든 줄이 연결되어 있습니다. 이 경우 다른 텍스트 편집기를 사용해볼 수 있습니다. 다음은 NASA_Facilities.csv에서 몇 줄을 일정 너비로 자른 결과입니다.

```
Center,Center Search Status,Facility,FacilityURL,Occupied,Status,...
Kennedy Space Center,Public,Control Room 2/1726/HGR-S ,,...
Langley Research Center,Public,Micometeroid/LDEF Analysis Laboratory,,...
Kennedy Space Center,Public,SRM Rotation and Processing Facility/K6-0494 ,...
Marshall Space Flight Center,..."35812(34.729538, -86.585283)",Huntsville,...
```

값 내에 쉼표나 기타 특수 기호가 있는 경우 여기에 표시된 마지막 행에서처럼 전체 값을 따옴표로 묶습니다.

이 데이터를 MySQL로 가져오겠습니다. 먼저 새 **nasa** 데이터베이스를 만듭니다.

```
mysql> CREATE DATABASE nasa;
Query OK, 1 row affected (0.01 sec)
```

이 데이터베이스를 활성 데이터베이스로 선택합니다.

```
mysql> USE nasa;
Database changed
```

이제 데이터를 저장할 facilities 테이블을 만듭니다. 이 테이블은 헤더가 있는 CSV 파일에서 볼 수 있는 모든 필드를 처리합니다.

```
mysql> CREATE TABLE facilities (
    -> center TEXT,
    -> center_search_status TEXT,
    -> facility TEXT,
    -> facility_url TEXT,
    -> occupied TEXT,
    -> status TEXT,
    -> url_link TEXT,
```

```
    -> record_date DATETIME,
    -> last_update TIMESTAMP NULL,
    -> country TEXT,
    -> contact TEXT,
    -> phone TEXT,
    -> location TEXT,
    -> city TEXT,
    -> state TEXT,
    -> zipcode TEXT
    -> );
Query OK, 0 rows affected (0.03 sec)
```

여기에서 데이터 타입으로 약간의 속임수를 쓸 것입니다. NASA는 데이터셋의 스키마를 제공하지만 대부분의 필드에 대해 타입이 일반 텍스트로 제공되며 웹사이트 URL도 텍스트 이외의 타입으로 저장할 수 없습니다. 그러나 각 열에 얼마나 많은 데이터가 포함될지는 알 수 없습니다. 따라서 기본적으로 열을 VARCHAR(65535)로 정의하는 것과 유사한 TEXT 타입을 사용합니다. '4.2.4 열에 사용할 수 있는 타입'의 문자열 타입에서 얘기한 대로 두 타입에는 몇 가지 차이점이 있지만 이 예시에서는 중요하지 않습니다. 인덱스를 정의하지 않고 테이블에 제약을 두지 않겠습니다. 아주 작은 새로운 데이터셋을 로드하는 경우 먼저 로드한 다음 분석하는 편이 좋습니다. 더 큰 데이터셋의 경우 테이블이 가능한 한 잘 구조화되었는지 확인하십시오. 그렇지 않으면 나중에 테이블을 변경하느라 상당한 시간을 소비하게 됩니다. 데이터베이스와 테이블을 설정했으므로 LOAD DATA INFILE 명령을 사용해 파일에서 데이터를 가져옵니다.

```
mysql> LOAD DATA INFILE 'NASA_Facilities.csv' INTO TABLE facilities
    -> FIELDS TERMINATED BY ',';
ERROR 1290 (HY000): The MySQL server is running with
the --secure-file-priv option so it cannot execute this statement
```

이런, 문제가 발생했군요. MySQL에서는 LOAD DATA INFILE 명령을 사용해 데이터를 로드할 수 없습니다. 해당 동작은 secure_file_priv 시스템 변수에 의해 제어됩니다. 변수가 경로로 설정되면 로드할 파일은 해당 특정 경로에 있어야 하고 MySQL 서버에서 읽을 수 있어야 합니다. 변수가 설정되지 않은 경우 안전하지 않은 것으로 판단하고 로드할 파일은 MySQL 서버에서만 읽을 수 있어야 합니다. 기본적으로 리눅스의 MySQL 8.0은 이 변수를 다음과 같이 설정합니다.

```
mysql> SELECT @@secure_file_priv;
+----------------------+
| @@secure_file_priv   |
+----------------------+
| /var/lib/mysql-files/ |
+----------------------+
1 row in set (0.00 sec)
```

윈도우에서는 다음과 같습니다.

```
mysql> SELECT @@secure_file_priv;
+------------------------------------------------+
| @@secure_file_priv                             |
+------------------------------------------------+
| C:\ProgramData\MySQL\MySQL Server 8.0\Uploads\ |
+------------------------------------------------+
1 row in set (0.00 sec)
```

> **NOTE_** secure_file_priv 시스템 변수의 값은 MySQL 설치 방법에 따라 다르거나 비어 있을 수도
> 있습니다. secure_file_priv가 NULL로 되어 있다면 해당 파일이 MySQL 서버에 액세스할 수 있는 한
> MySQL이 모든 위치에서 파일을 로드할 수 있습니다. 즉, 리눅스에서는 mysql 사용자로 실행되는 mysqld
> 프로세스에서 파일을 읽을 수 있어야 합니다. secure_file_priv 값을 변경하려면 MySQL 구성을 업데이
> 트하고 서버를 다시 시작합니다. MySQL 구성 방법은 9장을 참조하세요.

리눅스 또는 기타 유닉스 계열 시스템은 해당 디렉터리에 파일을 복사하고, 가능하면 sudo를
사용해 mysqld 프로그램이 파일에 액세스할 수 있도록 권한을 변경합니다.

윈도우에서는 파일을 올바른 위치로 복사하면 됩니다. 리눅스 또는 유사 시스템에서는 다음과
같은 명령을 실행합니다.

```
$ ls -lh $HOME/Downloads/NASA_Facilities.csv
-rw-r--r--. 1 skuzmichev skuzmichev 114K
    Feb 28 14:19 /home/skuzmichev/Downloads/NASA_Facilities.csv

$ sudo cp -vip ~/Downloads/NASA_Facilities.csv /var/lib/mysql-files
[sudo] password for skuzmichev:
'/home/skuzmichev/Downloads/NASA_Facilities.csv'
```

```
    -> '/var/lib/mysql-files/NASA_Facilities.csv'

$ sudo chown mysql:mysql /var/lib/mysql-files/NASA_Facilities.csv

$ sudo ls -lh /var/lib/mysql-files/NASA_Facilities.csv
-rw-r--r--. 1 mysql mysql 114K
    Feb 28 14:19 /var/lib/mysql-files/NASA_Facilities.csv
```

다시 로드해봅시다. 대상 파일이 현재 디렉터리에 없으면 쿼리에 전체 경로를 전달합니다.

```
mysql> LOAD DATA INFILE '/var/lib/mysql-files/NASA_Facilities.csv'
    -> INTO TABLE facilities FIELDS TERMINATED BY ',';
ERROR 1292 (22007): Incorrect datetime value:
'Record Date' for column 'record_date' at row 1
```

뭔가 이상하군요. Record Date는 실제 날짜가 아니라 열 이름입니다. 헤더가 있는 CSV 파일을 로드할 때 흔히 하게 되는 실수입니다. MySQL에 헤더를 생략하도록 지시하겠습니다.

```
mysql> LOAD DATA INFILE '/var/lib/mysql-files/NASA_Facilities.csv'
    -> INTO TABLE facilities FIELDS TERMINATED BY ','
    -> IGNORE 1 LINES;
ERROR 1292 (22007): Incorrect datetime value:
'03/01/1996 12:00:00 AM' for column 'record_date' at row 1
```

입력한 날짜 형식이 MySQL에서 기대하는 형식과 다릅니다. 이 역시 흔히 발생하는 일입니다. 이 상황에 대한 몇 가지 해결법이 있습니다. 첫째, record_date 열을 TEXT 타입으로 변경합니다. 날짜와 시간 타입이 지닌 장점을 잃게 되지만 데이터를 데이터베이스로 가져올 수 있습니다. 둘째, 파일에서 수집된 데이터를 즉석에서 변환합니다. 결과의 차이를 보여주기 위해 occupied 열(날짜 필드)을 TEXT로 지정했습니다. 변환 복잡성으로 넘어가기 전에 윈도우에서 동일한 쿼리를 실행해보겠습니다.

```
mysql> LOAD DATA INFILE
    -> 'C:\ProgramData\MySQL\MySQL Server 8.0\Uploads\NASA_Facilities.csv'
    -> INTO TABLE facilities FIELDS TERMINATED BY ',';
ERROR 1290 (HY000): The MySQL server is running with
the --secure-file-priv option so it cannot execute this statement
```

파일이 해당 디렉터리에 있더라도 **LOAD DATA INFILE** 오류가 발생합니다. 윈도우용 MySQL 은 경로를 입력하지 않으면 작동하지 않기 때문입니다. MySQL 쿼리에는 윈도우 스타일의 경로를 입력할 수 없으므로 백슬래시(\)를 다른 백슬래시로 이스케이프 처리하거나 슬래시 (/)를 사용해 경로를 변경합니다. 어떤 방식을 사용하든 쿼리가 실행됩니다. 대신 이 경우는 record_date 변환 문제로 인해 둘 모두에서 오류가 발생합니다.

```
mysql> LOAD DATA INFILE
    -> 'C:\\ProgramData\\MySQL\\MySQL Server 8.0\\Uploads\\NASA_Facilities.csv'
    -> INTO TABLE facilities FIELDS TERMINATED BY ',';
ERROR 1292 (22007): Incorrect datetime value:
'Record Date' for column 'record_date' at row 1

mysql> LOAD DATA INFILE
    -> 'C:/ProgramData/MySQL/MySQL Server 8.0/Uploads/NASA_Facilities.csv'
    -> INTO TABLE facilities FIELDS TERMINATED BY ',';
ERROR 1292 (22007): Incorrect datetime value:
'Record Date' for column 'record_date' at row 1
```

날짜 변환 문제로 돌아가겠습니다. 앞서 언급했듯 매우 일반적인 문제입니다. CSV는 타입이 없고 데이터베이스마다 다양한 타입에 대한 기본 입력 형식이 다르기 때문에 불가피하게 타입 변환 문제에 직면하게 됩니다. 지금 사용하는 공개 데이터셋의 날짜 형태는 **03/01/1996 12:00:00 AM**입니다. 작업이 더 복잡해지지만 CSV 파일의 날짜 값을 변환하는 편이 좋습니다. 임의의 문자열을 날짜로 변환하거나 최소한 그러한 변환을 시도하려면 **STR_TO_DATE()** 함수를 사용합니다. 문서를 확인한 후 변환해봅시다.

```
mysql> SELECT STR_TO_DATE('03/01/1996 12:00:00 AM',
    -> '%m/%d/%Y %h:%i:%s %p') converted;
+---------------------+
¦ converted           ¦
+---------------------+
¦ 1996-03-01 00:00:00 ¦
+---------------------+
1 row in set (0.01 sec)
```

함수는 변환이 실패하면 **NULL**을 반환하므로 지금은 제대로 캐스팅되었습니다. 이제 **LOAD DATA INFILE** 명령에서 함수를 사용하는 방법을 알아보겠습니다.

```
mysql> LOAD DATA INFILE '/var/lib/mysql-files/NASA_Facilities.csv'
    -> INTO TABLE facilities FIELDS TERMINATED BY ','
    -> OPTIONALLY ENCLOSED BY '"'
    -> IGNORE 1 LINES
    -> (center, center_search_status, facility, facility_url,
    -> occupied, status, url_link, @var_record_date, @var_last_update,
    -> country, contact, phone, location, city, state, zipcode)
    -> SET record_date = IF(
    ->     CHAR_LENGTH(@var_record_date)=0,NULL,
    ->        STR_TO_DATE(@var_record_date, '%m/%d/%Y %h:%i:%s %p')
    -> ),
    -> last_update = IF(
    ->     CHAR_LENGTH(@var_last_update)=0,NULL,
    ->        STR_TO_DATE(@var_last_update, '%m/%d/%Y %h:%i:%s %p')
    -> );
Query OK, 485 rows affected (0.05 sec)
Records: 485  Deleted: 0  Skipped: 0  Warnings: 0
```

쿼리가 꽤 길지만 한번 살펴봅시다. 첫 번째 줄은 LOAD DATA INFILE 명령과 파일 경로를 지정합니다. 두 번째 줄은 대상 테이블을 지정하고 FIELDS TERMINATED BY ','를 입력해 CSV에서 필드가 쉼표로 구분됨을 알려줍니다. 세 번째 줄은 FIELDS에 또 다른 매개변수를 추가해 일부 필드(전부는 아님)가 따옴표(")로 묶여 있음을 MySQL에 알립니다. 데이터셋에는 "..." 필드 내에 쉼표가 있는 항목이 있으므로 중요한 과정입니다. 네 번째 줄에서는 해당 데이터셋에 헤더가 있으므로 첫 번째 줄을 건너뛰도록 지정합니다.

5~7행에는 열 목록을 입력합니다. 날짜/시간 타입 열은 두 개가 있는데 모든 값을 변수로 읽어 들인 다음 nasa.facilities 테이블에서 사용하는 형식으로 변환합니다. 그러나 모든 열을 지정하지 않는 이상 MySQL에 이를 알릴 수 없습니다. 목록에서 일부 열을 생략하거나 잘못된 순서로 지정하면 MySQL은 값을 올바르게 할당하지 못합니다. CSV는 본질적으로 위치 기반 형식입니다. MySQL은 FIELDS 관련 세부사항이 지정되지 않으면 각 CSV 행을 읽어 모든 행의 각 필드가 대상 테이블의 열 순서(DESCRIBE 또는 SHOW CREATE TABLE 명령이 제공하는 열 순서)에 맞춰 입력될 것으로 예상합니다. 열 목록을 입력하면 열 순서를 변경할 수 있어 필드가 다르게 배치된 CSV 파일로 테이블을 채울 수 있습니다. 또 더 적은 수의 열을 지정해서 CSV 파일에 일부 필드가 누락된 경우에도 테이블을 채울 수 있습니다.

8~15행에서는 날짜/시간 값을 변환하는 함수를 호출합니다. 앞의 열 목록에서 필드 8은 @var_record_date 변수로, 필드 9는 @var_last_update로 읽히게 정의했습니다. 필드 8과 9에 입력된 날짜/시간 값에는 오류가 있습니다. CSV 파일에서 읽은 필드 값을 변수에 저장한 뒤, SET 매개변수를 사용해 대상 테이블 열 형태에 맞게 수정할 수 있습니다. 이번 예시에서는 두 가지 과정을 거칩니다. 먼저 파일에서 읽은 문자 수를 평가해 변수가 비어 있지 않은지 (CSV에 , , 가 있는 경우) 확인하고, 비어 있지 않은 경우 실제 변환을 실행합니다. 변수가 비어 있는 경우 값을 NULL로 설정합니다.

마지막으로 다음 쿼리를 실행해 결과를 확인합시다.

```
mysql> SELECT facility, occupied, last_update
    -> FROM facilities
    -> ORDER BY last_update DESC LIMIT 5;
+--------------------...+----------------------+---------------------+
| facility        ...| occupied             | last_update         |
+--------------------...+----------------------+---------------------+
| Turn Basin/K7-1005  ...| 01/01/1963 12:00:00 AM | 2015-06-22 00:00:00 |
| RPSF Surge Building ...| 01/01/1984 12:00:00 AM | 2015-06-22 00:00:00 |
| Thermal Protection S...| 01/01/1988 12:00:00 AM | 2015-06-22 00:00:00 |
| Intermediate Bay/M7-...| 01/01/1995 12:00:00 AM | 2015-06-22 00:00:00 |
| Orbiter Processing F...| 01/01/1987 12:00:00 AM | 2015-06-22 00:00:00 |
+--------------------...+----------------------+---------------------+
5 rows in set (0.00 sec)
```

occupied 열은 TEXT 타입으로 변환하기로 했습니다. 정렬은 가능하지만 날짜/시간 타입에서 사용할 수 있는 함수는 명시적으로 DATETIME으로 변환되지 않는 한 작동하지 않습니다.

데이터 로드의 예상치 못한 복잡성과 LOAD DATA INFILE 명령의 힘을 확인한 복잡한 예시였습니다.

7.3 쉼표로 구분된 파일에 데이터 입력

SELECT INTO OUTFILE 문을 사용해 쿼리 결과를 스프레드시트나 그 외 프로그램에서 열 수 있도록 CSV 파일로 저장할 수 있습니다.

employees 데이터베이스의 관리자 목록을 CSV 파일로 내보내겠습니다. 현재 모든 관리자를 나열하는 쿼리는 다음과 같습니다.

```
mysql> USE employees;
Database changed

mysql> SELECT emp_no, first_name, last_name, title, from_date
    -> FROM employees JOIN titles USING (emp_no)
    -> WHERE title = 'Manager' AND to_date = '9999-01-01';
+--------+------------+------------+---------+------------+
| emp_no | first_name | last_name  | title   | from_date  |
+--------+------------+------------+---------+------------+
| 110039 | Vishwani   | Minakawa   | Manager | 1991-10-01 |
| 110114 | Isamu      | Legleitner | Manager | 1989-12-17 |
| 110228 | Karsten    | Sigstam    | Manager | 1992-03-21 |
| 110420 | Oscar      | Ghazalie   | Manager | 1996-08-30 |
| 110567 | Leon       | DasSarma   | Manager | 1992-04-25 |
| 110854 | Dung       | Pesch      | Manager | 1994-06-28 |
| 111133 | Hauke      | Zhang      | Manager | 1991-03-07 |
| 111534 | Hilary     | Kambil     | Manager | 1991-04-08 |
| 111939 | Yuchang    | Weedman    | Manager | 1996-01-03 |
+--------+------------+------------+---------+------------+
9 rows in set (0.13 sec)
```

SELECT 쿼리를 약간 변경해 이 데이터를 쉼표로 구분한 값으로 출력해 파일에 저장할 수 있습니다. INTO OUTFILE에는 LOAD DATA INFILE과 동일한 --secure-file-priv 옵션 규칙이 적용됩니다. 기본적으로 파일 경로가 제한되며 기본 옵션은 '7.2 쉼표로 구분된 파일(CSV)에서 데이터 로드'에서 확인할 수 있습니다.

```
mysql> SELECT emp_no, first_name, last_name, title, from_date
    -> FROM employees JOIN titles USING (emp_no)
    -> WHERE title = 'Manager' AND to_date = '9999-01-01'
    -> INTO OUTFILE '/var/lib/mysql-files/managers.csv'
    -> FIELDS TERMINATED BY ',';
Query OK, 9 rows affected (0.14 sec)
```

결과를 /var/lib/mysql-files 디렉터리의 managers.csv 파일에 저장했습니다. 저장 디렉터리는 secure_file_priv 시스템 변수(설정한 경우)에 입력되어야 하며 해당 디렉터리에 대해 MySQL 서버가 쓰기 권한을 가져야 합니다. 윈도우 시스템에서는 C:\ProgramData\ MySQL\MySQL Server 8.0\Uploads\managers.csv 같은 경로를 지정하십시오. FIELDS TERMINATED BY 절을 생략하면 서버는 데이터 기본 구분 기호인 탭을 사용합니다.

텍스트 편집기나 스프레드시트 프로그램에서 managers.csv의 내용을 확인할 수 있습니다.

```
110039,Vishwani,Minakawa,Manager,1991-10-01
110114,Isamu,Legleitner,Manager,1989-12-17
110228,Karsten,Sigstam,Manager,1992-03-21
110420,Oscar,Ghazalie,Manager,1996-08-30
110567,Leon,DasSarma,Manager,1992-04-25
110854,Dung,Pesch,Manager,1994-06-28
111133,Hauke,Zhang,Manager,1991-03-07
111534,Hilary,Kambil,Manager,1991-04-08
111939,Yuchang,Weedman,Manager,1996-01-03
```

데이터 필드에 쉼표나 그 외 구분 기호가 포함되어 있으면 기본적으로 MySQL은 필드 내의 구분 기호를 이스케이프 처리합니다. sakila 데이터베이스로 전환해 다음을 테스트해보겠습니다.

```
mysql> USE sakila;
Database changed

mysql> SELECT title, special_features FROM film LIMIT 10
    -> INTO OUTFILE '/var/lib/mysql-files/film.csv'
    -> FIELDS TERMINATED BY ',';
Query OK, 10 rows affected (0.00 sec)
```

이제 film.csv 파일의 데이터를 (다시 말하지만, 텍스트 편집기나 스프레드시트, 리눅스의 head 유틸리티 등을 사용해) 확인하면 다음과 같은 내용을 보게 됩니다.

```
ACADEMY DINOSAUR,Deleted Scenes\,Behind the Scenes
ACE GOLDFINGER,Trailers\,Deleted Scenes
ADAPTATION HOLES,Trailers\,Deleted Scenes
AFFAIR PREJUDICE,Commentaries\,Behind the Scenes
AFRICAN EGG,Deleted Scenes
AGENT TRUMAN,Deleted Scenes
AIRPLANE SIERRA,Trailers\,Deleted Scenes
```

```
AIRPORT POLLOCK,Trailers
ALABAMA DEVIL,Trailers\,Deleted Scenes
ALADDIN CALENDAR,Trailers\,Deleted Scenes
```

두 번째 필드가 쉼표를 포함하고 있어 구분자인 쉼표와 구분되도록 백슬래시(\)를 이용해 이스케이프된 점을 주목하십시오. 스프레드시트 프로그램에 따라 이를 파악해 파일을 읽어들이며 백슬래시를 제거하기도 합니다. MySQL은 이스케이프를 인지하고 이러한 쉼표를 구분 기호로 취급하지 않습니다. 쉼표만이 아닙니다. `FIELDS TERMINATED BY '^'`를 설정하면 필드 내의 모든 ^ 기호가 이스케이프 처리됩니다.

모든 프로그램이 이스케이프를 정상적으로 처리하는 것은 아니므로 MySQL에 `ENCLOSED` 옵션을 사용해 명시적으로 필드를 정의할 수 있습니다.

```
mysql> SELECT title, special_features FROM film LIMIT 10
    -> INTO OUTFILE '/var/lib/mysql-files/film_quoted.csv'
    -> FIELDS TERMINATED BY ',' ENCLOSED BY '"';
Query OK, 10 rows affected (0.00 sec)
```

이전에 데이터를 로드할 때 사용한 옵션입니다. `film_quoted.csv` 파일의 결과를 살펴보십시오.

```
"ACADEMY DINOSAUR","Deleted Scenes,Behind the Scenes"
"ACE GOLDFINGER","Trailers,Deleted Scenes"
"ADAPTATION HOLES","Trailers,Deleted Scenes"
"AFFAIR PREJUDICE","Commentaries,Behind the Scenes"
"AFRICAN EGG","Deleted Scenes"
"AGENT TRUMAN","Deleted Scenes"
"AIRPLANE SIERRA","Trailers,Deleted Scenes"
"AIRPORT POLLOCK","Trailers"
"ALABAMA DEVIL","Trailers,Deleted Scenes"
"ALADDIN CALENDAR","Trailers,Deleted Scenes"
```

지금 사용한 구분 기호(쉼표)는 이스케이프 처리되지 않으므로 최신 스프레드시트 프로그램에서 더 잘 작동합니다. 내보낸 필드에 큰따옴표가 있으면 어떻게 되는지 궁금할 수 있습니다. MySQL은 다시 문제를 일으킬 수 있는 쉼표 대신 큰따옴표를 이스케이프 처리합니다. 데이터를 내보낼 때는 항상 사용자가 출력된 데이터를 사용할 수 있는지 확인하는 것이 좋습니다.

7.4 쿼리를 사용한 테이블 생성

쿼리를 사용하면 쉽게 테이블을 생성하고 복사할 수 있습니다. 이 방법은 기존 데이터를 사용해 새 데이터베이스를 구축하려는 경우(예: 국가 목록 전체를 복사하려는 경우) 또는 데이터를 재구성할 경우에 유용합니다. 보고서를 작성하거나 둘 이상의 테이블에서 데이터를 병합할 때, 즉석에서 테이블을 재설계할 때 주로 데이터를 재구성합니다. 이번에는 데이터 재구성 방법을 알아보겠습니다.

> **TIP_** 모든 예시는 수정되지 않은 **sakila** 데이터베이스를 기반으로 합니다. 데이터베이스를 깨끗한 상태로 되돌리려면 '2.6 엔티티 관계 설계 예시'에 제시된 단계를 반복합니다.

MySQL에서는 **CREATE TABLE** 구문의 변형을 사용해 테이블 구조를 쉽게 복제할 수 있습니다.

```
mysql> USE sakila;
Database changed

mysql> CREATE TABLE actor_2 LIKE actor;
Query OK, 0 rows affected (0.24 sec)

mysql> DESCRIBE actor_2;
+-------------+-------------------+------+-----+...
| Field       | Type              | Null | Key |...
+-------------+-------------------+------+-----+...
| actor_id    | smallint unsigned | NO   | PRI |...
| first_name  | varchar(45)       | NO   |     |...
| last_name   | varchar(45)       | NO   | MUL |...
| last_update | timestamp         | NO   |     |...
+-------------+-------------------+------+-----+...

...+-------------------+--------------------------------------------------+
...| Default           | Extra                                            |
...+-------------------+--------------------------------------------------+
...| NULL              | auto_increment                                   |
...| NULL              |                                                  |
...| NULL              |                                                  |
...| CURRENT_TIMESTAMP | DEFAULT_GENERATED on update CURRENT_TIMESTAMP    |
...+-------------------+--------------------------------------------------+
4 rows in set (0.01 sec)

mysql> SELECT * FROM actor_2;
```

```
Empty set (0.00 sec)
```

LIKE 구문을 사용하면 키를 포함해 다른 테이블과 구조가 정확히 동일한 새 테이블을 생성할 수 있습니다. 하지만 데이터는 복사하지 않습니다. IF NOT EXISTS와 TEMPORARY 기능을 사용할 수도 있습니다.

테이블을 만든 뒤, 일부 데이터를 복사하려면 CREATE TABLE과 SELECT 문을 조합합니다. actor_2 테이블을 제거하고 새로운 접근방식을 사용해 다시 생성해보겠습니다.

```
mysql> DROP TABLE actor_2;
Query OK, 0 rows affected (0.08 sec)

mysql> CREATE TABLE actor_2 AS SELECT * from actor;
Query OK, 200 rows affected (0.03 sec)
Records: 200  Duplicates: 0  Warnings: 0

mysql> SELECT * FROM actor_2 LIMIT 5;
+----------+------------+--------------+---------------------+
| actor_id | first_name | last_name    | last_update         |
+----------+------------+--------------+---------------------+
|        1 | PENELOPE   | GUINESS      | 2006-02-15 04:34:33 |
|        2 | NICK       | WAHLBERG     | 2006-02-15 04:34:33 |
|        3 | ED         | CHASE        | 2006-02-15 04:34:33 |
|        4 | JENNIFER   | DAVIS        | 2006-02-15 04:34:33 |
|        5 | JOHNNY     | LOLLOBRIGIDA | 2006-02-15 04:34:33 |
+----------+------------+--------------+---------------------+
5 rows in set (0.01 sec)
```

동일한 테이블 actor_2가 생성되고 모든 데이터가 SELECT 문을 통해 복사됩니다. 이 작업을 주로 CREATE TABLE AS SELECT 또는 CTAS로 부르지만, AS 부분을 필수로 지정할 필요는 없으므로 나중에는 생략하겠습니다.

이 기술은 강력합니다. 새로운 구조로 새 테이블을 생성하고 강력한 쿼리를 사용해 테이블을 데이터로 채울 수 있습니다. 예를 들어 다음은 데이터베이스에 있는 영화의 제목과 해당 카테고리를 포함하도록 만든 report 테이블입니다.

```
mysql> CREATE TABLE report (title VARCHAR(128), category VARCHAR(25))
    -> SELECT title, name AS category FROM
```

```
    -> film JOIN film_category USING (film_id)
    -> JOIN category USING (category_id);
Query OK, 1000 rows affected (0.06 sec)
Records: 1000  Duplicates: 0  Warnings: 0
```

구문이 이전 예시와 약간 다릅니다. 이 예시에서는 새 테이블 이름인 report 뒤 괄호 안에 열
이름과 타입 목록을 입력했습니다. 기존 테이블의 구조를 복제하지 않기 때문에 이를 꼭 입력
해야 합니다. 또 실제로 name을 category로 변경합니다. 그런 다음 새 테이블의 새 열에 일치
하는 출력과 함께 SELECT 문이 뒤따릅니다. 새 테이블의 내용을 확인해 결과를 보겠습니다.

```
mysql> SELECT * FROM report LIMIT 5;
+---------------------+----------+
| title               | category |
+---------------------+----------+
| AMADEUS HOLY        | Action   |
| AMERICAN CIRCUS     | Action   |
| ANTITRUST TOMATOES  | Action   |
| ARK RIDGEMONT       | Action   |
| BAREFOOT MANCHURIAN | Action   |
+---------------------+----------+
5 rows in set (0.00 sec)
```

따라서 이 예시에서는 SELECT 문의 title과 name 값을 사용해 report 테이블의 새 제목과
카테고리 열을 채웁니다. 쿼리를 사용해 테이블을 생성할 때 주의 사항이 있습니다. 인덱스(또
는 외래 키를 사용하는 경우)는 복사해선 안 됩니다. 인덱스는 많은 유연성을 제공하지만 잊는
순간 함정으로 돌변합니다. actor_2 예시를 살펴보겠습니다.

```
mysql> DESCRIBE actor_2;
+-------------+------------------+------+-----+...
| Field       | Type             | Null | Key |...
+-------------+------------------+------+-----+...
| actor_id    | smallint unsigned | NO  |     |...
| first_name  | varchar(45)      | NO   |     |...
| last_name   | varchar(45)      | NO   |     |...
| last_update | timestamp        | NO   |     |...
+-------------+------------------+------+-----+...

...+-----------------+------------------------------------------+
...| Default         | Extra                                    |
```

```
...+-----------------+--------------------------------------------+
...| 0               |                                            |
...| NULL            |                                            |
...| NULL            |                                            |
...| CURRENT_TIMESTAMP | DEFAULT_GENERATED on update CURRENT_TIMESTAMP |
...+-----------------+--------------------------------------------+
4 rows in set (0.00 sec)

mysql> SHOW CREATE TABLE actor_2\G
*************************** 1. row ***************************
       Table: actor_2
Create Table: CREATE TABLE `actor_2` (
    `actor_id` smallint unsigned NOT NULL DEFAULT '0',
    `first_name` varchar(45) NOT NULL,
    `last_name` varchar(45) NOT NULL,
    `last_update` timestamp NOT NULL
    DEFAULT CURRENT_TIMESTAMP
    ON UPDATE CURRENT_TIMESTAMP
) ENGINE=InnoDB DEFAULT CHARSET=utf8mb4
    COLLATE=utf8mb4_0900_ai_ci
1 row in set (0.00 sec)
```

여기에는 기본 키가 없습니다. `actor_id` 열의 AUTO_INCREMENT 속성과 마찬가지로 `idx_actor_last_name` 키도 누락되었습니다.

인덱스를 새 테이블로 복사하려면, 세 가지 작업을 수행해야 합니다. 첫째는 앞서 설명한 대로 LIKE 문을 사용해 인덱스가 있는 빈 테이블을 만든 다음 '7.1 쿼리를 사용한 데이터 입력'에 설명된 대로 SELECT 문과 함께 INSERT를 사용해 데이터를 복사하는 것입니다.

둘째는 4장에 설명한 대로 CREATE TABLE을 SELECT 문과 함께 사용한 다음 ALTER TABLE을 사용해 인덱스를 추가하는 것입니다.

셋째 방법은 UNIQUE(또는 PRIMARY KEY나 KEY) 키워드를 CREATE TABLE 및 SELECT와 함께 사용해 기본 키 인덱스를 추가하는 것입니다. 다음은 이 접근방식의 예입니다.

```
mysql> DROP TABLE actor_2;
Query OK, 0 rows affected (0.04 sec)

mysql> CREATE TABLE actor_2 (UNIQUE(actor_id))
    -> AS SELECT * from actor;
```

```
Query OK, 200 rows affected (0.05 sec)
Records: 200  Duplicates: 0  Warnings: 0

mysql> DESCRIBE actor_2;
+-------------+-------------------+------+-----+...
| Field       | Type              | Null | Key |...
+-------------+-------------------+------+-----+...
| actor_id    | smallint unsigned | NO   | PRI |...
| first_name  | varchar(45)       | NO   |     |...
| last_name   | varchar(45)       | NO   |     |...
| last_update | timestamp         | NO   |     |...
+-------------+-------------------+------+-----+...

...+-------------------+------------------------------------------------+
...| Default           | Extra                                          |
...+-------------------+------------------------------------------------+
...| 0                 |                                                |
...| NULL              |                                                |
...| NULL              |                                                |
...| CURRENT_TIMESTAMP | DEFAULT_GENERATED on update CURRENT_TIMESTAMP  |
...+-------------------+------------------------------------------------+
4 rows in set (0.01 sec)
```

UNIQUE 키워드는 actor_id 열에 적용되어 새로 생성된 테이블의 기본 키가 됩니다. UNIQUE
및 PRIMARY KEY 키워드는 맞바꿀 수 있습니다.

이러한 기술을 사용해 테이블을 생성할 때 다른 수정자를 사용할 수 있습니다. 예를 들어 다음
테이블은 기본값과 기타 설정으로 생성되었습니다.

```
mysql> CREATE TABLE actor_3 (
    ->    actor_id SMALLINT UNSIGNED NOT NULL AUTO_INCREMENT,
    ->    first_name VARCHAR(45) NOT NULL,
    ->    last_name VARCHAR(45) NOT NULL,
    ->    last_update TIMESTAMP NOT NULL
    ->      DEFAULT CURRENT_TIMESTAMP ON UPDATE CURRENT_TIMESTAMP,
    ->    PRIMARY KEY (actor_id),
    ->    KEY idx_actor_last_name (last_name)
    -> ) SELECT * FROM actor;
Query OK, 200 rows affected (0.05 sec)
Records: 200  Duplicates: 0  Warnings: 0
```

여기서는 새 열에 NOT NULL을 설정하고 actor_id에 AUTO_INCREMENT 기능을 사용하고 두 개의 키를 생성했습니다. 일반 CREATE TABLE 문에서 수행할 수 있는 모든 작업을 이 변형에서 수행할 수 있습니다. 인덱스를 명시적으로 추가하는 것만 기억하세요!

7.5 여러 테이블에서 업데이트 및 삭제 수행

3장에서는 데이터를 업데이트하고 삭제하는 방법을 살펴보았습니다. 3장의 각 예시는 하나의 테이블에 영향을 미치고 해당 테이블의 속성을 사용해 수정할 항목을 결정했습니다. 이번에는 더 복잡한 업데이트와 삭제를 살펴보겠습니다. 하나의 쿼리로 둘 이상의 테이블에서 행을 삭제하거나 업데이트하고 해당 테이블이나 다른 테이블을 사용해 변경할 행을 결정할 수 있습니다.

7.5.1 삭제

데이터를 저장할 공간이 부족해서 데이터베이스를 정리한다고 해봅시다. 예를 들어 sakila 데이터베이스에서 인벤토리에 있지만 대여한 적이 없는 영화를 제거하는 것이 합리적일 겁니다. 불행히도 이는 rental 테이블의 정보를 사용해 inventory 테이블에서 데이터를 제거한다는 의미입니다.

이 작업을 지금까지 이 책에서 설명한 기술로 수행하자면 두 테이블을 결합하는 테이블을 만들고(INSERT와 SELECT 사용), 원하지 않는 행을 제거하고, 데이터를 원본으로 다시 복사하지 않고는 다른 방법이 없습니다. 이 절에서는 이 절차와 고급한 유형의 삭제를 우아하게 수행하는 방법을 보겠습니다.

inventory 테이블에서 대여한 적이 없는 영화를 찾는 쿼리를 생각해봅시다. 이를 수행하는 한 가지 방법은 NOT EXISTS 절과 함께 5장에서 보여준 기술을 사용해 중첩 쿼리를 사용하는 것입니다. 쿼리는 다음과 같습니다.

```
mysql> SELECT * FROM inventory WHERE NOT EXISTS
    -> (SELECT 1 FROM rental WHERE
```

```
   -> rental.inventory_id = inventory.inventory_id);
+--------------+---------+----------+---------------------+
| inventory_id | film_id | store_id | last_update         |
+--------------+---------+----------+---------------------+
|            5 |       1 |        2 | 2006-02-15 05:09:17 |
+--------------+---------+----------+---------------------+
1 row in set (0.01 sec)
```

어떻게 작동하는지 눈치챘겠지만 간단하게 논의해봅시다. 보다시피 쿼리는 외부 쿼리에서 처리 중인 현재 행이 하위 쿼리에서 참조되는 상호연관 하위 쿼리를 사용하고 있습니다. inventory_id 열이 참조되기 때문에 알 수 있지만 inventory 테이블은 하위 쿼리의 FROM 절에 나열되지 않습니다. 하위 쿼리는 외부 쿼리의 현재 행과 일치하는 rental 테이블의 행이 있을 때 출력을 생성합니다(따라서 inventory 테이블의 항목이 대여됨). 그러나 쿼리는 NOT EXISTS를 사용하기 때문에 외부 쿼리가 출력을 생성하지 않아 전체 결과로는 대여하지 않은 영화의 항목에 대한 행이 출력됩니다.

이제 쿼리를 DELETE 문으로 변환하면 다음과 같습니다.

```
mysql> DELETE FROM inventory WHERE NOT EXISTS
    -> (SELECT 1 FROM rental WHERE
    -> rental.inventory_id = inventory.inventory_id);
Query OK, 1 row affected (0.04 sec)
```

하위 쿼리가 동일하게 유지되지만 외부 SELECT 쿼리는 DELETE 문으로 대체된 것을 볼 수 있습니다. 여기에서는 표준 DELETE 구문을 따르고 있습니다. DELETE 키워드 뒤에 FROM과 행을 제거할 테이블에 대한 사양, WHERE 절(그리고 GROUP BY나 HAVING 같은 기타 쿼리 절)이 옵니다. 이 쿼리에서는 inventory 테이블에서 행이 삭제되지만 WHERE 절에서는 NOT EXISTES 문 내에 하위 쿼리가 지정됩니다.

이 문은 실제로 다른 테이블의 데이터를 기반으로 한 테이블의 행을 삭제하지만 기본적으로 일반 DELETE의 변형입니다. 이 특정 쿼리를 다중 테이블 DELETE로 변환하려면 다음과 같이 중첩된 하위 쿼리에서 LEFT JOIN으로 전환합니다.

```
DELETE inventory FROM inventory LEFT JOIN rental
USING (inventory_id) WHERE rental.inventory_id IS NULL;
```

찾은 행을 삭제하려는 특정 테이블을 포함하도록 구문이 어떻게 변경되는지 확인합니다. 이러한 테이블은 DELETE의 뒤이지만 FROM과 쿼리 사양의 앞에 지정됩니다. 쿼리를 작성하는 다음과 같은 또 다른 방식이 있는데 우리는 이 방식을 선호합니다.

```
DELETE FROM inventory USING inventory
LEFT JOIN rental USING (inventory_id)
WHERE rental.inventory_id IS NULL;
```

이 쿼리는 앞선 두 쿼리를 혼합한 것입니다. DELETE와 FROM 사이에 삭제 대상을 지정하지 않고 일반 삭제인 것처럼 작성합니다. 대신 필터 쿼리(조인 또는 기타)가 따를 것임을 나타내는 특수 USING 절을 사용합니다. 이전에 작성한 DELETE 테이블 FROM 테이블보다 조금 더 명확합니다. USING 키워드를 사용하면 JOIN 문의 USING 키워드와 혼동될 수 있다는 단점이 있습니다. 하지만 연습을 하면 그런 실수는 하지 않습니다.

이제 다중 테이블 구문 변형에 대해 알았으므로 실제로 다중 테이블 삭제가 필요한 쿼리를 구성할 수 있습니다. 이러한 쿼리는 외래 키 관계와 관련된 테이블에서 레코드를 삭제할 때 필요합니다. sakila 데이터베이스에는 inventory 테이블에 연결된 레코드가 없는 film 테이블의 영화 레코드가 있습니다. 즉, 정보는 있지만 대여할 수 없는 영화가 있습니다. 데이터베이스 정리 작업의 일부로 이러한 데이터를 제거하는 임무를 받았다고 가정합니다. 얼핏 보면 매우 쉽습니다.

```
mysql> DELETE FROM film WHERE NOT EXISTS
    -> (SELECT 1 FROM inventory WHERE
    -> film.film_id = inventory.film_id);

ERROR 1451 (23000): Cannot delete or update a parent row:
a foreign key constraint fails (
`sakila`.`film_actor`, CONSTRAINT `fk_film_actor_film`
FOREIGN KEY (`film_id`) REFERENCES `film` (`film_id`)
ON DELETE RESTRICT ON UPDATE CASCADE)
```

무결성 제약 조건이 삭제를 막고 있습니다. 영화뿐 아니라 영화와 배우 사이의 관계까지 제거합시다. 관계를 제거하고 나면 출연한 영화가 없어진 배우가 생길 수 있지만 이 배우는 추후 삭제할 수 있습니다. 영화와 배우에 대한 언급을 한 번에 삭제해보겠습니다.

```
DELETE FROM film_actor, film USING
film JOIN film_actor USING (film_id)
LEFT JOIN inventory USING (film_id)
WHERE inventory.film_id IS NULL;
```

불행히도 film_actor 테이블이 film 테이블 앞에 나열되더라도 여전히 film에서의 삭제는 실패하고 맙니다. 최적화 프로그램에 특정 순서로 테이블을 처리하도록 지시할 수는 없습니다. 만약 이 예시가 성공적으로 실행되었더라도 최적화 프로그램이 나중에 테이블 순서를 예기치 않게 변경해 오류를 일으킬 수 있으므로 이러한 동작에 의존하는 것은 좋은 습관이 아닙니다. 이 예시로 MySQL과 SQL 표준의 차이를 알 수 있습니다. 표준은 외래 키가 트랜잭션 커밋 시 확인되도록 지정하는 반면 MySQL은 외래 키를 즉시 확인해 이 쿼리가 성공하지 못하게 합니다. 이 문제를 해결할 수 있다고 해도 영화는 카테고리와도 관계있기에 이 역시 신경 써야 합니다.

MySQL은 이러한 상황에 대처할 몇 가지 방법을 허용합니다. 첫째는 하나의 트랜잭션 내에서 일련의 DELETE 문을 실행하는 것입니다(트랜잭션에 대해서는 6장에서 자세히 설명했습니다).

```
mysql> BEGIN;
Query OK, 0 rows affected (0.00 sec)

mysql> DELETE FROM film_actor USING
    -> film JOIN film_actor USING (film_id)
    -> LEFT JOIN inventory USING (film_id)
    -> WHERE inventory.film_id IS NULL;
Query OK, 216 rows affected (0.01 sec)

mysql> DELETE FROM film_category USING
    -> film JOIN film_category USING (film_id)
    -> LEFT JOIN inventory USING (film_id)
    -> WHERE inventory.film_id IS NULL;
Query OK, 42 rows affected (0.00 sec)

mysql> DELETE FROM film USING
    -> film LEFT JOIN inventory USING (film_id)
    -> WHERE inventory.film_id IS NULL;
Query OK, 42 rows affected (0.00 sec)

mysql> ROLLBACK;
Query OK, 0 rows affected (0.02 sec)
```

행을 보존하기 위해 COMMIT 대신 ROLLBACK을 실행했습니다. 실제로는 COMMIT을 사용해 작업 결과를 '저장'합니다.

둘째 옵션은 위험합니다. 세션 수준에서 foreign_key_checks 시스템 변수를 일시적으로 0으로 설정해 외래 키 제약 조건 사용을 중지할 수 있습니다. 이 방법을 사용하지 않는 것이 좋지만 세 테이블에서 동시에 삭제할 수 있는 유일한 방법은 다음과 같습니다.

```
mysql> SET foreign_key_checks=0;
Query OK, 0 rows affected (0.00 sec)

mysql> BEGIN;
Query OK, 0 rows affected (0.00 sec)

mysql> DELETE FROM film, film_actor, film_category
    -> USING film JOIN film_actor USING (film_id)
    -> JOIN film_category USING (film_id)
    -> LEFT JOIN inventory USING (film_id)
    -> WHERE inventory.film_id IS NULL;
Query OK, 300 rows affected (0.03 sec)

mysql> ROLLBACK;
Query OK, 0 rows affected (0.00 sec)

mysql> SET foreign_key_checks=1;
Query OK, 0 rows affected (0.00 sec)
```

외래 키 검사를 비활성화하는 것은 권장하지 않지만 이렇게 하면 다중 테이블 삭제의 힘을 보여줄 수 있습니다. 이전에 세 개의 쿼리를 사용해 수행한 작업을 여기서는 하나의 쿼리로 대체할 수 있습니다.

이 쿼리를 분석해보겠습니다. 행이 삭제될 테이블(일치하는 경우)은 film, film_actor, film_category입니다. 명확하게 하기 위해 이들을 DELETE FROM과 USING 사이에 명시했습니다. USING은 DELETE 문의 필터링 부분인 쿼리를 시작합니다. 이 예시에는 4개 테이블 조인을 구성했습니다. 일치하는 행만 필요하므로 INNER JOIN을 사용해 film, film_actor, film_category를 결합했습니다. 이러한 조인의 결과로 inventory 테이블을 LEFT JOIN합니다. 이 컨텍스트에서 LEFT JOIN을 사용하는 것은 매우 중요합니다. 실제로 inventory에서 레코드가 없는 행에만 관심이 있기 때문입니다. 이 사실을 WHERE Inventory.film_id IS

NULL로 표현합니다. 이 쿼리의 결과는 인벤토리에 없는 모든 영화를 가져온 다음 해당 영화에 대한 모든 영화 배우 관계와 모든 카테고리 관계를 가져오는 것입니다.

이 쿼리를 외래 키와 함께 안전하게 사용할 수 있을까요? 아쉽게도 쿼리 하나로 한 번에 끝낼 수는 없지만 쿼리 세 개를 실행하는 것보다 더 나은 방법이 있습니다.

```
mysql> BEGIN;
Query OK, 0 rows affected (0.00 sec)

mysql> DELETE FROM film_actor, film_category USING
    -> film JOIN film_actor USING (film_id)
    -> JOIN film_category USING (film_id)
    -> LEFT JOIN inventory USING (film_id)
    -> WHERE inventory.film_id IS NULL;
Query OK, 258 rows affected (0.02 sec)

mysql> DELETE FROM film USING
    -> film LEFT JOIN inventory USING (film_id)
    -> WHERE inventory.film_id IS NULL;
Query OK, 42 rows affected (0.01 sec)

mysql> ROLLBACK;
Query OK, 0 rows affected (0.01 sec)
```

이번에는 film_actor와 film_category 테이블에서 단일 DELETE 문으로 삭제 작업을 결합해 아무런 오류 없이 film에서 삭제를 진행했습니다. 이전 예와의 차이점은 세 개의 테이블 대신 두 개의 테이블에서 DELETE FROM을 진행한다는 것입니다.

영향을 받는 행 개수를 알아보겠습니다. 먼저 film에서 42개 행, film_category에서 42개 행, film_actor 테이블에서 216개 행을 삭제했습니다. 그 뒤 단일 DELETE 쿼리는 300개 행을 제거했습니다. 마지막으로 film_category와 film_actor 테이블에서 결합된 258개 행과 film 테이블에서 42개 행을 제거했습니다. 각 결과 출력을 보면 다중 테이블 삭제의 경우 MySQL이 개별 테이블로 분해하지 않고 삭제된 총 행 수를 출력합니다. 이로 인해 테이블마다 몇 개의 행이 삭제되었는지 정확히 추적하기가 어려워집니다.

그리고 다중 데이블 삭제에서는 ORDER BY나 LIMIT 절을 사용할 수 없습니다.

7.5.2 업데이트

이번에는 다중 테이블 업데이트를 설명하기 위해 sakila 데이터베이스를 사용하는 예시를 보겠습니다. 원래 등급에 상관없이 공포 영화의 등급을 모두 R로 변경하기로 했습니다. 시작하기 위해 공포 영화와 등급을 출력해보겠습니다.

```
mysql> SELECT name category, title, rating
    -> FROM film JOIN film_category USING (film_id)
    -> JOIN category USING (category_id)
    -> WHERE name = 'Horror';
+----------+----------------------------+--------+
| category | title                      | rating |
+----------+----------------------------+--------+
| Horror   | ACE GOLDFINGER             | G      |
| Horror   | AFFAIR PREJUDICE           | G      |
| Horror   | AIRPORT POLLOCK            | R      |
| Horror   | ALABAMA DEVIL              | PG-13  |
| ...      |                            |        |
| Horror   | ZHIVAGO CORE               | NC-17  |
+----------+----------------------------+--------+
56 rows in set (0.00 sec)

mysql> SELECT COUNT(title)
    -> FROM film JOIN film_category USING (film_id)
    -> JOIN category USING (category_id)
    -> WHERE name = 'Horror' AND rating <> 'R';
+--------------+
| COUNT(title) |
+--------------+
|           42 |
+--------------+
1 row in set (0.00 sec)
```

이제 해당 쿼리를 UPDATE 문에 넣습니다.

```
mysql> UPDATE film JOIN film_category USING (film_id)
    -> JOIN category USING (category_id)
    -> SET rating = 'R' WHERE category.name = 'Horror';
Query OK, 42 rows affected (0.01 sec)
Rows matched: 56  Changed: 42  Warnings: 0
```

구문을 살펴보겠습니다. 다중 테이블 업데이트는 SELECT 쿼리와 유사합니다. UPDATE 문 다음에 필요하거나 선호하는 조인 절을 통합하는 테이블 목록이 옵니다. 여기서는 JOIN(INNER JOIN임)을 사용해 film과 film_category 테이블을 함께 가져왔습니다. 그 뒤에 개별 열에 대해 값을 할당하는 SET 키워드가 옵니다. 여기서 하나의 열만 수정되고(등급을 R로 변경하기 위해) film을 제외한 모든 테이블의 열은 수정되지 않은 것을 볼 수 있습니다. 다음 WHERE는 선택 사항이지만 이 예시는 카테고리 이름이 Horror인 행만 수정하는 데 사용합니다.

56개 행이 일치했지만 42개 행만 업데이트되었다고 MySQL이 보고하고 있음에 유의하십시오. 이전 SELECT 쿼리의 결과를 보면 Horror 카테고리의 영화 수(56)와 R 이외의 등급으로 해당 카테고리의 영화 수(42)가 표시되었습니다. 다른 영화에 이미 해당 등급이 있었기 때문에 42개 행만 업데이트되었습니다.

다중 테이블 삭제와 마찬가지로 다중 테이블 업데이트에도 몇 가지 제한 사항이 있습니다.

- ORDER BY를 사용할 수 없습니다.
- LIMIT를 사용할 수 없습니다.
- 중첩된 하위 쿼리에서 읽은 테이블은 업데이트할 수 없습니다.

이 점을 제외하면 다중 테이블 업데이트는 단일 테이블 업데이트와 거의 동일합니다.

7.6 데이터 변경

가끔 데이터를 덮어쓰고 싶을 때가 있습니다. 이전에 보여준 방법 두 가지로 이 작업을 수행할 수 있습니다.

- 기본 키를 사용해 기존 행을 삭제한 다음 동일한 기본 키로 대체를 삽입합니다.
- 기본 키를 사용해 행을 업데이트하고 일부 값이나 모든 값(기본 키 제외)을 교체합니다.

REPLACE 문은 데이터를 변경하는 편리한 방법입니다. 이 절에서는 동작하는 방식에 대해 설명합니다.

REPLACE 문은 INSERT와 같지만 한 가지 차이점이 있습니다. 기본 키가 동일한 테이블에 기존 행이 있는 경우 새 행을 INSERT할 수 없습니다. 이 문제를 REPLACE 쿼리를 사용해 해결할 수 있습니다. 이 쿼리는 먼저 기본 키가 동일한 기존 행을 제거한 다음 새 행을 삽입합니다.

예를 들어 sakila 데이터베이스에서 여배우 PENELOPE GUINESS의 행을 교체할 것입니다.

```
mysql> REPLACE INTO actor VALUES (1, 'Penelope', 'Guiness', NOW());
ERROR 1451 (23000): Cannot delete or update a parent row:
a foreign key constraint fails (`sakila`.`film_actor`,
CONSTRAINT `fk_film_actor_actor` FOREIGN KEY (`actor_id`)
REFERENCES `actor` (`actor_id`) ON DELETE RESTRICT ON UPDATE CASCADE)
```

불행히도 이전 단락을 읽고 짐작하듯이 REPLACE는 실제로 DELETE를 수행합니다. sakila 데이터베이스와 같이 데이터베이스가 참조적으로 매우 제한되어 있으면 REPLACE가 작동하지 않는 경우가 많습니다. 여기에서 데이터베이스와 싸우지 말고 '7.4 쿼리를 사용한 테이블 생성'에서 만든 actor_2 테이블을 대신 사용합시다.

```
mysql> REPLACE actor_2 VALUES (1, 'Penelope', 'Guiness', NOW());
Query OK, 2 rows affected (0.00 sec)
```

MySQL이 두 개의 행이 영향을 받았다고 보고합니다. 먼저 이전 행이 삭제된 다음 새 행이 삽입되었습니다. 이름의 대소문자만 바꾼 소소한 변경이므로 UPDATE로 쉽게 수행할 수 있습니다. sakila 데이터베이스의 테이블이 비교적 작기 때문에 REPLACE가 UPDATE보다 간단해 보이는 예시를 구성하기가 어렵습니다.

SELECT 쿼리 사용을 포함해 REPLACE와 함께 다양한 INSERT 구문을 사용할 수 있습니다.

```
mysql> REPLACE INTO actor_2 VALUES (1, 'Penelope', 'Guiness', NOW());
Query OK, 2 rows affected (0.00 sec)

mysql> REPLACE INTO actor_2 (actor_id, first_name, last_name)
    -> VALUES (1, 'Penelope', 'Guiness');
Query OK, 2 rows affected (0.00 sec)

mysql> REPLACE actor_2 (actor_id, first_name, last_name)
    -> VALUES (1, 'Penelope', 'Guiness');
Query OK, 2 rows affected (0.00 sec)

mysql> REPLACE actor_2 SET actor_id = 1,
```

```
-> first_name = 'Penelope', last_name = 'Guiness';
Query OK, 2 rows affected (0.00 sec)
```

첫 번째 쿼리는 선택 사항인 **INTO** 키워드(쿼리의 가독성을 향상함)를 포함한다는 점을 제외하고 이전 예와 거의 동일합니다. 두 번째 쿼리는 일치하는 값을 삽입할 열 이름을 명시적으로 나열합니다. 세 번째 쿼리는 두 번째 쿼리와 동일하지만 선택 사항인 **INTO** 키워드가 없습니다. 최종 쿼리는 **SET** 구문을 사용합니다. 원한다면 선택 사항인 **INTO**를 추가할 수 있습니다. 열에 값을 지정하지 않으면 **INSERT**와 마찬가지로 기본값이 설정됩니다.

둘 이상의 행을 제거하고 삽입해서 한 번에 여러 개의 교체를 실행할 수도 있습니다.

```
mysql> REPLACE actor_2 (actor_id, first_name, last_name)
    -> VALUES (2, 'Nick', 'Wahlberg'),
    -> (3, 'Ed', 'Chase');
Query OK, 4 rows affected (0.00 sec)
Records: 2  Duplicates: 2  Warnings: 0
```

4개 행이 영향을 받았습니다. 두 번의 삭제와 두 번의 입력이 이뤄졌습니다. 또 두 개의 중복 항목이 발견되었습니다. 이는 기존 행의 교체가 성공했음을 의미합니다. 교체할 행이 없으면 **INSERT**처럼 작동합니다.

```
mysql> REPLACE actor_2 (actor_id, first_name, last_name)
    -> VALUES (1000, 'William', 'Dyer');
Query OK, 1 row affected (0.00 sec)
```

하나의 행만 영향을 받았으므로 입력만 발생했음을 알 수 있습니다.

변경은 **SELECT** 문에서도 작동합니다. '7.1 쿼리를 사용한 데이터 입력'에서 만든 recommend 테이블을 다시 보겠습니다. 여기에 10개 영화를 추가했지만 목록에서 일곱 번째 영화가 마음에 들지 않는다고 가정합시다. 무작위로 선택한 영화로 교체하는 방법은 다음과 같습니다.

```
mysql> REPLACE INTO recommend SELECT film_id, language_id,
    -> release_year, title, length, 7 FROM film
    -> ORDER BY RAND() LIMIT 1;
Query OK, 2 rows affected (0.00 sec)
Records: 1  Duplicates: 1  Warnings: 0
```

다시 확인하면 구성은 INSERT와 동일하지만 삽입 전에 삭제가 시도되고 성공합니다! sequence _id 값은 7로 유지됩니다.

테이블에 기본 키나 다른 고유 키가 없으면 교체하는 의미가 없습니다. 일치하는 행을 삭제하기 위해 고유하게 식별할 수 있는 방법이 없기 때문입니다. 이러한 테이블에서 REPLACE를 사용하는 경우 해당 동작은 INSERT와 동일합니다. 또 INSERT와 마찬가지로 하위 쿼리에서 사용되는 테이블의 행을 바꿀 수 없습니다. 마지막으로 INSERT IGNORE와 REPLACE의 차이점에 유의하십시오. 전자는 기존 데이터를 중복 키로 유지하고 새 행을 삽입하지 않는 반면, 후자는 기존 행을 삭제하고 새 행으로 교체합니다.

REPLACE에 대한 열 목록을 지정할 때 기본값이 없는 모든 열을 나열해야 합니다. 이 예시는 actor_id, first_name, last_name을 지정했지만 기본값이 CURRENT_TIMESTAMP인 last_ update 열을 생략했습니다.

> **WARNING_** REPLACE는 강력한 명령문이지만 예기치 않은 결과가 나올 수 있으므로 사용할 때 주의합니다. AUTO_INCREMENT나 여러 고유 키가 정의된 경우 특히 주의를 기울이십시오.

MySQL은 SQL의 또 다른 비표준 확장인 INSERT ... ON DUPLICATE KEY UPDATE를 제공합니다. 이 구문은 REPLACE와 유사하지만 DELETE 이후 INSERT하지 않고 중복 키가 발견될 때마다 UPDATE를 실행합니다. 이 절의 시작 부분에서 actor 테이블의 행을 교체하는 데 문제가 있었습니다. actor 테이블에서 행을 삭제하는 것이 외래 키 제약 조건을 위반하기 때문에 MySQL은 REPLACE 실행을 거부했습니다. 다음 쿼리를 사용하면 원하는 결과를 쉽게 얻을 수 있습니다.

```
mysql> INSERT INTO actor_3 (actor_id, first_name, last_name)
    -> VALUES (1, 'Penelope', 'Guiness')
    -> ON DUPLICATE KEY UPDATE first_name = 'Penelope', last_name = 'Guiness';
Query OK, 2 rows affected (0.00 sec)
```

원래 actor 테이블과 제약 조건이 동일하기 때문에 '7.4 쿼리를 사용한 테이블 생성'에서 생성한 actor_3 테이블을 사용하고 있음에 유의하십시오. 방금 보여준 문장은 의미상 REPLACE와 매우 유사하지만 주요한 차이점이 있습니다. REPLACE 명령에서 필드 값을 지정하지 않으면 해당 필드에는 **DEFAULT** 값이 있어야 하며 이 기본값이 설정됩니다. 이는 **REPLACE**가 완전히 새로운 행을 입력하기 때문입니다. **INSERT ... ON DUPLICATE KEY UPDATE**의 경우 기존 행을 업데이트하므로 모든 열을 나열할 필요가 없습니다. 물론 모두 나열해도 무방합니다.

```
mysql> INSERT INTO actor_3 VALUES (1, 'Penelope', 'Guiness', NOW())
    -> ON DUPLICATE KEY UPDATE
    -> actor_id = 1, first_name = 'Penelope',
    -> last_name = 'Guiness', last_update = NOW();
Query OK, 2 rows affected (0.01 sec)
```

이 명령에 필요한 입력량을 최소화하고 여러 행을 삽입할 수 있도록 **UPDATE** 절에서 새 필드 값을 참조할 수 있습니다. 다음은 여러 행을 입력하는 예시로 새 행 하나를 추가로 입력합니다.

```
mysql> INSERT INTO actor_3 (actor_id, first_name, last_name) VALUES
    -> (1, 'Penelope', 'Guiness'), (2, 'Nick', 'Wahlberg'),
    -> (3, 'Ed', 'Chase'), (1001, 'William', 'Dyer')
    -> ON DUPLICATE KEY UPDATE first_name = VALUES(first_name),
    -> last_name = VALUES(last_name);
Query OK, 5 rows affected (0.01 sec)
Records: 4  Duplicates: 2
```

이 쿼리를 더 자세히 검토해보겠습니다. actor_3 테이블에 4개 행을 삽입하고 **ON DUPLICATE KEY UPDATE**를 사용해 MySQL이 찾은 중복 행에 업데이트를 실행하도록 지시합니다. 그러나 이전 예와 달리 이번에는 업데이트된 열 값을 명시적으로 설정하지 않습니다. 대신 **INSERT**에 전달한 행의 각 열 값을 얻기 위해 **VALUES()** 함수를 사용합니다. 예를 들어 두 번째 행은 2, Nick, Walhberg를 반환하며 VALUES(first_name)는 Nick을 반환합니다. MySQL은 업데이트한 행 수를 5개로 보고합니다. 왜 이럴까요? **ON DUPLICATE KEY UPDATE**를 이용했을 때 중복 행이 없어 추가된다면 업데이트한 행 수에 1이 더해집니다. 중복 행이 있을 때 수정되는 열이 있다면 업데이트한 행 수에는 2가 더해집니다. 만약 중복 행의 값에 변화가 없다면 MySQL은 업데이트를 건너뛰어 업데이트한 행 수에는 0이 더해집니다. 앞서 Penelope에 대한 레코드를 이미 업데이트했기 때문에 이번 쿼리는 1행에 새 값을 입력하지 않으며 MySQL도 업데이트를 건너뜁니다. 중복 행에 대한 업데이트가 2번, 완전히 새로운 행 삽입 1번이 일어나 영향을 받는 행은 총 5개로 표시됩니다.

7.7 EXPLAIN 문

때때로 MySQL은 예상대로 빠르게 쿼리를 실행하지 않습니다. 예를 들어 중첩 쿼리가 느리게 실행되는 모습을 종종 보게 됩니다. 인덱스가 존재하지만 쿼리가 여전히 느린 듯 보이기 때문에 여러분이 원하는 작업을 MySQL이 수행하지 않고 있음을 알아차리거나 적어도 의심할 수 있습니다. 이런 쿼리 최적화 문제는 EXPLAIN 문을 사용해 진단하고 해결할 수 있습니다.

쿼리 계획 분석, 최적화기 결정 이해, 쿼리 성능 조정은 고급한 주제이며 과학보다 예술에 더 가깝습니다. 이런 작업을 수행하는 유일한 방법은 없으며 여기서도 이런 기능이 있다는 정도만 설명하고 깊이 파고들지는 않겠습니다.

EXPLAIN 문은 SELECT나 기타 쿼리를 학습하는 데 도움이 됩니다. 특히 인덱스와 키, 쿼리 해결을 요청하는 경우 MySQL이 작업을 수행하는 방법을 알려줍니다. EXPLAIN은 실제로 쿼리를 실행하지 않으며(요청하지 않는 한) 대개 실행하는 데 많은 시간이 걸리지 않습니다.

```
mysql> EXPLAIN SELECT * FROM actor\G
*************************** 1. row ***************************
           id: 1
  select_type: SIMPLE
        table: actor
   partitions: NULL
         type: ALL
possible_keys: NULL
          key: NULL
      key_len: NULL
          ref: NULL
         rows: 200
     filtered: 100.00
        Extra: NULL
1 row in set, 1 warning (0.00 sec)
```

결과 내용은 다음과 같은 많은 정보를 알려줍니다.

- id가 1인데, 이는 출력에서 이 행이 이 쿼리의 첫 번째(그리고 유일한) SELECT 문을 참조함을 의미합니다. 하위 쿼리를 사용하는 경우 각 SELECT 문은 EXPLAIN 출력에서 id가 다릅니다(MySQL이 쿼리를 다시 작성해 일부 하위 쿼리에서는 id가 여러 개로 보고되지 않음). 나중에 하위 쿼리와 id 값이 다르게 출력되는 예시를 보이겠습니다.

- select_type은 SIMPLE입니다. 즉, UNION이나 하위 쿼리를 사용하지 않습니다.

- 이 행이 참조하는 테이블(table)은 actor입니다.

- 파티션된 테이블이 없기 때문에 partitions 열이 비어 있습니다.

- 조인 유형(type)은 ALL인데, 이는 테이블의 모든 행이 이 SELECT 문에 의해 처리됨을 의미합니다. 이 유형은 종종 좋지 않지만 이 경우에는 그렇지 않습니다. 이유는 나중에 설명하겠습니다.

- 사용할 수 있는 possible_keys가 나열됩니다. 이 경우 인덱스는 테이블의 모든 행을 찾는 데 도움이 되지 않으므로 NULL이 보고됩니다.

- key에서는 possible_keys 목록에서 실제로 사용된 키를 나열합니다. 이 경우 가용한 키가 없으므로 아무것도 사용되지 않습니다.

- MySQL이 사용할 키의 key_len(키 길이)이 나열됩니다. 다시 말하지만, 키가 없다는 것은 NULL key_len이 보고되었음을 의미합니다.

- 키와 함께 사용되는 ref(참조된) 열 또는 상수가 나열됩니다. 이 예시에는 아무것도 없습니다.

- rows에는 MySQL이 응답을 얻기 위해 처리할 열의 수가 나열됩니다.

- filtered 열은 이 단계에서 반환할 테이블의 행 백분율을 알려줍니다. 100은 모든 행이 반환됨을 의미합니다.

- 쿼리 해결에 대한 모든 추가 정보가 나열됩니다. 여기에선 없습니다.

요약하면 EXPLAIN SELECT * FROM actor의 출력은 actor 테이블의 모든 행이 처리되고(이 중 200개가 있음) 쿼리를 해결하는 데 인덱스가 사용되지 않음을 알려줍니다. 이것은 의미가 있으며 아마도 정확히 예상한 일이 일어날 것입니다.

모든 EXPLAIN 문은 경고를 보고합니다. MySQL에 보내는 각 쿼리는 실행 전에 다시 작성되며 다시 작성된 쿼리가 경고 메시지에 포함됩니다. 예를 들어 *가 명시적 열 목록으로 확장되거나 하위 쿼리가 JOIN으로 암시적으로 최적화될 수 있습니다.

```
mysql> EXPLAIN SELECT * FROM actor WHERE actor_id IN
    -> (SELECT actor_id FROM film_actor
```

```
    -> WHERE film_id = 11);
+----+-------------+-------------+------------+-------+...
| id | select_type | table       | partitions | type  |...
+----+-------------+-------------+------------+-------+...
|  1 | SIMPLE      | film_actor  | NULL       | ref   |...
|  1 | SIMPLE      | actor       | NULL       | eq_ref |...
+----+-------------+-------------+------------+-------+...

...+-----------------------+-----------------+---------+...
...| possible_keys         | key             | key_len |...
...+-----------------------+-----------------+---------+...
...| PRIMARY,idx_fk_film_id | idx_fk_film_id | 2       |...
...| PRIMARY               | PRIMARY         | 2       |...
...+-----------------------+-----------------+---------+...

...+---------------------------+------+----------+-------------+
...| ref                       | rows | filtered | Extra       |
...+---------------------------+------+----------+-------------+
...| const                     |    4 |   100.00 | Using index |
...| sakila.film_actor.actor_id |    1 |   100.00 | NULL        |
...+---------------------------+------+----------+-------------+
2 rows in set, 1 warning (0.00 sec)

mysql> SHOW WARNINGS\G
*************************** 1. row ***************************
    Level: Note
    Code: 1003
Message: /* select#1 */ select
`sakila`.`actor`.`actor_id` AS `actor_id`,
`sakila`.`actor`.`first_name` AS `first_name`,
`sakila`.`actor`.`last_name` AS `last_name`,
`sakila`.`actor`.`last_update` AS `last_update`
from `sakila`.`film_actor` join `sakila`.`actor` where
((`sakila`.`actor`.`actor_id` = `sakila`.`film_actor`.`actor_id`)
and (`sakila`.`film_actor`.`film_id` = 11))
1 row in set (0.00 sec)
```

이번에는 하위 쿼리를 사용해 id 값이 1이 아닌 값이 나오는 예시를 살펴보겠습니다.

```
mysql> EXPLAIN SELECT * FROM actor WHERE actor_id IN
    -> (SELECT actor_id FROM film_actor JOIN
    -> film USING (film_id)
    -> WHERE title = 'ZHIVAGO CORE');
+----+--------------+------------+------------+------+...
| id | select_type  | table      | partitions | type |...
```

```
+----+-------------+-----------+-----------+------+...
|  1 | SIMPLE      | <subquery2> | NULL    | ALL  |...
|  1 | SIMPLE      | actor     | NULL      | ALL  |...
|  2 | MATERIALIZED | film     | NULL      | ref  |...
|  2 | MATERIALIZED | film_actor | NULL    | ref  |...
+----+-------------+-----------+-----------+------+...

...+----------------------+--------------+---------+--------------------+...
...| possible_keys        | key          | key_len | ref                |...
...+----------------------+--------------+---------+--------------------+...
...| NULL                 | NULL         | NULL    | NULL               |...
...| PRIMARY              | NULL         | NULL    | NULL               |...
...| PRIMARY,idx_title    | idx_title    | 514     | const              |...
...| PRIMARY,idx_fk_film_id | idx_fk_film_id | 2    | sakila.film.film_id |...
...+----------------------+--------------+---------+--------------------+...

...+------+----------+-------------------------------------------+
...| rows | filtered | Extra                                     |
...+------+----------+-------------------------------------------+
...| NULL |   100.00 | NULL                                      |
...|  200 |     0.50 | Using where; Using join buffer (hash join) |
...|    1 |   100.00 | Using index                               |
...|    5 |   100.00 | Using index                               |
...+------+----------+-------------------------------------------+
 4 rows in set, 1 warning (0.01 sec)
```

이 예시에서 id 1은 actor와 <subquery2> 테이블에 사용되고 id 2는 film과 film_actor
에 사용되었습니다. <subquery2>는 무엇인가요? 이것은 최적화기가 하위 쿼리의 결과를 구
체화한 내용, 즉 메모리의 임시 테이블에 저장된 내용을 사용한 가상 테이블입니다. id가 2
인 쿼리의 select_type이 MATERIALIZED인 것을 볼 수 있습니다. 외부 쿼리(id 1)는 이 임
시 테이블에서 내부 쿼리(id 2)의 결과를 조회합니다. 이것은 복잡한 쿼리를 실행하는 동안
MySQL이 수행할 수 있는 수많은 최적화 중 하나입니다.

다음으로, EXPLAIN 문에 수행할 실제 작업을 입력해보겠습니다. actor, film_actor, film,
film_category, category 간의 INNER JOIN을 설명하도록 요청해보겠습니다.

```
mysql> EXPLAIN SELECT first_name, last_name FROM actor
    -> JOIN film_actor USING (actor_id)
    -> JOIN film USING (film_id)
    -> JOIN film_category USING (film_id)
    -> JOIN category USING (category_id)
    -> WHERE category.name = 'Horror';
```

```
+----+-------------+----------------+------------+--------+...
| id | select_type | table          | partitions | type   |...
+----+-------------+----------------+------------+--------+...
|  1 | SIMPLE      | category       | NULL       | ALL    |...
|  1 | SIMPLE      | film_category  | NULL       | ref    |...
|  1 | SIMPLE      | film           | NULL       | eq_ref |...
|  1 | SIMPLE      | film_actor     | NULL       | ref    |...
|  1 | SIMPLE      | actor          | NULL       | eq_ref |...
+----+-------------+----------------+------------+--------+...

...+-------------------------------+--------------------------+---------+...
...| possible_keys                 | key                      | key_len |...
...+-------------------------------+--------------------------+---------+...
...| PRIMARY                       | NULL                     | NULL    |...
...| PRIMARY,fk_film_category_category | fk_film_category_category | 1    |...
...| PRIMARY                       | PRIMARY                  | 2       |...
...| PRIMARY,idx_fk_film_id        | idx_fk_film_id           | 2       |...
...| PRIMARY                       | PRIMARY                  | 2       |...
...+-------------------------------+--------------------------+---------+...

...+---------------------------+------+----------+-------------+
...| ref                       | rows | filtered | Extra       |
...+---------------------------+------+----------+-------------+
...| NULL                      |   16 |    10.00 | Using where |
...| sakila.category.category_id |  62 |   100.00 | Using index |
...| sakila.film_category.film_id |  1 |   100.00 | Using index |
...| sakila.film_category.film_id |  5 |   100.00 | Using index |
...| sakila.film_actor.actor_id |   1 |   100.00 | NULL        |
...+---------------------------+------+----------+-------------+
5 rows in set, 1 warning (0.00 sec)
```

출력된 내용에 대해 논의하기 전에 쿼리를 어떻게 평가할 수 있는지 생각해봅시다. MySQL은 `actor` 테이블의 각 행을 살펴보고 `film_actor`와 일치시킨 다음 `film`, `film_category`, `category`와 일치시킬 수 있습니다. `category` 테이블에 대한 필터가 있으므로 이 가상의 경우 MySQL은 해당 테이블에 도달하면 더 적은 수의 행만 일치시킬 수 있습니다. 이것은 잘못된 실행 전략입니다. 더 나은 방법이 있을까요?

이제 MySQL이 실제로 무엇을 하기로 결정했는지 살펴보겠습니다. 이번에는 조인에 5개 테이블이 있으므로 행도 5개가 있습니다. 이전 예시와 다른 점에 초점을 맞춰 실행해보겠습니다.

- 첫 번째 행은 이전과 유사합니다. MySQL은 category 테이블에서 16개 행을 모두 읽습니다. 이번에는 Extra 열의 값이 Using where입니다. 즉, WHERE 절을 기반으로 하는 필터가 적용됩니다. 이때

filtered 열은 10으로 표시되는데, 이는 추가 작업을 위해 이 단계에서 테이블 행의 약 10%가 생성됨을 의미합니다. MySQL 최적화 프로그램은 테이블에 16개 행이 있을 것으로 예상하고 여기에 1~2개의 행이 반환될 것으로 예상합니다.

- 이제 두 번째 행을 살펴보겠습니다. film_category 테이블의 조인 type은 ref입니다. 즉, category 테이블의 행과 일치하는 film_category 테이블의 모든 행을 읽게 됩니다. 실제로 이것은 film_category 테이블의 하나 이상의 행이 category 테이블의 각 category_id에 대해 읽힐 것임을 의미합니다. possible_keys 열에는 PRIMARY와 fk_film_category_category가 모두 표시되며 후자가 인덱스로 선택됩니다. film_category 테이블의 기본 키가 두 개의 열을 가지는데 그중 첫 번째 열이 film_id이므로 해당 인덱스는 category_id 필터링에 적합하지 않습니다. film_category를 검색하는 데 사용되는 키는 key_len이 1이고 category 테이블의 sakila.category.category_id 값을 사용해 검색됩니다.

- 다음 행으로 이동하면 영화 테이블의 조인 유형이 eq_ref임을 알 수 있습니다. 이는 이전 단계(film_category 스캐닝)에서 얻은 각 행에 대해 정확히 한 행을 읽을 것임을 의미합니다. MySQL은 film 테이블에 액세스하는 데 PRIMARY 인덱스를 사용하므로 정확히 한 행을 읽습니다. 일반적으로 UNIQUE NOT NULL 인덱스를 사용하면 조인 유형을 eq_ref로 설정할 수 있습니다. 이는 조인 전략 중 가장 좋은 방법입니다.

출력된 두 개의 중첩 행에는 새로운 것이 표시되지 않습니다. 결국 MySQL이 최적의 실행 계획을 선택했음을 알 수 있습니다. 일반적으로 실행의 첫 번째 단계에서 읽는 행이 적을수록 쿼리가 더 빨라집니다.

MySQL 8.0은 EXPLAIN ANALYZE 문을 통해 사용할 수 있는 새로운 형식의 EXPLAIN PLAN 출력을 도입했습니다. 읽기가 다소 쉬울 수 있지만 여기서 주의할 점은 일반 EXPLAIN과 달리 쿼리가 실제로 실행되어야 한다는 것입니다. 이 새로운 형식에 대한 세부사항은 다루지 않겠지만 예시를 보이겠습니다.

```
mysql> EXPLAIN ANALYZE SELECT first_name, last_name
    -> FROM actor JOIN film_actor USING (actor_id)
    -> JOIN film USING (film_id)
    -> WHERE title = 'ZHIVAGO CORE'\G
*************************** 1. row ***************************
EXPLAIN:
-> Nested loop inner join
    (cost=3.07 rows=5)
    (actual time=0.036..0.055 rows=6 loops=1)
```

```
    -> Nested loop inner join
       (cost=1.15 rows=5)
       (actual time=0.028..0.034 rows=6 loops=1)
    -> Index lookup on film
       using idx_title (title='ZHIVAGO CORE')
       (cost=0.35 rows=1)
       (actual time=0.017..0.018 rows=1 loops=1)
    -> Index lookup on film_actor
       using idx_fk_film_id (film_id=film.film_id)
       (cost=0.80 rows=5)
       (actual time=0.010..0.015 rows=6 loops=1)
    -> Single-row index lookup on actor
       using PRIMARY (actor_id=film_actor.actor_id)
       (cost=0.27 rows=1)
       (actual time=0.003..0.003 rows=1 loops=6)
 1 row in set (0.00 sec)
```

이 출력 내용은 더 많은 데이터를 제공하므로 일반 **EXPLAIN** 출력보다 훨씬 더 고급한 내용입니다. 독자를 위한 연습으로 분석을 남겨두겠습니다. 일반 **EXPLAIN** 출력에 대한 설명을 기반으로 알아낼 수 있어야 합니다.

7.8 대체 스토리지 엔진

MySQL이 다른 많은 RDBMS와 구별되는 특징 중 하나는 다양한 스토리지 엔진에 대한 지원입니다. 여러 엔진을 지원하는 MySQL의 메커니즘이 복잡해 이를 제대로 설명하려면 이 책에서 설명하는 수준보다 더 깊게 아키텍처와 구현에 대해 파고들 필요가 있습니다. 그러나 가용한 엔진이 무엇인지와 기본이 아닌 엔진을 사용하려는 이유, 그리고 이 선택이 중요한 이유를 알아볼 수는 있습니다.

복잡하게 들리는 **스토리지 엔진**storage engine이라고 하지 않고 대신 **테이블 유형**table type이라고 칭할 수 있습니다. 매우 단순화된 용어로, MySQL을 사용하면 각 유형이 해당 테이블에 고유한 속성을 부여하는 다양한 유형의 테이블을 생성할 수 있습니다. 스토리지 엔진마다 장단점이 있기 때문에 모든 상황에 적합한 테이블 유형이란 존재하지 않습니다.

지금까지는 기본 InnoDB 테이블 유형만 사용했습니다. 그 이유는 간단합니다. InnoDB를 사용하면 최신 데이터베이스에서 원하는 거의 모든 것을 얻을 수 있기 때문입니다. 일반적으로 빠르고 안정적이며 입증되었으며 잘 지원되는 엔진이며 찬반 양론의 최상의 균형을 제공하는 것으로 널리 알려졌습니다. 이 엔진은 짧은 쿼리의 매우 높은 처리량을 필요로 하는 애플리케이션과 대규모 쿼리를 거의 실행하지 않는 데이터 웨어하우스 애플리케이션에서 성공적으로 사용됩니다.

MySQL 공식 문서에는 대체 스토리지 엔진 8개, MariaDB 공식 문서에는 대체 스토리지 엔진 18개가 설명되었습니다. MySQL 문서에 설명되지 않은 스토리지 엔진은 실제로 훨씬 더 많습니다. 그러므로 여기서는 유용하고 어느 정도 일반적으로 사용되는 엔진만 설명합니다. 여기서 설명하는 엔진이 여러분의 상황에 가장 적합한 스토리지 엔진이 아닐 수도 있습니다.

다양한 엔진을 알아보기 전에 스토리지 엔진이 왜 중요한지 간단히 살펴보겠습니다. MySQL 스토리지 엔진의 플러그 가능 특성과 다양한 유형의 테이블을 생성하는 기능은 데이터베이스 액세스 계층을 통합해주기 때문에 중요합니다. 각각 고유한 드라이버, 쿼리 언어, 구성, 관리, 백업 등이 있는 여러 데이터베이스 제품을 사용하는 대신 MySQL을 사용해 테이블 유형을 변경함으로써 다른 동작을 성취할 수 있습니다. 앱은 테이블의 유형을 알 필요조차 없습니다. 물론, 그렇다고 모든 게 간단하지는 않습니다. 10장에서 설명할 백업 솔루션 일부를 사용하지 못할 수도 있습니다. 또 각 엔진이 제공하는 장단점을 이해해야 합니다. 하지만 그럼에도 여전히 테이블 유형을 변경하는 기능은 없는 것보다 더 낫습니다.

다양한 스토리지 엔진의 중요한 속성을 기반으로 광범위한 범주를 특정해 검토를 시작하겠습니다. 가장 중요한 요소는 트랜잭션을 지원하는 엔진의 능력입니다(트랜잭션과 잠금, 이 모든 것이 중요한 이유는 6장에서 자세히 알 수 있습니다).

현재 가용한 트랜잭션 엔진에는 기본 InnoDB, 활발하게 개발된 MyRocks, 더 이상 사용되지 않는 TokuDB가 포함됩니다. 주요 MySQL 버전에서 가용한 엔진은 이 세 가지만 트랜잭션을 지원합니다. 그 외 엔진은 모두 트랜잭션 엔진이 아닙니다.

다음으로 엔진을 충돌 안전성 내지는 ACID 중 내구성 속성을 보장하는 능력을 기반으로 구분하겠습니다. 테이블이 충돌 방지 엔진을 사용하는 경우 커밋되지 않은 인스턴스가 다시 시작된 후 커밋된 트랜잭션이 작성한 모든 데이터 비트를 사용할 수 있을 것으로 예상할 수 있습니다. 충돌 방지 엔진에는 이미 언급한 InnoDB와 MyRocks, TokuDB와 Aria 엔진이 포함됩니다. 가용한 그 외 엔진은 충돌 안전을 보장하지 않습니다.

테이블 유형을 그룹화하는 방법을 보여주는 예시를 더 많이 제시할 수 있지만 엔진과 해당 속성의 실제 설명에 집중하겠습니다. 먼저 SHOW ENGINES 명령을 사용해 가용한 엔진 목록을 실제로 보는 방법을 살펴보겠습니다. 다음은 리눅스용 MySQL 8.0.23 설치 과정에 대한 출력입니다.

```
mysql> SHOW ENGINES;
+-------------------+---------+...
| Engine            | Support |...
+-------------------+---------+...
| ARCHIVE           | YES     |...
| BLACKHOLE         | YES     |...
| MRG_MYISAM        | YES     |...
| FEDERATED         | NO      |...
| MyISAM            | YES     |...
| PERFORMANCE_SCHEMA| YES     |...
| InnoDB            | DEFAULT |...
| MEMORY            | YES     |...
| CSV               | YES     |...
+-------------------+---------+...

...+----------------------------------------------------------------+...
...| Comment                                                        |...
...+----------------------------------------------------------------+...
...| Archive storage engine                                         |...
...| /dev/null storage engine (anything you write to it disappears) |...
...| Collection of identical MyISAM tables                          |...
...| Federated MySQL storage engine                                 |...
...| MyISAM storage engine                                          |...
...| Performance Schema                                             |...
...| Supports transactions, row-level locking, and foreign keys     |...
...| Hash based, stored in memory, useful for temporary tables      |...
...| CSV storage engine                                             |...
...+----------------------------------------------------------------+...

...+-------------+------+-----------+
...| Transactions | XA  | Savepoints |
...+-------------+------+-----------+
...| NO          | NO   | NO        |
...| NO          | NO   | NO        |
...| NO          | NO   | NO        |
...| NULL        | NULL | NULL      |
...| NO          | NO   | NO        |
...| NO          | NO   | NO        |
...| YES         | YES  | YES       |
...+-------------+------+-----------+
```

```
...| NO          |  NO  |  NO        |
...| NO          |  NO  |  NO        |
...+-------------+------+------------+
9 rows in set (0.00 sec)
```

MySQL은 엔진이 트랜잭션을 지원하는지 여부를 편리하게 알려준다는 사실을 알 수 있습니다. XA열은 분산 트랜잭션을 위한 것이므로 이 책에서는 다루지 않을 것입니다. 저장점^{savepoint}은 기본적으로 또 다른 고급 주제인 트랜잭션 내에서 미니 트랜잭션을 생성하는 기능입니다. MariaDB와 퍼코나 서버 설치 과정에서 연습 삼아 **SHOW ENGINES** 실행을 해보는 것도 좋습니다.

7.8.1 InnoDB

'대체' 스토리지 엔진을 살펴보기 전에 기본 엔진인 InnoDB에 대해 알아보겠습니다. InnoDB는 안정적이고 성능이 뛰어나며 모든 기능을 갖추었습니다. 최신 RDBMS에서 기대할 수 있는 거의 모든 것을 InnoDB를 통해 어떤 식으로든 달성할 수 있습니다. 이 책에서는 테이블의 엔진을 변경하지 않으므로 모든 예시에서 InnoDB를 사용합니다. MySQL을 배우는 동안에는 이 엔진을 계속 사용하는 것이 좋습니다. 단점을 알아야겠지만 문제가 되지 않는 한 사용하지 않을 이유가 거의 없습니다.

InnoDB 테이블 유형에는 다음 기능이 있습니다.

| 트랜잭션 지원 |

트랜잭션은 6장에서 자세히 설명합니다.

| 고급 충돌 복구 기능 |

InnoDB 테이블 유형은 MySQL이 데이터베이스를 변경하기 위해 취한 작업의 기록이 담긴 파일인 로그를 사용합니다. 로그를 통해 MySQL은 정전, 충돌, 그리고 기타 기본 데이터베이스 오류로부터 효과적으로 복구할 수 있습니다. 물론 시스템 손실, 디스크 드라이브 오류 또는 기타 치명적인 오류로부터 복구하는 데는 도움이 되지 않습니다. 이를 복구하려면 오프사이트 백업과 새 하드웨어가 필요합니다. 10장에서 살펴보는 모든 백업 도구는 InnoDB와 함께 작동합니다.

| 행 수준 잠금 |

이전의 기본 엔진인 MyISAM(뒤에서 살펴보겠습니다)과 달리 InnoDB는 세분화된 잠금 인 프라를 제공합니다. 가장 낮은 수준의 잠금은 행 수준입니다. 즉, 실행 중인 쿼리나 트랜잭션이 개별 행을 잠글 수 있습니다. 이는 대부분의 쓰기 작업이 많은 OLTP(온라인 트랜잭션 처리) 애플리케이션에서 중요합니다. 테이블 수준과 같이 더 높은 수준에서 잠그면 매우 많은 동시성 문제가 발생할 수 있습니다.

| 외래 키 지원 |

InnoDB는 현재 외래 키를 지원하는 유일한 MySQL 테이블 유형입니다. 참조 제약 조건에 의 해 시행되는 높은 수준의 데이터 안전성이 필요한 시스템을 구축하는 경우 InnoDB가 유일한 선택입니다.

| 암호화 지원 |

InnoDB 테이블은 MySQL에 의해 투명하게 암호화될 수 있습니다.

| 파티셔닝 지원 |

InnoDB는 파티셔닝을 지원합니다. 즉, 몇 가지 규칙에 따라 여러 데이터 파일 간에 데이터를 물리적으로 분산합니다. 이를 통해 InnoDB는 엄청난 크기의 테이블을 효율적으로 사용하게 됩니다.

InnoDB 테이블 유형에는 다음과 같은 제한 사항이 있습니다.

| 복잡성 |

InnoDB는 비교적 복잡합니다. 달리 말해 구성하고 이해할 것이 많습니다. MySQL에 있는 거 의 천 개의 서버 옵션 중 InnoDB에만 해당하는 옵션이 200개를 넘습니다. 이 단점은 이 엔진 이 제공하는 이점보다 훨씬 더 큽니다.

| 데이터 풋프린트 |

InnoDB는 상대적으로 디스크를 많이 사용하는 스토리지 엔진이므로 매우 큰 데이터셋을 저 장하기엔 부적절합니다.

InnoDB는 '핫'이라 부르는 데이터셋 또는 자주 액세스하는 데이터가 버퍼 풀에 있을 때 빛을 발합니다. 확장성을 제한하기 때문입니다.

7.8.2 MyISAM과 Aria

MyISAM은 오랫동안 MySQL의 기본 스토리지 엔진이었고 이 데이터베이스의 핵심이었습니다. 사용 및 디자인이 간단하고 성능이 매우 우수하며 오버헤드가 낮습니다. 그렇다면 왜 더 이상 기본 엔진으로 사용하지 않는 걸까요? 제한 사항을 이야기하다 보면 그 까닭을 알게 됩니다.

이제는 레거시를 지원할 목적이 아니면 MyISAM 사용을 권장하지 않습니다. 인터넷에서 MyISAM의 성능이 InnoDB보다 더 좋다는 정보를 접할 수도 있는데, 그런 정보는 대개 갱신되지 않은 매우 오래된 글입니다. 요즘은 InnoDB의 성능이 더 좋습니다. 2018년 1월에 Spectre와 Meltdown 보안 취약점으로 리눅스 커널이 변경된 이래 MyISAM의 성능이 크게는 90%까지 저하되었기 때문입니다.

MyISAM은 MySQL 8.0까지 MySQL에서 모든 데이터 사전 객체에 사용되었습니다. 데이터 사전은 원자 DDL과 같은 고급 기능을 지원하는 완전한 InnoDB입니다.

Aria는 MariaDB에서 MyISAM을 재설계한 스토리지 엔진입니다. 더 좋은 성능을 약속하고 지속적으로 개선되고 작업된다는 점 외에 가장 중요한 기능은 충돌 안전성입니다. MyISAM은 InnoDB와 달리 쓰기 성공 시 데이터 안전성이 보장되지 않는다는 주요 단점이 있습니다. 반면에 Aria를 사용하면 글로벌 트랜잭션 로그에서 지원하는 내구성 테이블을 생성할 수 있습니다. Aria는 향후 본격적인 거래도 지원하겠지만 글을 쓰는 시점에서는 그렇지 않습니다.

MyISAM 테이블 유형에는 다음 기능이 있습니다.

| 테이블 수준 잠금 |

InnoDB와 달리 MyISAM은 전체 테이블의 상위 수준에서만 잠금을 지원합니다. 이 수준의 잠금은 행 수준 잠금보다 훨씬 간단하고 오버헤드와 메모리 요구사항이 낮습니다. 그러나 동시 작업이 많고 쓰기 작업이 많은 워크로드에서 주요 단점이 나타납니다. 각 세션이 별도의 행을 업데이트하거나 삽입하더라도 각각 차례로 실행됩니다. 읽기는 MyISAM에서 동시에 공존할

수 있지만 동시 쓰기는 차단합니다. 쓰기 역시 읽기를 차단합니다.

| 파티셔닝 지원 |

MySQL 8.0 이전까지 MyISAM은 파티셔닝을 지원했습니다. MySQL 8.0에서는 다른 스토리지 엔진(Merge 또는 MRG _MyISAM)을 사용해 파티셔닝을 합니다.

| 압축 |

`myisampack` 유틸리티를 사용해 읽기 전용 압축 테이블을 생성하는 것이 가능해 압축이 없는 같은 InnoDB 테이블보다 훨씬 작습니다. 그러나 InnoDB가 압축을 지원하므로, 이 옵션이 더 좋은 결과를 내는지부터 확인하는 것이 좋습니다.

MyISAM 유형에는 다음과 같은 제한 사항이 있습니다.

| 충돌 안전 및 복구 |

MyISAM 테이블은 충돌로부터 안전하지 않습니다. MySQL은 쓰기가 성공할 때 데이터가 실제로 디스크의 파일에 도달한다고 보장하지 않습니다. MySQL이 완전히 종료되지 않으면 MyISAM 테이블이 손상되고 수리가 필요하며 데이터가 손실될 수 있습니다.

| 트랜잭션 |

MyISAM은 트랜잭션을 지원하지 않습니다. MyISAM이 테이블 개별 쿼리에 원자성을 제공하므로 여러분의 상황에는 충분하지 않을 수 있습니다.

| 암호화 |

MyISAM 테이블은 암호화를 지원하지 않습니다.

7.8.3 MyRocks와 TokuDB

InnoDB가 지닌 중요한 문제 하나는 대규모 데이터셋을 처리하기가 비교적 어렵다는 점입니다. 자주 액세스하는 데이터를 메모리에 저장하는 것이 바람직하지만 항상 성취되는 것이 아닙니다. 더욱이 데이터 크기가 테라바이트 영역에 도달하면 InnoDB의 디스크 성능도 저하됩니다. InnoDB의 객체는 크기 면에서도 오버헤드가 상당히 큽니다. 최근 몇 년 동안 스토리지 엔진을 다른 데이터 구조에 기반해 InnoDB의 기본 데이터 구조 B-트리에 내재된 문제를 수정하려는 몇 가지 프로젝트가 등장했습니다. LSM 트리를 기반으로 하는 MyRocks와 독점적인 프랙탈 트리 데이터 구조를 기반으로 하는 TokuDB 등입니다.

데이터 구조가 스토리지 엔진의 속성에 미치는 영향은 데이터베이스 관리 및 운영을 벗어나는 복잡한 주제입니다. 이 책의 모든 내용을 합리적으로 간단하게 유지하기 위해 특정 주제를 파고들지는 않습니다. 앞서 InnoDB에 대해 소개한 내용을 떠올려봅시다. 기본값은 비합리적이지 않으며 대부분 InnoDB를 사용하는 것이 최상의 절충안이 됩니다. MySQL을 배우는 동안 InnoDB를 사용하고 그 이상을 사용할 것을 계속 권장하지만 대안도 다루어야 한다고 생각합니다.

MyRocks 테이블 유형에는 다음 기능이 포함됩니다.

| 트랜잭션 지원 |

MyRocks는 일반 트랜잭션과 분산 트랜잭션을 지원하는 트랜잭션 스토리지 엔진입니다. 저장 지점savepoint이 완전히 지원되지 않습니다.

| 고급 충돌 복구 기능 |

MyRocks는 충돌 복구 보장을 제공하기 위해 WAL 파일('미리 쓰기 로그'용)이라는 내부 로그 파일에 의존합니다. 충돌 후 데이터베이스가 재시작되면 커밋된 모든 것이 존재한다고 기대할 수 있습니다.

| 암호화 지원 |

MyRocks 테이블은 암호화할 수 있습니다.

| 파티셔닝 지원 |

MyRocks 테이블은 분할할 수 있습니다.

| 데이터 압축 및 압축 |

MyRocks 테이블의 스토리지 공간은 대개 InnoDB 테이블보다 더 적습니다. 이를 가능하게 하는 두 가지 속성이 있습니다. 좀 더 압축된 스토리지 구조를 사용하고, 해당 스토리지 구조 내의 데이터를 압축하는 속성입니다. 압축은 MyRocks에 고유하지 않고 InnoDB도 실제로 압축 옵션을 제공하지만, MyRocks가 일관되게 더 나은 결과를 보여줍니다.

| 규모에 맞는 일관된 쓰기 성능 |

이 성능은 잡초 속으로 깊이 들어가지 않고는 제대로 설명하기 어렵습니다. 그러나 최소 버전에서는 MyRocks의 쓰기 성능이 데이터 볼륨의 영향을 거의 받지 않습니다. 실제 세계에서 이 사실은 데이터 크기가 메모리보다 훨씬 더 커질 때까지 MyRocks 테이블이 InnoDB 테이블보다 성능이 더 좋지 않음을 의미합니다. 데이터 크기가 메모리보다 훨씬 더 커지면 InnoDB의 성능이 MyRocks의 성능보다 더 빠르게 감소해 결국 뒤처지게 됩니다.

MyRocks 테이블 유형에는 다음과 같은 제한 사항이 있습니다.

| 트랜잭션 및 잠금 |

MyRocks는 6장에 설명된 **SERIALIZABLE** 격리 수준이나 간격 잠금을 지원하지 않습니다.

| 외래 키 |

InnoDB만 외래 키 제약 조건을 지원합니다.

| 성능 절충안 |

MyRocks는 읽기가 많은 분석 워크로드에 잘 대처하지 못합니다. InnoDB가 더 나은 일반화된 성능을 제공합니다.

| 복잡성 |

앞서 InnoDB가 MyISAM보다 더 복잡하다고 언급했습니다. 그러나 어떤 면에서는 MyRocks 가 InnoDB보다 더 복잡합니다. 잘 문서화되지 않고 활발히 개발 중이며(따라서 덜 안정적임) 다루기가 어려울 수 있습니다.

| 일반 가용성 |

MyRocks는 커뮤니티나 엔터프라이즈 에디션에서 사용할 수 없습니다. 이를 사용하려면 MariaDB, 퍼코나 서버 같은 MySQL을 사용해야 합니다. 이로 인해 운영상의 어려움이 발생할 수 있습니다. 패키지 버전은 개발에 뒤처져 있으며 현재 기능을 모두 사용하려면 전용 MySQL 서버를 MyRocks 소스로 구축하는 과정이 필요합니다.

7.8.4 기타 테이블 유형

지금까지 다룬 주요 테이블 유형 외에 기타 유형 몇 가지를 간략하게 설명하겠습니다. 이중 몇 가지는 거의 사용되지 않으며 문서화 문제와 버그가 있을 수 있습니다.

| Memory |

이 유형의 테이블은 메모리에 저장되며 디스크에 남지 않습니다. 명백한 이점은 성능입니다. 디스크보다 몇 배나 더 빠른데 이 점은 앞으로도 변함없을 것입니다. 단점은 MySQL이 재시작 되거나 충돌하는 즉시 데이터가 손실된다는 것입니다. 메모리 테이블은 일반적으로 임시 테이블로 사용하며, 일종의 사전처럼 크기가 작으며 자주 액세스하는 핫 데이터 저장에도 사용할 수 있습니다.

| Archive |

이 유형은 고도로 압축된 추가 전용 방식으로 데이터를 저장합니다. 아카이브 스토리지 엔진을 사용해 테이블의 데이터를 수정하거나 삭제할 수 없습니다. 이름에서 알 수 있듯이 데이터의 장기 저장에 주로 유용합니다. 실제로는 거의 사용되지 않으며 기본 키와 자동 증가 처리에 몇 가지 문제가 있습니다. 압축된 테이블과 MyRocks가 있는 InnoDB가 더 나은 대안이 될 수 있습니다.

| CSV |

이 스토리지 엔진은 테이블을 CSV 형식으로 디스크에 저장합니다. 따라서 스프레드시트 애플리케이션이나 텍스트 편집기에서 이러한 테이블을 보고 조작할 수 있습니다. 자주 사용되지는 않지만 '7.2 쉼표로 구분된 파일(CSV)에서 데이터 로드'에 설명한 대체 접근방식이 될 수 있으며 데이터 내보내기에도 사용할 수 있습니다.

| Federated |

이 유형은 원격 MySQL 시스템에서 데이터를 쿼리하는 방법을 제공합니다. 연합 테이블에는 데이터가 포함되지 않고 연결 세부 정보와 관련된 일부 메타데이터만 포함됩니다. 또 복제를 설정하지 않고 원격 데이터를 가져오거나 수정하는 흥미로운 방법입니다. 원격 MySQL에 연결하는 것과 비교하면 로컬 및 원격 테이블 액세스를 동시에 제공하는 이점이 있습니다.

| Blackhole |

이 스토리지 엔진은 테이블 내에 저장될 모든 데이터 비트를 버립니다. 즉, 블랙홀 테이블에 기록된 내용이 즉시 손실됩니다. 대단히 유용할 것으로 들리지는 않지만 사용 사례가 있습니다. 대개 불필요한 테이블이 블랙홀이 되는 중간 서버를 통해 복제를 필터링하는 데 사용됩니다. 또 다른 잠재적인 용도로는 폐쇄 소스 애플리케이션에서 테이블을 제거하는 데도 사용됩니다. 테이블을 삭제하면 앱이 중단될 수 있지만 블랙홀로 만들면 처리 및 스토리지 오버헤드가 제거됩니다.

이러한 스토리지 엔진은 매우 예외적이어서 일반 상황에서는 거의 볼 수 없습니다. 그러나 언제 유용하게 사용될지 알 수 없으므로 이러한 기능이 존재한다는 사실은 알아야 합니다.

## CHAPTER 8

사용자 및 권한 관리

가장 간단한 데이터베이스 시스템을 상상해봅시다. 데이터가 들어 있는 파일 몇 개가 너저분하게 널려 있고, 통합된 액세스 프로세스라고는 찾아볼 수 없습니다. 우리는 모든 RDBMS에 훨씬 높은 수준의 정교함과 추상화를 기대합니다. 한 예로, 여러 클라이언트가 특정 데이터베이스로 동시에 액세스하려 한다고 합시다. 하지만 클라이언트마다 데이터베이스를 다루는 방법이 다르고, 모든 클라이언트가 데이터베이스의 모든 데이터에 액세스할 필요도 없습니다. 사용자가 모두 슈퍼 유저인 데이터베이스를 떠올릴 수 있지만, 그러려면 모든 앱과 데이터셋을 대상으로 전용 데이터베이스를 설치해야 합니다. 낭비나 다름없습니다. 그래서 데이터베이스는 여러 사용자와 역할을 지원하고 보안 공유 환경을 보장하도록 매우 세분화된 수준에서 권한과 액세스를 제어하는 형태로 발전했습니다.

데이터베이스 시스템을 효율적으로 사용하려면 사용자와 권한에 대한 이해가 중요합니다. 역할을 잘 계획하고 관리하면 안전한 시스템이 만들어져 관리와 작업에 용이합니다. 이 장에서는 기본에서 시작해 역할과 같은 새로운 기능까지 사용자 및 권한 관리에 대해 알아야 할 대부분의 내용을 검토합니다. 이 장을 마치면 MySQL 데이터베이스 내에서 액세스를 관리하는 데 필요한 모든 기본 사항을 알게 됩니다.

8.1 사용자 및 권한 이해

공유 시스템을 형성하는 첫 기초석이 바로 **사용자**user라는 개념입니다. 대부분의 최신 운영체제가 사용자 기반의 접근방식을 채택하므로 사용자가 어떤 의미인지 알고 있을 확률이 높습니다. MySQL에서 사용자는 다음 목적으로 사용되는 특수 객체입니다.

- 인증authentication(사용자가 MySQL 서버에 액세스할 수 있음을 확인)
- 권한 부여authorization(사용자가 데이터베이스의 객체와 상호작용할 수 있음을 확인)

MySQL은 여느 DBMS들과 달리 사용자가 스키마 객체를 소유하지 않습니다.

이 점에 대해 더 자세히 알아보겠습니다. 여러분은 MySQL 서버에 액세스할 때마다 인증 과정에 사용할 사용자를 지정해야 합니다. 인증을 받고 신원이 확인되면 데이터베이스에 액세스할 수 있습니다. 스키마 객체와 상호작용할 때 역할로 사용할 사용자는 대개 인증에 사용한 사용자와 동일하지만, 꼭 그럴 필요는 없습니다. 다음으로, 프록시 사용자proxy user란 인증 과정에 사용한 사용자가 다른 경우 권한을 확인하고 실제로 데이터베이스 내에서 행동하기 위해 사용하는 사용자입니다. 다소 복잡한 주제이고 추가 구성이 필요하지만 가능합니다.

인증과 권한 부여의 중요한 차이점은 이렇습니다. 한 사용자로 인증하더라도 다른 사용자로 권한 부여가 가능하며 권한을 다양하게 갖거나 갖지 않기도 합니다.

마지막으로, 일부 DBMS는 객체 소유권 개념을 지원합니다. 즉, 사용자가 데이터베이스 객체(데이터베이스, 스키마, 테이블, 저장 프로시저)를 만들 때 해당 사용자가 자동으로 새 객체의 소유자가 됩니다. 소유자는 일반적으로 자신이 소유한 객체를 수정하고 그 객체에 대한 액세스 권한을 다른 사용자에게 부여할 수 있습니다. MySQL에는 어떤 방식으로든 객체 소유권에 관한 개념이 없습니다.

소유권 개념이 부재하기 때문에 MySQL에서는 사용자가 객체를 만든 다음 그 객체에 대한 액세스를 잠재적으로 다른 사용자와 공유할 수 있도록 권한 사용에 있어 유연한 규칙을 부여합니다. **권한**privileges은 사용자가 수행할 수 있는 작업과 액세스할 수 있는 데이터를 제어하는 일련의 규칙입니다. MySQL에서 데이터베이스 사용자는 기본적으로 아무런 권한이 없습니다. MySQL에서 권한 부여란 기본적으로 금지된 일부 작업을 허용하는 것을 의미합니다.

사용자 객체에 네트워크 액세스 제어 목록access control list(ACL)이 포함된다는 점에서 MySQL

사용자는 다른 데이터베이스 사용자와 약간 다릅니다. 일반적으로 MySQL 사용자는 bob이란 이름 외에 네트워크 주소가 추가된 bob@localhost 형태로 표시됩니다. @localhost는 루프백 인터페이스 또는 유닉스 소켓 연결을 통해서만 로컬로 액세스할 수 있는 사용자를 의미합니다. 이 주제는 나중에 기존 사용자를 만들고 관리하기 위한 SQL 구문을 논의할 때 다루겠습니다.

MySQL은 권한 부여 테이블grant table이라는 mysql 시스템 데이터베이스의 특수 테이블에 사용자 및 권한과 관련된 모든 정보를 저장합니다. 이 개념에 대해서는 '8.4 권한 부여 테이블'에서 좀 더 자세히 설명하겠습니다.

짧게 살펴본 기초 이론은 MySQL의 사용자 및 권한 시스템의 기본을 이해하기에 충분합니다. 이제 데이터베이스가 사용자 및 권한 관리를 위해 제공하는 실용적인 명령과 기능을 검토해보겠습니다.

8.2 루트 사용자

MySQL 설치 과정에는 기본적으로 몇몇 사용자가 함께 설치됩니다. 보통은 다룰 일이 없지만 매우 빈번하게 사용하는 것이 있습니다. 어떤 사람들은 과용한다고도 말하지만, 여기서 논할 사항은 아닙니다. 방금 전에 말한 매우 자주 사용하는 사용자는 강력한 root입니다. 유닉스와 리눅스의 슈퍼 유저와 이름이 동일한 이 사용자는 MySQL에서 기본적으로 무엇이든 할 수 있습니다.

구체적으로 말하면 이 사용자는 root@localhost이며 **초기 사용자**initial user라고도 합니다. 사용자 이름의 localhost 부분은 이제 알다시피 로컬 연결로만 사용을 제한합니다. 특정 OS에서 특정 MySQL 버전을 설치한 경우, OS의 루트 계정에서 mysql 명령을 실행했을 때 root@localhost에 액세스할 수 있습니다. 그 외 경우에는 이 사용자에 대한 임시 비밀번호가 생성됩니다.

'8.7.2 SUPER 권한'에서 이야기하겠지만 여러분은 초기 사용자 외에 또 다른 슈퍼 유저를 생성할 수 있습니다. root@<ip>나 root@% 같은 사용자를 만들 수 있지만 보안 허점으로 악용될 수 있으므로 권장하지 않습니다. 모든 MySQL 서버가 루프백(즉, localhost)과 별개로 수신 대기할 필요는 없으며, 로그인에 사용할 수 있는 기본 이름을 가진 슈퍼 유저가 존재해야 합니다. 물론 모든 사용자에게 보안 비밀번호를 설정할 수 있으며 root용으로는 하나만 설정하지만, 가능하다면 원격 슈퍼 유저 접근을 허용하지 않는 편이 조금 더 안전합니다.

root@localhost는 모든 권한이 부여된 일반 사용자인데 이를 실수로 삭제할 수도 있습니다. root@localhost 사용자에 대한 액세스 권한을 잃는 것은 MySQL을 실행할 때 상당히 흔하게 일어나는 문제입니다. 비밀번호를 설정하고 잊어버렸거나 서버를 상속받았지만 비밀번호를 받지 못했거나 등의 일이 생길 수 있습니다. root@localhost의 비밀번호를 복구하는 절차는 '8.9 루트 비밀번호 변경 및 비보안적 실행'에서 다룹니다. 사용 가능한 슈퍼 유저를 모두 삭제했다면, 내용을 그대로 따르하되 기존 사용자를 변경하는 대신 새 사용자를 생성합니다.

8.3 새로운 사용자 생성 및 사용

첫 작업으로, 새 사용자를 만들겠습니다. 간단한 예시로 시작해 각 부분을 검토해보겠습니다.

```
CREATE USER ❶
'bob'@'10.0.2.%' ❷
IDENTIFIED BY 'password'; ❸
```

❶ 사용자를 생성하는 SQL 문

❷ 사용자 및 호스트 정의

❸ 비밀번호 설정

조금 더 복잡한 예시입니다.

```
CREATE USER ❶
'bob'@'10.0.2.%' ❷
IDENTIFIED WITH mysql_native_password ❸
BY 'password' ❹
DEFAULT ROLE 'user_role' ❺
REQUIRE SSL ❻
AND CIPHER 'EDH-RSA-DES-CBC3-SHA' ❼
WITH MAX_USER_CONNECTIONS 10 ❽
PASSWORD EXPIRE NEVER; ❾
```

❶ 사용자를 생성하는 SQL 문

❷ 사용자 및 호스트 정의

❸ 인증 방식 설정

❹ 인증 비밀번호 입력

❺ 사용자 인증 후 연결되면 기본 역할 부여

❻ 이 사용자는 SSL 연결 필요

❼ 특정 암호화 방식 필요

❽ 이 사용자의 최대 연결 수 제한

❾ 비밀번호 만료 설정 재정의

겉핥기로 살펴봤지만 사용자를 생성하는 동안 변경할 수 있는 매개변수를 확인할 수 있습니다. 구문의 상세 부분을 자세히 검토해보겠습니다.

| 사용자 및 호스트 정의 |

'8.1 사용자 및 권한 이해'에서 MySQL에서 사용자는 사용자 이름으로 정의될 뿐 아니라 호스트 이름으로도 정의된다고 얘기했습니다. 이전 예시에서 사용자는 `'bob'@'10.0.2.%'`인데, 여기서 bob은 사용자 이름이고 `10.0.2.%`는 호스트 이름입니다. 호스트 이름에 와일드카드가 포함되어 있군요. 누군가가 TCP를 사용해 사용자 이름 bob에 연결할 때마다 MySQL은 다음의 작업을 수행합니다.

1 연결 중인 클라이언트의 IP 주소를 가져옵니다.

2 호스트 이름에 대한 IP 주소의 역 DNS 조회를 수행합니다.

3 해당 호스트 이름에 대해 DNS 조회를 수행합니다(역방향 조회가 손상되지 않았는지 확인).

4 사용자의 호스트 이름 사양으로 호스트 이름 또는 IP 주소를 확인합니다.

즉, 호스트 이름이 일치하는 경우에만 액세스가 허용됩니다. 사용자 bob은 IP 주소 `10.0.2.121`에서 연결할 수는 있어도 `10.0.3.22`에서는 연결할 수 없습니다. 다른 호스트 이름에서 연결을 허용하려면 사용자를 새로 만들어야 합니다. `'bob'@'10.0.2.%'`와 `'bob'@'10.0.3.%'`는 내부적으로 완전히 다른 사용자입니다. `'bob'@'acme.com'`과 같이 호스트 이름 사양에서 정규화된 도메인 이름fully qualified domain name(FQDN)을 사용할 수도 있지만 DNS 조회에는 시간이 걸리므로 일반적으로는 완전히 비활성화해 최적화합니다.

사용자별로 사용할 호스트 이름을 일일이 지정하는 작업은 지루할지 몰라도 보안에는 유용합니다. 하지만 데이터베이스가 방화벽을 사용하거나 호스트 이름을 지정하기 어려운 경우도 있습니다. 이 경우 호스트 사양에 `'bob'@'10.0.2%'`와 같이 와일드카드를 입력해 해결할 수 있습니다. 와일드카드 `%`는 호스트를 전혀 지정하지 않을 경우(`'bob'@'%'`)에도 활용할 수 있습니다.

> **NOTE_** MySQL에 대한 연결을 프록시로 설정했다면, 들어오는 연결에 대해 MySQL이 '확인하는' IP 주소가 무엇인지 알아보십시오. 예를 들어 HAProxy를 사용하는 경우, 기본적으로 모든 연결이 HAProxy를 실행 중인 시스템의 IP 주소에서 시작됩니다. 사용자를 구성할 때 이 사실을 고려합시다. MySQL용 HAProxy 구성은 15장에서 다룹니다.

사용자 이름과 호스트 사양을 작은따옴표(`' '`)로 묶은 것을 알아차렸을 겁니다. 이는 필수 사항이 아니며 사용자 이름과 호스트 사양은 '4.1 데이터베이스 생성 및 사용', '5.1 별칭'에서 설명한 테이블 및 열 이름, 별칭과 유사한 규칙 집합을 따릅니다. 예를 들어 사용자 `bob@localhost` 또는 `bob@172.17.0.2`를 생성하거나 변경할 때 인용 부호를 사용할 필요가 없습니다. 하지만 따옴표를 사용하지 않고 `'공백이 있는 사용자 이름'@'172.%'` 같은 사용자를 만들 수는 없습니다. 큰따옴표, 작은따옴표 또는 역따옴표를 사용해 사용자 이름과 호스트 이름을 특수 기호로 묶을 수 있습니다.

| 인증 플러그인 |

MySQL은 인증 플러그인 시스템을 통해 다양한 방식으로 사용자를 인증합니다. 인증 플러그인을 사용하면 개발자가 MySQL 자체를 변경하지 않아도 새로운 인증 수단을 사용할 수 있습니다. 인증 플러그인을 변경하면 그 이후에 신규 생성되는 사용자부터 인증이 적용됩니다.

플러그인을 아예 변경할 필요가 없을 수도 있지만 플러그인에 대해 알아두는 편이 좋습니다. 특히 MySQL을 사용한 LDAP 인증 시 특수한 인증 플러그인을 사용해야 합니다. MySQL 엔터프라이즈 에디션은 최고 수준의 LDAP 플러그인을 지원하며, 그 외 MySQL 버전에서는 PAM을 이용합니다.

MySQL 8.0에서는 `caching_sha2_password` 플러그인이 기본입니다. 이 플러그인은 기존 `mysql_native_password`보다 보안과 성능이 더 뛰어나지만 모든 클라이언트 라이브러리에서 사용하지는 못합니다. 기본 플러그인을 변경하려면 `default_authentication_plugin`을 수정합니다. 이 변수를 수정하면 신규 사용자부터는 해당 플러그인으로 인증하게 됩니다.

| 인증 문자/비밀번호 |

기본 플러그인을 비롯해 일부 인증 플러그인은 사용자의 비밀번호를 설정합니다. PAM 플러그인과 같은 다른 플러그인은 OS 사용자에서 MySQL 사용자로의 매핑 정보를 정의합니다. `auth_string`은 두 경우 모두에 사용됩니다. PAM을 사용한 매핑의 예시를 보겠습니다.

```
mysql> CREATE USER ''@'' IDENTIFIED WITH auth_pam
    -> AS 'mysqld, dba=dbausr, dev=devusr';
Query OK, 0 row affected (0.01 sec)
```

여기에 정의된 것은 다음과 같이 읽을 수 있는 매핑 정보입니다. PAM 구성 파일 mysqld(/etc/pam.d/mysqld에 주로 위치)가 사용됩니다. OS 사용자 중 그룹 `dba`에 속한 사용자는 MySQL 사용자 `dbausr`에 매핑되고 그룹 `dev`에 속한 사용자는 `devusr`에 매핑됩니다. 그러나 필요한 권한을 할당해야 하므로 매핑만으로는 충분하지 않습니다.

권한을 할당하는 작업을 수행하려면 퍼코나 PAM 플러그인 또는 MySQL 엔터프라이즈 에디션이 필요합니다. 이 예시에서는 프록시 사용자를 생성하는데, 이에 대해서는 '8.1 사용자 및 권한 이해'에서 간략하게 논의했습니다.

기본이 아닌 인증 플러그인의 사용은 상대적으로 어려운 주제입니다. 여기서는 인증 문자열로 항상 비밀번호만 사용하지 않음을 알려주기 위해 PAM을 사용했습니다.

| 기본 역할 집합 |

역할role은 권한 모음으로 생각할 수 있는 기능으로 MySQL 8.0에서 추가되었습니다. 자세한 내용은 '8.8 역할'에서 설명합니다.

| SSL 구성 |

REQUIRE SSL을 CREATE USER 또는 ALTER USER 명령에 포함시켜 특정 사용자의 연결에 SSL 사용을 강제할 수 있습니다. 그러면 해당 사용자에 대한 암호화되지 않은 연결은 금지됩니다. 또한 다음 예시에서 볼 수 있듯 사용자에 대해 사용할 수 있는 특정 암호 제품군 또는 여러 제품군을 지정할 수 있습니다. 이상적으로는 시스템 수준에서 허용되는 암호 제품군을 설정하지만, 사용자 수준에서 설정하면 특정 연결에 대해 덜 안전한 일부 제품군을 허용하는 데 유용합니다. REQUIRE CIPHER를 지정하기 위해 REQUIRE SSL을 지정할 필요가 없는데 이 경우 암호화되지 않은 연결을 허용할 수 있습니다. 그러나 암호화된 연결이 설정되면 사용자가 제공하는 특정 암호 세트만 사용합니다.

```
mysql> CREATE USER 'john'@'192.168.%' IDENTIFIED BY 'P@ssw0rd#'
    -> REQUIRE CIPHER 'EDH-RSA-DES-CBC3-SHA';
Query OK, 0 row affected (0.02 sec)
```

사용 가능한 추가 구성 옵션은 다음과 같습니다.

X509
    클라이언트가 유효한 인증서를 제시하도록 합니다.

ISSUER issuer
    클라이언트가 지정된 특정 CA에서 발급한 유효한 인증서를 제시하도록 합니다.

SUBJECT subject
    클라이언트가 특정 정보를 담고 있는 유효한 인증서를 제시하도록 합니다.

이러한 옵션을 결합해 특정한 인증서와 암호화 요구사항을 지정할 수 있습니다.

```
mysql> CREATE USER 'john'@'192.168.%'
    -> REQUIRE SUBJECT '/C=US/ST=NC/L=Durham/
    -> O=BI Dept certificate/
    -> CN=client/emailAddress=john@nonexistent.com'
    -> AND ISSUER '/C=US/ST=NC/L=Durham/
    -> O=MySQL/CN=CA/emailAddress=ca@nonexistent.com'
    -> AND CIPHER 'EDH-RSA-DES-CBC3-SHA';
```

| 리소스 소비 제한 |

리소스 소비 제한을 정의할 수 있습니다. 이 예시에서는 이 사용자의 최대 동시 연결 수를 10
으로 제한하고 있습니다. 이 옵션과 기타 리소스 옵션의 기본값은 무제한을 의미하는 0입니다.
그 밖의 가능한 제약 조건은 MAX_CONNECTIONS_PER_HOUR, MAX_QUERIES_PER_HOUR, MAX_
UPDATES_PER_HOUR입니다. 이러한 옵션 모두는 WITH 사양의 일부입니다.

주어진 시간 동안 10개 쿼리만 실행할 수 있고, 단 하나의 동시 연결만 가질 수 있으며, 시간당
두 번 이상 접속할 수 없는 상당히 제한된 사용자를 만들어보겠습니다.

```
mysql> CREATE USER 'john'@'192.168.%'
    -> WITH MAX_QUERIES_PER_HOUR 10
    -> MAX_CONNECTIONS_PER_HOUR 2
    -> MAX_USER_CONNECTIONS 1;
```

MAX_QUERIES_PER_HOUR에는 MAX_UPDATES_PER_HOUR가 포함되어 업데이트도 제한됩니다.
쿼리의 수에는 MySQL CLI가 실행하는 모든 것도 포함되므로 매우 낮은 값을 설정하는 것은
권장되지 않습니다.

| 비밀번호 관리 옵션 재설정 |

권한 부여 테이블('8.4 권한 부여 테이블'에서 설명)에 저장된 비밀번호를 처리하는 인증 플러
그인은 비밀번호와 관련된 다양한 옵션을 지정할 수 있습니다. 다음 예시는 PASSWORD EXPIRE
NEVER 정책이 있는 사용자를 설정합니다. 즉, 비밀번호가 만료되지 않습니다. 격일로 또는 매
주 비밀번호가 만료되는 사용자를 만들 수도 있습니다.

MySQL 8.0에서는 실패한 인증 시도를 추적하고 계정을 일시적으로 잠그는 기능을 포함하도록 제어 기능을 확장했습니다. 엄격한 통제를 받는 중요한 사용자를 생각해봅시다.

```
mysql> CREATE USER 'app_admin'@'192.168.%'
    -> IDENTIFY BY '...'
    -> WITH PASSWORD EXPIRE INTERVAL 30 DAY
    -> PASSWORD REUSE INTERVAL 180 DAY
    -> PASSWORD REQUIRE CURRENT
    -> FAILED_LOGIN_ATTEMPTS 3
    -> PASSWORD_LOCK_TIME 1;
```

이 사용자는 비밀번호가 30일 주기로 변경되며 이전 비밀번호는 180일 동안 재사용할 수 없습니다. 비밀번호를 변경할 때는 현재 비밀번호를 입력합니다. 강한 조치를 위해 연속 세 번의 로그인 실패만 허용하고 그 뒤에는 사용자를 하루 동안 차단합니다.

예시처럼 사용자를 생성하면 명령어 옵션이 기본 시스템 옵션을 대체합니다. 각 개별 사용자를 수동으로 설정하기란 비현실적이므로 대신 기본값을 설정하고 특정 사용자에 대해서만 별도로 설정하는 편이 좋습니다. 예를 들어 DBA 사용자의 비밀번호만 더 자주 만료되도록 할 수 있습니다.

사용자 생성에 사용할 수 있는 몇 가지 옵션이 더 있지만 여기에서는 다루지 않습니다. MySQL이 발전함에 따라 더 많은 옵션을 사용할 수 있지만, MySQL을 배우는 동안에는 지금까지 다룬 옵션들로 충분하다고 생각합니다.

이 절은 새로운 사용자 생성뿐 아니라 사용에 대해서도 다루므로 이번에는 사용자의 용도에 대해 이야기합시다. 사용자는 보통 다음과 같은 용도로 사용됩니다.

| 연결 및 인증 |

모든 사용자 엔티티의 기본 역할이자 가장 널리 사용되는 이유입니다. 사용자와 비밀번호를 지정하면 MySQL이 해당 사용자 및 원본 호스트로 사용자를 인증합니다. 그런 다음 해당 쌍은 데이터베이스 객체에 액세스할 때 권한 부여에 사용되는 권한 부여 테이블 내에 정의된 대로 사용자를 형성합니다. 이것이 기본 상태입니다. 다음 쿼리를 실행해 현재 인증된 사용자와 클라이언트에서 제공한 사용자를 볼 수 있습니다.

```
mysql> SELECT CURRENT_USER(), USER();
+---------------+---------------+
| CURRENT_USER() | USER()       |
+---------------+---------------+
| root@localhost | root@localhost |
+---------------+---------------+
1 row in set (0.00 sec)
```

놀랍게도 기록이 일치합니다. 가장 흔한 일이지만, 다음에 보듯 항상 이렇게 출력되지는 않습니다.

| 저장된 객체에 대한 보안 제공 |

저장 프로시저나 뷰 같은 저장 객체가 생성되면 해당 객체의 **DEFINER** 절에 어느 사용자이든 지정할 수 있습니다. 이를 통해 호출자 대신 정의자라는 사용자의 관점에서 객체를 실행할 수 있습니다. 이 방법은 특정 작업에 높은 권한을 제공하기에 유용하지만 시스템의 보안 허점이 될 수도 있습니다.

MySQL 계정이 저장 프로시저와 같은 객체의 **DEFINER** 절에 지정되면 해당 계정은 저장 프로시저가 실행되거나 뷰를 쿼리할 때 권한 부여에 사용됩니다. 즉, 세션의 현재 사용자가 일시적으로 변경됩니다. 앞서 언급했듯 이 방법은 통제된 방식으로 권한 수준을 높이는 데 사용할 수 있습니다. 예를 들어 사용자에게 일부 테이블에서 읽을 수 있는 권한을 부여하는 대신 **DEFINER**를 사용해 뷰를 만들 수 있습니다. 지정한 계정은 뷰를 쿼리할 때만 테이블에 액세스할 수 있고 그 외 상황에서는 액세스할 수 없습니다. 또 뷰 자체에서 반환되는 데이터를 추가로 제한할 수 있습니다. 저장 프로시저의 경우에도 마찬가지입니다. **DEFINER**가 있는 객체와 상호작용하려면 호출자에게 필요한 권한이 있어야 합니다.

예시를 살펴보겠습니다. 다음은 인증에 사용된 현재 사용자와 인증된 사용자를 반환하는 간단한 저장 프로시저입니다. **DEFINER**는 **'bob'@'localhost'**로 설정됩니다.

```
DELIMITER ;;
CREATE DEFINER = 'bob'@'localhost' PROCEDURE test_proc()
BEGIN
    SELECT CURRENT_USER(), USER();
END;
```

```
;;
DELIMITER ;
```

이 프로시저가 이전 예시의 사용자 john에 의해 실행되면 다음과 유사한 출력이 인쇄됩니다.

```
mysql> CALL test_proc();
+---------------+--------------------+
| CURRENT_USER() | USER()            |
+---------------+--------------------+
| bob@localhost  | john@192.168.1.174 |
+---------------+--------------------+
1 row in set (0.00 sec)
```

이를 꼭 기억해둡시다. 때때로 실제 사용자는 보이는 사람과 다르므로 데이터베이스를 안전하게 유지하려면 이 점을 주의해야 합니다.

| 프록시 |

PAM과 LDAP 같은 일부 인증 방법은 사용자 인증과 데이터베이스 인증을 일대일로 매핑하는 방식으로 작동하지 않습니다. 앞서 PAM 인증 사용자를 생성하는 방법을 확인했습니다. 이러한 사용자가 인증 사용자를 쿼리하고 제공하면 어떻게 되는지 살펴보겠습니다.

```
mysql> SELECT CURRENT_USER(), USER();
+------------------+------------------------+
| CURRENT_USER()   | USER()                 |
+------------------+------------------------+
| dbausr@localhost | localdbauser@localhost |
+------------------+------------------------+
1 row in set (0.00 sec)
```

이 절을 끝맺기 전에 CREATE USER 문과 관련된 중요한 사항을 몇 가지 살펴봐야 합니다. 첫째, 여러 CREATE USER 문을 개별적으로 실행하는 대신 단일 쿼리로 여러 사용자 계정을 생성할 수 있습니다. 둘째, 사용자가 이미 존재하는 경우 CREATE USER는 실패하지 않지만 해당 사용자를 미묘한 방식으로 변경합니다. 이는 위험 요소입니다. 이를 방지하기 위해 명령에 IF NOT EXISTS 옵션을 지정할 수 있습니다. 사용자가 이미 존재하지 않는 경우에만 사용자를 생성하도록 MySQL에 지시하고 존재하는 경우 아무것도 하지 않습니다.

이쯤이면 MySQL 사용자가 무엇이고 사용자를 어떻게 사용할 수 있는지 이해했을 겁니다. 다음에는 사용자를 수정하는 방법을 알아보는데, 그 전에 사용자 관련 정보가 내부적으로 저장되는 방식부터 살펴봅시다.

8.4 권한 부여 테이블

MySQL은 사용자 정보와 권한을 모두 **권한 부여 테이블**grant table의 레코드로 저장합니다. mysql 데이터베이스의 특별한 내부 테이블로, 이상적으로는 수동으로 수정해서는 안 되며 대신 CREATE USER 또는 GRANT 같은 명령문이 실행될 때 암시적으로 수정됩니다. 예를 들어, mysql.user 테이블에 대한 SELECT 쿼리의 약간 잘린 출력은 다음과 같습니다. 여기에는 비밀번호(해시 형식)를 포함한 사용자 레코드가 들어 있습니다.

```
mysql> SELECT * FROM user WHERE user = 'root'\G
*************************** 1. row ***************************
                  Host: localhost
                  User: root
           Select_priv: Y
           Insert_priv: Y
           Update_priv: Y
           Delete_priv: Y
...
     Create_routine_priv: Y
      Alter_routine_priv: Y
       Create_user_priv: Y
             Event_priv: Y
           Trigger_priv: Y
  Create_tablespace_priv: Y
              ssl_type:
            ssl_cipher: 0x
           x509_issuer: 0x
          x509_subject: 0x
         max_questions: 0
           max_updates: 0
       max_connections: 0
  max_user_connections: 0
```

```
                 plugin: mysql_native_password
   authentication_string: *E1206987C3E6057289D6C3208EACFC1FA0F2FA56
       password_expired: N
  password_last_changed: 2020-09-06 17:20:57
      password_lifetime: NULL
        account_locked: N
       Create_role_priv: Y
         Drop_role_priv: Y
 Password_reuse_history: NULL
    Password_reuse_time: NULL
Password_require_current: NULL
        User_attributes: NULL
1 row in set (0.00 sec)
```

많은 필드가 **CREATE USER** 또는 **ALTER USER** 문의 특정 호출에 직접적으로 대응합니다. 예를 들어 이 루트 사용자는 비밀번호의 수명 주기와 관련해 설정된 특정 규칙이 없음을 알 수 있습니다. 간결함을 위해 일부를 생략했지만 꽤 많은 권한을 확인할 수 있습니다. 테이블처럼 대상이 필요하지 않은 권한입니다. 이러한 권한을 전역global이라고 합니다. 대상 권한을 보는 방법은 나중에 알아보겠습니다.

MySQL 8.0부터 권한 부여 테이블은 다음과 같습니다.

테이블 이름	설명
mysql.user	사용자 계정, 정적 전역 권한, 기타 비권한 열
mysql.global_grants	동적 전역 권한
mysql.db	데이터베이스 수준 권한
mysql.tables_priv	테이블 수준 권한
mysql.columns_priv	열 수준 권한
mysql.procs_priv	저장 프로시저 및 함수 권한
mysql.proxies_priv	프록시 사용자 권한
mysql.default_roles	기본 사용자 역할
mysql.role_edges	하위 그래프의 역할을 위한 경계
mysql.password_history	비밀번호 변경 기록

구조와 내용은 물론이고 테이블을 모두 기억할 필요는 없지만 존재한다는 사실만큼은 기억해 둡시다. 필요한 경우 공식 문서나 데이터베이스 자체에서 필요한 구조 정보를 쉽게 볼 수 있습니다.

내부적으로 MySQL은 메모리에 권한 부여 테이블을 캐시하고, 계정 관리 쿼리가 실행될 때마다 캐시된 표현을 새로 고쳐 권한 부여 테이블을 수정합니다. 캐시 무효화는 영향을 받는 특정 사용자에 대해서만 발생합니다. 이상적으로는 이러한 권한 부여 테이블을 직접 수정해서는 안되며 사용 사례가 거의 없습니다. 그러나 불행히도 권한 부여 테이블을 수정하는 경우 FLUSH PRIVILEGES 명령을 실행해 MySQL에 다시 읽도록 지시할 수 있습니다. 그렇게 하지 않으면 데이터베이스가 재시작되거나 권한 부여 테이블에서 직접 업데이트된 동일한 사용자에 대해 계정 관리 쿼리가 실행되거나 일부 사용자에 대해 FLUSH PRIVILEGES가 실행될 때까지 메모리 내 캐시가 업데이트되지 않습니다. 명령의 이름이 권한에만 영향을 미침을 암시하더라도 MySQL은 모든 테이블에서 정보를 다시 읽고 메모리의 캐시를 새로 고칩니다.

8.5 사용자 관리 명령 및 로그 기록

이 장에서 논의하는 모든 명령은 내부적으로 권한 부여 테이블을 수정합니다. 어떻게 보면 DML 작업에 가깝습니다. CREATE USER, ALTER USER, GRANT 또는 이와 비슷한 기타 작업은 실제로 대상을 변경하지 않고 성공하거나 실패하므로 원자적이라고 할 수 있습니다. 또 수동으로 또는 관련 명령을 통해 테이블에 권한을 부여하기 위해 수행된 모든 변경사항은 바이너리 로그에 기록됩니다. 따라서 복제가 가능하고(13장 참조) 특정 시점 복구에도 사용할 수 있습니다(10장 참조).

소스에서 이러한 명령문을 적용하면 대상 사용자가 복제본에 존재하지 않는 경우 복제가 중단될 수 있습니다. 따라서 복제본은 데이터만이 아니라 사용자와 기타 메타데이터에서도 소스와 일관성을 유지하는 것이 좋습니다. 물론 실제 애플리케이션 데이터 외부에 존재한다는 점에서 '메타'일 뿐입니다. 사용자는 mysql.user 테이블의 레코드이며 복제를 설정할 때 이를 기억해 두는 것이 중요합니다.

대부분 복제본은 소스의 전체 복사본입니다. 팬인fan-in 같은 더 복잡한 토폴로지에서는 그렇지 않을 수 있지만 이 경우에도 토폴로지 전체에서 사용자를 일관되게 유지하면 좋습니다. 일반적으로 손상된 복제본을 수정하거나 사용자를 변경하기 전에 바이너리 로깅이 실행 중인지 여부를 기억하는 것보다 더 쉽고 안전합니다.

CREATE USER의 실행은 mysql.user 테이블에 대한 INSERT와 유사하지만 CREATE USER 문 자체는 기록되기 전에 어떤 방식으로든 변경되지 않습니다. 바이너리 로그, 느린 쿼리 로그(주의해서 사용), 일반 쿼리 로그, 감사 로그의 경우에도 마찬가지입니다. 이 장에서 설명하는 다른 작업 모두에 대해서도 마찬가지입니다. 느린 쿼리 로그에서는 추가 서버 옵션인 log_slow_admin_statements를 사용해 관리 구문을 기록하는 편이 좋습니다.

> **TIP_** 앞서 언급한 로그의 위치는 log_bin_basename, slow_query_log_file, general_log_file 같은 시스템 변수 이름에서 알 수 있습니다. 값에는 파일의 전체 경로나 파일 이름만 포함될 수 있습니다. 후자의 경우 해당 파일은 MySQL 서버의 데이터 디렉터리에 있습니다. 바이너리 로그에는 항상 숫자 접미사가 붙습니다(예: binlog.000271). 이 책에서는 감사 로그의 구성을 다루지 않습니다.

다음 예시를 살펴봅시다.

```
mysql> CREATE USER 'vinicius' IDENTIFIED BY '...';
Query OK, 0 rows affected (0.02 sec)
```

다음은 동일한 CREATE USER 명령이 일반 로그, 느린 쿼리 로그, 바이너리 로그에 반영되는 방식입니다.

| 일반 로그 |

```
2020-11-22T15:53:17.354270Z        29 Query
    CREATE USER 'vinicius'@'%' IDENTIFIED BY <secret>
```

| 느린 쿼리 로그 |

```
# Time: 2020-11-22T15:53:17.368010Z
# User@Host: root[root] @ localhost []  Id:    29
# Query_time: 0.013772  Lock_time: 0.000161 Rows_sent: 0  Rows_examined: 0
```

```
SET timestamp=1606060397;
CREATE USER 'vinicius'@'%' IDENTIFIED BY <secret>;
```

| 바이너리 로그 |

```
#201122 18:53:17 server id 1  end_log_pos 4113 CRC32 0xa12ac622
    Query    thread_id=29    exec_time=0    error_code=0    Xid = 243
SET TIMESTAMP=1606060397.354238/*!*/;
CREATE USER 'vinicius'@'%' IDENTIFIED WITH 'caching_sha2_password'
    AS '$A$005$¦v>\ZKe^R...'
/*!*/;
```

바이너리 로그의 출력이 위협적으로 보여도 무서워하지 마십시오. 사람이 쉽게 이해할 수 있게 고안된 방식이 아닙니다. 그러나 `mysql.user`에 나타나는 실제 비밀번호 해시가 바이너리 로그에 기록됩니다. 이 로그에 대해서는 10장에서 더 이야기하겠습니다.

8.6 사용자 수정 및 제거

일반적으로 사용자를 생성했다고 해서 사용자와의 상호작용이 끝나진 않습니다. 나중에 암호화된 연결을 요구하기 위해 속성을 변경하거나 사용자를 삭제하는 경우도 있습니다. 사용자 수정 및 제거는 생성과 크게 다르지 않지만 사용자 관리를 완전히 이해하는 데 필요합니다.

8.6.1 사용자 수정

사용자 생성 중에 설정할 수 있는 매개변수는 나중에 변경할 수도 있습니다. 이 작업은 일반적으로 `ALTER USER` 명령을 사용해 수행됩니다. MySQL 5.7과 그 이전 버전에도 `RENAME USER`와 `SET PASSWORD` 단축어가 있지만 버전 8.0에서는 `SET DEFAULT ROLE`을 포함하도록 해당 목록을 확장했습니다('8.8 역할'에서 역할 시스템을 다룸). `ALTER USER`는 사용자에 대한 모든 것을 변경하는 데 사용하고 그 외 명령은 일반적인 유지 관리 작업을 실행하는 편리한 방법일 뿐임을 유념하십시오.

일반 ALTER USER 명령으로 시작하겠습니다. 먼저 사용된 인증 플러그인을 수정합니다. MySQL 8.0 caching_sha2_password 플러그인의 새로운 표준은 이전 버전의 프로그램 대다수에서 지원하지 않습니다. 그러므로 이전 mysql_native_password 플러그인을 사용해 사용자를 생성하거나 생성한 후 해당 플러그인을 사용하도록 변경하는 과정이 필요합니다. 권한 부여 테이블 중 하나를 쿼리해 현재 사용 중인 플러그인을 확인할 수 있습니다(자세한 내용은 '8.4 권한 부여 테이블' 참조).

```
mysql> SELECT plugin FROM mysql.user WHERE
    -> user = 'bob' AND host = 'localhost';
+----------------------+
| plugin               |
+----------------------+
| caching_sha2_password |
+----------------------+
1 row in set (0.00 sec)
```

이제 이 사용자의 플러그인을 변경하고 변경사항이 반영되었는지 확인할 수 있습니다.

```
mysql> ALTER USER 'bob'@'localhost' IDENTIFIED WITH mysql_native_password;
Query OK, 0 rows affected (0.01 sec)

mysql> SELECT plugin FROM mysql.user WHERE
    -> user = 'bob' AND host = 'localhost';
+----------------------+
| plugin               |
+----------------------+
| mysql_native_password |
+----------------------+
1 row in set (0.00 sec)
```

ALTER 명령을 통해 변경되었으므로 FLUSH PRIVILEGES를 실행할 필요가 없습니다. 이 명령이 성공적으로 실행되면 새 인증 시도마다 새 플러그인이 사용됩니다. 이 변경을 수행하기 위해 사용자 레코드를 직접 수정하는 방법이 있지만 권장하지 않습니다.

ALTER USER가 수정할 수 있는 속성은 매우 많으며 이에 대해서는 '8.3 새로운 사용자 생성 및 사용'에서 간략하게 설명했습니다. 그러나 자주 필요한 몇 가지 작업에 대해서는 조금 더 알고 있어야 합니다.

| 사용자 비밀번호 변경 |

아마도 사용자에게 가장 빈번하게 적용될 작업일 겁니다. 사용자의 비밀번호 변경은 필요한 권한을 가진 다른 사용자 또는 다음과 같은 명령을 사용해 해당 사용자로 승인된 사람이 수행할 수 있습니다.

```
mysql> ALTER USER 'bob'@'localhost' IDENTIFIED by 'new password';
Query OK, 0 rows affected (0.01 sec)
```

변경사항이 즉시 적용되므로 이 사용자는 다음에 인증할 때 업데이트된 비밀번호를 사용해야 합니다. 이 명령에 대한 SET PASSWORD 단축키도 있습니다. 다음과 같이 대상 지정 없이 인증된 사용자가 실행할 수 있습니다.

```
mysql> SET PASSWORD = 'new password';
Query OK, 0 rows affected (0.01 sec)
```

또는 대상 사양으로 다른 사용자가 실행할 수 있습니다.

```
mysql> SET PASSWORD FOR 'bob'@'localhost' = 'new password';
Query OK, 0 rows affected (0.01 sec)
```

| 사용자 잠금 및 잠금 해제 |

특정 사용자에 대한 액세스를 일시적으로(또는 영구적으로) 차단하는 경우 ALTER USER의 ACCOUNT LOCK 옵션을 사용할 수 있습니다. 이 경우 사용자는 인증만 차단됩니다. 아무도 차단된 사용자로 MySQL에 연결할 수 없지만 사용자를 프록시나 DEFINER 절에서 사용할 수 있습니다. 따라서 이러한 사용자는 약간 더 안전하고 관리하기 쉽습니다. **ACCOUNT LOCK**은 예를 들어 과부하를 생성하는 특정 사용자로 연결하는 애플리케이션의 트래픽을 차단하는 데도 사용할 수 있습니다.

다음 쿼리를 사용해 bob이 인증하지 못하도록 차단할 수 있습니다.

```
mysql> ALTER USER 'bob'@'localhost' ACCOUNT LOCK;
Query OK, 0 rows affected (0.00 sec)
```

새로운 연결에만 영향을 받습니다. 이 경우 MySQL이 생성하는 메시지는 명확합니다.

```
$ mysql -ubob -p
Enter password:
ERROR 3118 (HY000): Access denied for user 'bob'@'localhost'.
Account is locked.
```

ACCOUNT LOCK에 대응하는 것은 **ACCOUNT UNLOCK**입니다. **ALTER USER**에 대한 이 옵션은 정확히 말한 대로 수행합니다. 다시 bob에 대한 액세스를 허용해보겠습니다.

```
mysql> ALTER USER 'bob'@'localhost' ACCOUNT UNLOCK;
Query OK, 0 rows affected (0.01 sec)
```

이제 연결 시도가 성공합니다.

```
$ mysql -ubob -p
Enter password:
mysql>
```

| 사용자 비밀번호 만료 |

사용자의 액세스를 완전히 차단하거나 비밀번호를 변경하는 대신 강제로 비밀번호를 변경하게 할 수 있습니다. 이는 **ALTER USER** 명령의 **PASSWORD EXPIRE** 옵션을 사용해 MySQL에서 가능합니다. 이 명령이 실행된 후에도 사용자는 여전히 이전 비밀번호를 사용해 서버에 연결할 수 있습니다. 그러나 새 연결에서 쿼리를 실행하거나 권한이 확인되는 즉시 사용자에게 오류를 표시하고 비밀번호를 변경하도록 안내합니다. 기존 연결은 영향을 받지 않습니다.

이것이 사용자에게 어떻게 보이는지 봅시다. 먼저, 실제 변경 내용입니다.

```
mysql> ALTER USER 'bob'@'localhost' PASSWORD EXPIRE;
Query OK, 0 rows affected (0.01 sec)
```

이번에는 사용자가 보는 화면입니다. 인증에 성공합니다.

```
$ mysql -ubob -p
Enter password:

mysql> SELECT id, data FROM bobs_db.bobs_private_table;
ERROR 1820 (HY000): You must reset your password using ALTER USER
statement before executing this statement.
```

오류에는 ALTER USER 실행하라고 나와 있지만 이제 SET PASSWORD를 사용할 수 있습니다. 또한 누가 비밀번호를 변경했는지, 해당 사용자이든 또 다른 사용자이든 중요하지 않습니다. PASSWORD EXPIRE 옵션은 비밀번호 변경을 강제 실행합니다. 다른 사용자가 비밀번호를 변경하면 비밀번호가 만료된 후 이전 비밀번호로 인증된 세션을 다시 열어야 합니다. 앞에서 보았듯이 인증된 사용자는 대상 지정 없이 비밀번호를 변경할 수 있으며 평소와 같이 세션을 계속할 수 있습니다(그러나 새 연결은 새 비밀번호로 인증되어야 함).

```
mysql> SET PASSWORD = 'new password';
Query OK, 0 rows affected (0.06 sec)

mysql> SELECT id, data FROM bobs_db.bobs_private_table;
Empty set (0.00 sec)
```

이 경우 비밀번호 재사용 및 기록 제어가 없으면 사용자가 비밀번호를 원래 비밀번호로 재설정할 수 있다는 점도 알아야 합니다.

| 사용자 이름 수정 |

사용자 이름을 수정하는 작업은 비교적 드물지만 필요한 때가 있습니다. 이 작업에는 RENAME USER라는 특수 명령이 사용되며 CREATE USER 권한이나 mysql 데이터베이스 또는 권한 부여 테이블에 대한 UPDATE 권한이 필요합니다. 이 명령은 ALTER USER로 진행할 수 없습니다. 사

용자 이름의 이름 부분과 호스트 부분을 모두 변경할 수 있습니다. 알다시피 호스트 부분은 방화벽 역할을 하며 변경할 때 시스템 중단이 발생할 수 있으므로 주의합시다(이름 부분도 마찬가지). bob 사용자 이름을 좀 더 형식적인 이름으로 변경해보겠습니다.

```
mysql> RENAME USER 'bob'@'localhost' TO 'robert'@'172.%';
Query OK, 0 rows affected, 1 warning (0.01 sec)
```

사용자 이름이 변경되면 MySQL은 내부 테이블을 자동으로 검색해 해당 사용자가 뷰 또는 저장된 객체의 DEFINER 절에 명명되었는지 여부를 확인합니다. 그럴 때마다 경고가 생성됩니다. bob의 이름을 변경할 때 경고를 받았으므로 확인해보겠습니다.

```
mysql> SHOW WARNINGS\G
*************************** 1. row ***************************
    Level: Warning
    Code: 4005
Message: User 'bob'@'localhost' is referenced as a definer
    account in a stored routine.
1 row in set (0.00 sec)
```

이 문제를 해결하지 못하면 액세스하거나 실행할 때 오류가 발생하는 고아 객체가 생길 수 있습니다. 다음 절에서 이에 대해 자세히 설명합니다.

8.6.2 사용자 제거

데이터베이스 사용자 수명 주기의 마지막은 수명 종료입니다. 여느 데이터베이스 객체와 마찬가지로 사용자를 삭제할 수 있습니다. MySQL에서는 이를 위해 DROP USER 명령이 사용됩니다. 이 명령은 이 장과 책 전체에서 논의되는 가장 간단한 명령입니다. DROP USER는 한 사용자 또는 선택적으로 사용자 목록을 인수로 사용하며 단일 수정자 IF NOT EXISTS를 갖습니다. 성공적인 명령 실행은 권한 부여 테이블에서 사용자 관련 정보를 취소할 수 없게 삭제하고(나중에 논의할 주의 사항 포함) 따라서 추가 로그인을 방지합니다.

이직 열려 있는 데이터베이스에 대해 하나 이상의 연결을 만든 사용자를 삭제하면 삭제가 성공해도 연결된 레코드는 해당 연결의 마지막이 종료될 때만 제거됩니다. 지정된 사용자에게 다음에 연결을 시도하면 접근이 거부되었다는 오류 메시지 ERROR 1045 (28000): Access denied가 표시됩니다.

IF NOT EXISTS 수정자는 CREATE USER와 유사하게 작동합니다. DROP USER는 대상 사용자가 없으면 오류가 반환되지 않습니다. 이는 무인 스크립트에서 유용합니다. 사용자 이름의 호스트 부분을 지정하지 않으면 기본적으로 와일드카드 %가 사용됩니다.

가장 기본적인 형태의 DROP USER 명령은 다음과 같습니다.

```
mysql> DROP USER 'jeff'@'localhost';
Query OK, 0 rows affected (0.02 sec)
```

동일한 명령을 다시 실행하면 오류가 발생합니다.

```
mysql> DROP USER 'jeff'@'localhost';
ERROR 1396 (HY000): Operation DROP USER failed for 'jeff'@'localhost'
```

실패하지 않는 멱등성[1] 명령은 다음과 같습니다.

```
mysql> DROP USER IF EXISTS 'jeff'@'localhost';
Query OK, 0 rows affected, 1 warning (0.01 sec)

mysql> SHOW WARNINGS;
+-------+------+---------------------------------------------------+
| Level | Code | Message                                           |
+-------+------+---------------------------------------------------+
| Note  | 3162 | Authorization ID 'jeff'@'localhost' does not exist. |
+-------+------+---------------------------------------------------+
1 row in set (0.01 sec)
```

다시 말하지만, 사용자 이름의 호스트 부분을 지정하지 않으면 MySQL은 기본적으로 와일드카드 %를 가정합니다. 한 번에 여러 사용자를 삭제할 수도 있습니다.

```
mysql> DROP USER 'jeff', 'bob'@'192.168.%';
Query OK, 0 rows affected (0.01 sec)
```

---

1 옮긴이_ 수학이나 전산학에서 연산의 한 성질을 나타내는 것으로, 연산을 여러 번 적용해도 결과가 달라지지 않는 성질을 의미합니다.

MySQL에서는 사용자가 객체를 소유하지 않기 때문에 많은 준비 없이 매우 쉽게 삭제할 수 있습니다. 그러나 이미 논의한 바와 같이 사용자는 추가 역할을 수행할 수 있습니다. 삭제된 사용자가 프록시 사용자로 사용되거나 일부 객체의 DEFINER 절 일부인 경우 삭제하면 분리된 레코드가 생성될 수 있습니다. 삭제한 사용자가 그러한 관계의 일부일 때마다 MySQL은 경고를 내보냅니다. DROP USER 명령은 여전히 성공하므로 결과 불일치를 해결한 뒤 분리된 레코드를 수정합니다.

```
mysql> DROP USER 'bob'@'localhost';
Query OK, 0 rows affected, 1 warning (0.01 sec)

mysql> SHOW WARNINGS\G
*************************** 1. row ***************************
  Level: Warning
   Code: 4005
Message: User 'bob'@'localhost' is referenced as a definer
  account in a stored routine.
1 row in set (0.00 sec)
```

실제로 사용자를 삭제하기 전에는 이를 확인합시다. 경고를 인지하지 못하고 조치를 취하지 않으면 객체가 고아 상태로 남습니다. 고아 객체는 다음과 같이 사용할 때 오류를 생성합니다.

```
mysql> CALL test.test_proc();
ERROR 1449 (HY000): The user specified as a definer ('bob'@'localhost')
  does not exist
```

프록시 관계에 있는 사용자의 경우 경고가 생성되지 않습니다. 그러나 이후에 프록시된 사용자를 사용하려고 하면 오류가 발생합니다. 프록시 사용자가 인증에 사용되면 삭제된 사용자에 종속되므로 MySQL에 로그인할 수 없게 됩니다. 일시적으로 프로시저를 호출하거나 뷰를 쿼리하는 기능을 잃는 것보다 더 큰 영향을 미칠 수 있지만 여전히 경고는 발생하지 않습니다. 프록시 사용자에 의존하는 플러그형 인증을 사용하는 경우 이 점을 기억하십시오.

사용자를 삭제했는데 예기치 않은 경고가 표시된다면 사용자를 다시 생성해 오류를 방지할 수 있습니다. 다음 CREATE USER 문으로 인해 이제 익숙해진 경고가 발생하는 방법에 유의하십시오.

```
mysql> CREATE USER 'bob'@'localhost' IDENTIFIED BY 'new password';
Query OK, 0 rows affected, 1 warning (0.01 sec)

mysql> SHOW WARNINGS\G
*************************** 1. row ***************************
  Level: Warning
   Code: 4005
Message: User 'bob'@'localhost' is referenced as a definer
  account in a stored routine.
1 row in set (0.00 sec)
```

그런데 여기서 계정의 초기 권한을 모르거나 기억하지 못할 경우 새 계정이 보안 문제가 될 수 있습니다.

분리된 레코드를 식별하려면 MySQL의 카탈로그 테이블을 수동으로 검토해야 합니다. 특히 다음 테이블의 DEFINER 열을 살펴봐야 합니다.

```
mysql> SELECT table_schema, table_name FROM information_schema.columns
    -> WHERE column_name = 'DEFINER';
+--------------------+------------+
| TABLE_SCHEMA       | TABLE_NAME |
+--------------------+------------+
| information_schema | EVENTS     |
| information_schema | ROUTINES   |
| information_schema | TRIGGERS   |
| information_schema | VIEWS      |
+--------------------+------------+
```

이 정보로 삭제할 사용자 또는 이미 삭제한 사용자가 DEFINER 절에 지정되었는지 확인하는 쿼리를 쉽게 구성할 수 있습니다.

```
SELECT EVENT_SCHEMA AS obj_schema
    , EVENT_NAME obj_name
    , 'EVENT' AS obj_type
FROM INFORMATION_SCHEMA.EVENTS
WHERE DEFINER = 'bob@localhost'
UNION
SELECT ROUTINE_SCHEMA AS obj_schema
    , ROUTINE_NAME AS obj_name
```

```
    , ROUTINE_TYPE AS obj_type
FROM INFORMATION_SCHEMA.ROUTINES
WHERE DEFINER = 'bob@localhost'
UNION
SELECT TRIGGER_SCHEMA AS obj_schema
    , TRIGGER_NAME AS obj_name
    , 'TRIGGER' AS obj_type
FROM INFORMATION_SCHEMA.TRIGGERS
WHERE DEFINER = 'bob@localhost'
UNION
SELECT TABLE_SCHEMA AS obj_scmea
    , TABLE_NAME AS obj_name
    , 'VIEW' AS obj_type
FROM INFORMATION_SCHEMA.VIEWS
WHERE DEFINER = 'bob@localhost';
```

이 쿼리가 부담스러워 보여도 앞서 '5.3.2 통합'에서 설명한 UNION의 사용법을 알고 네 가지 간단한 쿼리의 조합이라는 점을 생각해보면 쉽게 이해할 수 있습니다. 각 개별 쿼리는 EVENTS, ROUTINES, TRIGGERS, VIEWS 테이블 중 하나에서 bob@localhost의 DEFINER 값을 가진 개체를 찾습니다.

쿼리는 bob@localhost에 대한 단일 레코드를 반환합니다.

```
+------------+-----------+-----------+
| obj_schema | obj_name  | obj_type  |
+------------+-----------+-----------+
| test       | test_proc | PROCEDURE |
+------------+-----------+-----------+
```

이 사용자에게 프록시 권한이 부여되었는지 확인하는 것도 마찬가지로 쉽습니다.

```
mysql> SELECT user, host FROM mysql.proxies_priv
    -> WHERE proxied_user = 'bob'
    -> AND proxied_host = 'localhost';
+------+------+
| user | host |
+------+------+
| jeff | %    |
+------+------+
```

특정 사용자를 삭제하기 전에는 항상 삭제로 인해 발생할 수 있는 고아 객체와 프록시 권한을 확인합니다. 데이터베이스에 남아 있는 이러한 공백은 명백한 문제(오류)를 유발할 뿐만 아니라 실제로 보안상 위협이 됩니다.

8.7 권한

앞에서 설명한 대로 사용자가 MySQL 서버에 접속하면 사용자 이름과 호스트 정보를 사용해 인증을 수행합니다. 그러나 사용자가 다른 작업을 수행하는 데 필요한 권한은 명령이 실행되기 전에는 확인할 수 없습니다. MySQL은 연결된 사용자의 ID와 수행하는 작업에 따라 권한을 부여합니다. 이 장의 시작 부분에서 설명했듯이 권한은 다양한 객체에 대한 작업을 수행할 수 있는 권리를 허용받는 것입니다. 기본적으로 사용자에게 허용되는 권리가 없으므로 CREATE USER가 실행된 후에도 할당되는 권한은 없습니다.

많은 권한을 사용자에게 부여하고 취소도 할 수 있습니다. 예를 들어, 사용자가 테이블에서 읽거나 테이블의 데이터를 수정할 수 있는 권한과 테이블과 데이터베이스를 생성할 수 있는 권한, 저장 프로시저를 생성할 수 있는 권한 등을 부여할 수 있습니다. 부여할 수 있는 권한은 매우 방대합니다. 흥미롭게도 연결 권한은 어디에서도 찾을 수 없습니다. 사용자 이름의 호스트 부분이 일치한다고 가정할 때 사용자가 MySQL에 연결하지 못하게 할 수는 없습니다. 이는 앞 단락에서 설명한 내용의 직접적인 결과입니다. 권한은 작업이 수행될 때만 확인되므로 기본적으로 사용자가 인증된 후에만 적용됩니다.

MySQL 설치가 지원하고 제공하는 전체 권한 목록을 얻으려면 항상 공식 문서를 확인합니다. 그러나 여기서는 광범위한 권한 범주 몇 가지를 다룹니다. 동일한 권한이 여러 수준에서 허용될 수 있으므로 권한 수준에 대해서도 설명합니다. MySQL에는 네 가지 수준의 권한이 있습니다.

| 전역 권한 |

이 권한을 통해 **피부여자**(권한을 부여받은 사용자를 의미하며 '8.7.3 권한 관리 명령'에서 GRANT 명령에 대해 다룸)가 모든 데이터베이스의 모든 객체에 대한 작업이나 클러스터 전체에 대한 작업을 할 수 있습니다. 후자는 일반적으로 관리로 간주되는 명령에 적용됩니다. 예를 들어 사용자가 클러스터를 종료하도록 허용할 수 있습니다.

이 범주의 권한은 `mysql.user` 및 `mysql.global_grants` 테이블에 저장됩니다. 전자는 기존의 정적 권한을 저장하고 후자는 동적 권한을 저장합니다. 두 테이블의 차이점은 다음 절에서 설명합니다. 8.0 이전 버전의 MySQL은 모든 전역 권한을 `mysql.user`에 저장합니다.

| 데이터베이스 권한 |

데이터베이스 수준에서 부여된 권한을 통해 사용자는 해당 데이터베이스 내의 객체에 대해 작업을 수행할 수 있습니다. 예를 들어 `SHUTDOWN` 권한을 전역 수준 아래로 나누는 것은 의미가 없기 때문에 예상할 수 있듯이 이 수준의 권한은 더 적습니다. 이 권한에 대한 레코드는 `mysql.db` 테이블에 저장되며 대상 데이터베이스 내에서 DDL 및 DML 쿼리를 실행하는 기능을 포함합니다.

| 객체 권한 |

데이터베이스 수준 권한의 논리적 연속으로 특정 객체를 대상으로 합니다. `mysql.tables_priv`, `mysql.procs_priv` 및 `mysql.proxies_priv`에서 추적되며 각각 테이블과 뷰, 모든 유형의 저장 루틴, 마지막으로 프록시 사용자 권한을 다룹니다. 이 범주에서 프록시 권한은 특별하지만 그 외 권한은 일반 DDL 및 DML을 허용합니다.

| 열 권한 |

`mysql.columns_priv`에 저장된 흥미로운 권한 집합입니다. 특정 테이블 내에서 열을 기준으로 권한을 분리할 수 있습니다. 예를 들어 보고하는 사용자는 특정 테이블의 `password` 열을 읽을 필요가 없습니다. 이 권한은 강력한 도구가 되지만 관리하고 유지하기가 어려울 수 있습니다.

솔직히 말해서 권한의 전체 목록은 매우 깁니다. 전체 세부사항은 항상 특정 버전에 대한 MySQL 공식 문서를 참조하는 것이 좋습니다. 사용자가 수행할 수 있는 모든 작업에는 전용 권한이 할당되거나 더 넓은 범위의 동작을 제어하는 권한이 적용된다는 점을 기억합시다. 일반적으로 데이터베이스 및 객체 수준 권한에는 부여할 수 있는 전용 권한 이름(`UPDATE`, `SELECT` 등)이 있으며 전역 권한은 매우 광범위하게 그룹화되어 한 번에 여러 작업을 허용합니다. 예를 들어, `GROUP_REPLICATION_ADMIN` 권한은 한 번에 다섯 가지 상이한 작업을 허용합니다. 전역 권한은 일반적으로 시스템 수준(객체)에서도 부여됩니다.

SHOW PRIVILEGES 명령을 실행해 MySQL 인스턴스에서 사용 가능한 권한 목록에 항상 액세스할 수 있습니다.

```
mysql> SHOW PRIVILEGES;
+---------------------------+---------------------+---------------------+
| Privilege                 | Context             | Comment             |
+---------------------------+---------------------+---------------------+
| Alter                     | Tables              | To alter the table  |
| Alter routine             | Functions,Procedures | ...                |
| ...                       | ...                 |                     |
| REPLICATION_SLAVE_ADMIN   | Server Admin        |                     |
| AUDIT_ADMIN               | Server Admin        |                     |
+---------------------------+---------------------+---------------------+
58 rows in set (0.00 sec)
```

8.7.1 정적 권한 대 동적 권한

MySQL에서 권한을 관리하는 데 사용하는 명령을 검토하기 전에 잠깐 중요한 차이를 짚고 넘어가겠습니다. MySQL은 8.0 버전부터 권한이 정적 권한과 동적 권한으로 나뉘었습니다. **정적 권한**static privilege은 서버에 내장되어 있으며 모든 설치에서 사용할 수 있습니다. 반면에 **동적 권한**dynamic privilege은 휘발성입니다. 항상 존재하는 것이 아닙니다.

동적 권한은 런타임 시 서버에 등록된 권한입니다. 등록된 권한만 부여될 수 있으므로 일부 권한은 등록되지 않아 부여될 수 없습니다. 즉, 이제 플러그인과 구성요소를 통해 권한을 확장할 수 있다는 의미입니다. 그러나 현재 사용 가능한 대부분의 동적 권한은 기본적으로 일반 커뮤니티 서버 설치 과정 중에 등록됩니다.

MySQL 8.0에서 동적 권한은 이전에 남용되었던 SUPER 권한(다음 절에서 설명함)의 사용 필요를 줄일 목적으로 제공됩니다. 동적 권한은 일반적으로 사용자가 수행할 수 있는 일련의 동작을 제어한다는 차별점이 있습니다. 예를 들어 데이터 쿼리만 허용하는 테이블에 대한 직접 SELECT 권한과 달리 CONNECTION_ADMIN 권한은 전체 작업 목록을 허용합니다. 이 특정 예시에서는 다른 계정의 연결 종료, 읽기 전용 서버의 데이터 업데이트, 제한에 도달했을 때 추가 연결을 통한 연결 등이 포함됩니다. 차이점을 쉽게 알 수 있습니다.

8.7.2 SUPER 권한

이 절은 짧지만 중요한 내용을 다룹니다. '8.2 루트 사용자'에서 모든 MySQL 설치 시 기본적으로 슈퍼 유저인 root@localhost가 생성된다고 언급했습니다. 예를 들어 DBA 사용자 같은 다른 사용자에게 동일한 기능을 제공하려는 경우가 있습니다. 이때 편리한 기본 제공 방법은 특별한 SUPER 권한을 사용하는 것입니다.

SUPER는 기본적으로 자체적으로 할당된 사용자를 슈퍼 유저로 바꾸는 포괄 권한입니다. 다른 권한과 마찬가지로 GRANT 문을 통해 할당할 수 있습니다. 이에 대해서는 다음 절에서 검토하겠습니다.

그러나 SUPER 권한에는 큰 문제가 두 개 있습니다. 첫째, MySQL 8.0부터 더는 사용되지 않으며 MySQL의 향후 릴리스에서 제거될 예정입니다. 둘째, 보안 및 운영에서 악몽 같은 존재입니다. 전자는 명확하므로 후자와 시도해볼 수 있는 대안에 대해 이야기해보겠습니다.

SUPER 권한을 사용하면 기본 root@localhost 사용자를 사용할 때와 동일한 위험과 문제가 발생합니다. 필요한 권한의 범위를 주의 깊게 검사하는 대신 모든 문제를 해결하기 위해 만능 망치를 사용하는 셈입니다. SUPER는 모든 권한을 포괄한다는 문제가 있습니다. 슈퍼 유저를 생성하면 골칫거리가 늘어납니다. 사용자는 제한되고 이상적으로 관리되어야 하며 사용자를 인증하는 운영자와 프로그램은 매우 정확하고 신중한 결정을 내려야 합니다. 큰 힘에는 큰 책임이 따르며 무엇보다도 MySQL 인스턴스를 완전히 종료할 수 있는 능력이 있습니다. 실수로 MySQL 인스턴스를 종료해버린다고 상상해보십시오.

MySQL 8.0 이전 버전에서는 일부 권한에 대한 대안이 제공되지 않기 때문에 SUPER 권한 사용이 불가피합니다. SUPER를 사용하지 않는 버전 8.0부터 MySQL은 단일 포괄 권한의 필요성을 제거하기 위한 전체 동적 권한 집합을 제공합니다. 가능하면 SUPER 권한을 사용하지 않는 편이 좋습니다.

그룹 복제를 제어하는 경우를 생각해봅시다. MySQL 5.7에서는 해당 사용자에게 SUPER 권한을 부여합니다. 그러나 버전 8.0부터는 GROUP_REPLICATION_ADMIN 권한을 대신 부여할 수 있습니다. 이 권한은 사용자가 그룹 복제와 관련된 작업의 아주 작은 하위 집합만 수행하도록 허용합니다.

때로는 무엇이든 할 수 있는 완전한 DBA 사용자가 필요합니다. SUPER를 부여하는 대신 root@localhost 권한을 확인해 복사하길 추천합니다. '8.7.4 권한 확인'에서 이 과정을 소개하겠습니다. 더 나아가 INNODB_REDO_LOG_ENABLE 권한과 같은 일부 권한 부여를 건너뛸 수 있습니다. 다른 사람이 실수로 해당 명령문을 실행할 위험을 감수하는 것보다 권한을 전혀 부여하지 않고 절대적으로 필요할 때 권한을 부여하도록 하는 편이 훨씬 더 안전합니다.

8.7.3 권한 관리 명령

이제 권한에 대해 조금 알았으니 권한을 제어하는 기본 명령을 알아보겠습니다. 그러나 권한 자체를 ALTER 할 수는 없으므로 여기에서 권한을 제어한다는 것은 사용자에게 권한을 부여하고 사용자로부터 제거하는 것을 의미합니다. 이러한 작업은 GRANT 및 REVOKE 문으로 수행됩니다.

GRANT

GRANT 문은 일반적으로 특정 객체에서 활동을 수행할 수 있는 권한을 사용자(또는 역할)에게 부여하는 데 사용됩니다. 동일한 쿼리를 사용해 사용자에게 역할을 할당할 수 있지만 동시에 권한을 변경하고 역할을 할당할 수는 없습니다. 권한을 부여할 수 있는 권한을 부여하려면 해당 권한을 자신에게 할당하고 특별한 GRANT OPTION 권한이 있어야 합니다(나중에 살펴봄). SUPER(또는 최신 CONNECTION_ADMIN) 권한을 가진 사용자는 무엇이든 부여할 수 있으며 권한 부여 테이블에는 특별한 조건이 있습니다. 이에 대해서는 곧 논의하겠습니다.

GRANT 문의 기본 구조를 확인해보겠습니다.

```
mysql> GRANT SELECT ON app_db.* TO 'john'@'192.168.%';
Query OK, 0 row affected (0.01 sec)
```

이 쿼리가 실행되면 'john'@'192.168.%' 사용자가 app_db 데이터베이스의 모든 테이블에 대해 읽기 전용 쿼리(SELECT)를 수행할 수 있음을 MySQL에 알립니다. 객체 사양에서 와일드카드를 사용했음을 유의하십시오. 데이터베이스에 와일드카드를 지정해 모든 데이터베이스의 모든 테이블에 대한 특정 사용자 액세스를 허용할 수도 있습니다.

```
mysql> GRANT SELECT ON *.* TO 'john';
Query OK, 0 row affected (0.01 sec)
```

앞의 호출은 특히 사용자 `'john'`에 대한 호스트 정보가 부족합니다. 이 단축키는 `'john'@'%'`로 번역됩니다. 따라서 이전에 사용한 `'john'@'192.168.%'`와 동일한 사용자가 아닙니다. 사용자의 이름 부분에는 와일드카드를 지정할 수 없습니다. 대신 다음과 같이 한 번에 여러 사용자나 역할을 지정할 수 있습니다.

```
mysql> GRANT SELECT ON app_db.* TO 'john'@'192.168.%',
    -> 'kate'@'192.168.%';
Query OK, 0 row affected (0.06 sec)
```

이전 절에서 너무 많은 권한을 부여하는 것에 대해 경고했지만 객체나 객체 집합에 대해 가능한 모든 권한을 부여할 수 있는 단축어 ALL이 있습니다. 이는 소유자인 사용자(예: 읽기/쓰기 애플리케이션 사용자)에 대한 권한을 정의할 때 유용할 수 있습니다.

```
mysql> GRANT ALL ON app_db.* TO 'app_db_user';
Query OK, 0 row affected (0.06 sec)
```

객체 사양을 연결할 수 없으므로 와일드카드를 사용해 해당 문을 표현할 수 없다면 한 번에 두 테이블에 대한 SELECT 권한을 부여할 수 없습니다. 다음 절에서 보게 될 와일드카드 부여와 특정 취소를 결합해 유연성을 높일 수 있습니다.

GRANT 명령은 허용하는 객체가 있는지 확인하지 않습니다. 즉, 와일드카드는 확장되지 않고 영원히 와일드카드로 유지됩니다. app_db 데이터베이스에 얼마나 많은 테이블이 추가되든 상관없이 john과 kate는 모두 SELECT 문을 실행할 수 있습니다. 이전 버전의 MySQL은 mysql.user 테이블에서 찾을 수 없는 경우 권한이 부여된 사용자를 생성했지만 해당 동작은 MySQL 8.0부터 더는 사용되지 않습니다.

'8.4 권한 부여 테이블'에서 자세히 논의한 것처럼 GRANT 문은 권한 부여 테이블을 업데이트합니다. 이로 인해 사용자에게 해당 테이블에 대한 UPDATE 권한이 있는 경우 사용자는 모든 계정에 모든 권한을 부여할 수 있게 됩니다. mysql 데이터베이스의 객체에 대한 권한을 극도로 주의하십시오. 사용자에게 권한을 부여하는 것에는 거의 이점이 없습니다. 또 read_only 시스템 변수가 활성화되면 모든 권한 부여에는 슈퍼 유저 권한(SUPER 또는 CONNECTION_ADMIN)이 필요합니다.

계속 진행하기 전에 **GRANT**에 대해 더 언급할 내용이 있습니다. 이 절의 도입부에서 열 권한에 대해 얘기했습니다. 이 권한 집합은 사용자가 테이블의 특정 열에 있는 데이터를 읽고 업데이트할 수 있는지 여부를 제어합니다. 여느 권한과 마찬가지로 **GRANT** 명령을 사용해 허용할 수 있습니다.

```
mysql> GRANT SELECT(id), INSERT(id, data)
    -> ON bobs_db.bobs_private_table TO 'kate'@'192.168.%';
Query OK, 0 rows affected (0.01 sec)
```

사용자 kate는 이제 쿼리 SELECT id FROM bobs_db.bobs_private_table을 실행할 수 있지만 SELECT * 또는 SELECT date는 실행할 수 없습니다.

마지막으로, 각 권한을 차례로 지정하는 대신 GRANT ALL PRIVILEGES를 실행해 특정 객체에 대한 모든 정적 권한을 부여하거나 전역적으로 부여할 수 있습니다. ALL PRIVILEGES는 SUPER와 달리 약칭일 뿐이며 특별한 권한은 아닙니다.

REVOKE

REVOKE 문은 GRANT 문의 반대입니다. GRANT를 사용해 할당된 권한과 역할을 취소하는 데 사용할 수 있습니다. 달리 지정하지 않는 한 GRANT의 모든 속성이 REVOKE에 적용됩니다. 예를 들어, 권한을 취소하려면 GRANT OPTION 권한과 취소하려는 특정 권한이 있어야 합니다.

MySQL 버전 8.0.16부터 전역적으로 권한이 부여된 사용자로부터 특정 스키마에 대한 권한을 취소할 수 있습니다. 따라서 새로 생성된 데이터베이스를 포함해 그 외 모든 데이터베이스에 대한 액세스를 허용하면서 일부 데이터베이스에 대한 액세스를 쉽게 제한할 수 있습니다. 한 예로, 제한된 단일 스키마가 있는 데이터베이스 시스템을 생각해봅시다. BI 애플리케이션에 대한 사용자를 만들어야 합니다. 일반적인 쿼리로 시작합니다.

```
mysql> GRANT SELECT ON *.* TO 'bi_app_user';
Query OK, 0 rows affected (0.03 sec)
```

그러나 이 사용자는 제한된 데이터베이스의 데이터를 쿼리해서는 안 됩니다. 부분 취소를 사용해 설정하는 것은 매우 쉽습니다.

```
mysql> REVOKE SELECT ON restricted_database.* FROM 'bi_app_user';
Query OK, 0 rows affected (0.03 sec)
```

버전 8.0.16 이전에는 이를 달성하기 위해 허용된 각 개별 스키마에 대해 명시적으로 GRANT SELECT를 실행하도록 대체합니다.

모든 권한을 부여할 수 있는 것처럼 특정 사용자의 모든 권한을 제거할 수 있는 특별한 REVOKE 호출이 존재합니다. 취소하려는 권한이 모두 있어야 하므로 이 옵션은 관리 사용자만 사용할 수 있습니다. 다음 쿼리는 권한을 할당하는 기능을 포함해 사용자의 권한을 박탈합니다.

```
mysql> REVOKE ALL PRIVILEGES, GRANT OPTION FROM 'john'@'192.168.%';
Query OK, 0 rows affected (0.03 sec)
```

REVOKE 문은 어떤 상황에서든 사용자를 제거하지 않습니다. 이 장의 앞부분에서 설명한 대로 DROP USER 문을 사용할 수 있습니다.

8.7.4 권한 확인

권한 관리에서 핵심은 권한을 검토하는 일이지만 모든 사용자에게 부여된 모든 권한을 기억하기는 불가능합니다. 권한 부여 테이블을 쿼리해 어떤 사용자가 어떤 권한을 가지고 있는지 확인할 수 있지만 항상 편리한 것은 아닙니다(대신, 특정 테이블에 대한 쓰기 권한이 있는 모든 사용자를 찾는 좋은 방법이 될 수 있음). SHOW GRANTS 명령을 사용하면 특정 사용자에게 부여된 권한을 확인할 수 있습니다.

```
mysql> SHOW GRANTS FOR 'john'@'192.168.%';
+------------------------------------------------+
| Grants for john@192.168.%                      |
+------------------------------------------------+
| GRANT UPDATE ON *.* TO `john`@`192.168.%`      |
| GRANT SELECT ON `sakila`.* TO `john`@`192.168.%` |
+------------------------------------------------+
2 rows in set (0.00 sec)
```

일반적으로 이 출력에서 모든 권한을 볼 수 있으리라 예상하겠지만 특수한 경우가 있습니다.

사용자가 특정 객체에 대해 부여된 모든 정적 권한을 갖고 있다면, 각각의 모든 권한을 나열하는 대신 MySQL은 **ALL PRIVILEGES**를 출력합니다. **ALL PRIVILEGES**는 특정한 권한이 아니라 모든 권한을 지님을 의미합니다. 내부적으로 **ALL PRIVILEGES**는 해당 권한 부여 테이블의 모든 권한에 대해 설정된 Y로 변환됩니다.

```
mysql> SHOW GRANTS FOR 'bob'@'localhost';
+----------------------------------------------------------+
| Grants for bob@localhost                                 |
+----------------------------------------------------------+
...
| GRANT ALL PRIVILEGES ON `bobs_db`.* TO `bob`@`localhost` |
...
```

SHOW GRANTS 명령을 사용해 역할에 부여된 권한을 볼 수도 있는데 이에 대해서는 '8.8 역할'에서 자세히 설명합니다. 현재 인증되고 승인된 사용자의 권한을 검토하려면 동의어인 다음 명령문을 사용할 수 있습니다.

```
SHOW GRANTS;
SHOW GRANTS FOR CURRENT_USER;
SHOW GRANTS FOR CURRENT_USER();
```

특정 권한이 무엇을 의미하는지 기억나지 않을 때마다 공식 문서를 참조하거나 현재 사용 가능한 모든 권한을 나열하는 **SHOW PRIVILEGES** 명령을 실행할 수 있습니다. 여기에는 정적 객체 권한과 동적 서버 권한이 모두 포함됩니다.

때때로 모든 계정과 관련된 권한을 검토하거나 해당 권한을 다른 시스템으로 이전해야 할 수도 있습니다. 이때 한 방법은 지원되는 모든 플랫폼에 대해 MySQL 서버와 함께 제공되는 **mysqldump** 명령을 사용하는 것입니다. 이 방법에 대해서는 10장에서 자세히 검토하겠습니다. 가장 안전한 방법은 모든 권한 부여 테이블을 덤프하는 방식입니다. 전체를 덤프하지 않으면 일부 권한을 놓칠 수 있습니다.

```
$ mysqldump -uroot -p mysql
Enter password:
```

출력에는 많은 INSERT 문과 함께 모든 테이블 정의가 포함됩니다. 이 출력을 파일로 리디렉션한 다음 새 데이터베이스를 시드하는 데 사용할 수 있습니다. 이 방법은 10장에서 더 살펴보겠습니다. 서버 버전이 일치하지 않거나 대상 서버에 일부 사용자 및 권한이 이미 저장된 경우 기존 객체를 삭제하지 않아야 합니다. INSERT 문만 수신하도록 mysqldump 호출에 --no-create-info 옵션을 추가합니다.

mysqldump를 사용하면 이식 가능한 사용자 및 권한 목록을 얻을 수 있지만 정확하고 쉽게 읽을 수는 없습니다. 다음은 출력에 있는 일부 행의 예입니다.

```
--
-- Dumping data for table `tables_priv`
--

LOCK TABLES `tables_priv` WRITE;
/*!40000 ALTER TABLE `tables_priv` DISABLE KEYS */;
INSERT INTO `tables_priv` VALUES ('172.%','sakila','robert'...
'Select,Insert,Update,Delete,Create,Drop,Grant,References,...
('localhost','sys','mysql.sys','sys_config','root@localhost'
    '2020-07-13 07:14:57','Select','');
/*!40000 ALTER TABLE `tables_priv` ENABLE KEYS */;
UNLOCK TABLES;
```

권한을 검토하는 또 다른 방법은 권한 부여 테이블에 대한 사용자 정의 쿼리를 작성하는 것입니다. 이 방법에는 만능 솔루션이 없기 때문에 자세한 내용은 제공하지 않겠습니다.

또 데이터베이스의 모든 사용자에 대해 SHOW GRANTS를 실행하는 방법이 있습니다. 이를 SHOW CREATE USER 문과 결합해 권한 목록을 생성할 수 있는데, 이는 다른 데이터베이스에서 사용자와 해당 권한을 다시 생성하는 데도 사용할 수 있습니다.

```
mysql> SELECT CONCAT("SHOW GRANTS FOR `", user, "`@`", host,
    -> "`; SHOW CREATE USER `", user, "`@`", host, "`;") grants
    -> FROM mysql.user WHERE user = "bob";
+---------------------------------------------------------------+
| grants                                                        |
+---------------------------------------------------------------+
| SHOW GRANTS FOR bob@%; SHOW CREATE USER bob@%;                |
| SHOW GRANTS FOR bob@localhost; SHOW CREATE USER bob@localhost; |
+---------------------------------------------------------------+
2 rows in set (0.00 sec)
```

절차를 자동화한다는 아이디어는 새로운 것이 아닙니다. 사실 퍼코나에서 제공하는 도구 중에는 pt-show-grants가 있지만 불행히도 이 도구는 공식적으로 리눅스에서만 사용할 수 있으며 다른 플랫폼에서는 전혀 작동하지 않습니다.

```
$ pt-show-grants
-- Grants dumped by pt-show-grants
-- Dumped from server Localhost via Unix socket,
    MySQL 8.0.22 at 2020-12-12 14:32:33
-- Roles
CREATE ROLE IF NOT EXISTS `application_ro`;
-- End of roles listing
...
-- Grants for 'robert'@'172.%'
CREATE USER IF NOT EXISTS 'robert'@'172.%';
ALTER USER 'robert'@'172.%' IDENTIFIED WITH 'mysql_native_password'
AS '*E1206987C3E6057289D6C3208EACFC1FA0F2FA56' REQUIRE NONE
PASSWORD EXPIRE DEFAULT ACCOUNT UNLOCK PASSWORD HISTORY DEFAULT
PASSWORD REUSE INTERVAL DEFAULT PASSWORD REQUIRE CURRENT DEFAULT;
GRANT ALL PRIVILEGES ON `bobs_db`.* TO `robert`@`172.%`;
GRANT ALL PRIVILEGES ON `sakila`.`actor` TO `robert`@`172.%` WITH GRANT OPTION;
GRANT SELECT ON `sakila`.* TO `robert`@`172.%` WITH GRANT OPTION;
GRANT SELECT ON `test`.* TO `robert`@`172.%` WITH GRANT OPTION;
GRANT USAGE ON *.* TO `robert`@`172.%`;
...
```

8.7.5 GRANT OPTION 권한

시작 부분에서 논의한 것처럼 MySQL에는 객체 소유권 개념이 없습니다. 따라서 일부 시스템과 달리 사용자가 테이블을 생성했다고 해서 그 사용자가 그 테이블로 다른 사용자가 무엇이든 하게 할 수 있다는 의미는 아닙니다. 이해하기 쉽게 예시를 살펴보겠습니다.

사용자 bob이 bobs_db라는 데이터베이스에 테이블을 생성할 수 있는 권한이 있다고 가정합니다.

```
mysql> CREATE TABLE bobs_db.bobs_private_table
    -> (id SERIAL PRIMARY KEY, data TEXT);
Query OK, 0 rows affected (0.04 sec)
```

운영자인 bob은 john이 새로 생성된 테이블의 데이터를 읽을 수 있게 하려고 하지만 안타깝게도 실패하고 맙니다.

```
mysql> GRANT SELECT ON bobs_db.bobs_private_table TO 'john'@'192.168.%';
ERROR 1142 (42000): SELECT, GRANT command denied
to user 'bob'@'localhost' for table 'bobs_private_table'
```

bob이 실제로 가지고 있는 권한을 확인해보겠습니다.

```
mysql> SHOW GRANTS FOR 'bob'@'localhost';
+----------------------------------------------------------+
| Grants for bob@localhost                                 |
+----------------------------------------------------------+
| GRANT USAGE ON *.* TO `bob`@`localhost`                  |
| GRANT SELECT ON `sakila`.* TO `bob`@`localhost`          |
| GRANT ALL PRIVILEGES ON `bobs_db`.* TO `bob`@`localhost` |
+----------------------------------------------------------+
3 rows in set (0.00 sec)
```

확인 결과, bob에겐 자기가 가진 권한을 다른 사용자에게 부여할 권한이 없습니다. bob이 다른 사용자에게 bobs_db 데이터베이스의 테이블에 대한 액세스 권한을 부여하려면 추가 권한이 필요합니다. bob이 스스로 권한을 부여할 수 없으므로 관리 권한이 있는 사용자가 필요합니다.

```
mysql> GRANT SELECT ON bobs_db.* TO 'bob'@'localhost'
    -> WITH GRANT OPTION;
Query OK, 0 rows affected (0.01 sec)
```

지금 필요한 권한 부여 옵션은 WITH GRANT OPTION입니다. 이 옵션을 사용하면 사용자 bob이 다른 사용자에게 권한을 부여할 수 있게 됩니다. GRANT SELECT 문을 bob으로 다시 실행해 확인합시다.

```
mysql> GRANT SELECT ON bobs_db.bobs_private_table TO 'john'@'192.168.%';
Query OK, 0 rows affected (0.02 sec)
```

예상대로 쿼리가 오류 없이 실행되었습니다. 그러나 아직 궁금증이 남습니다. 먼저, GRANT OPTION 권한은 얼마나 자세한 설정을 할 수 있을까요? bob은 이제 다른 사용자에게 어떤 권한을 부여할 수 있을까요? 이 질문에는 SHOW GRANTS가 깔끔하게 답해줍니다.

```
mysql> SHOW GRANTS FOR 'bob'@'localhost';
+-----------------------------------------------------------------------+
¦ Grants for bob@localhost                                              ¦
+-----------------------------------------------------------------------+
¦ GRANT USAGE ON *.* TO `bob`@`localhost`                               ¦
¦ GRANT SELECT ON `sakila`.* TO `bob`@`localhost`                       ¦
¦ GRANT ALL PRIVILEGES ON `bobs_db`.* TO `bob`@`localhost` WITH GRANT OPTION ¦
+-----------------------------------------------------------------------+
3 rows in set (0.00 sec)
```

훨씬 더 명확합니다. bob이 특정 데이터베이스에 대해 가진 권한에 WITH GRANT OPTION이 적용됨을 볼 수 있습니다. GRANT SELECT ... WITH GRANT OPTION을 실행했지만, bob은 bobs_db 데이터베이스에 있는 모든 권한을 부여할 수 있다는 사실을 잊지 마십시오.

둘째, GRANT OPTION 권한만 취소할 수 있을까요?

```
mysql> REVOKE GRANT OPTION ON bobs_db.* FROM 'bob'@'localhost';
Query OK, 0 rows affected (0.01 sec)

mysql> SHOW GRANTS FOR 'bob'@'localhost';
+----------------------------------------------------------+
¦ Grants for bob@localhost                                 ¦
+----------------------------------------------------------+
¦ GRANT USAGE ON *.* TO `bob`@`localhost`                  ¦
¦ GRANT SELECT ON `sakila`.* TO `bob`@`localhost`          ¦
¦ GRANT ALL PRIVILEGES ON `bobs_db`.* TO `bob`@`localhost` ¦
+----------------------------------------------------------+
3 rows in set (0.00 sec)
```

GRANT OPTION이 취소되는 걸 보니 GRANT OPTION만 단독으로 부여할 수 있을지 궁금해집니다. 물론, 신경 써야 할 사항이 있지만 가능합니다. sakila 및 test 데이터베이스에서 bob에게 GRANT OPTION 권한을 부여해보겠습니다. 앞의 출력에서 볼 수 있듯이, bob은 현재 sakila에 대한 SELECT 권한이 있지만 데이터베이스 test에 대한 권한은 없습니다.

```
mysql> GRANT GRANT OPTION ON sakila.* TO 'bob'@'localhost';
Query OK, 0 rows affected (0.00 sec)
```

```
mysql> GRANT GRANT OPTION ON test.* TO 'bob'@'localhost';
Query OK, 0 rows affected (0.01 sec)
```

두 쿼리가 모두 성공했습니다. bob이 sakila에 부여한 권한이 무엇인지는 매우 분명합니다. 바로 **SELECT** 권한입니다. 그러나 test에서는 무슨 일이 일어났는지 명확히 알지 못합니다. 확인해봅시다.

```
mysql> SHOW GRANTS FOR 'bob'@'localhost';
+------------------------------------------------------------------+
| Grants for bob@localhost                                         |
+------------------------------------------------------------------+
| GRANT USAGE ON *.* TO `bob`@`localhost`                          |
| GRANT SELECT ON `sakila`.* TO `bob`@`localhost` WITH GRANT OPTION |
| GRANT USAGE ON `test`.* TO `bob`@`localhost` WITH GRANT OPTION   |
| GRANT ALL PRIVILEGES ON `bobs_db`.* TO `bob`@`localhost`         |
+------------------------------------------------------------------+
4 rows in set (0.00 sec)
```

GRANT OPTION만 사용할 경우 사용자에게 '권한 없음'을 의미하는 **USAGE** 권한만 부여합니다. 그러나 **GRANT OPTION** 권한이 스위치처럼 켜지면 이 권한은 test 데이터베이스에서 bob에게 부여된 권한에 적용될 것입니다.

```
mysql> GRANT SELECT ON test.* TO 'bob'@'localhost';
Query OK, 0 rows affected (0.00 sec)

mysql> SHOW GRANTS FOR 'bob'@'localhost';
+------------------------------------------------------------------+
| Grants for bob@localhost                                         |
+------------------------------------------------------------------+
...
| GRANT SELECT ON `test`.* TO `bob`@`localhost` WITH GRANT OPTION  |
...
+------------------------------------------------------------------+
4 rows in set (0.00 sec)
```

지금까지 와일드카드 권한을 사용했지만 특정 테이블에 대해 **GRANT OPTION**을 활성화할 수 있습니다.

```
mysql> GRANT INSERT ON sakila.actor
    -> TO 'bob'@'localhost' WITH GRANT OPTION;
Query OK, 0 rows affected (0.01 sec)

mysql> SHOW GRANTS FOR 'bob'@'localhost';
+-------------------------------------------------------------------------+
| Grants for bob@localhost                                                |
+-------------------------------------------------------------------------+
...
| GRANT INSERT ON `sakila`.`actor` TO `bob`@`localhost` WITH GRANT OPTION |
+-------------------------------------------------------------------------+
5 rows in set (0.00 sec)
```

지금쯤이면 GRANT OPTION이 권한 시스템에 추가된 강력한 기능이라는 사실이 분명해졌을 것입니다. MySQL에는 소유권 개념이 없기 때문에 슈퍼 유저가 아닌 사용자가 서로에게 권한을 부여할 수 있도록 하는 유일한 방법입니다. 그러나 항상 그렇듯이 GRANT OPTION은 사용자가 가진 모든 권한에 적용된다는 점을 잊어서는 안 됩니다.

8.8 역할

MySQL 8.0에 도입된 **역할**role은 권한 모음입니다. 필요한 권한을 그룹화하고 컨테이너화해 사용자 및 권한 관리를 단순화합니다. 동일한 권한이 DBA 사용자 여러 사람에게 필요할 수 있습니다. 각 사용자에게 개별적으로 권한을 부여하는 대신 역할을 생성하고 해당 역할에 권한을 부여한 뒤, 사용자에게 해당 역할을 할당할 수 있습니다. 이렇게 하면 각 사용자를 개별적으로 업데이트할 필요가 없기 때문에 관리도 간소화됩니다. 또 DBA의 권한을 조정하려면 역할을 조정하면 됩니다.

역할은 생성, 저장, 관리 방식이 사용자와 매우 유사합니다. 역할을 생성하려면 CREATE ROLE [IF NOT EXISTS] role1[, role2[, role3 ...]] 문을 실행합니다. 역할을 제거하려면 DROP ROLE [IF EXISTS] role1[, role2[, role3 ...]] 문을 실행합니다. 역할을 삭제하면 모든 사용자에게 부여한 해당 역할의 할당이 제거됩니다. 역할 생성에 필요한 권한은 CREATE ROLE 또는 CREATE USER입니다. 역할을 삭제하려면 DROP ROLE 또는 DROP USER 권한이 필요합니다. 사용자 관리 명령과 마찬가지로 read_only가 설정되어 있으면 역할 생성과 삭제를 위해 관리자 권한이 추가로 필요합니다. 권한 부여 테이블에 대한 직접 수정 권한은 앞서 논의한 바와 같이 사용자가 무엇이든 수정할 수 있도록 합니다.

사용자 이름과 마찬가지로 역할 이름도 이름 자체와 호스트 사양의 두 부분으로 구성됩니다. 호스트가 지정되지 않으면 와일드카드 %가 가정됩니다. 역할에 대한 호스트 사양은 어떤 식으로든 역할의 사용을 제한하지 않습니다. 역할이 `mysql.user` 권한 부여 테이블에 사용자처럼 저장되기 때문입니다. 결과적으로 역할은 기존 사용자와 똑같은 `rolename@host`를 가질 수 없습니다. 기존 사용자와 이름이 같은 역할을 가지려면 호스트 이름은 다르게 지정하십시오.

권한과 달리 역할은 항상 활성화되어 있지는 않습니다. 사용자에게 역할이 부여되면 해당 역할을 사용할 권한이 부여되지만 역할을 사용할 의무는 없습니다. 실제로 사용자는 여러 역할을 가질 수 있으며 동일한 연결 내에서 하나 이상의 역할을 활성화할 수 있습니다.

사용자 생성 중 또는 나중에 `ALTER USER` 명령을 통해 사용자에게 하나 이상의 역할을 기본값으로 할당할 수 있습니다. 이러한 역할은 사용자가 인증되는 즉시 활성화됩니다.

역할 관리와 관련된 명령, 설정, 용어를 살펴보겠습니다.

| 명령어 GRANT PRIVILEGE / REVOKE PRIVILEGE |

'8.7.3 권한 관리 명령'에서 이 명령을 다뤘습니다. 어떤 의도와 목적하에서든 GRANT 및 REVOKE PRIVILEGE 명령을 사용하는 사용자와 동일하게 역할을 사용할 수 있습니다. 즉, 사용자에게 할 수 있는 것처럼 역할에도 권한의 할당과 취소가 가능합니다.

| 명령어 GRANT 역할 [, 역할 ...] TO 사용자 |

역할 관리에서 기본 명령입니다. 이 명령을 실행해 특정 역할을 맡도록 사용자에게 권한을 부여합니다. 앞서 언급했듯이 사용자는 역할을 사용할 의무가 없습니다. `sakila` 데이터베이스에서 작동하는 역할을 몇 가지 생성해보겠습니다.

```
mysql> CREATE ROLE 'application_rw';
Query OK, 0 rows affected (0.01 sec)

mysql> CREATE ROLE 'application_ro';
Query OK, 0 rows affected (0.00 sec)
```

```
mysql> GRANT ALL ON sakila.* TO 'application_rw';
Query OK, 0 rows affected (0.06 sec)

mysql> GRANT SELECT ON sakila.* TO 'application_ro';
Query OK, 0 rows affected (0.00 sec)
```

이제 이러한 역할을 임의의 수의 사용자에게 할당하고 필요할 때만 역할을 변경할 수 있습니다. 다음 예시는 bob에게 sakila 데이터베이스에 대한 읽기 전용 접근을 허용합니다.

```
mysql> GRANT 'application_ro' TO 'bob'@'localhost';
Query OK, 0 rows affected (0.00 sec)
```

쿼리 하나로 둘 이상의 역할을 부여할 수도 있습니다.

| 수정자 WITH ADMIN OPTION |

역할을 부여받은 사용자는 역할을 활성화할 수만 있고 변경할 수는 없습니다. 또 다른 사용자에게 역할을 부여할 수 없습니다. 역할 수정과 다른 사용자에게 권한 부여 기능을 모두 허용하려면 GRANT ROLE 명령에 WITH ADMIN OPTION을 지정해야 합니다. 결과는 권한 부여 테이블에 반영되고 SHOW GRANTS 명령의 출력에서 볼 수 있습니다.

```
mysql> SHOW GRANTS FOR 'bob'@'localhost';
+-------------------------------------------------------------------+
| Grants for bob@localhost                                          |
+-------------------------------------------------------------------+
| GRANT USAGE ON *.* TO `bob`@`localhost`                           |
| GRANT `application_ro`@`%` TO `bob`@`localhost` WITH ADMIN OPTION |
+-------------------------------------------------------------------+
2 rows in set (0.00 sec)
```

| SHOW GRANTS와 역할 |

'8.7.4 권한 확인'에서 소개한 SHOW GRANTS 명령은 할당된 역할과 하나 이상의 역할이 활성화된 유효 권한을 모두 표시할 수 있습니다. 이를 위해서는 옵션으로 USING 역할 수정자를 추가해야 합니다. 다음은 application_ro 역할이 활성화되는 즉시 bob이 갖게 될 유효 권한을 보여줍니다.

```
mysql> SHOW GRANTS FOR 'bob'@'localhost' USING 'application_ro';
+------------------------------------------------------------------+
| Grants for bob@localhost                                         |
+------------------------------------------------------------------+
| GRANT USAGE ON *.* TO `bob`@`localhost`                          |
| GRANT SELECT ON `sakila`.* TO `bob`@`localhost`                  |
| GRANT `application_ro`@`%` TO `bob`@`localhost` WITH ADMIN OPTION |
+------------------------------------------------------------------+
3 rows in set (0.00 sec)
```

| 명령어 SET ROLE DEFAULT ¦ NONE ¦ ALL ¦ ALL EXCEPT 역할 [, 역할1 ...] ¦ 역할 [, 역할1 ...] |

SET ROLE 역할 관리 명령은 인증된 사용자가 자신에게 특정 역할을 할당합니다. 역할에 설정된 권한이 사용자에게 적용됩니다. bob에 대한 예시를 계속 진행해보겠습니다.

```
$ mysql -ubob

mysql> SELECT staff_id, first_name FROM sakila.staff;
ERROR 1142 (42000): SELECT command denied to user 'bob'@'localhost' for
table 'staff'

mysql> SET ROLE 'application_rw';
ERROR 3530 (HY000): `application_rw`@`%` is not granted to
`bob`@`localhost`

mysql> SET ROLE 'application_ro';
Query OK, 0 rows affected (0.00 sec)

mysql> SELECT staff_id, first_name FROM sakila.staff;
+----------+------------+
| staff_id | first_name |
+----------+------------+
|        1 | Mike       |
|        2 | Jon        |
+----------+------------+
2 rows in set (0.00 sec)
```

역할이 할당된 경우에만 bob이 해당 권한을 사용할 수 있습니다. SET ROLE을 사용해, (GRANT ROLE을 통해) 사용할 권한이 없는 역할을 자신에게 할당할 수 없습니다.

UNSET ROLE이란 명령은 없지만 같은 방식으로 동작하는 SET ROLE의 확장 기능이 몇 가지 있습니다. 모든 역할을 설정 해제하려면 SET ROLE NONE을 실행하십시오. 사용자는 SET ROLE DEFAULT를 실행해 기본 역할 집합으로 돌아가거나 SET ROLE ALL을 실행해 액세스 권한이 있는 모든 역할을 활성화할 수도 있습니다. 기본도 아니고 전부도 아닌 역할의 하위 집합을 설정하는 경우 SET ROLE ALL EXCEPT 역할 [, 역할1 ...] 문을 구성하고 하나 이상의 역할 설정을 명시적으로 피할 수 있습니다.

| 사용자 옵션 DEFAULT ROLE |

CREATE USER를 실행하거나 나중에 ALTER USER를 통해 실행할 때 하나 이상의 역할을 특정 사용자의 기본값으로 설정할 수 있습니다. 이러한 역할은 사용자가 인증되면 암시적으로 설정되어 SET ROLE 문을 저장합니다. 가령 단일 역할이나 알려진 역할 집합을 대부분 사용하는 애플리케이션 사용자에게 편리합니다. application_ro를 bob의 기본 역할로 설정해보겠습니다.

```
$ mysql -uroot

mysql> ALTER USER 'bob'@'localhost' DEFAULT ROLE 'application_ro';
Query OK, 0 rows affected (0.02 sec)

$ mysql -ubob

mysql> SELECT CURRENT_ROLE();
+---------------------+
| CURRENT_ROLE()      |
+---------------------+
| `application_ro`@`%` |
+---------------------+
1 row in set (0.00 sec)
```

bob@localhost가 로그인되자마자 CURRENT_ROLE() 함수는 원하는 application_ro를 반환합니다.

| 필수 역할 |

데이터베이스의 모든 사용자에게 하나 이상의 역할을 부여할 수 있습니다. 그러려면 mandatory_roles 시스템 매개변수를 역할 목록으로 설정(범위 내 전역 및 동적)해야 하니

다. 이 방법으로 부여된 역할은 SET ROLE이 실행될 때까지 활성화되지 않습니다. 이 방법으로 할당된 역할을 취소하는 것은 불가능하지만 사용자에게 역할을 명시적으로 부여할 수 있습니다. mandatory_roles에 나열된 역할은 설정에서 제거될 때까지 삭제할 수 없습니다.

| 자동 역할 활성화 |

기본적으로 역할은 SET ROLE이 실행될 때까지 활성화되지 않습니다. 그러나 해당 동작을 무시하고 인증 시 사용자가 사용할 수 있는 모든 역할을 자동으로 활성화할 수 있습니다. 이는 로그인 시 SET ROLE ALL을 실행하는 것과 유사합니다. 이 동작은 시스템 매개변수 activate_all_roles_on_login을 변경(범위 내 전역 및 동적)해 활성화하거나 비활성화(기본값)할 수 있습니다. activate_all_roles_on_login이 ON으로 설정되면 명시적 및 암시적으로 (mandatory_roles를 통해) 부여된 역할이 모든 사용자에게 활성화됩니다.

| 계단식 역할 권한 |

역할에도 역할을 부여할 수 있습니다. 그러면 부여된 역할의 모든 권한이 피부여자 역할에 상속됩니다. 피부여자 역할이 사용자에 의해 활성화되면 해당 사용자가 부여된 역할을 활성화했다고 생각할 수 있습니다. 예시를 조금 더 복잡하게 만들어보겠습니다. application_ro 및 application_rw 역할이 부여된 application 역할이 있습니다. application 역할 자체에는 직접적인 권한 할당이 없습니다. 사용자 bob에게 application 역할을 할당하고 결과를 조사해보겠습니다.

```
mysql> CREATE ROLE 'application';
Query OK, 0 rows affected (0.01 sec)

mysql> GRANT 'application_rw', 'application_ro' TO 'application';
Query OK, 0 rows affected (0.01 sec)

mysql> REVOKE 'application_ro' FROM 'bob'@'localhost';
Query OK, 0 rows affected (0.02 sec)

mysql> GRANT 'application' TO 'bob'@'localhost';
Query OK, 0 rows affected (0.00 sec)
```

bob이 application 역할을 활성화하면 rw 및 ro 역할의 권한이 모두 부여됩니다. 다음에서 쉽게 확인할 수 있습니다. 간접적으로 부여된 역할은 bob이 활성화할 수 없습니다.

```
$ mysql -ubob

mysql> SET ROLE 'application';
Query OK, 0 rows affected (0.00 sec)

mysql> SELECT staff_id, first_name FROM sakila.staff;
+----------+------------+
| staff_id | first_name |
+----------+------------+
|        1 | Mike       |
|        2 | Jon        |
+----------+------------+
2 rows in set (0.00 sec)
```

| 역할 그래프 |

역할에 역할을 부여할 수 있으므로 계층 구조를 파악하기가 매우 어려울 수 있습니다. `mysql.role_edges` 권한 부여 테이블을 검사해 이를 검토할 수 있습니다.

```
mysql> SELECT * FROM mysql.role_edges;
+-----------+----------------+-----------+------------+---------------...+
| FROM_HOST | FROM_USER      | TO_HOST   | TO_USER    | WITH_ADMIN_... |
+-----------+----------------+-----------+------------+---------------...+
| %         | application    | localhost | bob        | N              |
| %         | application_ro | %         | application| N              |
| %         | application_rw | %         | application| N              |
| %         | developer      | 192.168.% | john       | N              |
| %         | developer      | localhost | bob        | N              |
| 192.168.% | john           | %         | developer  | N              |
+-----------+----------------+-----------+------------+---------------...+
6 rows in set (0.00 sec)
```

더 복잡한 계층 구조를 위해 MySQL에는 유효한 GraphML 형식으로 편리하게 XML 문서를 생성하는 기능이 내장되었습니다. 그래서 지원되는 프로그램을 사용해 출력을 시각화할 수 있습니다. 다음은 함수 호출과 결과적으로 형식이 많이 지정된 출력입니다(XML은 이 책과 잘 맞지 않는군요).

```
mysql> SELECT * FROM mysql.roles_graphml()\G
*********************** 1. row ***********************
roles_graphml(): <?xml version="1.0" encoding="UTF-8"?>
<graphml xmlns="...
...
    <node id="n0">
        <data key="key1">`application`@`%`</data>
    </node>
    <node id="n1">
        <data key="key1">`application_ro`@`%`</data>
    </node>
...
```

SELECT ... INTO OUTFILE을 사용하는 것이 이상적입니다('7.3 쉼표로 구분된 파일에 데이터 입력' 참조). 그런 다음 강력한 크로스 플랫폼 무료 데스크톱 애플리케이션인 yEd 그래프 편집기(https://www.yworks.com/products/yed) 같은 도구를 사용해 해당 출력을 시각화할 수 있습니다. [그림 8-1]에서 bob 사용자와 주변 역할을 중심으로 확대된 전체 그래프의 섹션을 볼 수 있습니다. 이 기능을 실행하는 데 필요한 권한은 ROLE_ADMIN입니다.

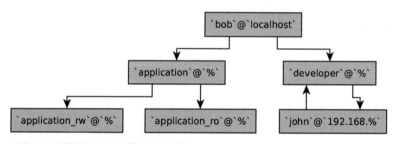

그림 8-1 시각화된 MySQL 역할 그래프 섹션

| 역할과 사용자의 차이점 |

앞에서 CREATE USER 및 DROP USER 권한이 역할 수정을 허용한다고 언급했습니다. 역할이 mysql.user에 사용자와 함께 저장된다는 점을 감안할 때 일반 사용자 관리 명령이 역할에도 작동할 것이라고 추측할 수 있습니다. 이는 역할에 RENAME USER 또는 DROP USER를 실행해 테스트할 수 있습니다. 주목할 또 다른 사항은 GRANT 및 REVOKE PRIVILEGE 명령을 사용자 대신 역할에 지정하는 방법입니다.

역할은 일반 사용자와 구현이 같습니다. 실제로 **GRANT ROLE**을 사용해 잠금 해제된 사용자를 다른 잠금 해제된 사용자나 역할에 부여할 수 있습니다.

```
mysql> CREATE ROLE 'developer';
Query OK, 0 rows affected (0.02 sec)

mysql> GRANT 'john'@'192.168.%' TO 'developer';
Query OK, 0 rows affected (0.01 sec)

mysql> SELECT from_user, to_user FROM mysql.role_edges;
+-----------+-----------+
| from_user | to_user   |
+-----------+-----------+
| john      | developer |
+-----------+-----------+
1 row in set (0.00 sec)
```

역할은 MySQL의 사용자 및 권한 시스템에 추가된 강력하고 유연한 기능입니다. 거의 모든 기능과 마찬가지로 이 기능을 과도하게 사용할 수 있는데, 이로 인해 따라하기 어려운 불필요하게 복잡한 계층 구조가 생성됩니다. 그러나 단순하게 유지하면 역할을 통해 많은 작업을 줄일 수 있습니다.

8.9 루트 비밀번호 변경 및 비보안적 실행

경우에 따라 사용자의 비밀번호를 모르고 MySQL 인스턴스에 액세스할 수 있습니다. 또는 실수로 데이터베이스의 모든 사용자를 삭제해버려 접근하지 못하게 될 수도 있습니다. MySQL은 이러한 상황에서 해결 방법을 제공하지만, 구성을 변경하고 해당 인스턴스를 다시 시작할 수 있어야 가능합니다. 모호하거나 위험한 해결책처럼 보이지만 실제로는 DBA가 직면하는 가장 간단한 문제인 비밀번호 분실에서 보호하기 위한 방책입니다. 슈퍼 유저 접근이 불가능한 프로덕션 인스턴스가 실행되고 있다고 상상해보십시오. 분명 바람직하지 않습니다. 운 좋게 필요에 따라 승인을 우회할 수 있습니다.

인증 및 권한 우회를 수행하려면 **--skip-grant-tables** 옵션이 지정된 MySQL 인스턴스를 다시 시작합니다. 대부분의 설치는 서비스 스크립트를 사용해 인스턴스를 시작하므로 my.cnf 구성 파일 [mysqld] 섹션에 skip-grant-tables를 지정할 수 있습니다. 이 모드에서 mysqld가 시작되면 권한 부여 테이블 읽기를 건너뛰고 다음과 같은 효과를 낼 수 있습니다.

- 인증이 수행되지 않습니다. 따라서 사용자 이름이나 비밀번호를 알 필요가 없습니다.
- 권한이 로드되지 않고 허용 여부가 확인되지 않습니다.
- MySQL은 안전하지 않은 구성에서 실행되는 동안 로컬 액세스 이외의 모든 액세스를 방지하기 위해 --skip-networking을 암시적으로 설정합니다.

--skip-grant-tables로 실행되는 MySQL 인스턴스에 연결하면 특수 사용자로 권한이 부여됩니다. 이 사용자는 모든 테이블에 액세스하고 모든 사용자를 변경할 수 있습니다. 예를 들어 root 사용자의 분실한 비밀번호를 변경하기 전에 FLUSH PRIVILEGES를 실행해야 합니다. 그렇지 않으면 ALTER가 실패합니다.

```
mysql> SELECT current_user();
+---------------------------------+
| current_user()                  |
+---------------------------------+
| skip-grants user@skip-grants host |
+---------------------------------+
1 row in set (0.00 sec)

mysql> ALTER USER 'root'@'localhost' IDENTIFIED BY 'P@ssw0rd!';
ERROR 1290 (HY000): The MySQL server is running with the --skip-grant-tables
option so it cannot execute this statement

mysql> FLUSH PRIVILEGES;
Query OK, 0 rows affected (0.02 sec)

mysql> ALTER USER 'root'@'localhost' IDENTIFIED BY 'P@ssw0rd!';
Query OK, 0 rows affected (0.01 sec)
```

비밀번호가 재설정되면 MySQL 인스턴스를 일반 모드로 다시 시작하는 것이 좋습니다.

root 비밀번호를 복구하는 또 다른 방법이 있는데, 이는 확실히 더 안전합니다. mysqld가 취하는 수많은 인수 중 하나는 --init-file(또는 my.cnf를 통해 사용되는 경우 init_file)입니다. 이 인수는 MySQL 시작 중에 실행될 일부 SQL 문을 포함하는 파일의 경로를 지정합니다. 그 시점에는 권한 검사가 수행되지 않으므로 ALTER USER root 문을 넣을 수 있습니다. 액세스 권한을 다시 얻거나 새 root 사용자를 만든 후에는 파일을 삭제하고 옵션을 해제하는 것이 좋습니다.

> **WARNING_** 여기에 제시된 두 가지 옵션은 모두 보안 문제를 일으킬 소지가 있습니다. 조심히 사용하세요!

8.10 보안 설정을 위한 방법

이 장에서 서버를 더욱 보호하고 안전하게 만드는 데 유용한 사용자 및 권한 관리 사례를 몇 가지 간략하게 살펴보았습니다. 이 절에서는 이러한 기술을 간략하게 요약하고 기술 사용 시 권장되는 사항을 안내합니다.

관리 측면에서 권장되는 사항입니다.

- 내장 슈퍼 유저 root@localhost를 남용하지 마십시오. 슈퍼 유저에 액세스 권한을 가진 사람이 다섯 명인 경우, MySQL에서 감사 기능을 사용하도록 설정했더라도 특정 사용자가 언제 사용자에게 액세스 했는지 효과적으로 식별할 수 없습니다. 공격자는 내장 슈퍼 유저를 가장 먼저 악용하려 합니다.
- MySQL 8.0부터는 SUPER 권한을 통해 새로운 슈퍼 유저를 생성해선 안 됩니다. 대신 모든 동적 권한이 개별적으로 할당되거나 자주 필요한 권한 중 일부만 할당된 특수한 DBA 역할을 생성할 수 있습니다.
- DBA 기능에 대한 권한을 별도의 역할로 구성하는 방안을 고려하십시오. 예를 들어 INNODB_REDO_LOG_ARCHIVE 및 INNODB_REDO_LOG_ENABLE 권한은 innodb_redo_admin 역할의 일부일 수 있습니다. 역할은 기본적으로 자동으로 활성화되지 않으므로 잠재적으로 위험한 관리 명령을 실행하기 전에 먼저 역할을 명시적으로 SET ROLE로 설정합니다.

일반 사용자에게 권장되는 사항도 유사합니다.

- 권한 범위를 최소화하십시오. 이 사용자에게 클러스터의 모든 데이터베이스 또는 특정 데이터베이스의 모든 테이블에 대한 액세스 권한이 필요한지 항상 물어보세요.
- MySQL 8.0에서 역할 사용은 권한을 그룹화하고 관리하는 편리하고 안전한 방법입니다. 동일하거나 유사한 권한이 필요한 사용자가 셋인 경우 한 역할을 공유할 수 있습니다.

- 슈퍼 유저가 아닌 사용자에게 `mysql` 데이터베이스에서 테이블 수정 권한을 허용하지 마십시오. 이 목록의 첫째 권장 사항을 따를 때 하게 되는 단순한 실수입니다. `*.*`에 UPDATE를 부여하면 피부여자가 자신에게 모든 권한을 부여할 수 있습니다.

- 현재 사용자에게 할당된 모든 권한을 주기적으로 저장하고 그 결과를 이전에 저장된 샘플과 비교해 작업을 더욱 안전하고 가시적으로 만들 수 있습니다. `pt-show-grants` 또는 `mysqldump` 출력은 쉽게 비교됩니다.

이제 MySQL에서 사용자와 권한을 편안하게 관리할 수 있습니다.

CHAPTER 9

옵션 파일 사용법

거의 모든 소프트웨어는 구성하는 것이 가능하거나 구성이 이미 완료되어 있어야 합니다. MySQL도 이 점에서는 크게 다르지 않습니다. 기본 구성은 매우 많은 설치에서 적합하다고 할 수 있지만, 결국 서버나 클라이언트를 구성하게 될 가능성이 큽니다. MySQL은 명령줄 인수 옵션과 구성 파일을 통해 자체 구성하는 두 가지 방법을 제공합니다. 이 파일에는 명령줄에서 지정할 수 있는 옵션만 들어 있으므로 **옵션**option 파일이라고도 합니다.

옵션 파일은 MySQL 서버에만 있는 것이 아닌데다 거의 모든 MySQL 버전에 여러 개 존재하므로 옵션 파일이라는 명칭도 정확하지 않습니다. 대부분의 MySQL 소프트웨어가 옵션 파일을 포함하므로 그 내용도 다루겠습니다.

옵션 파일에 대한 지식(해당 절과 옵션의 우선 순위 이해)은 MySQL 서버와 관련 소프트웨어를 효율적으로 사용하는 데 중요합니다. 이 장을 마치면 옵션 파일을 사용해 MySQL 서버와 기타 프로그램을 구성하는 데 익숙해질 것입니다. 이 장은 파일 자체에 중점을 두며, 서버의 구성과 일부 조정 아이디어는 11장에서 자세히 설명합니다.

9.1 옵션 파일의 구조

MySQL의 구성 파일은 대중적인 INI 파일 체계를 따릅니다. 즉, 수동으로 편집할 수 있는 일반 텍스트 파일입니다. 물론 편집 프로세스를 자동화할 수 있지만 이러한 파일의 구조는 의도적으로 매우 간단하게 되어 있습니다. 거의 모든 MySQL 구성 파일은 모든 텍스트 편집기로 만들고 수정도 할 수 있습니다. 이 규칙에는 두 가지 예외가 있는데, 이는 '9.4 특수 옵션 파일' 에서 살펴보겠습니다.

파일 구조에 대한 아이디어를 제공하기 위해 페도라에 설치된 MySQL 8의 구성 파일을 살펴 보겠습니다(시스템에 있는 옵션 파일은 내용이 다를 수 있음). 간결함을 위해 몇 줄만 추렸습 니다.

```
$ cat /etc/my.cnf
...
[mysqld]
#
# Remove leading # and set to the amount of RAM for the most important data
# cache in MySQL. Start at 70% of total RAM for dedicated server, else 10%.
# innodb_buffer_pool_size = 128M
...
datadir=/var/lib/mysql
socket=/var/lib/mysql/mysql.sock
log-error=/var/log/mysqld.log
pid-file=/run/mysqld/mysqld.pid
```

> **TIP_** 우분투 같은 일부 리눅스 배포판에는 /etc/my.cnf 구성 파일이 기본 MySQL 설치에 존재하지 않습 니다. 해당 시스템에서 /etc/mysql/my.cnf를 찾거나 mysqld가 읽는 옵션 파일의 전체 목록을 얻는 방법 은 '9.3 옵션 파일 검색 순서'를 참조하십시오.

파일은 다음과 같은 주요 부분으로 구성됩니다.

| 영역(그룹) 헤더 |

구성 매개변수 앞에 있는 대괄호 안의 값입니다. 옵션 파일을 사용하는 프로그램은 하나 이상 의 명명된 영역에서 매개변수를 찾습니다. 예를 들어 [mysqld]는 MySQL 서버에서 사용하는 영역이고 [mysql]은 mysql CLI 프로그램에서 사용합니다. 영역 이름은 엄밀히 말하면 임의 적이며 무엇으로 하든 상관없습니다. 그러나 [mysqld]를 [section]으로 변경하면 MySQL 서버는 해당 헤더 다음에 오는 모든 옵션을 무시합니다.

MySQL 공식 문서에서는 영역을 그룹이라고 칭하는데 이 둘을 맞바꿔 사용해도 무방합니다.

헤더는 파일이 구문 분석되는 방법과 그 주체 프로그램을 설정합니다. 영역 헤더부터 다음 영역 헤더 사이에 나열된 각 옵션은 첫 번째 헤더에 적힌 프로그램에 적용됩니다. 예를 통해 명확히 설명하겠습니다.

```
[mysqld]
datadir=/var/lib/mysql
socket=/var/lib/mysql/mysql.sock
[mysql]
default-character-set=latin1
```

여기에서 `datadir` 및 `socket` 옵션은 `[mysqld]` 영역에 있으며(mysqld에 적용됨) `default-character-set` 옵션은 `[mysql]` 영역에 있습니다. 일부 MySQL 프로그램은 여러 영역을 읽는 경우도 있는데 이에 대해서는 나중에 살펴보겠습니다.

다음과 같이 영역 헤더는 서로 얽힐 수 있습니다.

```
[mysqld]
datadir=/var/lib/mysql
[mysql]
default-character-set=latin1
[mysqld]
socket=/var/lib/mysql/mysql.sock
[mysqld_safe]
core-file-size=unlimited
[mysqld]
core-file
```

이와 같은 구성은 사람이 읽기 어려울 수 있지만 파일을 읽어들일 프로그램은 순서를 신경 쓰지 않습니다. 그래도 가능한 한 사람이 읽을 수 있도록 구성을 유지하는 편이 가장 좋습니다.

| 옵션-값 쌍 |

옵션 파일의 주요 부분이며 구성 변수와 그 값으로 구성됩니다. 이러한 각 쌍은 행마다 정의되고 두 가지 패턴 중 하나를 따릅니다. 앞의 예시에서 보인 `option=value` 패턴 외에 `option` 형태로 옵션 이름만 작성하는 패턴도 있습니다. 예를 들어 MySQL 8 구성 파일에는 공통적으로 다음 내용이 있습니다.

```
# Remove the leading "# " to disable binary logging
# Binary logging captures changes between backups and is enabled by
# default. Its default setting is log_bin=binlog
# disable_log_bin
```

disable_log_bin은 값이 없는 옵션입니다. 주석 처리를 제거하면 MySQL 서버가 옵션을 적용합니다.

option=value 패턴에서는 등호 주위에 공백을 추가해 가독성을 높일 수 있습니다. 옵션 이름과 값의 앞뒤에 있는 모든 공백은 자동으로 잘립니다.

옵션 값을 작은따옴표나 큰따옴표로 묶을 수도 있습니다. 값이 올바르게 해석될지 여부가 불확실한 경우 유용합니다. 예를 들어 윈도우 경로에는 이스케이프 기호처럼 취급되는 \ 기호가 포함됩니다. 따라서 윈도우 경로는 큰따옴표로 묶어야 합니다(각 \를 \\로 두 배로 늘려 이스케이프 처리할 수도 있음). 값에 # 기호가 포함된 경우 옵션 값을 인용해야 합니다. 그렇지 않으면 주석 시작을 나타내는 것으로 처리됩니다.

확실하지 않은 경우 따옴표를 사용하는 것이 좋습니다. 다음은 이전의 설명을 요약해 보여주는 유효한 옵션/값 쌍입니다.

```
slow_query_log_file = "C:\mysqldata\query.log"
slow_query_log_file=C:\\mysqldata\\query.log
innodb_temp_tablespaces_dir="./#innodb_temp/"
```

버퍼와 파일의 크기 같은 숫자 옵션에 값을 설정할 때 바이트 값을 직접 입력하기란 성가십니다. 작업을 더 쉽게 하도록 MySQL은 다양한 단위를 나타내는 여러 접미사를 인지합니다. 예를 들어 다음은 모두 같은 것으로 동일한 크기(268,435,456바이트)의 버퍼 풀을 정의합니다.

```
innodb_buffer_pool_size = 268435456
innodb_buffer_pool_size = 256M
innodb_buffer_pool_size = 256MB
innodb_buffer_pool_size = 256MiB
```

서버가 충분한 경우 기가바이트에 G, GB, GiB를, 테라바이트에 T, TB, TiB를 지정할 수도 있습니다. 물론 K와 기타 형식도 허용됩니다. MySQL에서는 항상 이진법이 기준이 되어 1GB는

1,000MB가 아니라 1,024MB입니다.

옵션에 소수 값은 지정할 수 없습니다. 따라서 가령 0.25G는 innodb_buffer_pool_size 변수에 입력할 수 없는 값입니다. 또 mysql CLI나 다른 클라이언트 연결에서 값을 설정할 때와 달리 옵션 값에는 수학적 표기법을 사용할 수 없습니다. SET GLOBAL max_heap_table_size=16*1024*1024;를 실행할 수 있지만 옵션 파일에 같은 값을 넣을 수는 없습니다.

innodb_buffer_pool_size에서 한 것처럼 동일한 옵션을 여러 번 구성할 수도 있습니다. 마지막 설정이 이전 설정보다 우선하며 파일은 위에서 아래로 읽습니다. 옵션 파일에도 전역 우선 순위가 있습니다. '9.3 옵션 파일 검색 순서'에서 이에 대해 설명합니다.

잘못된 옵션 이름을 설정하면 프로그램이 시작되지 않는다는 사실을 반드시 기억해둬야 합니다. 물론, 잘못된 특정 옵션이 프로그램이 읽지 않는 영역에 있다면 괜찮습니다. 그러나 mysqld는 [mysqld]에 알지 못하는 옵션이 있다면 실행되지 않습니다. MySQL 8.0에서는 mysqld와 함께 --validate-config 명령줄 인수를 사용해 옵션 파일에서 변경한 사항을 제대로 입력했는지 유효성 검사를 실행할 수 있습니다. 그러나 이 검사는 서버의 핵심 기능만 확인하고 스토리지 엔진 옵션은 확인하지 않습니다.

때로는 MySQL이 시작할 때 알지 못하는 옵션을 설정해야 합니다. 이 작업은 가령 시작 후 로드할 플러그인을 구성할 때 유용할 수 있습니다. 옵션 앞에 loose- 접두사(또는 명령줄에서 --loose-)를 추가할 수 있으며, MySQL은 이러한 옵션이 표시될 때 경고를 출력할 뿐 시작이 실패하지는 않습니다. 다음은 알지 못하는 옵션을 입력한 예입니다.

```
# mysqld --validate-config
2021-02-11T08:02:58.741347Z 0 [ERROR] [MY-000067] [Server] ...
  ... unknown variable audit_log_format=JSON.
2021-02-11T08:02:58.741470Z 0 [ERROR] [MY-010119] [Server] Aborting
```

옵션이 loose-audit_log_format으로 변경된 후, 다음이 표시됩니다. 출력이 없음은 모든 옵션이 성공적으로 검증되었음을 의미합니다.

```
# mysqld --validate-config
#
```

| 주석 |

종종 간과되지만 MySQL 옵션 파일의 중요한 기능은 주석을 추가하는 기능입니다. 주석을 사용하면 MySQL 프로그램에서 구문 분석하지 않는 임의의 텍스트(보통 설정이 바로 여기에 있는 이유 설명)를 포함할 수 있습니다. disable_log_bin 예시에서 보았듯이 주석은 #으로 시작합니다. 세미콜론(;)으로 주석을 시작할 수도 있습니다. 어느 쪽이든 허용됩니다. 주석이 한 행을 전부 차지하지 않아도 됩니다. 행 끝에 나타날 수도 있는데 이 경우에는 ;이 아니라 #으로 시작해야 합니다. MySQL이 행에서 #을 찾으면(이스케이프 처리되지 않는 한), 그 지점을 넘어서는 것은 모두 주석으로 처리됩니다. 다음 행은 유효한 구성입니다.

```
innodb_buffer_pool_size = 268435456 # 256M
```

| 포함 지침 |

구성 파일(및 전체 디렉터리)은 다른 구성 파일에 포함될 수 있습니다. 이렇게 하면 복잡한 구성을 더 쉽게 관리할 수 있지만 사람은 프로그램과 달리 파일을 쉽게 병합할 수 없기 때문에 옵션을 읽기가 더 어려워집니다. 그래도 다른 MySQL 프로그램의 구성을 분리할 수 있다는 점이 유용합니다. 예를 들어 xtrabackup 유틸리티(10장 참조)는 특별한 구성 파일이 없고 표준 시스템 옵션 파일을 읽습니다. 이를 포함하면 xtrabackup의 구성을 전용 파일에 깔끔하게 정리하고 기본 MySQL 옵션 파일을 정리할 수 있습니다. 그리고 다음과 같이 포함할 수 있습니다.

```
$ cat /etc/my.cnf
!include /etc/mysql.d/xtrabackup.cnf
...
```

/etc/my.cnf에는 /etc/mysql.d/xtrabackup.cnf 파일이 포함되는데 이 파일에는 [xtrabackup] 영역에 나열된 구성 옵션이 몇 가지 있습니다.

다른 파일에서 다른 영역을 차지할 필요는 없습니다. 예를 들어 퍼코나 XtraDB Cluster에는 [mysqld] 영역에 wsrep 라이브러리 구성 옵션이 있습니다. 이러한 구성이 많아서 여러분의 my.cnf에 포함하는 것이 꼭 유용한 것은 아닙니다. 별도의 파일(예: /etc/mysql.d/wsrep.conf)을 만들고 [mysqld] 영역에 wsrep 변수를 나열할 수 있습니다. 기본 my.cnf 파일을 읽는 프로그램은 포함된 파일도 모두 읽은 다음 다른 영역에 있는 변수를 구문 분석합니다.

추가 구성 파일이 많아지면 개별 옵션 파일을 포함하는 대신 해당 파일이 포함된 전체 디렉터리를 포함하는 방법도 있습니다. 이때는 디렉터리 경로를 인수로 예상하는 지시문인 `include dir`을 사용합니다.

```
!includedir /etc/mysql.d
```

MySQL 프로그램은 해당 경로를 디렉터리로 이해하고 이 디렉터리의 트리에 옵션 파일을 모두 포함하려고 시도합니다. 유닉스 계열 시스템에서는 `.cnf` 파일이, 윈도우에서는 `.cnf`와 `.ini` 파일이 모두 포함됩니다.

일반적으로 특정 설정 파일의 시작 부분에 파일 호출[inclusion]을 정의할 수 있지만 필수는 아닙니다. 파일을 호출한 상위 파일에 호출된 파일의 내용이 추가된다고 생각하면 편합니다. 파일 내에 호출이 정의된 위치마다 호출된 파일의 내용이 해당 호출문 바로 아래 배치됩니다. 실제로는 구조가 조금 더 복잡하지만 이렇게 생각하면 '9.3 옵션 파일 검색 순서'에서 다루는 옵션 우선 순위를 더 잘 이해하게 됩니다.

포함된 각 파일에는 하나 이상의 구성 영역이 정의되어 있어야 합니다. 예를 들어 시작 부분에 `[mysqld]`가 있을 수 있습니다.

| 빈 줄 |

옵션 파일에서 빈 줄은 별 의미가 없습니다. 빈 줄로 영역이나 개별 옵션을 시각적으로 분리해 파일을 읽기가 더 쉬워집니다.

9.2 옵션 범위

MySQL의 옵션 범위는 두 가지 관점으로 이야기할 수 있습니다. 먼저 각 개별 옵션에 전역 범위, 세션 범위 혹은 두 범위를 혼합해 적용할 수 있으며, 동적이나 정적 방식으로 설정할 수 있다고 말할 수 있습니다. 아니면, 옵션 파일에 작성된 옵션에 영역별로 어떤 범위가 지정되는지, 옵션 파일 자체가 어떤 범위와 우선 순위를 갖는지 말할 수 있습니다.

영역 헤더는 의도된 특정 프로그램(또는 여러 영역을 읽는 것을 방해하지 않는 프로그램)이 특정 헤더에 있는 옵션을 읽도록 정의한다고 언급했습니다. 일부 옵션은 해당 영역 밖에서 의미가 없지만 일부는 여러 영역에서 정의할 수 있으며 반드시 동일하게 설정할 필요는 없습니다.

예시를 들어보겠습니다. 레거시를 지원하기 위해 latin1 문자 집합으로 구성된 MySQL 서버가 있는데, 테이블이 utf8mb4 문자 집합으로 새로워졌습니다. 이제 mysqldump 논리 덤프가 UTF-8로 진행되길 원하므로 이 프로그램의 문자 집합을 재정의하려 합니다. 편리하게 mysqldump는 자체 구성 섹션을 읽으므로 옵션 파일을 다음과 같이 작성할 수 있습니다.

```
[mysqld]
character_set_server=latin1
[mysqldump]
default_character_set=utf8mb4
```

이렇게 옵션을 다양한 수준에서 설정할 수 있습니다. 특수한 이 경우에서는 범위에 따라 다른 옵션을 사용했지만 동일한 옵션을 다른 범위에서 사용할 수 있습니다. 예를 들어 BLOB 및 TEXT 값(5장의 '문자열 타입' 참조)의 크기를 향후 32MiB로 제한하려고 하지만 특정 행의 최대 크기가 256MiB라고 가정하겠습니다. 다음과 같은 구성으로 로컬 클라이언트에 인공 장벽을 추가할 수 있습니다.

```
[mysqld]
max_allowed_packet=256M
[client]
max_allowed_packet=32M
```

MySQL 서버의 max_allowed_packet 값은 전역 범위에서 설정되며 최대 쿼리 크기(그리고 BLOB 또는 TEXT 필드 크기)에 대한 하드 리밋으로 작용합니다. 클라이언트의 값은 세션 범위에 설정되고 소프트 리밋으로 작용합니다. 특정 클라이언트가 더 큰 값을 필요로 하는 경우(가령 이전 행을 읽기 위해) SET 문을 사용해 서버의 한계까지 이동할 수 있습니다.

옵션 파일 자체도 범위가 다릅니다. MySQL 옵션 파일은 범위에 따라 전역, 클라이언트, 서버 및 추가 그룹으로 나눌 수 있습니다. 전역 옵션 파일은 거의 모든 MySQL 프로그램에서 읽는 반면 클라이언트 및 서버 파일은 각 클라이언트 프로그램과 mysqld에서만 읽습니다. 프로그램에서 읽을 추가 구성 파일을 지정할 수 있으므로 추가 범주도 나열합니다.

일반 MySQL 8.0 설치로 리눅스와 윈도우에 설치되고 읽는 옵션 파일을 대략 살펴보겠습니다. [표 9-1]의 윈도우부터 시작하겠습니다.

표 9-1 윈도우의 MySQL 옵션 파일

파일이름	범위와 목적
`%WINDIR%\my.ini`, `%WINDIR%\my.cnf`	모든 프로그램에서 읽는 전역 옵션
`C:\my.ini`, `C:\my.cnf`	모든 프로그램에서 읽는 전역 옵션
`BASEDIR\my.ini`, `BASEDIR\my.cnf`	모든 프로그램에서 읽는 전역 옵션
추가 구성 파일	`--defaults-extra-file`로 선택적으로 지정된 파일
`%APPDATA%\MySQL\.mylogin.cnf`	로그인 경로 구성 파일
`DATADIR\mysqld-auto.cnf`	지속 변수에 대한 옵션 파일

[표 9-2]는 페도라 리눅스상의 일반 설치를 위한 옵션 파일을 분류한 것입니다.

표 9-2 페도라 리눅스의 MySQL 옵션 파일

파일이름	범위와 목적
`/etc/my.cnf`, `/etc/mysql/my.cnf`, `/usr/etc/my.cnf`	모든 프로그램에서 읽는 전역 옵션
`$MYSQL_HOME/my.cnf`	서버 옵션, 변수가 설정된 경우에만 읽는 옵션
`~/.my.cnf`	특정 OS 사용자가 실행하는 모든 프로그램이 읽는 전역 옵션
추가 구성 파일	`--defaults-extra-file`로 선택적으로 지정된 파일
`~/.mylogin.cnf`	특정 OS 사용자의 로그인 경로 구성 파일
`DATADIR/mysqld-auto.cnf`	지속 변수에 대한 옵션 파일

리눅스에서는 MySQL 패키지가 리눅스 배포판에 따라 다른 파일이나 위치를 읽을 수 있으므로 보편적이고 완전한 구성 파일 목록을 작성하기는 어렵습니다. 일반적으로 리눅스에서는 `/etc/my.cnf`가 찾아보기 좋은 시작점이며 윈도우에서는 `%WINDIR%\my.cnf` 또는 `BASEDIR\my.cnf`를 찾아보면 좋습니다.

앞서 나열한 몇 가지 구성 파일은 시스템마다 경로가 다를 수 있습니다. `/usr/etc/my.cnf`는 `SYSCONFIGDIR/my.cnf`로도 작성할 수 있으며, 경로는 컴파일 시 정의됩니다. `$MYSQL_HOME/`

my.cnf는 변수가 설정된 경우에만 읽습니다. 기본 패키지 mysqld_safe 프로그램(mysqld 데 몬을 시작하는 데 사용됨)은 mysqld를 실행하기 전에 $MYSQL_HOME을 BASEDIR로 설정합니다. OS 사용자별로 설정된 $MYSQL_HOME은 별도로 없으며 service 또는 sys temctl 명령 을 사용해 mysqld를 수동으로 시작하는 경우에만 해당 변수를 설정합니다.

윈도우와 리눅스에는 독특한 차이점이 하나 있습니다. 리눅스에서 MySQL 프로그램은 주어진 OS 사용자의 홈 디렉터리에 있는 일부 구성 파일을 읽습니다. [표 9-2]에서 홈 디렉터리를 ~ 로 표시했는데 윈도우 MySQL에는 이 기능이 없습니다. 이러한 구성 파일은 OS 사용자를 기 반으로 클라이언트의 옵션을 제어하는 데 자주 사용합니다. 구성 파일에는 일반적으로 자격 증 명이 포함됩니다. 그러나 '9.4 특수 옵션 파일'에 설명한 로그인 경로 기능으로 인해 중복이 발 생합니다.

--defaults-extra-file을 사용해 명령줄에 지정된 추가 구성 파일은 테이블에서의 위치에 따라 다른 모든 전역 파일을 읽은 후 읽습니다. 예를 들어 추가 구성 파일은 새 변수를 테스트 하기 위해 프로그램을 일회적으로 실행하려는 경우 유용한 옵션입니다. 그러나 이 옵션을 과도 하게 사용하면 현재 유효한 옵션 집합을 이해하는 데 문제가 됩니다('9.5 유효한 옵션 결정' 참 조). 옵션 파일 처리를 변경하는 설정은 --defaults-extra-file 외에 더 있습니다. --no-defaults는 프로그램이 설정 파일을 전혀 읽지 못하게 합니다. --defaults-file은 프로그 램이 단일 파일을 읽도록 강제합니다. 이 설정은 사용자 정의 구성이 모두 한 곳에 있을 때 유 용합니다.

지금쯤이면 대부분의 MySQL 설치에서 사용하는 옵션 파일에 대해 확실히 이해했을 것입니 다. 다음 절에서는 다른 프로그램이 다른 파일을 읽는 방법, 순서 및 해당 파일에서 읽는 그룹 이나 특정 그룹에 대해 자세히 설명하겠습니다.

9.3 옵션 파일 검색 순서

이제 여러분은 옵션 파일의 구조와 위치를 알아야 합니다. 대부분의 MySQL 프로그램은 하나 이상의 옵션 파일을 읽고 프로그램이 이러한 파일을 검색해 읽는 특정 순서를 알아야 합니다. 이 절에서는 검색 순서와 옵션 우선 순위 항목을 다루고 그 중요성을 설명합니다.

MySQL 프로그램이 옵션 파일을 읽는다면, 여러분은 읽는 순서와 함께 특정 파일을 찾을 수 있습니다. 구성 파일을 읽는 일반적인 순서는 [표 9-1]과 [표 9-2]에 설명된 순서와 똑같거나 매우 유사합니다. 다음 명령을 사용해 정확한 순서를 확인할 수 있습니다.

```
$ mysqld --verbose --help | grep "Default options" -A2
Default options are read from the following files in the given order:
/etc/my.cnf /etc/mysql/my.cnf /usr/etc/my.cnf ~/.my.cnf
The following groups are read: mysqld server mysqld-8.0
```

윈도우에서는 mysqld 대신 mysqld.exe를 실행해야 하지만 출력은 동일합니다. 해당 출력에는 읽은 구성 파일 목록과 해당 순서가 포함됩니다. mysqld에서 읽은 옵션 그룹의 목록([mysqld], [server], [mysqld-8.0])도 볼 수 있습니다. --defaults-group-suffix 옵션을 추가해 모든 프로그램이 읽는 옵션 그룹 목록을 변경할 수 있습니다.

```
$ mysqld --defaults-group-suffix=-test --verbose --help | grep "groups are read"
The following groups are read: mysqld server mysqld-8.0 ...
... mysqld-test server-test mysqld-8.0-test
```

이 시점에서 어떤 옵션 파일과 옵션 그룹을 읽었는지 알 수 있습니다. 이러한 옵션 파일의 우선 순위를 아는 것도 중요합니다. 그 무엇도 여러 구성 파일에서 옵션 여러 개를 설정하지 못하게 막지 않습니다. MySQL 프로그램의 경우 구성 파일의 우선 순위는 간단합니다. 나중에 읽은 파일의 옵션이 이전에 읽은 파일의 옵션보다 우선합니다. 명령줄 인수로 명령에 직접 전달된 옵션은 모든 구성 파일의 구성 옵션보다 우선합니다.

[표 9-1]과 [표 9-2]에서 파일은 위에서 아래로 읽습니다. 목록에서 구성 파일이 아래에 있을수록 옵션의 '가중치'가 높아집니다. 예를 들어 mysqld가 아닌 프로그램의 경우 mylogin.cnf의 값은 다른 구성 파일의 값보다 우선하고 명령줄 인수를 통해 설정된 값보다는 우선 순위가 낮습니다. mysqld의 경우 DATADIR/mysqld-auto.cnf에 설정된 지속 변수에 대해서도 마찬가지입니다.

포함된 지시어를 통해 다른 파일에 구성 파일을 포함하는 기능은 상황을 약간 더 복잡하게 만들지만, 항상 [표 9-1]과 [표 9-2]에 나열된 하나 이상의 옵션 파일 내에 추가 항목을 포함해야 합니다. 즉 MySQL은 읽기 직전에 상위 구성 파일에 포함된 파일을 추가하고 각 파일 내용을 지시문 바로 뒤에 삽입한다고 이해해도 됩니다. 따라서 전역적으로 옵션의 우선 순위는 상위 구성 파일의 우선 순위입니다. 결과 파일 자체(포함된 모든 파일이 순서대로 추가됨) 내에서 나중에 정의된 옵션이 이전에 정의된 옵션보다 우선합니다.

9.4 특수 옵션 파일

MySQL에서 사용하는 특수 구성 파일이 두 개 있는데, 이 두 파일이 '9.1 옵션 파일의 구조'에서 언급한 두 가지 예외입니다.

9.4.1 로그인 경로 구성 파일

먼저 로그인 경로 시스템의 일부로 사용되는 .mylogin.cnf 파일이 있습니다. 일반 옵션 파일과 구조가 비슷하다고 생각할 수 있지만 이 특정 파일은 일반 텍스트 파일이 아닌 암호화된 텍스트 파일입니다. 이 파일은 일반적으로 클라이언트 패키지에서 MySQL과 함께 제공되는 특별한 mysql_config_editor 프로그램을 사용해 생성 및 수정됩니다. .mylogin.cnf(및 전체 로그인 경로 시스템)의 목적은 비밀번호를 포함한 MySQL 연결 옵션의 편리하고 안전한 저장이므로 암호화됩니다.

기본적으로 mysql_config_editor와 기타 MySQL 프로그램은 리눅스와 다양한 유닉스 계열에서는 현재 사용자의 $HOME에서, 윈도우에서는 %APPDATA%\MySQL에서 .mylogin.cnf를 찾습니다. MYSQL_TEST_LOGIN_FILE 환경 변수를 설정해 파일의 위치와 이름을 변경할 수 있습니다.

이 파일이 없는 경우 루트 사용자의 비밀번호를 저장해 이 파일을 만들 수 있습니다.

```
$ mysql_config_editor set --user=root --password
Enter password:
```

올바른 비밀번호를 입력한 후 파일의 내용을 볼 수 있습니다.

```
$ ls -la ~/.mylogin.cnf
-rw-------. 1 skuzmichev skuzmichev 100 Jan 18 18:03 .mylogin.cnf
$ cat ~/.mylogin.cnf


>pZ
   prI
        R86w">#  &.h.m:4+¦DDKnl_K3>73x$
$ file ~/.mylogin.cnf
.mylogin.cnf: data
$ file ~/.my.cnf
.my.cnf: ASCII text
```

보다시피 적어도 표면적으로 .mylogin.cnf는 일반 구성 파일이 아닙니다. 따라서 특별한 방법이 필요합니다. 파일 생성 외에 mysql_config_editor를 사용해 .mylogin.cnf를 보고 수정할 수 있습니다. 내부를 실제로 보는 방법부터 시작하겠습니다. 이에 대한 옵션은 print입니다.

```
$ mysql_config_editor print
[client]
user = "root"
password = *****
```

client는 기본 로그인 경로입니다. 명시적인 로그인 경로 지정 없이 mysql_config_editor로 수행된 모든 작업은 client 로그인 방법에 영향을 줍니다. set 이전에 실행할 때 로그인 경로를 지정하지 않았으므로 root의 자격 증명이 client 경로에 작성되었습니다. 모든 작업에 대해 특정 로그인 경로를 지정할 수 있습니다. root라는 이름의 로그인 경로에 root의 자격 증명을 넣어보겠습니다.

```
$ mysql_config_editor set --login-path=root --user=root --password
Enter password:
```

로그인 경로를 지정하려면 --login-path 또는 -G 옵션을 사용하고 print를 사용할 때 모든 경로를 보려면 --all 옵션을 추가합니다.

```
$ mysql_config_editor print --login-path=root
[root]
user = root
password = *****
$ mysql_config_editor print --all
[client]
user = root
password = *****
[root]
user = root
password = *****
```

출력이 옵션 파일과 유사해서 mylogin.cnf를 약간 특별 처리를 가한 옵션 파일로 생각할
수 있습니다. 하지만 절대 수동으로 편집해선 안 됩니다. 편집 이야기가 나왔으니, mysql_
config_editor가 호출하는 set 명령에 몇 가지 옵션을 더 추가해보겠습니다. 이 과정에서 새
로그인 경로를 생성합니다.

mysql_config_editor는 --help(또는 -?) 인수를 지원하는데, 예를 들어 print 또는 set
에 대한 도움말을 얻기 위해 다른 옵션과 결합할 수 있습니다. set에 대한 약간 잘린 도움말 출
력부터 살펴보겠습니다.

```
$ mysql_config_editor set --help
...
MySQL Configuration Utility.

Description: Write a login path to the login file.
Usage: mysql_config_editor [program options] [set [command options]]
    -?, --help          Display this help and exit.
    -h, --host=name     Host name to be entered into the login file.
    -G, --login-path=name
                        Name of the login path to use in the login file. (Default
                        : client)
    -p, --password      Prompt for password to be entered into the login file.
    -u, --user=name     User name to be entered into the login file.
    -S, --socket=name   Socket path to be entered into login file.
    -P, --port=name     Port number to be entered into login file.
    -w, --warn          Warn and ask for confirmation if set command attempts to
                        overwrite an existing login path (enabled by default).
                        (Defaults to on; use --skip-warn to disable.)
...
```

여기에서 .mylogin.cnf의 또 다른 흥미로운 속성을 볼 수 있습니다. 여기에는 임의의 매개변수를 넣을 수 없습니다. 이제 기본적으로 MySQL 인스턴스에 로그인하는 옵션을 몇 가지 설정할 수 있음을 알았습니다. 이 파일은 물론 로그인 경로 파일에 있겠죠. 이제 파일 편집으로 돌아가겠습니다.

```
$ mysql_config_editor set --login-path=scott --user=scott
$ mysql_config_editor set --login-path=scott --user=scott
WARNING : scott path already exists and will be overwritten.
  Continue? (Press y¦Y for Yes, any other key for No) : y
$ mysql_config_editor set --login-path=scott --user=scott --skip-warn
```

앞선 예시에는 로그인 경로를 수정하거나 생성할 때 mysql_config_editor가 나타낼 수 있는 모든 동작이 담겨 있습니다. 로그인 경로가 아직 존재하지 않으면 경고가 생성되지 않습니다. 그러한 경로가 이미 있는 경우 경고 및 확인이 인쇄되지만 --skip-warn이 지정되지 않은 경우에만 가능합니다. 여기에서는 전체 로그인 경로에 대해 이야기하고 있습니다.

경로의 단일 속성은 수정할 수 없습니다. 매번 로그인 경로 전체가 작성됩니다. 단일 속성을 변경하려면 필요한 다른 모든 속성도 지정해야 합니다.

좀 더 세부사항을 추가하고 결과를 살펴보겠습니다.

```
$ mysql_config_editor set --login-path=scott \
--user=scott --port=3306 --host=192.168.122.1 \
--password --skip-warn
Enter password:
$ mysql_config_editor print --login-path=scott
[scott]
user = scott
password = *****
host = 192.168.122.1
port = 3306
```

9.4.2 영구 시스템 변수 구성 파일

두 번째 특수 파일은 mysqld-auto.cnf로, MySQL 8.0부터 데이터 디렉터리에 존재합니다.

새로운 지속형 시스템 변수 기능의 일부로 일반 **SET** 문을 사용해 디스크의 MySQL 옵션을 업데이트할 수 있습니다. 이전에는 데이터베이스 연결 내에서 MySQL의 구성을 변경할 수 없었습니다. 일반적인 흐름은 디스크의 옵션 파일을 변경한 다음 **SET GLOBAL** 문을 실행해 구성 변수를 온라인으로 변경하는 것이었습니다. 예상하는 대로, 이는 실수가 발생하거나 변경사항이 온라인에만 적용되는 상황으로 이어졌습니다. 새로운 **SET PERSIST** 문은 두 작업을 모두 처리합니다. 온라인으로 업데이트된 변수는 디스크에서도 업데이트됩니다. 디스크에서만 변수를 업데이트하는 것도 가능합니다.

파일 자체는 놀랍게도 MySQL의 다른 구성 파일과 전혀 다릅니다. `.mylogin.cnf`는 암호화되었지만 여전히 일반 옵션 파일인 반면, `mysqld-auto.cnf`는 일반적이지만 완전히 다른 형식인 JSON을 사용합니다.

무엇이든 지속하는 것이 있어야 `mysqld-auto.cnf`가 존재합니다. 따라서 시스템 변수를 변경해 시작하겠습니다.

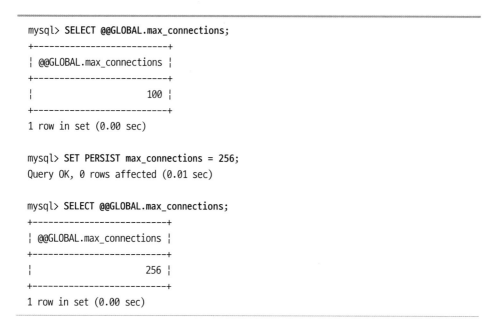

```
mysql> SELECT @@GLOBAL.max_connections;
+--------------------------+
| @@GLOBAL.max_connections |
+--------------------------+
|                      100 |
+--------------------------+
1 row in set (0.00 sec)

mysql> SET PERSIST max_connections = 256;
Query OK, 0 rows affected (0.01 sec)

mysql> SELECT @@GLOBAL.max_connections;
+--------------------------+
| @@GLOBAL.max_connections |
+--------------------------+
|                      256 |
+--------------------------+
1 row in set (0.00 sec)
```

예상대로 변수가 온라인 전역 범위에서 업데이트되었습니다. 이제 결과 구성 파일을 살펴보겠습니다. 내용이 JSON 형식이라는 것을 알고 있으므로 **jq** 유틸리티를 사용해 형식을 적절하게 지정합니다. 그러면 대개는 파일을 읽기가 더 수월해집니다.

```
$ cat /var/lib/mysql/mysqld-auto.cnf | jq .
{
  "Version": 1,
  "mysql_server": {
    "max_connections": {
      "Value": "256",
      "Metadata": {
        "Timestamp": 1611728445802834,
        "User": "root",
        "Host": "localhost"
      }
    }
  }
}
```

단일 변수 값이 포함된 이 파일을 보면 사람이 편집할 구성 파일에 일반 `.ini`를 사용하는 이유를 알게 됩니다. 장황합니다! 그러나 JSON은 컴퓨터가 읽기에 탁월하므로 MySQL 자체에서 작성하고 읽는 구성에 적합합니다. 추가 이점으로 변경사항에 대한 감사를 받을 수도 있습니다. 보다시피 `max_connection` 속성에는 변경사항이 발생한 시간과 변경 작성자가 포함된 메타데이터가 있습니다.

`mysqld-auto.cnf`는 바이너리인 로그인 경로 설정 파일과 달리 텍스트 파일이기 때문에 수동으로 수정할 수 있습니다. 하지만 실제로 그럴 일은 많지 않을 것입니다.

9.5 유효한 옵션 결정

MySQL을 사용하는 거의 모든 사람이 하게 되는 마지막 일상적인 작업은 원하는 변수가 설정된 옵션 파일을 찾는 일입니다. (기술이 아무리 많아도 인간의 추론에 무익할 때가 있기 때문입니다!)

이제 여러분은 MySQL 프로그램이 어떤 파일을, 어떤 순서로 읽고, 어떤 것이 우선되는지 순위를 알고 있습니다. 또 명령줄 인수가 다른 설정보다 우선한다는 것도 압니다. 그러나 일부 변수가 설정되는 정확한 위치를 이해하기는 어려울 수 있습니다. 여러 곳에 여러 번 중첩된 파일을 스캔하면 조사 시간이 길어질 수 있습니다.

우선, 프로그램에서 현재 사용하는 옵션을 결정하는 방법을 살펴보겠습니다. MySQL 서버 (mysqld) 같은 경우 간단합니다. SHOW GLOBAL VARIABLES를 실행해 mysqld가 사용하는 현재 값 목록을 얻습니다. mysqld가 사용하는 옵션 값을 변경하고 전역 변수의 상태에 반영된 효과를 보기란 불가능합니다. 다른 프로그램의 경우 더 복잡합니다. mysql에서 어떤 옵션을 사용하는지 이해하려면 이를 실행한 다음 SHOW VARIABLES와 SHOW GLOBAL VARIABLES의 출력을 확인해 세션 수준에서 어떤 옵션이 무시되는지 확인해야 합니다. 그리고 서버에 성공적으로 연결되기 전에도 mysql은 연결 정보를 읽거나 받아야 합니다.

프로그램이 시작될 때 유효한 옵션 목록을 결정하는 쉬운 방법은 두 가지입니다. --print-defaults 인수를 해당 프로그램에 전달하거나 특별한 my_print_defaults 프로그램을 사용하는 것입니다. 리눅스에서 실행되는 전자의 옵션을 살펴보겠습니다. sed 부분은 입력하지 않아도 되지만 출력 내용을 더 보기 좋게 만들어줍니다.

```
$ mysql --print-defaults
mysql would have been started with the following arguments:
--user=root --password=*****

$ mysqld --print-defaults | sed 's/--/\n--/g'
/usr/sbin/mysqld would have been started with the following arguments:
--datadir=/var/lib/mysql
--socket=/var/lib/mysql/mysql.sock
--log-error=/var/log/mysqld.log
--pid-file=/run/mysqld/mysqld.pid
--max_connections=100000
--core-file
--innodb_buffer_pool_in_core_file=OFF
--innodb_buffer_pool_size=256MiB
```

여기에서 선택한 변수는 이전에 논의한 모든 옵션 파일에서 가져왔습니다. 변수 값이 여러 번 설정된 경우 마지막 항목이 우선합니다. 그러나 --print-defaults는 실제로 모든 옵션을 출력합니다. 예를 들어 출력이 다음과 같을 수 있습니다. innodb_buffer_pool_size가 다섯 번 설정되어도 실제 값은 384M가 됩니다.

```
$ mysqld --print-defaults | sed 's/--/\n--/g'
/usr/sbin/mysqld would have been started with the following arguments:

--datadir=/var/lib/mysql
```

```
--socket=/var/lib/mysql/mysql.sock
--log-error=/var/log/mysqld.log
--pid-file=/run/mysqld/mysqld.pid
--max_connections=100000
--core-file
--innodb_buffer_pool_in_core_file=OFF
--innodb_buffer_pool_size=268435456
--innodb_buffer_pool_size=256M
--innodb_buffer_pool_size=256MB
--innodb_buffer_pool_size=256MiB
--large-pages
--innodb_buffer_pool_size=384M
```

--print-defaults를 다른 명령줄 인수와 결합할 수도 있습니다. 예를 들어 명령줄 인수를 사용해 프로그램을 실행하려는 경우 특정 세션의 구성 옵션에 대해 이미 설정된 값을 무시할지 반복할지 여부를 확인할 수 있습니다.

```
$ mysql --print-defaults --host=192.168.4.23 --user=bob | sed 's/--/\n--/g'
mysql would have been started with the following arguments:

--user=root
--password=*****
--host=192.168.4.23
--user=bob
```

변수를 인쇄하는 또 다른 방법은 my_print_defaults 프로그램을 사용하는 것입니다. 하나 이상의 영역 헤더를 인수로 사용하고 요청된 그룹에 속하는 스캔된 파일에서 찾은 모든 옵션을 인쇄합니다. 이 방법은 하나의 옵션 그룹만 검토해야 할 때 --print-defaults를 사용하는 것보다 더 적절할 수 있습니다. MySQL 8.0에서 [mysqld] 프로그램은 [mysqld], [server], [mysqld-8.0] 그룹을 읽습니다. 옵션의 결합된 출력이 길 텐데 특별히 8.0에 설정된 옵션만 보려면 어떻게 해야 할까요? 이 예시에는 [mysqld-8.0] 옵션 그룹을 옵션 파일에 추가하고 여기에 몇 가지 구성 매개변수 값을 넣었습니다.

```
$ my_print_defaults mysqld-8.0
--character_set_server=latin1
--collation_server=latin1_swedish_ci
```

이는 PXC와 같은 소프트웨어나 MySQL의 MariaDB 특징에도 도움이 될 수 있습니다. 둘 다 여러 구성 그룹을 포함합니다. 특히, 다른 옵션 없이 [wsrep] 영역을 검토할 수 있습니다. 물론 my_print_defaults를 사용해 전체 옵션 집합을 출력할 수도 있습니다. 프로그램이 읽는 모든 영역 헤더를 전달하면 됩니다. 예를 들어, [mysql] 프로그램은 [mysql] 및 [client] 옵션 그룹을 읽으므로 다음을 사용할 수 있습니다.

```
$ my_print_defaults mysql client
--user=root
--password=*****
--default-character-set=latin1
```

사용자 및 비밀번호 정의는 이전에 설정한 로그인 경로 구성의 클라이언트 그룹에서 가져오고 일반 .my.cnf의 [mysql] 옵션 그룹에서 문자 집합^{charset}을 가져옵니다. 해당 그룹 및 문자 집합 구성을 수동으로 추가했습니다. 기본적으로 해당 옵션은 설정되어 있지 않습니다.

옵션을 읽는 두 방법은 모두 **기본값**에 대해 이야기하지만 실제로는 명시적으로 설정한 옵션을 출력해 기본값이 아님을 알 수 있습니다. 흥미로운 이야기지만, 전체적인 틀에서 아무것도 바꾸지 않습니다.

불행히도, 옵션을 검토하는 이러한 방법 중 어느 것도 유효한 전체 옵션 집합을 결정하는 데 완벽하지 않습니다. 문제는 MySQL 프로그램이 [표 9-1]과 [표 9-2]에 나열된 구성 파일만 읽지만 다른 구성 파일을 읽거나 명령줄 인수로 시작할 수 있다는 것입니다. 또 SET PERSIST를 통해 DATADIR/mysqld-auto.cnf에 유지되는 변수는 기본 인쇄 루틴에서 제공되지 않습니다.

MySQL 프로그램은 [표 9-1]과 [표 9-2]에 나열된 파일 이외의 파일에서 옵션을 읽지 않는다고 언급했습니다. 그러나 이 목록에는 임의의 위치에 있을 수 있는 추가 구성 파일이 들어 있습니다. my_print_defaults 또는 --print-defaults를 사용해 다른 프로그램을 호출할 때 동일한 추가 파일을 지정하지 않으면 해당 추가 파일의 옵션을 읽을 수 없습니다. 추가 파일은 명령줄 인수 --defaults-extra-file로 지정되며 모든 MySQL 프로그램은 아니지만 대부분의 경우 지정할 수 있습니다. 두 가지 기본 인쇄 루틴은 미리 정의된 구성 파일만 읽고 해당 추가 파일을 놓칩니다. 그러나 my_print_defaults와 --print-defaults로 호출된 프로그램 모두에 --defaults-extra-file을 지정할 수 있으며 둘 다 추가 파일을 읽습니다. 이

점은 앞서 언급한 --defaults-file 옵션에도 동일하게 적용됩니다. 이 옵션은 기본적으로 MySQL 프로그램이 옵션의 값으로 전달된 파일만 읽도록 합니다.

--defaults-extra-file과 --defaults-file은 모두 명령줄 인수라는 공통점이 있습니다. MySQL 프로그램에 전달된 명령줄 인수는 구성 파일에서 읽은 모든 옵션을 무시하지만 동시에 --print-defaults 또는 my_print_defaults를 수행할 때 구성 파일 외부에서 적용한 옵션을 놓칠 수 있습니다. 더 간단하게 말하면 mysqld와 같은 특정 MySQL 프로그램은 임의의 명령줄 인수를 가진 알 수 없는 누군가에 의해 시작될 수 있습니다. 따라서 옵션에 대해 이야기할 때는 실제로 그러한 인수의 존재도 고려해야 합니다.

리눅스와 유닉스 계열 시스템에서는 ps 유틸리티(또는 이런 종류의 유틸리티)로 전체 명령줄을 포함해 현재 실행 중인 프로세스에 대한 정보를 볼 수 있습니다. 리눅스에서 mysqld가 --no-defaults로 시작되고 모든 구성 옵션이 인수로 전달된 예를 살펴보겠습니다.

```
$ ps auxf | grep mysqld | grep -v grep
root 397830 ... \_ sudo -u mysql bash -c mysqld ...
mysql 397832 ... \_ mysqld --datadir=/var/lib/mysql ...
```

이와 달리 mysqld 프로세스에 대한 명령줄만 인쇄하고 sed로 더 깨끗하게 만든 결과는 이렇습니다.

```
$ ps -p 397832 -ocommand ww | sed 's/--/\n--/g'
COMMAND
mysqld
--datadir=/var/lib/mysql
--socket=/var/lib/mysql/mysql.sock
--log-error=/var/log/mysqld.log
--pid-file=/run/mysqld/mysqld.pid
...
--character_set_server=latin1
--collation_server=latin1_swedish_ci
```

이 예시에서는 주어진 스크립트를 사용하지 않고 mysqld를 시작했습니다. MySQL 서버를 시작하는 이 방법은 자주 볼 수 없지만 가능합니다.

모든 구성 옵션을 인수로 전달할 수 있으므로 출력이 상당히 길어질 수 있습니다. 그러나 mysqld 또는 다른 프로그램이 정확히 어떻게 실행되었는지 확실하지 않을 때는 확인을 하는 것이 중요합니다. 윈도우에서는 작업 관리자를 열고 프로세스 탭에 명령줄 열을 추가하거나 sysinternals 패키지의 프로세스 탐색기 도구를 사용해 실행 중인 프로그램의 명령줄 인수를 볼 수 있습니다.

MySQL 프로그램이 스크립트 내에서 시작되면 해당 스크립트를 검사해 사용된 모든 인수를 찾아야 합니다. 아마도 mysqld의 경우 드물겠지만 사용자 정의 스크립트에서 mysql와 mysqldump, xtrabackup을 실행하는 것이 일반적입니다. 현재 사용되는 옵션을 이해하기는 어려운 과제이지만 대단히 중요합니다. 이 지침과 힌트가 도움이 되기를 바랍니다.

## CHAPTER 10

백업 및 복구

어느 DBA에서든 가장 중요한 것이 바로 데이터 백업입니다. 정확하고 검증된 백업과 복구 절차는 회사와 일자리를 지켜냅니다. 실수나 재난, 오류는 언제든 발생할 수 있습니다. MySQL은 강력한 소프트웨어이지만 버그나 충돌이 아예 없는 것은 아닙니다. 따라서 백업을 수행하는 이유와 방법을 이해해야 합니다.

대부분의 백업은 데이터베이스 내용을 보존하려는 목적 외에 다른 중요한 목적으로도 수행하는데, 바로 시스템끼리 데이터베이스 내용을 복사하는 일입니다. 복사는 데이터의 보존만큼 중요하지는 않지만 대다수의 데이터베이스 운영자에게 일상적인 작업입니다. 종종 개발자는 프로덕션과 유사한 하위 수준의 환경을 사용해야 합니다. QA 직원은 수명이 1시간인 불안정한 환경이 필요하기도 합니다. 분석을 전용 호스트에서 실행할 수 있습니다. 이러한 작업 중 일부를 복제로 해결할 수 있는데 모든 복제본이 복원된 백업에서 비롯됩니다.

이 장에서는 먼저 주요 백업 유형 두 가지를 간략하게 검토하고 기본 속성을 설명합니다. 그런 다음 백업과 복구에 사용할 수 있는 MySQL 도구를 살펴봅니다. 모든 도구와 매개변수를 다루면 이 책의 범위를 벗어나겠지만, 이 장이 끝날 즈음에는 MySQL 데이터를 백업하고 복구하는 방법을 알게 될 것입니다. 또 몇 가지 기본 데이터 전송 시나리오를 살펴보겠습니다. 마지막으로 작업 기반으로 사용할 수 있는 강력한 백업 아키텍처에 대해 간략히 설명합니다.

추천하는 백업 전략을 '10.13 데이터베이스 백업 전략 입문서'에 개괄해 정리했습니다. 전략을 결정하기 전에 도구와 작동 원리를 이해하는 것이 중요하므로 이 절을 마지막에 배치했습니다.

10.1 물리적 및 논리적 백업

대체로 백업 도구는 전부는 아니더라도 대부분이 논리적 범주 아니면 물리적 범주에 속합니다. **논리적 백업**logical backups은 데이터베이스(스키마), 테이블, 뷰, 사용자 및 기타 객체 같은 내부 구조에서 작동합니다. **물리적 백업**physical backups은 데이터 파일, 트랜잭션 저널 같은 데이터베이스 구조의 OS측 표현과 연관됩니다.

MySQL 데이터베이스에서 단일 MyISAM 테이블을 백업한다고 상상해봅시다. 이 장의 뒷부분에서 보겠지만 InnoDB 스토리지 엔진은 올바르게 백업하기가 더 복잡합니다. MyISAM이 트랜잭션이 아니며 이 테이블에 대한 쓰기 작업이 계속 진행되지 않는다는 것을 알면 관련 파일을 복사할 수 있습니다. 그렇게 함으로써 테이블의 물리적 백업을 생성합니다. 대신 이 테이블에 대해 SELECT * 및 SHOW CREATE TABLE 문을 실행하고 해당 명령문의 출력을 어딘가에 보존할 수 있습니다. 이것은 논리적 백업의 매우 기본적인 형태입니다. 물론 이는 단순한 예일 뿐이며 실제로 백업의 두 가지 유형을 모두 실행하는 프로세스는 더 복잡하고 미묘합니다. 그러나 이러한 가상 백업 간의 개념적 차이는 논리적 및 물리적 백업에도 적용될 수 있습니다.

10.1.1 논리적 백업

논리적 백업은 **물리적 표현**physical representation이 아니라 **실제 데이터**actual data에서 실행됩니다. 이미 보았듯이 이 백업은 기존 데이터베이스 파일을 복사하는 대신 쿼리나 다른 수단에 의존해 필요한 데이터베이스 콘텐츠를 얻습니다. 논리적 백업의 결과는 썩 내키진 않지만 텍스트 표현이며 출력 결과물은 바이너리로 인코딩될 수 있습니다. 논리적 백업의 몇 가지 예를 더 보고 해당 속성에 대해 논의하겠습니다.

다음은 논리적 백업의 몇 가지 예입니다.

- '7.3 쉼표로 구분된 파일에 데이터 입력'에서 다룬 SELECT ... INTO OUTFILE 문을 사용해 쿼리하고 외부 .csv 파일에 저장된 테이블 데이터
- 테이블 또는 기타 객체의 정의가 저장된 SQL 문
- 데이터베이스와 빈 테이블에 실행되는 하나 이상의 INSERT SQL 문은 해당 테이블을 보존 상태로 채웁니다.

- 특정 테이블이나 데이터베이스와 수정된 데이터나 스키마 객체에 영향을 미치는 실행된 모든 명령문의 기록. 3장과 4장에서 소개한 DML 및 DDL 명령입니다.

> **NOTE_** 마지막 예는 실제로 MySQL에서 복제와 지정 시간 복구가 모두 작동하는 방식을 나타냅니다. 나중에 이러한 주제를 다루며 **논리적**이라는 용어가 백업에만 적용되는 것이 아님을 알게 될 것입니다.

논리적 백업의 복구는 일반적으로 하나 이상의 SQL 문을 실행해 수행됩니다. 이전 예를 계속 사용해 복구 옵션을 검토해보겠습니다.

- LOAD DATA INFILE 명령을 사용해 .csv 파일의 데이터를 테이블로 로드할 수 있습니다.
- DDL SQL 문을 실행해 테이블을 생성하거나 다시 생성할 수 있습니다.
- INSERT SQL 문은 mysql CLI 또는 다른 클라이언트를 사용해 실행할 수 있습니다.
- 데이터베이스에서 실행된 모든 명령문을 재실행하면 마지막 명령문 이후의 상태로 복원됩니다.

논리적 백업에는 일부 상황에서 매우 유용한 흥미로운 속성이 몇 가지 있습니다. 보통 논리적 백업은 SQL 문으로 구성된 일종의 텍스트 파일입니다. 이 파일은 (유용하긴 하지만) 불필요하며 정의 속성이 아닙니다. 논리적 백업 생성 프로세스에는 일반적으로 쿼리 실행도 일부 포함됩니다. 이러한 기능은 유연성과 이식성을 높입니다.

논리적 백업은 데이터베이스의 일부를 백업하기가 매우 쉽고 유연합니다. 예를 들어 스키마 개체를 내용 없이 백업하거나 데이터베이스 테이블 중 일부만 쉽게 백업할 수 있습니다. 테이블 데이터의 일부를 백업할 수도 있는데 이는 물리적 백업에서는 불가능한 작업입니다. 백업 파일이 준비되면 도구를 이용해 수동이나 자동으로 검토 및 수정할 수 있습니다. 이는 데이터베이스 파일 복사로는 쉽게 수행하지 못하는 작업입니다.

이식성은 논리적 백업이 다른 운영체제와 아키텍처에서 실행되는 다른 버전의 MySQL에 쉽게 로드된다는 사실에 기반합니다. 약간의 수정을 가하면 실제로 하나의 RDBMS에서 가져온 논리적 백업을 완전히 다른 RDBMS로 로드할 수 있습니다. 대부분의 데이터베이스 마이그레이션 도구는 이러한 사실 때문에 내부적으로 논리적 복제를 사용합니다. 이 속성 덕분에 논리적 백업은 오프사이트에서 클라우드 관리 데이터베이스를 백업하고 데이터베이스 간 마이그레이션에 적합합니다.

논리적 백업의 또 다른 흥미로운 속성은 손상, 즉 물리적 데이터 파일의 물리적 손상을 방지하는 데 효과적이라는 것입니다. 예를 들어 소프트웨어의 버그나 저장 매체의 점진적인 성능 저하는 데이터 오류로 이어질 수 있습니다. 손상과 그 대척점에 있는 완전성에 대한 주제는 매우 광범위하지만 지금은 간단한 설명으로 충분합니다.

데이터 파일이 손상되면 데이터베이스에서 데이터를 읽거나 쿼리를 처리하지 못할 수 있습니다. 손상은 조용히 발생해 언제 발생했는지 알기 어렵습니다. 그러나 논리적 백업이 오류 없이 생성되었다는 것은 데이터가 건전하고 우량함을 의미합니다. 보조 인덱스(기본이 아닌 인덱스, 자세한 내용은 '4장 데이터베이스 구성 작업' 참조)에서 손상이 발생할 수 있으므로 전체 테이블 스캔을 수행하는 논리적 백업이 정상적으로 생성되고 오류가 발생하지 않을 수 있습니다. 간단히 말해서 논리적 백업은 (모든 테이블을 스캔하므로) 손상을 조기에 감지하는 데 도움이 되고 (마지막으로 성공한 논리적 백업에는 적당한 복사본이 있으므로) 데이터를 저장하는 데도 유용합니다.

모든 논리적 백업의 고유한 문제는 실행 중인 데이터베이스 시스템에서 SQL 문을 실행해야 생성 및 복원된다는 사실에서 비롯됩니다. 이로 인해 유연성과 이식성은 좋아도, 결과적으로 데이터베이스에 로드가 발생해 일반적으로 백업 속도가 상당히 느려집니다. 보통 논리적 백업을 진행할 때는 테이블에서 모든 데이터를 읽는 쿼리를 무차별적으로 실행하는데 이는 DBA가 가장 싫어하는 상황입니다. 유사하게, 논리적 백업에 대한 복원 작업은 일반적으로 각 명령문이 일반 클라이언트에서 온 것처럼 해석하고 실행합니다. 그렇다고 논리적 백업이 나쁘다거나 사용해서는 안 된다는 소리는 아니지만 서로 상쇄되는 장단점이 있음을 기억해야 합니다.

10.1.2 물리적 백업

논리적 백업은 모두 데이터베이스 내용 같은 내부 데이터만 백업하지만 물리적 백업은 운영체제 파일과 내부 RDBMS 작업 같은 전체 데이터를 백업합니다. MyISAM 테이블을 백업하는 예시에서 물리적 백업은 해당 테이블을 나타내는 파일의 복사본이었습니다. 이 유형의 백업 파일과 백업 도구는 대부분 데이터베이스 파일의 전체나 일부를 복사하고 전송하는 데 사용됩니다.

나음은 물리적 백업의 몇 가지 예입니다.

- 데이터베이스 디렉터리 **콜드 카피**^{cold copy}는 데이터베이스가 종료될 때 완료됨을 의미합니다. (**핫 카피** hot copy와 달리 데이터베이스가 실행되는 동안 수행됨)

- 데이터베이스에서 사용하는 볼륨과 파일 시스템의 스토리지 스냅샷

- 테이블 데이터 파일의 복사본

- 특정 형식의 데이터베이스 데이터 파일에 대한 변경 스트림. 대부분의 RDBMS는 충돌 복구와 복제를 위해 이와 같은 스트림을 사용합니다. InnoDB의 재실행 로그^{redo log}도 비슷한 개념입니다.

물리적 백업의 복구는 일반적으로 파일을 다시 복사하고 일관성을 유지해 수행됩니다. 이전 예의 복구 옵션을 검토해보겠습니다.

- 콜드 카피는 원하는 위치나 서버로 이동한 다음 이전 또는 새 MySQL 인스턴스에서 데이터 디렉터리로 사용할 수 있습니다.

- 스냅샷은 해당 볼륨이나 그 외 볼륨에서 복원한 다음 MySQL에서 사용할 수 있습니다.

- 기존 파일 대신 테이블 파일을 넣을 수 있습니다.

- 데이터 파일에 대한 변경 스트림의 재생은 상태를 마지막 시점으로 복구합니다.

이중 수행하기에 가장 간단한 물리적 백업은 데이터베이스 디렉터리의 콜드 백업입니다. 기본적인 방법이지만 매우 강력합니다.

물리적 백업은 논리적 백업과 달리 매우 엄격해 백업할 항목과 백업을 사용할 위치를 제어할 수 없습니다. 일반적으로 대부분의 물리적 백업은 데이터베이스나 테이블의 상태를 동일하게 복원하는 데만 사용합니다. 일반적으로 이러한 백업은 대상 데이터베이스 소프트웨어 버전과 운영체제에도 제약을 가합니다. 약간의 작업을 통해 MySQL에서 PostgreSQL로 논리적 백업을 복원할 수 있습니다. 그러나 리눅스에서 수행된 MySQL 데이터 디렉터리의 콜드 카피는 윈도우에서 복원되지 않을 수 있습니다. 또 데이터베이스 서버에 대한 물리적 액세스 권한이 없으면 물리적 백업을 수행하지 못합니다. 즉, 이 백업은 클라우드의 관리되는 데이터베이스에서 수행하는 것이 불가능합니다. 공급업체 백그라운드에서 물리적 백업을 수행할 수 있지만 이를 요청하지 않는 이상 직접 빼낼 방법은 없습니다.

물리적 백업은 본질적으로 원본 백업 페이지의 전체 또는 하위 집합의 복사본이므로 원본에 있는 모든 손상이 백업본에도 고스란히 옮겨 옵니다. 이 속성 때문에 물리적 백업이 손상 방지에 부적합하다는 점을 기억해야 합니다.

이와 같은 불편함에도 물리적 백업 방식을 선택하는 이유는 빠르기 때문입니다. OS나 스토리지 수준에서 작동하는 물리적 백업 방법은 데이터베이스를 실제로 백업할 수 있는 유일한 방법이 되기도 합니다. 예를 들어, 몇 테라바이트 분량의 스토리지 스냅샷에는 몇 초나 몇 분이 소요될 수 있지만 논리적 백업을 위해 해당 데이터를 쿼리하고 스트리밍하는 데는 몇 시간 내지는 며칠이 걸릴 수 있습니다. 복구 과정도 마찬가지입니다.

10.1.3 논리적 및 물리적 백업 개요

두 가지 백업에 대해 다루었으니 MySQL 세계에서 이러한 백업에 사용되는 실제 도구를 탐색할 준비가 되었습니다. 하지만 그 전에 논리적 백업과 물리적 백업의 차이점을 요약하고 백업 생성에 사용된 도구의 속성을 간단히 살펴보겠습니다.

논리적 백업의 속성

- 논리적 구조의 설명과 내용을 포함함
- 사람이 읽고 편집하는 게 가능함
- 가져오고 복원하기가 상대적으로 느림

논리적 백업 도구의 특징

- 매우 유연해 객체 이름 변경, 개별 소스 결합, 부분 복원 등이 가능함
- 일반적으로 특정 데이터베이스 버전이나 플랫폼에 구속되지 않음
- 손상된 테이블에서 데이터를 추출하고 손상으로부터 보호함
- 원격 데이터베이스(예: 클라우드) 백업에 적합함

물리적 백업의 속성

- 데이터 파일의 일부 또는 전체 파일 시스템/볼륨의 바이트 단위 복사본임
- 가져오기와 복원하기가 빠름
- 유연성이 거의 없으며 복원 시 매번 동일한 구조로 나타남
- 손상된 페이지를 포함할 수 있음

물리적 백업 도구의 특징

- 조작이 번거로움
- 일반적으로 플랫폼 간 또는 버전 간 이식이 용이하지 않음
- OS 액세스 없이 원격 데이터베이스 백업이 가능함

10.2 백업 도구로 복제

복제는 매우 광범위한 주제로 후속 장들에서 자세히 다루겠습니다. 이 절에서는 복제가 데이터베이스 백업 및 복구 개념과 어떻게 관계되는지 간략하게 설명합니다.

한마디로 복제는 백업을 대신하지 못합니다. 복제는 사실상 대상 데이터베이스의 전체나 부분 복사본을 생성하는 것과 다름없습니다. 이런 점에서 MySQL과 관련된 시나리오 중 전부는 아니지만 실패한 사례가 많습니다. 두 가지 예시를 살펴보겠습니다. 두 예시 모두 이 장의 뒷부분에서도 유용할 것입니다.

NOTE_ MySQL에서 복제는 일종의 논리적 백업입니다. 논리적인 SQL 문 전송을 기반으로 하기 때문입니다.

10.2.1 인프라 장애

인프라는 고장이 나기 쉽습니다. 드라이브가 고장 나거나 전원이 꺼지고 화재도 일어납니다. 어떤 시스템도 100% 가동 시간을 보장하지 못하며 광범위하게 분산된 시스템만이 가까스로 근접할 뿐입니다. 이는 결국 모든 데이터베이스가 호스트 서버 실패로 인한 충돌에서 안전하지 않다는 의미입니다. 운이 좋으면 다시 시작한 뒤 충분히 복구할 수 있습니다. 하지만 그렇지 못하면 데이터 일부나 전체를 잃을 수 있습니다.

백업 복원과 복구는 결코 즉석에서 끝나는 작업이 아닙니다. 복제된 환경에서는 장애가 발생한 데이터베이스 대신 복제본을 배치하는 **스위치오버**switchover라는 특수 작업을 수행할 수 있습니다. 그러면 많은 시간을 절약하고 장애가 발생한 시스템에서 작업을 여유롭게 진행할 수 있습니다.

MySQL을 실행하는 두 개의 동일한 서버가 있는 설정을 상상해보십시오. 하나는 모든 연결을 수신하고 모든 쿼리를 처리하는 주 서버입니다. 다른 하나는 복제 서버입니다. 연결을 복제 서버로 리디렉션하는 메커니즘이 있으며 스위치오버로 인해 5분 동안 가동이 중지된다고 합시다.

어느 날, 주 서버의 하드 디스크 드라이브에 문제가 발생합니다. 서버가 단순하므로 충돌과 가동 중지 시간이 발생합니다. 모니터링으로 문제를 포착한 DBA는 해당 서버에서 데이터베이스를 복원하려면 새 디스크를 설치한 다음 최근 백업을 복원 및 복구해야 한다는 점을 즉시 이해합니다. 전체 작업에는 몇 시간이 걸립니다.

이 경우 복제본으로 전환하는 것이 좋습니다. 귀중한 가동 시간을 많이 절약할 수 있기 때문입니다.

10.2.2 배포 버그

소프트웨어 버그는 받아들여야 하는 현실입니다. 시스템이 복잡할수록 논리적 오류가 발생할 가능성은 높아집니다. 모두 버그를 피하고 줄이기 위해 노력하지만 그럼에도 버그가 발생한다는 사실을 받아들이고 그에 따라 계획을 세워야 합니다.

데이터베이스 마이그레이션 스크립트가 포함된 새 버전의 애플리케이션이 출시되었다고 상상해봅시다. 새 버전과 스크립트는 모두 프로덕션과 유사한 하위 수준의 환경에서 테스트되었지만 버그가 있습니다. 마이그레이션으로 비ASCII 문자로 된 고객의 성이 모두 손상되어 복구가 불가능해졌습니다. 스크립트가 성공적으로 완료되었지만, 일주일이 지나서야 이름이 망가져 화가 난 고객의 항의로 손상이 발생했음을 알아차립니다.

프로덕션 데이터베이스의 복제본이 있지만 여기에도 동일한 데이터에 동일한 논리적 손상이 발생했습니다. 이럴 땐 복제본으로 전환해도 도움이 되지 않으며 올바른 성의 목록을 얻으려면 마이그레이션 전에 수행한 백업을 복원해야 합니다.

> **NOTE_** 이러한 상황에서는 일정 기간 지연된 복제본이 사용자를 보호할 수 있지만 지연 기간이 길수록 복제본은 소용이 없어집니다. 일주일 간격으로 복제본을 생성할 수 있지만 당장 필요한 데이터는 한 시간 전의 데이터일 수 있습니다. 일반적으로 지연 기간은 분과 시간 단위로 계산합니다.

방금 논의한 두 가지 오류 시나리오는 각각 물리적 도메인과 논리적 도메인을 다룹니다. 복제는 물리적 문제에선 보호에 적합하지만 논리적 문제에선 소용없습니다. 유용한 도구이지만 백업을 대신할 수는 없습니다.

10.3 mysqldump 프로그램

데이터베이스를 온라인으로 백업하는 방법 중 가장 간단한 것은 SQL 문으로 덤프하는 방법입니다. 덤프^{dump}는 논리적 백업 방식 중에서 가장 중요합니다. 컴퓨터에서 덤프는 일반적으로 일부 시스템 또는 해당 부분의 내용을 출력하는 동작을 의미합니다. 데이터베이스에서 논리적 백업을 덤프 파일이라 부르고 이 파일을 만드는 작업을 덤프라고 합니다. 백업을 복원하는 과정에는 명령문을 데이터베이스에 적용하는 작업이 포함됩니다. 예를 들어 SHOW CREATE TABLE과 CONCAT 작업을 사용해 수동으로 덤프를 생성하면 다음과 같이 테이블의 데이터 행에서 INSERT 문을 가져올 수 있습니다.

```
mysql> SHOW CREATE TABLE sakila.actor\G
*************************** 1. row ***************************
       Table: actor
Create Table: CREATE TABLE `actor` (
    `actor_id` smallint unsigned NOT NULL AUTO_INCREMENT,
    `first_name` varchar(45) NOT NULL,
    `last_name` varchar(45) NOT NULL,
    `last_update` timestamp NOT NULL DEFAULT CURRENT_TIMESTAMP
        ON UPDATE CURRENT_TIMESTAMP,
    PRIMARY KEY (`actor_id`),
    KEY `idx_actor_last_name` (`last_name`)
) ENGINE=InnoDB AUTO_INCREMENT=201 DEFAULT CHARSET=utf8mb4
        COLLATE=utf8mb4_0900_ai_ci
1 row in set (0.00 sec)
```

```
mysql> SELECT CONCAT("INSERT INTO actor VALUES",
    -> "(",actor_id,",'",first_name,"','",
    -> last_name,"','",last_update,"');")
    -> AS insert_statement FROM actor LIMIT 1\G
*************************** 1. row ***************************
```

```
insert_statement: INSERT INTO actor VALUES
(1,'PENELOPE','GUINESS','2006-02-15 04:34:33');
1 row in set (0.00 sec)
```

그러나 이 결과는 매우 빠르게 실용성을 잃습니다. 게다가 몇 가지 사항을 더 고려해야 합니다. 복원 시 테이블이 생성되기 전에 **INSERT**가 실행되지 않도록 하는 **구문의 순서**와 소유권ownership, 일관성consistency입니다. 논리적 백업을 수동으로 생성하는 건 이해하기는 편해도 작업이 지루하고 오류가 발생하기 쉽습니다. 다행히 MySQL에서는 대부분의 복잡성을 숨기는 mysqldump라는 강력한 논리적 백업 도구가 번들로 제공됩니다.

MySQL과 함께 번들로 제공되는 mysqldump 프로그램을 사용하면 실행 중인 데이터베이스 인스턴스에서 덤프를 생성할 수 있습니다. mysqldump의 출력은 나중에 동일한 또는 다른 MySQL 인스턴스에 적용될 수 있는 여러 SQL 문입니다. mysqldump는 MySQL 서버를 사용할 수 있는 모든 운영체제에서 사용 가능한 크로스 플랫폼 도구입니다. 결과 백업 파일은 텍스트이기 때문에 플랫폼 독립적입니다.

mysqldump에 대한 명령줄 인수가 다양하므로 도구를 사용하기 전에 MySQL 공식 문서 (https://oreil.ly/7T8dD)를 읽어보기 바랍니다. 그러나 가장 기본적인 시나리오에는 대상 데이터베이스라는 인수 하나만 필요합니다.

> **TIP_** 루트 사용자와 비밀번호에 대해 '9.4.1 로그인 경로 구성 파일'의 지침에 따라 클라이언트 로그인 경로를 설정하는 것이 좋습니다. 그러면 이 장에서 설명하는 명령에 계정을 지정하고 자격 증명을 제공할 필요가 없습니다.

다음 예시에서 mysqldump는 출력 변경 없이 호출되며 도구는 모든 명령문을 표준 출력으로 인쇄합니다.

```
$ mysqldump sakila
...
--
-- Table structure for table `actor`
--
DROP TABLE IF EXISTS `actor`;
/*!40101 SET @saved_cs_client     = @@character_set_client */;
/*!50503 SET character_set_client = utf8mb4 */;
```

```
CREATE TABLE `actor` (
    `actor_id` smallint unsigned NOT NULL AUTO_INCREMENT,
    `first_name` varchar(45) NOT NULL,
    `last_name` varchar(45) NOT NULL,
    `last_update` timestamp NOT NULL DEFAULT CURRENT_TIMESTAMP
        ON UPDATE CURRENT_TIMESTAMP,
    PRIMARY KEY (`actor_id`),
    KEY `idx_actor_last_name` (`last_name`)
) ENGINE=InnoDB AUTO_INCREMENT=201 DEFAULT CHARSET=utf8mb4
        COLLATE=utf8mb4_0900_ai_ci;
/*!40101 SET character_set_client = @saved_cs_client */;
--
-- Dumping data for table `actor`
--
LOCK TABLES `actor` WRITE;
/*!40000 ALTER TABLE `actor` DISABLE KEYS */;
INSERT INTO `actor` VALUES
(1,'PENELOPE','GUINESS','2006-02-15 01:34:33'),
(2,'NICK','WAHLBERG','2006-02-15 01:34:33'),
...
(200,'THORA','TEMPLE','2006-02-15 01:34:33');
/*!40000 ALTER TABLE `actor` ENABLE KEYS */;
UNLOCK TABLES;
...
```

NOTE_ mysqldump의 출력은 분량이 많아 책에 싣기에 적합하지 않습니다. 필요한 부분 외에 나머지는 생략했습니다.

출력이 예상한 것보다 더 미묘합니다. 예를 들어 테이블이 이미 존재할 때 CREATE TABLE 명령에 오류가 발생하지 않도록 하는 DROP TABLE IF EXISTS 문이 있습니다. LOCK과 UNLOCK TABLES 문은 데이터 삽입 성능을 향상합니다.

스키마 구조에 대해 말하자면 데이터가 없는 덤프도 생성이 가능합니다. 이 기능은 개발 환경을 위해 데이터베이스의 논리적 복제본을 생성하는 데 유용합니다. 이와 같은 유연성은 논리적 백업과 mysqldump의 주요 기능 중 하나입니다.

```
$ mysqldump --no-data sakila
...
--
```

```
-- Table structure for table `actor`
--

DROP TABLE IF EXISTS `actor`;
/*!40101 SET @saved_cs_client     = @@character_set_client */;
/*!50503 SET character_set_client = utf8mb4 */;
CREATE TABLE `actor` (
    `actor_id` smallint unsigned NOT NULL AUTO_INCREMENT,
    `first_name` varchar(45) NOT NULL,
    `last_name` varchar(45) NOT NULL,
    `last_update` timestamp NOT NULL DEFAULT CURRENT_TIMESTAMP
        ON UPDATE CURRENT_TIMESTAMP,
    PRIMARY KEY (`actor_id`),
    KEY `idx_actor_last_name` (`last_name`)
) ENGINE=InnoDB AUTO_INCREMENT=201 DEFAULT CHARSET=utf8mb4
        COLLATE=utf8mb4_0900_ai_ci;
/*!40101 SET character_set_client = @saved_cs_client */;
--
-- Temporary view structure for view `actor_info`
--
...
```

데이터베이스 내 단일 테이블의 덤프도 생성할 수 있습니다. 다음 예시는 sakila 데이터베이스에서 category 테이블을 덤프합니다.

```
$ mysqldump sakila category
```

유연성을 한 단계 높여 --where 또는 -w 인수를 지정해 테이블에서 일부 행만 덤프할 수 있습니다. 이름에서 알 수 있듯, 이 구문은 SQL 문의 WHERE 절과 동일합니다.

```
$ mysqldump sakila actor --where="actor_id > 195"
...
--
-- Table structure for table `actor`
--
DROP TABLE IF EXISTS `actor`;
CREATE TABLE `actor` (
...
--
-- Dumping data for table `actor`
--
```

```
-- WHERE:  actor_id > 195
LOCK TABLES `actor` WRITE;
/*!40000 ALTER TABLE `actor` DISABLE KEYS */;
INSERT INTO `actor` VALUES
(196,'BELA','WALKEN','2006-02-15 09:34:33'),
(197,'REESE','WEST','2006-02-15 09:34:33'),
(198,'MARY','KEITEL','2006-02-15 09:34:33'),
(199,'JULIA','FAWCETT','2006-02-15 09:34:33'),
(200,'THORA','TEMPLE','2006-02-15 09:34:33');
/*!40000 ALTER TABLE `actor` ENABLE KEYS */;
UNLOCK TABLES;
/*!40103 SET TIME_ZONE=@OLD_TIME_ZONE */;
```

지금까지 예시에서는 단일 데이터베이스인 sakila의 전체나 일부를 덤프하는 방법만 다루었습니다. 때로는 모든 데이터베이스, 모든 객체, 심지어 모든 사용자를 출력해야 하는데, mysqldump를 사용하면 이 모든 일이 가능합니다. 다음 명령은 데이터베이스 인스턴스 전체의 논리적 백업을 효과적으로 생성합니다.

```
$ mysqldump --all-databases --triggers --routines --events > dump.sql
```

트리거가 기본적으로 덤프되므로 --triggers 옵션을 따로 넣을 필요는 없습니다. 트리거를 덤프하고 싶지 않은 경우 --no-triggers를 사용합니다.

이 명령에는 몇 가지 문제가 있습니다. 첫째, 명령의 출력을 파일로 저장하더라도 파일이 커질 수 있습니다. 실제 데이터에 따라 파일 내용이 다르지만 다행히 압축될 가능성이 높습니다. 따라서 출력을 압축하는 것이 좋습니다.

```
$ mysqldump --all-databases \
--routines --events ¦ gzip > dump.sql.gz
```

윈도우에서는 파이프를 통한 출력 압축이 어려우므로 이전 명령을 실행해 생성된 dump.sql 파일을 압축하세요. 가상 머신 같이 CPU가 제한된 시스템에서 압축 시 백업 프로세스를 진행하면 상당한 시간이 추가될 수 있습니다. 이는 특정 시스템에 대해 가중치를 부여해야 하는 경우 선택 가능한 절충안입니다.

```
$ time mysqldump --all-databases \
--routines --events > dump.sql
real    0m24.608s
user    0m15.201s
sys     0m2.691s
```

```
$ time mysqldump --all-databases \
--routines --events ¦ gzip > dump.sql.gz
real    2m2.769s
user    2m4.400s
sys     0m3.115s

$ ls -lh dump.sql
-rw... 2.0G ... dump.sql
-rw... 794M ... dump.sql.gz
```

둘째 문제는 일관성을 보장하기 위해 데이터베이스가 덤프되는 동안 테이블에 잠금이 설정되어 쓰기를 방지한다는 것입니다(다른 데이터베이스에 대한 쓰기는 계속됨). 이는 성능과 백업 일관성 면에서 좋지 않습니다. 결과 덤프는 전체 인스턴스가 아니라 데이터베이스 내에서만 일관성이 있습니다. MySQL이 사용하는 일부 스토리지 엔진(주로 오래된 MyISAM)이 비트랜잭션 엔진이므로 이 기본 동작이 필요합니다. 반면에 기본 InnoDB 스토리지 엔진에는 읽기 스냅샷을 유지 관리할 수 있는 다중 버전 동시성 제어multiversion concurrency control(MVCC) 모델이 있습니다. 다른 스토리지 엔진에 대해서는 '7.8 대체 스토리지 엔진'에서, 잠금은 6장에서 자세히 다루었습니다.

--single-transaction 명령줄 인수를 mysqldump에 전달하면 InnoDB의 트랜잭션 기능을 활용할 수 있습니다. 그러나 이렇게 하면 테이블 잠금이 제거되므로 덤프 중에 비트랜잭션 테이블이 불일치하기 쉽습니다. 예를 들어 시스템이 InnoDB와 MyISAM 테이블을 모두 사용하는 경우 쓰기 중단과 일관성이 필요하지 않다면 이들을 별도로 덤프해야 할 수도 있습니다.

> **NOTE_** --single-transaction이 mysqldump가 실행되는 동안 쓰기를 계속할 수 있도록 보장하지만 여전히 주의할 사항이 있습니다. DDL 문이 동시에 실행될 경우 불일치가 발생하고 mysqldump에 의해 시작된 트랜잭션 같은 상기 실행 트랜잭션이 전체적인 인스턴스 성능에 부정적 영향을 미칩니다(https://oreil.ly/pH2pJ).

동시 쓰기에 대한 제한된 영향을 보장하는 InnoDB 테이블을 주로 사용해 시스템을 덤프하는 기본 명령은 다음과 같습니다.

```
$ mysqldump --single-transaction --all-databases \
--routines --events | gzip > dump.sql.gz
```

실제 세계에서는 연결 옵션을 지정하기 위한 인수가 더 많기도 합니다. 또 문제를 포착하고 문제가 발생하면 알려주기 위해 mysqldump 문을 스크립트로 작성할 수 있습니다.

--all-databases를 사용한 덤프에는 mysql과 sys, information_schema 같은 MySQL 내부 데이터베이스까지 포함됩니다. 해당 정보는 데이터를 복원하는 데 반드시 필요하지도 않을 뿐더러 이미 일부 데이터베이스가 있는 인스턴스에 복원하는 상황에서 문제를 일으킬 수 있습니다. 그러나 MySQL 사용자 세부 정보는 mysql 데이터베이스의 일부로만 덤프된다는 점을 기억합시다.

보통 mysqldump와 덤프 결과 생성된 논리적 백업을 사용하면 다음 작업이 가능합니다.

- 다른 환경 사이에 데이터를 쉽게 전송합니다.
- 덤프 파일을 직접 열어 데이터를 편집할 수 있습니다. 예를 들면, 덤프에서 개인 데이터나 불필요한 데이터를 삭제합니다.
- 특정 데이터 파일의 손상을 감지합니다.
- 주요 데이터베이스 버전, 다른 플랫폼, 심지어 데이터베이스 간 데이터 전송이 가능합니다.

10.3.1 mysqldump를 사용한 부트스트랩 복제

mysqldump 프로그램을 사용하면 비어 있거나 데이터가 있는 복제본 인스턴스를 생성할 수 있습니다. 이를 용이하게 하기 위해 여러 가지 명령줄 인수를 사용할 수 있습니다. 예를 들어 --master-data를 지정하면 대상 인스턴스에서 복제 좌표를 올바르게 설정하는 SQL 문 (CHANGE MASTER TO)이 결과 출력에 포함됩니다. 나중에 대상 인스턴스에서 이러한 좌표를 사용해 복제를 시작하면 데이터에 공백이 생기지 않습니다. GTID 기반 복제 토폴로지에서 --set-gtid-purged를 사용해도 결과가 동일합니다. 그러나 mysqldump는 gtid_mode=ON을 감지하고 추가 명령줄 인수 없이도 필요한 출력을 포함합니다.

mysqldump를 사용해 복제를 설정하는 예시는 '13.1.4 mysqldump를 사용한 복제본 생성'을 참조하세요.

10.4 SQL 덤프 파일에서 데이터 로드

백업을 할 때 항상 그 목적은 데이터 복원이란 사실을 염두에 두어야 합니다. 논리적 백업을 사용하면 백업 파일의 내용을 mysql CLI로 **명령어를 연결**하는 것처럼 복원 프로세스가 간단합니다. 앞서 논의한 바와 같이 논리적 백업을 복원하려면 MySQL이 작동 중이어야 한다는 사실은 좋은 결과와 나쁜 결과를 모두 가져옵니다.

- 장점: 시스템의 다른 부분이 정상적으로 작동하는 동안 단일 객체를 복원할 수 있습니다.
- 단점: 복원 프로세스가 비효율적이며 많은 양의 데이터를 삽입하기로 결정한 경우 일반 클라이언트와 마찬가지로 시스템을 로드합니다.

단일 데이터베이스를 백업하고 복원하는 간단한 예시를 살펴보겠습니다. 이전에 보았듯이 mysqldump는 필요한 DROP 문을 덤프에 포함하므로 객체가 존재해도 성공적으로 복원됩니다.

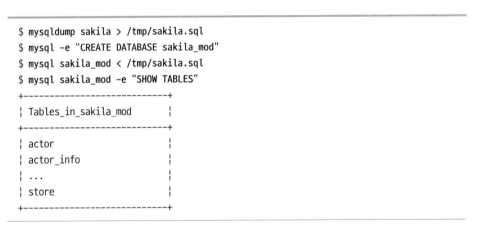

```
$ mysqldump sakila > /tmp/sakila.sql
$ mysql -e "CREATE DATABASE sakila_mod"
$ mysql sakila_mod < /tmp/sakila.sql
$ mysql sakila_mod -e "SHOW TABLES"
+---------------------------+
| Tables_in_sakila_mod      |
+---------------------------+
| actor                     |
| actor_info                |
| ...                       |
| store                     |
+---------------------------+
```

mysqldump 또는 mysqlpump(다음 절에서 설명)에 의해 생성된 SQL 덤프를 복원하는 작업은 리소스를 많이 사용합니다. 이는 직렬 프로세스로 기본적으로 상당한 시간을 소요합니다. 아래와 같은 방법을 사용하면 이 프로세스의 속도를 높일 수 있지만 실수로 데이터가 누락되거나 복원이 잘못될 수 있습니다.

따라서 핫 백업 스냅샷을 수행할 때 잠금 기능을 많이 활용하길 권장합니다. 스냅샷 생성 프로세스가 빠르기 때문에 결과적인 가동 중지 시간은 중요하지 않습니다. 다음은 그 프로세스입니다.

1 새 세션을 만들고 FLUSH TABLES WITH READ LOCK 명령으로 모든 테이블을 잠급니다. 이 세션을 닫아선 안 됩니다. 닫히면 잠금이 해제됩니다.

2 선택적으로 SHOW MASTER STATUS 명령을 실행해 현재 바이너리 로그의 위치를 기록합니다.

3 스토리지 시스템의 매뉴얼에 따라 MySQL의 데이터베이스 파일이 있는 모든 볼륨의 스냅샷을 생성합니다.

4 처음에 열린 세션에서 UNLOCK TABLES 명령으로 테이블의 잠금을 해제합니다.

이 일반적인 접근방식은 현재 스토리지 시스템과 스냅샷을 수행할 수 있는 파일 시스템이라면 전부는 아니더라도 대부분에 유용할 겁니다. 시스템마다 절차와 요구사항은 미묘한 차이가 있습니다. 일부 클라우드 공급업체는 파일 시스템에서 추가로 fsfreeze를 수행하도록 요구하는 경우도 있습니다.

프로덕션 환경에서 백업을 구현하고 데이터를 신뢰하기에 앞서 늘 백업을 철저히 테스트하십시오. 테스트를 거쳐 안전하게 사용할 수 있는 솔루션만 신뢰해야 합니다. 임의의 백업 전략 제안으로 복사하기는 좋은 생각이 아닙니다.

10.8 XtraBackup

물리적 백업의 다음 단계는 **핫 백업**hot backup의 구현입니다. 즉, 데이터베이스가 실행되는 동안 데이터베이스 파일의 복사본을 만드는 것입니다. 앞서 MyISAM 테이블을 복사할 수 있다고 언급했지만 이는 InnoDB와 MyRocks 같은 트랜잭션 스토리지 엔진에서 작동하지 않습니다. 문제는 데이터베이스가 지속적으로 변경되기 때문에 파일을 복사할 수 없다는 데 있습니다. 예를 들어 InnoDB는 당장 데이터베이스에 쓰기 작업이 없더라도 일부 더티 페이지를 백그라운드에서 비워낼 수 있습니다. 운을 시험하며 실행 중인 시스템에서 데이터베이스 디렉터리를 복사한 다음 그 디렉터리를 복원하고 이를 사용해 MySQL 서버를 시작할 수 있습니다. 하지만 작동하지 않을 가능성이 있으니 데이터베이스 백업을 시도하지 않는 편이 좋습니다.

핫 백업을 수행하는 기능은 주요 MySQL 백업 도구 세 개에 내장되었습니다.

- XtraBackup(https://oreil.ly/yMK8t)
- MySQL Enterprise Backup(https://oreil.ly/rkSrr)
- Mariabackup(https://oreil.ly/DJvoa)

각 도구를 간략하게 소개하되 XtraBackup을 집중해 살펴보겠습니다. 각 도구가 속성을 공유하니 하나의 사용법을 알면 다른 도구의 사용법도 자연히 알게 됩니다.

XtraBackup은 퍼코나와 더 광범위한 MySQL 커뮤니티가 유지 관리하는 무료 오픈소스 도구입니다. InnoDB와 MyISAM, MyRocks 테이블을 포함해 MySQL 인스턴스의 온라인 백업이 가능합니다. 리눅스만 이 프로그램을 지원합니다. XtraBackup은 MySQL과 퍼코나 서버만 지원하며 최신 버전의 MariaDB에서는 사용하지 못합니다. MariaDB의 경우 '10.9.2 mariabackup'에서 다루는 유틸리티를 사용하십시오.

XtraBackup이 작동하는 방식은 다음과 같습니다.

1 작업의 내부 버전 번호인 현재 로그 시퀀스 번호log sequence number(LSN)를 기록합니다.

2 InnoDB 재실행 데이터(InnoDB가 크래시 복구를 위해 저장하는 데이터 유형)를 축적하기 시작합니다.

3 가능한 한 방해를 최소화하는 방식으로 테이블을 잠급니다.

4 InnoDB 테이블을 복사합니다.

5 비트랜잭션 테이블을 완전히 잠급니다.

6 MyISAM 테이블을 복사합니다.

7 모든 테이블을 잠금 해제합니다.

8 MyRocks 테이블이 있는 경우 처리합니다.

9 누적된 재실행 데이터를 복사된 데이터베이스 파일과 함께 넣습니다.

XtraBackup과 핫 백업은 논리적 백업의 무중단 시간 특성과 콜드 백업의 성능 및 비교적 낮은 성능 영향을 결합합니다. XtraBackup은 서비스 무중단을 보장하지 않아도 일반 콜드 백업에 비해 크게 발전했습니다. 성능에 미치는 영향이 없다는 말은 XtraBackup이 데이터베이스 파일을 복사하는 데 필요한 만큼만 CPU와 I/O를 사용한다는 의미입니다. 반면에 논리적 백업은 모든 데이터베이스 내부를 통해 각 행을 전달하므로 본질적으로 속도가 느립니다.

NOTE_ XtraBackup은 데이터베이스 파일에 대한 물리적 액세스가 필요하며 원격으로 실행할 수 없습니다. 따라서 관리 데이터베이스(DBaaS)의 오프사이트 백업을 수행하는 경우 등에는 적합하지 않습니다. 그러나 일부 클라우드 공급업체는 이 도구로 만든 백업을 지원합니다.

XtraBackup 유틸리티는 다양한 리눅스 배포판의 저장소에서 널리 사용 가능하므로 패키지 관리자를 사용해 쉽게 설치할 수 있습니다. 또는 퍼코나 웹사이트의 XtraBackup 다운로드 페이지(https://oreil.ly/XjN4C)에서 직접 패키지와 바이너리 배포판을 다운로드해 설치할 수 있습니다.

WARNING_ MySQL 8.0을 백업하려면 XtraBackup 8.0을 사용해야 합니다. XtraBackup과 MySQL의 마이너 버전도 일치하는 것이 좋습니다. XtraBackup 8.0.25는 MySQL 8.0.25에서의 작동이 보장됩니다. MySQL 5.7과 이전 릴리스 버전의 경우 XtraBackup 2.4를 사용하십시오.

10.8.1 백업 및 복구

XtraBackup은 앞서 언급한 도구들과 달리 물리적 백업 도구로 MySQL 서버에 대한 액세스 권한만이 아니라 데이터베이스 파일에 대한 읽기 액세스 권한도 필요합니다. 즉, 대부분의 MySQL 버전에서 root 사용자가 xtrabackup 프로그램을 실행하거나 sudo를 사용해야 합니다. 이 절 전체에서 루트 사용자를 사용하고 '9.4.1 로그인 경로 구성 파일'의 단계대로 로그인 경로를 설정합니다.

먼저 기본 xtrabackup 명령을 실행합니다.

```
# xtrabackup --host=127.0.0.1 --target-dir=/tmp/backup --backup
...
Using server version 8.0.25
210613 22:23:06 Executing LOCK INSTANCE FOR BACKUP...
...
210613 22:23:07 [01] Copying ./sakila/film.ibd
    to /tmp/backup/sakila/film.ibd
210613 22:23:07 [01]        ...done
...
210613 22:23:10 [00] Writing /tmp/backup/xtrabackup_info
```

```
210613 22:23:10 [00]          ...done
xtrabackup: Transaction log of lsn (6438976119)
     to (6438976129) was copied.
210613 22:23:11 completed OK!
```

로그인 경로가 작동하지 않으면 --user 및 --password 명령줄 인수를 사용해 root 사용자의
자격 증명을 xtrabackup에 전달할 수 있습니다. XtraBackup은 일반적으로 기본 옵션 파일을
읽어 대상 서버의 데이터 디렉터리를 식별할 수 있지만, 작동하지 않거나 MySQL을 여러 번
설치한 경우 --datadir 옵션도 지정해야 할 수 있습니다. xtrabackup은 로컬에서만 작동하
지만 로컬 실행 MySQL 인스턴스에 연결해야 하므로 --host, --port, --socket 등의 인수
가 있습니다. 그중 몇몇 인수는 특정 설정에 따라 지정해야 할 수도 있습니다.

> **TIP_** 이 예시는 백업 대상 경로로 **/tmp/backup**을 사용하지만 **/tmp**에 중요한 파일을 저장하면 안됩니다
> 백업의 경우 특히 그렇습니다.

xtrabackup --backup 호출의 결과는 실제로 어떤 시점과도 일치하지 않는 데이터베이스 파
일의 묶음이고 InnoDB가 적용할 수 없는 재실행 데이터 덩어리입니다.

```
# ls -l /tmp/backup/
...
drwxr-x---. 2 root root       160 Jun 13 22:23 mysql
-rw-r-----. 1 root root  46137344 Jun 13 22:23 mysql.ibd
drwxr-x---. 2 root root        60 Jun 13 22:23 nasa
drwxr-x---. 2 root root       580 Jun 13 22:23 sakila
drwxr-x---. 2 root root       580 Jun 13 22:23 sakila_mod
drwxr-x---. 2 root root        80 Jun 13 22:23 sakila_new
drwxr-x---. 2 root root        60 Jun 13 22:23 sys
...
```

향후 복원을 위해 백업 준비를 하려면 별도 단계를 수행해야 합니다. 이때는 MySQL 서버에
연결할 필요가 없습니다.

```
# xtrabackup --target-dir=/tmp/backup --prepare
...
xtrabackup: cd to /tmp/backup/
xtrabackup: This target seems to be not prepared yet.
```

```
...
Shutdown completed; log sequence number 6438976524
210613 22:32:23 completed OK!
```

결과 데이터 디렉터리는 이제 사용될 준비를 완벽히 마쳤습니다. 이 디렉터리를 직접 가리키는 MySQL 인스턴스를 시작하면 작동할 겁니다. 이때 복원된 백업이 root나 다른 OS 사용자의 소유인데 MySQL 서버를 mysql 사용자로 시작하려는 실수를 자주 합니다. 백업 복구 절차에는 필요에 따라 chown과 chmod를 포함해야 합니다. 이때 유용한 사용자 경험을 제공하는 --copy-back 기능이 있습니다. xtrabackup을 --copy-back 옵션과 같이 호출하면 원래 데이터베이스 파일 레이아웃 위치를 유지하고 모든 파일이 원래 위치로 복원됩니다.

```
# xtrabackup --target-dir=/tmp/backup --copy-back
...
Original data directory /var/lib/mysql is not empty!
```

기존 MySQL 서버가 실행 중이고 데이터 디렉터리가 비어 있지 않아 복원이 실패했습니다. XtraBackup은 대상 데이터 디렉터리가 비어 있지 않으면 복원을 거부해 실수로 백업을 복원하는 일을 방지합니다. 실행 중인 MySQL 서버를 종료하고 데이터 디렉터리를 제거하거나 이동한 다음 백업을 복원하겠습니다.

```
# systemctl stop mysqld
# mv /var/lib/mysql /var/lib/mysql_old
# xtrabackup --target-dir=/tmp/backup --copy-back
...
210613 22:39:01 [01] Copying ./sakila/actor.ibd
    to /var/lib/mysql/sakila/actor.ibd
210613 22:39:01 [01]        ...done
...
210613 22:39:01 completed OK!
```

올바른 위치에 파일이 생성되었지만 소유자가 root입니다.

```
# ls -l /var/lib/mysql/
drwxr-x---. 2 root root      4096 Jun 13 22:39 sakila
drwxr-x---. 2 root root      4096 Jun 13 22:38 sakila_mod
drwxr-x---. 2 root root      4096 Jun 13 22:39 sakila_new
```

파일 소유자를 다시 mysql(또는 시스템에서 사용되는 사용자)로 변경하고 디렉터리 권한을
수정합니다. 완료되면 MySQL을 시작하고 데이터를 확인합니다.

```
# chown -R mysql:mysql /var/lib/mysql/
# chmod o+rx /var/lib/mysql/
# systemctl start mysqld
# mysql sakila -e "SHOW TABLES;"
+-------------------------+
| Tables_in_sakila        |
+-------------------------+
| actor                   |
...
| store                   |
+-------------------------+
```

TIP_ 최선의 방책은 백업 단계에서 백업과 준비 작업을 동시에 진행해서 나중에 발생할 이슈를 최소화하는
것입니다. 일부 데이터를 복구하는 동안 준비 단계가 실패한다고 상상해보세요! 나중에 다룰 증분 백업에는
이 팁과 반대되는 특별한 처리 절차가 있습니다.

10.8.2 고급 기능

XtraBackup의 고급 기능 몇 가지를 설명합니다. 도구를 사용할 필요가 없으며 간단히 개요만
제공합니다.

| 데이터베이스 파일 검증 |

백업을 수행하는 동안 XtraBackup은 처리 중인 데이터 파일의 모든 페이지 체크섬checksum을
확인합니다. 원본 데이터베이스의 손상까지 포함된다는 물리적 백업의 불가피한 문제를 완화
하기 위함입니다. '10.12 백업 테스트 및 확인'에 나열된 단계를 참고해 확인 과정을 강화하길
권합니다.

| 압축 |

물리적 파일을 복사하는 작업이 데이터베이스를 쿼리하는 작업보다 훨씬 더 빠르지만 백업 프로세스는 디스크 성능에 의해 제한됩니다. 읽는 데이터양을 줄일 수는 없지만, 압축하면 백업 자체를 작게 만들어 데이터 소모량은 줄일 수 있습니다. 이는 백업 대상이 네트워크 위치인 경우 특히 중요합니다. 또 백업 저장 시 더 적은 공간을 차지합니다. CPU가 제한된 시스템에서는 '10.3 mysqldump 프로그램'에서 설명한 것처럼 압축이 실제로 백업 생성에 걸리는 시간을 증가시킬 수 있다는 점에 주의하세요. XtraBackup은 압축을 위해 qpress 도구를 사용합니다. 이 도구는 percona-release 패키지에서 사용할 수 있습니다.

```
# xtrabackup --host=127.0.0.1 \
--target-dir=/tmp/backup_compressed/ \
--backup --compress
```

| 병렬 작업 |

--parallel 명령줄 인수를 사용해 백업과 copy-back을 병렬로 실행할 수 있습니다.

| 암호화 |

암호화된 데이터베이스로 작업할 수 있을 뿐만 아니라 암호화된 백업도 생성할 수 있습니다.

| 스트리밍 |

백업된 파일로 가득 찬 디렉터리를 만드는 대신 결과 백업을 xbstream 형식으로 스트리밍할 수 있습니다. 결과적으로 이식 가능한 백업이 생성되고 xbcloud와의 통합이 가능합니다. 예를 들어 SSH를 통해 백업을 스트리밍할 수 있습니다.

| 클라우드 업로드 |

XtraBackup으로 수행한 백업은 xbcloud를 사용해 모든 S3 호환 스토리지에 업로드할 수 있습니다. S3는 아마존의 객체 스토리지 시설로 많은 기업에 널리 채택된 API입니다. 이 도구는 xbstream을 통해 스트리밍되는 백업에서만 작동합니다.

10.8.3 XtraBackup을 사용한 증분 백업

앞에서 설명한 대로 핫 백업은 데이터베이스에 있는 모든 정보 바이트의 복사본입니다. 이 핫 백업이 바로 XtraBackup의 기본 작동 방식입니다. 그러나 많은 경우 데이터베이스가 **불규칙한** 속도로 변경됩니다. 새 데이터가 자주 추가되지만 오래된 데이터는 그다지(또는 전혀) 변경되지 않습니다. 예를 들어, 매일같이 새로운 재무 기록이 추가되고 계정이 수정되지만 한 주 동안 변경되는 계정은 극히 일부에 불과합니다. 따라서 핫 백업을 개선하는 다음 단계는 변경된 데이터의 백업, 소위 **증분 백업**incremental backups을 수행하는 기능을 추가하는 것입니다. 이렇게 하면 공간의 필요를 줄여 백업을 더 자주 수행할 수 있습니다.

증분 백업이 작동하려면 먼저 **기본 백업**이라고 하는 데이터베이스의 전체 백업이 있어야 합니다. 그렇지 않으면 증분할 대상이 없습니다. 기본 백업이 준비되면 이전 백업 이후(또는 첫 번째 증분 백업의 경우 기본 백업에서) 변경사항으로 구성된 증분 백업을 원하는 수만큼 수행할 수 있습니다. 극단적으로 말하면 이 방법은 1분마다 증분 백업을 생성해 특정 시점 복구point-in-time recovery(PITR)를 해내지만 그다지 실용적이지 않으며 최선의 방법도 아닙니다.

다음은 기본 백업을 만든 다음 증분 백업을 만드는 XtraBackup 명령입니다. 증분 백업이 `--incremental-basedir` 인수를 통해 어떻게 기본 백업을 가리키는지 주목해보세요.

```
# xtrabackup --host=127.0.0.1 \
--target-dir=/tmp/base_backup --backup
# xtrabackup --host=127.0.0.1 --backup \
--incremental-basedir=/tmp/base_backup \
--target-dir=/tmp/inc_backup1
```

백업 크기를 보니 증분 백업이 기본 백업에 비해 매우 작습니다.

```
# du -sh /tmp/base_backup
2.2G /tmp/base_backup
6.0M    /tmp/inc_backup1
```

다른 증분 백업을 생성하겠습니다. 이 경우 이전 증분 백업의 디렉터리를 기본 디렉터리로 전달합니다.

```
# xtrabackup --host=127.0.0.1 --backup \
```

```
--incremental-basedir=/tmp/inc_backup1 \
--target-dir=/tmp/inc_backup2
 210613 23:32:20 completed OK!
```

기본 백업의 디렉터리와 새로운 증분 백업마다 --incremental-basedir 디렉터리를 별도로 지정할 수 있는지 알아보겠습니다. 이렇게 해도 완전히 유효한 백업을 생성합니다. 이전 증분 백업뿐만 아니라 기본 백업 이후에 변경된 사항이 포함된 이 같은 증분 백업을 **누적 백업** cumulative backup이라고 합니다. 이전 백업을 대상으로 하는 증분 백업은 **차등 백업** differential backup 이라고 합니다. 누적 백업은 대개 더 많은 공간을 차지하지만 백업이 복원될 때 준비 단계에 필요한 시간을 상당히 줄여줍니다.

증분 백업의 준비 프로세스는 일반 백업의 준비 프로세스와 다릅니다. 기본 백업부터 시작해 방금 수행한 백업을 준비하겠습니다.

```
# xtrabackup --prepare --apply-log-only \
--target-dir=/tmp/base_backup
```

--apply-log-only 인수는 증분 백업에서 변경사항을 적용해야 하므로 xtrabackup이 준비 프로세스를 완료하지 않도록 지시합니다.

```
# xtrabackup --prepare --apply-log-only \
--target-dir=/tmp/base_backup \
--incremental-dir=/tmp/inc_backup1
# xtrabackup --prepare --apply-log-only \
--target-dir=/tmp/base_backup \
--incremental-dir=/tmp/inc_backup2
```

모든 명령은 마지막에 완료 메시지를 출력해야 합니다. --prepare --apply-log-only 작업이 실행되면 기본 백업이 증분 백업 시점으로 진행되어 PITR을 더 이른 시점으로 만들지 못합니다. 따라서 증분 백업을 수행할 때 즉시 준비하는 것은 좋지 않습니다. 준비 프로세스를 완료하려면 증분 백업에서 적용된 변경사항이 있는 기본 백업을 정상적으로 준비해야 합니다.

```
# xtrabackup --prepare --target-dir=/tmp/base_backup
```

기본 백업이 '완전히' 준비되면, 증분 백업을 적용하려는 시도가 실패하고 다음 메시지가 표시됩니다.

```
xtrabackup: This target seems to be already prepared.
xtrabackup: error: applying incremental backup needs
    target prepared with --apply-log-only.
```

증분 백업은 데이터베이스에 변동사항이 비교적 많으면 비효율적입니다. 기본 백업 이후 데이터베이스의 모든 행이 변경된 최악의 경우, 증분 백업은 데이터의 100%를 저장하는 전체 백업이 됩니다. 증분 백업은 이전 데이터에서 추가되거나 변경되는 양이 비교적 적을 때 가장 효율적입니다. 명확한 기준은 없지만 기본 백업과 증분 백업 간에 데이터의 50%가 변경된다면 증분 백업을 하지 않는 편이 좋습니다.

10.9 기타 물리적 백업 도구

핫 MySQL 물리적 백업을 수행하는 도구는 XtraBackup만이 아닙니다. XtraBackup으로 개념을 설명한 이유는 XtraBackup의 사용 경험이 좋기 때문입니다. 그렇다고 다른 도구가 나쁘다는 얘기는 아닙니다. 필요에 따라 다른 도구가 더 잘 맞을 수 있습니다. MySQL 백업이란 주제는 책 한 권을 채울 만큼 광대한데 지면이 제한될 뿐입니다!

그래서 다른 도구에 대한 아이디어를 제공하기 위해 사용하기 쉬운 물리적 백업 도구 두 가지를 살펴보겠습니다.

10.9.1 MySQL 엔터프라이즈 백업

짧게 줄여 MEB라고 칭하는 이 도구는 오라클 MySQL 엔터프라이즈 에디션의 일부로 제공됩니다. 기능 면에서 XtraBackup과 유사한 비공개 소스 독점 도구입니다. MySQL 웹사이트에서 이 도구를 상세히 설명한 문서를 찾을 수 있습니다. 두 도구의 지원 기능은 동일하므로 XtraBackup에서 다룬 거의 모든 사항을 MEB에도 사용할 수 있습니다.

MEB의 두드러진 특징은 진정한 크로스 플랫폼 솔루션이라는 것입니다. XtraBackup은 리눅스에서만 작동하는 반면 MEB는 솔라리스, 윈도우, 맥OS, FreeBSD에서도 작동합니다. MEB는 오라클의 표준 버전 이외의 MySQL 버전을 지원하지 않습니다.

MEB에는 XtraBackup에서 사용할 수 없는 다음 기능이 추가되었습니다.

- 백업 진행 상황 보고
- 오프라인 백업
- 오라클 Secure Backup을 통한 테이프 백업
- 바이너리 및 릴레이 로그 백업
- 복원 시 테이블 이름 변경

10.9.2 mariabackup

`mariabackup`은 MySQL 데이터베이스를 백업하기 위한 MariaDB의 도구입니다. 원래 XtraBackup에서 파생되었으며 리눅스와 윈도우에서 사용할 수 있는 무료 오픈소스입니다. `mariabackup`은 MySQL의 MariaDB 포크와 원활하게 작동합니다. MariaDB가 주류 MySQL 및 퍼코나 서버와 크게 다르지만 `mariabackup`은 XtraBackup의 포크이기 때문에 도구의 사용 방식과 속성이 많이 유사합니다. 백업 암호화와 보조 인덱스 생략 같은 XtraBackup의 새로운 기능 중 일부는 지원하지 않습니다. 하지만 XtraBackup을 사용해 MariaDB를 백업할 수는 없습니다.

10.10 특정 시점 복구

이제 핫 백업의 개념에 익숙해졌으니 백업 툴킷을 완성하는 데 필요한 정보를 거의 갖춘 셈입니다. 지금까지 논의한 백업 유형은 공통점이 하나 있습니다. 바로 결함이죠. 모든 백업은 백업한 시점에 대한 복원만을 허용합니다. 월요일 23시에 만들어진 백업과 화요일 23시에 만들어진 백업이 있는 경우 화요일 17시 기준으로 복원할 수는 없습니다.

이 장의 도입부에서 얘기한 인프라 장애 사례를 기억하나요? 상황을 악화시켜 데이터가 사라졌고 모든 드라이브에 장애가 발생했으며 복제본이 없다고 가정하겠습니다. 이 사건은 수요일

21시에 발생했습니다. PITR이 없고 매일 백업을 23시에 수행했다면 하루 분량의 데이터를 잃게 됩니다. 틀림없이, XtraBackup을 사용해 증분 백업을 수행하면 이 문제가 다소 경감되겠지만 데이터 손실 가능성이 여전하며 그렇다고 증분 백업을 자주 실행하는 것도 실용적이진 않습니다.

MySQL은 **바이너리 로그**binary log라는 트랜잭션 로그를 유지 관리합니다. 지금까지 논의한 백업 방법을 바이너리 로그와 결합하면 임의의 시점에서 트랜잭션으로 복원할 수 있습니다. 이 작업을 수행하려면 백업 이후의 모든 백업과 바이너리 로그가 필요하다는 사실을 이해해야 합니다. 또 시간을 되돌릴 수 없으므로 가장 오래된 기본 백업 또는 덤프가 생성되기 전의 시점으로는 데이터를 복구할 수 없습니다.

바이너리 로그에는 트랜잭션 타임스탬프와 해당 식별자가 모두 포함됩니다. 둘 중 하나에 의존해 복구할 수 있으며 MySQL에 특정 타임스탬프로 복구하도록 지시도 할 수 있습니다. 이것은 최신 시점으로 복구하려는 경우에는 문제가 되지 않지만 '10.2.2 배포 버그'에서 설명한 것처럼 논리적 불일치를 수정하기 위해 복원을 수행할 때는 매우 중요하고 유용합니다. 그러나 대부분의 경우 특정 문제가 있는 거래를 식별해야 하므로 그 방법을 보여주겠습니다.

MySQL의 흥미로운 특징 하나는 논리적 백업을 위해 PITR을 허용한다는 점입니다. '10.4 SQL 덤프 파일에서 데이터 로드'에서는 `mysqldump`를 사용한 복제본 프로비저닝을 위한 바이너리 로그 저장 위치를 설명했습니다. 동일한 바이너리 로그 위치를 PITR의 시작점으로 사용하겠습니다. 다른 데이터베이스와 달리 MySQL의 모든 백업 유형이 PITR에 적합합니다. 이 속성을 활용하려면 백업을 수행할 때 바이너리 로그 위치를 기록해두십시오. 여러분을 대신해 백업 도구가 이 일을 수행합니다. 그렇지 않은 도구를 사용할 때는 SHOW MASTER STATUS를 실행해 해당 데이터를 얻을 수 있습니다.

10.10.1 바이너리 로그에 대한 기술적 배경

MySQL은 '7.8 대체 스토리지 엔진'에서 설명한 것처럼 다중 스토리지 엔진을 지원한다는 점에서 많은 주류 RDBMS와 다릅니다. 뿐만 아니라 단일 데이터베이스 내부의 테이블에 대해 다중 스토리지 엔진을 지원합니다. 그 결과, MySQL의 개념은 부분적으로 여느 시스템과 다릅니다.

MySQL의 바이너리 로그는 본질적으로 트랜잭션 로그입니다. 바이너리 로깅이 활성화되면 모든 트랜잭션(읽기 전용 트랜잭션 제외)이 바이너리 로그에 반영됩니다. 바이너리 로그에 트랜잭션을 기록하는 방법은 세 가지입니다.

| 구문 |

이 모드에서는 명령문이 작성된 대로 바이너리 로그에 기록되므로 복제 시나리오에서 결정적이지 않은 실행이 발생할 수 있습니다.

| 열 |

이 모드에서는 명령문이 각각 단일 특정 행을 수정하는 최소 DML 작업으로 나뉩니다. 이 모드는 결정적 실행을 보장하지만 가장 장황하며 결과적으로 가장 큰 파일을 생성하므로 I/O 오버헤드가 가장 커집니다.

| 혼합 |

이 모드에서 '안전한' 구문은 있는 그대로 기록되고 그렇지 않은 구문은 분해됩니다.

일반적으로 데이터베이스 관리 시스템에서 트랜잭션 로그는 충돌 복구와 복제, PITR에 사용됩니다. 그러나 MySQL은 여러 스토리지 엔진을 지원하기 때문에 바이너리 로그를 충돌 복구에 사용할 수 없습니다. 대신, 각 엔진은 고유한 충돌 복구 메커니즘을 유지합니다. 예를 들어 MyISAM은 충돌에서 안전하지 않은 반면 InnoDB에는 자체적인 재실행 로그redo log가 있습니다. MySQL의 모든 트랜잭션은 이러한 다중 엔진 특성을 허용하기 위해 2단계 커밋을 진행하는 분산 트랜잭션입니다. 커밋된 각 트랜잭션은 엔진이 트랜잭션인 경우 스토리지 엔진의 재실행 로그와 MySQL 자체 트랜잭션 로그(바이너리 로그)에 반영되도록 보장됩니다.

> NOTE_ PITR이 가능하려면 MySQL 인스턴스에서 바이너리 로깅을 활성화해야 합니다. 또 각 쓰기의 내구성을 보장하는 sync_binlog=1로 기본 설정해야 합니다. 바이너리 로그 동기화 비활성화의 장단점을 이해하려면 MySQL 공식 문서(https://oreil.ly/ygjVz)를 참조하세요.

바이너리 로그에 대해서는 13장에서 더 얘기하겠습니다.

10.10.2 바이너리 로그 보존

PITR을 허용하려면 가장 오래된 백업의 바이너리 로그 위치에서 시작하는 바이너리 로그를 보존해야 합니다. 이를 수행하는 방법은 다음과 같습니다.

- rsync와 같이 쉽게 사용할 수 있는 도구를 사용해 바이너리 로그를 '수동으로' 복사하거나 동기화합니다. MySQL은 현재 바이너리 로그 파일에 계속해서 기록한다는 점을 기억하세요. 파일을 지속적으로 동기화하는 대신 복사하는 경우, 현재 바이너리 로그 파일을 복사하면 안 됩니다. 파일을 지속적으로 동기화하면 부분 파일이 최신 버전이 아닌 파일을 덮어쓰는 방식으로 이 문제를 해결합니다.
- mysqlbinlog를 사용해 개별 파일을 복사하거나 바이너리 로그를 지속적으로 스트리밍합니다. 공식 문서(https://oreil.ly/GAsjw)의 지침을 참고할 수 있습니다.
- 바이너리 로그 복사 기능을 내장한 MySQL 엔터프라이즈 백업을 사용합니다. 지속적인 복사가 아니지만 증분 백업에 의존해 바이너리 로그 복사본을 갖게 됨을 유의하세요. 이렇게 하면 두 백업 간의 PITR이 허용됩니다.
- binlog_expire_logs_seconds 또는 expire_logs_days 변수에 높은 값을 설정해 MySQL 서버가 데이터 디렉터리에 필요한 바이너리 로그를 모두 저장하도록 허용합니다. 이 옵션은 단독으로 사용하지 않는 것이 이상적이며 다른 옵션과 함께 사용할 수 있습니다. 파일 시스템 손상과 같은 데이터 디렉터리에 문제가 생기면 그곳에 저장된 바이너리 로그도 손실될 수 있습니다.

10.10.3 PITR 대상 구별

PITR 기술을 사용하면 두 가지 목표를 달성할 수 있습니다.

1 최신 시점으로 복구하기
2 임의의 시점으로 복구하기

첫째는 앞에서 설명한 것처럼 완전히 손실된 데이터베이스를 사용 가능한 최신 상태로 복구하는 데 유용합니다. 둘째는 데이터를 특정 시점으로 되돌리는 데 유용합니다. '10.2.2 배포 버그'에 예시가 있습니다. 손실되거나 잘못 수정된 데이터를 복구하려면 백업을 복원한 다음 배포가 실행되기 직전의 특정 시점으로 복구합니다.

문제가 발생한 실제 특정 시간을 식별하기 어려울 수도 있습니다. 대부분의 경우 원하는 시점을 찾는 유일한 방법은 문제가 발생한 시간에 작성된 바이너리 로그를 검사하는 것입니다.

예를 들어 테이블이 삭제된 것으로 의심된다면 테이블 이름을 찾아 해당 테이블에서 실행된 DDL 문이나 특히 DROP TABLE 문을 찾습니다.

예를 들어보겠습니다. 실제로 테이블을 삭제해야 하므로 '7.2 쉼표로 구분된 파일(CSV)에서 데이터 로드'에서 만든 facilities 테이블을 삭제하겠습니다. 그리고 그 전에 원본 백업에는 없었던 레코드를 하나 삽입하겠습니다.

```
mysql> INSERT INTO facilities(center)
    -> VALUES ('this row was not here before');
Query OK, 1 row affected (0.01 sec)
```

```
mysql> DROP TABLE nasa.facilities;
Query OK, 0 rows affected (0.02 sec)
```

이 장에서 살펴본 백업 중 하나를 선택해 복원할 수 있겠지만, 그러면 해당 지점과 DROP 사이의 데이터베이스 변경사항이 손실됩니다. 그 대신, mysqlbinlog를 사용해 바이너리 로그의 내용을 검사하고 DROP 문이 실행되기 직전의 복구 대상을 찾습니다. 데이터 디렉터리에서 사용 가능한 바이너리 로그 목록을 찾으려면 다음 명령을 실행합니다.

```
mysql> SHOW BINARY LOGS;
+---------------+-----------+-----------+
| Log_name      | File_size | Encrypted |
+---------------+-----------+-----------+
| binlog.000291 |       156 | No        |
| binlog.000292 |       711 | No        |
+---------------+-----------+-----------+
2 rows in set (0.00 sec)
```

WARNING_ MySQL은 데이터 디렉터리에 바이너리 로그를 영원히 보관하지 않습니다. binlog_expire_logs_seconds 또는 expire_log_days에 지정된 기간이 넘은 경우 자동으로 제거되며 PURGE BINARY LOGS를 실행해 수동으로 제거할 수도 있습니다. 바이너리 로그를 사용할 수 있는지 확인하려면 이 전 절에서 설명한 대로 데이터 디렉터리 외부에 보관해야 합니다.

이제 바이너리 로그 목록을 사용할 수 있으므로 최신 로그부터 가장 오래된 로그까지 검색하거나 모든 내용을 함께 덤프할 수 있습니다. 이 예시는 파일이 작으니 후자의 접근방식을 사용합니다. 이 경우 `mysqlbinlog` 명령이 사용됩니다.

```
# cd /var/lib/mysql
# mysqlbinlog binlog.000291 binlog.000292 \
-vvv --base64-output='decode-rows' > /tmp/mybinlog.sql
```

출력 파일을 검사하면 문제가 있는 문장을 찾을 수 있습니다.

```
...
#210613 23:32:19 server id 1  end_log_pos 200 ... Rotate to binlog.000291
...
# at 499
#210614  0:46:08 server id 1  end_log_pos 576 ...
# original_commit_timestamp=1623620769019544 (2021-06-14 00:46:09.019544 MSK)
# immediate_commit_timestamp=1623620769019544 (2021-06-14 00:46:09.019544 MSK)
/*!80001 SET @@session.original_commit_timestamp=1623620769019544*//*!*/;
/*!80014 SET @@session.original_server_version=80025*//*!*/;
/*!80014 SET @@session.immediate_server_version=80025*//*!*/;
SET @@SESSION.GTID_NEXT= 'ANONYMOUS'/*!*/;
# at 576
#210614  0:46:08 server id 1  end_log_pos 711 ... Xid = 25
use `nasa`/*!*/;
SET TIMESTAMP=1623620768/*!*/;
DROP TABLE `facilities` /* generated by server */
/*!*/;
SET @@SESSION.GTID_NEXT= 'AUTOMATIC' /* added by mysqlbinlog */ /*!*/;
DELIMITER ;
...
```

2021-06-14 00:46:08 이전 시점이나 바이너리 로그 위치 499에서 복구를 중지해야 합니다. 여기에 `binlog.00291`을 포함한 최신 백업의 모든 바이너리 로그가 필요합니다. 이 정보를 사용해 백업 복원과 복구를 진행할 수 있습니다.

10.10.4 특정 시점 복구: XtraBackup

XtraBackup은 자체적으로 PITR 기능을 제공하지 않습니다. 복원된 데이터베이스에서 바이너리 로그 내용을 재생하려면 `mysqlbinlog`를 실행하는 단계를 추가해야 합니다.

1 백업을 복원합니다. 정확한 단계는 '10장 백업 및 복구'를 참조하십시오.

2 MySQL 서버를 시작합니다. 원본 인스턴스에서 직접 복원하는 경우 `--skip-networking` 옵션을 사용해 로컬이 아닌 클라이언트가 데이터베이스에 액세스하지 못하게 하는 것이 좋습니다. 그렇지 않으면 일부 클라이언트는 실제로 복구를 완료하기 전에 데이터베이스를 변경할 수 있습니다.

3 백업의 바이너리 로그 위치를 찾습니다. 백업 디렉터리의 `xtrabackup_binlog_info` 파일을 확인합니다.

```
# cat /tmp/base_backup/xtrabackup_binlog_info
binlog.000291    156
```

4 복구하려는 타임스탬프나 바이너리 로그 위치를 찾으십시오(예: 앞에서 설명한 대로 DROP TABLE이 실행되기 직전).

5 원하는 지점까지 바이너리 로그를 재생합니다. 이 예시에는 바이너리 로그 `binlog.000291`을 별도로 보존했지만 바이너리 로그의 소스로 중앙 집중식 바이너리 로그 저장소를 사용합니다. 이를 위해 `mysqlbinlog` 명령을 사용합니다.

```
# mysqlbinlog /opt/mysql/binlog.000291 \
/opt/mysql/binlog.000292 --start-position=156 \
--stop-datetime="2021-06-14 00:46:00" | mysql
```

6 복구가 성공적으로 끝나고 누락된 데이터가 없는지 확인합니다. `facillities` 테이블을 삭제하기 전에 추가한 데이터를 확인해보겠습니다.

```
mysql> SELECT center FROM facilities
    -> WHERE center LIKE '%before%';
+----------------------------+
|           center           |
+----------------------------+
| this row was not here before |
+----------------------------+
1 row in set (0.00 sec)
```

10.10.5 특정 시점 복구: mysqldump

PITR에 `mysqldump`를 사용하는 과정은 XtraBackup에서 수행한 과정과 유사합니다. PITR이 MySQL의 모든 백업 유형과 유사하다는 것을 알 수 있도록 설명해보겠습니다.

1 SQL 덤프를 복원합니다. 다시 말하지만, 복구 대상 서버가 백업 소스인 경우 클라이언트가 액세스할 수 없도록 만들고 싶을 것입니다.

2 `mysqldump` 백업 파일에서 바이너리 로그 위치를 찾습니다.

```
CHANGE MASTER TO MASTER_LOG_FILE='binlog.000010',
MASTER_LOG_POS=191098797;
```

3 복구하려는 타임스탬프나 바이너리 로그 위치를 찾습니다(예: 앞에서 설명한 대로 DROP TABLE이 실행되기 직전).

4 원하는 지점까지 바이너리 로그를 재생replay합니다.

```
# mysqlbinlog /path/to/datadir/mysql-bin.000010 \
/path/to/datadir/mysql-bin.000011 \
--start-position=191098797 \
--stop-datetime="20-05-25 13:00:00" | mysql
```

10.11 InnoDB 테이블스페이스 내보내기 및 가져오기

물리적 백업에는 일반적으로 데이터베이스 파일의 상당 부분을 동시에 복사해야 한다는 단점이 있습니다. MyISAM 같은 스토리지 엔진은 유휴 테이블의 데이터 파일 복사를 허용하지만 InnoDB 파일의 일관성을 보장할 수는 없습니다. 하지만 상황에 따라 일부 테이블만 전송하는 경우도 있습니다. 지금까지 살펴본 유일한 방법은 견딜 수 없을 정도로 느린 논리적 백업을 사용하는 방법뿐입니다. 공식적으로 **이동 가능한 테이블스페이스**Transportable Tablespace라고 불리는 InnoDB의 테이블스페이스 내보내기 및 가져오기 기능은 파일 복사와 일관성, 두 가지 장점을 모두 취합니다. 이 기능을 내보내기/가져오기export/import라고 부르겠습니다.

이동 가능한 테이블스페이스를 사용하면 온라인 물리적 백업의 성능과 논리적 백업의 세분성을 결합할 수 있습니다. 본질적으로 InnoDB 테이블의 데이터 파일을 온라인으로 복사해 같은 테이블이나 다른 테이블로 가져오는 데 사용하는 기능을 제공합니다. 이러한 복사본은 백업 역할을 하거나 별도의 MySQL 설치 간에 데이터를 전송하는 수단으로 사용합니다.

논리적 덤프가 동일한 결과를 반환하는데 왜 굳이 내보내기/가져오기를 사용할까요? 내보내기/가져오기가 훨씬 빠르며 테이블이 잠기는 것을 제외하고는 서버에 큰 영향을 주지 않기 때문입니다. 가져오기의 경우 특히 그렇습니다. 이동 가능한 테이블스페이스는 수기가바이트 크기의 테이블이 모인 데이터베이스에서 데이터를 전송하는 몇 안 되는 실행 가능한 옵션 중 하나입니다.

10.11.1 기술적 배경

이 기능의 작동 방식 이해를 돕기 위해 물리적 백업과 테이블스페이스라는 두 개념을 간략하게 살펴보겠습니다.

앞에서 보았듯이 물리적 백업의 일관성을 유지하기 위해 일반적으로 두 가지 경로를 사용합니다. 첫째는 인스턴스를 종료하거나 보장된 방식으로 데이터를 읽기 전용으로 만드는 방식입니다. 둘째는 데이터 파일을 특정 시점과 일관되게 만든 다음 해당 시점과 백업 종료 사이의 모든 변경사항을 누적하는 방식입니다. 이동 가능한 테이블스페이스는 첫째 방식을 따라 작동하므로 테이블을 잠시 동안 읽기 전용으로 만들어야 합니다.

테이블스페이스는 테이블의 데이터와 인덱스를 저장하는 파일입니다. 기본적으로 InnoDB는 `innodb_file_per_table` 옵션을 사용해 각 테이블에 대한 전용 테이블스페이스 파일을 강제로 생성합니다. 여러 테이블에 대한 데이터를 포함할 테이블스페이스를 생성할 수도 있으며 모든 테이블이 단일 `ibdata` 테이블스페이스에 상주하도록 하는 '구식' 동작을 사용할 수도 있습니다. 그러나 내보내기는 각 테이블에 대한 전용 테이블스페이스가 있는 기본 구성에만 지원됩니다. 테이블스페이스는 분할된 테이블의 각 파티션에 별도로 존재하므로 별도의 테이블 간에 파티션을 전송하거나 파티션에서 테이블을 생성하는 흥미로운 기능을 허용합니다.

10.11.2 테이블스페이스 내보내기

이제 내보내기를 위해 수행해야 하는 작업을 알아보겠습니다. 여전히 테이블 정의가 누락되었습니다. 대부분의 InnoDB 테이블스페이스 파일에는 실제로 테이블에 대한 데이터 딕셔너리 레코드의 중복 복사본이 포함되지만, 이동 가능한 테이블스페이스의 현재 구현에서는 가져오기 전에 대상에 테이블이 있어야 합니다.

테이블스페이스 내보내기 단계는 다음과 같습니다.

1 테이블 정의를 가져옵니다.

2 테이블에 대한 모든 쓰기를 중지하고 일관성을 유지합니다.

3 차후 테이블스페이스 가져오기에 필요한 추가 파일을 준비합니다.

- .cfg 파일은 스키마 확인에 사용되는 메타데이터를 저장합니다.
- .cfp 파일은 암호화를 사용하는 경우에만 생성되며 대상 서버가 테이블스페이스를 해독하는 데 필요한 키를 포함합니다.

테이블 정의를 얻으려면 이 책 전체에서 몇 번 등장한 SHOW CREATE TABLE 명령을 사용할 수 있습니다. 그 외 모든 단계는 FLUSH TABLE ... FOR EXPORT라는 단일 명령으로 MySQL에서 자동으로 수행됩니다. 이 명령은 테이블을 잠그고 대상 테이블의 일반 .ibd 파일 근처에 추가 필수 파일(암호화가 사용되는 경우엔 파일들)을 생성합니다. 그 후 sakila 데이터베이스에서 actor 테이블을 내보냅니다.

```
mysql> USE sakila
mysql> FLUSH TABLE actor FOR EXPORT;
Query OK, 0 rows affected (0.00 sec)
```

FLUSH TABLE이 실행된 세션은 열려 있어야 합니다. 세션이 종료되는 즉시 actor 테이블이 해제되기 때문입니다. 새 파일 actor.cfg는 MySQL 데이터 디렉터리의 일반 actor.ibd 파일과 함께 나타나야 합니다.

```
# ls -1 /var/lib/mysql/sakila/actor.
/var/lib/mysql/sakila/actor.cfg
/var/lib/mysql/sakila/actor.ibd
```

.ibd, .cfg 파일 쌍은 복사해 나중에 사용할 수 있습니다. 파일을 복사한 후에는 일반적으로 UNLOCK TABLES 문을 실행하거나 FLUSH TABLE이 호출된 세션을 닫아 테이블에 대한 잠금을 해제하는 것이 좋습니다. 모든 작업이 완료되면 테이블스페이스를 가져올 준비를 마친 것입니다.

> **NOTE_** 다음과 같이 분할된 테이블에는 여러 .ibd 파일이 있고 각 테이블에는 전용 .cfg 파일이 있습니다.
> - learning_mysql_partitioned#p#p0.cfg
> - learning_mysql_partitioned#p#p0.ibd
> - learning_mysql_partitioned#p#p1.cfg
> - learning_mysql_partitioned#p#p1.ibd

10.11.3 테이블스페이스 가져오기

테이블스페이스를 가져오는 방법은 매우 간단합니다. 다음 단계로 구성됩니다.

1 보존된 정의를 사용해 테이블을 생성합니다. 어떤 식으로든 테이블의 정의를 변경할 수 없습니다.

2 테이블의 테이블스페이스를 버립니다.

3 .ibd 및 .cfg 파일을 복사합니다.

4 테이블스페이스를 가져올 테이블을 변경합니다.

테이블이 대상 서버에 존재하고 정의가 동일하면 1단계는 수행할 필요가 없습니다.

같은 서버의 다른 데이터베이스에 있는 actor 테이블을 복원해보겠습니다. 테이블이 필요하므로 다음과 같이 만듭니다.

```
mysql> USE nasa
mysql> CREATE TABLE `actor` (
    -> `actor_id` smallint unsigned NOT NULL AUTO_INCREMENT,
    -> `first_name` varchar(45) NOT NULL,
    -> `last_name` varchar(45) NOT NULL,
    -> `last_update` timestamp NOT NULL DEFAULT CURRENT_TIMESTAMP
    -> ON UPDATE CURRENT_TIMESTAMP,
    -> PRIMARY KEY (`actor_id`),
    -> KEY `idx_actor_last_name` (`last_name`)
    -> ) ENGINE=InnoDB AUTO_INCREMENT=201 DEFAULT
```

```
    -> CHARSET=utf8mb4 COLLATE=utf8mb4_0900_ai_ci;
Query OK, 0 rows affected (0.04 sec)
```

actor 테이블이 생성되자마자 MySQL은 .ibd 파일을 생성합니다.

```
# ls /var/lib/mysql/nasa/
actor.ibd  facilities.ibd
```

이제 다음 단계로 넘어가 이 새 테이블의 테이블스페이스를 버립시다. ALTER TABLE을 실행합니다.

```
mysql> ALTER TABLE actor DISCARD TABLESPACE;
Query OK, 0 rows affected (0.02 sec)
```

이제 .ibd 파일이 사라집니다.

```
# ls /var/lib/mysql/nasa/
facilities.ibd
```

> **WARNING_** 테이블스페이스를 폐기하면 연결된 테이블스페이스 파일이 완전히 삭제되며 복구할 수 없습니다. 실수로 **ALTER TABLE ... DISCARD TABLESPACE**를 실행한 경우 백업에서 복구해야 합니다.

이제 .cfg 파일과 함께 원본 actor 테이블의 내보내진 테이블스페이스를 복사할 수 있습니다.

```
# cp -vip /opt/mysql/actor.* /var/lib/mysql/nasa/
'/opt/mysql/actor.cfg' -> '/var/lib/mysql/nasa/actor.cfg'
'/opt/mysql/actor.ibd' -> '/var/lib/mysql/nasa/actor.ibd'
```

모든 단계가 완료되면 이제 테이블스페이스를 가져오고 데이터를 확인할 수 있습니다.

```
mysql> ALTER TABLE actor IMPORT TABLESPACE;
Query OK, 0 rows affected (0.02 sec)

mysql> SELECT * FROM nasa.actor LIMIT 5;
```

```
+----------+------------+--------------+---------------------+
| actor_id | first_name | last_name    | last_update         |
+----------+------------+--------------+---------------------+
|        1 | PENELOPE   | GUINESS      | 2006-02-15 04:34:33 |
|        2 | NICK       | WAHLBERG     | 2006-02-15 04:34:33 |
|        3 | ED         | CHASE        | 2006-02-15 04:34:33 |
|        4 | JENNIFER   | DAVIS        | 2006-02-15 04:34:33 |
|        5 | JOHNNY     | LOLLOBRIGIDA | 2006-02-15 04:34:33 |
+----------+------------+--------------+---------------------+
5 rows in set (0.00 sec)
```

nasa.actor에 sakila.actor의 데이터가 있음을 알 수 있습니다.

이동 가능한 테이블스페이스의 뛰어난 장점은 단연 효율성입니다. 이 기능을 사용해 데이터베이스 간에 매우 큰 테이블을 쉽게 이동할 수 있습니다.

10.11.4 XtraBackup 단일 테이블 복원

이동 가능한 테이블스페이스를 살펴보며 XtraBackup을 다시 한번 언급하게 되었습니다. XtraBackup을 사용하면 기존 백업에서 테이블을 내보낼 수 있기 때문입니다. 사실, 이 방법이 개별 테이블을 복원하기에 가장 편리하며, 단일 테이블 또는 부분 데이터베이스 PITR의 시작점이기도 합니다.

XtraBackup은 가장 진보한 백업과 복구 기술의 하나로 이동 가능한 테이블스페이스 기능을 기반으로 합니다. 그래서 모든 제약 사항이 동일합니다. 한 예로, 테이블당 파일이 아닌 테이블스페이스에서는 작동하지 않습니다. 여기서는 정확한 단계를 제시하지 않고 사용법만 소개하겠습니다.

단일 테이블 복원을 수행하려면 먼저 --export 명령줄 인수와 함께 xtrabackup을 실행해 테이블을 내보낼 준비를 해야 합니다. 이 명령에는 테이블 이름이 지정되지 않으며 실제로는 각 테이블이 내보내집니다. 이전에 수행한 백업 중 하나에서 명령을 실행해보겠습니다.

```
# xtrabackup --prepare --export --target-dir=/tmp/base_backup
# ls -1 /tmp/base_backup/sakila/
actor.cfg
actor.ibd
```

```
address.cfg
address.ibd
category.cfg
category.ibd
...
```

각 테이블에 `.cfg` 파일이 있습니다. 이제 모든 테이블스페이스를 다른 데이터베이스로 내보내고 가져올 준비가 되었습니다. 여기에서 이전 절의 단계를 반복해 테이블 중 하나에서 데이터를 복원할 수 있습니다.

단일 테이블 또는 부분 데이터베이스 PITR은 까다롭습니다. 대부분의 데이터베이스 관리 시스템에서도 그렇습니다. '10.10 특정 시점 복구'에서 보았듯이 MySQL의 PITR은 바이너리 로그를 기반으로 합니다. 부분 복구는 모든 데이터베이스의 모든 테이블에 관한 트랜잭션이 기록되지만 복제를 통해 적용될 때 바이너리 로그가 필터링될 수 있음을 의미합니다. 따라서 부분 복구 절차는 매우 간략하게 살펴보면 이렇습니다. 필요한 테이블을 내보내고 완전히 별도의 인스턴스를 만들고 복제 채널을 통해 바이너리 로그와 함께 제공합니다.

자세한 정보는 'MySQL Single Table PITR(`https://oreil.ly/jjdfT`)'을 비롯해 'Filtering Binary Logs with MySQL(`https://oreil.ly/YWWpY`)', 'How to Make MySQL PITR Faster(`https://oreil.ly/zoWpw`)' 같은 커뮤니티 블로그와 글을 참조하세요.

내보내기/가져오기 기능은 특정 상황에서 바르게 사용될 때 강력한 기술입니다.

10.12 백업 테스트 및 확인

백업은 신뢰할 때만 유효합니다. 가장 절실한 순간 무용지물이 되어 버린 백업 시스템 사례가 많습니다. 백업을 자주 수행해도 데이터 손실은 일어납니다. 백업이 도움되지 않거나 소용없어지는 상황은 다양합니다.

| 일관성 없는 백업 |
가장 간단한 예는 데이터베이스가 실행 중일 때 여러 볼륨에서 잘못 가져온 스냅샷 백업입니다. 결과 백업이 손상되거나 데이터가 누락될 수 있습니다. 불행히도 백업 중 일부는 일관성이 있으나 다른 백업은 너무 늦기 전에 알아챌 정도로 손상되거나 일관성이 없을 수 있습니다.

| 원본 데이터베이스의 손상 |

앞서 광범위하게 다룬 물리적 백업에는 손상 여부에 관계없이 모든 데이터베이스 페이지의 복사본이 있습니다. 일부 도구는 데이터 이동 시 데이터를 확인하려고 하지만 오류가 전혀 없지는 않습니다. 성공적인 백업에도 나중에 읽을 수 없는 잘못된 데이터가 포함될 수 있습니다.

| 백업 손상 |

백업은 그 자체로 데이터일 뿐이므로 원본 데이터와 동일한 문제에 취약합니다. 데이터가 저장되는 동안 데이터가 손상되면 성공적인 백업이 완전히 쓸모 없게 될 수 있습니다.

| 버그 |

늘 일어나는 일입니다. 12년 동안 사용해온 백업 도구에서 그 많은 사용자를 제치고 하필 여러분이 버그를 발견할 수 있습니다. 최상의 경우 백업이 실패합니다. 최악의 경우 복원에 실패할 수 있습니다.

| 작동 오류 |

사람은 실수를 합니다. 사람이 일을 자동화하면 인적 오류가 버그로 대체될 뿐입니다.

이 목록은 직면할 만한 문제 상황을 전부 열거하지는 않지만 백업 전략이 건전해도 발생할 수 있는 문제를 통찰하게 해줍니다. 마음 놓고 숙면을 취하도록 몇 가지 안전 조치를 살펴보겠습니다.

- 백업 시스템을 구현할 때 테스트를 철저히 하고 다양한 모드에서 테스트를 수행하십시오. 시스템을 확실히 백업해두면 복구가 편합니다. 부하가 있는 상태에서 테스트하고 부하가 없는 상태에서도 테스트를 수행합니다. 데이터를 수정하는 연결이 없을 때 백업이 일관될 수 있고, 그렇지 않은 경우 백업이 실패할 수 있습니다.
- 물리적 백업과 논리적 백업을 모두 합니다. 특히 소스 데이터 손상과 관련해 속성과 오류 모드가 다를 수 있습니다.

- 백업을 백업하십시오. 또는 백업이 적어도 데이터베이스만큼 내구성이 강한지 확인하십시오.

- 백업 복원 테스트를 주기적으로 수행하십시오.

마지막 조치가 특히 흥미롭습니다. 백업을 복원하고 테스트할 때까지는 안전하다고 간주하지 않아야 합니다. 즉, 완벽한 환경에서 자동화는 실제로 백업을 사용해 데이터베이스 서버를 구축하고 잘 된 경우에만 성공을 보고합니다. 또 새 데이터베이스를 복제본으로 소스에 연결할 수 있으며 퍼코나 툴킷^{Percona Toolkit}의 `pt-table-checksum(https://oreil.ly/YgfuM)` 같은 데이터 검증 도구로 데이터 일관성을 확인할 수 있습니다.

다음은 물리적 백업 시 백업 데이터를 확인하는 단계입니다.

1 백업을 준비합니다.

2 백업을 복원합니다.

3 모든 `.ibd` 파일에 innochecksum을 실행합니다.

다음 명령은 리눅스에서 네 개의 innochecksum 프로세스를 병렬로 실행합니다.

```
$ find . -type f -name "*.ibd" -print0 |\
xargs -t -0r -n1 --max-procs=4 innochecksum
```

4 복원된 백업을 사용해 새 MySQL 인스턴스를 시작합니다. 예비 서버나 전용 `.cnf` 파일을 사용하고 기본이 아닌 포트와 경로를 이용해야 한다는 점을 잊지 마세요.

5 `mysqldump`나 그 외 대안을 사용해 모든 데이터를 덤프하고 읽을 수 있는지 확인하고 백업의 다른 복사본을 제공합니다.

6 새 MySQL 인스턴스를 원본 소스 데이터베이스에 복제본으로 연결하고 `pt-table-checksum`이나 그 외 대안을 사용해 데이터가 일치하는지 확인합니다. 절차는 다른 소스 중 xtrabackup 공식 문서에 잘 설명되어 있습니다.

단계가 복잡하고 시간이 오래 걸릴 수 있으니 사용 중인 비즈니스와 환경에 활용하기가 적절한지부터 결정해야 합니다.

10.13 데이터베이스 백업 전략 입문서

백업 및 복구와 관련된 많은 내용을 다루었으니 이제 강력한 백업 전략을 통합할 수 있습니다. 이때 고려할 요소는 다음과 같습니다.

| 특정 시점 복구 |

PITR 기능이 필요한지 여부를 결정해야 합니다. PITR 기능으로 백업 전략을 결정하기 때문입니다. 특정 상황에 맞게 결정해야겠지만 PITR은 훗날 구원 투수가 될 수 있습니다. 이 기능이 필요하다면 바이너리 로깅과 바이너리 로그 복사를 설정해야 합니다.

| 논리적 백업 |

이식성이나 손상 방지를 위해 논리적 백업이 필요합니다. 논리적 백업은 소스 데이터베이스를 대량 로드하므로 로드 양이 가장 적은 시간에 예약합니다. 어떤 상황에서는 시간이나 로드 제약 또는 둘 다로 인해 프로덕션 데이터베이스의 논리적 백업을 수행할 수 없습니다. 그럼에도 여전히 논리적 백업을 실행해야 한다면 다음 기술을 사용합니다.

- 복제된 데이터베이스에서 논리적 백업을 실행합니다. 이 경우 바이너리 로그 위치를 추적하는 것이 문제가 될 수 있으므로 GTID 기반 복제를 사용하는 편이 좋습니다.
- 논리적 백업 생성을 물리적 백업의 검증 프로세스에 통합합니다. 준비된 백업은 MySQL 서버에서 즉시 사용할 수 있는 데이터 디렉터리입니다. 백업을 대상으로 하는 서버를 실행하면 백업을 망칠 수 있으므로 먼저 준비된 백업을 어딘가에 복사해둬야 합니다.

| 물리적 백업 |

OS, MySQL의 특징, 시스템 속성, 문서를 신중히 검토한 후 물리적 백업에 사용할 도구를 선택합니다. 단순화하기 위해 여기서는 XtraBackup을 선택합니다.

첫 번째로 목표 평균 복구 시간^{mean time to recovery}(MTTR)을 결정해야 합니다. 예를 들어 매주 기본 백업만 수행하는 시스템은 복구하는 데 거의 일주일 분량의 트랜잭션을 적용해야 할 수 있습니다. MTTR을 줄이려면 매일 또는 매시간 증분 백업을 구현하십시오.

한 걸음 물러서면 시스템이 너무 커서 물리적 백업 도구 중 하나를 사용한 핫 백업도 소용없을 때가 있습니다. 이 경우 가능하다면 볼륨의 스냅샷을 고려합니다.

| 백업 스토리지 |

백업이 안전한지 확인하고 이상적으로는 중복 저장되었는지도 확인합니다. 성능은 떨어지지만 레벨 5나 6의 중복 RAID를 사용하는 하드웨어 스토리지 설정을 사용하거나, 아마존 S3 같은 클라우드 스토리지에 백업을 지속적으로 스트리밍하는 경우 안정성이 떨어지는 스토리지 설정을 사용해 이 작업을 수행할 수 있습니다. 선택한 백업 도구로 가능한 경우에는 기본적으로 S3를 사용하도록 설정할 수 있습니다.

| 백업 테스트 및 검증 |

백업이 준비되면 마지막으로 백업 테스트 프로세스를 구현합니다. 이 연습의 구현과 유지 관리에 사용할 수 있는 예산에 따라 매번 실행할 단계 수와 주기적으로만 실행할 단계를 결정해야 합니다.

이 모든 작업이 완료되면 데이터베이스가 보호되고 안전하게 백업되었다고 할 수 있습니다. 백업이 얼마나 드물게 사용되는지를 생각하면 무의미한 노력처럼 보일 수 있지만 언젠가는 재난을 마주하게 되리라는 사실을 기억해야 합니다. 시간 문제입니다.

CHAPTER 11

서버 구성 및 튜닝

MySQL 설치 프로세스(1장 참조)를 따르면 MySQL을 설치하고 사용하는 데 필요한 모든 것을 갖추게 됩니다. 그렇더라도 프로덕션 시스템에서는 MySQL 서버의 성능을 최적화하기 위해 MySQL 매개변수를 조정하고 운영체제의 일부를 미세 조정해야 합니다. 이 장에서는 사용하는 서버별로 권장 모범 사례를 소개하고 예상되거나 현재 주어진 워크로드에 따라 조정해야하는 매개변수를 안내합니다. 보다시피 MySQL 매개변수를 모두 외울 필요는 없습니다. 많은 이벤트에서 20%의 원인이 나머지 80%를 이끈다는 파레토 원칙(https://oreil.ly/1d58s)에 따라 MySQL과 운영체제 매개변수 중에서 대부분의 성능 문제를 일으키는 변수에 집중하겠습니다. 컴퓨터 아키텍처(예: NUMA)와 관련된 고급 주제 몇 가지도 이 장에서 다룹니다. 이때 MySQL 성능에 영향을 미칠 수 있는 구성요소를 소개하는데, 빠르든 늦든 여러분이 언젠가는 마주하게 될 요소들입니다.

11.1 MySQL 서버 데몬

2015년부터 대부분의 리눅스 배포판은 systemd를 채택했습니다. 이후 리눅스 운영체제는 MySQL을 시작하기 위해 mysqld_safe 프로세스를 사용하지 않습니다. mysqld_safe는 오류 발생 시 서버를 다시 시작하고 MySQL 오류 로그에 런타임 정보를 기록하는 등 몇 가지 안전 기능을 추가하기 때문에 **엔젤 프로세스**angel process라고 합니다. systemd(systemctl 명령으로 제어 및 구성)를 사용하는 운영체제에서는 이러한 기능이 `systemd`와 `mysqld` 프로세스에 통합되었습니다.

`mysqld`는 MySQL 서버의 핵심 프로세스입니다. 서버에서 대부분의 작업을 수행하는 단일의 다중 스레드 프로그램입니다. 추가 프로세스를 생성하지 않습니다. 즉 이 프로세스는 다중 스레드를 가진 단일 프로세스로 MySQL을 **다중 스레드 프로세스**multithreaded process로 만듭니다.

용어 몇 개를 자세히 알아보겠습니다. **프로그램**program은 특정 목적을 달성하기 위해 설계된 코드입니다. 운영체제의 일부를 지원하는 프로그램과 웹 브라우징처럼 사용자 요구에 맞게 설계된 프로그램을 비롯해 프로그램 유형은 다양합니다.

프로세스process는 작동하는 데 필요한 모든 리소스와 함께 메모리에 로드된 프로그램입니다. 메모리와 기타 리소스는 운영체제가 할당합니다.

스레드thread는 프로세스 내의 실행 단위입니다. 한 프로세스에 스레드가 하나 또는 여러 개 있을 수 있습니다. 단일 스레드 프로세스에서는 스레드가 하나이므로 한 번에 명령 하나만 실행됩니다.

최신 CPU에는 코어가 여러 개 있어 여러 스레드를 동시에 실행할 수 있으므로 오늘날에는 다중 스레드 프로세스가 보편적입니다. 다음 절에 제안된 설정을 이해하려면 이 개념을 알고 있어야 합니다.

MySQL은 단일 프로세스 소프트웨어로 여러 스레드를 생성합니다. 이때 각 스레드는 사용자 활동 제공이나 백그라운드 작업 실행 같은 다양한 목적으로 사용합니다.

11.2 MySQL 서버 변수

MySQL 서버에는 작업을 조정하는 변수가 많습니다. 가령 MySQL 서버 8.0.25는 서버 변수가 588개나 됩니다!

각 시스템 변수에는 기본값이 지정되어 있습니다. 또 대부분의 시스템 변수를 동적으로(또는 '즉석에서') 조정할 수 있습니다. 그러나 그중 일부는 정적이므로 `my.cnf` 파일을 변경하고 MySQL 프로세스를 다시 시작해야 적용됩니다(9장에서 논의함).

시스템 변수의 범위는 SESSION과 GLOBAL 두 가지입니다. 즉, 시스템 변수는 `innodb_log_file_size`와 같이 서버 운영 전반에 영향을 미치는 전역 값을 가지거나 `sql_mode`와 같이 특정 세션에만 영향을 미치는 세션 값을 가집니다.

11.2.1 서버 설정 확인

데이터베이스는 정적 엔티티가 아닙니다. 반대로 데이터베이스의 작업부하는 역동적이고 시간이 지나면서 변화하며 성장하는 경향이 있습니다. 이 같은 유기적 행동에는 지속적인 모니터링, 분석, 조정이 필요합니다. MySQL 설정을 표시하는 명령은 다음과 같습니다.

```
SHOW [GLOBAL|SESSION] VARIABLES;
```

GLOBAL 수정자를 사용할 때 명령문은 전역 시스템 변수 값을 표시합니다. SESSION을 사용하면 현재 연결에 영향을 주는 시스템 변수 값을 표시합니다. 다른 연결은 다른 값을 갖습니다.

수정하지 않는다면 기본값은 SESSION입니다.

11.2.2 모범 사례

데이터베이스에는 최적화할 수 있는 국면이 많습니다. 데이터베이스가 **베어 메탈**bare metal(물리적 호스트)에서 실행되는 경우 하드웨어와 운영체제 리소스를 제어할 수 있습니다. 가상화된 시스템으로 이동하면 기본 호스트에서 발생하는 일을 제어할 수 없기 때문에 리소스에 대한 제어 권한이 줄어듭니다. 마지막 선택지는 아마존 RDSRelational Database Service처럼 클라우드에서 제공하는 관리형 데이터베이스로 일부 데이터베이스만 설정하는 것입니다. 최대한의 성능을 추출하기 위한 미세 조정과 간편한 작업을 위한 자동화(약간의 비용 추가) 사이에는 서로 상쇄되는 장단점이 있습니다.

운영체제 수준에서 몇 가지 설정을 검토하며 시작하겠습니다. 그다음 MySQL 매개변수를 확인합니다.

운영체제 모범 사례

일부 운영체제 설정은 MySQL의 성능에 영향을 줄 수 있습니다. 그중 가장 중요한 몇 가지를 살펴보겠습니다.

| swappiness 설정 및 스왑 사용 |

swappiness 매개변수는 스왑swap 영역에서 리눅스 운영체제의 동작을 제어합니다. 스와핑은 메모리와 디스크 간에 데이터를 전송하는 프로세스입니다. 디스크 액세스(NVMe 디스크 포함)가 메모리 액세스보다 10배 이상 느리기 때문에 이는 성능에 상당한 영향을 미칠 수 있습니다.

기본 설정(60)은 서버의 스왑을 권장합니다. 성능상의 이유로 MySQL 서버의 스와핑을 최소한으로 유지하기를 원할 수 있습니다. 이때 권장하는 값은 1로, OS 작동에 필요해지기 전까지는 스왑하지 않음을 의미합니다. 이 매개변수를 조정하려면 루트로 다음 명령을 실행하십시오.

```
# echo 1 > /proc/sys/vm/swappiness
```

이 변경이 비영구적이라는 점에 유의하십시오. OS를 재부팅하면 설정이 원래 값으로 돌아갑니다. 운영체제 재부팅 후에도 이 변경사항을 유지하려면 sysctl.conf에서 설정을 조정하세요.

```
# sudo sysctl -w vm.swappiness=1
```

다음 명령을 사용해 스왑 공간 사용량에 대한 정보를 얻을 수 있습니다.

```
# free -m
```

더 자세한 정보를 원하면 셸에서 다음 스니펫을 실행합니다.

```
#!/bin/bash
SUM=0
OVERALL=0
for DIR in `find /proc/ -maxdepth 1 -type d | egrep "^/proc/[0-9]"` ; do
        PID=`echo $DIR | cut -d / -f 3`
```

```
       PROGNAME=`ps -p $PID -o comm --no-headers`
       for SWAP in `grep Swap $DIR/smaps 2>/dev/null¦ awk '{ print $2 }'`
       do
           let SUM=$SUM+$SWAP
       done
       echo "PID=$PID - Swap used: $SUM - ($PROGNAME )"
       let OVERALL=$OVERALL+$SUM
       SUM=0
   done
echo "Overall swap used: $OVERALL"
```

> **NOTE_** vm.swappiness의 값을 **0**이나 **1**로 설정할 때 큰 차이는 없습니다. 하지만 일부 커널에서 **0**으로 설정할 경우 메모리 부족Out of Memory(OOM) 킬러가 MySQL을 종료할 수 있는 버그가 있으므로 **1**로 설정했습니다.

| I/O 스케줄러 |

I/O 스케줄러는 커널이 디스크에 읽기와 쓰기를 커밋하는 데 사용하는 알고리즘입니다. 대부분의 리눅스는 기본적으로 **cfq**Completely Fair Queuing 스케줄러를 사용합니다. 이 스케줄러는 일반적인 사용 사례에서 잘 작동하지만 지연시간을 거의 보장하지 않습니다. 또 다른 스케줄러로 **deadline**과 **noop**이 있습니다. **deadline** 스케줄러는 지연시간에 민감한 사용 사례(예: 데이터베이스)에서 탁월하며 **noop**은 스케줄링을 전혀 하지 않는 편입니다. 물리적 호스트 설치의 경우 **deadline**이나 **noop**(둘의 성능 차이를 감지할 수 없음)이 **cfq**보다 더 낫습니다.

자체 I/O 스케줄러가 있는 VM에서 MySQL을 실행하는 경우에는 **noop**을 사용하고 가상화 계층이 I/O 스케줄링 자체를 처리하도록 하는 편이 가장 좋습니다.

먼저 리눅스에서 현재 사용 중인 알고리즘을 확인합니다.

```
# cat /sys/block/xvda/queue/scheduler
noop [deadline] cfq
```

동적으로 변경하려면 다음 명령을 루트로 실행하십시오.

```
# echo "noop" > /sys/block/xvda/queue/scheduler
```

이 변경사항을 유지하려면 GRUB 구성 파일(일반적으로 `/etc/sysconfig/grub`)을 편집하고 `GRUB_CMDLINE_LINUX_DEFAULT`에 `elevator` 옵션을 추가해야 합니다. 예를 들어 다음 행을 교체합니다.

```
GRUB_CMDLINE_LINUX="console=tty0 crashkernel=auto console=ttyS0,115200
```

다음과 같이 변경합니다.

```
GRUB_CMDLINE_LINUX="console=tty0 crashkernel=auto console=ttyS0,115200
    elevator=noop"
```

GRUB 구성을 편집할 때 각별한 주의가 필요합니다. 오류 또는 잘못된 설정으로 서버를 사용할 수 없게 되어 운영체제를 재설치해야 하는 경우도 있습니다.

> **NOTE_** I/O 스케줄러의 값이 **none**인 경우가 있습니다. 특히 EBS 볼륨이 NVMe 블록 장치로 노출되는 AWS VM 인스턴스 유형에서 자주 일어납니다. 내부 대기열이 많고 I/O 스케줄러를 완전히 우회하는 최신 PCIe/NVMe 장치에서는 설정을 사용하지 않기 때문입니다. 이런 디스크에서는 **none**이 최적의 설정입니다.

| 파일 시스템 및 마운트 옵션 |

파일 시스템마다 가용한 옵션이 많고 장단점이 서로 상쇄되므로 데이터베이스에 적합한 파일 시스템을 선택할 때는 이를 신중히 고려해야 합니다. 자주 사용되는 주요한 시스템인 XFS와 ext4를 알아봅시다.

XFS는 고도의 확장성을 위해 설계된 고성능 저널링 파일 시스템입니다. 파일 시스템이 여러 저장 장치에 분산해 저장한 경우에도 기본에 가까운 I/O 성능을 제공합니다. XFS에는 최대 8 EiB 크기의 파일을 지원하는 초대형 파일 시스템에 적합한 기능이 있습니다. 기타 기능으로는 빠른 복구, 빠른 트랜잭션, 단편화 감소를 위한 지연 할당, 직접 I/O$^{Direct\ I/O}$를 사용한 I/O 성능 향상이 있습니다.

파일 시스템을 만드는 XFS 명령어 `mkfs.xfs`(https://oreil.ly/IJ9em)에는 파일 시스템을 구성하는 여러 옵션이 있습니다. 하지만 `mkfs.xfs`의 기본 옵션이 최적의 속도에 적합하므로 파일 시스템을 생성하는 기본 명령은 데이터 무결성을 보장하며 뛰어난 성능을 제공합니다.

```
# mkfs.xfs /dev/target_volume
```

파일 시스템 마운트 옵션과 관련한 기본값은 대부분 상황에 적합합니다. /etc/fstab 파일에 noatime 마운트 옵션을 추가하면 일부 파일 시스템에서 성능이 향상됩니다. XFS 파일 시스템의 경우 기본 atime 동작은 noatime에 비해 오버헤드가 거의 없고 정상적인 atime 값을 유지하는 relatime입니다. 배터리 지원 비휘발성 캐시가 있는 논리 단위 번호^{logical unit} _{number}(LUN)에 XFS 파일 시스템을 생성하면 마운트 옵션 nobarrier로 쓰기 장벽을 비활성화해 파일 시스템의 성능을 더욱 높일 수 있습니다. 이러한 설정을 사용하면 데이터를 필요 이상으로 자주 DB에 반영해 저장하는 동작을 방지할 수 있습니다. 그러나 백업 배터리 장치 _{backup battery unit}(BBU)가 없거나 확실하지 않은 경우 배리어를 켜두십시오. 그렇지 않으면 데이터 일관성이 저해될 수 있습니다. 이러한 옵션이 포함된 가상 마운트 지점 두 가지를 확인하겠습니다.

```
/dev/sda2              /datastore          xfs     noatime,nobarrier
/dev/sdb2              /binlog             xfs     noatime,nobarrier
```

인기 있는 또 다른 옵션은 ext3에 성능 향상이 추가된 ext4입니다. 대부분의 워크로드에 맞는 확실한 옵션입니다. 이때 제한 용량이 XFS보다 작은 최대 16TB라는 점에 유의해야 합니다. 따라서 과도한 테이블스페이스 크기/증가가 요구되는 경우 고려해야 합니다. 마운트 옵션에도 동일한 고려사항이 적용됩니다. 데이터 일관성을 저해할 위험이 없는 강력한 파일 시스템에서는 기본값을 권장합니다. 그러나 BBU 캐시가 있는 엔터프라이즈 스토리지 컨트롤러가 있는 경우 다음 마운트 옵션이 최상의 성능을 냅니다.

```
/dev/sda2              /datastore          ext4
noatime,data=writeback,barrier=0,nobh,errors=remount-ro
/dev/sdb2              /binlog             ext4
noatime,data=writeback,barrier=0,nobh,errors=remount-ro
```

| Transparent Huge Page(THP) |

운영체제는 페이지라고 불리는 블록으로 메모리를 관리합니다. 페이지 크기는 4,096바이트 (4KB)입니다. 1MB 메모리는 256페이지, 1GB 메모리는 256,000페이지인 셈입니다. CPU

에는 페이지 목록이 포함된 내장 메모리 관리 장치가 있어 각 페이지를 **페이지 테이블 항목**page table entry에서 참조합니다. 요즘 서버는 보통 메모리가 수테라바이트에 이릅니다. 대용량 메모리를 시스템이 관리하는 방법은 두 가지입니다.

- 하드웨어 메모리 관리 장치의 페이지 테이블 항목 수를 늘립니다.
- 페이지 크기를 늘립니다.

첫째 방법은 최신 프로세서의 하드웨어 메모리 관리 장치가 수백 내지는 수천 개의 페이지 테이블 항목만 지원하기 때문에 비용이 많이 듭니다. 게다가 수천 페이지(메가바이트 메모리)와 잘 작동하는 하드웨어와 메모리 관리 알고리즘이 수백만(또는 수십억) 페이지에서는 제대로 작동하지 못할 수 있습니다. 운영체제는 확장성 문제를 해결하기 위해 대용량 페이지를 사용하기 시작했습니다. 간단히 말해 대용량 페이지는 2MB, 4MB, 1GB 등의 크기로 제공되는 메모리 블록입니다. 대용량 페이지 메모리를 사용하면 변환 색인 버퍼translation lookaside buffer(TLB)에 대한 CPU 캐시 적중 횟수가 증가합니다.

cpuid를 실행해 프로세서 캐시와 TLB를 확인하겠습니다.

```
# cpuid | grep "cache and TLB information" -A 5
    cache and TLB information (2):
        0x5a: data TLB: 2M/4M pages, 4-way, 32 entries
        0x03: data TLB: 4K pages, 4-way, 64 entries
        0x76: instruction TLB: 2M/4M pages, fully, 8 entries
        0xff: cache data is in CPUID 4
        0xb2: instruction TLB: 4K, 4-way, 64 entries
```

THPTransparent Huge Pages는 이름에서 알 수 있듯 별도의 설정 없이 애플리케이션에 자동으로 대용량 페이지 지원을 제공합니다.

그러나 MySQL에서는 THP를 사용하지 않는 편이 좋습니다. THP가 16KB 이상의 용량을 가진 페이지를 스캔할 때 작은 메모리 페이지(16KB)를 사용하는 MySQL 데이터베이스는 해당 페이지 용량을 16KB라고 착각해 I/O가 과도해집니다. 또 대용량 페이지는 단편화되어 성능에 영향을 미치는 경향이 있습니다. THP를 사용하면 메모리가 누수되어 결국 MySQL에 충돌이 발생한 사례가 보고되었습니다.

다음 명령어는 RHEL/CentOS 6와 RHEL/CentOS 7에서 THP를 비활성화 합니다.

```
# echo "never" > /sys/kernel/mm/transparent_hugepage/enabled
# echo "never" > /sys/kernel/mm/transparent_hugepage/defrag
```

transparent_hugepage=never 플래그를 커널 옵션(/etc/sysconfig/grub)에 추가하면 서버가 재시작한 후에도 이 변경사항이 유지됩니다.

```
GRUB_CMDLINE_LINUX="console=tty0 crashkernel=auto console=ttyS0,115200
elevator=noop transparent_hugepage=never"
```

기존 GRUB2 구성 파일(/boot/grub2/grub.cfg)을 백업한 다음 다시 빌드합니다. BIOS 기반 시스템에서는 다음 명령을 사용해 이 작업을 수행할 수 있습니다.

```
# grub2-mkconfig -o /boot/grub2/grub.cfg
```

THP가 여전히 비활성화되지 않은 경우 tuned 서비스를 비활성화해야 할 수 있습니다.

```
# systemctl stop tuned
# systemctl disable tuned
```

우분투 22.04에서 THP를 비활성화하려면 sysfsutils 패키지를 사용하는 것이 좋습니다. 설치하려면 다음 명령을 실행하십시오.

```
# apt install sysfsutils
```

그런 다음 /etc/sysfs.conf 파일에 다음 줄을 추가합니다.

```
kernel/mm/transparent_hugepage/enabled = never
kernel/mm/transparent_hugepage/defrag = never
```

서버를 재부팅하고 설정이 올바른지 확인하십시오.

```
# cat /sys/kernel/mm/transparent_hugepage/enabled
always madvise [never]
```

```
# cat /sys/kernel/mm/transparent_hugepage/defrag
always defer defer+madvise madvise [never]
```

| jemalloc |

MySQL 서버는 동적 메모리 할당을 사용하므로 적절한 CPU와 RAM 리소스 활용을 위해서는 메모리 할당자가 중요합니다. 효율적인 메모리 할당자는 확장성을 개선하고 처리량을 늘리며 메모리 공간을 제어해야 합니다.

여기서 InnoDB의 특징을 언급하는 것이 좋겠습니다. InnoDB는 모든 트랜잭션에 대한 읽기 뷰read view를 생성하고 heap 영역에서 이 구조에 대한 메모리를 할당합니다. 문제는 MySQL이 커밋할 때마다 힙을 할당 해제하므로 읽기 뷰 메모리가 다음 트랜잭션에서 재할당되어 메모리 조각화가 발생한다는 것입니다.

jemalloc은 단편화 방지와 확장 가능한 동시성 지원을 강조하는 메모리 할당자입니다.

(THP를 비활성화하고) jemalloc을 사용하면 메모리 조각화가 줄고 가용한 서버 메모리의 리소스가 더 효율적으로 관리됩니다. jemalloc 저장소나 퍼코나의 yum 또는 apt 저장소에서 jemalloc 패키지(https://github.com/jemalloc/jemalloc)를 설치할 수 있습니다. 설치와 관리가 더 간단한 퍼코나 저장소를 추천합니다. apt 저장소 설치 단계는 '1.3.2 록키 리눅스 9에 MySQL 설치'의 '퍼코나 서버 8.0 설치'에서 yum 저장소를 설치하는 단계와 '1.3.3 우분투 22.04 LTS(재미 젤리피시)에 MySQL 설치'의 '퍼코나 서버 8.0 설치'에서 설명했습니다.

저장소가 있으면 운영체제에 대한 설치 명령을 실행합니다.

> **TIP_** CentOS에서 서버에 EPEL Extra Packages for Enterprise Linux 저장소가 설치되었으면 이 저장소에서 yum 을 사용해 jemalloc을 설치할 수 있습니다. 다음 명령어는 EPEL 패키지를 설치합니다.
>
> ```
> # yum install epel-release -y
> ```

우분투 22.04를 사용할 때 jemalloc을 활성화하려면 다음 단계를 따릅니다.

1. jemalloc을 설치합니다.

```
# apt-get install libjemalloc2
# dpkg -L libjemalloc2
```

2. dpkg 명령은 jemalloc 라이브러리의 위치를 표시합니다.

```
# dpkg -L libjemalloc2
/.
/usr
/usr/lib
/usr/lib/x86_64-linux-gnu
/usr/lib/x86_64-linux-gnu/libjemalloc.so.2
/usr/share
/usr/share/doc
/usr/share/doc/libjemalloc2
/usr/share/doc/libjemalloc2/README
/usr/share/doc/libjemalloc2/changelog.Debian.gz
/usr/share/doc/libjemalloc2/copyright
```

3. 다음 명령을 사용해 서비스의 기본 구성을 재정의합니다.

```
# systemctl edit mysql
```

그러면 /etc/systemd/system/mysql.service.d/override.conf 파일이 생성됩니다.

4. 파일에 다음 구성을 추가합니다.

```
[Service]
Environment="LD_PRELOAD=/usr/lib/x86_64-linux-gnu/libjemalloc.so.2"
```

5. jemalloc 라이브러리를 활성화하려면 MySQL 서비스를 다시 시작합니다.

```
# systemctl restart mysql
```

6. 작동하는지 확인하려면 mysqld 프로세스가 실행 중인 상태에서 다음 명령을 실행합니다.

```
# lsof -Pn -p $(pidof mysqld) | grep "jemalloc"
```

다음과 유사한 출력이 표시됩니다.

```
mysqld  3844 mysql  mem     REG         253,0   744776  36550
/usr/lib/x86_64-linux-gnu/libjemalloc.so.2
```

CentOS/RHEL을 사용하는 경우 다음 단계를 따릅니다.

1. jemalloc 패키지를 설치합니다.

```
# yum install jemalloc
# rpm -ql jemalloc
```

2. rpm -ql 명령은 라이브러리 위치를 표시합니다.

```
/usr/bin/jemalloc.sh
/usr/lib64/libjemalloc.so.1
/usr/share/doc/jemalloc-3.6.0
/usr/share/doc/jemalloc-3.6.0/COPYING
/usr/share/doc/jemalloc-3.6.0/README
/usr/share/doc/jemalloc-3.6.0/VERSION
/usr/share/doc/jemalloc-3.6.0/jemalloc.html
```

3. 다음 명령을 사용해 서비스의 기본 구성을 재정의합니다.

```
# systemctl edit mysqld
```

그러면 /etc/systemd/system/mysqld.service.d/override.conf 파일이 생성됩니다.

4. 파일에 다음 구성을 추가합니다.

```
[Service]
Environment="LD_PRELOAD=/usr/lib64/libjemalloc.so.1"
```

5. MySQL 서비스를 다시 시작해 `jemalloc` 라이브러리를 활성화합니다.

```
# systemctl restart mysqld
```

6. 작동하는지 확인하려면 `mysqld` 프로세스가 실행 중인 상태에서 다음 명령을 실행합니다.

```
# lsof -Pn -p $(pidof mysqld) | grep "jemalloc"
```

다음과 유사한 출력이 표시되어야 합니다.

```
mysqld  4784 mysql  mem      REG          253,0   212096  33985101
/usr/lib64/libjemalloc.so.1
```

| CPU 거버너 |

시스템의 전력 소비와 열 출력을 줄이는 효과적인 방법 하나는 CPUfreq를 사용하는 것입니다. CPU 주파수 스케일링 또는 CPU 속도 스케일링이라고도 하는 CPUfreq를 사용하면 프로세서의 클럭 속도를 즉석에서 조정할 수 있습니다. 따라서 시스템을 감소된 클럭 속도로 실행해 전력을 절약합니다. 더 빠르거나 느린 클럭 속도로 전환할지 여부와 시기 같은 주파수 이동 규칙은 CPUfreq 거버너에 의해 정의됩니다. **거버너**governor는 시스템 CPU의 전원 특성을 정의해 차례로 CPU 성능에 영향을 줍니다. 각 거버너는 작업부하 측면에서 동작, 목적, 적합성이 고유합니다. 그러나 MySQL 데이터베이스의 경우 최상의 처리량을 달성하기 위해 최대 성능 설정을 사용하는 것이 좋습니다.

CentOS와 록키 리눅스에서 다음 명령어를 실행하면 현재 사용 중인 CPU 거버너를 볼 수 있습니다.

```
# cat /sys/devices/system/cpu/cpu/cpufreq/scaling_governor
```

성능 모드를 활성화하는 명령어는 다음과 같습니다.

```
# cpupower frequency-set --governor performance
```

우분투에서는 cpupower 유틸리티에 액세스할 수 있도록 `linux-tools-common` 패키지를 설치하는 것이 좋습니다.

```
# apt install linux-tools-common
```

설치가 완료되면 다음 명령을 사용해 거버너를 성능 모드로 변경할 수 있습니다.

```
# cpupower frequency-set --governor performance
```

MySQL 모범 사례

이제 MySQL 서버 설정을 살펴보겠습니다. 이 절에서는 성능에 직접적인 영향을 미치는 주요 MySQL 매개변수의 권장 값을 제안합니다. 대부분의 매개변수 기본값은 변경할 필요가 없습니다.

| 버퍼 풀 크기 |

`innodb_buffer_pool_size` 매개변수는 InnoDB가 테이블과 인덱스 데이터를 캐시하는 메모리 영역인 InnoDB 버퍼 풀의 크기(바이트)를 제어합니다. InnoDB 튜닝에서 가장 중요한 매개변수라는 점은 의심의 여지가 없습니다. 일반적인 경험 법칙에 의하면 MySQL 전용 서버에 가용한 총 RAM의 약 70%로 설정합니다.

그러나 서버가 클수록 RAM이 낭비될 가능성이 높습니다. 예를 들어 RAM이 512GB인 서버의 경우 운영체제에 필요한 RAM보다 더 많은 153GB RAM이 남게 됩니다.

경험해본 방법 중 더 좋은 방법을 알려드리죠. 시스템이 프로덕션 워크로드를 실행 중일 때 스와핑을 일으키지 않고 `innodb_buffer_pool_size`를 최대한 크게 설정하십시오. 이때 약간의 조정이 필요할 겁니다.

MySQL 5.7 이상 버전에서는 동적 매개변수이므로 데이터베이스를 다시 시작할 필요 없이 즉시 변경할 수 있습니다. 예를 들어 다음 명령어는 버퍼 풀을 1GB로 설정합니다.

```
mysql> SET global innodb_buffer_pool_size = 1024*1024*1024;
Query OK, 0 rows affected (0.00 sec)
```

재시작 시 변경사항을 지속하려면 my.cnf에서 [mysqld] 섹션에 이 매개변수를 추가합니다.

```
[mysqld]
innodb_buffer_pool_size = 1G
```

| innodb_buffer_pool_instances 매개변수 |

innodb_buffer_pool_instances는 모호합니다. 이 매개변수는 InnoDB가 버퍼 풀을 분할할 인스턴스의 수를 정의합니다. 수기가바이트 범위의 버퍼 풀이 있는 시스템에서는 버퍼 풀을 별도의 인스턴스로 나누면 서로 다른 스레드가 동시에 캐시된 페이지 하나를 읽고 쓰는 경합이 줄어 동시성이 향상됩니다.

그러나 경험상 이 매개변수에 높은 값을 설정하면 추가 오버헤드가 발생하기도 합니다. 그 이유는 각 버퍼 풀 인스턴스가 자체 여유 목록, DB 반영 목록, LRU 목록 및 버퍼 풀에 연결된 기타 모든 데이터 구조를 관리하고 자체 버퍼 풀 뮤텍스$^{buffer\ pool\ mutex}$에 의해 보호되기 때문입니다.

벤치마크를 통해 성능 향상을 입증하지 않는 한 기본값(8)을 사용하는 편이 좋습니다.

> **NOTE_** innodb_buffer_pool_instances 매개변수는 MariaDB 10.5.1에서 더는 사용되지 않으며 MariaDB 10.6에서는 제거되었습니다. MariaDB 설계자인 마르코 마켈레에 따르면 버퍼 풀을 분할하는 원래 목적이 오늘날에는 거의 사라졌기 때문입니다. MariaDB Jira 티켓(https://oreil.ly/HOCNA)에서 자세한 내용을 확인하세요.

| REDO 로그 크기 |

REDO 로그는 불완전한 트랜잭션에 의해 작성된 데이터를 수정하기 위해 충돌 복구에 사용합니다. 재실행 로그를 사용하는 이유는 커밋된 트랜잭션에 대한 재실행 복구를 제공해 ACID 트랜잭션의 내구성^{durability}(D)을 보장하기 위함입니다. 재실행 파일은 커밋 이전에도 MySQL에 기록된 모든 데이터를 기록하기 때문에 올바른 REDO 로그 크기를 가져야 MySQL이 어려움 없이 원활하게 실행합니다. 크기가 작은 REDO 로그는 오류로 이어질 수 있습니다!

다음은 작은 REDO 로그 파일을 사용할 때 발생하는 오류 유형의 예입니다.

```
[ERROR] InnoDB: The total blob data length (12299456) is greater than 10%
of the total redo log size (100663296). Please increase total redo log size.
```

여기서 MySQL은 innodb_log_file_size 매개변수의 기본값인 48MB를 사용하고 있었습니다. 최적의 REDO 로그 크기를 추정하기 위해 사용하는 공식이 있습니다.

```
mysql> pager grep sequence
PAGER set to 'grep sequence'
mysql> show engine innodb status\G select sleep(60);
    -> show engine innodb status\G
Log sequence number 3836410803
1 row in set (0.06 sec)

1 row in set (1 min 0.00 sec)

Log sequence number 3838334638
1 row in set (0.05 sec)
```

로그 시퀀스 번호는 재실행 로그에 기록된 총 바이트 수입니다. SLEEP() 명령을 사용해 해당 기간의 델타를 계산할 수 있습니다. 그런 다음 아래 공식으로 한 시간 정도의 로그를 저장하는 데 필요한 공간의 예상 값에 도달할 수 있습니다(경험에서 우러난 공식).

```
mysql> SELECT (((3838334638 - 3836410803)/1024/1024)*60)/2
    -> AS Estimated_innodb_log_file_size;
+--------------------------------+
| Estimated_innodb_log_file_size |
+--------------------------------+
|              55.041360855088 |
+--------------------------------+
1 row in set (0.00 sec)
```

반올림하면 최종 숫자는 56MB가 됩니다. 이 값을 my.cnf 파일 [mysqld] 섹션에 추가합니다.

```
[mysqld]
innodb_log_file_size=56M
```

| sync_binlog 매개변수 |

바이너리 로그는 MySQL 서버 인스턴스에 대한 데이터 수정 정보를 포함하는 로그 파일 세트입니다. 재실행 파일과 다르며 용도도 다릅니다. 복제본과 InnoDB 클러스터를 생성하는 데 사용하며 PITR을 수행하는 데 유용합니다.

기본적으로 MySQL 서버는 트랜잭션이 커밋되기 전에 바이너리 로그를 디스크에 동기화합니다(`fdatasync()` 사용). 장점은 정전이나 운영체제 충돌 발생 시 바이너리 로그에서 누락된 트랜잭션이 준비된다는 것입니다. 이를 통해 자동 복구 루틴이 트랜잭션을 롤백할 수 있으므로 바이너리 로그에서 손실되는 트랜잭션이 없습니다. 그러나 기본값(`sync_binlog = 1`)을 사용하면 성능이 저하됩니다. 이는 동적 옵션이므로 서버가 실행되는 동안 다음 명령으로 변경할 수 있습니다.

```
mysql> SET GLOBAL sync_binlog = 0;
```

이 매개변수를 `my.cnf` 파일 [`mysqld`] 섹션에 추가하면 다시 시작한 후에도 변경사항이 지속됩니다.

```
[mysqld]
sync_binlog=0
```

> **NOTE_** 대부분의 경우 **sync_binlog=0**을 사용하면 성능이 좋습니다(바이너리 로그가 활성화된 경우). 그러나 MySQL은 바이너리 로그를 플러시할 때 OS 플러싱에 의존하므로 성능 차이가 큽니다. 워크로드에 따라 **sync_binlog=1000** 이상을 사용하면 **sync_binlog=1**보다 성능이 더 좋고 **sync_binlog=0**보다 변동이 더 적습니다.

| binlog_expire_logs_seconds 및 expire_logs_days 매개변수 |

MySQL이 전체 디스크를 바이너리 로그로 채우는 것을 방지하려면 `binlog_expire_logs_seconds` 및 `expire_logs_days` 매개변수의 설정을 조정할 수 있습니다. `expire_logs_days`는 바이너리 로그 파일을 자동으로 제거하기 전의 일 수를 지정합니다. 그러나 이 매개변수는 MySQL 8.0에서 더는 사용되지 않으며 향후 릴리스에서 제거될 것으로 예상됩니다.

결과적으로 더 나은 옵션은 바이너리 로그 만료 기간을 초 단위로 설정하는 `binlog_expire_logs_seconds`를 사용하는 것입니다. 이 매개변수의 기본값은 2592000(30일)입니다. MySQL은 시작할 때나 다음에 바이너리 로그가 플러시될 때, 만료 기간이 끝난 후 바이너리 로그 파일을 자동으로 제거할 수 있습니다.

> **NOTE_** 다음 명령어는 바이너리 로그를 수동으로 플러시합니다.
>
> ```
> mysql> FLUSH BINARY LOGS;
> ```

| innodb_flush_log_at_trx_commit 매개변수 |

이 매개변수는 커밋 작업에 대한 엄격한 ACID 준수와, 커밋 관련 I/O 작업이 재배열되고 일괄 처리될 때 가능한 더 높은 성능 간의 균형을 제어합니다. 섬세한 옵션이므로 많은 사람들이 원본 서버에서 기본값(`innodb_flush_log_at_trx_commit=1`)을 사용하고 복제본에서는 0이나 2를 사용합니다. 값 2는 InnoDB가 각 트랜잭션 커밋 후에 로그 파일에 쓰지만 초당 한 번만 디스크에 반영하도록 지시합니다. 이때 OS가 충돌을 일으키면 최대 1초의 업데이트를 잃을 수 있음을 의미합니다. 이는 초당 최대 백만 개의 삽입을 지원하는 최신 하드웨어에서 무시할 수 없는 수준입니다. 값 0은 더 안 좋습니다. 로그가 초당 한 번만 디스크에 기록되고 반영되므로 `mysqld` 프로세스가 충돌해도 최대 1초 분량의 트랜잭션을 잃을 수 있습니다.

> **WARNING_** 많은 운영체제와 일부 디스크 하드웨어가 디스크 플러시 작업을 속입니다. 즉 플러시가 발생하지 않음에도 `mysqld`에 플러시가 발생했다고 알립니다. 이 경우 권장 설정으로도 트랜잭션의 내구성이 보장되지 않으며, 최악의 경우 정전되면 InnoDB 데이터가 손상될 수 있습니다. SCSI 디스크 컨트롤러나 디스크 자체에서 배터리 지원 디스크 캐시를 사용하면 파일 플러시 속도가 빨라지며 작업이 더 안전해집니다. 배터리가 제대로 작동하지 않는다면 하드웨어 캐시에서 디스크 쓰기 캐싱을 비활성화하는 방법도 있습니다.

| innodb_thread_concurrency 매개변수 |

이 매개변수는 기본적으로 0으로 설정되는데, 이는 무한한 수(하드웨어 한계까지)의 스레드가 MySQL 내에서 열리고 실행될 수 있음을 의미합니다. 일반적인 권장 사항은 이 매개변수를 기본값으로 두고 경합 문제를 해결하기 위해서만 변경하는 것입니다.

워크로드가 지속적으로 과중하거나 가끔 스파이크가 발생하는 경우 다음 공식을 사용해 innodb_thread_concurrency 값을 설정할 수 있습니다.

```
innodb_thread_concurrency = Number of Cores * 2
```

MySQL은 단일 쿼리(1:1 관계)를 실행하기 위해 코어를 여러 개 사용하지 않기 때문에 각 코어는 단일 시간 단위당 하나의 쿼리를 실행합니다. 경험에 따르면 최신 CPU가 일반적으로 빠르기 때문에 최대 실행 스레드 수를 가용한 CPU의 두 배로 설정하는 것이 좋습니다.

실행 중인 스레드 수가 이 제한에 도달하면, 추가 스레드가 대기열에 배치되기 전에 구성 매개변수 innodb_thread_sleep_delay에 의해 설정된 마이크로초 동안 휴면합니다.

innodb_thread_concurrency는 동적 변수이며 런타임에 변경할 수 있습니다.

```
mysql> SET GLOBAL innodb_thread_concurrency = 0;
```

my.cnf 파일 [mysqld] 섹션에 다음 옵션을 추가하면 변경사항이 유지됩니다.

```
[mysqld]
innodb-thread-concurrency=0
```

다음 명령을 사용해 MySQL이 설정을 적용했는지 확인할 수 있습니다.

```
mysql> SHOW GLOBAL VARIABLES LIKE '%innodb_thread_concurrency%';
```

> **NOTE_** MySQL 8.0.14 릴리스 노트(https://oreil.ly/EqPrG)에는 'MySQL 8.0.14부터 InnoDB가 병렬 클러스터형 인덱스 읽기를 지원하므로 **CHECK TABLE** 성능이 향상된다'는 내용이 있습니다. 병렬 클러스터형 인덱스 읽기는 **WHERE** 조건 없이 간단한 **COUNT(*)**에서도 작동합니다. innodb_parallel_read_threads 매개변수를 사용하면 병렬 스레드 수를 제어할 수 있습니다.
> 이 기능은 현재 제한되며 **WHERE** 조건이 없는 쿼리(전체 스캔)에만 사용할 수 있습니다. 그러나 MySQL을 배우기 좋은 시작점이며 실제 병렬 쿼리 실행의 길을 열어줍니다.

| NUMA 아키텍처 |

NUMA^{non-uniform memory access}는 다중 프로세서 시스템에서 프로세서와 관련된 주 메모리 모듈의 배치를 설명하는 공유 메모리 아키텍처입니다. NUMA 공유 메모리 아키텍처에서 각 프로세서에는 자체 로컬 메모리 모듈이 있으며 메모리와 프로세서가 물리적으로 더 가깝기 때문에 뚜렷한 성능 이점이 있습니다. 동시에 [그림 11-1]과 같이 공유 버스(또는 다른 유형의 상호 연결)를 사용해 다른 프로세서에 속한 모든 메모리 모듈에 액세스할 수도 있습니다.

> **NOTE_** NUMA 노드에서 메모리 사용량을 표시하는 좋은 대안은 numastat 명령입니다. 다음을 실행해 노드당 더 자세한 메모리 사용량을 얻을 수 있습니다.
>
> ```
> # numastat -m
> ```
>
> 특정 프로세스를 사용해 메모리 사용량을 시각화할 수도 있습니다. 예를 들어 다음과 같이 입력해 mysqld 프로세스의 NUMA 노드에서 메모리 사용량을 확인합니다.
>
> ```
> # numastat -p $(pidof mysqld)
> ```

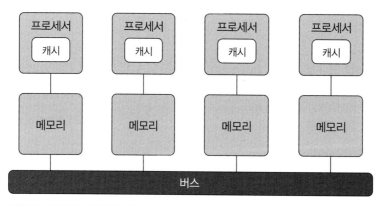

그림 11-1 NUMA 아키텍처 개요

다음 명령은 NUMA가 활성화된 서버에서 가용한 노드를 출력합니다.

```
shell> numactl --hardware

available: 2 nodes (0-1)
node 0 cpus: 0 1 2 3 4 5 6 7 8 9 10 11 24 25 26 27 28 29 30 31 32 33 34 35
node 0 size: 130669 MB
node 0 free: 828 MB
node 1 cpus: 12 13 14 15 16 17 18 19 20 21 22 23 36 37 38 39 40 41 42 43 44 45 46
node 1 size: 131072 MB
node 1 free: 60 MB
node distances:
node   0   1
  0:  10  21
  1:  21  10
```

보다시피 노드 0은 노드 1보다 여유 메모리가 더 많습니다. 가용한 메모리가 있어도 OS 가 스왑되는 문제가 있습니다. 이 문제는 제러미 콜Jeremy Cole의 탁월한 논문 'MySQL Swap Insanity Problem and Effects of the NUMA Architecture'(https://oreil.ly/lBRSk) 에 잘 설명되어 있습니다.

MySQL 5.7에서는 innodb_buffer_pool_populate 및 numa_interleave 매개변수가 제거 되고 그 기능을 innodb_numa_interleave 매개변수가 제어합니다. 이를 활성화하면 NUMA 시스템의 노드 간에 메모리 할당 균형을 유지해 스왑 문제를 방지합니다.

이 매개변수는 동적이지 않아 my.cnf 파일 [mysqld] 섹션에 다음 옵션을 추가하고 MySQL 을 다시 시작해야 활성화됩니다.

```
[mysqld]
innodb_numa_interleave = 1
```

기타

4부에서는 MySQL을 사용할 때 알아 두면 좋을 다양한 주제를 살펴봅니다. 데이터베이스를 모니터링하는 방법과 데이터를 수집하는 방법, 복제 서버를 사용해 고가용성을 제공하는 방법 등을 안내하며, 클라우드에서 MySQL을 사용하는 방법을 알아봅니다. 또 MySQL 서버를 운영하는 데 도움이 될 로드 밸런싱과 고급 분석 방법, 도구 등을 소개합니다.

Part IV

기타

## CHAPTER 12

MySQL 서버 모니터링

모니터링은 일정 기간 동안 무언가의 품질이나 진행 상황을 관찰하거나 확인하는 일이라고 정의할 수 있습니다. 이 정의를 MySQL에 적용하면 모니터링은 서버의 상태와 성능을 관찰하고 확인하는 일입니다. 그리고 품질은 가동 시간을 유지하고 성능이 원하는 수준에 도달하는 것입니다. 따라서 실제로 모니터링은 사물을 관찰하고 통제하려는 지속적인 노력입니다. 대개는 선택 사항으로 생각해 특히 부하가 높거나 위험하지 않은 한 필요로 하지 않습니다. 그러나 백업이 그렇듯 모니터링 설치는 거의 모든 데이터베이스에 이롭습니다.

모니터링 실행과 이를 통해 얻은 지표의 이해는 데이터베이스 시스템 운영자들에게 가장 중요한 과제의 하나라고 생각합니다. 적절하게 검증된 백업을 설정한 직후라면 더욱 그렇습니다. 백업 없이 데이터베이스를 운영하는 것 못지않게 데이터베이스 모니터링에 실패하는 것 역시 위험합니다. 성능을 예측할 수 없고 시스템이 무작위로 '다운'된다면 무슨 소용이 있을까요? 데이터가 안전하다 해도 사용할 수는 없을 겁니다.

이 장에서는 MySQL을 효율적으로 모니터링하는 방법을 이해하기 위해 기초를 다지려 합니다. 이 책의 제목은 **고성능 MySQL**이 아니기에, 다양한 지표가 정확히 무엇을 의미하는지 또는 복잡한 시스템 분석을 수행하는 방법도 자세히 설명하지 않을 것입니다. 그러나 모든 MySQL 설치에서 정기적으로 확인해야 하는 기본 지표를 소개하고 중요한 OS 수준 지표와 도구에 대해 논의하겠습니다. 그런 다음 시스템 성능 평가에 널리 사용되는 몇 가지 방법론을 간략하게 설명합니다. 인기 있는 오픈소스 모니터링 솔루션을 검토한 후, 마지막으로 조사 및 모니터링 목적으로 데이터를 수동으로 수집하는 방법을 보이겠습니다.

이 장을 완료한 후에는 모니터링 도구를 편안하게 선택하고 이 도구가 나타내는 중요한 지표를 이해하게 될 것입니다.

12.1 운영체제 지표

운영체제operating system(OS)는 복잡한 컴퓨터 프로그램입니다. 달리 말해 애플리케이션(이 경우 주로 MySQL)과 하드웨어 사이의 인터페이스입니다. 초기에는 OS가 단순했습니다. 이제는 꽤 복잡해졌지만 바탕을 이루는 개념은 전혀 바뀌지 않았습니다. OS는 기본 하드웨어를 다루는 복잡성을 숨기거나 추상화하려고 합니다. 하드웨어에서 직접 실행되는 일부 특수 목적의 RDBMS가 자체 OS라고 상상할 수 있지만, 실제로는 그렇지 않습니다. OS는 편리하고 강력한 인터페이스를 제공할 뿐 아니라 많은 성능 지표를 표시합니다. 지표를 모두 알 필요는 없지만 데이터베이스 아래 계층의 성능을 평가하는 방법은 기본적으로 이해해야 합니다.

일반적으로 운영체제 성능과 지표에 대해 이야기할 때 실제로 논의되는 내용은 OS 수준에서 평가되는 하드웨어 성능입니다. '운영체제 지표'는 잘못된 표현이 아니지만 보통은 하드웨어 성능을 따른다는 점을 기억하십시오.

모니터링에서 일반적으로 감지할 수 있는 가장 중요한 OS 지표를 살펴보겠습니다. 이 절에서는 두 가지 주요 OS인 리눅스와 윈도우를 다룰 것입니다. 맥OS와 기타 유닉스 계열 시스템에도 리눅스와 도구가 같거나 적어도 이와 비슷하게 출력하는 도구가 있습니다.

12.1.1 CPU

중앙 처리 장치central processing unit(CPU)는 컴퓨터의 심장입니다. 요즘에는 CPU가 굉장히 복잡해서 컴퓨터 안에 들어 있는 별도의 컴퓨터로 여겨집니다. 다행히도 여러분이 이해해야 하는 기본 지표는 보편적입니다. 이 절에서는 리눅스와 윈도우에서 보고된 CPU 활용률을 살펴보고 전체 로드에 기여하는 요소를 확인할 것입니다.

CPU 활용률을 측정하기 전에 CPU가 무엇이며 데이터베이스 운영자에게 가장 중요한 CPU 특성이 무엇인지 간략히 살펴보겠습니다. CPU를 '컴퓨터의 심장'에 비유한 것은 지나치게 단순화한 것입니다. 사실, CPU는 몇 가지 기본적인 작업(그리고 기본을 넘는 작업)을 수행하는 장치이며, 기계 코드부터 운영체제를 실행하는 고급 프로그래밍 언어에 이르기까지 CPU 위에 복잡한 계층과 계층을 쌓아 궁극적으로 (우리를 위해) 데이터베이스 시스템을 구축합니다.

컴퓨터에서 작업은 전부 CPU에 의해 수행됩니다. 케빈 클로슨^{Kevin Closson} (`https://oreil.ly/8uwkg`)이 말했듯 "모든 게 CPU 문제"입니다. 프로그램이 활발하게 실행 중일 때(예: MySQL이 쿼리를 분석하는 경우) CPU가 모든 작업을 수행합니다. 프로그램이 리소스를 기다리고 있을 때(MySQL이 디스크에서 데이터 읽기를 기다리는 중) 데이터가 가용한 상태라면 CPU는 프로그램에 '알려주는' 작업에 관여합니다. 이런 목록은 끝도 없습니다.

다음은 서버(일반적으로 컴퓨터도 해당) CPU에서 중요하게 살펴봐야 할 지표입니다.

| CPU 속도 |

CPU 코어가 작업을 실행하기 위해 '깨어날' 수 있는 초당 횟수로 클럭 속도, 클럭 주파수 등으로 불립니다. 놀랍게도 CPU 속도는 가장 중요한 지표가 아닙니다.

| 캐시 메모리 |

캐시 크기는 CPU 내에 직접 위치한 메모리양을 정의하므로 매우 빨리 증가합니다. 다시 말하지만, 더 많을수록 더 유익해서 이에 따른 단점이 없습니다.

| 코어 수 |

단일 CPU '패키지'(물리적 항목) 내의 실행 단위 수이자 서버에 들어간 모든 CPU가 가진 코어 수의 총합입니다. 갈수록 코어가 하나뿐인 CPU를 찾기가 어렵습니다. 오늘날에는 대부분의 CPU가 멀티코어 시스템입니다. 일부 CPU에는 '가상' 코어가 있기 때문에 '실제' CPU 수와 총 코어 수 차이가 훨씬 더 커졌습니다.

대개는 코어가 많을수록 좋지만 주의할 사항이 있습니다. 일반적으로 가용한 코어가 많을수록 OS에서 동시 실행을 예약할 수 있는 프로세스가 늘어납니다. MySQL의 경우 더 많은 쿼리가 병렬로 실행되고 백그라운드 작업이 미치는 영향이 작습니다.

그러나 가용한 코어의 절반이 '가상'인 경우 기대한 대로 성능이 2배로 향상하지 않습니다. 오히려 1배에서 2배 사이로 향상할 것입니다. 가상 코어의 이점이 모든 워크로드(MySQL 내에서도)에 작용하는 것은 아닙니다.

또 여러 CPU를 상이한 소켓에 사용하면 메모리(RAM) 및 기타 온보드 장치(예: 네트워크 카드)와의 인터페이스가 더 복잡해집니다. 대개 일반 서버는 일부 CPU(및 해당 코어)가 그 외 부분보다 RAM의 일부에 더 빨리 액세스할 수 있도록 물리적으로 배치됩니다. 이것이 이전 장에서 이야기한 NUMA 아키텍처입니다. 이로 인해 MySQL에서는 메모리 할당 및 메모리 관련 문제가 골칫거리가 될 수 있습니다. '11.2.2 모범 사례'의 'NUMA 아키텍처'에서 NUMA 시스템에 필요한 구성을 다뤘습니다.

CPU의 기본 측정치는 부하(%)입니다. 누군가가 'CPU 20'이라고 말하면, 이 말이 '현재 CPU가 20% 사용 중'임을 뜻한다고 거의 확신합니다. 그러나 전적으로 확신할 수는 없으므로 다시 확인하는 것이 좋습니다. 예를 들어 멀티코어 시스템에서 한 코어의 20%는 전체 부하의 1%에 불과할 수 있습니다. 이 부하를 시각화해보겠습니다.

리눅스에서 CPU 로드를 가져오는 기본 명령은 vmstat입니다. 인수 없이 실행하면 현재 평균 값을 출력한 후 종료됩니다. 숫자 인수(여기선 X로 함)로 실행하면 X초마다 값을 인쇄합니다. 몇 초 동안 숫자 인수(예: vmstat 1)와 함께 vmstat를 실행하는 것이 좋습니다. vmstat만 실행하면 부팅 이후 평균을 얻는데 이는 대개 오해의 소지가 있습니다. vmstat 1은 중단될 때까지 영원히 실행됩니다(Ctrl+C를 누르는 것이 중단시키는 가장 손쉬운 방법임).

vmstat 프로그램은 CPU 로드만이 아니라 메모리 및 디스크 관련 지표, 고급 시스템 지표에 대한 정보를 인쇄합니다. 곧이어 vmstat 출력의 다른 섹션을 탐색하겠지만 여기서는 CPU와 프로세스 지표에 집중할 것입니다.

유휴 시스템에서 vmstat 출력을 살펴보며 시작하겠습니다. CPU 부분이 잘리는데, 이 부분은 나중에 자세히 검토하겠습니다.

```
$ vmstat 1
procs -----------memory---------- ---swap-- -----io---- -system-- ------cpu-----
 r  b   swpd   free   buff  cache   si   so    bi    bo   in   cs us sy id ...
 2  0      0 1229924 1856608 6968268    0    0    39   125   61  144 18  7 75...
 1  0      0 1228028 1856608 6969384    0    0     0    84 2489 3047  2  1 97...
 0  0      0 1220972 1856620 6977688    0    0     0    84 2828 4712  3  1 96...
 0  0      0 1217420 1856644 6976796    0    0     0   164 2405 3164  2  2 96...
 0  0      0 1223768 1856648 6968352    0    0     0    84 2109 2762  2  1 97...
```

헤더 뒤 출력의 첫 번째 줄은 부팅 이후 평균이고 이후 줄은 출력될 때 현재 값을 나타냅니다. 출력 내용은 처음에는 읽기 어렵지만 금세 익숙해집니다. 명확성을 위해 이 절의 나머지 부분에서는 procs 및 cpu 섹션에서 원하는 정보만 담아 출력을 자르겠습니다.

```
procs ------cpu-----
 r  b us sy id wa st
 2  0 18  7 75  0  0
 1  0  2  1 97  0  0
 0  0  3  1 96  0  0
 0  0  2  2 96  0  0
 0  0  2  1 97  0  0
```

r과 b는 프로세스 지표로, 활발하게 실행 중인 프로세스의 수와 차단된 프로세스 수(일반적으로 I/O 대기 중)입니다. 또 다른 열들은 CPU 활용률^{utilization}(멀티코어 시스템에서도 0%에서 100%까지)을 나타냅니다. 이 열들의 값을 모두 합하면 늘 최대 100이 됩니다. CPU 열이 나타내는 것은 다음과 같습니다.

| us (사용자) |

사용자 프로그램을 실행하는 데 소요된 시간(또는 이러한 프로그램이 시스템에 가한 부하)입니다. MySQL 서버는 커널 외부에 존재하는 코드와 마찬가지로 사용자 프로그램입니다. 이 지표는 프로그램 자체 내에서만 보낸 시간을 보여줍니다. 이 점이 중요합니다. 예를 들어 MySQL이 일부 계산을 수행하거나 복잡한 쿼리를 구문 분석할 때 이 값이 올라갑니다. MySQL이 디스크나 네트워크 작업을 수행하려고 할 때도 이 값이 올라가고 곧 보게 될 다른 두 값도 올라갑니다.

| sy (시스템) |

커널 코드를 실행하는 데 소요된 시간입니다. 리눅스와 기타 유닉스 계열 시스템이 구성되는 방식으로 인해 사용자 프로그램은 이 카운터를 증가시킵니다. 예를 들어 MySQL이 디스크 읽기를 수행해야 할 때마다 OS 커널에서 일부 작업을 수행해야 합니다. 해당 작업에 소요된 시간은 sy 값에 포함됩니다.

| id (유휴 상태) |

아무것도 하지 않고 보낸 시간, 즉 유휴 시간입니다. 완벽하게 유휴 상태인 서버에서 이 지표는 100입니다.

| wa (I/O 대기) |

I/O를 기다리는 데 소요된 시간입니다. 다양한 파일에 대한 읽기와 쓰기가 MySQL 작업에서 비교적 큰 부분을 차지하기 때문에 MySQL에서 중요한 지표입니다. MySQL이 디스크 읽기를 수행할 때 MySQL의 내부 기능에서 약간의 시간이 소요된 후 우리에게 반영됩니다. 그런 다음 커널 내부에서 시간을 보내고 sy에 반영됩니다. 마지막으로 커널이 기본 저장 장치(로컬 또는 네트워크 장치일 수 있음)에 읽기 요청을 보내고 응답과 데이터를 기다리면 소요된 모든 시간이 wa에 누적됩니다. 사용 중인 프로그램과 커널이 매우 느리고 우리가 하는 모든 일이 I/O라면, 이론적으로 이 지표는 100에 근접합니다. 실제로 두 자리 값은 드물며 대개는 I/O 문제를 나타냅니다. I/O에 대해서는 '12.1.2 디스크'에서 자세히 설명합니다.

| st (도난) |

깊이 들어가지 않고는 설명하기 어려운 지표입니다. MySQL 공식 문서에는 '가상 머신이 도난당한 시간'으로 정의되었습니다. 이 지표는 VM이 명령을 실행하기를 원했지만 호스트 서버가 CPU 시간을 할당할 때까지 기다려야 했던 시간으로 생각할 수 있습니다. 이 동작을 하게 되는 이유는 여러 가지인데 그중 눈여겨볼 것은 두 개입니다. 첫째는 호스트 오버프로비저닝입니다. 너무 많은 대용량 VM을 실행해 VM에 필요한 리소스의 총량이 호스트의 용량을 초과하는 상황입니다. 둘째는 하나 이상의 VM이 특별히 로드된 VM으로 인해 어려움을 겪는 '노이즈 이웃' 상황입니다.

top 같은 명령(잠시 후 살펴봄)은 더 정교하게 CPU 부하를 분석합니다. 하지만 방금 나열된 열도 좋은 출발점이며 실행 중인 시스템에 대해 알아야 할 내용을 대부분 다룹니다.

이제 유휴 시스템의 vmstat 1 출력으로 돌아가겠습니다.

```
procs ------cpu-----
 r  b us sy id wa st
 2  0 18  7 75  0  0
```

```
1 0 2 1 97 0 0
0 0 3 1 96 0 0
0 0 2 2 96 0 0
0 0 2 1 97 0 0
```

이 출력에서 무엇을 알 수 있나요? 앞서 언급했듯이 첫 번째 줄은 부팅 이후의 평균입니다. 평균적으로 이 시스템에는 2개의 프로세스가 실행 중(r)이고 0개가 차단(b)되었습니다. 사용자 CPU 활용률은 18%(us), 시스템 CPU 활용률은 7%(sy), 전체 CPU 활용률은 75% 유휴(id) 입니다. I/O 대기(wa) 및 도난 시간(st)은 0입니다.

첫 번째 줄 이후에 인쇄된 출력의 각 줄은 샘플링 간격(이 예시에서는 1초)의 평균입니다. 이 값은 '현재' 값이라고 부르는 값에 매우 가깝습니다. 유휴 머신이므로 전체 값이 평균 미만임을 알 수 있습니다. 하나의 프로세스만 실행되거나 아무것도 차단되지 않고 사용자 CPU 시간은 2~3%, 시스템 CPU 시간은 1~2%, 시스템은 96~97%의 시간 동안 유휴 상태입니다.

정확히 측정하기 위해 단일 프로세스에서 CPU 집약적 계산을 수행하는 이와 동일한 시스템에서 vmstat 1 출력을 살펴보겠습니다.

```
procs ------cpu-----
 r  b us sy id wa st
 2  0 18  7 75  0  0
 1  0  2  1 97  0  0
 0  0  3  1 96  0  0
 0  0  2  2 96  0  0
 0  0  2  1 97  0  0
```

부팅 이후의 평균은 동일하지만 모든 샘플에서 단일 프로세스가 실행되고 있으며 사용자 CPU 시간을 13~15%로 유도합니다. vmstat의 문제는 출력에서 구체적으로 어떤 프로세스가 CPU 를 소모하는지 알 수 없다는 것입니다. 물론 이 서버가 전용 데이터베이스 서버라면 전부는 아니어도 대부분의 사용자 CPU 시간을 MySQL과 해당 스레드에서 계산할 것이라고 가정 할 수 있지만, 문제는 일어납니다. 또 다른 문제는 CPU 코어 수가 많은 시스템에서는 실수로 vmstat 출력에서 낮은 판독값을 사실로 간주할 수 있다는 것입니다. vmstat는 256코어 시스템에서도 0%에서 100%까지 판독값을 제공합니다. 이러한 시스템의 코어 8개가 100% 로드된 경우 vmstat에 표시된 사용자 시간은 3%지만 실제로는 일부 작업부하가 제한될 수 있습니다.

문제에 대처할 솔루션을 제시하기 전에 윈도우에 대해 조금 이야기해보겠습니다. CPU 활용률, 특히 CPU에 대해 일반적으로 언급한 많은 내용이 윈도우로 변환되지만, 주목할 차이점이 있습니다.

- I/O 하위 시스템이 근본적으로 다르기 때문에 윈도우에는 I/O 대기 계정이 없습니다. 스레드가 I/O를 기다리며 보낸 시간은 유휴 시간으로 이동합니다.
- 시스템 CPU 시간은 거의 커널이 사용하는 CPU 시간을 의미합니다.
- st 정보를 알 수 없습니다.

윈도우에서는 사용자와 유휴 카운터가 변경되지 않은 상태로 유지되므로 노출되는 사용자 CPU 시간, 커널 CPU 시간, 유휴 CPU 시간을 기준으로 CPU 모니터링을 수행할 수 있습니다. 그 외 카운터와 지표를 사용할 수 있지만 이 항목으로 충분히 다룰 수 있을 것입니다. 현재 윈도우에서는 다양한 도구를 사용해 CPU 활용률을 얻을 수 있습니다. 그중 가장 단순하고 vmstat와 가장 비슷한 도구는 오래전부터 윈도우 성능 지표 확인 시 필수로 사용된 작업 관리자입니다. 쉽게 사용할 수 있고 간단하며 여러분도 사용해본 적이 있을 것입니다. 작업 관리자는 CPU 활용률을 CPU 코어별로 분류하고 사용자와 커널 시간으로 분할해 백분율로 표시할 수 있습니다.

[그림 12-1]은 유휴 시스템에서 실행되고 있는 작업 관리자 화면입니다.

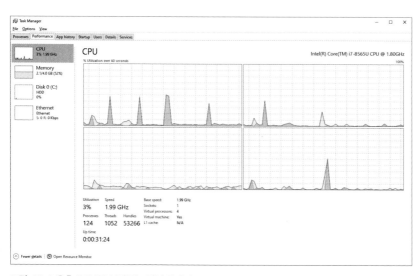

그림 12-1 유휴 CPU를 보여주는 작업 관리자

[그림 12-2]는 사용 중인 시스템에서 실행되고 있는 작업 관리자 화면입니다.

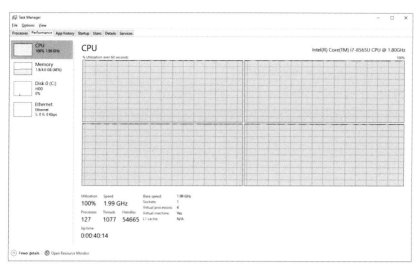

그림 12-2 사용 중인 CPU를 보여주는 작업 관리자

앞에서 말했듯이 vmstat에는 문제가 있습니다. 프로세스당 또는 CPU 코어당 로드를 분해하지 않습니다. 두 문제를 모두 해결하려면 다른 도구를 실행해야 합니다. 그런데 바로 실행하지 않는 이유가 무엇일까요? vmstat는 보편적이고 CPU 판독값 이상을 제공하며 매우 간결합니다. 주어진 시스템에 심각한 문제가 있는지를 재빨리 점검하기에 좋은 방법입니다. 작업 관리자도 마찬가지지만 실제로는 vmstat보다 성능이 더 강력합니다.

리눅스에서 vmstat 다음으로 가장 간단하게 사용할 수 있는 도구는 top으로, 리눅스 서버를 다루는 사람이라면 누구나 애용하는 기본 요소입니다. 이 도구는 여기서 논의한 기본 CPU 지표를 확장하고 코어당 로드 분석과 프로세스당 로드 계산을 모두 추가합니다. 인수 없이 top을 실행하면 터미널 UI 또는 TUI 모드에서 시작됩니다. 도움말 메뉴를 보려면 ?를 누르고, 코어당 로드 분석을 표시하려면 1을 누릅니다. [그림 12-3]은 top의 출력 모습입니다.

%CPU 열에 각 프로세스가 CPU 활용률을 가져오는 것을 볼 수 있습니다. 예를 들어 mysqld는 전체 CPU 시간의 104.7%를 사용합니다. 이제 서버에 있는 많은 코어 간에 로드가 어떻게 분산되는지도 알 수 있습니다. 특정한 이 경우에 하나의 코어(Cpu0)가 그 외 코어보다 약간 더 로드됩니다. MySQL이 단일 CPU 처리량의 한계에 도달하는 경우가 있으므로 코어당 로드 분

석이 중요합니다. 일부 불량 프로세스가 서버 용량을 점유하고 있다고 의심되는 경우 프로세스 간에 로드가 분산되는 방식을 확인해야 합니다.

```
top - 06:27:27 up 2 min,  2 users,  load average: 0.90, 0.22, 0.07
Tasks: 120 total,   1 running, 119 sleeping,   0 stopped,   0 zombie
%Cpu0  : 27.0 us, 39.8 sy,  0.0 ni, 29.0 id,  1.2 wa,  0.0 hi,  2.9 si,  0.0 st
%Cpu1  : 21.2 us, 32.4 sy,  0.0 ni, 42.0 id,  3.8 wa,  0.0 hi,  0.7 si,  0.0 st
KiB Mem :  1014596 total,    67232 free,   397304 used,   550060 buff/cache
KiB Swap:  1572860 total,  1572596 free,      264 used.   447692 avail Mem

  PID USER      PR  NI    VIRT    RES    SHR S  %CPU %MEM     TIME+ COMMAND
 6186 mysql     20   0  942688 331964  51760 S 104.7 32.7   0:21.13 mysqld
   30 root      20   0       0      0      0 S   7.6  0.0   0:01.50 kworker/0:1
  334 root       0 -20       0      0      0 S   5.0  0.0   0:00.98 kworker/0:1H
 6232 root      20   0  275916   3468   2556 S   4.7  0.3   0:00.97 mysqlslap
    6 root      20   0       0      0      0 S   2.7  0.0   0:00.50 ksoftirqd/0
   38 root      20   0       0      0      0 S   0.3  0.0   0:00.02 kswapd0
  233 root      20   0       0      0      0 S   0.3  0.0   0:00.07 kworker/1:2
    1 root      20   0  128016   5212   2684 S   0.0  0.5   0:00.95 systemd
    2 root      20   0       0      0      0 S   0.0  0.0   0:00.00 kthreadd
    3 root      20   0       0      0      0 S   0.0  0.0   0:00.00 kworker/0:0
```

그림 12-3 top에서 TUI 모드

데이터를 표시하는 도구가 많습니다. 각 도구에 대해 자세히 설명할 수 없으니 몇 가지만 언급하겠습니다. mpstat는 매우 심층적인 CPU 통계를 제공합니다. pidstat는 실행 중인 각 개별 프로세스의 CPU, 메모리, 디스크, 네트워크 활용률 통계를 제공하는 범용 도구입니다. atop은 top의 고급 버전입니다. 이외에 더 많은 도구가 있으며 사람들은 자신이 즐겨 사용하는 나름의 도구 세트가 있습니다. 확신하건대, 정작 중요한 것은 도구 자체가 아니라 도구가 제공하는 핵심 지표와 통계를 이해하는 것입니다.

윈도우에서 작업 관리자 프로그램은 실제로 vmstat보다 top에 훨씬 더 가깝습니다. 코어당 로드와 프로세스당 로드를 표시하는 작업 관리자의 기능은 모든 조사에서 첫 단계로 수행되는 매우 유용한 기능입니다. 자세한 내용을 제공하는 리소스 모니터를 바로 살펴보길 권장합니다. 작업 관리자에서 리소스 모니터 열기 링크를 클릭하는 것이 가장 간편한 방법입니다.

[그림 12-4]는 CPU 로드 세부 정보가 있는 리소스 모니터 화면입니다.

작업 관리자와 리소스 모니터만이 윈도우에서 성능 지표를 표시하는 것은 아닙니다. 이외에 편하게 사용할 수 있는 도구를 소개합니다. 모두 고급 단계에서 사용되므로 간략하게 설명하겠습니다.

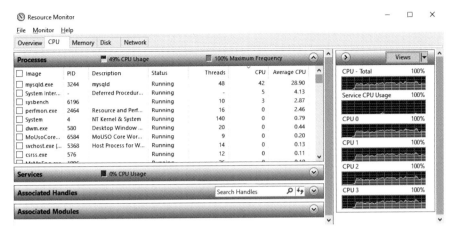

그림 12-4 CPU 로드 세부 정보를 보여주는 리소스 모니터

| 성능 모니터 |

이 기본 제공 도구는 윈도우의 성능 카운터 하위 시스템용 GUI입니다. 간단히 말해서 CPU와 관련된 지표뿐만 아니라 윈도우에서 측정한 다양한 성능 지표 일부(또는 전체)를 보고 간략하게 확인할 수 있습니다.

| 프로세스 탐색기 |

이 도구는 Windows Sysinternals(`https://oreil.ly/mKGKF`)라는 고급 시스템 유틸리티 제품군의 일부입니다. 여기에 나열된 도구들보다 더 강력하고 고급하므로 알아두면 유용할 것입니다. 여느 도구들과 달리 Sysinternals 사이트의 홈페이지와 별도로 Process Explorer(`https://oreil.ly/C2tGo`)를 설치해야 합니다.

12.1.2 디스크

디스크 또는 I/O 하위 시스템은 데이터베이스 성능에 매우 중요합니다. CPU는 주어진 시스템에서 수행되는 모든 작업을 뒷받침하지만 특히 데이터베이스의 경우 가장 문제가 되는 병목 지점이 디스크일 수 있습니다.

하지만 논리적인 이론일 따름입니다. 결국 데이터베이스는 디스크에 데이터를 저장한 다음 디스크에서 해당 데이터를 꺼내 제공합니다. 느리고 내구성 있는 장기 저장소 위에 캐시 레이어가 많지만 어느 때나 사용할 수 있지 않으며 크기가 무한하지도 않습니다. 따라서 데이터베이스 시스템을 다룰 때 기본 디스크 성능을 이해하는 것이 매우 중요합니다. 스토리지 시스템에서 자주 과소평가되는 중요한 또 다른 속성은 성능과 전혀 관련이 없습니다. 바로 용량입니다.

디스크 용량과 활용량은 주어진 하나의 디스크(또는 스토리지 시스템에 있는 여러 개의 디스크)에 저장할 수 있는 총 데이터양과 해당 데이터 중 이미 저장된 데이터양을 나타냅니다. 식상하지만 중요한 지표입니다. 디스크 용량을 모니터링할 필요는 없지만 사용자가 모르게 변경될 가능성이 거의 없으므로 디스크 활용률과 가용한 공간을 예의 주시해야 합니다.

대부분의 데이터베이스는 시간이 지나면서 크기만 증가합니다. 특히 MySQL은 테이블 변경, 장기 실행 트랜잭션, 쓰기의 급증을 수용할 디스크 여유 공간이 충분해야 합니다. MySQL 데이터베이스 인스턴스에서 사용할 수 있는 여분의 디스크 공간이 더 이상 없으면 작동이 중단되거나 중지될 수 있으며 일부 공간이 확보되거나 디스크 용량이 추가될 때까지 작업을 재시작하지 않을 수 있습니다. 상황에 따라 용량을 추가하는 데 몇 분에서 며칠이 걸리기도 합니다. 용량 추가는 사전에 계획해야 합니다.

다행히 디스크 공간 사용량을 모니터링하기가 매우 쉽습니다. 리눅스에서는 간단한 df 명령을 사용해 수행할 수 있습니다. 인수가 없으면 모든 파일 시스템에 대해 용량과 사용량을 1KB 블록으로 표시합니다. -h 인수를 추가해 사람이 읽을 수 있는 측정값을 얻고 마운트 지점(또는 경로만)을 지정해 검사를 제한할 수 있습니다.

```
$ df -h /var/lib/mysql
Filesystem      Size   Used   Avail   Use%   Mounted on
/dev/sda1       40G    18G    23G     45%    /
```

df의 출력은 분명하며 다루기 쉬운 도구입니다. 멀티테라바이트 시스템을 실행하지 않는 한 데이터베이스 마운트 지점 용량을 90%로 유지하는 것이 좋습니다. 편법으로 데이터베이스와 동일한 파일 시스템에 대용량 더미 파일을 몇 개 두는 방법도 있습니다. 공간이 부족하기 시작하면 이 파일을 조금씩 제거해 반응할 시간을 벌 수 있습니다. 이 방법을 쓰더라도 늘 대응할 수 있도록 디스크 공간을 모니터링하는 편이 좋습니다.

윈도우에서 신뢰할 수 있는 파일 탐색기는 [그림 12-5]와 같이 디스크 공간 활용률과 용량 정보를 제공할 수 있습니다.

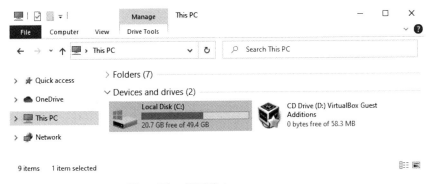

그림 12-5 가용한 디스크 공간을 보여주는 파일 탐색기

디스크 공간이 포함된 상태에서 이제 모든 I/O 하위 시스템의 주요 성능 속성을 살펴보겠습니다.

| 대역폭 |

단위 시간당 스토리지로 푸시(또는 풀링)할 수 있는 데이터 바이트 수

| IOPS(초당 I/O 작업) |

디스크(또는 기타 스토리지 시스템)가 단위 시간당 처리할 수 있는 작업 수

| 지연시간 |

스토리지 시스템에서 읽기 또는 쓰기를 처리하는 데 걸리는 시간

이 세 가지 속성으로 스토리지 시스템을 파악해 시스템이 좋은지, 나쁜지, 아니면 형편없는지를 알게 됩니다. '12.1.1 CPU' 절에서 한 것처럼 디스크 성능을 검사하고 해당 출력을 사용해 특정 지표를 설명하는 도구를 몇 가지 보이겠습니다. 다시 리눅스와 윈도우에 집중합니다. 다른 시스템에 이와 유사한 도구가 있으므로 이 지식을 활용할 수 있습니다.

리눅스의 **vmstat**에 대한 I/O 로드 아날로그는 *iostat* 프로그램입니다. 상호작용 패턴에 익숙해져야 합니다. 즉 인수 없이 명령을 호출하면 부팅 이후 평균 값을 얻고 숫자를 인수로 전달하면 샘플링 기간에 대한 평균을 얻을 수 있습니다. 또 우리는 이 도구를 -x 인수와 함께 실행하는 것을 선호합니다. -x 인수는 많은 유용한 세부 정보를 추가합니다. **vmstat**와 달리 **iostat**는 앞에서 언급한 **mpstat** 명령과 유사하게 블록 장치별로 세분화된 지표를 제공합니다.

> **TIP_ iostat**는 대개 **sysstat** 패키지의 일부로 설치됩니다. 우분투와 데비안에서는 **apt**를 사용하고 RHEL 기반 운영체제에서는 **yum**을 사용해 패키지를 설치합니다. I장의 설치 지침을 그대로 따라 했다면 이 도구를 편하게 사용할 수 있을 겁니다.

iostat -dxyt 5 명령을 사용해 출력 예시를 살펴보겠습니다. 장치 사용 보고서를 인쇄하고, 확장된 통계를 표시하고, 부팅 이후 평균이 포함된 첫 번째 보고서를 생략하고, 각 보고서에 대한 타임스탬프를 추가하고, 로드된 시스템에서 일부 샘플 출력의 평균 값을 5초마다 보고합니다.

```
05/09/2021 04:45:09 PM
Device:          rrqm/s   wrqm/s   r/s      w/s    rkB/s      wkB/s...
sda                0.00     0.00   0.00  1599.00     0.00  204672.00...
...avgrq-sz avgqu-sz  await r_await  w_await  svctm   %util
...  256.00   141.67  88.63    0.00    88.63   0.63  100.00
```

모든 열을 다루지 않고 이전에 언급한 속성에 상응하는 열을 살펴보겠습니다.

| 대역폭 |

iostat 출력에서 rkB/s 및 wkB/s 열은 대역폭 활용률(각각 읽기 및 쓰기)에 해당합니다. 기본 스토리지의 특성을 안다면(예를 들어 200MiB/s의 결합된 읽기 및 쓰기 대역폭을 약속한다는 것을 알고 있을 수 있음) 한계를 넘고 있는지 알 수 있습니다. 여기에서 초당 200,000KB가 약간 넘는 수치가 /dev/sda 장치에 기록되고 읽기가 발생하지 않았음을 볼 수 있습니다.

| IOPS(초당 I/O 작업) |

이 지표는 초당 읽기 및 쓰기 작업 수를 각각 제공하는 r/s 및 w/s 열로 표시됩니다. 이 예시는 초당 1,599개의 쓰기 작업이 발생했음을 보여줍니다. 예상대로 읽기 작업이 등록되지 않았습니다.

| 지연시간 |

약간 더 복잡한 방식으로 표시되는 지연시간은 await, r_await, w_await, svctm의 네 열(최신 iostat 버전에서는 그 이상)로 나눕니다. 기본 분석의 경우 요청을 처리하기 위한 평균 지연시간인 대기 값을 확인해야 합니다. r_await 및 w_await는 읽기 및 쓰기에 의해 중단됩니다. svctime은 더 이상 사용되지 않는 지표로, 대기 없이 순수한 장치 지연시간을 표시하려고 합니다.

이러한 기본 지표 분석 값이 있고 사용된 스토리지에 대한 몇 가지 기본 사실을 알면 무슨 일이 일어나고 있는지 이해할 수 있습니다. 앞 예시에서는 저자의 노트북 한 대에 있는 최신 소비자 등급 NVMe SSD에서 실행됩니다. 대역폭이 꽤 좋지만 각 요청이 평균 88ms로 많은 양입니다. 또 이러한 지표에서 I/O 로드 패턴을 얻기 위해 몇 가지 간단한 계산을 할 수 있습니다. 예를 들어 대역폭을 IOPS로 나누면 요청당 128KB가 됩니다. iostat는 실제로 섹터의 기록 단위(512바이트)로 평균 요청 크기를 표시하는 avgrq-sz 열에 해당 지표를 포함합니다. 또 초당 1,599개의 쓰기가 ~40ms/request에서만 제공될 수 있다는 것을 측정할 수 있습니다. 즉, 병렬 쓰기 로드가 있음(또 우리 장치가 병렬 요청을 처리할 수 있음)을 의미합니다.

I/O 패턴(요청 크기, 병렬 처리 정도, 무작위 대 순차)은 기본 스토리지의 상한선을 높일 수 있습니다. 대부분의 장치는 특정 조건에서 최대 대역폭, 최대 IOPS, 최소 지연시간을 알리지만 이러한 조건은 최대 IOPS, 최대 대역폭 측정과 최적의 지연시간에 따라 다를 수 있습니다. 지표 분석 값이 좋은지 나쁜지 여부를 묻는 질문에 확답을 하기는 다소 어렵습니다. 기본 스토리지에 대해 전혀 알지 못하는 상태에서 활용도를 확인하는 한 가지 방법은 포화도를 평가하는 것입니다. '12.3.1 USE 방법'에서 다룰 포화도는 리소스가 얼마나 과부하되었는지 측정하는 것입니다. 포화도는 최신 스토리지에서 긴 대기열을 병렬로 효율적으로 서비스할 수 있어 더 복잡해지고 있지만, 일반적으로 스토리지 장치에서 대기열은 포화 상태를 알려주는 신호입니다. iostat 출력에서 이는 avgqu-sz 열(또는 최신 버전의 iostat에서는 aqu-sz)이며 값이 1보다 더 크면 대개는 장치가 포화되었음을 나타냅니다. 이 예에서 146개 요청의 대기열은 I/O가 많이 사용되며 병목 현상이 있을 수 있음을 알려줍니다.

눈치챘겠지만, 유감스럽게도 I/O 활용도는 직접적으로 간단하게 측정하지 못합니다. 모든 지표를 자세히 살펴봐야 합니다. 스토리지 성능을 측정하는 작업은 어렵습니다!

동일한 지표로 리눅스와 윈도우, 기타 OS의 스토리지 장치를 정의합니다.

이제 I/O 성능을 평가하기 위한 기본 윈도우 도구를 살펴보겠습니다. 이쯤이면 그 도구들의 지표 값이 익숙할 것입니다. CPU 절에 표시된 리소스 모니터를 사용하는 것이 좋지만, 이번에는 디스크 탭으로 이동합니다. [그림 12-6]에서 쓰기 로드가 많은 MySQL의 예를 볼 수 있습니다.

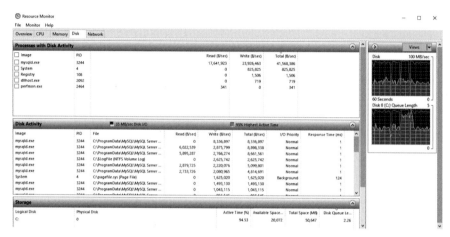

그림 12-6 IO 로드 세부 정보를 표시하는 리소스 모니터

리소스 모니터에서 제공하는 지표는 iostat의 지표와 유사합니다. 요청 대기열의 대역폭, 지연시간, 길이를 볼 수 있습니다. 누락된 지표 하나는 IOPS입니다. 해당 정보를 얻으려면 성능 모니터(perfmon)를 사용해야 하지만 연습으로 남겨 두겠습니다.

리소스 모니터는 실제로 iostat보다 약간 더 자세한 값을 보여줍니다. 프로세스당 I/O 로드에 대한 분석과 파일당 해당 로드에 대한 추가 분석이 있습니다. 이와 같이 분류된 로드를 동시에 표시할 수 있는 단일 도구가 리눅스에는 없습니다. 그래서 리눅스에서 프로그램별 로드 분석 결과를 얻으려면 이전에 언급한 pidstat 도구를 사용해야 합니다. 다음은 몇 가지 출력 예입니다.

```
# pidstat -d 5
...
```

```
10:50:01 AM   UID    PID   kB_rd/s   kB_wr/s kB_ccwr/s  Command
10:50:06 AM    27   4725      0.00  30235.06      0.00  mysqld
10:50:06 AM   UID    PID   kB_rd/s   kB_wr/s kB_ccwr/s  Command
10:50:11 AM    27   4725      0.00  23379.20      0.00  mysqld
...
```

리눅스에서 파일당 분석을 얻는 것은 BCC Toolkit, 특히 `filetop` 도구를 사용하면 매우 쉽습니다. 이 툴킷에는 탐색할 도구가 많지만 대부분이 상당한 고급 항목입니다. 여기에 설명한 도구만으로 기본적인 조사 및 모니터링 요구사항을 충족하기에 충분합니다.

12.1.3 메모리

메모리 또는 RAM 역시 데이터베이스의 중요한 리소스입니다. 메모리가 데이터 읽기 및 쓰기에서 디스크보다 성능이 훨씬 더 우수하므로 데이터베이스는 가능한 한 '메모리에서' 작동하려고 시도합니다. 불행히도 메모리는 영구적이지 않으므로 종국에는 모든 작업이 디스크에 반영되어야 합니다(디스크 성능에 대한 자세한 내용은 이전 절 참조).

CPU와 디스크 절에서는 각각 성능을 다뤘지만, 메모리 절에서는 성능을 이야기하지 않겠습니다. 중요하긴 하지만 매우 고급하며 심오한 주제이기 때문입니다. 대신 메모리 활용에 중점을 둘 것입니다. 메모리 관련 내용은 매우 복잡해지기 쉬우므로 이 중점에서 벗어나지 않도록 노력하겠습니다.

몇 가지 기본 전제로 시작하겠습니다. 프로그램이 작동하려면 약간의 메모리가 필요합니다. MySQL을 비롯해 데이터베이스 시스템은 대개 많은 메모리가 필요합니다. 부족하면 애플리케이션에 성능 문제가 생기기 시작하고 이 절 끝부분에서 보듯이 실패할 수도 있습니다. 따라서 메모리 활용을 모니터링하는 것은 모든 시스템의 안정성, 특히 데이터베이스 시스템의 안정성에 결정적으로 중요합니다.

윈도우로 본격적인 설명을 시작하겠습니다. 표면적으로는 윈도우 메모리 계정 메커니즘이 리눅스보다 약간 덜 복잡하기 때문입니다. 윈도우에서 전체 OS 메모리 활용률을 얻으려면 '12.1.1 CPU'에 설명된 대로 작업 관리자를 시작하고 성능 탭으로 이동해 메모리를 선택합니다. [그림 12-7]에서 작업 관리자의 메모리 사용량^{usage} 표시를 볼 수 있습니다.

이 시스템에는 현재 2.4GB가 사용되고 나머지 1.6GB가 가용한 총 4GB의 메모리가 있어 전체 활용률이 60%가 됩니다. 이것은 안전한 양이며 '낭비된' 여유 메모리를 최소화하기 위해

MySQL에 더 많은 메모리를 할당할 수도 있습니다. MySQL의 InnoDB 버퍼 풀 크기에 대한 내용은 '11.2.2 모범 사례'의 '버퍼 풀 크기'에 설명했습니다.

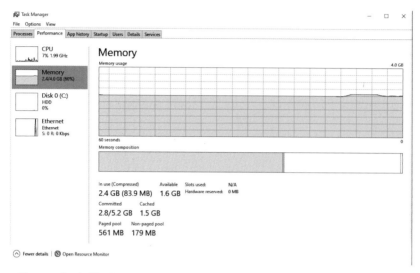

그림 12-7 메모리 사용 세부 정보를 표시하는 작업 관리자

리눅스에서 메모리 활용 세부 정보를 얻는 가장 간단한 도구는 free 명령입니다. 모든 필드를 사람이 읽을 수 있는 형식으로 변환하는 -h 인수와 함께 사용하는 것이 좋습니다. 다음은 CentOS 7을 실행하는 컴퓨터의 샘플 출력입니다.

```
$ free -h
              total        used        free      shared  buff/cache   available
Mem:           3.7G        2.7G        155M        8.5M        905M        787M
Swap:          2.0G         13M        2.0G
```

여기에는 데이터가 윈도우에서 본 것보다 더 많습니다. 실제로 윈도우에는 대부분 이러한 카운터가 있습니다. 단지 눈에 보이지 않을 뿐입니다.

출력을 살펴보겠습니다. 지금은 Mem 행을 다루고 나중에 Swap에 대해 이야기하겠습니다.

여기에서 used와 available 두 개의 주요 지표는 작업 관리자의 **In use**와 **Available**로 변환됩니다. 제가 자주 하는 실수 하나는 available 대신 free 지표를 보는 것입니다. 그건 옳지 않습니다! 리눅스(와 윈도우)는 메모리를 여유 공간으로 유지하길 좋아하지 않습니다. 결국 여유 메모리는 낭비되는 리소스입니다. 애플리케이션에 직접 필요하지 않은 가용한 메모리가 있는 경우 리눅스는 해당 메모리를 사용해 디스크에서 읽고 쓰는 데이터 캐시를 유지합니다. 나중에 윈도우가 동일한 작업을 수행한다는 것을 보여주지만 작업 관리자에서는 이를 볼 수 없습니다. free 지표에 중점을 두는 것이 실수가 되는 이유는 웹사이트 'Help! Linux ate my RAM(https://www.linuxatemyram.com)'을 참조하세요.

이 명령의 출력을 더 자세히 분석해보겠습니다.

| total |

시스템에서 가용한 메모리 총량

| used |

현재 애플리케이션에서 사용하고 있는 메모리양

| free |

OS에서 전혀 사용하지 않는 실제 여유 메모리

| shared |

특별히 요청하고 할당해야 하고 여러 프로세스가 함께 액세스할 수 있는 특수 유형의 메모리입니다. MySQL에서 사용하지 않기 때문에 여기에선 세부사항을 건너뜁니다.

| buff/cache |

OS가 현재 I/O를 개선하기 위해 캐시로 사용하고 있는 메모리양

| available |

애플리케이션이 필요할 경우 사용할 수 있는 메모리양입니다. 대개 free와 buff/cache를 합한 양입니다.

일반적으로, 기본적이지만 강력한 모니터링을 원한다면 total, used, available만 확인합니다. 리눅스는 자체적으로 캐시된 메모리를 처리할 수 있어야 합니다. 페이지 캐시는 고급 주제

이기 때문에 여기에서 다루지 않습니다. 기본적으로 리눅스의 MySQL은 페이지 캐시를 활용하므로 이를 수용할 수 있도록 인스턴스 크기를 조정해야 합니다. 그러나 보통은 페이지 캐시를 피하도록 MySQL에 지시(innodb_flush_method에 대한 문서 참조)하길 권장합니다. 그러면 MySQL 자체에서 더 많은 메모리를 사용할 수 있습니다.

윈도우 지표도 대부분 이와 동일하다고 앞서 언급했습니다. 다만 윈도우에는 지표가 숨겨져 있을 뿐입니다. 이를 확인하려면 리소스 모니터를 열고 메모리 탭으로 이동하십시오. [그림 12-8]에서 이 탭의 내용을 볼 수 있습니다. 가용한 메모리양이 52MB에 불과하고 상당량의 대기 메모리 덩어리와 소량의 수정된 메모리가 한눈에 보입니다. 창 하단의 Cached 값은 수정량과 대기량의 합계입니다. 스크린샷을 찍을 때 1,593MB의 메모리가 캐시에서 사용되고 있었고 그중 33MB가 더티(또는 수정)되었습니다. 윈도우는 리눅스와 마찬가지로 I/O를 최소화해 원활하게 하고 메모리를 최대한 활용하기 위해 파일 시스템 페이지를 캐시합니다.

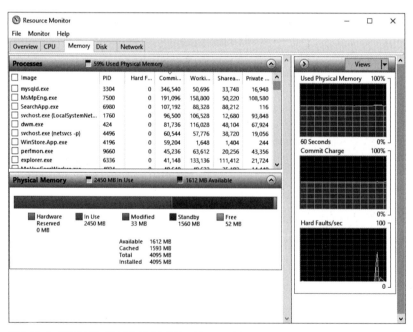

그림 12-8 메모리 사용 세부 정보를 보여주는 리소스 모니터

확인할 수 있는 또 다른 것은 프로세스당 메모리 활용률 분석인데 mysqld.exe가 500MB 미만의 메모리를 보유합니다. 리눅스에서는 '12.1.1 CPU'에서 처음 사용한 top 명령을 사용해

이와 유사한 출력을 얻을 수 있습니다. top이 실행되면 Shift +M을 눌러 출력을 메모리 사용량별로 정렬하고 사람이 읽을 수 있는 수치를 얻습니다. [그림 12-9]의 top 출력에서 메모리 사용량의 세부 정보를 볼 수 있습니다.

이 시스템 출력은 그다지 흥미롭지 않지만, mysqld 프로세스에서 메모리를 가장 많이 소비하는 것이 MySQL인 것은 한눈에 알 수 있습니다.

```
top - 19:59:54 up  1:37,  2 users,  load average: 0.02, 0.02, 0.05
Tasks: 113 total,   1 running, 112 sleeping,   0 stopped,   0 zombie
%Cpu(s):  0.0 us,  0.1 sy,  0.0 ni, 99.9 id,  0.0 wa,  0.0 hi,  0.0 si,  0.0 st
KiB Mem :  3880160 total,   144280 free,  2805208 used,   930672 buff/cache
KiB Swap:  2097148 total,  2083060 free,    14088 used.   794528 avail Mem

   PID USER      PR  NI    VIRT    RES    SHR S  %CPU %MEM     TIME+ COMMAND
  5576 mysql     20   0 4330756   2.5g  16468 S   0.3 66.7   0:27.77 mysqld
  5309 root      20   0  741500  80444  29052 S   0.0  2.1   0:02.14 dockerd
  5296 root      20   0  536684  45276  15272 S   0.0  1.2   0:01.60 containerd
  2722 root      20   0  574032  17244   6104 S   0.0  0.4   0:01.38 tuned
  2340 polkitd   20   0  613016  13300   5072 S   0.0  0.3   0:00.21 polkitd
  3832 root      20   0  625648   9000   6696 S   0.0  0.2   0:00.36 NetworkManager
     1 root      20   0  193696   6744   4192 S   0.0  0.2   0:02.19 systemd
  2724 root      20   0  216416   5772   2740 S   0.0  0.1   0:00.70 rsyslogd
  4552 root      20   0  154664   5528   4212 S   0.0  0.1   0:00.35 sshd
  6294 root      20   0  154664   5524   4212 S   0.0  0.1   0:00.17 sshd
  3857 root      20   0  107472   5436   3444 S   0.0  0.1   0:00.01 dhclient
  1215 root      20   0   47580   5056   2884 S   0.0  0.1   0:00.24 systemd-udevd
  6250 root      20   0  241280   4604   3440 S   0.0  0.1   0:00.03 sudo
  2721 root      20   0  112872   4340   3312 S   0.0  0.1   0:00.02 sshd
  2954 postfix   20   0   89832   4072   3068 S   0.0  0.1   0:00.02 qmgr
```

그림 12-9 메모리 사용 세부 정보를 보여주는 top

메모리가 부족하면 어떤 일이 생기는지는 이 절의 마지막에서 알아보겠습니다. 여기서는 스와핑과 페이징에 대해 논의합시다. 한 가지 짚고 넘어갈 것은 대부분의 최신 OS에서는 개별 애플리케이션이 시스템 메모리를 보는 독자적인 관점으로(그래서 애플리케이션 메모리를 가상 메모리라고 부르는 것임) 메모리를 관리한다는 점입니다. 그러다보면 애플리케이션이 사용할 수 있는 가상 메모리의 총량이 시스템에 탑재된 실제 메모리의 총량을 초과하게 됩니다. 대학 전공 과목인 OS 설계에서는 전자에 대한 논의가 중요하겠지만 데이터베이스 시스템을 운영할 때는 후자에 더 집중해야 합니다.

OS가 시스템 메모리 용량을 마법처럼 확장할 수 없기 때문에 설계가 중요합니다. 실제로 OS는 디스크 스토리지를 사용해 메모리양을 늘리는데 앞서 언급했듯이 RAM은 대개 가장 빠른 디스크보다 성능이 훨씬 더 뛰어납니다. 그러므로 예상한 대로 메모리 확장에는 대가를 지불해야 합니다. 서로 다른 방법과 제각각 다른 이유로 **페이징**paging이 일어날 수 있습니다. MySQL에서 단연 중요한 것은 메모리 일부를 디스크 전용 위치에 갖다 쓰는 **스와핑**swapping이란 페이징 유형입니다. 리눅스에서는 그 위치가 별도의 파티션이거나 파일이 될 수 있습니다. 윈도우에는 거의 동일한 용도로 사용되는 **pagefile.sys**라는 특수 파일이 있습니다.

스와핑은 그 자체로는 나쁘지 않지만 MySQL에서는 문제가 됩니다. 즉 데이터베이스가 메모리에서 무언가를 읽고 있다고 생각하는 데 반해 현실적으로 OS는 해당 데이터 중 일부를 스왑 파일로 페이지 아웃하고 실제로는 디스크에서 읽는다는 것이 문제입니다. MySQL은 이러한 일이 언제 일어날지 예측하지 못하며 이를 방지하거나 액세스를 최적화하기 위해 아무 조치도 취할 수 없습니다. 이 현상이 최종 사용자에게는 쿼리 응답 시간이 까닭 없이 갑자기 감소하는 것으로 나타날 수 있습니다. 그러나 약간의 스왑 공간이 있는 것은 곧 알게 되겠지만 중요한 보호 수단이 됩니다.

이제 메모리가 부족할 때 실제로 어떤 일이 일어나느냐는 질문에 답하겠습니다. 짧게 답하면 '좋을 게 없다'입니다. MySQL에서는 시스템에 메모리가 부족할 때 초래되는 일반적인 결과가 두세 개뿐이므로 이에 대해 이야기하겠습니다.

- MySQL은 OS에 더 많은 메모리를 요청하지만 가용한 메모리가 없는 상태입니다. 페이지 아웃될 수 있는 무엇이든 메모리에 없고 스왑 파일이 없거나 이미 가득 찬 상태입니다. 일반적으로 이 상황에서 충돌이 발생합니다. 정말 나쁜 결과입니다.

- 이렇게 충돌이 발생하면 리눅스는 OS가 시스템 메모리 부족에 도달해가는 상황을 감지하고 강제로 종료합니다. 즉, 하나 이상의 프로세스를 종료하는 것입니다. 대개는 메모리를 가장 많이 보유한 프로세스가 종료되어 데이터베이스 서버에서 MySQL이 최상위 메모리 소비자가 됩니다. 이런 현상은 대개 OS가 종료되기 전에 일어납니다.

- MySQL 혹은 그 외 프로그램은 OS가 스와핑을 시작해야 하는 지점까지 메모리를 채웁니다. 스왑 공간 (또는 윈도우의 경우 페이지 파일)이 설정되어 있다고 가정합니다. 몇 단락 뒤에서 설명하듯 메모리가 교체될 때 MySQL의 성능은 예기치 않게 그리고 예측할 수 없을 정도로 저하됩니다. 이 결과는 충돌이나 MySQL 종료보다는 분명 더 낫지만 그렇다 해도 피해야 합니다.

이런 이유로 MySQL이 느려지고 충돌하거나 죽어버리는 것입니다. 이제 가용한 메모리와 사용된 메모리를 모니터링하는 것이 결정적으로 중요한 이유를 명확하게 알게 되었습니다. 또 서버에 메모리 여유 공간을 남겨두고 스왑/페이지 파일을 설정하는 것이 좋다는 점도 알았습니다. 리눅스 스왑 설정에 대한 몇 가지 조언은 '11.2.2 모범 사례'에서 운영체제 모범 사례를 참조하세요.

12.1.4 네트워크

OS 리소스 중에서 네트워크는 설명이 불가한 무작위 문제의 주범으로 가장 자주 비난받는 리소스일 것입니다. 그럴 만한 이유가 있습니다. 네트워크는 모니터링이 어렵습니다. 네트워크 문제를 이해하려면 때로는 전체 네트워크 스트림을 자세히 분석해야 합니다. CPU, 디스크, 메모리와 달리 단일 서버에 포함되지 않기 때문에 독자적인 리소스입니다. '네트워크'에 관심이 있다면 최소한 서로 통신하는 두 대의 기기가 필요합니다. 물론 로컬 연결은 대개 안정적입니다. 그리고 당연히 디스크 스토리지를 공유하고 가상 머신의 경우 CPU와 메모리도 공유할 수 있지만, 네트워킹은 항상 여러 머신에 관여합니다.

이 장은 주제가 모니터링이므로 연결 문제를 다루지 않을 것입니다. 그러나 네트워킹과 관련된, 놀랄 만큼 수많은 문제는 한 컴퓨터가 다른 컴퓨터와 통신할 수 없는 단순한 문제로 귀결됩니다. 연결을 당연하게 여기지 마십시오. 네트워크 토폴로지는 일반적으로 복잡하며 각 패킷은 여러 시스템을 통해 복잡한 경로를 따릅니다. 클라우드 환경에서는 경로가 훨씬 더 복잡하고 덜 명확할 수 있습니다. 네트워크에 문제가 있다고 생각되면 연결을 설정할 수 있는지부터 확인하는 것이 현명합니다.

네트워크의 속성은 다음과 같습니다.

| 대역폭 및 활용도(처리량) |

'12.1.2 디스크'에 정의된 개념과 유사합니다. 네트워크 연결 시 대개 초당 데이터 볼륨 단위로 최대 대역폭 용량을 표시합니다. 인터넷 연결 시 보통은 Mbps 또는 초당 메가비트를 사용하지만 MBps 또는 초당 메가바이트를 사용하기도 합니다. 네트워크 링크와 장비는 최대 대역폭을 엄격히 제한합니다. 예를 들어, 현재 일반 가정용 네트워크 장비는 1Gbps 대역폭을 거의 초과하지 못합니다. 고급 데이터 센터 장비는 정기적으로 10Gbps를 지원합니다. 대역폭을 수백 Gbps까지 높이는 특수 장비가 존재하지만 이 경우엔 보통 두 서버가 라우팅 없이 직접 연결됩니다.

| 오류 – 개수와 출처 |

네트워크 오류는 피할 수 없습니다. 사실, 인터넷의 기반이자 MySQL이 사용하는 프로토콜인 TCP^Transmission Control Protocol는 패킷이 손실될 것이라는 전제하에 구축되었습니다. 의심할 여지

없이, 오류가 표시되는 건 가끔이지만 오류 비율이 높으면 통신 담당자가 계속해서 패킷을 다시 보내야 하므로 연결 속도가 느려집니다.

'12.1.2 디스크'에서 설명한 것처럼, 전송하고 수신한 패킷 수(IOPS와 약간 유사함)와 지연시간도 이야기하겠습니다. 그러나 패킷 전송 지연은 실제로 전송을 수행하는 애플리케이션에서만 측정할 수 있습니다. OS는 네트워크의 평균 지연시간을 측정하지도 표시하지도 못합니다. 그리고 패킷 수는 대역폭과 처리량 수치를 따르기 때문에 대개 중복됩니다.

네트워크를 볼 때 추가하는 게 유용한 특정 지표 하나는 재전송된 패킷의 수입니다. 재전송은 패킷이 손실되거나 손상된 경우 발생합니다. 오류는 아니지만 보통 연결 문제로 발생합니다. 대역폭 부족과 마찬가지로 재전송 횟수가 증가하면 네트워크 성능이 고르지 않게 됩니다.

리눅스에서는 네트워크 인터페이스 통계를 살펴보는 것으로 시작할 수 있습니다. 가장 쉬운 방법은 `ifconfig` 명령을 실행하는 것입니다. 기본적으로 출력에는 특정 호스트의 네트워크 인터페이스가 전부 포함됩니다. 이 경우 모든 로드가 `eth1`을 통해 온다는 것을 알고 있으므로 이에 대한 통계만 표시할 수 있습니다.

```
$ ifconfig eth1
...
eth1: flags=4163<UP,BROADCAST,RUNNING,MULTICAST> mtu 1500
        inet 192.168.10.11  netmask 255.255.255.0  broadcast 192.168.10.255
        inet6 fe80::a00:27ff:fef6:b4f  prefixlen 64  scopeid 0x20<link>
        ether 08:00:27:f6:0b:4f  txqueuelen 1000  (Ethernet)
        RX packets 6217203  bytes 735108061 (701.0 MiB)
        RX errors 0  dropped 0  overruns 0  frame 0
        TX packets 11381894  bytes 18025086781 (16.7 GiB)
        TX errors 0  dropped 0 overruns 0  carrier 0  collisions 0
...
```

패킷의 수신(RX) 또는 전송(TX) 오류가 없다는 사실만으로도 네트워크가 매우 양호한 상태임을 즉시 알 수 있습니다. `ifconfig`를 실행할 때마다 RX 및 TX 총 데이터 통계(각각 701.0MiB 및 16.7GiB)가 증가하므로 시간의 경과에 따라 실행해 대역폭 활용률을 쉽게 측정할 수 있습니다. 그 방법은 그다지 편리하지 않습니다. 실시간으로 전송 속도를 표시하는 프로그램이 있지만 리눅스 일반 배포판에는 기본으로 제공되는 프로그램이 없습니다. 전송 속도와 오류 기록은 sar -n DEV 또는 sar -n EDEV 명령을 사용해 볼 수 있습니다(sar는 iostat에 대해 이야기할 때 언급한 sysstat 패키지의 일부임).

```
$ sar -n DEV
               IFACE    rxpck/s    txpck/s    rxkB/s     txkB/s...
06:30:01 PM     eth0       0.16       0.08      0.01       0.01...
06:30:01 PM     eth1    7269.55   13473.28    843.84   21618.70...
06:30:01 PM       lo       0.00       0.00      0.00       0.00...
06:40:01 PM     eth0       0.48       0.28      0.03       0.05...
06:40:01 PM     eth1    7844.90   13941.09    893.95   19204.10...
06:40:01 PM       lo       0.00       0.00      0.00       0.00...
...rxcmp/s   txcmp/s  rxmcst/s
...   0.00      0.00      0.00
...   0.00      0.00      0.00
...   0.00      0.00      0.00
...   0.00      0.00      0.00
...   0.00      0.00      0.00
...   0.00      0.00      0.00

$ sar -n EDEV
04:30:01 PM     IFACE    rxerr/s    txerr/s    coll/s     rxdrop/s...
06:40:01 PM     eth0       0.00       0.00      0.00        0.00...
06:40:01 PM     eth1       0.00       0.00      0.00        0.00...
06:40:01 PM       lo       0.00       0.00      0.00        0.00...
...txdrop/s  txcarr/s  rxfram/s  rxfifo/s  txfifo/s
...   0.00      0.00      0.00      0.00      0.00
...   0.00      0.00      0.00      0.00      0.00
...   0.00      0.00      0.00      0.00      0.00
```

다시 한번, 예제 인터페이스에서 eth1이 상당량 로드되었지만 보고되는 오류가 없음을 알 수 있습니다. 대역폭 제한 내에 있으면 네트워크 성능이 정상이어야 합니다.

네트워크 내에서 발생한 다양한 오류와 문제의 세부 정보를 전부 보려면 netstat 명령을 사용할 수 있습니다. -s 플래그를 사용하면 많은 카운터가 보고됩니다. 기본적인 사항을 유지하기 위해 출력의 Tcp 부분만 표시하고 여러 번 재전송하겠습니다. 자세한 개요는 출력의 TcpExt 부분을 확인하십시오.

```
$ netstat -s
...
Tcp:
```

```
55 active connections openings
39 passive connection openings
0 failed connection attempts
3 connection resets received
9 connections established
14449654 segments received
25994151 segments send out
54 segments retransmitted
0 bad segments received.
19 resets sent
...
```

전송된 세그먼트의 순전한 수를 고려하면 재전송률이 우수합니다. 이 네트워크는 양호한 것 같
습니다.

윈도우에서 우리가 원하는 대부분의 지표를 제공하는 리소스 모니터를 다시 확인합니다. [그림
12-10]은 네트워크 관련 화면입니다. 리소스 모니터가 MySQL에 대해 합성 로드를 실행하는
호스트에서 제공하는 값입니다.

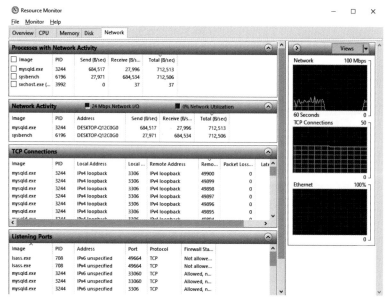

그림 12-10 네트워크 활용 세부 정보를 보여주는 리소스 모니터

윈도우에서는 netstat 명령을 사용해 오류 개수를 볼 수 있습니다. 이전에 사용한 리눅스 도구와 이름이 같지만 약간 다릅니다. 이 경우 오류가 없습니다.

```
C:\Users\someuser> netstat -e
Interface Statistics

                           Received            Sent
Bytes                      58544920         7904968
Unicast packets               62504           32308
Non-unicast packets               0             364
Discards                          0               0
Errors                            0               0
Unknown protocols                 0
```

netstat에 대한 -s 수정자가 윈도우에도 존재합니다. 다시 말하지만 출력의 일부만 표시합니다.

```
C:\Users\someuser> netstat -s
...
TCP Statistics for IPv4
  Active Opens                    = 457
  Passive Opens                   = 30
  Failed Connection Attempts      = 3
  Reset Connections               = 121
  Current Connections             = 11
  Segments Received               = 61237201
  Segments Sent                   = 30866526
  Segments Retransmitted          = 0
...
```

모니터링에서 강조한 지표(대역폭 활용률과 오류)로 판단하면 이 시스템의 네트워크는 완벽하게 잘 작동하고 있습니다. 네트워킹의 복잡성을 고려하면 이 정도는 겉핥기식 이해에 불과합니다. 그럼에도 이 최소한의 도구 세트는 문제의 원인이 네트워크에 있는지 여부를 판단하는 데 대단히 유용할 것입니다.

이로써 OS 모니터링 기본을 꽤 길게 훑어보았습니다. 우리는 이 내용을 짧게 다룰 수도 있었고 여러분은 MySQL 책에서 굳이 이 내용을 다룬 이유가 무엇이냐고 질문할 수도 있습니다. 답은 간단합니다. 중요하기 때문입니다. 프로그램은 OS와 상호작용하며 시스템 리소스가 필요합니다. 근본적으로 MySQL은 성능이 좋을 것으로 기대되는 매우 요긴한 프로그램이 될 것입니다. 그러나 이를 위해서는 리소스가 필요하고 디스크, CPU 또는 네트워크의 성능 용량이 부족한지, 디스크와 메모리 용량이 부족한지 확인해야 합니다. 때로는 MySQL로 인한 시스템 리소스 문제로 MySQL 자체에서 문제를 발견할 수도 있습니다. 예를 들어, 잘못 작성된 쿼리는 CPU와 디스크에 많은 부하를 가하는 동시에 메모리 사용량을 급증시킵니다. 다음 절에서는 실행 중인 MySQL 서버를 모니터링하고 진단하는 기본 방법을 보겠습니다.

12.2 MySQL 서버 살펴보기

MySQL 모니터링은 쉽기도 하고 어렵기도 합니다. MySQL에서 약 500개의 상태 변수가 표시되어 데이터베이스 내부에서 무슨 일이 일어나는지 거의 정확하게 알 수 있기 때문에 쉽습니다. 게다가 InnoDB에는 자체 진단 출력이 있습니다. 그러나 보유한 데이터를 이해하기가 까다롭기 때문에 어렵습니다.

이 절에서는 상태 변수가 무엇이고 어떻게 가져오는지로 시작해서 InnoDB 진단으로 넘어가 MySQL 모니터링의 기본 사항을 설명합니다. 일단 기본을 알고 나면, MySQL 데이터베이스 모니터링 제품군에 추가되어야 한다고 생각하는 몇 가지 기본 조합을 제시하겠습니다. 이 조합과 이전 절에서 배운 OS 모니터링을 통해 시스템에서 전개되고 있는 상황을 이해할 수 있어야 합니다.

12.2.1 상태 변수

MySQL의 **서버 상태 변수**server status variables로 시작하겠습니다. 이 변수는 구성 옵션과 달리 읽기 전용이며 MySQL 서버의 현재 상태를 보여주는 정보입니다. 상태 변수는 각자 본질적으로 다릅니다. 대부분 변수는 값이 계속 증가하거나 오르락내리락하는 일반 값이고, 일부는 정적 텍스트 필드로 현재 서버 구성을 이해하는 데 도움이 되는 값을 저장하고 있습니다. 모든 상태 변수는 전역 서버 수준과 현재 세션 수준에서 액세스할 수 있습니다. 그러나 모든 변수가 세션 수준에서 의미가 있는 것은 아니며 일부는 두 수준에서 동일한 값을 표시합니다.

SHOW STATUS는 현재 상태 변수 값을 가져오는 데 사용됩니다. GLOBAL과 SESSION이라는 두 가지 선택적 수정자가 있으며 기본값은 SESSION입니다. 변수 이름이나 패턴을 지정할 수도 있지만 필수 사항은 아닙니다. 다음 예의 명령은 현재 세션에 대한 모든 상태 변수 값을 보여줍니다.

```
mysql> SHOW STATUS;
+------------------------------------------+----------------------+
| Variable_name                            | Value                |
+------------------------------------------+----------------------+
| Aborted_clients                          | 0                    |
| Aborted_connects                         | 0                    |
| Acl_cache_items_count                    | 0                    |
| ...                                      |                      |
| Threads_connected                        | 2                    |
| Threads_created                          | 2                    |
| Threads_running                          | 2                    |
| Uptime                                   | 305662               |
| Uptime_since_flush_status                | 305662               |
| validate_password.dictionary_file_last_parsed | 2021-05-22 20:53:08 |
| validate_password.dictionary_file_words_count | 0              |
+------------------------------------------+----------------------+
482 rows in set (0.01 sec)
```

수백 개 행의 출력하고 스크롤하면서 변수를 찾기보다는 와일드카드를 사용해 요청하는 변수의 수를 제한할 수 있습니다. SHOW STATUS의 LIKE는 3장에서 설명한 일반 SELECT 문과 동일하게 작동합니다.

```
mysql> SHOW STATUS LIKE 'Created%';
+------------------------+-------+
| Variable_name          | Value |
+------------------------+-------+
| Created_tmp_disk_tables | 0    |
| Created_tmp_files       | 7    |
| Created_tmp_tables      | 0    |
+------------------------+-------+
3 rows in set (0.01 sec)
```

출력된 내용을 읽기가 훨씬 더 쉽습니다. 따옴표 안에 와일드카드 없이 변수명만 넣어 해당 변수의 값만 찾을 수도 있습니다.

```
mysql> SHOW STATUS LIKE 'Com_show_status';
+-----------------+-------+
| Variable_name   | Value |
+-----------------+-------+
| Com_show_status | 11    |
+-----------------+-------+
1 row in set (0.00 sec)
```

Created% 상태 변수에 대한 출력에서 MySQL이 Created_tmp_files에 대해 7 값을 표시했음을 알 수 있습니다. 이 출력은 이 세션이 7개의 임시 파일을 생성하고 0개의 임시 테이블을 생성했음을 의미할까요? 아닙니다. 사실 Created_tmp_files 상태 변수는 전역 범위만 있습니다. 이 점은 잘 알려진 MySQL 문제입니다. 요청된 범위에 관계없이 항상 모든 상태 변수를 볼 수 있지만 해당 값의 범위는 해당 범위에서만 적절합니다. 다양한 변수 범위의 이해를 돕는 MySQL 공식 문서의 '서버 상태 변수 참조(https://oreil.ly/kgYBx)'를 참조하세요.

상태 변수 리스트에는 Com_show_status 변수의 범위가 'both(둘 다)'로 적혀 있습니다. 즉, 전역 카운터와 세션당 값을 모두 얻을 수 있습니다. 실제로 확인해보겠습니다.

```
mysql> SHOW STATUS LIKE 'Com_show_status';
+-----------------+-------+
| Variable_name   | Value |
+-----------------+-------+
| Com_show_status | 13    |
+-----------------+-------+
1 row in set (0.00 sec)

mysql> SHOW GLOBAL STATUS LIKE 'Com_show_status';
+-----------------+-------+
| Variable_name   | Value |
+-----------------+-------+
| Com_show_status | 45    |
+-----------------+-------+
1 row in set (0.00 sec)
```

상태 변수를 확인할 때 주의할 또 다른 중요한 사항은 세션 수준에서 대부분을 0으로 재설정할 수 있다는 것입니다. 이는 FLUSH STATUS 명령어를 실행해 수행합니다. 이 명령은 현재 값을 전역 카운터에 추가한 후 연결된 모든 세션 내의 상태 변수를 0으로 재설정합니다. 따라서

FLUSH STATUS는 세션 수준에서만 작동하되, 모든 세션에서 동작합니다. 이를 설명하기 위해 이전에 사용한 세션에서 상태 변수 값을 재설정하겠습니다.

```
mysql> FLUSH STATUS;
Query OK, 0 rows affected (0.00 sec)

mysql> SHOW STATUS LIKE 'Com_show_status';
+-----------------+-------+
| Variable_name   | Value |
+-----------------+-------+
| Com_show_status | 1     |
+-----------------+-------+
1 row in set (0.00 sec)

mysql> SHOW GLOBAL STATUS LIKE 'Com_show_status';
+-----------------+-------+
| Variable_name   | Value |
+-----------------+-------+
| Com_show_status | 49    |
+-----------------+-------+
1 row in set (0.00 sec)
```

전역 카운터가 계속 증가해도 세션 카운터는 0으로 재설정된 후 SHOW STATUS 명령을 실행할 때 한 번만 증가해 1로 증가했습니다. 이것은 가령 단일 쿼리를 실행해 상태 변수 값(특히 Handler_* 상태 변수 계열)을 변경하는 방법을 개별적으로 확인하는 데 유용할 수 있습니다. 다시 시작하지 않고 전역 카운터를 재설정하기는 불가합니다.

12.2.2 기본 모니터링 조합

모니터링을 할 때 수많은 지표를 다양하게 조합할 수 있습니다. 그럼에도 데이터베이스 운영자라면 빼놓아서는 안 되는 지표가 있습니다. 여러분은 MySQL을 배울 때 이 지표로 데이터베이스가 어떻게 작동하는지를 합리적으로 이해하게 됩니다. 대부분의 기존 모니터링 시스템에는 이런 지표가 포함되며, 대개 이보다 더 많은 지표가 들어 있습니다. 여러분은 수집할 지표를 직접 설정할 수 없지만, 이 절의 설명을 통해 모니터링 시스템이 알려주는 내용을 잘 이해할 수 있습니다.

다음 하위 절에서 광범위한 지표의 범주 몇 가지를 제시하고, 이 절의 키워드인 카운터 몇 가지에 대해 자세히 설명하겠습니다.

MySQL 서버 가용성

모니터링할 가장 중요한 지표입니다. MySQL 서버가 연결을 수락하지 않거나 실행되고 있지 않다면 이외의 지표는 문제 될 게 전혀 없습니다.

MySQL 서버는 몇 달 내지 몇 년 동안 가동을 실행할 수 있는 강력한 소프트웨어입니다. 그러나 예기치 않게 조기 종료(더 정확하게는 충돌)되는 상황이 있습니다. 예를 들어, '12.1.2 디스크'에서 메모리 부족 상태가 MySQL 충돌이나 종료를 초래할 수 있음을 논의했습니다. 다른 사건도 발생합니다. 오늘날에는 거의 사라졌지만 MySQL에는 충돌 버그가 있습니다. 운영상의 실수도 있습니다. 계획된 유지 관리 후에 데이터베이스 불러오기를 잊어본 적이 없는 사람이 있을까요? 하드웨어가 실패하고 서버가 다시 시작됩니다. MySQL의 가용성을 손상시키는 요인은 참으로 많습니다.

MySQL 가용성을 모니터링하는 몇 가지 접근방식 중 가장 좋은 유일한 방법은 없습니다. 몇 가지를 결합한 방식이 좋습니다. 매우 간단한 기본 접근방식은 `mysqld`(또는 `mysqld.exe`) 프로세스가 실제로 실행 중이고 OS 수준에서 보는 것이 가능한지 확인하는 것입니다. 리눅스와 유닉스 계열 시스템에서는 `ps` 명령을, 윈도우에서는 작업 관리자를 확인하거나 `Get-Service PowerShell` 명령을 실행하면 됩니다. 그런데 이런 방식의 확인은 쓸모없지는 않지만 문제가 있습니다. 첫째, MySQL이 실행 중이라는 사실이 MySQL이 실제로 해야 할 일, 즉 클라이언트의 쿼리를 처리하고 있음을 보장하지 않습니다. MySQL은 로드에 매몰되거나 디스크 오류로 인해 견딜 수 없을 정도로 느리게 실행될 수 있습니다. OS 관점에서는 프로세스가 실행 중이지만 클라이언트 관점에서는 어쨌든 종료된 것과 다름없습니다.

두 번째 접근방식은 애플리케이션의 관점에서 MySQL의 가용성을 확인하는 것입니다. 대개 MySQL 모니터를 실행하고 간단하고 짧은 쿼리를 실행합니다. 이전 확인과 달리 이번에는 MySQL에 대한 새로운 연결을 설정해 데이터베이스가 쿼리를 제대로 처리하는지 확인합니다. 이렇게 애플리케이션 측에서 가용성을 확인하면 데이터베이스를 애플리케이션 관점에서 더 가까이 볼 수 있습니다. 이러한 확인을 독립 엔티티로 설정하는 대신 애플리케이션을 조정해 MySQL을 조사하고 운영자에게나 모니터링 시스템에 명확한 오류를 보고할 수 있습니다.

세 번째 접근방식은 앞의 두 접근방식을 섞은 방법으로 DB 측에 집중합니다. MySQL을 모니터링하는 동안 상태 변수를 확인하기 위해 데이터베이스에 최소한 간단하게라도 쿼리를 실행해야 합니다. 쿼리가 실패하면 MySQL에 문제가 발생하기 시작할 위험이 있으므로 모니터링 시스템이 경고해야 합니다. 이 방식은 대상 인스턴스의 데이터가 지난 몇 분 동안 모니터링 시스템에서 수신되었는지 여부를 확인합니다.

이러한 확인을 진행하면 적절한 시점에 'MySQL이 다운되었습니다'라는 경고와 함께 다운된 이유를 해결할 몇 가지 단서를 출력하는 것이 이상적입니다. 예를 들어 두 번째 접근방식을 사용한 확인에서 MySQL에 연결 횟수가 초과해 새 연결을 시작할 수 없다면 이 내용이 경고에 포함되어야 합니다. 세 번째 접근방식의 확인이 실패했지만 첫 번째 접근방식이 정상이면 충돌은 아닌 다른 상황입니다.

클라이언트 연결

'11.1 MySQL 서버 데몬'에 자세히 설명한 것처럼 MySQL 서버는 다중 스레드 프로그램입니다. 데이터베이스와 클라이언트를 연결하면 MySQL 서버(mysqld 또는 mysqld.exe) 프로세스 내에 새 스레드가 생성됩니다. 그 스레드는 클라이언트가 보낸 명령문을 실행할 책임이 있으며 이론상 클라이언트 스레드만큼 많은 동시 쿼리 실행이 가능합니다.

각 연결과 해당 스레드는 유휴 상태일 때도 MySQL 서버에 약간의 오버헤드를 발생시킵니다. 그 외에도 데이터베이스의 관점에서 각 연결은 책임이 있습니다. 데이터베이스는 연결된 클라이언트가 언제 명령문을 보낼지 알 수 없습니다. **동시성**concurrency 또는 동시에 실행되는 트랜잭션과 쿼리의 수는 일반적으로 설정된 연결 수의 증가에 따라 증가합니다. 동시성 자체가 나쁘진 않지만 각 시스템은 확장성에 한계가 있습니다. '12.1 운영체제 지표'에서 알 수 있듯이 CPU와 디스크 리소스에는 성능 제한이 있으며 이를 초과하기는 불가능합니다. 그리고 무한한 양의 OS 리소스를 사용하더라도 MySQL 자체에 내부 확장성 제한이 있습니다.

간단히 말해 연결 수, 특히 활성 연결 수는 이상적으로 최소한으로 유지해야 합니다. MySQL 측에서는 어떤 연결도 완벽한 상황이 아니지만 애플리케이션 측에서는 받아들일 수 없는 상황입니다. 그러나 일부 애플리케이션은 데이터베이스가 로드를 처리한다고 가정하고 연결과 전송 쿼리 수를 제한하지 않습니다. 이로 인해 이른바 선더링 허드thundering herd란 상황이 벌어질 수 있습니다. 선더링 허드는 모종의 이유로 쿼리 실행이 길어지고 앱이 더 많은 쿼리를 전송해 데이터베이스에 과부하가 걸리는 상황을 말합니다.

마지막으로 MySQL에서는 시스템 변수 `max_connections`가 클라이언트 연결 수의 상한선을 제어합니다. 기존 연결 수가 해당 변수 값에 도달하면 MySQL은 새 연결 생성을 거부합니다. 나쁜 상황입니다. `max_connections`는 클라이언트가 수천 개의 연결을 설정하는 경우 완전한 서버 멜트다운으로부터 보호하기 위해 사용해야 합니다. 그러나 이상적으로는 연결 수를 모니터링하고 앱 팀과 협력해 연결 수를 적게 유지해야 합니다.

MySQL이 노출하는 특정 연결과 스레드 카운터를 검토해보겠습니다.

| Threads_connected |

현재 연결된 클라이언트 스레드 수, 즉 설정된 클라이언트 연결 수입니다. 앞서 이 항목의 중요성을 설명했으니 이를 확인해야 하는 이유를 알아야 합니다.

| Threads_running |

현재 명령문을 실행 중인 클라이언트 스레드의 수입니다. `Threads_connected`가 높은 동시성의 가능성을 나타내는 반면 `Threads_running`은 실제로 해당 동시성의 현재 측정값을 보여줍니다. 이 카운터의 급증은 애플리케이션 로드의 증가나 아니면 쿼리를 누적되게 하는 데이터베이스의 속도 저하를 나타냅니다.

| Max_used_connections |

설정된 최대 연결 수로 마지막 MySQL 서버가 재시작된 후에 기록됩니다. 과도한 연결이 발생한 것으로 의심되지만 `Threads_connected`에 기록된 변경 이력이 없는 경우 이 상태 변수를 확인해 기록된 최고 피크를 볼 수 있습니다.

| Max_used_connections_time |

MySQL 서버가 마지막 재시작 이후 현재까지 최대 연결 수를 확인한 날짜와 시간입니다.

연결을 모니터링하는 또 다른 중요한 지표는 연결 실패율입니다. 오류 비율 증가는 애플리케이션이 데이터베이스와 통신하는 데 문제가 있음을 나타낼 수 있습니다. MySQL은 클라이언트가 설정하지 못한 연결과 시간 초과로 인해 실패한 기존 연결을 구분합니다. 예를 들면 다음과 같습니다.

| Aborted_clients |

이미 중단되었다고 설정된 연결 수입니다. MySQL 공식 문서에는 "클라이언트가 연결을 제대로 닫지 않고 죽었다"고 기술되었지만, 이는 서버와 클라이언트 사이에 네트워크 문제가 있는 경우에도 발생할 수 있습니다. 이 카운터의 빈번한 증가 원인은 `max_allowed_packet` 위반('9.2 옵션 범위' 참조)과 세션 시간 초과(`wait_timeout`과 `interactive_timeout` 시스템 변수 참조)입니다. 약간의 오류가 예상되지만 주의 깊게 확인해야 합니다.

| Aborted_connects |

설정에 실패한 새 연결 수입니다. 원인으로는 잘못된 비밀번호, 사용자에게 권한이 없는 데이터베이스 연결, 프로토콜 불일치, `connect_timeout` 위반, `max_connections` 도달 등이 있습니다. 또 다양한 네트워크 관련 문제도 포함됩니다. `Connection_errors_%`로 확인 가능한 상태변수는 몇 가지 특정 문제를 상세하게 표시합니다. `Aborted_connects`의 증가가 애플리케이션 구성 문제(잘못된 사용자/비밀번호) 또는 데이터베이스 문제(연결 부족)를 나타낼 수 있으므로 확인해야 합니다.

> **NOTE_** MySQL 엔터프라이즈 에디션, 퍼코나 서버, MariaDB는 스레드 풀 기능을 제공합니다. 이 기능은 연결과 스레드 수를 변경합니다. 스레드 풀을 사용하면 연결 수가 그대로 유지되지만 MySQL 내에서 실행되는 스레드 수는 풀 크기에 따라 제한됩니다. 연결된 클라이언트에서 명령문을 실행해야 하는 경우 풀에서 사용 가능한 스레드를 가져와서 스레드를 사용할 수 없는 경우 기다려야 합니다. 스레드 풀을 사용하면 수백 내지 수천 개의 연결로 MySQL 성능이 향상됩니다. 이 기능은 일반 MySQL에서는 가용하지 않고 고급 기능이라고 생각하기 때문에 이 책에서 다루지 않습니다.

쿼리 수

다음으로 광범위한 지표 범주는 쿼리 관련 지표입니다. `Threads_running`이 활성 상태인 세션 수를 한 번에 표시하는 경우 이 범주의 지표는 해당 세션이 생성하는 로드의 품질을 표시합니다. 여기에서는 먼저 전체 쿼리 양을 살펴본 다음 유형별로 쿼리를 분류하고 마지막으로 쿼리가 실행되는 방식을 살펴보겠습니다.

쿼리 수 모니터링은 중요합니다. 실행 중인 스레드 30개가 각각 1시간 길이의 쿼리를 실행하거나 초당 수십 개 쿼리를 실행할 수 있습니다. 여러분이 내리는 결론은 각자 전혀 다를 것이며 로드 프로파일도 변경될 것입니다. 다음은 실행된 쿼리 수를 보여주는 중요한 지표입니다.

| Queries |

이 전역 상태 변수는 간단히 말해 서버에서 실행한 명령문의 수를 제공합니다(COM_PING과 COM_STATISTICS 제외). 유휴 서버에서 SHOW GLOBAL STATUS LIKE 'Queries'를 실행하면 SHOW STATUS 명령을 실행할 때마다 카운터 값이 증가합니다.

| Questions |

쿼리와 거의 동일하지만 저장 프로시저 내에서 실행되는 명령문과 COM_PING, COM_STATISTICS, COM_STMT_PREPARE, COM_STMT_CLOSE 또는 COM_STMT_RESET 쿼리 유형을 제외합니다. 데이터베이스 클라이언트가 저장 프로시저를 광범위하게 사용하지 않는 한 이 지표는 쿼리의 명령문 양보다 서버에서 실행되는 실제 쿼리 양에 더 가깝습니다. 덧붙이자면 Questions는 세션 수준 변수이자 전역 상태 변수입니다.

> **TIP_** 쿼리가 실행되기 시작하면 Quries와 Questions 모두가 증가하므로 Threads_running 값도 확인해 현재 실제로 얼마나 많은 쿼리가 실행되고 있는지 확인해야 합니다.

| QPS |

초당 쿼리 수입니다. 쿼리 변수가 시간이 지남에 따라 어떻게 변하는지 살펴봄으로써 얻게 되는 종합 지표입니다. Queries 기반 QPS에는 서버가 실행하는 거의 모든 명령문이 포함됩니다.

QPS 지표는 실행된 쿼리의 품질, 즉 서버에 미치는 영향의 정도를 알려주지 않지만 그럼에도 불구하고 유용한 척도입니다. 일반적으로 애플리케이션에서 데이터베이스 로드는 규칙적입니다. 완전히 일정하지는 않지만(낮에는 더 많고 밤에는 더 적음) 일주일 내지는 한 달에 걸쳐 시간 경과에 따른 쿼리 수를 보면 일정한 패턴이 나타납니다. 데이터베이스가 느리다는 보고를 받고서 QPS를 보면 애플리케이션 로드가 갑자기 예기치 않게 증가했는지 여부를 한눈에 알 수 있습니다. 반면에 QPS의 하락은 데이터베이스 측에 문제가 있음을 나타낼 수 있습니다. 데이터베이스가 평소에 하던 대로 동시에 많은 쿼리를 처리할 수 없음을 나타내기 때문입니다.

쿼리 유형 및 품질

QPS를 알았다면 다음 단계는 클라이언트가 실행하는 쿼리 유형과 이러한 쿼리가 서버에 미치는 영향을 이해하는 것입니다. 모든 쿼리가 동일하지 않으며 일부 쿼리는 잘못되거나 시스템에 불필요한 로드를 생성할 수 있습니다. 그러한 쿼리를 찾아 잡아내는 것은 모니터링에서 중요한 작업입니다. 이 절에서는 "잘못된 쿼리가 많이 있나요?"라는 질문에 답하려고 합니다. '12.2.3 느린 쿼리 로그'에서 특정 위반자를 잡아내는 방법을 보이겠습니다.

| 쿼리 유형 |

MySQL이 실행하는 각 쿼리에는 유형이 있습니다. 실행할 수 있는 모든 **명령**에도 유형이 있습니다. MySQL은 Com_%로 시작되는 상태 변수로 실행된 다양한 유형의 명령과 쿼리를 추적합니다. MySQL 8.0.25에는 이러한 변수가 172개 있는데 이는 상태 변수의 약 1/3을 차지합니다. 이 수치에서 짐작할 수 있듯이 MySQL은 생각지도 못한 많은 명령을 계산합니다. 예를 들어 Com_uninstall_plugin은 UNINSTALL PLUGIN이 호출된 횟수를 계산하고 Com_help는 HELP 문이 사용된 개수를 계산합니다.

Com_% 상태 변수는 '12.2.1 상태 변수'에서 Com_show_status와 함께 전역 및 세션 수준에서 사용할 수 있다고 말했습니다. 그러나 MySQL은 Com_% 변수에 대한 다른 스레드의 카운터를 노출하지 않으므로 모니터링을 목적으로 전역 상태 변수로 가정합니다. 다른 세션의 명령문 카운터를 가져올 수 있지만 이는 statement/sql/%라는 성능 스키마 이벤트 제품군을 통해 가능합니다. 이는 특정 유형의 명령문을 불균형적으로 전송하는 스레드를 찾으려고 할 때 유용할 수 있지만 약간 고급 기능이며 모니터링보다 더 자세한 조사가 필요합니다. 자세한 내용은 MySQL 공식 문서의 '성능 스키마 상태 변수 테이블(https://oreil.ly/6wif5)' 섹션을 참조하세요.

Com_% 상태 변수가 너무 많기 때문에 모든 유형의 명령을 모니터링하기는 무척 번잡한데다 불필요합니다. 그렇더라도 모든 값을 저장해야 합니다. 카운터를 살펴보는 방법은 두 가지입니다.

첫 번째 방법은 데이터베이스 로드 프로필과 관련된 명령 유형을 선택해 모니터링하는 것입니다. 예를 들어 데이터베이스 클라이언트가 저장 프로시저를 사용하지 않는 경우 Com_call_procedure를 보는 것은 시간 낭비입니다.

좋은 선택지는 대개 `Com_select`, `Com_insert`, `Com_update`, `Com_delete` 같은 데이터베이스 시스템 로드의 대부분을 구성하는 SELECT 문과 기본 DML 문을 다루는 것입니다. MySQL이 하는 흥미로운 일 하나는 `Com_update_multi`와 `Com_delete_multi`에서 다중 테이블 업데이트와 삭제('7.5 여러 테이블에서 업데이트 및 삭제 수행' 참조)를 별도로 처리하는 것입니다. 이러한 명령문이 시스템에서 실행되지 않는다고 확신하지 못한다면 이 명령문도 모니터링해야 합니다.

그런 다음 모든 `Com_%` 상태 변수를 훑어보고 어떤 변수가 증가하는지 확인한 후 모니터링할 변수 선택에 추가할 수 있습니다. 불행히도 이 접근방식은 예상치 못한 급증을 놓칠 수 있다는 결함이 있습니다.

또 다른 방법은 카운터에서 시간 경과에 따라 상위 5개 내지는 10개를 보는 것입니다. 이렇게 하면 부하 패턴의 급격한 변화를 놓치기가 어렵습니다.

실행 중인 쿼리 유형을 알면 주어진 데이터베이스의 로드를 전반적으로 이해하게 됩니다. 또 데이터베이스를 튜닝하는 접근방식도 변경하게 됩니다. 삽입이 많은 워크로드는 읽기 전용 워크로드나 대부분이 읽기인 워크로드와 설정이 달라야 하기 때문입니다. 초당 수천 개 UPDATE 문의 실행 같은 쿼리 로드 프로필의 변경은 애플리케이션 측의 변경을 나타낼 수 있습니다.

| 쿼리 품질 |

실행 중인 쿼리를 파악한 후에는 쿼리 품질이나 시스템에 미치는 영향을 이해해야 합니다. 이 점은 앞서 얘기했지만 반복할 가치가 있습니다. 쿼리는 똑같지 않습니다. 어떤 쿼리는 다른 것보다 시스템에 더 많은 부담을 줍니다. 쿼리 관련 지표 전체를 잘 보면 데이터베이스에서 점증하는 문제에 대한 경고를 사전에 알 수 있습니다. 단 몇 개의 카운터만 모니터링해 문제가 있는 동작을 알아차릴 수 있음을 알게 될 것입니다.

`Select_scan`은 전체 테이블 스캔을 일으킨 쿼리 수를 계산합니다. 즉, MySQL이 결과를 형성하기 위해 전체 테이블을 읽도록 강제했습니다. 이제 전체 테이블 스캔이 항상 문제가 되는 게 아님을 즉시 인정해야 합니다. 결국, 때로는 테이블의 모든 데이터를 읽는 것만으로도 수행 가능한 쿼리 실행 전략이 될 수 있습니다. 특히 행 수가 적은 경우에는 더욱 그렇습니다. 또한 많은 MySQL 카탈로그 테이블이 그런 방식으로 읽히기 때문에 항상 어느 정도의 전체 테이블 스캔이 발생하리라고 예상할 수 있습니다. 예를 들어 SHOW GLOBAL STATUS 쿼리를 실행하면

Select_scan이 2만큼 증가합니다. 그러나 종종 전체 테이블 스캔은 부적절하게 작성되어 데이터를 효율적으로 필터링하지 않거나 아니면 단순히 쿼리가 사용할 수 있는 인덱스가 없는 것처럼 최적이 아닌 성능을 내는 데이터베이스에 쿼리가 있음을 암시합니다. 쿼리 실행 세부 정보와 계획에 대한 자세한 내용은 '7.7 EXPLAIN 문'을 참조하세요.

Select_full_join은 Select_scan과 유사하지만, 전체 테이블 스캔을 발생시킨 쿼리 수를 JOIN 쿼리 내의 참조 테이블에서 계산합니다. 참조 테이블은 JOIN 조건에서 가장 오른쪽에 있는 테이블입니다. 자세한 내용은 '3.2.6 조인을 사용한 두 테이블의 결합'을 참조하세요. 다시 말하지만 Select_scan과 마찬가지로 Select_full_join의 수치가 높은 것이 항상 나쁘다고 말하기는 어렵습니다. 예를 들어 대규모 데이터 웨어하우스 시스템에서는 사전 테이블이 압축되는 것이 일반적이며 이를 전부 읽는 것은 문제가 되지 않을 수 있습니다. 그래도 이 상태 변수의 값이 높다는 것은 대부분 잘못 동작하는 쿼리가 있음을 나타냅니다.

Select_range는 특정 범위 조건('3.2.3 WHERE 절로 행 선택' 참조)으로 데이터를 스캔한 쿼리 수를 계산합니다. 대개는 전혀 문제가 되지 않습니다. 하지만 인덱스를 사용해 범위 조건을 충족할 수 없는 경우 이 상태 변수와 함께 Select_scan이나 Select_full_join 값이 커집니다. 데이터베이스에서 대부분의 쿼리가 범위를 활용하지 않는데 카운터 값이 커지면 이 카운터 값이 문제가 됩니다. 관련된 테이블 스캔 카운터가 증가하지 않는 한 카운터 값을 확인해야 합니다.

Select_full_range_join은 Select_range와 Select_full_join을 결합합니다. 이 변수는 JOIN 쿼리에서 참조 테이블의 범위 스캔을 유발한 쿼리 수를 보유합니다.

지금까지 개별 쿼리의 개수를 세었지만 MySQL도 스토리지 엔진에서 읽는 모든 행에 대해 비슷한 계산을 수행합니다! 이러한 카운터를 표시하는 상태 변수 계열은 Handler_% 변수입니다. 간단히 말해, MySQL이 읽는 모든 행은 일부 Handler_% 변수를 증가시킵니다. 예를 들어 이 정보를 지금까지 본 쿼리 유형 및 쿼리 품질 카운터와 결합하면 데이터베이스에서 실행되는 전체 테이블 스캔이 문제인지 여부를 알 수 있습니다.

맨 먼저 살펴볼 핸들러는 전체나 부분 테이블 스캔이 수행될 때 읽은 행 수를 계산하는 Handler_read_rnd_next입니다. Select_% 상태 변수와 달리 Handler_% 변수에는 기억하기 쉬운 이름이 없으므로 외워야 합니다. Handler_read_rnd_next 상태 변수의 높은 값은 일반적으로 많은 테이블이 제대로 인덱싱되지 않았거나 많은 쿼리가 기존 인덱스를 활용하지 않음을 나타냅니다. Select_scan을 설명할 때 전체 테이블 스캔은 문제가 되지 않는다고 언급한 것을 기억하십시오. 이 말이 사실인지 아닌지 확인하려면 Handler_read_rnd_next와 다른 핸들러의 비율을 살펴보십시오. 해당 카운터 값이 낮은지 확인해야 합니다. 데이터베이스가 분당 평균적으로 백만 개의 행을 반환하는 경우 전체 스캔에서 반환되는 행 수가 수만이나 수십만 개가 아니라 수천 개가 되기를 원할 것입니다.

Handler_read_rnd는 결과 집합이 정렬될 때 일반적으로 읽은 행 수를 계산합니다. 이 값이 높다면 많은 전체 테이블 스캔과 조인이 인덱스를 사용하지 않음을 나타낼 수 있습니다. 그러나 Handler_read_rnd_next와 달리 이것이 문제의 확실한 징후는 아닙니다.

Handler_read_first는 첫 번째 인덱스 항목을 읽은 횟수를 계산합니다. 이 카운터 값이 높으면 전체 인덱스 스캔이 많이 발생함을 나타냅니다. 전체 인덱스 스캔은 전체 테이블 스캔보다 낫지만 여전히 문제가 있는 동작입니다. 일부 쿼리의 WHERE 절에 필터가 누락되었을 수 있습니다. 이 상태 변수의 값은 일부 전체 인덱스 스캔을 피할 수 없기 때문에 다른 핸들러에 관해 다시 확인해야 합니다.

Handler_read_key는 인덱스에서 읽은 행 수를 계산합니다. 이 핸들러의 값이 다른 읽기 관련 핸들러에 비해 높기를 원합니다. 일반적으로 이 카운터의 높은 수치는 쿼리가 인덱스를 올바르게 사용하고 있음을 의미합니다.

핸들러는 여전히 문제를 은폐할 수 있습니다. 쿼리가 인덱스를 사용해 행을 읽기만 하지만 비효율적으로 수행하는 경우 Select_scan은 증가하지 않고 우수한 읽기 처리기인 Handler_read_key가 증가하지만 최종 결과는 여전히 느린 쿼리입니다. '12.2.3 느린 쿼리 로그'에서 설명한 특정 느린 쿼리를 찾는 방법 외에 특수 카운터인 Slow_queries도 있습니다. 이 상태 변수는 느린 쿼리 로그의 활성화 여부와 관계없이 Long_query_time 값보다 실행 시간이 더 긴 쿼리를 계산합니다. 여러분은 Long_query_time의 값을 점진적으로 떨어뜨리고 Slow_queries가 서버에서 실행되는 총 쿼리 수에 접근하기 시작하는 시점을 확인할 수 있습니다. 이는 오버헤드가 있는 느린 쿼리 로그를 실제로 활성화하지 않고 시스템에서 가령 1초 이상 걸리는 쿼리 수를 평가하는 좋은 방법입니다.

실행된 모든 쿼리가 읽기 전용인 것은 아니며 MySQL은 각각의 Handler_insert, Handler_update, Handler_delete 상태 변수에서 삽입, 업데이트 또는 삭제된 행의 수도 계산합니다. SELECT 쿼리와 달리 상태 변수만으로는 쓰기 문의 품질에 대한 결론을 내리기가 어렵습니다.

그러나 이를 모니터링해 데이터베이스 클라이언트가 더 많은 행 업데이트를 시작하는지 확인할 수 있습니다. UPDATE 문(Com_update 및 Com_update_multi 상태 변수)의 수를 변경하지 않으면 동일한 쿼리에 전달되는 매개변수(더 넓은 범위, 더 많은 IN 절 항목 등)의 변경을 나타낼 수 있습니다. 이것은 그 자체로는 문제를 나타내지 않을 수 있지만 속도 저하를 조사하는 동안 데이터베이스에 더 많은 부담이 가해지고 있는지 확인하는 데 사용할 수 있습니다.

INSERT 문 외에 UPDATE, DELETE, INSERT SELECT 문도 변경할 행을 찾아야 합니다. 따라서 가령 DELETE 문은 읽기 관련 카운터를 증가시키고 예상치 못한 상황을 초래할 수 있습니다. Select_scan 증가는 없지만 Handler_read_rnd_next 값은 증가합니다. 상태 변수 사이에 불일치가 보이면 이 특성을 잊지 마십시오. 느린 쿼리 로그에는 SELECT와 DML 문이 포함됩니다.

| 임시 객체 |

쿼리가 실행될 때 때때로 MySQL은 메모리나 디스크에 상주할 수 있는 임시 객체를 생성해 사용해야 합니다. 임시 객체를 생성하는 이유로는 UNION 절, 파생 테이블, 공통 테이블 표현식, ORDER BY와 GROUP BY 절의 일부 변형 등이 있습니다. 이 장에서 다룬 대부분의 것들이 그렇지만, 임시 객체는 문제가 되지 않습니다. 그중 일부는 불가피하고 실제로 원하는 것입니다. 그러나 임시 객체는 서버의 자원을 먹어 치웁니다. 임시 테이블이 작으면 메모리에 보관되어 전부 사용되고, 커지면 MySQL이 이를 디스크로 오프로드하기 시작해 디스크 공간을 모두 소모해 성능에 영향을 미칩니다.

MySQL은 쿼리 실행 중에 생성된 임시 객체와 관련된 세 가지 상태 변수를 유지합니다. 여기에 CREATE TEMPORARY TABLE 문을 통해 명시적으로 생성된 임시 테이블은 포함되지 않습니다. 이 항목은 Com_create_table 카운터 아래에 있습니다.

Created_tmp_tables는 다양한 쿼리를 실행하는 동안 MySQL 서버가 암시적으로 생성한 임시 테이블의 수를 계산합니다. 이러한 쿼리가 생성된 이유나 목적을 알 수 없지만 모든 테이블이 여기에서 계산됩니다. 안정적인 워크로드에서는 거의 동일한 쿼리가 동일한 시간 동안 실행되기 때문에 일정한 수의 임시 테이블이 생성되는 것을 볼 수 있습니다. 이 카운터의 증가는 일반적으로 데이터베이스 증가로 인한 쿼리 또는 계획 변경과 관련되며 문제가 될 수 있습니다. 유용하긴 하지만 임시 테이블을 생성하려면 메모리에서도 리소스가 필요합니다. 임시 테이블을 완전히 피할 수 없더라도 느린 쿼리 로그로 쿼리 감사를 수행해 임시 테이블 수가 증가하는 이유는 확인해야 합니다.

Created_tmp_disk_tables는 크기가 메모리 내 임시 테이블에 대해 구성된 상한선을 초과한 후 '유출'되거나 디스크에 기록된 임시 테이블의 수를 계산합니다. 이전 메모리 엔진에서는 제한이 tmp_table_size 또는 max_heap_table_size로 제어되었습니다. MySQL 8.0은 기본적으로 메모리 테이블과 같은 방식으로 디스크에 유출되지 않는 임시 테이블용 새 TempTable 엔진으로 이동했습니다. temptable_use_mmap 변수가 기본값인 ON으로 설정되어 있으면 TempTable 임시 테이블은 디스크에 기록되더라도 이 변수를 늘리지 않습니다.

Created_tmp_files는 MySQL이 생성한 임시 파일의 수를 계산합니다. 이 상태 변수는 메모리 엔진 임시 테이블이 디스크로 유출되는 것과는 다르지만 TempTable 테이블이 디스크에 기록되는 것을 설명합니다. 이 상태 변수가 복잡해 보일 수 있다는 것과 실제로도 그렇다는 것을 이해하지만, 주요 변경사항은 보통 단점이 있기 마련입니다.

어떤 구성을 사용하든, 임시 테이블 크기의 조정은 생성 및 유출 속도의 모니터링만큼이나 중요합니다. 워크로드가 약 32MB 크기의 임시 테이블을 많이 생성하지만, 메모리 내 테이블의 상한선이 16MB이면 해당 테이블이 디스크에 기록되고 디스크에서 다시 읽히기 때문에 서버에서 I/O 속도가 증가합니다. 메모리가 부족한 서버에는 괜찮지만 가용한 메모리가 있으면 낭비입니다. 반대로 상한선을 매우 높게 설정하면 '12.1.3 메모리'에 설명된 대로 서버가 바뀌거나 완전히 충돌할 수 있습니다.

동시에 열려 있는 많은 연결이 모두 임시 테이블이 필요한 쿼리를 실행할 때 메모리가 급증해 서버가 다운되는 일을 겪어보았습니다. 또 임시 테이블이 디스크로 유출되어 서버에 대량의 I/O 로드가 생성되는 것도 보았습니다. 운영 데이터베이스와 관련된 대부분의 경우와 마찬가지로 테이블 크기 결정은 균형을 맞추는 작업입니다. 여기서 살펴본 세 가지 카운터는 정보에 입각한 선택을 도와줄 것입니다.

InnoDB I/O 및 트랜잭션 지표

지금까지는 주로 MySQL 지표 전반에 대해 이야기하며 트랜잭션과 잠금 같은 존재는 무시했습니다. 이후의 하위 절에서는 InnoDB 스토리지 엔진이 노출하는 몇 가지 유용한 지표를 살펴보겠습니다. 그중 일부 지표는 InnoDB가 읽고 쓰는 데이터양 및 그 이유와 관련됩니다. 그러나 일부 지표는 잠금에 대한 중요한 정보를 표시하며, 이를 MySQL 전체 카운터와 결합해 데이터베이스의 현재 잠금 상황을 확실하게 파악합니다.

InnoDB 스토리지 엔진은 내부 상태에 대한 다양한 정보를 보여주는 61개의 상태 변수를 제공합니다. 시간 경과에 따른 변화를 살펴보면 InnoDB가 얼마나 로드되었는지, 그리고 이로 인해 OS에 얼마나 많은 부하가 발생했는지 확인할 수 있습니다. InnoDB가 기본 스토리지 엔진이라는 점을 감안할 때, 대부분 MySQL이 생성하는 부하일 가능성이 높습니다.

'쿼리 품질'을 설명할 때 언급했어야 하는 내용인데, InnoDB는 읽거나 삽입하거나 업데이트하거나 삭제한 행의 개수에 대한 자체 카운터를 유지 관리합니다. 변수는 각각 `Inndb_rows_read`, `Inndb_rows_inserted`, `Inndb_rows_updated`, `Inndb_rows_deleted`입니다. 일반적으로 이 변수들의 값은 관련 `Handler_%` 변수의 값과 정확히 일치합니다. InnoDB 테이블을 주로 사용하는 경우, 처리된 행 수로 표현되는 쿼리의 상대적 부하를 모니터링한다면 `Handler_%` 카운터 대신 `Innodb_rows_%` 카운터를 사용하는 편이 더 간단할 수 있습니다.

InnoDB가 제공하는 또 다른 중요하고 유용한 상태 변수는 스토리지 엔진이 읽고 쓰는 데이터 양을 보여줍니다. '12.1.2 디스크'에서 전체 및 프로세스별 I/O 활용률을 확인하고 모니터링하는 방법을 살펴보았습니다. InnoDB를 사용하면 데이터를 읽고 쓰는 이유와 그 양을 정확히 확인할 수 있습니다.

| Innodb_data_read |

서버 시작 이후 디스크에서 읽은 데이터양을 바이트 단위로 표시합니다. 시간 경과에 따른 이 변수의 값을 측정해 초당 바이트 단위의 대역폭 활용률로 변환할 수 있습니다. 이 지표는 InnoDB 버퍼 풀 크기 조정 및 그 효과와 밀접한 관련이 있으며, 이에 대해서는 잠시 후에 설명하겠습니다. 이 모든 데이터는 쿼리를 충족하기 위해 데이터 파일에서 읽힌다고 가정할 수 있습니다.

| Innodb_data_written |

서버 시작 이후 디스크에 기록된 바이트 단위의 데이터양입니다. 이 값은 `Innodb_data_read`와 동일하지만 방향이 반대입니다. 대개 이 값은 MySQL이 생성하는 전체 쓰기 대역폭의 많은 부분을 차지합니다. InnoDB는 데이터를 읽을 때와 달리 다양한 상황에서 데이터를 씁니다.

따라서 이 I/O의 일부를 지정하는 추가 변수와 다른 I/O 소스를 지정하는 추가 변수가 있습니다.

| Innodb_os_log_written |

InnoDB가 재실행 로그에 기록한 바이트 단위의 데이터양입니다. 이 양은 `Innodb_data_written`에도 포함되지만, 재실행 로그의 크기를 변경해야 할지를 개별적으로 모니터링하는 것이 좋습니다. 자세한 내용은 '11.2.2 모범 사례'의 'REDO 로그 크기'를 참조하세요.

| Innodb_pages_written |

InnoDB가 작동하는 동안 쓴 페이지(기본값은 16KB)로 표시되는 데이터양입니다. `Innodb_data_written` 상태 변수의 후반부입니다. 이 값은 InnoDB가 생성한 I/O 중 재실행되지 않은 양을 확인하는 데 유용합니다.

| Innodb_buffer_pool_pages_flushed |

플러싱으로 인해 InnoDB에 의해 쓰인 페이지로 표현되는 데이터양입니다. 앞의 두 카운터에서 다룬 쓰기와 달리 플러싱으로 인한 쓰기는 실제 쓰기가 수행된 직후에 발생하지 않습니다. 플러싱은 복잡한 백그라운드 작업으로, 자세한 내용은 이 책의 범위를 벗어납니다. 하지만 적어도 플러싱이 존재하며 다른 카운터와 독립적으로 I/O를 생성한다는 것 정도는 알고 있어야 합니다.

`Innodb_data_written`과 `Innodb_buffer_pool_pages_flushed`를 결합하면 InnoDB와 MySQL 서버에서 사용하는 디스크 대역폭의 수치를 꽤 정확하게 얻을 수 있습니다. `Innodb_data_read`를 추가하면 InnoDB의 I/O 프로파일이 완성됩니다. MySQL은 InnoDB만 사용하는 것이 아니며, 앞서 설명한 것처럼 임시 테이블이 디스크로 유출되는 등 시스템의 다른 부분에서 I/O가 있을 수 있습니다. 그러나 대부분의 경우 InnoDB I/O는 OS에서 관찰되는 MySQL 서버의 I/O와 일치합니다.

이 정보의 용도는 MySQL 서버가 스토리지 시스템의 성능 용량 한계에 얼마나 근접했는지 확인하는 것입니다. 이는 스토리지가 엄격하게 제한되는 경우가 많은 클라우드에서 특히 중요합니다. 데이터베이스 성능과 관련된 문제가 발생하는 동안 I/O 관련 카운터를 확인해 MySQL

이 더 많이 쓰거나 읽고 있는지, 즉 부하가 증가하거나 실제 I/O 작업이 더 적게 수행되는지 확인할 수 있습니다. 후자의 경우 MySQL이 현재 CPU와 같은 리소스에 의해 제한되고 있거나 잠금과 같은 문제가 발생하고 있음을 의미할 수 있습니다. 안타깝게도 I/O 감소는 스토리지에 문제가 있다는 의미일 수도 있습니다.

InnoDB에는 스토리지 또는 성능 문제를 찾는 데 도움되는 상태 변수가 있습니다. `Innodb_data_pending_fsyncs`, `Innodb_data_pending_reads`, `Innodb_data_pending_writes`, `Innodb_os_log_pending_fsyncs`, `Innodb_os_log_pending_writes`입니다. 어느 정도 보류 중인 데이터 읽기 및 쓰기가 표시되리라 예상하겠지만, 늘 그렇듯이 추세와 이전 데이터를 살펴보는 것이 도움됩니다. 이중 가장 중요한 것은 `Innodb_os_log_pending_fsyncs`입니다. 재실행 로그가 자주 동기화되는데, 동기화 작업의 성능은 InnoDB의 전반적인 성능과 트랜잭션 처리량에 매우 중요합니다.

다른 많은 상태 변수와 달리 이러한 변수는 모두 측정값이므로 값이 오르락내리락하며 단순히 증가하지만은 않습니다. 이러한 변수를 샘플링해 보류 중인 작업, 특히 REDO 로그 동기화의 빈도를 살펴봐야 합니다. `Innodb_os_log_pending_fsyncs`가 조금만 증가해도 스토리지에 심각한 문제가 있음을 나타낼 수 있습니다. 성능 용량이 부족하거나 하드웨어 문제가 있는 것입니다.

`Innodb_data_read` 변수에 대해 설명하면서 InnoDB가 읽는 데이터양이 버퍼 풀 크기 및 사용량과 관련이 있다고 언급했습니다. 이에 대해 자세히 설명하겠습니다. InnoDB는 디스크에서 읽은 페이지를 버퍼 풀 내부에 캐시합니다. 버퍼 풀이 클수록 더 많은 페이지를 저장할 수 있고 디스크에서 페이지를 읽는 빈도가 줄어듭니다. 이에 대해서는 '11.2.2 모범 사례'의 '버퍼 풀 크기'에서 설명했습니다. 여기서는 모니터링에 대해 설명하면서 버퍼 풀의 효율성을 모니터링하는 방법을 알아보겠습니다. 이는 두 개의 상태 변수만으로 쉽게 수행할 수 있습니다.

| Innodb_buffer_pool_read_requests |

MySQL 공식 문서에서는 이를 '논리적 읽기 요청의 수'라고 정의합니다. 간단히 말해, InnoDB 내의 다양한 작업이 버퍼 풀에서 읽으려는 페이지의 수입니다. 대개 대부분의 페이지를 쿼리 활동 덕에 읽습니다.

| Innodb_buffer_pool_reads |

쿼리 또는 기타 작업에 의한 읽기 요청을 충족하기 위해 InnoDB가 디스크에서 읽어야 했던 페이지 수입니다. 이 카운터의 값은 읽기 요청을 충족하기 위해 디스크에서 읽기가 수행되기 때문에 버퍼 풀이 완전히 비어 있는(또는 '콜드') 최악의 경우에도 일반적으로 Innodb_buffer_pool_read_requests보다 작거나 같을 수 있습니다. 정상적인 조건에서는 작은 버퍼 풀을 사용하더라도 이러한 변수 간의 비율이 1:1이 되지 않습니다. 즉, 버퍼 풀에서 적어도 일부 읽기를 만족시킬 수 있습니다. 이상적으로는 디스크 읽기 횟수를 최소한으로 유지하는 것이 좋습니다. 특히 데이터베이스 크기가 서버 메모리보다 훨씬 큰 경우에는 항상 가능하지 않을 수 있습니다.

버퍼 풀 적중률을 추정해볼 수 있으며, 온라인에서 사용할 수 있는 공식도 있습니다. 그러나 사과와 오렌지를 비교하는 것처럼 두 변수의 값을 비교하는 것은 정확하지 않습니다. Innodb_buffer_pool_reads가 너무 높다고 생각되면 버퍼 풀 크기를 늘리는 대신 시스템에서 실행 중인 쿼리(예: 느린 쿼리 로그 사용)를 살펴보는 것이 좋습니다. 물론 데이터베이스의 핫 데이터 대부분이나 전부를 처리할 수 있도록 버퍼 풀을 가능한 한 크게 유지해야 합니다. 그러나 디스크에서 페이지를 가져와서 읽기 I/O를 많이 유발하는 쿼리가 여전히 존재할 수 있으며(이 과정에서 Innodb_buffer_pool_reads가 증가), 버퍼 풀 크기를 더 늘려서 이 문제를 해결하려고 시도하면 성능이 저하됩니다.

InnoDB에 대한 논의를 마무리하기 위해 마지막으로 트랜잭션과 잠금에 대해 알아보겠습니다. 6장에서 두 주제에 대한 정보를 많이 제공했으므로 여기서는 관련 상태 변수를 간략하게 살펴보겠습니다.

| 트랜잭션 관련 명령 카운터 |

BEGIN, COMMIT, ROLLBACK은 모두 특수한 MySQL 명령입니다. 따라서 MySQL은 Com_% 상태 변수를 사용해 실행된 횟수를 계산합니다. Com_begin, Com_commit, Com_rollback입니다. 이 카운터를 보면 명시적으로 시작되어 커밋되거나 롤백된 트랜잭션의 수를 확인할 수 있습니다.

| 잠금 관련 상태 변수 |

InnoDB가 행 수준의 세분화된 잠금 기능을 제공한다는 사실은 이미 알 것입니다. 이는 각 개별 잠금의 영향을 최소화하기 때문에 MyISAM의 테이블 수준 잠금에 비해 크게 개선된 기능입니다. 하지만 트랜잭션이 짧은 시간이라도 서로를 기다리는 경우 영향을 받을 수 있습니다.

InnoDB는 생성 중인 잠금 수를 알려주는 상태 변수를 제공하는데, 다음과 같은 상태 변수에서 잠금 대기에 대한 세부 정보를 확인할 수 있습니다.

Innodb_row_lock_current_waits는 현재 InnoDB 테이블에서 작동 중인 트랜잭션 중 다른 트랜잭션에 의해 잠금이 해제되기를 기다리는 트랜잭션 수를 표시합니다. 이 변수의 값은 차단된 세션이 있을 때 0에서 올라갔다가 잠금이 해결되는 즉시 다시 0으로 돌아갑니다.

Innodb_row_lock_waits는 서버 시작 이후 InnoDB 테이블의 트랜잭션이 행 수준 잠금을 기다린 횟수를 표시합니다. 이 변수는 카운터이며 MySQL 서버가 다시 시작될 때까지 계속 증가합니다.

Innodb_row_lock_time은 InnoDB 테이블에서 잠금을 획득하기 위해 세션이 소비한 총 시간(밀리초)을 표시합니다.

Innodb_row_lock_time_avg는 세션이 InnoDB 테이블에서 행 수준 잠금을 획득하는 데 걸린 평균 시간(밀리초)을 나타냅니다. Innodb_row_lock_time을 Innodb_row_lock_waits로 나누면 같은 값을 얻을 수 있습니다. 이 값은 잠금 대기가 얼마나 많이 발생하고 누적 잠금 시간이 얼마나 증가하느냐에 따라 오르락내리락할 수 있습니다.

Innodb_row_lock_time_max는 InnoDB 테이블에서 잠금을 얻는 데 걸린 최대 시간(밀리초)을 표시합니다. 이 값은 레코드가 다른 불행한 트랜잭션에 의해 손상된 경우에만 올라갑니다.

다음은 중간 정도의 읽기/쓰기 부하를 실행하는 MySQL 서버의 예입니다.

```
mysql> SHOW GLOBAL STATUS LIKE 'Innodb_row_lock%';
+-------------------------------+--------+
| Variable_name                 | Value  |
+-------------------------------+--------+
| Innodb_row_lock_current_waits | 0      |
| Innodb_row_lock_time          | 367465 |
| Innodb_row_lock_time_avg      | 165    |
```

```
| Innodb_row_lock_time_max  | 51056 |
| Innodb_row_lock_waits     | 2226  |
+---------------------------+-------+
5 rows in set (0.00 sec)
```

잠금을 대기 중인 개별 트랜잭션은 2,226개였으며, 모든 잠금을 획득하는 데 367,465밀리초가 걸렸으며, 평균 잠금 획득 시간은 165밀리초, 최대 기간은 51초를 조금 넘었습니다. 현재 잠금을 기다리는 세션은 없습니다. 이 정보만으로는 많은 것을 알 수 없습니다. 많지도 적지도 않습니다. 하지만 동시에 10만 건 이상의 트랜잭션이 이 MySQL 서버에서 실행되었다는 것을 알 수 있습니다. 그 결과 잠금 지표 값은 동시성 수준에 비해 합리적인 수준 이상입니다.

잠금 문제는 데이터베이스 관리자와 애플리케이션 개발자가 자주 골머리를 앓는 원인입니다. 이러한 지표는 지금까지 설명한 다른 지표와 마찬가지로 실행 중인 모든 세션에 대해 집계되지만, 정상 값에서 벗어나는 경우 일부 문제를 파악하는 데 도움이 될 수 있습니다. 개별 잠금 상황을 찾아 조사하는 데 InnoDB 상태 보고서를 사용할 수 있습니다. 자세한 내용은 '12.2.4 InnoDB 엔진 상태 보고서'를 참조하세요.

12.2.3 느린 쿼리 로그

'12.2.2 기본 모니터링 조합'의 '쿼리 유형 및 품질'에서 MySQL에서 최적화되지 않은 쿼리의 명백한 징후를 찾는 방법을 설명했습니다. 하지만 그것만으로는 쿼리 최적화를 시작하기에 충분하지 않습니다. 구체적인 예시가 필요합니다. 이를 위한 몇 가지 방법이 있지만, 가장 강력한 방법은 느린 쿼리 로그 기능을 사용하는 것입니다. 느린 쿼리 로그는 말 그대로 MySQL이 느린 쿼리에 대한 정보를 저장하는 특수 텍스트 로그입니다. 쿼리 속도를 제어하며, 모든 쿼리를 로깅하는 것까지 가능합니다.

느린 쿼리 로그를 사용하려면 `slow_query_log` 시스템 변수의 설정을 기본값인 OFF에서 ON으로 변경해야 합니다. 기본적으로 느린 쿼리 로그를 사용하도록 설정하면 MySQL은 10초 이상 걸리는 쿼리를 기록합니다. 최솟값이 0인 `long_query_time` 변수를 변경해 구성할 수 있으며, 이는 서버에서 실행되는 모든 쿼리가 기록됨을 의미합니다. 로그 위치는 `slow_query_log_file` 변수에 의해 제어되며, 기본값은 `hostname-slow.log`입니다. 느린 쿼리 로그의 경로가 상대 경로인 경우, 즉 리눅스의 경우 /에서 시작하지 않거나 윈도우의 경우 C:\에서 시작하지 않은 경우 이 파일은 MySQL 데이터 디렉터리에 위치합니다.

실행에 걸리는 시간에 관계없이 인덱스를 사용하지 않는 쿼리를 기록하도록 MySQL에 지시할 수도 있습니다. 이렇게 하려면 `log_queries_not_using_indexes` 변수를 ON으로 설정해야 합니다. 기본적으로 DDL 및 관리 문은 기록되지 않지만, 이 동작은 `log_slow_admin_statements`를 ON으로 설정해 변경할 수 있습니다.

다음은 느린 쿼리 로그에 있는 레코드의 예시로, 구성된 `long_query_time` 값인 1초보다 더 오래 걸린 SELECT 문입니다.

```
# Time: 2021-05-29T17:21:12.433992Z
# User@Host: root[root] @ localhost [] Id:    11
# Query_time: 1.877495  Lock_time: 0.000823 Rows_sent: 9  Rows_examined: 3473725
use employees;
SET timestamp=1622308870;
SELECT
        dpt.dept_name
    , emp.emp_no
    , emp.first_name
    , emp.last_name
    , sal.salary
FROM
        departments dpt
    JOIN dept_emp ON dpt.dept_no = dept_emp.dept_no
    JOIN employees emp ON dept_emp.emp_no = emp.emp_no
    JOIN salaries sal ON emp.emp_no = sal.emp_no
    JOIN (SELECT dept_emp.dept_no, MAX(sal.salary) maxsal
        FROM dept_emp JOIN salaries sal
            ON dept_emp.emp_no = sal.emp_no
        WHERE
                sal.from_date < now()
            AND sal.to_date > now()
        GROUP BY dept_no
    ) largest_sal_by_dept ON dept_emp.dept_no = largest_sal_by_dept.dept_no
        AND sal.salary = largest_sal_by_dept.maxsal;
```

이 출력은 단순한 서버 지표 전체보다 훨씬 더 많은 것을 설명하므로 분석하면 이 쿼리에 대한 결론을 즉시 내릴 수 있습니다. 예를 들어, 이 쿼리는 직원 데이터베이스에서 root@localhost 사용자에 의해 17:21:12 UTC에 실행되었고, 실행하는 데 1.88초가 걸렸으며, 9개의 행을 생성했는데 이 결과를 생성하기 위해 3,473,725개 행을 스캔해야 했다는 것을 알 수 있습니다. 이 정보 자체만으로도 쿼리에 대해 많은 것을 알 수 있으며, MySQL에 더 많은 경험을 쌓은 후에는 더욱 그렇습니다. 이제 전체 쿼리 텍스트를 실행 계획 정보로 전환해 MySQL이 이 쿼리를 실행하는 방식을 정확히 확인할 수 있습니다. 이 프로세스에 대한 자세한 내용은 '7.7 EXPLAIN 문'에서 확인할 수 있습니다.

long_query_time을 낮게 설정하면 느린 쿼리 로그가 커질 수 있습니다. 때로는 합리적이지만 쿼리 수가 많으면 결과 로그를 읽는 것이 거의 불가능할 수 있습니다. 이 문제를 해결하는 mysqldumpslow라는 도구가 있습니다. 이 도구는 느린 쿼리 로그 파일의 경로를 인수로 받아 해당 파일에서 쿼리를 요약하고 기본적으로 시간별로 정렬합니다. 다음 예시는 반환된 행 수에 따라 정렬된 상위 쿼리 두 개를 표시하도록 명령을 실행합니다.

```
$ mysqldumpslow -s r -t 2 /var/lib/mysql/mysqldb1-slow.log
Reading mysql slow query log from /var/lib/mysql/mysqldb1-slow.log
Count: 2805  Time=0.00s (0s)  Lock=0.00s (0s)  Rows=100.0 (280500), sbuser[
sbuser]@localhost
    SELECT c FROM sbtest1 WHERE id BETWEEN N AND N
Count: 2760  Time=0.00s (0s)  Lock=0.00s (0s)  Rows=100.0 (276000), sbuser[
sbuser]@localhost
    SELECT c FROM sbtest1 WHERE id BETWEEN N AND N ORDER BY c
```

이 두 쿼리만 느린 쿼리 로그에 5,565회 기록된 것을 볼 수 있습니다. 도움 없이 이 정보를 얻으려고 한다고 상상해보세요! 느린 쿼리 로그의 정보를 요약하는 데 도움이 되는 또 다른 도구는 퍼코나 툴킷의 pt-query-digest입니다. 이 도구는 mysqldumpslow보다 조금 더 고급스럽고 사용하기 어렵지만 많은 정보를 제공하고 많은 기능을 갖추고 있습니다. 이 도구가 생성하는 보고서는 요약으로 시작됩니다.

```
$ pt-query-digest /var/lib/mysql/mysqldb1-slow.log
# 7.4s user time, 60ms system time, 41.96M rss, 258.35M vsz
# Current date: Sat May 29 22:36:47 2021
# Hostname: mysqldb1
# Files: /var/lib/mysql/mysqldb1-slow.log
# Overall: 109.42k total, 15 unique, 7.29k QPS, 1.18x concurrency _____
# Time range: 2021-05-29T19:28:57 to 2021-05-29T19:29:12
# Attribute          total     min     max     avg     95% stddev  median
# ============      ======= ======= ======= ======= ======= ======= =======
```

```
# Exec time            18s     1us    10ms    161us      1ms    462us     36us
# Lock time             2s       0     7ms     16us     14us    106us      5us
# Rows sent          1.62M       0     100    15.54    97.36    34.53     0.99
# Rows examine       3.20M       0     200    30.63   192.76    61.50     0.99
# Query size         5.84M       5     245    55.93   151.03    50.37    36.69

# Profile
# Rank Query ID                             Response time  Calls R/Call V/M
# ==== ================================  ============= ===== ====== ====
#    1 0xFFFCA4D67EA0A78...              11.1853 63.1%  5467 0.0020  0.00 COMMIT
#    2 0xB2249CB854EE3C2...              1.5985  9.0%   5467 0.0003  0.00 UPDATE sbtest?
#    3 0xE81D0B3DB4FB31B...              1.5600  8.8%  54670 0.0000  0.00 SELECT sbtest?
#    4 0xF0C5AE75A52E847...              0.8853  5.0%   5467 0.0002  0.00 SELECT sbtest?
#    5 0x9934EF6887CC7A6...              0.5959  3.4%   5467 0.0001  0.00 SELECT sbtest?
#    6 0xA729E7889F57828...              0.4748  2.7%   5467 0.0001  0.00 SELECT sbtest?
#    7 0xFF7C69F51BBD3A7...              0.4511  2.5%   5467 0.0001  0.00 SELECT sbtest?
#    8 0x6C545CFB5536512...              0.3092  1.7%   5467 0.0001  0.00 INSERT sbtest?
# MISC 0xMISC                            0.6629  3.7% 16482 0.0000   0.0 <7 ITEMS>
```

그러면 각 쿼리는 다음과 같이 요약됩니다.

```
# Query 2: 546.70 QPS, 0.16x concurrency, ID 0xB2249CB854E... at byte 1436377
# Scores: V/M = 0.00
# Time range: 2021-05-29T19:29:02 to 2021-05-29T19:29:12
# Attribute    pct   total    min     max     avg     95%  stddev  median
# ============ === ======= ======= ======= ======= ======= ======= =======
# Count          4    5467
# Exec time      9      2s    54us     7ms   292us     1ms   446us    93us
# Lock time     61      1s     7us     7ms   203us     1ms   437us     9us
# Rows sent      0       0       0       0       0       0       0       0
# Rows examine   0   5.34k       1       1       1       1       1       1
# Query size     3 213.55k      40      40      40      40       0      40
# String:
# Databases    sysbench
# Hosts        localhost
# Users        sbuser
# Query_time distribution
#   1us
#  10us  ################################################################
# 100us  ##########################################
#   1ms  ###########
#  10ms
# 100ms
```

```
#    1s
#   10s+
# Tables
#    SHOW TABLE STATUS FROM `sysbench` LIKE 'sbtest2'\G
#    SHOW CREATE TABLE `sysbench`.`sbtest2`\G
UPDATE sbtest2 SET k=k+1 WHERE id=497658\G
# Converted for EXPLAIN
# EXPLAIN /*!50100 PARTITIONS*/
select  k=k+1 from sbtest2 where  id=497658\G
```

이 출력은 밀도 높은 형식에 많은 귀중한 정보를 담고 있습니다. 이 출력의 두드러진 기능 중 하나는 쿼리 지속시간 분포 시각화로, 쿼리에 매개변수에 따른 성능 문제가 있는지 여부를 빠르게 확인할 수 있습니다. `pt-query-digest`의 모든 기능을 설명하려면 또 다른 장이 필요한데다 고급 도구이므로 MySQL 학습이 끝난 후 직접 사용해보기 바랍니다.

느린 쿼리 로그는 MySQL 서버에서 실행된 쿼리를 매우 상세하게 볼 수 있는 강력한 도구입니다. 다음과 같이 느린 쿼리 로그를 사용하는 것이 좋습니다.

- `long_query_time`을 시스템에서 일반적으로 실행되는 대부분의 쿼리를 포함할 수 있을 만큼 충분히 크되, 이상 값을 포착할 수 있을 만큼 충분히 작은 값으로 설정합니다. 예를 들어, 대부분의 쿼리가 밀리초 내에 완료될 것으로 예상하는 OLTP 시스템에서는 0.5가 적당한데, 이 값은 상대적으로 느린 쿼리만 잡아낼 수 있습니다. 반면에 시스템에 분 단위로 실행되는 쿼리가 있는 경우, `long_query_time`을 적절히 설정해야 합니다.

- 느린 쿼리 로그에 로깅하면 약간의 성능 비용이 발생하므로 필요 이상으로 많은 쿼리를 로깅하지 않도록 해야 합니다. 느린 쿼리 로그를 사용하도록 설정한 경우 로그의 노이즈가 매우 심하다면 `long_query_time` 설정을 조정해야 합니다.

- 때때로 모든 쿼리를 포착하기 위해 일시적으로(몇 분 동안) `long_query_time`을 0으로 설정하는 '쿼리 감사'를 수행하고자 할 수 있습니다. 이 방법은 데이터베이스 로드의 스냅샷을 얻는 좋은 방법입니다. 이러한 스냅샷은 저장해두어 나중에 비교할 수 있습니다. 그러나 `long_query_time`을 너무 낮게 설정하지 않는 것이 좋습니다.

느린 쿼리 로그를 설정한 경우, `mysqldumpslow`, `pt-query-digest` 또는 이와 유사한 도구를 주기적으로 실행해 새로운 쿼리가 나타나는지 또는 기존 쿼리가 평소보다 더 나쁘게 작동하기 시작하는지 확인하는 것이 좋습니다.

12.2.4 InnoDB 엔진 상태 보고서

InnoDB 스토리지 엔진에는 엔진의 현재 상태에 대한 심층적인 기술 세부 정보를 제공하는 보고서가 내장되었습니다. 이 보고서 하나만 읽어도 InnoDB 로드와 성능에 대해 많이 알 수 있는데, 이상적으로는 시간이 지남에 따라 샘플링된 것입니다. InnoDB 상태 보고서 읽기는 이 책에서 설명할 내용을 능가하는 고급 주제입니다. 그래도 이 보고서의 존재는 알아야 한다고 생각해서 보고서에서 무엇을 봐야 할지 알려줄 몇 가지 힌트를 제시하겠습니다.

보고서를 보려면 하나의 명령만 실행합니다. 세로형 결과 표시를 사용하는 것이 좋습니다.

```
mysql> SHOW ENGINE INNODB STATUS\G
*************************** 1. row ***************************
  Type: InnoDB
  Name:
Status:
=====================================
2021-05-31 12:21:05 139908633830976 INNODB MONITOR OUTPUT
=====================================
Per second averages calculated from the last 35 seconds
-----------------
BACKGROUND THREAD
-----------------
srv_master_thread loops: 121 srv_active, 0 srv_shutdown, 69961 srv_idle
...
--------------
ROW OPERATIONS
--------------
0 queries inside InnoDB, 0 queries in queue
2 read views open inside InnoDB
Process ID=55171, Main thread ID=139908126139968 , state=sleeping
Number of rows inserted 2946375, updated 87845, deleted 46063, read 88688110
572.50 inserts/s, 1145.00 updates/s, 572.50 deletes/s, 236429.64 reads/s
Number of system rows inserted 109, updated 367, deleted 60, read 13218
0.00 inserts/s, 0.00 updates/s, 0.00 deletes/s, 0.00 reads/s
----------------------------
END OF INNODB MONITOR OUTPUT
============================
```

잘라낸 출력은 섹션별로 세분화되어 표시됩니다. 처음에는 어렵게 느껴질 수 있지만 시간이 지나면 세부사항을 이해하게 될 것입니다. 지금은 경력이 어떠하든 모든 운영자에게 도움이 될 만한 정보를 제공하는 섹션을 살펴보겠습니다.

| 트랜잭션 |

이 섹션에서는 지속 시간, 현재 쿼리, 잠금 보유 횟수, 잠금 대기 정보 등 모든 세션의 트랜잭션에 대한 정보를 제공합니다. 트랜잭션 가시성에 대한 일부 데이터도 여기에서 찾을 수 있지만, 그 데이터가 꼭 필요한 경우는 매우 드뭅니다. 대개 트랜잭션 섹션에서 확인하려는 것은 InnoDB 내에서 활성화된 트랜잭션의 현재 상태입니다. 이 섹션의 샘플 레코드는 다음과 같습니다.

```
---TRANSACTION 252288, ACTIVE (PREPARED) 0 sec
5 lock struct(s), heap size 1136, 3 row lock(s), undo log entries 4
MySQL thread id 82, OS thread handle 139908634125888,...
...query id 925076 localhost sbuser waiting for handler commit
COMMIT
Trx read view will not see trx with id >= 252287, sees < 252285
```

이 레코드는 트랜잭션이 현재 세 개의 행 잠금을 보유한 COMMIT이 완료되기를 기다리고 있으며, 1초 이내에 완료될 가능성이 높음을 알려줍니다. 때로는 긴 트랜잭션이 표시될 수 있는데, 이러한 트랜잭션은 피해야 합니다. InnoDB는 긴 트랜잭션을 잘 처리하지 못하며, 유휴 트랜잭션이 너무 오래 열려 있으면 성능에 영향을 미칠 수 있습니다. 이 섹션에는 잠금을 받기 위해 대기 중인 트랜잭션이 있는 경우 현재 잠금 동작에 대한 정보도 표시됩니다. 다음은 예시입니다.

```
---TRANSACTION 414311, ACTIVE 4 sec starting index read
mysql tables in use 1, locked 1
LOCK WAIT 2 lock struct(s), heap size 1136, 1 row lock(s)
MySQL thread id 84, OS thread handle 139908634125888,...
...query id 2545483 localhost sbuser updating
UPDATE sbtest1 SET k=k+1 WHERE id=347110
Trx read view will not see trx with id >= 414310, sees < 413897
------- TRX HAS BEEN WAITING 4 SEC FOR THIS LOCK TO BE GRANTED:
RECORD LOCKS space id 333 page no 4787 n bits 144 index PRIMARY of...
...table `sysbench`.`sbtest1` trx id 414311 lock_mode X locks...
```

```
...rec but not gap waiting
Record lock, heap no 33
------------------
```

안타깝게도 상태 보고서는 잠금 홀더를 직접 가리키지 않으므로 차단된 트랜잭션을 별도로 찾아야 합니다. 이에 대한 정보는 6장에서 확인할 수 있습니다. 한 트랜잭션이 활성화되었는데 다른 트랜잭션이 대기 중이라면 대개는 해당 활성 트랜잭션이 잠금을 유지하고 있다는 좋은 신호입니다.

| File I/O |

이 섹션에는 현재 I/O 작업에 대한 정보와 시간 경과에 따른 집계 요약이 포함되었습니다. 이에 대해서는 '12.2.2 기본 모니터링 조합'의 'InnoDB I/O 및 트랜잭션 지표'에서 자세히 설명했지만, 이 섹션을 통해 InnoDB에 보류 중인 데이터와 로그 작업이 있는지 여부를 추가로 확인할 수 있습니다.

| 버퍼 풀 및 메모리 |

이 섹션에서 InnoDB는 버퍼 풀과 메모리 사용량에 대한 정보를 인쇄합니다. 여러 버퍼 풀 인스턴스를 구성한 경우 이 섹션에는 총계와 인스턴스별 분석이 모두 표시됩니다. 버퍼 풀의 크기와 내부 상태를 비롯해 많은 정보가 있습니다.

```
Total large memory allocated 274071552
Dictionary memory allocated 1377188
Buffer pool size    16384
Free buffers         1027
Database pages      14657
Old database pages   5390
Modified db pages    4168
```

이 변수는 `Innodb_buffer_pool_%` 변수로도 노출됩니다.

| 세마포어 |

이 섹션에는 내부 InnoDB 세마포어 또는 동기화 기초 요소에 대한 정보가 담겨 있습니다. 기본적으로 세마포어는 여러 스레드가 서로 간섭하지 않고 작동할 수 있도록 하는 특수한 내부 메모리 내 구조입니다. 시스템에서 세마포어 경합이 발생하지 않는 한 이 섹션에서 볼 만한 내용은 거의 없을 것입니다. 일반적으로 InnoDB가 극심한 부하를 받을 때 발생하므로 모든 작업이 더 오래 걸리고 상태 출력에서 활성 세마포어 대기를 볼 기회가 더 많습니다.

12.3 조사 방법

모니터링하고, 확인하고, 이해해야 할 지표가 너무 많으면 머릿속이 복잡해질 수 있습니다. 좋은 것부터 나쁜 것까지 범위가 명확한 단일 지표를 정의하지 않았음을 눈치챘을 것입니다. 잠금이 나쁠까요? 그럴 수도 있지만 이 또한 예상되는 현상이며 정상입니다. 서버 가용성을 제외한 MySQL의 거의 모든 측면도 마찬가지입니다.

이 문제는 MySQL 서버 모니터링에만 국한된 것이 아니며, 실제로 복잡한 시스템에서 흔히 발생합니다. 많은 지표와 복잡한 종속성, 그리고 어떤 것이 좋은지 나쁜지를 엄정하게 정의할 수 있는 규칙이 거의 없기 때문입니다. 이 문제를 해결하려면 현재 시스템 성능에 대한 결론을 빠르고 쉽게 내릴 수 있도록 풍부한 데이터에 적용할 수 있는 접근방식과 방법론이 필요합니다.

다행히도 방법론은 이미 존재합니다. 이 절에서는 그중 두 가지 방법론을 간략하게 설명하고 이를 MySQL과 OS 메트릭 모니터링에 적용하는 방법에 대한 아이디어를 제공합니다.

12.3.1 USE 방법

브렌든 그레그Brendan Gregg가 대중화한 USE(활용률Utilization, 포화도Saturation, 오류Error) 방법은 모든 시스템에 적용할 수 있는 범용 방법론입니다. CPU나 디스크처럼 성능 특성이 잘 정의된 리소스에 더 적합하지만, MySQL의 일부에도 적용할 수 있습니다.

USE 방법은 시스템의 각 개별 부분에 대한 체크리스트를 작성해 사용하는 것이 가장 좋습니다. 먼저 활용률, 포화도, 오류를 측정하는 데 사용할 지표를 정의해야 합니다. 리눅스용 체크리스트의 예는 USE 홈페이지(https://oreil.ly/MeF2B)에서 볼 수 있습니다.

디스크 I/O의 예시에서 세 가지 범주를 살펴보겠습니다

| 활용률(U) |

'12.1.2 디스크'에서 설명한 대로 디스크 하위 시스템의 경우 모든 지표를 살펴볼 수 있습니다.

- 전체 스토리지 대역폭 활용률
- 프로세스별 스토리지 대역폭 활용률
- 현재 IOPS(장치의 최대 IOPS 제한을 알고 있는 경우)

| 포화도(S) |

iostat 출력과 디스크 지표에 대해 이야기할 때 포화도를 언급했습니다. 이는 리소스가 처리할 수 없고 일반적으로 대기열에 있는 작업의 척도입니다. 디스크의 경우, 이는 I/O 요청 큐 크기(iostat 출력의 avgqu-sz)로 표시됩니다. 대부분의 시스템에서 값이 1을 초과하면 디스크가 포화 상태이므로 일부 요청은 대기열에서 기다리며 아무것도 하지 않고 시간을 낭비하게 됩니다.

| 오류(E) |

디스크 장치의 경우 하드웨어 성능 저하에 기인한 I/O 오류를 의미할 수 있습니다.

USE 방법의 문제점은 복잡한 시스템 전체에 적용하기 어렵다는 것입니다. 예를 들어, 전체 활용률, 포화도, 오류를 측정하기 위해 어떤 지표를 사용할 수 있을까요? USE를 MySQL 전체에 적용하려는 시도를 할 수도 있지만, 시스템의 일부 고립된 부분에 사용하는 것이 훨씬 더 적합합니다.

가능한 MySQL 애플리케이션을 몇 가지 살펴보겠습니다.

| 클라이언트 연결에 대한 USE 방법 |

'12.2.2 기본 모니터링 조합'에서 설명한 클라이언트 연결 지표를 이해하는 것이 USE 방법에 적합합니다.

활용률 지표에는 Threads_connected와 Threads_running이 포함됩니다. 포화도는 Threads_running에 따라 임의로 정의할 수 있습니다. 예를 들어 읽기 위주이고 I/O를 많이 생성하지 않는 OLTP 시스템의 경우, Threads_running의 포화 지점은 가용한 CPU 코어 수

정도일 확률이 높습니다. I/O가 대부분인 시스템에서는 가용한 CPU 코어 수의 두 배가 시작점이 될 수 있지만, 스토리지 하위 시스템을 포화시키기 시작하는 동시 실행 스레드 수를 찾는 것이 훨씬 더 좋습니다.

오류는 Aborted_clients와 Aborted_connects 지표로 측정됩니다. Threads_connected 상태 변수의 값이 max_connections 시스템 변수의 값과 같아지면 새 연결 생성 요청이 거부되고 클라이언트에서 오류가 발생합니다. 다른 이유로도 연결이 실패할 수 있으며, 기존 클라이언트가 MySQL의 응답을 기다리지 않고 연결을 부적절하게 종료할 수도 있습니다.

| 트랜잭션 및 잠금을 위한 USE 방법 |

USE를 적용할 수 있는 또 다른 경우는 시스템에서 처리한 쿼리 수와 관련된 InnoDB 잠금 관련 지표를 살펴보는 것입니다.

앞서 정의한 합성 QPS 지표를 사용해 활용률을 측정할 수 있습니다.

포화 상태는 잠금 대기가 일정 수 이상 발생하고 있다는 사실이 될 수 있습니다. USE 정의에 따르면 포화 상태는 수행될 수 없어 대기열에서 대기해야 하는 작업의 척도라는 점을 기억하세요. 여기서는 대기열이 없지만 트랜잭션이 잠금을 획득하기 위해 대기하고 있습니다. 또는 일반적인 잠금 대기 횟수에 두 배를 곱해 임의의 임곗값을 만들 수도 있고, 몇 가지 실험을 수행해 잠금 시간 초과가 발생하는 QPS 대비 잠금 대기 횟수를 구할 수도 있습니다.

오류는 잠금을 기다리는 동안 세션이 시간을 초과했거나 교착 상태를 해결하기 위해 종료된 횟수로 측정할 수 있습니다. 앞서 언급한 지표와 달리, 이 두 지표는 전역 상태 변수로 노출되지 않고, 대신 information_schema.innodb_metrics 테이블의 lock_deadlocks(등록된 교착 상태 수)와 lock_timeouts(잠금 대기 시간 초과 횟수)에서 확인할 수 있습니다.

모니터링 지표만으로는 오류 비율을 파악하기 어려울 수 있으므로 USE의 US, 즉 활용률과 포화도만 사용하는 경우가 많습니다. 보다시피, 이 방법을 사용하면 미리 정의된 관점에서 시스템을 살펴볼 수 있습니다. 문제 상황이 발생했을 때 가능한 모든 지표를 분석하는 대신 기존 체크리스트를 검토할 수 있으므로 시간과 노력을 절약할 수 있습니다.

12.3.2 RED 방법

비율Rate, 오류Error, 기간Duration(RED) 방법은 USE의 단점을 보완하기 위해 만들었습니다. 비슷한 방법론이지만 복잡한 시스템과 서비스에 적용하기가 더 쉽습니다.

쿼리 성능을 살펴봄으로써 RED를 MySQL에 논리적으로 적용할 수 있습니다.

| 비율(R) |

데이터베이스의 QPS

| 오류(E) |

오류와 실패한 쿼리의 수 또는 비율

| 기간(D) |

평균 쿼리 지연시간

이 책과 일반적으로 MySQL을 학습하는 맥락에서 RED의 한 가지 문제점은 이 방법을 적용하려면 상태 변수를 읽는 것만으로는 얻을 수 없는 모니터링 데이터가 필요하다는 것입니다. 기존의 모든 MySQL용 모니터링 솔루션이 필요한 데이터를 제공할 수 있는 것은 아니지만, 페타르 자이체바Peter Zaitsev의 블로그 게시물 'MySQL 성능 분석을 위한 RED 방법(https://oreil.ly/TVT2x)'에서 그 방법의 예를 볼 수 있습니다. RED를 MySQL이나 그 외 데이터베이스 시스템에 적용하는 한 방법은 데이터베이스 측이 아닌 애플리케이션 측에서 지표를 살펴보는 것입니다. 여러 모니터링 솔루션을 사용하면 애플리케이션을 수동이나 자동으로 계측해 쿼리 수, 실패율, 쿼리 지연시간 등의 데이터를 찾아낼 수 있습니다. RED에 꼭 필요한 기능입니다!

RED와 USE를 함께 사용할 수 있으며, 함께 사용해야 합니다. RED를 설명하는 글 'RED 방법: 서비스를 계측하는 방법(https://oreil.ly/dHHMS)'을 쓴 톰 윌키Tom Wilkie는 "동일한 시스템에 대한 두 가지 다른 관점일 뿐"이라고 언급합니다.

RED, USE 또는 기타 방법을 적용할 때 뜻밖에 얻게 되는 이점 하나는 문제 상황이 발생하기 전에 이 방법을 적용한다는 것입니다. 따라서 모니터링하고 측정하는 것이 무엇인지, 그리고 그것이 시스템과 사용자에게 실제로 중요한 것과 어떻게 관련되는지 이해해야 합니다.

12.4 MySQL 모니터링 도구

이 장 전체에서 지표와 모니터링 방법론에 대해 이야기했지만, 지표를 대시보드나 알림으로 전환할 수 있는 실제 도구는 하나도 언급하지 않았습니다. 다시 말해, 실제 모니터링 도구와 시스템에 대해서는 언급하지 않았습니다. 그 첫째 이유는 간단합니다. 확신하건대, 처음에는 모니터링 방법보다 무엇을 왜 모니터링해야 하는지 아는 것이 훨씬 더 중요하기 때문입니다. 방법에만 집중했다면 이 장 전체에서 다양한 모니터링 도구의 특징과 차이점을 이야기했을 것입니다. 둘째 이유는 MySQL과 OS 지표가 자주 바뀌진 않지만 2025년에 이 책을 읽는다면 우리가 선택한 모니터링 도구가 구식으로 보일 수 있기 때문입니다.

그럼에도 불구하고 시작점으로 MySQL 가용성과 성능을 모니터링하는 유명한 오픈소스 모니터링 도구 목록을 정리해보았습니다. 여기서는 이러한 도구의 설정이나 구성을 자세히 설명하거나 비교하지는 않겠습니다. 또 가용한 모든 모니터링 솔루션을 나열할 수도 없습니다. 간단한 조사에 따르면 '모니터링 도구' 또는 '모니터링 시스템'이라면 어떤 식으로든 MySQL을 모니터링할 수 있습니다. 또 오라클 엔터프라이즈 모니터Oracle Enterprise Monitor를 제외하면 오픈소스와 무료가 아닌 모니터링 솔루션은 다루지 않습니다. 일반적으로 이러한 시스템에 어떠한 악감정도 없으며, 많은 시스템이 훌륭합니다. 그리고 대부분은 훌륭한 문서와 지원을 제공하므로 금방 익숙해질 것입니다.

여기서 언급할 모니터링 시스템입니다.

- 프로메테우스
- 인플럭스DB, TICK 스택
- 자빅스
- 나기오스 코어
- PMM
- 오라클 엔터프라이즈 모니터

먼저 프로메테우스, 인플럭스DB와 TICK 스택부터 살펴보겠습니다. 이 둘은 모두 마이크로서비스와 방대한 클라우드 배포를 모니터링하는 데 적합한 최신 모니터링 시스템이지만 범용 모니터링 솔루션으로도 널리 사용되고 있습니다.

| 프로메테우스 |

구글의 내부 모니터링 시스템인 보그몬Borgmon에서 탄생한 프로메테우스Prometheus(`https://oreil.ly/em47V`)는 매우 인기 있는 범용 모니터링이자 알림 시스템입니다. 주로 시계열 데이터베이스와 풀 모델을 기반으로 하는 데이터 수집 엔진입니다. 즉, 모니터링 대상에서 데이터를 능동적으로 수집하는 것이 프로메테우스 서버라는 뜻입니다.

프로메테우스 대상에서 실제 데이터를 수집하는 것은 **내보내기**exporter로 불리는 특수 프로그램에 의해 수행됩니다. 내보내기는 전용 MySQL 내보내기, PostgreSQL 내보내기, 기본 OS 지표/노드 내보내기 등 다양한 목적에 맞게 설계되었습니다. 이러한 프로그램이 하는 일은 모니터링하기 위해 작성된 시스템에서 지표를 수집하고 해당 지표를 프로메테우스 서버가 사용하기에 적합한 형식으로 표시하는 것입니다.

프로메테우스를 통한 MySQL 모니터링은 `mysqld_exporter` 프로그램(`https://oreil.ly/tvltY`)을 실행해 수행합니다. 프로메테우스 생태계의 대부분과 마찬가지로 Go로 작성되었으며 리눅스, 윈도우 및 기타 여러 운영체제에서 사용할 수 있으므로 이기종 환경에 적합한 선택이 될 수 있습니다.

MySQL 내보내기는 이 장에서 다룬 모든 지표를(그리고 더 많은 지표들도!) 수집하며, MySQL에서 적극적으로 정보를 가져오려고 시도하므로 MySQL 서버의 가용성에 대해서도 보고할 수 있습니다. 표준 지표 외에도 내보내기가 실행할 사용자 지정 쿼리를 제공해 그 결과를 추가 지표로 전환할 수 있습니다.

프로메테우스는 아주 기본적인 시각화 기능만 제공하므로, 일반적으로 그라파나Grafana 분석 및 데이터 시각화 웹 애플리케이션(`https://oreil.ly/YAIpl`)이 설정에 추가됩니다.

| 인플럭스DB와 TICK 스택 |

인플럭스DB 시계열 데이터베이스(`https://oreil.ly/jv0ZC`)를 기반으로 구축된 TICK는 Telegraf(텔레그라프), InfluxDB(인플럭스DB), Chronograf(크로노그라프), Kapacitor(카파시터)의 약자로, 완전한 시계열 및 모니터링 플랫폼입니다. 이를 프로메테우스와 비교하면, 텔레그라프는 다양한 대상을 모니터링할 수 있는 통합 프로그램이며 내보내기를 대신합니다. 내보내기와 달리 텔레그라프는 서버에서 데이터를 가져오는 대신 데이터를 인

플럭스DB로 능동적으로 푸시합니다. 크로노그래프는 관리 및 데이터 인터페이스입니다. 카파 시터는 데이터 처리 및 알림 엔진입니다.

기존에는 MySQL 전용 내보내기 프로그램을 설치해야 했다면, 텔레그래프는 플러그인을 사용해 확장할 수 있습니다. MySQL 플러그인은 표준 번들의 일부이며, MySQL 데이터베이스 지표에 대한 자세한 개요를 제공합니다. 안타깝게도, 임의의 쿼리를 실행할 수 없으므로 확장성이 제한됩니다. 해결 방법으로 `exec` 플러그인(https://oreil.ly/83QgS)을 사용할 수 있습니다. 텔레그래프는 멀티플랫폼 프로그램이기도 하며, 다른 OS 중에서도 윈도우를 지원합니다.

TICK 스택은 부분적으로 자주 사용되며, 인플럭스DB와 텔레그래프에는 그라파나가 추가되었습니다.

프로메테우스와 TICK의 공통점은 자신만의 모니터링 솔루션을 구축할 수 있는 빌딩 블록 모음이라는 점입니다. 두 서비스는 모두 대시보드, 알림 등을 위한 기본 레시피를 제공하지 않습니다. 강력하지만 익숙해지는 데 시간이 걸릴 수 있습니다. 그 외에도 두 솔루션은 자동화 및 IaaC^Infrastructure-as-a-code 지향적입니다. 특히 프로메테우스는 물론이고 TICK 역시 최소한의 GUI를 제공하며, 애초에 데이터 탐색과 시각화를 위해 고안된 것이 아닙니다. 다양한 지표를 시각적으로 검사하는 것이 아니라 경고를 통해 지표 값 변화에 대응하는 모니터링입니다. 특히 자체 제작하거나 커뮤니티에서 만든 MySQL용 대시보드에 그라파나를 추가하면 시각적 검사가 가능해집니다. 하지만 대부분의 구성과 설정은 GUI에서 하지 않습니다.

이 두 시스템은 2010년대 중후반에 인기를 끌기 시작해 몇 대의 대형 서버를 운영하던 방식을 다수의 소형 서버를 운영하는 방식으로 전환했습니다. 이러한 전환은 모니터링 접근방식에 약간의 변화를 요했고, 이러한 시스템은 많은 기업에서 사실상 표준 모니터링 솔루션이 되었습니다.

다음에서는 좀 더 '구식'인 모니터링 솔루션을 살펴보겠습니다.

| 자빅스 |

자빅스^Zabbix는 2001년에 처음 출시된 완전 무료 오픈소스 모니터링 시스템으로 강력하고 입증된 솔루션입니다. 광범위한 모니터링 대상과 고급 자동 검색 및 경고 기능을 지원합니다.

자빅스를 통한 MySQL 모니터링은 플러그인을 사용하거나 공식 MySQL 템플릿을 사용해 수행할 수 있습니다. 우리가 정의한 모든 조합을 사용할 수 있어 확인 가능한 지표의 범위가 상당히 좋습니다. 그러나 `mysqld_exporter`와 텔레그라프는 더 많은 데이터를 제공합니다. 자빅스가 수집하는 표준 MySQL 지표는 기본적인 MySQL 모니터링을 설정하기에 충분하지만, 더 깊은 통찰력을 얻으려면 사용자 정의하거나 일부 커뮤니티 템플릿과 플러그인을 사용해야 합니다.

자빅스 에이전트는 크로스 플랫폼이므로 거의 모든 OS에서 실행 중인 MySQL을 모니터링할 수 있습니다.

자빅스의 알림 기능은 매우 강력하지만, 시각화 기능은 약간 구식으로 느껴질 수 있습니다. MySQL 데이터를 기반으로 사용자 지정 대시보드를 설정할 수 있으며, 자빅스를 그라파나의 데이터 소스로 사용할 수도 있습니다.

자빅스는 GUI를 통해 완벽하게 구성할 수 있습니다. 상용 제품에는 다양한 수준의 지원과 컨설팅이 포함되었습니다.

| 나기오스 |

2002년에 처음 출시된 나기오스Nagios는 자빅스와 같은 베테랑 모니터링 시스템입니다. 지금까지 살펴본 시스템과 달리 '오픈 코어' 시스템입니다. 나기오스 코어Nagios Core 배포판은 무료 오픈소스지만 상용 나기오스 시스템도 있습니다.

MySQL 모니터링은 플러그인을 사용해 설정합니다. 이 플러그인은 공식 자빅스 템플릿과 유사한 기본 모니터링을 설정하기에 충분한 데이터를 제공해야 합니다. 필요한 경우 수집된 지표를 확장할 수 있습니다.

알림, 시각화, 구성은 자빅스와 유사합니다. 나기오스의 주목할 만한 특징 하나는 인기가 절정에 달했을 때 여러 번 복사본이 생성되었다는 것입니다. 가장 인기 있는 나기오스 복사본은 이싱가Icinga와 신켄Shinken입니다. 처음에는 나기오스의 확장 프로그램이었던 Check _MK는 결국 자체 상용 제품이 되었습니다.

나기오스와 그 포크, 자빅스는 많은 회사에서 MySQL을 모니터링하는 데 성공적으로 사용되고 있습니다. 아키텍처와 데이터 표현이 구식이라고 느껴지겠지만, 작업을 완료해냅니다. 가장 큰 문제는 수집하는 표준 데이터가 다른 대안에 비해 제한적일 수 있으며 커뮤니티 플러그인과 확장 프로그램을 사용해야 한다는 것입니다. 퍼코나는 나기오스와 자빅스용 모니터링 플러그인 세트를 유지 관리했지만, 지금은 사용하지 않으며 곧 설명할 자체 모니터링 제품인 PMM^{Percona Monitoring and Management}에 주력하고 있습니다.

지금까지 살펴본 모든 시스템에는 공통점이 하나 있습니다. 데이터베이스 모니터링용으로 맞춤 제작된 것이 아니라 범용 모니터링 솔루션이라는 점입니다. 이것이 이들의 강점이자 약점이기도 합니다. 심층적인 데이터베이스 내부를 모니터링하고 조사할 때는 이러한 시스템의 기능을 수동으로 확장해야 하는 경우가 많습니다. 예를 들어, 어느 시스템에도 없는 기능 하나는 개별 쿼리 실행 통계를 저장하는 것입니다. 기술적으로 이 기능을 추가하는 것은 가능하지만 번거롭고 문제가 될 수 있습니다.

이 절에서는 데이터베이스 중심 모니터링 솔루션인 오라클의 MySQL 엔터프라이즈 모니터와 PMM 두 가지를 살펴보면서 마무리하겠습니다. 보다시피, 이 둘은 제공하는 기능이 비슷하며 비전문 모니터링 시스템보다 대폭 개선된 솔루션입니다.

| MySQL 엔터프라이즈 모니터 |

MySQL 엔터프라이즈 에디션의 일부인 엔터프라이즈 모니터는 MySQL 데이터베이스를 위한 완벽한 모니터링 및 관리 플랫폼입니다.

모니터링 측면에서 MySQL 엔터프라이즈 모니터는 모니터링 시스템에서 수집하는 일반적인 지표를 확장해서 MySQL 메모리 활용률, 파일별 I/O 세부 정보, InnoDB의 상태 변수를 기반으로 한 다양한 대시보드에 대한 세부 정보를 추가합니다. 데이터는 에이전트 없이 MySQL 자체에서 가져옵니다. 이론적으로는 다른 모니터링 시스템에서도 동일한 데이터를 수집하고 시각화할 수 있지만, 여기서는 세심하게 설계된 대시보드와 카테고리로 촘촘히 채워져 있습니다.

엔터프라이즈 모니터에는 미리 정의된 알림 집합인 이벤트 하위 시스템이 포함되어 있습니다. 데이터베이스별 기능에 추가해, 엔터프라이즈 모니터에는 일반 및 다중 소스 복제, 그룹 복제 및 NDB 클러스터에 대한 복제 토폴로지 개요가 들어 있습니다. 또 다른 기능은 백업 실행 상태 모니터링입니다(MySQL 엔터프라이즈 백업으로 수행한 백업의 경우).

범용 모니터링 시스템에는 일반적으로 개별 쿼리 실행 통계와 쿼리 이력이 누락되어 있다고 언급했습니다. MySQL 엔터프라이즈 모니터에는 시간 경과에 따라 실행된 쿼리 내역과 쿼리에 대해 수집된 통계를 통찰하게 해주는 쿼리 분석기가 포함되어 있습니다. 읽거나 반환된 평균 행 수 및 기간 분포 같은 정보를 볼 수 있으며 쿼리의 실행 계획도 확인할 수 있습니다.

엔터프라이즈 모니터는 훌륭한 데이터베이스 모니터링 시스템입니다. 하지만 MySQL 엔터프라이즈 에디션에서만 사용할 수 있다는 큰 단점이 있습니다. 안타깝게도 대부분의 MySQL 설치에서는 엔터프라이즈 모니터와 데이터베이스 및 OS 지표에 제공되는 통찰력 수준의 이점을 활용할 수 없습니다. 또 MySQL, 실행 중인 쿼리와 실행 중인 OS를 제외한 다른 것을 모니터링하는 데는 적합하지 않으며, MySQL 모니터링 범위가 오라클 제품으로 제한됩니다.

엔터프라이즈 모니터가 포함된 MySQL 엔터프라이즈 에디션의 30일 평가판을 사용할 수 있으며, 오라클 제품은 시스템의 영상 데모 목록도 관리합니다.

| PMM(Percona Monitoring and Management) |

퍼코나의 모니터링 솔루션인 PMM은 오라클의 엔터프라이즈 모니터와 기능이 비슷하지만 완전히 무료이며 오픈소스입니다. '단일 창'을 지향하는 이 솔루션은 MySQL과 OS 성능에 대한 심층적인 통찰력을 제공하며, MongoDB와 PostgreSQL 데이터베이스를 모니터링하는 데도 사용할 수 있습니다.

PMM은 앞서 살펴본 프로메테우스와 그 내보내기나 그라파나 같은 기존 오픈소스 구성요소 위에 구축되었습니다. 퍼코나는 MySQL용 내보내기를 포함해 사용하는 데이터베이스 내보내기의 복사본을 유지 관리하며, 원래 버전에는 없었던 기능과 지표를 추가했습니다. 그 외에도 PMM은 일반적으로 이러한 도구의 배포 및 구성과 관련된 복잡성을 숨기고 대신 자체 번들 패키지 및 구성 인터페이스를 제공합니다.

엔터프라이즈 모니터와 마찬가지로, PMM은 MySQL 및 InnoDB 운영의 거의 모든 측면을 시각화하는 다양한 대시보드는 물론이고 기본 OS 상태에 대한 세부 정보도 많이 제공합니다. 이는 13장에서 설명한 PXC/Galera와 15장에서 설명한 ProxySQL과 같은 기술을 포함하도록 확장되었습니다. PMM은 프로메테우스와 그 내보내기를 사용하므로 외부 내보내기를 추가해 모니터링되는 데이터베이스의 범위를 확장할 수 있습니다. 그 외에도 RDS와 CloudSQL 같은 DBaaS 시스템을 지원합니다.

PMM은 쿼리 모니터링 및 지표 시스템인 쿼리 분석(QAN)이라는 사용자 지정 애플리케이션과 함께 제공됩니다. 엔터프라이즈 모니터의 쿼리 분석기와 마찬가지로, QAN은 개별 쿼리에 대한 정보만이 아니라 특정 시스템에서 실행된 쿼리의 전체 이력을 보여줍니다. 여기에는 시간 경과에 따른 쿼리 실행 횟수, 읽거나 보낸 행, 잠금, 생성된 임시 테이블 등의 기록이 포함됩니다. QAN을 사용하면 쿼리 계획과 관련 테이블의 구조를 볼 수 있습니다.

현재 PMM의 관리 부분은 이름만 존재하며, 작성 당시에는 순전히 모니터링 시스템이었습니다. PMM은 프로메테우스의 표준 AlertManager를 통한 알림 또는 내부 템플릿을 통한 알림을 지원합니다.

PMM의 한 가지 중요한 문제는 기본적으로 리눅스에서 실행되는 대상만 지원한다는 것입니다. 프로메테우스 내보내기가 크로스 플랫폼이므로 PMM에 윈도우(또는 다른 OS) 대상을 추가할 수 있지만, 간소화된 내보내기 구성 및 클라이언트 소프트웨어의 번들 설치 같은 도구의 이점을 일부 활용할 수 없습니다.

이 책의 두 저자가 퍼코나에서 근무하므로 PMM에 대한 설명을 홍보로 생각할지 모르겠습니다. 하지만 다양한 모니터링 시스템을 공정하게 소개하려 노력했으며 PMM이 완벽하다고 주장하지도 않았습니다. 회사에서 이미 엔터프라이즈 버전의 MySQL을 사용 중이라면 먼저 MySQL 엔터프라이즈 모니터가 제공하는 기능을 사용하길 추천합니다.

이 절을 마무리하기 전에, 많은 경우 실제 사용하는 모니터링 시스템은 크게 중요하지 않다고 조언하고 싶습니다. 앞서 언급한 시스템은 모두 MySQL 가용성 모니터링과 내부 지표를 읽어내는 통찰을 제공해 앞서 설명한 여러 레시피 중 적합한 것을 선택하도록 돕습니다. 특히 MySQL에 대해 학습하고 프로덕션 환경에서 설치를 운영하기 시작할 때는 기존 모니터링 인프라를 활용하는 것이 좋습니다. 모든 것을 최고로 바꾸려고 서두르다 보면 만족스럽지 못한 결과를 초래하는 경우가 많습니다. 경험이 쌓이면 현재 사용 중인 도구에서 누락된 데이터가 점점 더 많아지고 어떤 새로운 도구를 선택할지를 정보에 입각해 결정할 수 있을 것입니다.

12.5 사고/진단 및 수동 데이터 수집

때로는 모니터링 시스템이 데이터베이스에 대해 설정되지 않았거나, 특정 문제를 조사하는 데 필요한 모든 정보를 갖고 있다고 믿지 못할 수도 있습니다. 또는 DBaaS 인스턴스를 실행 중인 데 클라우드 제공업체가 제공하는 데이터보다 더 많은 데이터를 얻고 싶을 수도 있습니다. 이러한 상황에서는 단기적으로 수동 데이터 수집을 통해 시스템에서 일부 데이터를 빠르게 가져올 수 있습니다. 이때 사용할 수 있는 도구를 소개하겠습니다. 이 도구들로 MySQL 인스턴스에서 많은 진단 정보를 빠르게 수집할 수 있습니다.

다음 절에서는 짧고 유용한 레시피를 안내합니다. MySQL 데이터베이스를 사용하는 일상적인 작업에서 이 레시피를 이용할 수 있습니다.

12.5.1 시스템 상태 변수 값의 주기적 수집

'12.2.1 상태 변수'와 '12.2.2 기본 모니터링 조합'에서 시간이 지남에 따라 다양한 상태 변수의 값이 어떻게 변하는지 살펴보는 방법을 많이 설명했습니다. 이전 절에서 언급한 모든 모니터링 도구는 이러한 작업으로 데이터를 축적해 시각적으로 표현하거나 알림에 사용합니다. 원시 데이터를 보거나 모니터링 시스템에서 사용하는 간격보다 더 짧은 간격으로 샘플링하려는 경우 동일한 상태 변수 샘플링을 수동으로 수행할 수 있습니다.

MySQL 모니터를 루프에서 실행하는 간단한 스크립트를 작성해도 되지만, 더 나은 방법은 기본 제공되는 `mysqladmin` 유틸리티를 사용하는 것입니다. 이 프로그램을 실행 중인 MySQL 서버에서 다양한 관리 작업을 수행하는 데 사용할 수 있지만, 이 모든 작업은 일반 `mysql`을 통해서도 수행할 수 있다는 점에 유의해야 합니다. 그러나 `mysqladmin`은 전역 상태 변수를 쉽게 샘플링하는 데 사용할 수 있으므로 여기서는 바로 이 방법으로 사용할 것입니다.

`mysqladmin`에는 일반과 확장이라는 두 가지 상태 출력이 있습니다. 일반 상태 출력은 정보가 적습니다.

```
$ mysqladmin status
Uptime: 176190 Threads: 5 Questions: 5287160 ...
... Slow queries: 5114814 Opens: 761 Flush tables: 3 ...
... Open tables: 671 Queries per second avg: 30.008
```

이쯤이면 확장된 출력은 익숙할 것입니다. 전역 상태 표시의 출력과 동일합니다.

```
$ mysqladmin extended-status
+--------------------------------------------------+--------------------+
| Variable_name                                    | Value              |
+--------------------------------------------------+--------------------+
| Aborted_clients                                  | 2                  |
| Aborted_connects                                 | 30                 |
| ...                                              |                    |
| Uptime                                           | 176307             |
| Uptime_since_flush_status                        | 32141              |
| validate_password.dictionary_file_last_parsed    | 2021-05-29 21:50:38 |
| validate_password.dictionary_file_words_count    | 0                  |
+--------------------------------------------------+--------------------+
```

편리하게도 mysqladmin은 주어진 간격으로 실행하는 명령을 주어진 횟수만큼 반복할 수 있습니다. 예를 들어, 다음 명령은 1분 동안 매초마다 상태 변수 값을 출력하도록 합니다(ext는 확장 상태의 약어).

```
$ mysqladmin -i1 -c60 ext
```

출력을 파일로 리디렉션하면 데이터베이스 지표 변경사항을 1분 길이의 샘플로 얻을 수 있습니다. 텍스트 파일은 적절한 모니터링 시스템만큼 작업하기 좋지는 않지만, 이 작업은 대개 특수한 상황에서 수행됩니다. 오랫동안 mysqladmin을 사용해 이 같은 방식으로 MySQL에 대한 정보를 수집하는 것이 표준 관행이었기 때문에, 일반 SHOW GLOBAL STATUS 출력을 사람이 사용하기에 더 적합한 형식으로 변환할 수 있는 pt-mext라는 도구가 존재합니다. 안타깝게도 이 도구는 리눅스에서만 사용 가능합니다. 다음은 이 도구의 출력입니다.

```
$ pt-mext -r -- cat mysqladmin.output | grep Bytes_sent
Bytes_sent 10836285314 15120 15120 31080 15120 15120 31080 15120 15120
```

앞쪽의 큰 숫자는 첫 번째 샘플의 상태 변수 값이며, 그 이후의 값은 초기 값의 변경사항을 나타냅니다. 값이 감소하면 음수가 표시됩니다.

12.5.2 pt-stalk를 사용한 MySQL 및 OS 지표 수집

pt-stalk(https://oreil.ly/SU9bG)는 퍼코나 툴킷의 일부로, 보통 MySQL과 함께 실행되며 특정 조건을 지속적으로 확인하는 데 사용됩니다. 해당 조건이 충족되면(예를 들어 Threads_running 중 값이 15보다 더 크면) pt-stalk는 MySQL과 운영체제에 대한 광범위한 정보를 수집하는 데이터 수집 루틴을 트리거합니다. 그러나 실제로 MySQL 서버를 추적하지 않고도 데이터 수집 부분을 활용할 수 있습니다. 올바른 사용법은 아니지만, 알 수 없는 서버를 빠르게 살펴보기 위해 또는 비정상적으로 동작하는 서버에 대한 정보를 최대한 많이 수집하기 위해 유용한 방법입니다.

퍼코나 툴킷의 여느 도구와 마찬가지로 pt-stalk는 대상 MySQL 서버가 모든 OS에서 실행되더라도 리눅스에서만 사용 가능합니다. 이를 달성하기 위한 pt-stalk의 기본 호출은 간단합니다.

```
$ sudo pt-stalk --no-stalk --iterations=2 --sleep=30 \
--dest="/tmp/collected_data" \
-- --user=root --password=<root password>;
```

이 유틸리티는 각각 1분 동안 두 번의 데이터 수집 라운드를 실행하고 그 사이에 30초 동안 절전 모드로 전환합니다. OS 정보가 필요하지 않거나 대상이 DBaaS 인스턴스여서 정보를 얻지 못하는 경우, --mysql-only 플래그를 사용할 수 있습니다.

```
$ sudo pt-stalk --no-stalk --iterations=2 --sleep=30 \
--mysql-only --dest="/tmp/collected_data" \
-- --user=root --password=<root password> \
--host=<mysql host> --port=<mysql port>;
```

다음은 한 번의 수집 라운드에서 생성된 파일 목록입니다. OS 관련 파일은 의도적으로 생략했는데 그 양이 꽤 많습니다.

```
2021_04_15_04_33_44-innodbstatus1
2021_04_15_04_33_44-innodbstatus2
2021_04_15_04_33_44-log_error
2021_04_15_04_33_44-mutex-status1
2021_04_15_04_33_44-mutex-status2
```

```
2021_04_15_04_33_44-mysqladmin
2021_04_15_04_33_44-opentables1
2021_04_15_04_33_44-opentables2
2021_04_15_04_33_44-processlist
2021_04_15_04_33_44-slave-status
2021_04_15_04_33_44-transactions
2021_04_15_04_33_44-trigger
2021_04_15_04_33_44-variables
```

12.5.3 확장된 수동 데이터 수집

pt-stalk는 항상 사용 가능한 것이 아니며 모든 플랫폼에서 실행되는 것도 아닙니다. 때로는 수집하는 데이터를 추가하거나 그 일부를 제거하고 싶을 수도 있습니다. 앞서 소개한 mysqladmin 명령을 사용해 좀 더 많은 데이터를 수집하고 간단한 스크립트로 정리할 수 있습니다. 우리는 일상 업무에서 이 스크립트 버전을 자주 사용합니다.

리눅스나 유닉스 계열 시스템에서 실행해야 하는 이 스크립트는 종료되거나 **/tmp/exit-flag** 파일이 발견될 때까지 계속 실행됩니다. 이 스크립트의 실행을 정상적으로 완료하려면 /tmp/exit-flag를 사용할 수 있습니다. 이 스크립트를 파일에 넣고 nohup ... &으로 백그라운드 실행하거나 아니면 screen이나 tmux 세션에서 실행하길 권합니다. 이 두 낯선 명령어는 세션 연결이 끊어져도 스크립트가 계속 실행되도록 합니다. 다음은 스크립트입니다.

```
DATADEST="/tmp/collected_data";
MYSQL="mysql --host=127.0.0.1 -uroot -proot";
MYSQLADMIN="mysqladmin --host=127.0.0.1 -uroot -proot";
[ -d "$DATADEST" ] || mkdir $DATADEST;
while true; do {
    [ -f /tmp/exit-flag ] \
        && echo "exiting loop (/tmp/exit-flag found)" \
        && break;
d=$(date +%F_%T |tr ":" "-");
    $d-innodbstatus &
    -innodbmutex &
    rocesslist &
    $MYSQLADMIN -i1 -c15 ext > $DATADEST/$d-mysqladmin ;
} done;
$MYSQL -e "SHOW GLOBAL VARIABLES;" > $DATADEST/$d-variables;
```

윈도우 파워셸PowerShell에서 같은 역할을 하는 스크립트를 만들었습니다. 이 스크립트는 이전 스크립트와 똑같은 방식으로 작동하며 **C:\tmp\exit-flag** 파일이 발견되는 즉시 자체적으로 종료됩니다.

```
$mysqlbin='C:\Program Files\MySQL\MySQL Server 8.0\bin\mysql.exe'
$mysqladminbin='C:\Program Files\MySQL\MySQL Server 8.0\bin\mysqladmin.exe'

$user='root'
$password='root'
$mysqlhost='127.0.0.1'

$destination='C:\tmp\collected_data'
$stopfile='C:\tmp\exit-flag'

if (-Not (Test-Path -Path '$destination')) {
    mkdir -p '$destination'
}

Start-Process -NoNewWindow $mysqlbin -ArgumentList `
    '-h$mysqlhost','-u$user','-p$password','-e 'SHOW GLOBAL VARIABLES;' `
    -RedirectStandardOutput '$destination\variables'

while(1) {
    if (Test-Path -Path '$stopfile') {
        echo 'Found exit monitor file, aborting'
        break;
    }
    $d=(Get-Date -Format 'yyyy-MM-d_HHmmss')
    Start-Process -NoNewWindow $mysqlbin -ArgumentList `
    '-h$mysqlhost','-u$user','-p$password','-e 'SHOW ENGINE INNODB STATUS\G'' `
    -RedirectStandardOutput '$destination\$d-innodbstatus'
    Start-Process -NoNewWindow $mysqlbin -ArgumentList `
    '-h$mysqlhost','-u$user','-p$password','-e 'SHOW ENGINE INNODB MUTEX;'' `
    -RedirectStandardOutput '$destination\$d-innodbmutex'
    Start-Process -NoNewWindow $mysqlbin -ArgumentList `
    '-h$mysqlhost','-u$user','-p$password','-e 'SHOW FULL PROCESSLIST\G'' `
```

```
    -RedirectStandardOutput '$destination\$d-processlist'
    & $mysqladminbin '-h$mysqlhost' -u'$user' -p'$password' `
    -i1 -c15 ext > '$destination\$d-mysqladmin';
}
```

스크립트 기반 데이터 수집이 적절한 모니터링을 대체할 수 없다는 점을 기억하세요. 이 절의 시작 부분에서 설명한 것처럼 스크립트 기반 데이터 수집은 그 용도가 있으며, 항상 여러분이 이미 가지고 있는 데이터에 추가하는 것이지 MySQL 지표를 보는 유일한 방법은 아닙니다.

이 장까지 읽었다면 MySQL 모니터링에 어떻게 접근해야 하는지 잘 알게 되었을 것입니다. 문제, 사고, 가동 중단은 피할 수 없다는 것을 기억하세요. 그러나 적절한 모니터링을 수행하면 최초의 문제 발생 후 근본 원인을 찾을 수 있으므로, 동일한 문제의 재발을 방지할 수 있습니다. 물론 MySQL 모니터링을 통해 드러난 문제를 해결하기 위해 시스템을 변경해 일부 문제를 피하는 방법도 사용할 수 있습니다.

마지막으로 한 가지 더 말씀드리자면, 모니터링은 완벽하지 않지만 아주 기본적인 모니터링이라도 전혀 모니터링하지 않는 것보다는 낫습니다.

## CHAPTER 13

고가용성

IT 맥락에서 고가용성이란 용어는 지정된 시간 동안 지속적으로 작동하는 상태로 정의됩니다. 고가용성의 목표는 장애 위험을 완전히 없애는 것이 아닙니다. 오히려 장애 상황에서도 시스템 작동이 지속되도록 가용성을 보장하는 것입니다. 우리는 종종 100% 작동이나 장애가 없는 상태의 표준을 기준으로 가용성을 측정합니다. 일반적인 가용성 표준은 99.999%의 가용성인 **파이브 나인**five 9s으로 알려져 있습니다. **투 나인**two 9s은 99%의 가용성을 보장하는 시스템으로 최대 1%의 다운타임을 허용합니다. 이는 연중 3.65일 동안에는 서비스 이용이 불가함을 의미합니다.

신뢰성 엔지니어링reliability engineering은 고가용성을 달성하기 위해 시스템 설계의 세 가지 원칙을 적용합니다. 단일 장애 지점(SPOF) 제거, 안정적인 크로스오버 또는 장애 조치 지점, 장애 감지 기능(12장에서 설명한 모니터링 포함)입니다.

고가용성을 달성하려면 많은 구성요소가 중복되어야 합니다. 간단하게 엔진이 두 개 장착된 비행기를 생각해봅시다. 비행 중 엔진 하나가 고장 나도 비행기는 공항에 착륙할 수 있습니다. 조금 더 복잡하게는 치명적인 고장을 피하기 위해 중복 프로토콜과 구성요소가 수많은 원자력 발전소를 들 수 있습니다. 마찬가지로 데이터베이스의 고가용성을 달성하려면 네트워크 이중화, 디스크 이중화, 다양한 전원 공급 장치, 여러 애플리케이션과 데이터베이스 서버 등이 필요합니다.

이 장에서는 MySQL 데이터베이스가 제공하는 고가용성을 달성하기 위한 옵션에 중점을 둡니다.

13.1 비동기 복제

복제^{replication}를 수행하면 한 MySQL 데이터베이스 서버(소스라고 함)의 데이터를 하나 이상의 다른 MySQL 데이터베이스 서버(**복제본**^{replica}이라고 함)로 복사할 수 있습니다. MySQL 복제는 기본적으로 비동기식입니다. 비동기 복제를 사용하면 소스가 이벤트를 바이너리 로그에 쓰고 복제본이 준비되면 이벤트를 요청합니다. 어떤 이벤트가 어떤 복제본에 도달할지가 보장되지 않습니다. 느슨하게 결합된 소스/복제본(source/replica) 관계는 다음 경우에 해당합니다.

- 복제본이 따라잡을 때까지 소스가 기다리고 있지만은 않습니다.
- 복제본은 바이너리 로그의 어느 지점에서 얼마나 많은 양을 읽을지 결정합니다.
- 복제본은 변경 내용을 읽거나 적용할 때 임의로 소스보다 훨씬 더 뒤처질 수 있습니다. 이 문제를 복제 지연이라고 하며, 이를 최소화하는 방법을 살펴보겠습니다.

비동기 복제는 복제본에 쓰기 전에 소스에서 로컬로 쓰기를 승인하므로 쓰기 지연시간이 짧습니다.

MySQL은 소스 서버에 하나, 복제본에 두 개의 메인 스레드를 사용해 복제 기능을 구현합니다.

| Binary log dump 스레드 |

소스는 복제본에 연결될 때 바이너리 로그 내용을 복제본으로 전송하는 스레드를 생성합니다. 이 스레드는 소스의 `SHOW PROCESSLIST` 출력에서 `Binlog Dump` 스레드로 식별할 수 있습니다.

바이너리 로그 덤프 스레드는 복제본으로 전송된 각 이벤트를 읽기 위해 소스의 바이너리 로그에 대한 잠금을 획득합니다. 소스가 이벤트를 읽으면 소스가 복제본으로 이벤트를 보내기 전이라도 잠금이 해제됩니다.

| 복제 I/O 스레드 |

복제본 서버에서 `START SLAVE` 문을 실행하면 복제본의 소스에 연결된 I/O 스레드를 생성하고 바이너리 로그에 기록된 업데이트를 전송하도록 요청합니다.

복제 I/O 스레드는 소스의 `Binlog Dump` 스레드가 보내는 업데이트를 읽고(이전 항목 참조) 복제본의 릴레이 로그를 구성하는 로컬 파일에 복사합니다.

MySQL은 이 스레드의 상태를 SHOW SLAVE STATUS의 출력에 Slave_IO_running으로 표시합니다.

| 복제 SQL 스레드 |

복제본은 복제 I/O 스레드가 작성한 릴레이 로그를 읽고 그 안에 포함된 트랜잭션을 실행하기 위해 SQL 스레드를 생성합니다.

> **NOTE_** 1장에 언급했듯이 오라클, 퍼코나, MariaDB는 자사 제품에서 부정적 의미를 가진 레거시 용어를 제거하기 위해 노력하고 있습니다. 이 책처럼 문서에서는 이미 소스와 복제본이라는 용어를 사용하고 있지만, 이전 버전과의 호환성과 지원을 유지해야 하기 때문에 한 릴리스에서 용어를 완전히 변경하기는 불가능합니다. 이 노력은 지속되고 있습니다.

이 장의 뒷부분에서 살펴보겠지만 복제 병렬화를 개선하는 방법은 여러 가지입니다.

[그림 13-1]은 MySQL 복제 아키텍처의 흐름입니다.

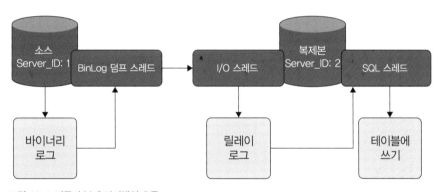

그림 13-1 비동기 복제 아키텍처 흐름

복제는 [그림 13-1]과 같이 바이너리 로그에 기록된 이벤트를 소스에서 읽은 다음 복제본에서 처리하기 때문에 작동합니다. 이벤트는 이벤트 유형에 따라 다양한 형식으로 바이너리 로그에 기록됩니다. MySQL 복제에는 세 종류의 바이너리 로깅 형식이 있습니다.

| 행 기반 복제(RBR) |

소스는 개별 테이블 행이 변경되는 방식을 나타내는 이벤트를 바이너리 로그에 기록합니다. 소스를 복제본에 복제하는 작업은 복제본의 테이블 행 변경을 나타내는 이벤트를 복사하는 방식으로 이루어집니다. MySQL 5.7과 8.0의 경우 RBR이 기본 복제 형식입니다.

| 문 기반 복제(SBR) |

소스는 바이너리 로그에 SQL 문을 씁니다. 복제본에 대한 소스의 복제는 복제본에서 SQL 문을 실행해 작동합니다.

| 혼합 복제 |

변경사항을 기록하는 데 가장 적합한 로깅 방식에 따라 문 기반 로깅과 행 기반 로깅을 혼합해 사용하도록 MySQL을 구성할 수도 있습니다. 혼합 형식 로깅을 사용하면 MySQL은 기본적으로 문 기반 로그를 사용하지만 비결정적 동작을 하는 안전하지 않은 특정 문에 대해서는 행 기반 로그로 전환합니다. 예를 들어 다음과 같은 문이 있다고 가정하겠습니다.

```
mysql> UPDATE customer SET last_update=NOW() WHERE customer_id=1;
```

NOW() 함수가 현재 날짜와 시간을 반환한다는 것을 알고 있습니다. 소스가 1초 지연된 상태로 문을 복제한다고 가정하겠습니다(복제본이 소스와 다른 대륙에 있는 등 여러 가지 이유로). 복제본이 문을 수신하고 실행하면 함수가 반환하는 날짜와 시간에 1초의 격차가 생겨 소스와 복제본 간에 데이터 불일치가 발생합니다. 혼합 복제 형식을 사용하면 MySQL이 이와 같은 비결정적 함수를 구문 분석할 때마다 해당 문이 행 기반 복제로 변환됩니다. MySQL에서 안전하지 않은 것으로 간주하는 그 외 함수 목록은 공식 문서에서 확인할 수 있습니다.

13.1.1 소스 및 복제본에 설정할 기본 매개변수

복제를 작동시키기 위해 소스 서버와 복제본 서버 모두에서 수행해야 하는 기본 설정이 있습니다. 이 설정은 앞으로 설명할 모든 내용에서 기본적으로 사용합니다.

소스 서버에서 바이너리 로깅을 사용 설정하고 고유한 서버 ID를 정의해야 합니다. 이러한 매

개변수는 동적이 아니므로 변경을 수행한 후(아직 수행하지 않은 경우) 서버를 다시 시작해야
합니다.

> **TIP_** 서버 ID는 증분형일 필요도 없고, 소스 서버 ID가 복제본 서버 ID보다 더 작아야 한다는 등 어떤 순서
> 도 지정할 필요가 없습니다. 유일한 요구사항은 복제 토폴로지의 일부인 각 서버에서 고유해야 한다는 것입
> 니다.

다음은 `my.cnf` 파일에 표시되는 내용입니다.

```
[mysqld]
log-bin=mysql-bin
server-id=1
```

또한 각 복제본에 고유한 서버 ID를 설정해야 합니다. 소스와 마찬가지로 아직 이 작업을 수행
하지 않은 경우 복제본 서버에 ID를 할당하고 다시 시작해야 합니다. 복제본 서버에서 바이너
리 로그의 활성화는 필수는 아니지만 권장 사항입니다.

```
[mysqld]
log-bin=mysql-replica-bin
server-id=1617565330
binlog_format = ROW
log_slave_updates
```

`log_slave_updates` 옵션을 사용하면 소스 서버의 명령이 복제본의 자체 바이너리 로그에 기
록되어야 한다는 것을 복제본 서버에 알립니다. 다시 말하지만, 이 옵션은 필수는 아니지만 좋
은 습관으로 권장됩니다.

각 복제본은 MySQL 사용자 이름과 비밀번호를 사용해 소스에 연결하므로 복제본이 연결에
사용할 수 있는 사용자 계정도 소스 서버에 만들어야 합니다(이에 대한 자세한 내용은 '8.3 새
로운 사용자 생성 및 사용' 참조). REPLICATION SLAVE 권한이 부여된 계정이라면 어느 계정
이든 이 작업에 사용할 수 있습니다. 다음은 소스 서버에서 사용자를 만드는 방법의 예입니다.

```
mysql> CREATE USER 'repl'@'%' IDENTIFIED BY 'P@ssw0rd!';
mysql> GRANT REPLICATION SLAVE ON *.* TO 'repl'@'%';
```

다음 절에서는 복제본 서버를 만들기 위한 다양한 옵션을 알아보겠습니다.

13.1.2 XtraBackup을 사용해 복제본 생성

10장에서 살펴본 바와 같이 XtraBackup은 시스템이 실행되는 동안 MySQL 데이터의 핫 백
업을 수행하는 도구입니다. 또 병렬화, 압축, 암호화 같은 고급 기능도 제공합니다.

첫 단계는 복제본을 시작할 수 있도록 현재 소스의 복사본을 만드는 것입니다. XtraBackup은
소스의 물리적 백업을 수행합니다('10.1 물리적 및 논리적 백업' 참조). '10.8 XtraBackup'에
제공된 명령을 사용하겠습니다.

```
# xtrabackup --defaults-file=my.cnf -uroot -p_<password>_ \
    -H <host> -P 3306 --backup --parallel=4 \
    --datadir=./data/ --target-dir=./backup/
```

또는 rsync, NFS나 기타 편한 방법을 사용해도 됩니다.

XtraBackup이 백업을 완료하면 파일을 복제본 서버의 백업 디렉터리로 전송합니다. 이 예시
에서는 scp 명령을 사용해 파일을 전송합니다.

```
# scp -r ./backup/* <user>@<host>:/backup
```

이 시점에서 소스 작업이 끝났습니다. 다음 단계는 복제본 시버에서만 실행되는데 백업을 준비
하는 일입니다.

```
# xtrabackup --prepare --apply-log --target-dir=./
```

모든 설정이 완료되면 백업을 데이터 디렉터리로 이동합니다.

```
# xtrabackup --defaults-file=/etc/my.cnf --copy-back --target-dir=./backup
```

> **NOTE_** 계속 진행하기 전에 복제본 서버에 소스 서버와 동일한 **server_id**가 있지는 않은지 확인하세요. 이전 절에서 설명한 단계를 따랐다면 이미 이 작업을 수행했어야 하는데, 그렇지 않은 경우 지금 수행하세요.

복제본에서 **xtrabackup_binlog_info** 파일의 콘텐츠는 다음과 같이 표시됩니다.

```
$ cat /backup/xtrabackup_binlog_info
mysql-bin.000003 156
```

이 정보는 복제를 시작할 위치를 알려주기 때문에 필수입니다. 백업을 수행할 때 소스는 여전히 작업을 수신하고 있었으므로 백업이 완료되었을 때 바이너리 로그 파일에서 MySQL이 어떤 위치에 있었는지 알아야 합니다.

이 정보로 명령을 실행해 복제를 시작할 수 있습니다. 다음과 같이 입력합니다.

```
mysql> CHANGE MASTER TO MASTER_HOST='192.168.1.2', MASTER_USER='repl',
    -> MASTER_PASSWORD='P@ssw0rd!',
    -> MASTER_LOG_FILE='mysql-bin.000003', MASTER_LOG_POS=156;
mysql> START SLAVE;
```

시작했으면 SHOW SLAVE STATUS 명령을 실행해 복제가 작동하는지 확인할 수 있습니다.

```
mysql> SHOW SLAVE STATUS\G
                Slave_IO_Running: Yes
               Slave_SQL_Running: Yes
                      Last_Errno: 0
                      Last_Error:
                    Skip_Counter: 0
              Exec_Master_Log_Pos: 8332
                  Relay_Log_Space: 8752
```

```
            Until_Condition: None
       Seconds_Behind_Master: 0
Master_SSL_Verify_Server_Cert: No
               Last_IO_Errno: 0
               Last_IO_Error:
              Last_SQL_Errno: 0
              Last_SQL_Error:
```

두 스레드가 모두 실행 중인지(Slave_IO_Running 및 Slave_SQL_Running), 오류가 발생
했는지(Last_Error), 복제본이 소스보다 몇 초 뒤처지는지 확인하는 것이 중요합니다. 쓰기
워크로드가 집중적인 대규모 데이터베이스의 경우 복제본이 따라잡는 데 시간이 걸릴 수 있습
니다.

13.1.3 복제 플러그인을 사용해 복제본 생성

MySQL 8.0.17에 도입된 복제 플러그인(https://oreil.ly/fBWth)은 한 MySQL 서버 인
스턴스를 다른 서버 인스턴스의 복제본으로 만드는 데 사용할 수 있습니다. CLONE 문이 실행
되는 서버 인스턴스를 **수신자**recipient로, 수신자가 데이터를 복제할 소스 서버 인스턴스를 **도너**
donor로 지칭합니다. 도너 인스턴스는 로컬 또는 원격일 수 있습니다. 복제 프로세스는 도너에
서 InnoDB 스토리지 엔진에 저장된 데이터와 메타데이터의 물리적 스냅샷을 생성하고 수신
자에게 전송하는 방식으로 작동합니다. 로컬 인스턴스와 원격 인스턴스는 동일한 복제 작업을
수행하며, 두 옵션 간에 데이터와 관련된 차이점은 없습니다.

실제 예시를 살펴보겠습니다. 그 과정에서 장기간 실행되는 CLONE 명령의 진행 상황을 모니터
링하는 방법, 복제에 필요한 권한 등 몇 가지 추가 세부사항을 보여주겠습니다. 다음 예시에서
는 기본 셸을 사용합니다. MySQL 8.0에 소개된 MySQL 셸은 16장에서 설명하겠습니다.

복제할 MySQL 서버를 선택하고 루트 사용자로 연결합니다. 그런 다음 복제 플러그인을 설치
하고, 도너 서버에서 데이터를 전송할 사용자를 생성한 다음 해당 사용자에게 BACKUP_ADMIN
권한을 부여합니다.

```
mysql> INSTALL PLUGIN CLONE SONAME "mysql_clone.so";
mysql> CREATE USER clone_user@'%' IDENTIFIED BY "clone_password";
mysql> GRANT BACKUP_ADMIN ON *.* to clone_user;
```

다음으로 복제 작업의 진행 상황을 관찰하려면 해당 사용자에게 `performance_schema` 데이터베이스를 보고 함수를 실행할 수 있는 권한을 부여해야 합니다.

```
mysql> GRANT SELECT ON performance_schema.* TO clone_user;
mysql> GRANT EXECUTE ON *.* to clone_user;
```

이제 수신자 서버로 이동합니다. 새 노드를 프로비저닝하는 경우 먼저 데이터 디렉터리를 초기화하고 서버를 시작합니다.

`root` 사용자로 수신자 서버에 연결합니다. 그런 다음 복제 플러그인을 설치하고, 현재 인스턴스 데이터를 복제된 데이터로 대체할 사용자를 만든 다음, 해당 사용자에게 `CLONE_ADMIN` 권한을 부여합니다. 수신자가 복제할 수 있는 유효한 도너 목록도 제공합니다(여기서는 하나만).

```
mysql> INSTALL PLUGIN CLONE SONAME "mysql_clone.so";
mysql> SET GLOBAL clone_valid_donor_list = "127.0.0.1:21122";
mysql> CREATE USER clone_user IDENTIFIED BY "clone_password";
mysql> GRANT CLONE_ADMIN ON *.* to clone_user;
```

도너 측에 부여한 권한과 동일한 권한을 이 사용자에게도 부여해 도너 측의 진행 상황을 관찰할 수 있게 합니다.

```
mysql> GRANT SELECT ON performance_schema.* TO clone_user;
mysql> GRANT EXECUTE ON *.* to clone_user;
```

이제 필요한 모든 것이 준비되었으니 복제 프로세스를 시작할 차례입니다. 수신자가 도너 서버에 연결할 수 있어야 한다는 점에 유의하세요. 수신자는 제공된 주소와 자격 증명을 사용해 도너에게 연결하고 복제를 시작합니다.

```
mysql> CLONE INSTANCE FROM clone_user@192.168.1.2:3306
    -> IDENTIFIED BY "clone_password";
```

복제 작업이 성공하려면 수신자를 종료했다가 다시 시작해야 합니다. 다음 쿼리를 통해 진행 상황을 모니터링할 수 있습니다.

```
SELECT STAGE, STATE, CAST(BEGIN_TIME AS TIME) as "START TIME",
CASE WHEN END_TIME IS NULL THEN
LPAD(sys.format_time(POWER(10,12) * (UNIX_TIMESTAMP(now()) -
    UNIX_TIMESTAMP(BEGIN_TIME))), 10,' ) ELSE
LPAD(sys.format_time(POWER(10,12) * (UNIX_TIMESTAMP(END_TIME) -
    UNIX_TIMESTAMP(BEGIN_TIME))), 10, )
END AS DURATION,
LPAD(CONCAT(FORMAT(ROUND(ESTIMATE/1024/1024,0), 0)," MB"), 16, )
AS "Estimate",
CASE WHEN BEGIN_TIME IS NULL THEN LPAD('0%, 7, ' )
WHEN ESTIMATE > 0 THEN
LPAD(CONCAT(CAST(ROUND(DATA*100/ESTIMATE, 0) AS BINARY), "%"), 7, ' ') WHEN END_TIME IS
NULL THEN LPAD('0%, 7, ' )
ELSE LPAD('100%, 7, ' ) END AS "Done(%)"
from performance_schema.clone_progress;
```

이를 통해 복제 프로세스의 각 상태를 관찰할 수 있습니다. 출력은 다음과 비슷할 것입니다.

```
+-----------+-----------+------------+-----------+----------+---------+
| STAGE     | STATE     | START TIME | DURATION  | Estimate | Done(%) |
+-----------+-----------+------------+-----------+----------+---------+
| DROP DATA | Completed | 14:44:46   |    1.33 s |     0 MB | 100%    |
+-----------+-----------+------------+-----------+----------+---------+
| FILE COPY | Completed | 14:44:48   |    5.62 s | 1,511 MB | 100%    |
+-----------+-----------+------------+-----------+----------+---------+
| PAGE COPY | Completed | 14:44:53   |  95.06 ms |     0 MB | 100%    |
+-----------+-----------+------------+-----------+----------+---------+
| REDO COPY | Completed | 14:44:54   |  99.71 ms |     0 MB | 100%    |
+-----------+-----------+------------+-----------+----------+---------+
| FILE SYNC | Completed | 14:44:54   |    6.33 s |     0 MB | 100%    |
+-----------+-----------+------------+-----------+----------+---------+
| RESTART   | Completed | 14:45:00   |    4.08 s |     0 MB | 100%    |
+-----------+-----------+------------+-----------+----------+---------+
| RECOVERY  | Completed | 14:45:04   | 516.86 ms |     0 MB | 100%    |
+-----------+-----------+------------+-----------+----------+---------+
7 rows in set (0.08 sec)
```

앞서 언급했듯이 마지막에 재시작이 있습니다. 아직 복제가 시작되지 않았습니다.

데이터 복제 작업은 데이터를 복제할 뿐 아니라 도너 서버에서 바이너리 로그 위치와 GTID를 추출해 수신자에게 전송도 합니다. 도너에서 다음 쿼리를 실행해 바이너리 로그 위치 또는 마지막으로 적용된 트랜잭션의 GTID를 확인할 수 있습니다.

```
mysql> SELECT BINLOG_FILE, BINLOG_POSITION FROM performance_schema.clone_status;
+-----------------+-----------------+
| BINLOG_FILE     | BINLOG_POSITION |
+-----------------+-----------------+
| mysql-bin.000002 |      816804753 |
+-----------------+-----------------+
1 row in set (0.01 sec)

mysql> SELECT @@GLOBAL.GTID_EXECUTED;
+----------------------+
| @@GLOBAL.GTID_EXECUTED |
+----------------------+
|                      |
+----------------------+
1 row in set (0.00 sec)
```

이 예시는 GTID를 사용하지 않으므로 쿼리에서 아무 것도 반환하지 않습니다. 다음으로 명령을 실행해 복제를 시작합니다.

```
mysql> CHANGE MASTER TO MASTER_HOST = '192.168.1.2', MASTER_PORT = 3306,
    -> MASTER_USER = 'repl', MASTER_PASSWORD = 'P@ssw0rd!',
    -> MASTER_LOG_FILE = 'mysql-bin.000002',
    -> MASTER_LOG_POSITION = 816804753;
mysql> START SLAVE;
```

이전 절에서와 마찬가지로 SHOW SLAVE STATUS 명령을 실행해 복제가 올바르게 작동하는지 확인할 수 있습니다.

이 접근방식의 장점은 복제 플러그인이 전체 프로세스를 자동화하고 마지막에만 CHANGE MASTER 명령을 실행하면 된다는 것입니다. 단점은 플러그인이 MySQL 8.0.17 이상에서만 사용 가능하다는 것입니다. 아직은 비교적 새로운 기능이지만 앞으로 몇 년 안에 이 프로세스가 기본값이 되리라 예상합니다.

13.1.4 mysqldump를 사용한 복제본 생성

이 방법은 고전적인 접근방식이라고 할 수 있습니다. MySQL을 시작하고 아직 에코시스템에 대해 배우고 있는 사람들에게 일반적인 옵션입니다. 이 절에서는 '13.1.1 소스 및 복제본에 설정할 기본 매개변수'에서 필요한 설정을 수행했다고 가정합니다.

새 복제본을 mysqldump를 사용해 만드는 예시를 살펴봅시다. 소스 서버에서 백업을 실행하겠습니다.

```
# mysqldump -uroot -p<password> --single-transaction \
    --all-databases --routines --triggers --events \
    --master-data=2 > backup.sql
```

마지막에 Dump completed 메시지가 나타나면 덤프가 성공한 것입니다.

```
# tail -1f backup.sql
-- Dump completed on 2021-04-26 20:16:33
```

백업을 수행한 후에는 복제본 서버에서 백업을 가져와야 합니다. 이때 다음 명령을 사용할 수 있습니다.

```
$ mysql < backup.sql
```

이 작업이 완료되면 덤프에서 추출한 좌표로 **CHANGE MASTER** 명령을 실행해야 합니다 (mysqldump의 자세한 내용은 '10.3 mysqldump 프로그램' 참조). --master-data=2 옵션을 사용했기 때문에 덤프의 시작 부분에 정보가 기록됩니다.

```
$ head -n 35 out
-- MySQL dump 10.13 Distrib 5.7.31-34, for Linux (x86_64)
--
-- Host: 127.0.0.1 Database:
-- ------------------------------------------------------
-- Server version 5.7.33-log
...
--
-- Position to start replication or point-in-time recovery from
--
-- CHANGE MASTER TO MASTER_LOG_FILE='mysql-bin.000001', MASTER_LOG_POS=4089;
```

GTID를 사용하는 경우는 이렇게 됩니다.

```
--
-- GTID state at the beginning of the backup
-- (origin: @@global.gtid_executed)
--
SET @@GLOBAL.GTID_PURGED=00048008-1111-1111-1111-111111111111:1-16;
```

다음 단계로, 명령을 실행해 복제를 시작하겠습니다. GTID 시나리오의 경우 다음과 같습니다.

```
mysql> CHANGE MASTER TO MASTER_HOST='192.168.1.2', MASTER_USER='repl',
    -> MASTER_PASSWORD = 'P@ssw0rd!', MASTER_AUTO_POSITION=1;
mysql> START SLAVE;
```

기존 방식 복제의 경우, 다음과 같이 이전에 추출된 바이너리 로그 파일 위치에서 복제를 시작할 수 있습니다.

```
mysql> CHANGE MASTER TO MASTER_LOG_FILE='mysql-bin.000001', MASTER_LOG_POS=4089,
    -> MASTER_HOST='192.168.1.2', MASTER_USER='repl',
    -> MASTER_PASSWORD='P@ssw0rd!';
mysql> START SLAVE;
```

복제가 작동하는지 확인하려면 SHOW SLAVE STATUS 명령을 실행합니다.

13.1.5 mydumper 및 myloader를 사용한 복제본 생성

mysqldump는 초보자가 백업을 수행하고 복제본을 만들 때 가장 일반적으로 사용하는 도구입니다. 하지만 mydumper가 더 효율적입니다. 이 도구는 mysqldump와 마찬가지로 논리적 백업을 생성하며 데이터베이스의 일관된 백업을 생성하는 데 사용할 수 있습니다. mydumper와 mysqldump의 주요 차이점은 mydumper를 myloader와 함께 사용하면 데이터를 동시에 덤프하고 복원할 수 있어 덤프 시간과 특히 복원 시간을 개선할 수 있다는 점입니다. 데이터베이스에 500GB의 덤프가 있는 시나리오를 상상해보겠습니다. mysqldump를 사용하면 하나의 거대한 파일을 갖게 됩니다. mydumper를 사용하면 테이블당 하나의 파일을 갖게 되므로 나중에 복원 프로세스를 병렬로 실행할 수 있습니다.

mydumper 및 myloader 유틸리티 설정

mydumper를 소스 서버에서 직접 실행하거나 아니면 다른 서버에서 실행할 수 있습니다. 동일한 서버에 백업 파일을 저장하면 스토리지 시스템에 오버헤드가 발생할 수 있으므로 다른 서버에서 실행하는 편이 낫습니다.

mydumper를 설치하려면 사용 중인 운영체제 버전에 맞는 패키지를 다운로드하세요. mydumper의 깃허브 저장소(https://oreil.ly/7hakG)에서 릴리스를 찾을 수 있습니다. CentOS에서 설치하는 방법을 살펴보겠습니다.

```
# yum install https://github.com/maxbube/mydumper/releases/download/v0.10.3/ \
mydumper-0.10.3-1.el7.x86_64.rpm -y
```

이제 서버에 mydumper와 myloader 명령이 모두 설치되어 있어야 합니다. 다음으로 이를 확인할 수 있습니다.

```
$ mydumper --version
mydumper 0.10.3, built against MySQL 5.7.33-36
$ myloader --version
myloader 0.10.3, built against MySQL 5.7.33-36
```

소스에서 데이터 추출

다음 명령은 15개의 동시 스레드로 모든 데이터베이스(mysql, test, sys 스키마 제외)의 덤프를 실행하며 트리거, 뷰, 함수도 포함합니다.

```
# mydumper --regex '^(?!(mysql\.|test\.|sys\.))' --threads=15
--user=learning_user --password='learning_mysql' --host=192.168.1.2 \
    --port=3306 --trx-consistency-only --events --routines --triggers \
    --compress --outputdir /backup --logfile /tmp/log.out --verbose=2
```

> **TIP_** mydumper 사용자에게 최소한 SELECT와 RELOAD 권한을 부여해야 합니다.

출력 디렉터리(outputdir)를 확인하면 압축된 파일을 볼 수 있습니다. 다음은 저자의 컴퓨터 한 대에서 출력된 내용입니다.

```
# ls -l backup/
total 5008
-rw...1 vinicius.grippa percona 182 May 1 19:30 metadata
-rw...1 vinicius.grippa percona 258 May 1 19:30 sysbench.sbtest10-schema.sql.gz
-rw...1 vinicius.grippa percona 96568 May 1 19:30 sysbench.sbtest10.sql.gz
-rw...1 vinicius.grippa percona 258 May 1 19:30 sysbench.sbtest11-schema.sql.gz
-rw...1 vinicius.grippa percona 96588 May 1 19:30 sysbench.sbtest11.sql.gz
-rw...1 vinicius.grippa percona 258 May 1 19:30 sysbench.sbtest12-schema.sql.gz
...
```

> **TIP_** 데이터베이스 서버의 CPU 코어와 서버 부하를 기준으로 스레드 수를 결정합니다. 병렬 덤프를 수행하면 서버 리소스가 많이 소모될 수 있습니다.

복제본 서버에서 데이터 복원

mysqldump와 마찬가지로 복제 MySQL 인스턴스가 이미 실행 중이어야 합니다. 데이터를 가져올 준비가 되면 다음 명령을 실행할 수 있습니다.

```
# myloader --user=learning_user --password='learning_mysql'
--threads=25 --host=192.168.1.3 --port=3306
--directory=/backup --overwrite-tables --verbose 3
```

복제 설정

이제 데이터를 복원했으니 복제를 설정하겠습니다. 백업을 시작할 때 올바른 바이너리 로그 위치를 찾아야 합니다. 이 정보는 mydumper 메타데이터 파일에 저장됩니다.

```
$ cat backup/metadata
Started dump at: 2021-05-01 19:30:00 SHOW MASTER STATUS:
        Log: mysql-bin.000002
        Pos: 9530779
        GTID:00049010-1111-1111-1111-111111111111:1-319
Finished dump at: 2021-05-01 19:30:01
```

이제 앞서 `mysqldump`에 대해 수행한 것처럼 CHANGE MASTER 명령을 실행합니다.

```
mysql> CHANGE MASTER TO MASTER_HOST='192.168.1.2', MASTER_USER='repl',
    -> MASTER_PASSWORD='P@ssw0rd!', MASTER_LOG_FILE='mysql-bin.000002',
    -> MASTER_LOG_POS=9530779, MASTER_PORT=49010;
mysql> START SLAVE;
```

13.1.6 그룹 복제

그룹 복제를 비동기 복제 그룹에 포함시킬 것이냐 하는 사안은 다소 논란이 될 수 있습니다. 포함하기로 선택한 이유는 한마디로 그룹 복제가 비동기식이기 때문입니다. 동기식 또는 사실상 동기식이라고 주장하는 Galera('13.2.1 Galera/PXC 클러스터'에서 설명)와 비교하면 이 혼동을 납득하게 됩니다.

이유를 좀 더 자세하게 말하면, 복제를 어떻게 정의하느냐에 따라 포함 여부가 달라지기 때문입니다. MySQL 세계에서 정의하는 복제는 한 데이터베이스(소스)에서 변경한 내용을 다른 데이터베이스(복제본)에 자동으로 복제할 수 있도록 하는 프로세스입니다. 전체 프로세스는 다섯 단계를 거칩니다.

1 소스에 로컬로 변경사항 적용

2 binlog 이벤트 생성

3 binlog 이벤트를 복제본에 전송

4 복제본의 릴레이 로그에 binlog 이벤트 추가

5 릴레이 로그의 binlog 이벤트를 복제본에 적용

MySQL 그룹 복제 및 Galera에서는(Galera 캐시가 주로 binlog와 릴레이 로그 파일을 대체하더라도) 제3단계만 동기식인데, 이는 바이너리 로그 이벤트(또는 Galera에 설정된 쓰기)를 복제본으로 스트리밍하는 것입니다.

따라서 데이터를 다른 서버로 전송(복제/스트리밍)하는 프로세스는 동기식이지만, 이러한 변경사항을 적용하는 프로세스는 완전히 비동기식입니다.

그룹 복제 설치

Galera와 비교해볼 때 그룹 복제의 첫 번째 장점은 다른 바이너리를 설치할 필요가 없다는 점입니다. MySQL 서버는 그룹 복제를 플러그인으로 제공합니다. 이 플러그인은 오라클 MySQL과 퍼코나 서버에서도 사용할 수 있습니다. 설치에 대한 자세한 내용은 1장을 참조하세요.

그룹 복제 플러그인이 활성화되었는지 확인하려면 다음 쿼리를 실행합니다.

```
mysql> SELECT PLUGIN_NAME, PLUGIN_STATUS, PLUGIN_TYPE
    -> FROM INFORMATION_SCHEMA.PLUGINS
    -> WHERE PLUGIN_NAME LIKE 'group_replication';
```

출력은 다음과 같이 ACTIVE로 표시되어야 합니다.

```
+-------------------+---------------+-------------------+
| PLUGIN_NAME       | PLUGIN_STATUS | PLUGIN_TYPE       |
+-------------------+---------------+-------------------+
| group_replication | ACTIVE        | GROUP REPLICATION |
+-------------------+---------------+-------------------+
1 row in set (0.00 sec)
```

플러그인이 설치되지 않은 경우 다음 명령을 실행해 설치합니다.

```
mysql> INSTALL PLUGIN group_replication SONAME 'group_replication.so';
```

플러그인이 활성화된 상태에서 그룹 복제를 시작하는 데 필요한 서버의 최소 매개변수를 설정합니다. 서버 1에서 **my.cnf**를 열고 다음을 추가합니다.

```
[mysqld]
server_id=175907211
log-bin=mysqld-bin
enforce_gtid_consistency=ON
gtid_mode=ON
log-slave-updates
transaction_write_set_extraction=XXHASH64
master_info_repository=TABLE
relay_log_info_repository=TABLE
binlog_checksum=NONE
```

각 매개변수를 살펴보겠습니다.

| server_id |

기존 복제와 마찬가지로 이 매개변수는 고유 ID를 사용해 그룹의 각 구성원을 식별합니다. 그룹 복제의 각 서버 파티션에 다른 값을 사용해야 합니다.

| log_bin |

이 매개변수는 MySQL 8.0에서 기본적으로 활성화되어 있습니다. 데이터베이스의 모든 변경 사항을 바이너리 로그 파일에 기록하는 역할을 합니다.

| enforce_gtid_consistency |

데이터를 복제할 때 일관성을 보장하기 위해 MySQL이 트랜잭션 안전 문을 실행하도록 지시하려면 이 값을 ON으로 설정해야 합니다.

| gtid_mode |

이 지시어는 ON으로 설정하면 글로벌 트랜잭션 식별자 기반 로깅을 활성화합니다. 그룹 복제에 필요합니다.

| log slave updates |

이 값을 ON으로 설정하면 구성원이 서로의 업데이트를 기록할 수 있습니다. 즉, 이 지시어는 복제 서버를 서로 연결합니다.

| transaction_write_set_extraction |

이는 MySQL 서버가 쓰기 집합을 수집하고 해싱 알고리즘을 사용해 인코딩하도록 지시합니다. 이 경우 XXHASH64 알고리즘을 사용하고 있습니다. 쓰기 집합은 각 레코드의 기본 키로 정의됩니다.

| master_info_repository |

이 지시어를 TABLE로 설정하면 MySQL이 소스 바이너리 로그 파일과 위치에 대한 세부 정보를 파일이 아닌 테이블에 저장하고 InnoDB의 ACID 속성을 사용해 더 빠른 복제를 가능하게 하며 일관성을 보장할 수 있습니다. MySQL 8.0.23에서는 이 옵션이 기본값이며, FILE 옵션은 더 이상 사용되지 않습니다.

| relay_log_info_repository |

TABLE로 설정하면 MySQL이 복제 정보를 InnoDB 테이블로 저장하도록 구성합니다. MySQL 8.0.23에서는 이 옵션이 기본값이며, FILE 옵션은 더 이상 사용되지 않습니다.

| binlog_checksum |

이 값을 NONE으로 설정하면 MySQL이 바이너리 로그에 각 이벤트에 대한 체크섬을 기록하지 않도록 합니다. 대신 서버는 이벤트가 기록될 때 그 길이를 확인해 이벤트를 확인합니다. MySQL 8.0.20 이하 버전에서는 그룹 복제가 체크섬을 사용할 수 없습니다. 이후 릴리스를 사용 중이고 체크섬을 사용할 경우에는 이 설정을 생략하고 기본값인 CRC32를 사용합니다.

다음에는 그룹 복제에 대한 특수 매개변수를 몇 개 추가하겠습니다.

```
[mysqld]
loose-group_replication_group_name="8dc32851-d7f2-4b63-8989-5d4b467d8251"
loose-group_replication_start_on_boot=OFF
loose-group_replication_local_address="10.124.33.139:33061"
loose-group_replication_group_seeds="10.124.33.139:33061,
10.124.33.90:33061, 10.124.33.224:33061"
loose-group_replication_bootstrap_group=OFF
bind-address = "0.0.0.0"
report_host = "10.124.33.139"
```

각 매개변수의 기능을 살펴보겠습니다.

| group_replication_group_name |

우리가 만들 그룹의 이름입니다. 기본 제공되는 리눅스 uuidgen 명령을 사용해 UUID(범용 고유 식별자)를 생성하겠습니다.

```
$ uuidgen
8dc32851-d7f2-4b63-8989-5d4b467d8251
```

| group_replication_start_on_boot |

OFF로 설정하면 서버가 시작될 때 플러그인이 자동으로 작동을 시작하지 않게 지시합니다. 모든 그룹 구성원member 구성을 완료한 후 이 값을 ON으로 설정할 수 있습니다.

| loose-group_replication_local_address |

그룹의 다른 MySQL 서버 구성원과 통신하는 데 사용되는 내부 IP 주소와 포트 조합입니다. 그룹 복제에 권장되는 포트는 33061입니다.

| group_replication_group_seeds |

그룹 복제에 참여하는 구성원의 IP 주소 또는 호스트 이름과 통신 포트를 구성합니다. 새 구성원은 이 값을 사용해 그룹에 자신을 설정합니다.

| group_replication_bootstrap_group |

이 옵션은 서버에 그룹을 만들지 여부를 지시합니다. 여러 그룹을 만들지 않기 위해 서버 1에서 필요할 때만 이 옵션을 사용하도록 설정합니다. 따라서 지금은 꺼진 상태로 유지됩니다.

| bind_address |

0.0.0.0 값은 MySQL이 모든 네트워크를 수신 대기하도록 지시합니다.

| report_host |

그룹 구성원이 그룹에 등록할 때 서로에게 보고하는 IP 주소 또는 호스트 이름입니다.

MySQL 그룹 복제 설정

먼저 group_replication_recovery 채널을 설정합니다. MySQL 그룹 복제는 이 채널을 사용해 구성원 간에 트랜잭션을 전송합니다. 따라서 각 서버에 REPLICATION SLAVE 권한이 있는 복제 사용자를 설정해야 합니다.

서버 1에서 MySQL 콘솔에 로그인하고 다음 명령을 실행합니다.

```
mysql> SET SQL_LOG_BIN=0;
mysql> CREATE USER replication_user@'%' IDENTIFIED BY 'P@ssw0rd!';
mysql> GRANT REPLICATION SLAVE ON *.* TO 'replication_user'@'%';
mysql> FLUSH PRIVILEGES;
mysql> SET SQL_LOG_BIN=1;
```

먼저 새 사용자의 세부 정보가 바이너리 로그에 기록되지 않도록 SQL_LOG_BIN을 0으로 설정한 다음 마지막에 다시 활성화합니다.

MySQL 서버가 group_replication_recovery 채널에 대해 생성한 복제 사용자를 사용하도록 지시하려면 다음 명령을 실행합니다.

```
mysql> CHANGE MASTER TO MASTER_USER='replication_user',
    -> MASTER_PASSWORD='P@ssw0rd!' FOR CHANNEL
    -> 'group_replication_recovery';
```

이 설정을 사용하면 그룹에 참여하는 구성원이 분산 복구 프로세스를 실행해 다른 구성원(도너)이 도달한 상태와 동일한 상태에 도달할 수 있습니다.

이제 서버 1에서 그룹 복제 서비스를 시작합니다. 다음 명령을 사용해 그룹을 시작합니다.

```
mysql> SET GLOBAL group_replication_bootstrap_group=ON;
mysql> START GROUP_REPLICATION;
mysql> SET GLOBAL group_replication_bootstrap_group=OFF;
```

더 많은 그룹을 시작하지 않으려면 그룹을 성공적으로 시작한 후 group_replication_
bootstrap_group을 다시 OFF로 설정합니다.

새 구성원의 상태를 확인하려면 다음 명령을 사용하세요.

```
mysql> SELECT * FROM performance_schema.replication_group_members;
+-------------------------+-------------------------------------+...
| CHANNEL_NAME            | MEMBER_ID                           |...
+-------------------------+-------------------------------------+...
| group_replication_applier | d58b2766-ab90-11eb-ba00-00163ed02a2e |...
+-------------+------------+--------------+-------------+---------+...

...+---------------+-------------+--------------+-------------+----------------+
...| MEMBER_HOST   | MEMBER_PORT | MEMBER_STATE | MEMBER_ROLE | MEMBER_VERSION |
...+---------------+-------------+--------------+-------------+----------------+
...| 10.124.33.139 |        3306 | ONLINE       | PRIMARY     | 8.0.22         |
...+---------------+-------------+--------------+-------------+----------------+
1 row in set (0.00 sec)
```

좋습니다. 지금까지 하나의 그룹 구성원을 구성하고 시작해 초기화했습니다. 두 번째 서버를
진행하겠습니다. 서버 1과 동일한 MySQL 버전을 설치했는지 확인하고 **my.cnf** 파일에 다음
설정을 추가합니다.

```
[mysqld]
loose-group_replication_group_name="8dc32851-d7f2-4b63-8989-5d4b467d851"
loose-group_replication_start_on_boot=OFF
loose-group_replication_local_address="10.124.33.90:33061"
loose-group_replication_group_seeds="10.124.33.139:33061,
10.124.33.90:33061, 10.124.33.224:33061"
loose-group_replication_bootstrap_group=OFF
bind-address = "0.0.0.0"
```

변경한 것은 group_replication_local_address뿐이며 그 외 설정은 동일하게 유지됩니
다. 다른 MySQL 구성은 서버 2에 필요한데 모든 노드에서 동일하게 유지하는 편이 좋습니다.

구성이 완료되면 MySQL 서비스를 다시 시작합니다.

```
# systemctl restart mysqld
```

다음 명령을 실행해 복구 사용자의 자격 증명을 구성합니다.

```
mysql> SET SQL_LOG_BIN=0;
mysql> CREATE USER 'replication_user'@'%' IDENTIFIED BY 'P@ssw0rd!';
mysql> GRANT REPLICATION SLAVE ON *. TO 'replication_user'@'%';*
mysql> SET SQL_LOG_BIN=1;
mysql> CHANGE MASTER TO MASTER_USER='replication_user',
MASTER_PASSWORD='PASSWORD' FOR CHANNEL
'group_replication_recovery';
```

다음으로 앞서 구성하고 시작한 그룹에 서버 2를 추가합니다.

```
mysql> START GROUP_REPLICATION;
```

그리고 쿼리를 실행해 구성원의 상태를 확인합니다.

```
mysql> SELECT * FROM performance_schema.replication_group_members;
+--------------------------+--------------------------------------+...
| CHANNEL_NAME             | MEMBER_ID                            |...
+--------------------------+--------------------------------------+...
| group_replication_applier | 9e971ba0-ab9d-11eb-afc6-00163ec43109 |...
| group_replication_applier | d58b2766-ab90-11eb-ba00-00163ed02a2e |...
+------------+------------+-------------+-------------+---------+...

...+-------------+------------+-------------+...
...| MEMBER_HOST  | MEMBER_PORT | MEMBER_STATE |...
...+-------------+------------+-------------+...
...| 10.124.33.90  |        3306 | ONLINE       |...
...| 10.124.33.139 |        3306 | ONLINE       |...
...+-------------+------------+-------------+...

...+------------+----------------+
...| MEMBER_ROLE | MEMBER_VERSION |
...+------------+----------------+
...| SECONDARY   | 8.0.22         |
...| PRIMARY     | 8.0.22         |
...+------------+----------------+
2 rows in set (0.00 sec)
```

이제 서버 2에 사용한 단계와 동일한 단계를 따라 서버 3에 대해 로컬 주소를 다시 업데이트합니다. 완료되면 더미 데이터를 삽입해 모든 서버가 응답하는지 확인할 수 있습니다.

```
mysql> CREATE DATABASE learning_mysql;
Query OK, 1 row affected (0.00 sec)

mysql> USE learning_mysql
Database changed

mysql> CREATE TABLE test (i int primary key);
Query OK, 0 rows affected (0.01 sec)

mysql> INSERT INTO test VALUES (1);
Query OK, 1 row affected (0.00 sec)
```

그런 다음 다른 서버에 연결해 데이터를 시각화할 수 있는지 확인합니다.

13.2 동기 복제

동기 복제는 Galera 클러스터에서 사용되며, 여기에는 MySQL 서버가 둘 이상 있지만 애플리케이션에 대해 단일 엔티티로 작동합니다. [그림 13-2]는 노드가 세 개 있는 Galera 클러스터의 예입니다.

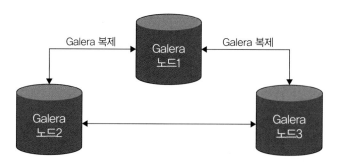

그림 13-2 Galera 클러스터에서 모든 노드는 서로 통신합니다.

동기 복제와 비동기 복제의 주요 차이점은 동기 복제는 클러스터의 한 노드에서 변경이 발생하면 클러스터의 다른 노드에서도 변경이 동기적으로 또는 동시에 발생하도록 보장한다는 것입니다. 비동기 복제는 소스 노드에 변경사항을 적용한 후 이 변경사항을 복제 노드에 전파하기까지 그 사이의 지연을 보장하지 않습니다. 비동기 복제의 지연은 짧을 수도 길 수도 있습니다. 또 비동기 복제 구성에서 소스 노드가 충돌하는 경우 최신 변경사항 일부가 손실될 수 있습니다. 이러한 소스와 복제본의 개념은 Galera 클러스터에는 존재하지 않습니다. 모든 노드가 읽기와 쓰기를 수신할 수 있습니다.

이론적으로 동기 복제는 비동기 복제에 비해 몇 가지 장점이 있습니다.

- 동기 복제를 사용하는 클러스터는 항상 가용성이 높습니다. 노드 중 하나가 충돌하더라도 데이터 손실이 발생하지 않습니다. 또 클러스터 노드가 항상 일관성을 유지합니다.
- 동기 복제를 사용하는 클러스터를 사용하면 모든 노드에서 트랜잭션을 병렬로 실행할 수 있습니다.
- 동기 복제를 사용하는 클러스터는 전체 클러스터에서 인과성을 보장할 수 있습니다. 즉, 다른 클러스터 노드에서 트랜잭션이 실행된 후 한 클러스터 노드에서 SELECT가 실행되면 해당 트랜잭션의 영향을 볼 수 있어야 합니다.

그러나 동기 복제에도 단점은 있습니다. 전통적으로 동기 복제 프로토콜은 2단계 커밋 또는 분산 잠금을 사용해 노드를 한 번에 한 작업씩 조율합니다. 클러스터의 노드 수가 증가하면 트랜잭션 응답 시간이 길어지고 노드 간에 충돌과 교착 상태가 발생할 확률이 높아집니다. 모든 노드가 트랜잭션을 인증하고 OK 메시지로 응답해야 하기 때문입니다.

이러한 이유로 데이터베이스 성능, 확장성, 가용성을 고려하면 비동기 복제가 많이 선택됩니다. 동기 복제의 효과를 이해하지 못하거나 과소평가하는 기업은 Galera 클러스터 사용을 포기하고 비동기 복제로 되돌아가곤 합니다.

이 글을 쓰는 시점에서 Galera 클러스터를 지원하는 회사는 퍼코나와 MariaDB뿐입니다. 다음은 XtraDB 클러스터를 설정하는 방법입니다.

13.2.1 Galera/PXC 클러스터

퍼코나 XtraDB 클러스터^{Percona XtraDB Cluster}(PXC)를 설치하는 작업은 퍼코나 서버를 설치하는 작업과 유사하므로(패키지만 다름) 모든 플랫폼을 자세히 설명하지는 않겠습니다. 설치 프로세스를 검토하려면 1장을 참조하기 바랍니다. 여기서는 PXC 노드가 세 개 있다고 가정하고 구성 프로세스를 진행합니다.

표 13-1 세 개의 PXC 노드

노드	호스트	IP
노드 1	pxc1	172.16.2.56
노드 2	pxc2	172.16.2.198
노드 3	pxc3	172.16.3.177

노드 중 하나에 연결해 저장소를 설치합니다.

```
# yum install https://repo.percona.com/yum/percona-release-latest.noarch.rpm -y
```

저장소가 설치된 상태에서 바이너리를 설치합니다.

```
# yum install Percona-XtraDB-Cluster-57 -y
```

그런 다음 일반 MySQL 프로세스에 사용하는 일반적인 구성을 적용할 수 있습니다(11장 참조). 변경한 내용을 적용해 mysqld 프로세스를 시작하고 임시 비밀번호를 얻습니다.

```
# 'systemctl start mysqld'
# 'grep temporary password'/var/log/mysqld.log'
```

이전 비밀번호를 사용해 root로 로그인하고 비밀번호를 변경합니다.

```
$ mysql -u root -p
mysql> ALTER USER 'root'@'localhost' IDENTIFIED BY 'P@ssw0rd!';
```

mysqld 프로세스를 중지합니다.

```
# systemctl stop mysql
```

다른 두 노드에도 이전 단계를 반복합니다.

바이너리와 기본 구성이 준비되었으므로 이제 클러스터 매개변수 작업을 시작할 수 있습니다.

첫 번째 노드의 **/etc/my.cnf**에 다음 구성 변수를 추가해야 합니다.

```
[mysqld]
wsrep_provider=/usr/lib64/galera3/libgalera_smm.so
wsrep_cluster_name=pxc-cluster
wsrep_cluster_address=gcomm://172.16.2.56,172.16.2.198,172.16.3.177

wsrep_node_name=pxc1
wsrep_node_address=172.16.2.56

wsrep_sst_method=xtrabackup-v2
wsrep_sst_auth=sstuser:P@ssw0rd!

pxc_strict_mode=ENFORCING

binlog_format=ROW
default_storage_engine=InnoDB
innodb_autoinc_lock_mode=2
```

두 번째와 세 번째 노드를 동일하게 구성하되, `wsrep_node_name`과 `wsrep_node_address` 변수는 제외합니다.

두 번째 노드의 경우 두 변수는 다음과 같습니다.

```
wsrep_node_name=pxc2
wsrep_node_address=172.16.2.198
```

세 번째 노드의 경우 두 변수는 다음과 같습니다.

```
wsrep_node_name=pxc3
wsrep_node_address=172.16.3.177
```

일반 MySQL과 마찬가지로 XtraDB 클러스터에는 구성 가능한 매개변수가 많은데, 여기서는 클러스터를 시작하는 데 필요한 최소한의 설정만 보이겠습니다. 노드 이름과 IP 주소, 클러스터 주소, 노드 간 내부 통신에 사용될 사용자를 구성합니다. 자세한 정보는 MySQL 공식 문서에서 확인할 수 있습니다.

이제 모든 노드가 구성되었지만 어느 노드에서도 mysqld 프로세스가 실행되고 있지 않습니다. PXC를 사용하려면 클러스터의 한 노드를 다른 노드의 참조 지점으로 시작해야 다른 노드가 클러스터에 가입해 클러스터를 구성할 수 있습니다. 이 노드는 **부트스트랩** 모드에서 시작해야 합니다. 부트스트랩은 한 서버를 기본 구성요소로 도입해 다른 서버가 데이터를 동기화하기 위한 참조 지점으로 사용할 수 있도록 하는 초기 단계입니다.

다음 명령으로 첫 번째 노드를 시작합니다.

```
# systemctl start mysql@bootstrap
```

새 클러스터에 다른 노드를 추가하기 전에 방금 시작한 노드에 연결해 SST(상태 스냅샷 전송)를 위한 사용자를 만들고 필요한 권한을 제공하세요. 자격 증명은 이전에 설정한 wsrep_sst_auth 구성에 지정된 것과 일치해야 합니다.

```
mysql> CREATE USER 'sstuser'@'localhost' IDENTIFIED BY 'P@ssw0rd!';
mysql> GRANT RELOAD, LOCK TABLES, PROCESS, REPLICATION CLIENT ON .
    -> TO 'sstuser'@'localhost';
mysql> FLUSH PRIVILEGES;
```

> **NOTE_** SST 프로세스는 클러스터에서 전체 데이터 복사본을 한 노드에서 다른 노드로 전송해 노드를 구성하는 데 사용됩니다. 새 노드가 클러스터에 가입하면 새 노드는 이미 클러스터의 일부인 노드와 데이터를 동기화하기 위해 SST를 시작합니다.

그런 다음 다른 노드를 정기적으로 초기화할 수 있습니다.

```
# systemctl start mysql
```

클러스터가 정상적으로 작동하는지 확인하기 위해 첫 번째 노드에서 데이터베이스를 생성하고, 두 번째 노드에서 테이블을 생성해 일부 데이터를 삽입하고, 세 번째 노드에서 해당 테이블에서 일부 행을 검색하는 등 몇 가지 검사를 수행할 수 있습니다. 먼저 첫 번째 노드(pxc1)에 데이터베이스를 생성해보겠습니다.

```
mysq> CREATE DATABASE learning_mysql;
Query ok, 1 row affected (0.01 sec)
```

두 번째 노드(pxc2)에서 테이블을 만들고 일부 데이터를 삽입합니다.

```
mysql> USE learning_mysql;
Database changed

mysql> CREATE TABLE example (node_id INT PRIMARY KEY, node_name VARCHAR(30));
Query ok, 0 rows affected (0.05 sec)

mysql> INSERT INTO learning_mysql.example VALUES (1, "Vinicius1");
Query OK, 1 row affected (0.02 sec)
```

그런 다음 세 번째 노드에서 해당 테이블의 일부 행을 검색합니다.

```
mysql> SELECT * FROM learning_mysql.example;
+---------+-----------+
| node_id | node_name |
+---------+-----------+
|       1 | Vinicius1 |
+---------+-----------+
1 row in set (0.00 sec)
```

더 우아한 솔루션은 wsrep_% 전역 상태 변수, 특히 wsrep_cluster_size와 wsrep_cluster_status를 확인하는 것입니다.

```
mysql> SHOW GLOBAL STATUS LIKE 'wsrep_cluster_size';
+-------------------+-------+
| Variable_name     | Value |
+-------------------+-------+
| wsrep_cluster_size | 3    |
+-------------------+-------+
1 row in set (0.00 sec)

mysql> SHOW GLOBAL STATUS LIKE 'wsrep_cluster_status';
+---------------------+---------+
| Variable_name       | Value   |
+---------------------+---------+
```

```
| wsrep_cluster_status | Primary |
+----------------------+---------+
1 row in set (0.00 sec)
```

이 명령의 출력은 클러스터에 노드가 세 개 있고 기본 상태(읽기 및 쓰기 수신 가능)가 되었음을 알려줍니다.

애플리케이션의 투명성을 보장하기 위해 Galera 클러스터와 함께 ProxySQL 사용을 고려할 수 있습니다(15장 참조).

이 장의 목표는 다양한 토폴로지에 익숙해지는 것입니다. 클러스터 유지 관리 및 최적화는 이 책의 범위를 벗어나는 고급 주제입니다.

## CHAPTER 14

클라우드 MySQL

"클라우드에 있으니 걱정할 필요가 없습니다"라는 말을 자주 듣습니다. 이 말은 아이폰을 변기에 빠뜨린 후 수년 동안 찍은 가족 사진과 여행 사진을 모두 잃어버릴까 봐 걱정한 여성의 이야기를 떠올리게 합니다. 놀랍게도 새 휴대폰을 구입했을 때 기기가 모든 사진을 '복구'했습니다. 그녀는 애플의 iCloud 백업 솔루션으로 클라우드에 기기 콘텐츠를 백업하고 있었습니다. (지불하고 있는 줄도 몰랐던 서비스 구독료 청구서를 보고 다시 한번 놀랐겠죠.)

컴퓨터 엔지니어인 우리는 데이터 복구 여부를 두고 위험을 감수할 여유가 없습니다. 클라우드 스토리지는 확장 가능하고 안정적인 솔루션입니다. 이 장에서는 기업이 클라우드에서 MySQL을 사용할 수 있는 몇 가지 옵션을 살펴보겠습니다. 옵션은 쉽게 확장할 수 있고 자동 백업과 고가용성 기능을 제공하는 서비스형 데이터베이스(DBaaS)부터 더 세밀한 제어가 가능한 EC2 인스턴스 같은 전통적인 선택까지 다양합니다. 일반적으로 비즈니스 핵심이 기술이 아닌 스타트업 기업은 구현과 작업이 더 쉽다는 이유로 DBaaS 옵션을 선호합니다. 반면, 데이터를 엄격하게 제어해야 하는 기업은 EC2 인스턴스나 자체 클라우드 인프라 사용을 선호할 수 있습니다.

14.1 Database-as-a-Service(DBaaS)

DBaaS는 기업이 클라우드 제공업체에 비용을 지불하고 클라우드 데이터베이스를 시작하고 유지 관리하는 아웃소싱 옵션입니다. 비용은 대개 사용량에 따라 지불하고, 데이터 소유자는 원하는 대로 애플리케이션 데이터에 액세스할 수 있습니다. DBaaS는 표준 관계형이나 비관계형 데이터베이스와 제공하는 기능이 같습니다. 데이터베이스와 서버의 구성, 유지 관리, 업그레이드를 피하려는 기업에 종종 좋은 솔루션이 됩니다(항상 그런 것은 아니지만). DBaaS는 서비스형 플랫폼(PaaS) 및 서비스형 인프라(IaaS)와 같이 데이터베이스와 같은 제품이 서비스되는 서비스형 소프트웨어(SaaS)에 속합니다.

14.1.1 MySQL/MariaDB용 아마존 RDS

가장 인기 있는 DBaaS는 MySQL용 아마존 RDS^Amazon RDS입니다. RDS를 시작하는 것은 웹 사이트에서 새 차를 구성하는 것과 거의 비슷합니다. 기본 제품을 선택하고 원하는 형태가 될 때까지 필요한 옵션을 추가한 다음 개시합니다. [그림 14-1]은 사용 가능한 제품을 보여줍니다. 이 경우에는 MySQL을 선택하겠습니다(MariaDB 버전도 배포 설정이 비슷함).

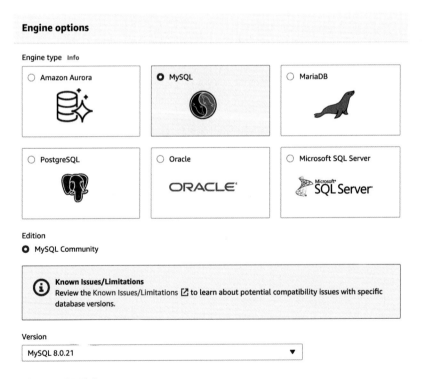

그림 14-1 제품 선택

버전을 선택할 수도 있습니다. 여기서는 8.0.21을 선택했습니다. 다음으로 마스터 사용자(루트와 유사)와 비밀번호를 설정해야 합니다. 특히 데이터베이스가 전 세계에 노출된다면 강력한 비밀번호를 선택해야 합니다. [그림 14-2]는 마스터 사용자의 사용자 이름과 비밀번호를 정의하는 방법입니다.

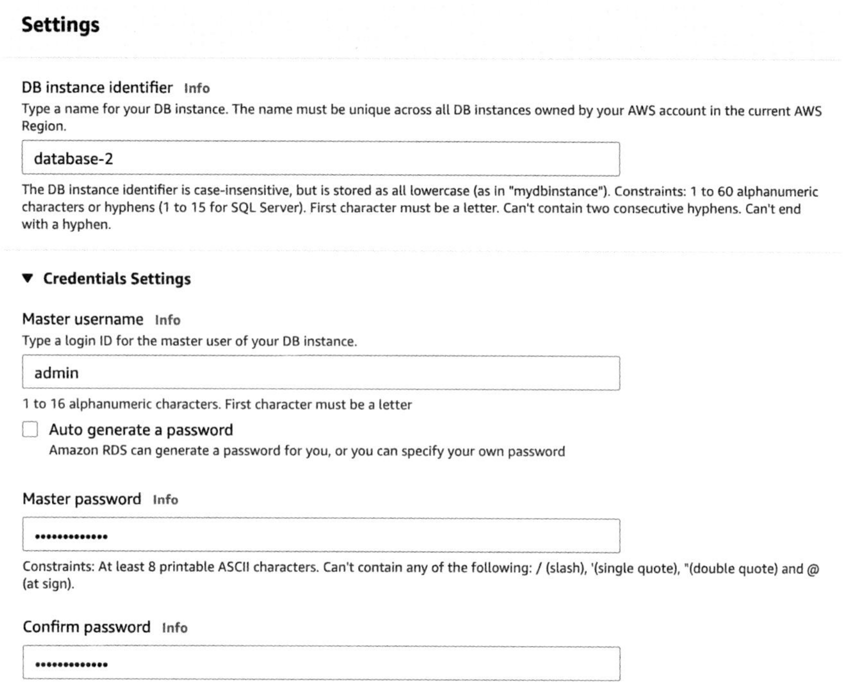

Settings

DB instance identifier Info
Type a name for your DB instance. The name must be unique across all DB instances owned by your AWS account in the current AWS Region.

    database-2

The DB instance identifier is case-insensitive, but is stored as all lowercase (as in "mydbinstance"). Constraints: 1 to 60 alphanumeric characters or hyphens (1 to 15 for SQL Server). First character must be a letter. Can't contain two consecutive hyphens. Can't end with a hyphen.

▼ **Credentials Settings**

Master username Info
Type a login ID for the master user of your DB instance.

    admin

1 to 16 alphanumeric characters. First character must be a letter

☐ **Auto generate a password**
    Amazon RDS can generate a password for you, or you can specify your own password

Master password Info

    •••••••••••••

Constraints: At least 8 printable ASCII characters. Can't contain any of the following: / (slash), ' (single quote), " (double quote) and @ (at sign).

Confirm password Info

    •••••••••••••

그림 14-2 마스터 사용자의 사용자 이름과 비밀번호 구성하기

다음은 지불해야 할 최종 요금에 결정적 영향을 미치는 인스턴스 크기입니다. DBaaS를 사용하는 데 드는 비용을 가늠해보기 위해 최상위 구성을 선택하겠습니다. [그림 14-3]은 사용 가능한 인스턴스 클래스를 보여주는데, 비용이 다양한 옵션이 여럿 있습니다.

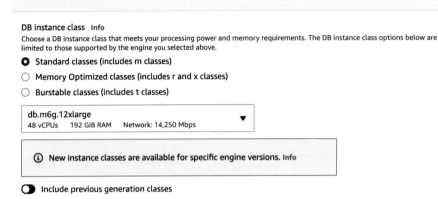

DB instance size

DB instance class Info
Choose a DB instance class that meets your processing power and memory requirements. The DB instance class options below are limited to those supported by the engine you selected above.

- ● Standard classes (includes m classes)
- ○ Memory Optimized classes (includes r and x classes)
- ○ Burstable classes (includes t classes)

> **db.m6g.12xlarge** ▼
> 48 vCPUs   192 GiB RAM   Network: 14,250 Mbps

> ⓘ New instance classes are available for specific engine versions. Info

🔘 Include previous generation classes

그림 14-3 인스턴스 클래스 선택

청구되는 요금에 결정적 영향을 미치는 또 다른 옵션은 스토리지 옵션입니다. 더 높은 성능(더 많은 IOPS)과 더 많은 스토리지는 당연히 더 높은 비용으로 직결됩니다. [그림 14-4]에서 선택 항목을 확인할 수 있습니다. 여기서 자동 스케일링 사용 여부도 선택할 수 있습니다.

다음 옵션은 다중 AZ 배포를 사용할지 여부를 결정하는 중요한 선택 항목입니다. 다중 AZ 옵션은 고가용성에 관여합니다. 다중 AZ DB 인스턴스를 프로비저닝하면 아마존 RDS가 자동으로 기본 DB 인스턴스를 생성하고 데이터를 다른 가용 영역(AZ)에 있는 대기 인스턴스에 동기식으로 복제합니다. AZ는 물리적으로 구분되며 독립적인 인프라를 갖추고 있어 전반적인 가용성이 향상됩니다.

다중 AZ 배포 사용을 원하지 않으면, RDS는 단일 인스턴스를 설치합니다. 장애가 발생하면 새 인스턴스를 스핀업하고 데이터 볼륨을 다시 마운트합니다. 이 프로세스에는 다소 시간이 걸리는데, 그동안 데이터베이스를 사용하지 못합니다. 대형 클라우드 제공업체도 완벽하지 않고 재해가 발생할 수도 있으므로 늘 대기 서버를 확보해두는 편이 좋습니다. [그림 14-5]는 복제본을 구성하는 화면입니다.

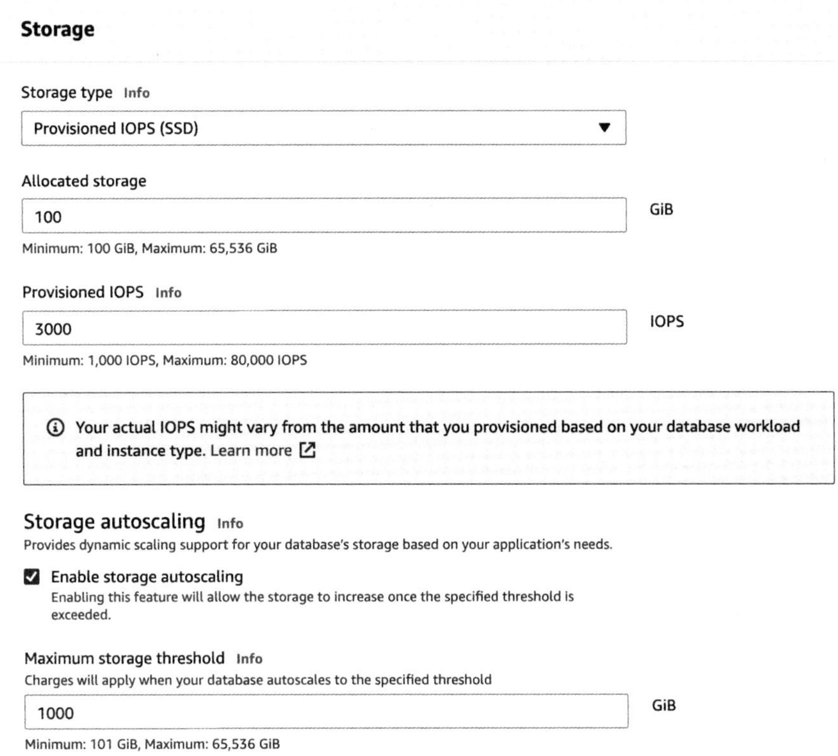

Storage

Storage type Info

Provisioned IOPS (SSD) ▼

Allocated storage

100 GiB

Minimum: 100 GiB, Maximum: 65,536 GiB

Provisioned IOPS Info

3000 IOPS

Minimum: 1,000 IOPS, Maximum: 80,000 IOPS

ⓘ Your actual IOPS might vary from the amount that you provisioned based on your database workload and instance type. Learn more ↗

Storage autoscaling Info
Provides dynamic scaling support for your database's storage based on your application's needs.

☑ **Enable storage autoscaling**
Enabling this feature will allow the storage to increase once the specified threshold is exceeded.

Maximum storage threshold Info
Charges will apply when your database autoscales to the specified threshold

1000 GiB

Minimum: 101 GiB, Maximum: 65,536 GiB

그림 14-4 스토리지 크기 및 IOPS 성능 구성

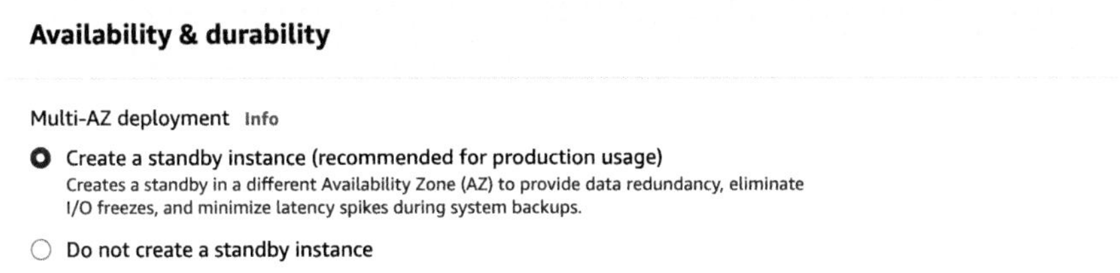

Availability & durability

Multi-AZ deployment Info

◉ **Create a standby instance (recommended for production usage)**
Creates a standby in a different Availability Zone (AZ) to provide data redundancy, eliminate I/O freezes, and minimize latency spikes during system backups.

◯ **Do not create a standby instance**

그림 14-5 대기 복제본 구성

다음 단계에서는 일반적인 네트워킹 구성을 설정합니다. 애플리케이션 서버와 개발자의 IP만 액세스할 수 있는 사설 네트워크를 사용하도록 RDS를 구성하는 것이 좋습니다. [그림 14-6] 은 네트워크 옵션을 보여줍니다.

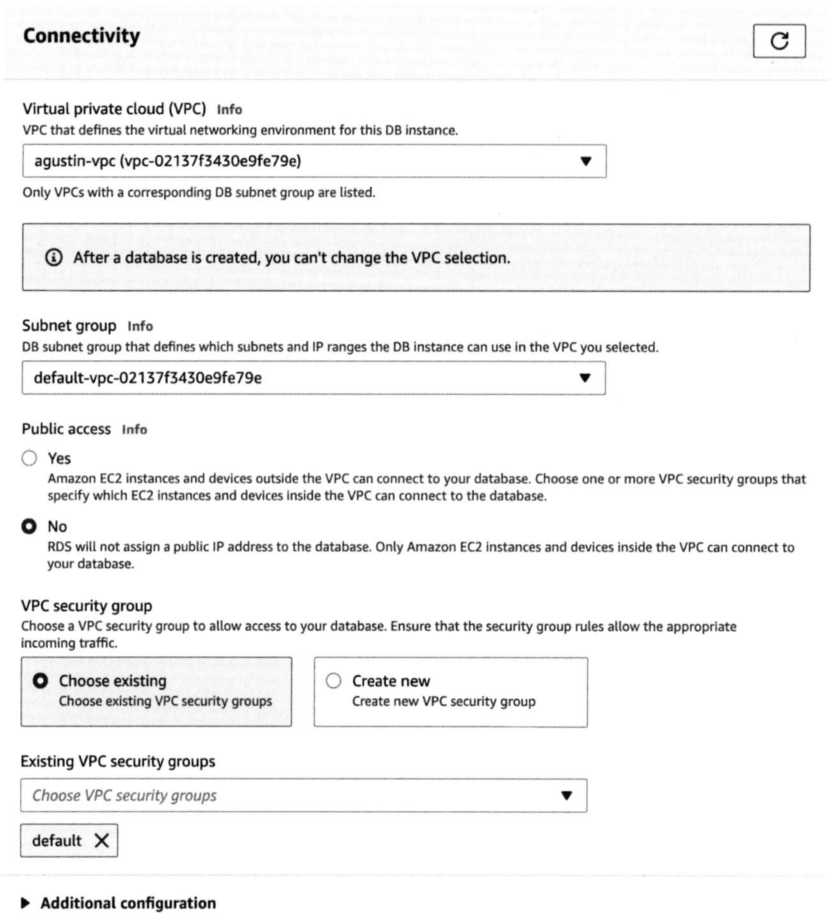

Connectivity

Virtual private cloud (VPC) Info
VPC that defines the virtual networking environment for this DB instance.

> agustin-vpc (vpc-02137f3430e9fe79e) ▼

Only VPCs with a corresponding DB subnet group are listed.

> ⓘ After a database is created, you can't change the VPC selection.

Subnet group Info
DB subnet group that defines which subnets and IP ranges the DB instance can use in the VPC you selected.

> default-vpc-02137f3430e9fe79e ▼

Public access Info

○ Yes
Amazon EC2 instances and devices outside the VPC can connect to your database. Choose one or more VPC security groups that specify which EC2 instances and devices inside the VPC can connect to the database.

● No
RDS will not assign a public IP address to the database. Only Amazon EC2 instances and devices inside the VPC can connect to your database.

VPC security group
Choose a VPC security group to allow access to your database. Ensure that the security group rules allow the appropriate incoming traffic.

● **Choose existing**
Choose existing VPC security groups

○ **Create new**
Create new VPC security group

Existing VPC security groups

> *Choose VPC security groups* ▼

default ✕

▶ **Additional configuration**

그림 14-6 네트워크 설정 구성

마지막으로 추정 비용이 나옵니다. [그림 14-7]은 구성된 선택 항목 사용료로 매달 지불할 금액을 보여줍니다.

Estimated monthly costs

DB instance	2663.04 USD
Storage	25.00 USD
Multi-AZ standby instance	2663.04 USD
Provisioned IOPS	300.00 USD
Total	**5651.08 USD**

This billing estimate is based on on-demand usage as described in Amazon RDS Pricing [↗]. Estimate does not include costs for backup storage, IOs (if applicable), or data transfer.

Estimate your monthly costs for the DB Instance using the AWS Simple Monthly Calculator [↗].

그림 14-7 구성에 따라 어마어마한 금액이 청구될 수도 있습니다.

14.1.2 MySQL용 구글 클라우드 SQL

구글 클라우드 SQL$^{Google\ Cloud\ SQL}$은 아마존 RDS(및 애저)와 비슷한 관리형 데이터베이스 서비스를 제공하지만 약간의 차이점이 존재합니다. MySQL용 구글 클라우드 SQL은 MySQL만 지원하며 버전 선택 또한 메이저 버전으로 제한하는 등 선택할 수 있는 옵션이 적어 설정이 더 간단합니다. [그림 14-8]에서 보듯 새 인스턴스를 만들거나 기존 데이터베이스를 구글 클라우드로 마이그레이션해 시작할 수 있습니다.

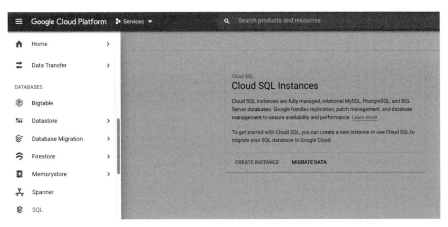

그림 14-8 구글 클라우드 SQL

새 인스턴스를 만들 때 몇 가지 옵션을 입력해야 합니다. 첫 단계는 제품을 선택하는 것입니다. [그림 14-9]는 MySQL에 사용 가능한 옵션을 보여줍니다.

Want more context on the Cloud SQL database engines? Learn more

그림 14-9 제품 선택

MySQL을 선택한 후에는 인스턴스 이름, root 비밀번호, 데이터베이스 버전과 위치를 지정해야 합니다. [그림 14-10]은 이러한 설정을 구성하는 방법을 보여줍니다.

Instance info

Instance ID
Choice is permanent. Use lowercase letters, numbers, and hyphens. Start with a letter.

vinnie-test

Root password
Set a password for the root user. Learn more

1OgkyCBJv9C8x3Oy	👁️	Generate

☐ No password

Location ❓
For better performance, keep your data close to the services that need it.

Region
Choice is permanent

Zone
Can be changed at any time

us-central1 (Iowa) ▼	Any ▼

Database version

MySQL 8.0 ▼

그림 14-10 기본 구성 설정

다음은 성능과 비용에 영향을 미치는 설정으로, 이 둘의 적절한 균형점을 찾는 것이 중요합니다. [그림 14-11]은 사용 가능한 스토리지, 메모리, CPU 옵션을 보여줍니다.

그림 14-11 머신 유형 및 스토리지 구성

이제 구글 클라우드에서 인스턴스를 시작할 준비가 되었습니다.

14.1.3 애저 SQL

상위 3대 클라우드 서비스 공급업체 중 마지막은 애저 SQL^Azure SQL^입니다. [그림 14-12]는 애저에서 사용 가능한 데이터베이스 제품을 보여줍니다. 'MySQL 서버용 애저 데이터베이스'를 선택해야 합니다.

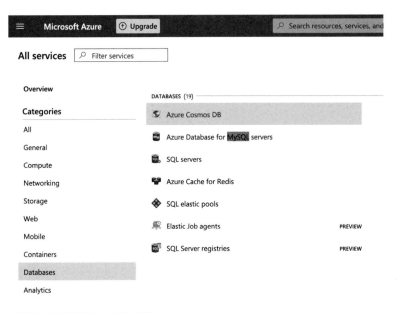

그림 14-12 애저에서 MySQL 선택

애저는 두 가지 옵션을 제공합니다. 간단한 서버를 사용하는 옵션과 고가용성을 갖춘 더 강력한 솔루션을 설정할 수 있는 옵션입니다. [그림 14-13]은 두 옵션의 차이점을 보여줍니다.

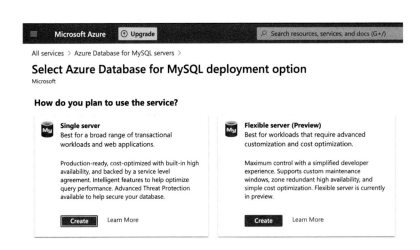

그림 14-13 단일 서버 아니면 유연한 서버 선택

원하는 구성을 선택한 후 서비스 성능 및 비용 같은 다른 구성을 선택할 수 있습니다. [그림 14-14]는 MySQL 관리형 서비스 옵션을 보여줍니다.

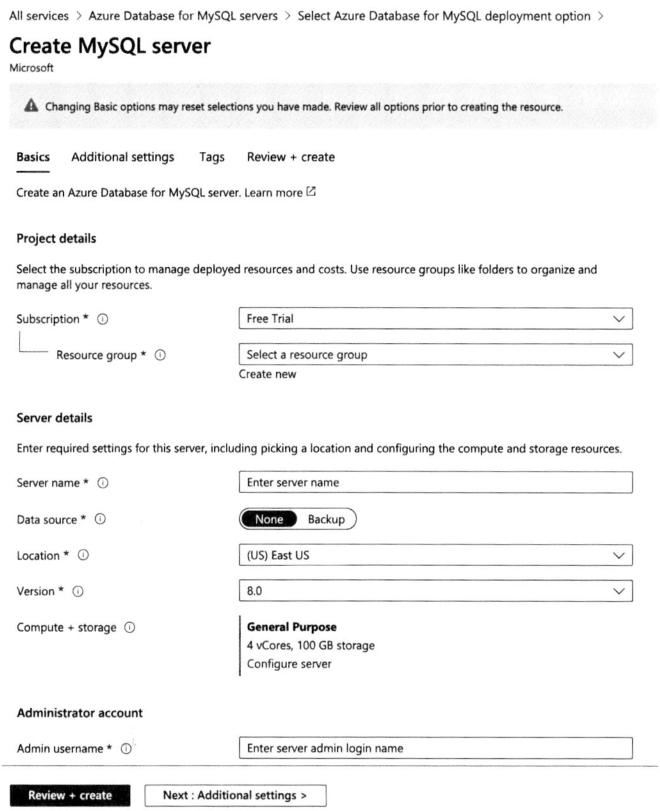

All services > Azure Database for MySQL servers > Select Azure Database for MySQL deployment option >

Create MySQL server
Microsoft

⚠ Changing Basic options may reset selections you have made. Review all options prior to creating the resource.

Basics   Additional settings   Tags   Review + create

Create an Azure Database for MySQL server. Learn more ⧉

Project details

Select the subscription to manage deployed resources and costs. Use resource groups like folders to organize and manage all your resources.

Subscription * ⓘ | Free Trial   ⌄ |

Resource group * ⓘ | Select a resource group   ⌄ |
                     Create new

Server details

Enter required settings for this server, including picking a location and configuring the compute and storage resources.

Server name * ⓘ | Enter server name |

Data source * ⓘ   (None) Backup

Location * ⓘ | (US) East US   ⌄ |

Version * ⓘ | 8.0   ⌄ |

Compute + storage ⓘ **General Purpose**
                     4 vCores, 100 GB storage
                     Configure server

Administrator account

Admin username * ⓘ | Enter server admin login name |

[Review + create]   [Next : Additional settings >]

그림 14-14 MySQL 관리형 서비스 인스턴스 구성

14.2 아마존 오로라

아마존 오로라Amazon Aurora는 아마존에서 상용 라이선스로 제공하는 MySQL 및 PostgreSQL 호환 관계형 데이터베이스 솔루션입니다. MySQL과 유사한 기능에 아마존에서 개발한 기능을 추가 제공합니다.

그중 두 가지를 살펴볼 필요가 있습니다. 첫 번째는 데이터 집약적인 쿼리를 처리하는 데 관련된 일부 I/O 및 계산을 병렬화하는 기능인 오로라 병렬 쿼리Aurora Parallel Query(PQ)입니다.

오로라 PQ는 전체 테이블 스캔을 수행해 작동합니다(스토리지 수준에서 병렬 읽기를 수행함). 병렬 쿼리를 사용할 때 쿼리는 InnoDB 버퍼 풀을 사용하지 않습니다. 대신 쿼리 처리를 스토리지 계층으로 푸시해 병렬화합니다.

데이터와 가까운 곳에서 데이터를 처리하면 네트워크 트래픽과 지연시간이 감소한다는 이점을 얻습니다. 하지만 이는 만병통치약처럼 모든 경우에 해당하지는 않으며, 대량의 데이터에 걸쳐 실행해야 하는 분석 쿼리에 가장 적합합니다.

PQ 기능이 모든 AWS 인스턴스에서 사용 가능한 것은 아닙니다. 이 기능을 지원하는 인스턴스의 경우 인스턴스 클래스에 따라 주어진 시간에 활성화할 수 있는 병렬 쿼리 수가 결정됩니다. 다음은 PQ 기능을 지원하는 인스턴스입니다.

- db.r*.large: 동시 병렬 쿼리 세션 1개
- db.r*.xlarge: 동시 병렬 쿼리 세션 2개
- db.r*.2xlarge: 동시 병렬 쿼리 세션 4개
- db.r*.4xlarge: 동시 병렬 쿼리 세션 8개
- db.r*.8xlarge: 동시 병렬 쿼리 세션 16개
- db.r4.16xlarge: 동시 병렬 쿼리 세션 16개

전 세계에 걸쳐 있는 애플리케이션을 위해 설계된 아마존 오로라 글로벌 데이터베이스Amazon Aurora Global Database도 있습니다. 이 데이터베이스를 사용하면 단일 오로라 데이터베이스를 여러 리전에 걸쳐 사용할 수 있고, 빠른 복제를 통해 지연시간이 짧은 전역 읽기 및 리전 전체의 중단으로부터 재해 복구가 가능합니다. 오로라 글로벌 데이터베이스는 전 세계 데이터 센터에 걸쳐 전용 아마존 인프라를 사용하는 스토리지 기반 복제를 사용합니다.

14.3 MySQL 클라우드 인스턴스

클라우드 인스턴스는 가상 서버일 뿐입니다. 클라우드 제공업체마다 불리는 이름이 다릅니다.

가령 아마존 EC2(Elastic Compute Cloud) 인스턴스, 구글 컴퓨트 엔진^{Google Compute Engine} 인스턴스, 애저 가상 머신 등입니다.

클라우드 인스턴스는 사용자의 비즈니스 요구사항에 따라 상이한 유형을 제공하는데, 최소한 의 기본 구성부터 뛰어난 성능까지 다양합니다. 예를 들어 컴퓨트 엔진 `m2-megamem-416` 머신 유형은 416개 CPU와 5,888GB RAM을 갖춘 괴물입니다.

인스턴스에 대한 MySQL 설치 프로세스는 1장에 설명한 표준 프로세스입니다. 이 경우 관리 형 데이터베이스에 비해 클라우드 인스턴스로 얻는 가장 큰 이점은 관리형 데이터베이스의 제 한 없이 필요에 따라 MySQL과 운영체제를 자유롭게 사용자 지정할 수 있다는 점입니다.

14.4 쿠버네티스에서 MySQL 사용

MySQL 인스턴스의 배포에 사용 가능한 가장 최근의 옵션은 쿠버네티스^{Kubernetes}입니다. 쿠버 네티스와 오픈시프트^{OpenShift} 플랫폼은 데이터베이스 클러스터를 포함해 컨테이너화된 시스템 을 관리하는 방법을 추가했습니다. 관리는 구성 파일에 선언된 컨트롤러에 의해 수행됩니다. 이러한 컨트롤러는 컨테이너 또는 **파드**라고 하는 컨테이너 그룹과 같은 객체를 생성해 특정 이 벤트를 수신하고 작업을 수행할 수 있는 자동화를 제공합니다.

이러한 자동화는 컨테이너 기반 아키텍처와 데이터베이스 같은 스테이트풀 애플리케이션에 복 잡성을 더합니다. 쿠버네티스 **오퍼레이터**는 복잡한 배포를 간소화하기 위해 도입된 특정 유형 의 컨트롤러입니다. 오퍼레이터는 사용자 정의 리소스로 쿠버네티스 API를 확장합니다.

쿠버네티스의 작동 방식을 다룬 좋은 책이 많습니다. 최대한 간결하게 하기 위해 퍼코나 쿠버 네티스 오퍼레이터와 관련된 중요한 구성요소만 설명하겠습니다. 쿠버네티스에 대한 간략한 소개는 리눅스 재단의 공식 문서(`https://oreil.ly/WdWsD`)를 참조하세요. [그림 14-15] 는 쿠버네티스의 퍼코나 XtraDB 클러스터 구성요소를 보여줍니다.

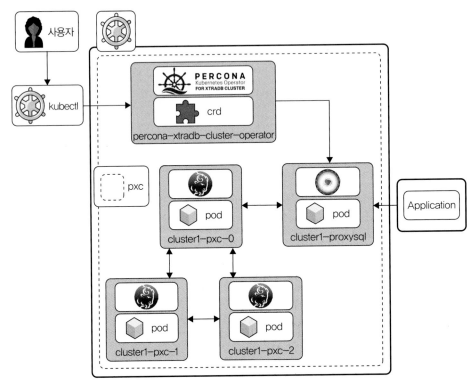

그림 14-15 쿠버네티스의 퍼코나 XtraDB 클러스터 구성요소

다음 절에서는 프로덕션 준비가 완료된 것으로 간주해 XtraDB 클러스터용 퍼코나 쿠버네티스 오퍼레이터의 배포 방법을 설명합니다. 이외에 다음과 같은 오퍼레이터도 사용 가능합니다.

- 오라클(`https://oreil.ly/wOjgy`)은 MySQL InnoDB 클러스터용 쿠버네티스 오퍼레이터를 제공합니다. 이 글을 작성하는 시점에 오퍼레이터가 프리뷰 상태이므로 프로덕션에는 권장되지 않습니다.

- MariaDB(`https://oreil.ly/BkCF9`)에는 연산자가 있지만 현재 알파 단계에 있으므로 프로덕션에서 사용하기 전에 완성도를 확인하기 바랍니다.

- Presslabs(`https://oreil.ly/pgAdN`)는 오케스트레이터 및 백업 기능과 함께 MySQL 인스턴스를 배포하는 운영자를 출시했습니다. 이 오퍼레이터는 프로덕션에 바로 사용할 수 있습니다.

14.4.1 쿠버네티스에 XtraDB 클러스터 배포

구글 클라우드 SDK와 PXC용 퍼코나 쿠버네티스 오퍼레이터(`https://oreil.ly/olzY9`)를 사용해 구글 클라우드에 쿠버네티스 클러스터를 배포하는 단계를 안내합니다.

1 구글 클라우드 SDK를 설치합니다.

SDK는 구글 클라우드 제품 및 서비스와 상호작용할 수 있는 도구와 라이브러리를 제공합니다. 사용 중인 플랫폼에 적합한 바이너리를 다운로드(`https://oreil.ly/czdsU`)해 설치합니다. 다음은 맥OS용 예시입니다.

```
$ wget https://dl.google.com/dl/cloudsdk/channels/rapid/downloads/ \
    google-cloud-sdk-341.0.0-darwin-x86_64.tar.gz
$ tar -xvf google-cloud-sdk-341.0.0-darwin-x86_64.tar.gz $ cd google-cloud-sdk/
$ ./install.sh
```

2 gcloud로 kubectl을 설치합니다.

gcloud가 설치된 상태에서 다음 명령어를 사용해 kubectl 구성요소를 설치합니다.

```
$ gcloud components install kubectl
```

3 쿠버네티스 클러스터를 생성합니다.

쿠버네티스 클러스터를 만들려면 먼저 구글 클라우드 서비스에서 인증해야 합니다.

```
$ gcloud auth login
```

인증이 완료되면 클러스터를 생성합니다. 이 명령은 많은 매개변수를 허용합니다. 하지만 여기서는 기본 사항을 사용해 쿠버네티스 클러스터를 생성하겠습니다.

```
$ gcloud container clusters create --machine-type n1-standard-4 \
    --num-nodes 3 --zone us-central1-b --project support-211414 \
    --cluster-version latest vinnie-k8
```

> **NOTE_** 계정에는 클러스터를 만드는 데 필요한 권한이 있어야 합니다. 또 여기에 사용된 프로젝트와 클러스터 이름을 자기 이름으로 바꿔야 합니다. 이 예시에서는 **us-central1-b**로 설정된 영역 위치를 편집해야 할 수도 있습니다.

여기에 사용된 매개변수는 사용 가능한 전체 옵션의 일부에 불과하며, gcloud container cluster --help를 실행하면 전체 옵션을 확인할 수 있습니다. 이 경우, 방금 **n1-standard-4** 유형 인스턴스 노드 세 개가 있는 클러스터를 요청했습니다.

이 프로세스는 특히 노드가 많은 경우 시간이 걸릴 수 있습니다. 출력은 다음과 같이 표시됩니다.

```
Creating cluster vinnie-k8 in us-central1-b... Cluster is being
health-checked (master is healthy)...done.
Created [https://container.googleapis.com/v1/projects/support-211414/
zones/us-central1-b/clusters/vinnie-k8].
To inspect the contents of your cluster, go to:
https://console.cloud.google.com/kubernetes/workload_/gcloud/
us-central1-b/vinnie-k8?project=support-211414
kubeconfig entry generated for vinnie-k8.
+-----------+--------------+------------------+--------------+...
| NAME      | LOCATION     | MASTER_VERSION   | MASTER_IP    |...
+-----------+--------------+------------------+--------------+...
| vinnie-k8 | us-central1-b| 1.19.10-gke.1000 | 34.134.67.128|...
+-----------+--------------+------------------+--------------+...

...+-----------------------------+-----------+---------+
...| MACHINE_TYPE NODE_VERSION   | NUM_NODES | STATUS  |
...+-----------------------------+-----------+---------+
...| n1-standard-4  1.19.10-gke.1000 | 3     | RUNNING |
...+-----------------------------+-----------+---------+
```

그리고 구글 클라우드에서 쿠버네티스 클러스터의 파드를 확인할 수 있습니다.

```
$ kubectl get nodes
NAME                                          STATUS   ROLES    AGE
VERSION
gke-vinnie-k8-default-pool-376c2051-5xgz      Ready    <none>   62s
v1.19.10-gke.1000
gke-vinnie-k8-default-pool-376c2051-w2tk      Ready    <none>   61s
v1.19.10-gke.1000
gke-vinnie-k8-default-pool-376c2051-wxd7      Ready    <none>   62s
v1.19.10-gke.1000
```

[그림 14-16]에 표시된 것처럼 구글 클라우드 인터페이스를 사용해 클러스터를 배포할 수도 있습니다.

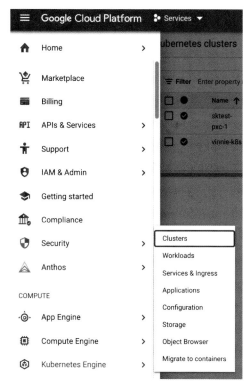

그림 14-16 메인 메뉴에서 쿠버네티스 엔진, 클러스터를 차례로 선택

새 클러스터를 생성하려면 [그림 14-17] 상단에 표시된 생성 옵션을 선택합니다.

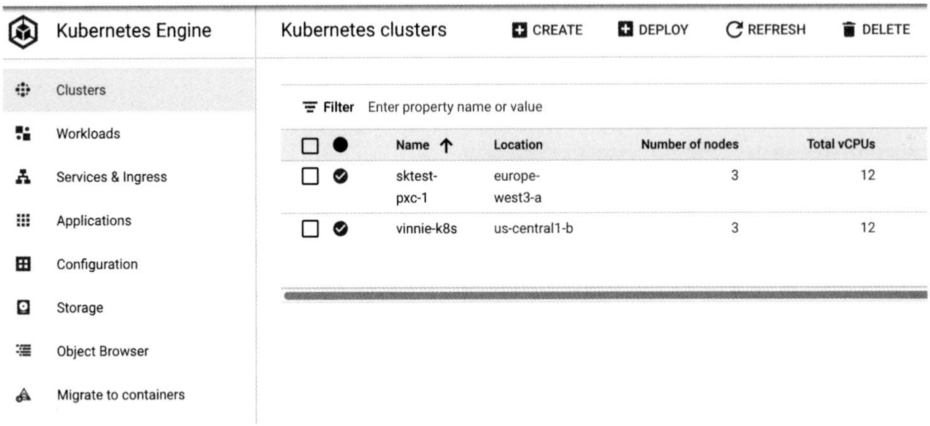

그림 14-17 CREATE를 클릭해 쿠버네티스 클러스터를 생성합니다.

마지막 단계는 PXC 오퍼레이터를 설치하는 것입니다. 오퍼레이터 배포에 대한 공식 문서에 매우 자세한 지침이 나와 있습니다. 여기서는 권장 단계를 따르겠습니다.

먼저, 클러스터에 대한 액세스를 제어하도록 Cloud IAM(클라우드 ID 및 액세스 관리^{Cloud} Identity and Access Management)을 구성합니다. 다음 명령은 역할 및 역할 바인딩을 생성할 수 있는 기능을 제공합니다.

```
$ kubectl create clusterrolebinding cluster-admin-binding --clusterrole \
    cluster-admin --user $(gcloud config get-value core/account)
```

생성을 확인하는 내용이 반환됩니다.

```
clusterrolebinding.rbac.authorization.k8s.io/cluster-admin-binding created
```

다음으로 네임스페이스를 만들고 네임스페이스에 대한 컨텍스트를 설정합니다.

```
$ kubectl create namespace learning-mysql
$ kubectl config set-context $(kubectl config current-context) \
    --namespace=learning-mysql
```

이제 저장소를 복제하고 디렉터리로 변경합니다.

```
$ git clone -b v1.8.0 \
    https://github.com/percona/percona-xtradb-cluster-operator
$ cd percona-xtradb-cluster-operator
```

다음 명령으로 오퍼레이터를 배포합니다.

```
$ kubectl apply -f deploy/bundle.yaml
```

그러면 다음과 같은 확인 메시지가 반환됩니다.

```
customresourcedefinition.apiextensions.k8s.io/perconaxtradbclusters.pxc.
percona.com created
customresourcedefinition.apiextensions.k8s.io/perconaxtradbclusterbackups.
pxc.percona.com created
customresourcedefinition.apiextensions.k8s.io/perconaxtradbclusterrestores.
pxc.percona.com created
customresourcedefinition.apiextensions.k8s.io/perconaxtradbbackups.pxc.
percona.com created
role.rbac.authorization.k8s.io/percona-xtradb-cluster-operator created
serviceaccount/percona-xtradb-cluster-operator created
rolebinding.rbac.authorization.k8s.io/service-account-percona-xtradb-
cluster-operator created
deployment.apps/percona-xtradb-cluster-operator created
```

오퍼레이터가 시작되었습니다. 다음을 실행해 이를 확인할 수 있습니다.

```
$ kubectl get pods
```

이제 XtraDB 클러스터를 생성합니다.

```
$ kubectl apply -f deploy/cr.yaml
```

이 단계는 다소 시간이 걸릴 수 있습니다. 그 후 모든 파드가 실행되는 것을 볼 수 있습니다.

```
$ kubectl get pods
NAME                          READY   STATUS    RESTARTS   AGE
cluster1-haproxy-0            2/2     Running   0          4m54s
```

```
cluster1-haproxy-1                      2/2     Running    0      3m15s
cluster1-haproxy-2                      2/2     Running    0      2m52s
cluster1-pxc-0                          3/3     Running    0      4m54s
cluster1-pxc-1                          3/3     Running    0      3m16s
cluster1-pxc-2                          3/3     Running    0      105s
percona-xtradb-cluster-operator-        1/1     Running    0      7m18s
77bfd8cdc5-d7zll
```

이전 단계에서 운영자는 클러스터에 액세스하는 데 필요한 **root** 사용자의 비밀번호를 포함해 몇 가지 비밀을 생성했습니다. 생성된 비밀번호를 가져오려면 다음 명령을 실행합니다.

```
$ kubectl get secret my-cluster-secrets -o yaml
```

다음과 같은 출력이 표시됩니다.

```
apiVersion: v1
  data:
    clustercheck: UFZjdjk0SU4xWGtBSTR2VlVJ
    monitor: ZWZja01mOWhBTXZ4bTB0bUZ4eQ==
    operator: Vm10R0IxbHA4cVVZTkxqVVI4Mg==
    proxyadmin: VXVFbkx1S3RmUTEzVlNOd1c=
    root: eU53aWlKT3ZXaXJaeG16OXJK
    xtrabackup: V3VNNWRnWUdIblVWaU10OWGY=
    ...
    secrets/my-cluster-secrets
    uid: 9d78c4a8-1926-4b7a-84a0-43087a601066
type: Opaque
```

실제 비밀번호가 base64로 인코딩되어 있으므로 **root** 비밀번호를 얻으려면 다음 명령을 실행해야 합니다.

```
$ echo 'eU53aWlKT3ZXaXJaeG16OXJK' | base64 --decode
yNwiiJOvWirZxmz9rJ
```

이제 비밀번호를 알았으므로 클러스터와의 연결을 확인하기 위해 클라이언트 파드를 만들 수 있습니다.

```
$ kubectl run -i --rm --tty percona-client --image=percona:8.0 \
    --restart=Never -- bash -il
```

그런 다음 MySQL에 연결합니다.

```
$ mysql -h cluster1-haproxy -uroot -pyNwiiJOvWirZxmz9rJ
```

오퍼레이터는 로드 밸런서인 HAProxy와 함께 제공된다는 점에 유의하세요(로드 밸런싱은 다음 장에서 설명함).

## CHAPTER 15

MySQL 로드 밸런싱

MySQL에 연결하는 방법은 여러 가지입니다. 예를 들어 쓰기 테스트를 수행하려면 연결을 생성하고 문을 실행한 다음 연결을 닫습니다. 연결이 필요할 때마다 연결을 여는 데 드는 비용을 피하기 위해 **연결 풀**connection pool이라는 개념이 개발되었습니다. 연결 풀링은 애플리케이션의 모든 스레드에서 사용할 수 있는 연결 풀을 생성하고 관리하는 기술입니다.

13장에서 설명한 고가용성의 개념을 연결로 확장해 프로덕션 시스템의 복원력을 개선하기 위해 로드 밸런서를 사용해 데이터베이스 클러스터에 연결할 수 있습니다. 로드 밸런싱과 MySQL 고가용성을 사용하면 애플리케이션을 중단 없이(또는 다운타임을 약간만 발생시켜) 계속 실행할 수 있습니다. 기본적으로 소스 서버나 데이터베이스 클러스터의 노드 중 하나에 장애가 발생한 경우 클라이언트가 다른 데이터베이스 노드에 연결하면 요청을 계속 처리할 수 있습니다.

로드 밸런서load balancer는 MySQL 인프라에 연결할 때 클라이언트에 투명성을 제공하기 위해 구축되었습니다. 이러한 방식으로 애플리케이션은 MySQL 토폴로지를 인식할 필요가 없는데, 이 점은 클래식 복제, 그룹 복제 또는 Galera 클러스터를 사용하든 안 하든 상관없습니다. 로드 밸런서는 쿼리를 읽고 쓸 수 있는 온라인 노드를 제공합니다. 강력한 MySQL 아키텍처와 적절한 워크로드 분산 장치를 갖추면 DBA가 처리할 긴급 상황이 줄어듭니다.

15.1 애플리케이션 드라이버를 사용한 부하 분산

애플리케이션을 MySQL에 연결하려면 드라이버가 필요합니다. 드라이버는 애플리케이션을 다른 시스템 유형에 연결하는 어댑터입니다. 컴퓨터에 비디오 카드를 연결하는 것과 비슷합니다. 애플리케이션과 함께 작동하려면 드라이버를 다운로드해 설치해야 할 수 있습니다.

일반적으로 사용되는 프로그래밍 언어의 최신 MySQL 드라이버는 연결 풀링, 로드 밸런싱, 장애 조치를 지원합니다. 한 예로 PDO_MYSQL 드라이버(`https://oreil.ly/xbC7B`)는 MySQL용 JDBC 드라이버(`https://oreil.ly/kaAXI`)와 PHP 데이터 객체(PDO) 인터페이스를 구현해 PHP에서 MySQL 데이터베이스로 액세스할 수 있게 해줍니다.

앞서 언급한 데이터베이스 드라이버는 독립형 MySQL 서버 또는 MySQL 복제 설정에 연결할 때 클라이언트에 투명성을 제공하기 위해 만들어졌습니다. 코드에서 사용하는 방법은 이 책의 범위를 벗어나므로 생략하겠습니다. 하지만 드라이버 라이브러리를 추가하면 드라이버가 개발자의 작업을 상당 부분 추상화하기 때문에 코드 개발이 용이해진다는 점은 알아야 합니다.

그러나 MySQL용 Galera 클러스터나 MariaDB 같은 클러스터링 설정처럼 토폴로지가 다른 경우, JDBC와 PHP 드라이버는 내부 Galera 상태 정보를 인식하지 못합니다. 예를 들어 Galera 도너 노드는 다른 노드의 재동기화를 돕는 동안 읽기 전용 모드에 있을 수 있으며(SST 메서드가 `mysqldump` 또는 `rsync`인 경우), 스플릿 브레인split-brain 현상이 발생하면 비주요 상태가 될 수 있습니다. 다른 해결책은 클라이언트와 데이터베이스 클러스터 사이에 로드 밸런서를 사용하는 것입니다.

15.2 ProxySQL 로드 밸런서

ProxySQL은 SQL 프록시입니다. ProxySQL은 MySQL 프로토콜을 구현하기 때문에 여느 프록시가 할 수 없는 작업을 수행할 수 있습니다. 다음의 장점이 있습니다.

- 여러 데이터베이스에 대한 애플리케이션 요청의 '지능적인' 부하 분산 기능을 제공합니다.
- MySQL 트래픽을 이해하고 읽기와 쓰기를 분리할 수 있습니다. MySQL 프로토콜을 이해하는 것은 쓰기는 소스로만, 읽기는 복제본으로만 이동해야 하는 소스/복제본 복제 설정이나 읽기 쿼리를 균등하게 분산(선형 읽기 스케일링)하기 위한 Galera 클러스터의 경우에 특히 유용합니다.

- 인스턴스의 가동 여부 등 기본 데이터베이스 토폴로지를 이해하므로 요청을 정상 데이터베이스로 라우팅할 수 있습니다.
- 쿼리 워크로드 분석과 쿼리 캐시를 제공해 성능을 분석하고 개선하는 데 유용합니다.
- 관리자에게 강력하고 풍부한 쿼리 규칙 정의를 제공해 쿼리를 효율적으로 배포하고 데이터를 캐시해 데이터베이스 서비스의 효율을 극대화할 수 있습니다.

ProxySQL은 모니터링 프로세스에 의해 감시되는 데몬으로 실행됩니다. 프로세스는 데몬을 모니터링하고 충돌이 발생하면 다시 시작해 다운타임을 최소화합니다. 데몬은 MySQL 클라이언트로부터 들어오는 트래픽을 수락하고 이를 백엔드 MySQL 서버로 전달합니다.

프록시는 다시 시작할 필요 없이 계속 실행되도록 설계되었습니다. 대부분의 구성은 런타임에 ProxySQL 관리 인터페이스의 SQL 문과 유사한 쿼리를 사용해 수행할 수 있습니다. 여기에는 런타임 매개변수, 서버 그룹화, 트래픽 관련 설정이 포함됩니다.

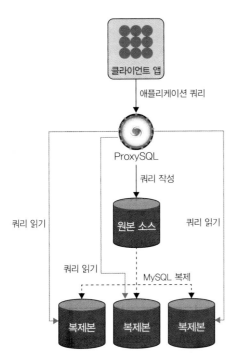

그림 15-1 애플리케이션과 MySQL 간의 ProxySQL

애플리케이션과 데이터베이스 사이의 독립 실행형 노드에 ProxySQL을 설치하는 것이 일반적이지만, 여러 단계의 네트워크로 인한 추가 지연시간으로 인해 쿼리 성능에 영향을 미칠 수 있습니다. [그림 15-1]은 중간 계층의 ProxySQL을 표현한 예입니다.

성능에 미치는 영향을 줄이고 여러 단계의 네트워크 구성을 피하기 위한 또 다른 아키텍처 옵션은 애플리케이션 서버에 ProxySQL을 설치하는 것입니다. 그런 다음 애플리케이션은 추가 지연시간을 피하기 위해 유닉스 도메인 소켓을 사용해 로컬 호스트의 ProxySQL(MySQL 서버 역할을 함)에 연결합니다. 이 애플리케이션은 라우팅 규칙을 사용해 연결 풀링을 통해 실제 MySQL 서버에 연결하고 통신합니다. 애플리케이션은 ProxySQL에 대한 연결 이후에는 어떤 일이 발생하는지 전혀 알지 못합니다. [그림 15-2]는 애플리케이션과 동일한 서버에 있는 ProxySQL을 표현한 예입니다.

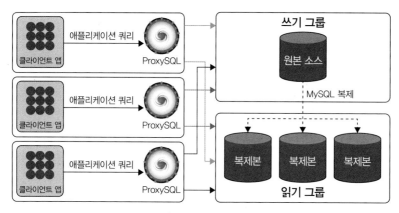

그림 15-2 애플리케이션과 동일한 서버의 ProxySQL

15.2.1 ProxySQL 설치 및 구성

소스/복제본(source/replica) 구성을 위해 ProxySQL을 배포하는 방법을 살펴보겠습니다.

이 도구의 개발자가 깃허브 릴리스 페이지(https://oreil.ly/2EFKJ)에서 ProxySQL 릴리스에 대해 다양한 리눅스 배포판용 공식 패키지를 제공하므로 여기에서 최신 패키지 버전을 다운로드해 설치합니다.

설치하기 전에 이 프로세스에서 사용할 인스턴스는 다음과 같습니다.

```
+-----------------------------------+---------------------+
| vinicius-grippa-default(mysql)    | 10.124.33.5 (eth0)  |
+-----------------------------------+---------------------+
| vinicius-grippa-node1(mysql)      | 10.124.33.169 (eth0)|
+-----------------------------------+---------------------+
| vinicius-grippa-node2(mysql)      | 10.124.33.130 (eth0)|
+-----------------------------------+---------------------+
| vinicius-grippa-node3(proxysql)   | 10.124.33.170 (eth0)|
+-----------------------------------+---------------------+
```

시작하려면 사용 중인 운영체제에 적합한 배포판을 찾으세요. 이 예시에서는 CentOS 7용으로 설치하겠습니다. 먼저 루트로 로그인한 후 MySQL 클라이언트를 설치해 ProxySQL에 연결하고 ProxySQL 자체를 설치합니다. 다운로드 페이지에서 URL을 가져와 yum으로 이동합니다.

```
$ sudo su - root
# yum -y install https://repo.percona.com/yum/percona-release-latest.noarch.rpm
# yum -y install Percona-Server-client-57
# yum install -y https://github.com/sysown/proxysql/releases/download/v2.0.15/ \
    proxysql-2.0.15-1-centos7.x86_64.rpm
```

ProxySQL을 실행하기 위한 요구사항이 모두 충족되었지만 설치 후 서비스가 자동으로 시작되지 않으므로 수동으로 시작합니다.

```
# sudo systemctl start proxysql
```

이제 기본 구성이 적용된 상태로 ProxySQL이 실행되고 있어야 합니다. 다음 명령을 실행해 확인할 수 있습니다.

```
# systemctl status proxysql
```

활성 상태인 ProxySQL 프로세스의 출력은 다음과 비슷해야 합니다.

```
proxysql.service - High Performance Advanced Proxy for MySQL
        Loaded: loaded (/etc/systemd/system/proxysql.service; enabled; vendor...
```

```
      Active: active (running) since Sun 2021-05-23 18:50:28 UTC; 15s ago
     Process: 1422 ExecStart=/usr/bin/proxysql --idle-threads -c /etc/proxysql...
    Main PID: 1425 (proxysql)
      CGroup: /system.slice/proxysql.service
              ├─1425 /usr/bin/proxysql --idle-threads -c /etc/proxysql.cnf
              └─1426 /usr/bin/proxysql --idle-threads -c /etc/proxysql.cnf
May 23 18:50:27 vinicius-grippa-node3 systemd[1]: Starting High Performance...
May 23 18:50:27 vinicius-grippa-node3 proxysql[1422]: 2021-05-23 18:50:27...
May 23 18:50:27 vinicius-grippa-node3 proxysql[1422]: 2021-05-23 18:50:27...
May 23 18:50:27 vinicius-grippa-node3 proxysql[1422]: 2021-05-23 18:50:27...
May 23 18:50:28 vinicius-grippa-node3 systemd[1]: Started High Performance...
```

ProxySQL은 애플리케이션 인터페이스와 관리자 인터페이스를 분리합니다. 즉, 관리 인터페이스는 6032에서 수신 대기하고 애플리케이션은 6033(기억하기 쉽게 MySQL의 기본 포트인 3306과 반대임)에서 수신 대기합니다.

다음으로, ProxySQL은 MySQL 노드와 통신해 노드의 상태를 확인할 수 있어야 합니다. 이를 위해 ProxySQL은 전용 사용자를 통해 각 서버에 연결해야 합니다.

먼저 소스 서버에서 사용자를 생성하겠습니다. MySQL 소스 인스턴스에 연결하고 다음 명령을 실행합니다.

```
mysql> CREATE USER 'proxysql'@'%' IDENTIFIED by '$3Kr$t';
mysql> GRANT USAGE ON *.* TO 'proxysql'@'%';
```

다음으로 사용자를 인식하기 위해 ProxySQL 매개변수를 구성합니다. 먼저 ProxySQL에 연결합니다.

```
# mysql -uadmin -padmin -h 127.0.0.1 -P 6032
```

그런 다음 매개변수를 설정합니다.

```
proxysql> UPDATE global_variables SET variable_value='proxysql'
      -> WHERE variable_name='mysql-monitor_username';
proxysql> UPDATE global_variables SET variable_value='$3Kr$t'
      -> WHERE variable_name='mysql-monitor_password';
proxysql> LOAD MYSQL VARIABLES TO RUNTIME;
proxysql> SAVE MYSQL VARIABLES TO DISK;
```

데이터베이스와 ProxySQL에서 사용자를 설정했으므로, 이제 토폴로지에 어떤 MySQL 서버가 있는지 ProxySQL에 알려줄 차례입니다.

```
proxysql> INSERT INTO mysql_servers(hostgroup_id, hostname, port)
    -> VALUES (10,'10.124.33.5',3306);
proxysql> INSERT INTO mysql_servers(hostgroup_id, hostname, port)
    -> VALUES (11,'10.124.33.169',3306);
proxysql> INSERT INTO mysql_servers(hostgroup_id, hostname, port)
    -> VALUES (11,'10.124.33.130',3306);
proxysql> LOAD MYSQL SERVERS TO RUNTIME;
proxysql> SAVE MYSQL SERVERS TO DISK;
```

다음 단계는 쓰기 그룹과 읽기 그룹을 정의하는 것입니다. 쓰기 그룹에 있는 서버는 DML 작업을 수신할 수 있고, SELECT 쿼리는 읽기 그룹의 서버를 사용합니다. 이 예시에서는 호스트 그룹 10이 작성자 그룹이 되고 호스트 그룹 11이 독자 그룹이 됩니다.

```
proxysql> INSERT INTO mysql_replication_hostgroups
    -> (writer_hostgroup, reader_hostgroup) VALUES (10, 11);
proxysql> LOAD MYSQL SERVERS TO RUNTIME;
proxysql> SAVE MYSQL SERVERS TO DISK;
```

다음으로, ProxySQL에는 연결을 관리하기 위해 백엔드 노드에 액세스할 수 있는 사용자가 있어야 합니다. 백엔드 소스 서버에 사용자를 생성해보겠습니다.

```
mysql> CREATE USER 'app'@'%' IDENTIFIED by '$3Kr$t';
mysql> GRANT ALL PRIVILEGES ON *.* TO 'app'@'%';
```

이제 사용자와 함께 ProxySQL을 구성하겠습니다.

```
proxysql> INSERT INTO mysql_users (username,password,default_hostgroup)
    -> VALUES ('app','$3Kr$t',10);
proxysql> LOAD MYSQL USERS TO RUNTIME;
proxysql> SAVE MYSQL USERS TO DISK;
```

다음 단계가 가장 흥미로운데, 바로 여기서 규칙을 정의하기 때문입니다. 규칙은 쓰기 및 읽기 쿼리를 전송할 위치를 ProxySQL에 알려주어 서버의 부하를 분산시킵니다.

```
proxysql> INSERT INTO mysql_query_rules
    -> (rule_id,username,destination_hostgroup,active,match_digest,apply)
    -> VALUES(1,'app',10,1,'^SELECT.*FOR UPDATE',1);
proxysql> INSERT INTO mysql_query_rules
    -> (rule_id,username,destination_hostgroup,active,match_digest,apply)
    -> VALUES(2,'app',11,1,'^SELECT ',1);
proxysql> LOAD MYSQL QUERY RULES TO RUNTIME;
proxysql> SAVE MYSQL QUERY RULES TO DISK;
```

ProxySQL에는 mysql_servers 테이블에 나열된 각 서버에 연결하고 read_only 변수 값을 확인하는 스레드가 있습니다. 다음과 같이 복제본이 작성자 그룹에 표시된다고 가정하겠습니다.

```
proxysql> SELECT * FROM mysql_servers;
+--------------+----------------+------+-----------+...
| hostgroup_id | hostname       | port | gtid_port |...
+--------------+----------------+------+-----------+...
| 10           | 10.124.33.5    | 3306 | 0         |...
| 11           | 10.124.33.169  | 3306 | 0         |...
| 11           | 10.124.33.130  | 3306 | 0         |...
+--------------+----------------+------+-----------+...

...+--------+--------+-------------+-----------------+...
...| status | weight | compression | max_connections |...
...+--------+--------+-------------+-----------------+...
...| ONLINE | 1      | 0           | 1000            |...
...| ONLINE | 1      | 0           | 1000            |...
...| ONLINE | 1      | 0           | 1000            |...
...+--------+--------+-------------+-----------------+...

...+---------------------+---------+----------------+---------+
...| max_replication_lag | use_ssl | max_latency_ms | comment |
...+---------------------+---------+----------------+---------+
...| 0                   | 0       | 0              |         |
...| 0                   | 0       | 0              |         |
...| 0                   | 0       | 0              |         |
...+---------------------+---------+----------------+---------+
3 rows in set (0.00 sec)
```

데이터 불일치를 유발할 수 있는 복제 서버에 데이터를 쓰는 ProxySQL을 원하지 않으므로 복제 서버에서 읽기 전용 옵션을 설정해 이러한 서버가 읽기 쿼리만 처리하도록 해야 합니다.

```
mysql> SET GLOBAL read_only=1;
```

이제 애플리케이션을 사용할 준비가 되었습니다. 다음 명령을 실행하면 ProxySQL이 연결한 호스트 이름이 반환됩니다.

```
$ mysql -uapp -p'$3Kr$t' -h 127.0.0.1 -P 6033 -e "select @@hostname;"
+----------------------+
| @@hostname           |
+----------------------+
| vinicius-grippa-node1 |
+----------------------+
```

ProxySQL은 여기에 소개한 것보다 기능이 훨씬 더 많고 더 유연합니다. 상기하자면, 이 절의 목표는 아키텍처를 결정할 때 옵션을 알 수 있도록 도구를 소개하는 것입니다.

> **NOTE_** 13장에서 복제를 구성할 때 언급했듯이 ProxySQL이 MySQL 서버에 도달해야 하며 그렇지 않으면 작동하지 않는다는 점을 다시 강조하고 싶습니다.

15.3 HAProxy 로드 밸런서

HAProxy는 고가용성 프록시의 약자로, TCP/HTTP 로드 밸런서입니다. 서버 세트에 워크로드를 분산해 성능을 극대화하고 리소스 사용을 최적화합니다.

MySQL 아키텍처와 다양한 토폴로지에 대한 지식을 넓히기 위해 이 절에서는 기존 복제 토폴로지 대신 HAProxy를 사용해 XtraDB 클러스터(Galera 클러스터)를 구성해보겠습니다.

아키텍처 옵션은 ProxySQL과 유사합니다. HAProxy는 애플리케이션과 함께 또는 중간 계층에 배치할 수 있습니다. [그림 15-3]은 애플리케이션과 동일한 서버에 HAProxy를 배치한 예입니다.

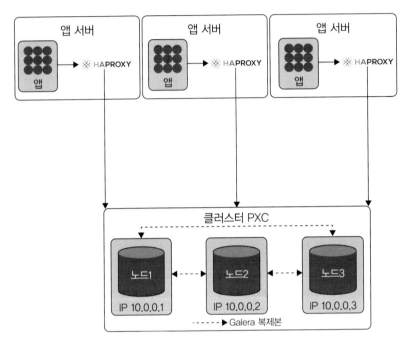

그림 15-3 애플리케이션과 함께 HAProxy

[그림 15-4]는 중간 계층에 HAProxy가 있는 토폴로지를 표현한 예입니다.

다시 말하지만, 이들은 장단점이 각각 다른 아키텍처입니다. 첫 번째 아키텍처에서는 추가 네트워크 단계가 없으므로 지연시간이 줄지만 애플리케이션 서버에 부하가 추가됩니다. 또 각 애플리케이션 서버에서 HAProxy를 구성해야 합니다.

반면, 중간 계층에 HAProxy를 사용하면 애플리케이션이 모든 HAProxy 서버에 연결할 수 있으므로 관리가 용이하고 가용성이 높아집니다. 하지만 네트워크 단계가 추가되면 지연시간이 늘어납니다.

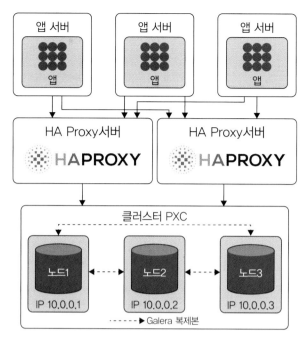

그림 15-4 전용 서버에서 실행되는 중간 계층의 HAProxy

15.3.1 HAProxy 설치 및 구성

CentOS와 록키 리눅스, 데비안, 우분투 같은 일반 운영체제는 HAProxy 패키지를 제공하며, 패키지 관리자를 사용해 설치할 수 있습니다. 설치 과정은 비교적 간단합니다.

데비안과 우분투에는 다음 명령을 사용합니다.

```
# apt update
# apt install haproxy
```

록키 리눅스나 CentOS에서는 다음 명령을 사용합니다.

```
# sudo yum update
# sudo yum install haproxy
```

설치 시 HAProxy는 구성 파일의 기본 경로를 **/etc/haproxy/haproxy.cfg**로 설정합니다.

HAProxy를 시작하기 전에 구성을 해야 합니다. 이 데모에서는 첫 번째 시나리오에서 HAProxy를 애플리케이션과 동일한 서버에 위치시키겠습니다. 다음은 3노드 Galera 클러스터의 IP입니다.

```
172.16.3.45/Port:3306
172.16.1.72/Port:3306
172.16.0.161/Port:3306
```

etc/haproxy/haproxy.cfg 파일을 열고 살펴봅시다. 사용자 지정할 매개변수는 세 가지 섹션으로 나뉩니다.

| global |

프로세스 전체 매개변수를 위한 구성 파일의 섹션

| defaults |

기본 매개변수에 대한 구성 파일의 섹션

| listen |

프런트엔드와 백엔드 부분을 포함해 전체 프록시를 정의하는 구성 파일의 섹션

[표 15-1]은 HAProxy의 기본 매개변수를 정리한 표입니다.

표 15-1 HAProxy 옵션(HAProxy 문서 링크 포함)

매개변수	설명
balance	백엔드에서 사용할 로드 밸런싱 알고리즘을 정의(https://oreil.ly/Ej25a)
clitimeout	클라이언트 측 최대 비활성 시간을 설정(https://oreil.ly/HRlC5)
contimeout	서버에 대한 연결 시도가 성공할 때까지 대기할 최대 시간 설정(https://oreil.ly/Hjwtm)
daemon	프로세스를 백그라운드로 포크(https://oreil.ly/75stw)
gid	프로세스의 그룹 ID를 〈**번호**〉로 변경(https://oreil.ly/ikswS)

log	글로벌 syslog 서버 추가(https://oreil.ly/ovcK5)
maxconn	프로세스당 최대 동시 연결 수를 〈숫자〉로 설정(https://oreil.ly/94uQr)
mode	인스턴스의 실행 모드 또는 프로토콜 설정(https://oreil.ly/c3CaJ)
option dontlognull	null 연결 로깅 비활성화(https://oreil.ly/DplEm)
optiontcplog	세션 상태 및 타이머를 사용해 TCP 연결의 고급 로깅 활성화(https://oreil.ly/BA2mL)

HAProxy를 작동시키기 위해 다음 구성 파일을 사용합니다.

```
global
    log /dev/log  local0
    log /dev/log  local1 notice
    maxconn 4096
    #debug
    #quiet
    chroot      /var/lib/haproxy
    pidfile     /var/run/haproxy.pid
    user        haproxy
    group       haproxy
    daemon
    # turn on stats unix socket
    stats socket /var/lib/haproxy/stats
#---------------------------------------------------------------------
# common defaults that all the 'listen' and 'backend' sections will
# use if not designated in their block
#---------------------------------------------------------------------
defaults
    log       global
    mode      http
    option    tcplog
    option    dontlognull
    retries 3
    redispatch
    maxconn 2000
    contimeout      5000
    clitimeout      50000
    srvtimeout      50000
#---------------------------------------------------------------------
# round robin balancing between the various backends
#---------------------------------------------------------------------
```

```
listen mysql-pxc-cluster 0.0.0.0:3307
    mode tcp
    bind *:3307
    timeout client  10800s
    timeout server  10800s
    balance roundrobin
    option httpchk
    server vinicius-grippa-node2 172.16.0.161:3306 check port 9200
    inter 12000 rise 3 fall 3
    server vinicius-grippa-node1 172.16.1.72:3306 check port 9200 inter 12000
    rise 3 fall 3
    server vinicius-grippa-default 172.16.3.45:3306 check port 9200
    inter 12000 rise 3 fall 3
```

HAProxy를 시작하려면 haproxy 명령을 사용합니다. 명령줄에 구성 매개변수를 얼마든지 전달할 수 있습니다. 구성 파일을 사용하려면 다음과 같이 -f 옵션을 사용합니다.

구성 파일 한 개를 전달하는 경우

```
# sudo haproxy -f /etc/haproxy/haproxy.cfg
```

구성 파일 여러 개를 전달하는 경우

```
# sudo haproxy -f /etc/haproxy/haproxy.cfg /etc/haproxy/haproxy-2.cfg
```

디렉터리를 전달하는 경우

```
# sudo haproxy -f conf-dir
```

이 구성을 사용하면 HAProxy가 세 노드 간에 부하를 분산합니다. 이 경우, mysqld 프로세스가 3306 포트에서 수신 대기 중인지 여부만 확인하며 노드의 상태는 고려하지 않습니다. 따라서 mysqld가 실행 중인 노드가 JOINING 또는 DISCONNECTED 상태일지라도 쿼리를 보낼 수 있습니다.

노드의 현재 상태를 확인하려면 조금 더 복잡한 것이 필요합니다. 이 아이디어는 Codership의 구글 그룹(https://oreil.ly/7xj0N)에서 가져온 것입니다.

이 설정을 구현하려면 두 개의 스크립트가 필요합니다.

- usr/local/bin에 있는 clustercheck와 xinetd에 대한 구성
- 각 노드의 /etc/xinetd.d에 있는 mysqlchk

두 스크립트는 모두 XtraDB의 바이너리 및 소스 배포(https://oreil.ly/iN1La)에서 사용할 수 있습니다.

각 노드에 대해 다음 줄을 추가해 /etc/services 파일을 변경합니다.

```
mysqlchk        9200/tcp        # mysqlchk
```

/etc/services 파일이 존재하지 않으면 xinetd가 설치되지 않을 확률이 높습니다.

록키 리눅스와 CentOS에서는 다음 명령어를 사용하세요.

```
# yum install -y xinetd
```

데비안과 우분투에는 다음 명령어를 사용하세요.

```
# sudo apt-get install -y xinetd
```

다음으로, 스크립트에서 노드가 정상인지 확인할 수 있도록 MySQL 사용자를 만들어야 합니다. 보안상의 이유로 이 사용자에게는 최소한의 권한만 부여하는 것이 이상적입니다.

```
mysql> CREATE USER 'clustercheckuser'@'localhost' IDENTIFIED BY
              'clustercheckpassword!';
    -> GRANT PROCESS ON *.* TO 'clustercheckuser'@'localhost';
```

상태 검사에서 노드의 성능을 확인하려면 다음 명령을 실행하고 출력을 관찰합니다.

```
# /usr/bin/clustercheck
HTTP/1.1 200 OK
Content-Type: text/plain
Connection: close
Content-Length: 40
```

```
Percona XtraDB Cluster Node is synced.
```

모든 노드에 대해 이 작업을 수행하면 HAProxy 설정이 작동하는지 테스트할 준비가 된 것입니다. 이를 테스트하는 가장 쉬운 방법은 연결해 몇 가지 MySQL 명령을 실행하는 것입니다. 연결된 호스트 이름을 검색하는 명령을 실행해보겠습니다.

```
# mysql -uroot -psecret -h 127.0.0.1 -P 3307 -e "select @@hostname"
+---------------------+
¦ @@hostname          ¦
+---------------------+
¦ vinicius-grippa-node1 ¦
+---------------------+
```

이 작업을 두 번째로 실행하면 다음과 같은 결과가 나타납니다.

```
$ mysql -uroot -psecret -h 127.0.0.1 -P 3307 -e "select @@hostname"
mysql: [Warning] Using a password on the command line interface can be
insecure.
+---------------------+
¦ @@hostname          ¦
+---------------------+
¦ vinicius-grippa-node2 ¦
+---------------------+
```

그리고 세 번째로 실행한 결과는 다음과 같습니다.

```
$ mysql -uroot -psecret -h 127.0.0.1 -P 3307 -e "select @@hostname"
mysql: [Warning] Using a password on the command line interface can be
insecure.
+-----------------------+
¦ @@hostname            ¦
+-----------------------+
¦ vinicius-grippa-default ¦
+-----------------------+
```

보다시피, HAProxy는 라운드 로빈 방식으로 연결되고 있습니다. 노드 중 하나를 종료하면 HAProxy는 나머지 노드로만 라우팅합니다.

15.4 MySQL 라우터

MySQL 라우터는 InnoDB 클러스터 구성원 간에 트래픽을 분산하는 역할을 담당합니다. 애플리케이션에서 클러스터 토폴로지를 숨기는 프록시 같은 솔루션이므로 애플리케이션은 클러스터의 어떤 구성원이 기본 노드이고 어떤 구성원이 보조 노드인지 알 필요가 없습니다. MySQL 라우터는 Galera 클러스터에서는 작동하지 않으며, InnoDB 클러스터 전용으로 개발되었음을 유의하세요.

MySQL 라우터는 서로 다른 인터페이스를 노출해 읽기/쓰기 분할을 수행할 수 있습니다. 일반적인 설정은 읽기/쓰기 인터페이스 하나와 읽기 전용 인터페이스 하나가 있는 것입니다. 이는 X 프로토콜(CRUD 작업과 비동기 호출에 사용함)을 사용하기 위해 두 개의 유사한 인터페이스를 노출하는 기본 동작이기도 합니다.

읽기/쓰기 분할은 역할 개념을 사용해 수행됩니다. 쓰기는 기본, 읽기 전용은 보조입니다. 이는 클러스터 구성 항목의 이름을 지정하는 방법과 유사합니다. 또한 각 인터페이스는 TCP 포트를 통해 노출되므로 애플리케이션은 쓰기에 사용되는 IP:포트 조합과 읽기에 사용되는 IP:포트 조합만 필요합니다. 그러면 MySQL 라우터가 서버에 대한 트래픽 유형에 따라 클러스터 구성원에 대한 연결을 처리합니다.

프로덕션 환경에서 작업할 때, InnoDB 클러스터를 구성하는 MySQL 서버 인스턴스는 단일 머신이 아닌 네트워크의 일부로 여러 호스트 머신에서 실행됩니다. 따라서 ProxySQL 및 HAProxy와 마찬가지로 MySQL 라우터는 아키텍처에서 중간 계층이 될 수 있습니다.

[그림 15-5]는 프로덕션 시나리오의 작동 방식을 보여줍니다.

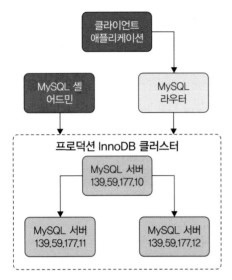

그림 15-5 MySQL InnoDB 클러스터 프로덕션 배포

이제 예시를 시작하기 위해 InnoDB 클러스터의 일부인 MySQL 구성원을 살펴보겠습니다.

```
mysql> SELECT member_host, member_port, member_state, member_role
    -> FROM performance_schema.replication_group_members;
+--------------+-------------+--------------+-------------+
¦ member_host  ¦ member_port ¦ member_state ¦ member_role ¦
+--------------+-------------+--------------+-------------+
¦ 172.16.3.9   ¦        3306 ¦ ONLINE       ¦ SECONDARY   ¦
¦ 172.16.3.127 ¦        3306 ¦ ONLINE       ¦ SECONDARY   ¦
¦ 172.16.3.120 ¦        3306 ¦ ONLINE       ¦ PRIMARY     ¦
+--------------+-------------+--------------+-------------+
3 rows in set (0.00 sec)

mysql> SELECT cluster_name FROM mysql_innodb_cluster_metadata.clusters;
+--------------+
¦ cluster_name ¦
+--------------+
¦ cluster1     ¦
+--------------+
1 row in set (0.00 sec)
```

이제 MySQL 노드 구성과 클러스터 이름이 정해졌으므로 MySQL 라우터 구성을 시작할 수 있습니다. 성능 향상을 위해 애플리케이션 서버당 인스턴스가 있다고 가정하고 애플리케이션과 동일한 위치에 MySQL 라우터를 설정하는 것이 좋으므로 애플리케이션 서버에 라우터를 배치하겠습니다. 먼저, 사용하는 OS와 호환되는 MySQL 라우터 버전을 확인합니다.

```
# cat /etc/*release
CentOS Linux release 7.9.2009 (Core)
```

이제 다운로드 페이지(https://oreil.ly/eCH08)를 확인하고 yum을 사용해 설치합니다.

```
# yum install -y https://dev.mysql.com/get/Downloads/MySQL-Router/mysql-router-
community-8.0.23-1.el7.x86_64.rpm
Loaded plugins: fastestmirror
mysql-router-community-8.0.23-1.el7.x86_64.rpm
Examining /var/tmp/yum-root-_ljdTQ/mysql-router-community-8.0.23-1.el7.x
86_64.rpm: mysql-router-community-8.0.23-1.el7.x86_64
Marking /var/tmp/yum-root-_ljdTQ/mysql-router-community-8.0.23-1.el7.x86
_64.rpm to be installed
Resolving Dependencies
--> Running transaction check
...
Running transaction
  Installing : mysql-router-community-8.0.23-1.el7.x86_64
  1/1
  Verifying  : mysql-router-community-8.0.23-1.el7.x86_64
  1/1
Installed:
  mysql-router-community.x86_64 0:8.0.23-1.el7
Complete!
```

이제 MySQL 라우터가 설치되었으므로 운영을 위한 전용 디렉터리를 만들어야 합니다.

```
# mkdir /var/lib/mysqlrouter
```

다음으로 MySQL 라우터를 부트스트랩하겠습니다. 부트스트랩은 MySQL InnoDB 클러스터로 작동하도록 라우터를 구성합니다.

```
# mysqlrouter --bootstrap root@172.16.3.120:3306 \
    --directory /var/lib/mysqlrouter --conf-use-sockets \
    --account app_router --account-create always \
    --user=mysql
Please enter MySQL password for root:
# Bootstrapping MySQL Router instance at '/var/lib/mysqlrouter'...
Please enter MySQL password for app_router:
- Creating account(s)
- Verifying account (using it to run SQL queries that would be run by
Router)
- Storing account in keyring
- Adjusting permissions of generated files
- Creating configuration /var/lib/mysqlrouter/mysqlrouter.conf
...
## MySQL Classic protocol
- Read/Write Connections: localhost:6446, /var/lib/mysqlrouter/mysql.sock
- Read/Only Connections:  localhost:6447,
/var/lib/mysqlrouter/mysqlro.sock
## MySQL X protocol
- Read/Write Connections: localhost:64460,
/var/lib/mysqlrouter/mysqlx.sock
- Read/Only Connections:  localhost:64470,
/var/lib/mysqlrouter/mysqlxro.sock
```

명령줄에서 라우터에 기본 서버(**172.16.3.120**)의 포트 3306에 있는 사용자 **root**에 연결하
도록 지시합니다. 또 라우터에 소켓 파일을 생성하고 이를 사용해 연결할 수 있도록 지시하고
있습니다. 마지막으로 애플리케이션에서 사용할 새 사용자(**app_router**)를 생성합니다.

부트스트랩 프로세스가 구성 디렉터리(**/var/lib/mysqlrouter**)에 생성한 내용을 살펴봅
시다.

```
# ls -l | awk '{print $9}'
data
log
mysqlrouter.conf
mysqlrouter.key
run
start.sh
stop.sh
```

생성된 MySQL 라우터 구성 파일(**mysqlrouter.conf**)은 다음과 유사하게 보입니다.

```
# cat mysqlrouter.conf
# File automatically generated during MySQL Router bootstrap
[DEFAULT]
user=mysql
logging_folder=/var/lib/mysqlrouter/log
runtime_folder=/var/lib/mysqlrouter/run
...
[rest_routing]
require_realm=default_auth_realm
[rest_metadata_cache]
require_realm=default_auth_realm
```

이 예시에서는 MySQL 라우터가 포트 네 개(일반 MySQL 프로토콜을 사용해 읽기/쓰기를 위한 포트 2개, X 프로토콜을 사용해 읽기/쓰기를 위한 포트 2개)와 소켓 네 개를 구성했습니다. 포트는 기본적으로 추가되고, 소켓은 --conf-use-sockets를 전달했기 때문에 추가되었습니다. cluster1이라는 이름의 InnoDB 클러스터는 메타데이터의 소스이며, 대상은 InnoDB 클러스터 메타데이터 캐시를 사용해 호스트 정보를 동적으로 구성합니다.

start.sh 스크립트를 실행해 MySQL 라우터 데몬을 시작할 수 있습니다.

```
# ./start.sh
# PID 1684 written to '/var/lib/mysqlrouter/mysqlrouter.pid'
logging facility initialized, switching logging to loggers specified in
configuration
```

이제 프로세스가 실행되는 것을 관찰할 수 있습니다.

```
# ps -ef | grep -i mysqlrouter
root      1683      1  0 17:36 pts/0    00:00:00 sudo
ROUTER_PID=/var/lib/mysqlrouter/mysqlrouter.pid /usr/bin/mysqlrouter -c
/var/lib/mysqlrouter/mysqlrouter.conf --user=mysql
mysql     1684   1683  0 17:36 pts/0    00:00:17 /usr/bin/mysqlrouter -c
/var/lib/mysqlrouter/mysqlrouter.conf --user=mysql
root      1733   1538  0 17:41 pts/0    00:00:00 grep --color=auto -i
mysqlrouter
```

그리고 포트가 열립니다.

```
# netstat -tulnp | grep -i mysqlrouter
tcp     0     0 0.0.0.0:64470     0.0.0.0:*     LISTEN     1684/mysqlrouter
tcp     0     0 0.0.0.0:8443      0.0.0.0:*     LISTEN     1684/mysqlrouter
tcp     0     0 0.0.0.0:64460     0.0.0.0:*     LISTEN     1684/mysqlrouter
tcp     0     0 0.0.0.0:6446      0.0.0.0:*     LISTEN     1684/mysqlrouter
tcp     0     0 0.0.0.0:6447      0.0.0.0:*     LISTEN     1684/mysqlrouter
```

InnoDB 클러스터로 MySQL 라우터를 구성했으므로 이제 읽기 및 읽기/쓰기 연결로 이를 테스트할 수 있습니다. 먼저, 쓰기 포트(6446)에 연결합니다.

```
# mysql -uroot -psecret -h 127.0.0.1 -P 6446 \
    -e "create database learning_mysql;"
# mysql -uroot -psecret -h 127.0.0.1 -P 6446 \
    -e "use learning_mysql; select database()"
+----------------+
| database()     |
+----------------+
| learning_mysql |
+----------------+
```

보다시피 쓰기 포트에서 읽기와 쓰기를 모두 실행할 수 있습니다. 이제 SELECT 문을 사용해 읽기 포트(6447)를 확인하겠습니다.

```
# mysql -uroot -psecret -h 127.0.0.1 -P 6447 \
    -e "use learning_mysql; select database()"
+----------------+
| database()     |
+----------------+
| learning_mysql |
+----------------+
```

이제 작동합니다. 쓰기 작업을 실행해보겠습니다.

```
# mysql -uroot -psecret -h 127.0.0.1 -P 6447 \
    -e "create database learning_mysql_write;"
ERROR 1290 (HY000) at line 1: The MySQL server is running with the
--super-read-only option so it cannot execute this statement
```

따라서 읽기 포트는 읽기만 허용합니다. 라우터가 읽기를 로드 밸런싱하는 것을 볼 수도 있습니다.

```
# mysql -uroot -psecret -h 127.0.0.1 -P 6447 -e "select @@hostname"
+----------------------+
| @@hostname           |
+----------------------+
| vinicius-grippa-node1 |
+----------------------+

# mysql -uroot -psecret -h 127.0.0.1 -P 6447 -e "select @@hostname"
insecure.
+----------------------+
| @@hostname           |
+----------------------+
| vinicius-grippa-node2 |
+----------------------+
```

이러한 방식으로 MySQL 노드 중 하나에서 다운타임이 발생하면 MySQL 라우터가 나머지 활성 노드로 쿼리를 라우팅합니다.

## CHAPTER 16

기타 주제

이 장은 쿼리나 과부하된 시스템의 문제 해결이나 다양한 MySQL 토폴로지 설정 그 이상의 범위를 다루기 위해 일상적인 작업을 더 쉽게 하거나 복잡한 문제 조사에 사용하는 다양한 도구를 소개하고자 합니다. MySQL 셸Shell로 시작하겠습니다.

16.1 MySQL 셸

MySQL 셸은 MySQL용 고급 클라이언트이자 코드 편집기입니다. 대부분의 DBA가 MySQL 5.6과 5.7에서 사용하던 기존 MySQL 클라이언트의 기능을 확장한 것입니다. MySQL 셸은 파이썬, 자바스크립트, SQL과 같은 프로그래밍 언어를 지원합니다. 또 API 명령 구문을 사용해 기능을 확장합니다. 예를 들어 사용자가 정의한 스크립트를 사용해 InnoDB 클러스터를 관리할 수 있습니다. MySQL 셸에서 MySQL 샌드박스 인스턴스를 시작하고 구성할 수도 있습니다.

16.1.1 MySQL 셸 설치

지원되는 리눅스 배포판의 경우 MySQL 셸을 설치하는 가장 쉬운 방법은 yum 또는 apt 저장소를 사용하는 것입니다. 우분투와 CentOS에 설치하는 방법을 살펴보겠습니다.

우분투 22.04 LTS(재미 젤리피시)에 MySQL 셸 설치

기본 저장소에 포함되어 있으므로 우분투에 MySQL 셸을 설치하기는 비교적 쉽습니다.

먼저 MySQL 저장소를 구성해야 합니다. 다음 명령을 사용해 수행할 수 있습니다. 서버에 apt 저장소를 다운로드(https://oreil.ly/K7eq8)하고 설치합니다.

```
# wget https://dev.mysql.com/get/mysql-apt-config_0.8.16-1_all.deb
# dpkg -i mysql-apt-config_0.8.16-1_all.deb
```

설치가 완료되면 패키지 정보를 업데이트하세요.

```
# apt-get update
```

그런 다음 설치 명령을 실행해 MySQL 셸을 설치합니다.

```
# apt-get install mysql-shell
```

이제 명령줄을 사용해 MySQL 셸을 시작할 수 있습니다.

```
# mysqlsh
MySQL Shell 8.0.23
Copyright (c) 2016, 2021, Oracle and/or its affiliates.
Oracle is a registered trademark of Oracle Corporation and/or its affiliates.
Other names may be trademarks of their respective owners.
Type '\help' or '\?' for help; '\quit' to exit.
 MySQL  JS >
```

록키 리눅스 9에 MySQL 셸 설치

록키 리눅스 9에 MySQL 셸을 설치하려면 우분투와 동일한 단계를 따르지만, 먼저 록키 리눅스 9에 있는 기본 MySQL 패키지가 비활성화되었는지 확인해야 합니다.

```
# yum remove mysql-community-release -y
No match for argument: mysql-community-release
No packages marked for removal.
```

```
Dependencies resolved.
Nothing to do.
Complete!
# dnf erase mysql-community-release
No match for argument: mysql-community-release
No packages marked for removal.
Dependencies resolved.
Nothing to do.
Complete!
```

다음으로 yum 저장소를 구성하겠습니다. 다운로드 페이지(https://oreil.ly/YvW74)에서 올바른 OS 버전을 가져와야 합니다.

```
# yum install \
    https://dev.mysql.com/get/mysql80-community-release-el8-1.noarch.rpm -y
```

저장소가 설치되면 MySQL 셸 바이너리를 설치합니다.

```
# yum install mysql-shell -y
```

그리고 실행을 통해 설치가 제대로 되었는지 확인할 수 있습니다.

```
# mysqlsh
MySQL Shell 8.0.23
Copyright (c) 2016, 2021, Oracle and/or its affiliates.
Oracle is a registered trademark of Oracle Corporation and/or its affiliates.
Other names may be trademarks of their respective owners.
Type '\help' or '\?' for help; '\quit' to exit.
 MySQL  JS >
```

16.1.2 MySQL 셸을 사용해 샌드박스 InnoDB 클러스터 배포

MySQL 셸은 dba.deploySandboxInstance(port_number) 명령을 제공하는 AdminAPI를 사용해 샌드박스 인스턴스 배포를 자동화합니다.

기본적으로 샌드박스 인스턴스는 $HOME/mysqlsandboxes/port 디렉터리에 배치됩니다. 디렉터리를 변경하는 방법을 살펴보겠습니다.

```
# mkdir /var/lib/sandboxes
# mysqlsh
 MySQL JS > shell.options.sandboxDir='/var/lib/sandboxes'
/var/lib/sandboxes
```

샌드박스 인스턴스를 배포하기 위한 전제 조건은 MySQL 바이너리를 설치하는 것입니다. 필요한 경우 자세한 내용은 1장을 참조하세요. 배포를 완료하려면 root 사용자의 비밀번호를 입력해야 합니다.

```
MySQL JS > dba.deploySandboxInstance(3310)
A new MySQL sandbox instance will be created on this host in
/var/lib/sandboxes/3310
Warning: Sandbox instances are only suitable for deploying and
running on your local machine for testing purposes and are not
accessible from external networks.
Please enter a MySQL root password for the new instance: ******
Deploying new MySQL instance...
Instance localhost:3310 successfully deployed and started.
Use shell.connect('root@localhost:3310') to connect to the instance.
```

인스턴스를 두 개 더 배포하겠습니다.

```
MySQL JS > dba.deploySandboxInstance(3320)
MySQL JS > dba.deploySandboxInstance(3330)
```

다음 단계는 시드 MySQL 서버 인스턴스에 연결된 상태에서 InnoDB 클러스터를 생성하는 것입니다. 시드 인스턴스는 MySQL 셸을 통해 연결되고 다른 인스턴스에 복제하려는 인스턴스입니다. 이 예시에서 샌드박스 인스턴스는 모두 비어 있으므로 아무 인스턴스나 선택할 수 있습니다. 프로덕션 설정에서 시드 인스턴스는 클러스터의 다른 인스턴스에 복제할 기존 데이터 세트가 포함된 인스턴스입니다.

이 명령을 사용해 MySQL 셸을 시드 인스턴스(이 경우 포트 3310에 있는 인스턴스)에 연결합니다.

```
MySQL JS > \connect root@localhost:3310
Creating a session to root@localhost:3310
Please provide the password for root@localhost:3310:
Save password for root@localhost:3310? [Y]es/[N]o/Ne[v]er (default No): Y
Fetching schema names for autocompletion... Press ^C to stop.
Your MySQL connection id is 12
Server version: 8.0.21 Source distribution
No default schema selected; type \use <schema> to set one.
```

그런 다음 createCluster() 메서드를 사용해 현재 연결된 인스턴스를 시드로 InnoDB 클러스터를 생성합니다.

```
MySQL localhost:3310 ssl JS > var cluster = dba.createCluster('learning_mysql')
A new InnoDB cluster will be created on instance 'localhost:3310'.

Validating instance configuration at localhost:3310...
NOTE: Instance detected as a sandbox.
Please note that sandbox instances are only suitable for deploying test clusters
for use within the same host.

This instance reports its own address as 127.0.0.1:3310

Instance configuration is suitable.
NOTE: Group Replication will communicate with other members using
'127.0.0.1:33101'. Use the localAddress option to override.

Creating InnoDB cluster 'learning_mysql' on '127.0.0.1:3310'...

Adding Seed Instance...
Cluster successfully created. Use Cluster.addInstance() to add MySQL instances.
At least 3 instances are needed for the cluster to be able to withstand up to
one server failure.
```

결과에서 볼 수 있듯이, 하나의 서버에 장애가 발생해도 세 개의 인스턴스가 데이터베이스를 온라인 상태로 유지할 수 있으므로 세 개의 샌드박스 인스턴스를 배포했습니다.

다음 단계는 learning_mysql InnoDB 클러스터에 보조 인스턴스를 추가하는 것입니다. 시드 인스턴스에 의해 실행된 모든 트랜잭션은 추가되는 각 보조 인스턴스에 의해 다시 실행됩니다.

이 예시의 시드 인스턴스는 최근에 생성되었으므로 거의 비어 있습니다. 따라서 시드 인스턴스에서 보조 인스턴스로 복제해야 하는 데이터가 거의 없습니다. 데이터를 복제해야 하는 경우 MySQL은 복제 플러그인('13.1.3 복제 플러그인을 사용한 복제본 생성'에서 설명함)을 사용해 인스턴스를 자동으로 구성합니다.

프로세스가 실제로 작동하는지 확인하기 위해 보조 인스턴스 하나를 추가하겠습니다. 다음 과정을 따라 InnoDB 클러스터에 두 번째 인스턴스를 추가하세요.

```
MySQL localhost:3310 ssl JS > cluster.addInstance('root@localhost:3320')
...
* Waiting for clone to finish...
NOTE: 127.0.0.1:3320 is being cloned from 127.0.0.1:3310
** Stage DROP DATA: Completed
** Clone Transfer
   FILE COPY  ########################################################
   100%  Completed
   PAGE COPY  ########################################################
   100%  Completed
   REDO COPY  ########################################################
   100%  Completed
NOTE: 127.0.0.1:3320 is shutting down...
* Waiting for server restart... ready
* 127.0.0.1:3320 has restarted, waiting for clone to finish...
** Stage RESTART: Completed
* Clone process has finished: 59.62 MB transferred in about 1 second
(~59.62 MB/s)
State recovery already finished for '127.0.0.1:3320'
The instance '127.0.0.1:3320' was successfully added to the cluster
```

그런 다음 세 번째 인스턴스를 추가합니다.

```
MySQL localhost:3310 ssl JS > cluster.addInstance('root@localhost:3320')
```

이 시점에서 총 인스턴스가 세 개(기본 인스턴스 한 개와 보조 인스턴스 두 개) 있는 클러스터를 만들었습니다. 다음 명령을 실행해 상태를 확인할 수 있습니다.

```
MySQL localhost:3310 ssl JS > cluster.status()
{
```

```
    "clusterName": "learning_mysql",
    "defaultReplicaSet": {
        "name": "default",
        "primary": "127.0.0.1:3310",
        "ssl": "REQUIRED",
        "status": "OK",
        "statusText": "Cluster is ONLINE and can tolerate up to ONE failure.",
        "topology": {
            "127.0.0.1:3310": {
                "address": "127.0.0.1:3310",
                "mode": "R/W",
                "readReplicas": {},
                "replicationLag": null,
                "role": "HA",
                "status": "ONLINE",
                "version": "8.0.21"
            },
            "127.0.0.1:3320": {
                "address": "127.0.0.1:3320",
                "mode": "R/O",
                "readReplicas": {},
                "replicationLag": null,
                "role": "HA",
                "status": "ONLINE",
                "version": "8.0.21"
            },
            "127.0.0.1:3330": {
                "address": "127.0.0.1:3330",
                "mode": "R/O",
                "readReplicas": {},
                "replicationLag": null,
                "role": "HA",
                "status": "ONLINE",
                "version": "8.0.21"
            }
        },
        "topologyMode": "Single-Primary"
    },
    "groupInformationSourceMember": "127.0.0.1:3310"
```

MySQL 라우터가 이미 설치되었다고 가정하면('15.4 MySQL 라우터' 참조) InnoDB 클러스터 메타데이터 서버의 위치로 부트스트랩합니다.

```
# mysqlrouter --bootstrap root@localhost:3310 --user=mysqlrouter
Please enter MySQL password for root:
# Bootstrapping system MySQL Router instance...

- Creating account(s) (only those that are needed, if any)
...

## MySQL Classic protocol

- Read/Write Connections: localhost:6446
- Read/Only Connections:  localhost:6447


...
```

16.1.3 MySQL 셸 유틸리티

앞서 말했듯이 MySQL 셸은 MySQL을 위한 강력한 고급 클라이언트이자 코드 편집기입니다. 다양한 기능 중 사용자를 포함한 전체 데이터베이스 인스턴스에 대해 논리적 덤프를 생성하고 논리적 복원을 수행하는 유틸리티가 있습니다. 이 유틸리티에는 병렬화 기능이 있어 **mysqldump**에 비해 덤프와 복원 속도가 크게 향상됩니다.

다음은 덤프와 복원 프로세스를 실행하는 유틸리티입니다.

- util.dumpInstance(): 사용자를 포함한 전체 데이터베이스 인스턴스를 덤프
- util.dumpSchemas(): 스키마 집합을 덤프
- util.loadDump(): 대상 데이터베이스에 덤프 로드
- util.dumpTables(): 특정 테이블 및 뷰 로드

이 유틸리트 각각을 차례로 자세히 살펴보겠습니다.

| util.dumpInstance() |

dumpInstance() 유틸리티는 MySQL 데이터 디렉터리에 있는 모든 데이터베이스를 덤프합니다('1.6 MySQL 폴더 구성' 참조). 이 유틸리티는 덤프를 가져오는 동안 information_schema, mysql_, ndbinfo, performance_schema, sys 스키마를 제외합니다.

스키마를 검사하고 호환성 문제를 확인한 다음 적절한 호환성 옵션을 적용한 상태에서 덤프를 실행해 문제를 제거할 수 있는 드라이런 옵션도 있습니다. 이제 가능한 오류를 검사하고 덤프 유틸리티의 옵션을 확인해보겠습니다.

다음 명령어로 덤프를 시작합니다.

```
MySQL JS > shell.connect('root@localhost:48008');
MySQL localhost:48008 ssl JS > util.dumpInstance("/backup",
                              > {ocimds: true, compatibility:
                                    dryRun: true})
Acquiring global read lock
Global read lock acquired
Gathering information - done
All transactions have been started
Locking instance for backup
...
NOTE: Database test had unsupported ENCRYPTION option commented out
ERROR: Table 'test'.'sbtest1' uses unsupported storage engine MyISAM
(fix this with 'force_innodb' compatibility option)
Compatibility issues with MySQL Database Service 8.0.23 were found.
Please use the 'compatibility' option to apply compatibility adaptations
to the dumped DDL.
Util.dumpInstance: Compatibility issues were found (RuntimeError)
```

ocimds 옵션을 true로 설정하면 덤프 유틸리티가 데이터 사전과 인덱스 사전을 확인합니다. 모든 테이블이 MySQL 데이터 디렉터리에 위치하며 기본 스키마 암호화를 사용하도록 하기 위해 CREATE TABLE 문의 암호화 옵션은 DDL 파일에서 주석 처리됩니다. strip_restricted_grants는 사용자 생성 프로세스 중에 오류를 일으킬 수 있는 MySQL 데이터베이스 서비스에서 제한하는 특정 권한을 제거합니다. dryRun은 설명이 필요 없습니다. 유효성 검사만 수행하며 실제로 데이터를 덤프하지 않습니다.

그래서 MyISAM 테이블은 test 데이터베이스에 있습니다. 드라이런 옵션은 분명 오류를 발생시킵니다.

이 오류를 수정하기 위해, 지원되지 않는 모든 엔진을 CREATE TABLE 문에서 InnoDB로 변환하는 force_innodb 옵션을 사용하겠습니다.

```
MySQL localhost:48008 ssl JS > util.dumpInstance("backup",
                              > {ocimds: true, compatibility:
                              > ["strip_restricted_grants","force_innodb"],
                              dryRun: true})
```

이제 드라이런에서 오류가 발생하지 않으며 예외도 없습니다. 인스턴스 백업을 위해 dumpInstance() 명령을 실행하겠습니다. 내보내기가 수행되기 전에 대상 디렉터리가 비어 있어야 합니다. 디렉터리가 상위 디렉터리에 아직 존재하지 않으면 유틸리티가 디렉터리를 생성합니다.

덤프를 병렬로 처리하겠습니다. 이를 위해 threads 옵션을 사용하고 스레드 수를 10으로 설정합니다.

```
MySQL localhost:48008 ssl JS > util.dumpInstance("/backup",
                              > {ocimds: true, compatibility:
                              > ["strip_restricted_grants","force_innodb"],
                              > threads : 10 })
```

출력의 마지막 부분을 관찰하면 다음을 볼 수 있습니다.

```
1 thds dumping - 100% (10.00K rows / ~10.00K rows), 0.00 rows/s, 0.00 B/s
uncompressed, 0.00 B/s
uncompressed
Duration: 00:00:00s
Schemas dumped: 1
Tables dumped: 10
Uncompressed data size: 1.88 MB
Compressed data size: 598.99 KB
Compression ratio: 3.1
Rows written: 10000
Bytes written: 598.99 KB
Average uncompressed throughput: 1.88 MB/s
Average compressed throughput: 598.99 KB/s
```

mysqldump를 사용한다면 파일이 하나 있을 것입니다. 여기에서 볼 수 있듯이 백업 디렉터리에는 여러 파일이 있습니다.

```
@.done.json
@.json
@.post.sql
@.sql
test.json
test@sbtest10@@0.tsv.zst
test@sbtest10@@0.tsv.zst.idx
test@sbtest10.json
test@sbtest10.sql
...
test@sbtest1@@0.tsv.zst
test@sbtest1@@0.tsv.zst.idx
test@sbtest1.json
test@sbtest1.sql
test@sbtest9@@0.tsv.zst
test@sbtest9@@0.tsv.zst.idx
test@sbtest9.json
test@sbtest9.sql
test.sql
```

다음 내용을 살펴보겠습니다.

- `@.json` 파일에는 서버 세부 정보와 사용자 목록, 데이터베이스 이름과 해당 문자 집합이 포함되어 있습니다.

- `@.post.sql` 및 `@.sql` 파일에는 MySQL 서버 버전 세부 정보가 있습니다.

- `test.json` 파일에는 테이블 목록과 함께 뷰, 저장 프로시저, 함수 이름이 있습니다.

- `@.users.sql` 파일(표시되지 않음)에는 데이터베이스 사용자 목록이 있습니다.

- `test@sbtest10.json` 파일에는 열 이름과 문자 집합이 있습니다. 덤프된 각 테이블에 대해 비슷한 이름의 파일이 생성됩니다.

- `test@sbtest1.sql` 파일에는 테이블 구조가 있습니다. 덤프된 테이블마다 하나씩 있습니다.

- `test@sbtest10@@0.tsv.zst` 파일은 바이너리 파일입니다. 데이터를 저장합니다. 덤프된 각 테이블마다 비슷한 이름의 파일이 있습니다.

- `test@sbtest10@@0.tsv.zst.idx` 파일은 바이너리 파일입니다. 이 파일은 테이블 인덱스 통계를 저장합니다. 덤프된 각 테이블마다 비슷한 이름의 파일이 있습니다.

- `@.done.json` 파일에는 백업 종료 시간 및 데이터 파일 크기(KB)가 있습니다.

- `test.sql` 파일에는 데이터베이스 문이 있습니다.

| util.dumpSchemas() |

이 유틸리티는 dumpInstance()와 유사하지만 덤프할 스키마를 지정할 수 있습니다. 동일한 옵션을 지원합니다.

```
MySQL localhost:48008 ssl JS > util.dumpSchemas(["test"],"/backup",
                             > {ocimds: true, compatibility:
                             > ["strip_restricted_grants","force_innodb"],
                             > threads : 10 , dryRun: true})
```

여러 스키마는 다음을 실행해 지정할 수 있습니다.

```
MySQL localhost:48008 ssl JS > util.dumpSchemas(["test","percona",
                               "learning_mysql"],"/backup",
                             > {ocimds: true, compatibility:
                             > ["strip_restricted_grants","force_innodb"],
                             > threads : 10 , dryRun: true})
```

| util.dumpTables() |

특정 테이블과 같이 더 세분화된 데이터를 추출하려면 dumpTables() 유틸리티를 사용할 수 있습니다. 다시 말하지만, mysqldump와 비교했을 때 가장 큰 장점은 MySQL에서 데이터를 병렬로 추출할 수 있다는 점입니다.

```
MySQL localhost:48008 ssl JS > util.dumpTables("test", [ "sbtest1",
                             > "sbtest2" ],"/backup",
                             > {ocimds: true, compatibility:
                             > ["strip_restricted_grants","force_innodb"],
                             > threads : 2 , dryRun: true})
```

| util.loadDump(url[, options]) |

데이터를 추출하는 유틸리티는 모두 살펴봤지만, 남은 유틸리티가 하나 있습니다.

loadDump()를 사용하면 원격 저장소로 데이터 스트리밍, 테이블 또는 테이블 청크의 병렬 로드, 진행 상태 추적 기능을 제공할 수 있습니다. 또 재개 및 재설정 기능과 덤프가 진행되는 동안 동시 로딩 옵션도 제공합니다.

이 유틸리티는 LOAD DATA LOCAL INFILE 문을 사용하므로 가져오는 동안 local_infile (https://oreil.ly/vm445) 매개변수를 전역적으로 활성화해야 합니다.

loadDump() 유틸리티는 sql_require_primary_key 시스템 변수(https://oreil.ly/2Si8y)가 ON으로 설정되었는지 확인하고, 설정된 경우 덤프 파일에 기본 키가 없는 테이블이 있으면 오류를 반환합니다.

```
MySQL localhost:48008 ssl JS > util.loadDump("/backup",
                             > {progressFile :"/backup
                             > restore.json",threads :12})
```

출력의 마지막 부분은 다음과 유사합니다.

```
[Worker006] percona@sbtest7@@0.tsv.zst: Records: 400000 Deleted: 0  Skipped: 0
Warnings: 0
[Worker007] percona@sbtest4@@0.tsv.zst: Records: 400000 Deleted: 0  Skipped: 0
Warnings: 0
[Worker002] percona@sbtest13@@0.tsv.zst: Records: 220742 Deleted: 0  Skipped: 0
Warnings: 0
Executing common postamble SQL

23 chunks (5.03M rows, 973.06 MB) for 23 tables in 3 schemas were loaded in
1 min 24 sec (avg throughput 11.58 MB/s)
0 warnings were reported during the load.
```

마지막에 보이는 경고를 확인해 경고가 표시되는지 확인하세요.

16.2 Flame 그래프

브렌든 그레그(https://oreil.ly/STGxb)의 말을 인용하자면, CPU가 바쁜 이유를 파악하는 것은 성능 분석의 일상적인 작업이며, 여기에는 종종 스택 추적을 프로파일링하는 것이 포함됩니다. 고정된 속도로 샘플링해 프로파일링하는 것은 엉성하지만 어떤 코드 경로가 핫(CPU에서 사용 중)한지 확인하는 효과적인 방법입니다. 대개는 현재 프로그램 카운터, 함수 주소 또는 전체 스택 추적을 수집하는 시간 제한 인터럽트를 생성해 요약 보고서를 인쇄할 때 사람이 읽을 수 있는 형태로 변환하는 방식으로 작동합니다. **Flame 그래프**는 샘플링된 스택 추적을 시각화해 핫 코드 경로를 빠르게 식별할 수 있도록 하는 일종의 시각화입니다.

스택 추적stack trace(**스택 백트레이스**stack backtrace 또는 **스택 트레이스백**stack traceback이라고도 함)은 프로그램 실행 중 특정 시점의 활성 스택 프레임에 대한 보고서입니다. 스택 추적을 수집하는 데 사용할 수 있는 도구가 많습니다. 이러한 도구를 **CPU 프로파일러**라고도 합니다. 우리가 사용할 CPU 프로파일러는 perf(https://oreil.ly/T7qZl)입니다.

perf는 리눅스 2.6 이상 기반 시스템을 위한 프로파일러 도구로, 리눅스 성능 측정에서 CPU 하드웨어 차이를 추상화해 간단한 명령줄 인터페이스를 제공합니다. perf는 최신 버전의 리눅스 커널에서 내보낸 perf_events 인터페이스를 기반으로 합니다.

perf_events는 고급 성능 및 트러블슈팅 작업을 해결하는 데 도움되는 이벤트 지향 통합 가시성 도구로 다음과 같은 의문을 해소하는 데 사용할 수 있습니다.

- 커널이 왜 이렇게 CPU를 많이 사용할까? 어떤 코드가 과부화를 일으켰나?
- 어떤 코드 경로가 CPU 레벨 2 캐시 실패를 유발하는가?
- CPU가 메모리 I/O 단계에서 멈췄나?
- 어떤 코드 경로에 얼마나 많은 메모리가 할당되었나?
- TCP 재전송을 트리거하는 원인은 무엇인가?
- 특정 커널 함수가 얼마나 호출되었나?
- 스레드가 CPU에서 빠져나가는 이유가 무엇인가?

이 책에서는 perf의 기능 중 극히 일부만 소개합니다. perf 및 기타 CPU 프로파일러에 대한 훨씬 더 자세한 정보가 담긴 브렌든 그레그의 웹사이트(https://oreil.ly/STGxb)를 확인해보길 적극 권장합니다.

Flame 그래프를 생성하려면 MySQL 서버에서 perf로 스택 추적 보고서 수집을 시작해야 합니다. 이 작업은 MySQL 호스트에서 수행해야 합니다. 다음은 60초 동안 데이터를 수집하는 명령어입니다.

```
# perf record -a -g -F99 -p $(pgrep -x mysqld) -- sleep 60;
# perf report > /tmp/perf.report;
# perf script > /tmp/perf.script;
```

그리고 /tmp 디렉터리를 확인하면 다음과 같은 perf 파일이 표시됩니다.

```
# ls -l /tmp/perf*
-rw-r--r-- 1 root root 502100 Feb 13 22:01 /tmp/perf.report
-rw-r--r-- 1 root root 7303290 Feb 13 22:01 /tmp/perf.script
```

다음 단계는 MySQL 호스트에서 실행할 필요가 없으며, 파일을 다른 리눅스 호스트나 맥OS 로 복사할 수 있습니다.

Flame 그래프를 생성하기 위해 브렌든의 깃허브 저장소(https://oreil.ly/llqVS)를 사용 할 수 있습니다. 이 예시에서는 perf 보고서가 있는 디렉터리에 Flame 그래프 저장소를 복제 합니다.

```
# git clone https://github.com/brendangregg/FlameGraph
# ./FlameGraph/stackcollapse-perf.pl ./perf.script > perf.report.out.folded
# ./FlameGraph/flamegraph.pl ./perf.report.out.folded > perf.report.out.svg
```

perf.report.out.svg라는 파일을 생성했습니다. 이 파일은 모든 브라우저에서 열 수 있습 니다. [그림 16-1]은 Flame 그래프의 예시입니다.

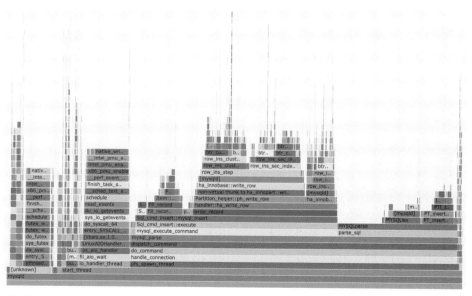

그림 16-1 Flame 그래프의 예

Flame 그래프는 X축에 샘플 모집단을, Y축에 스택 깊이를 표시합니다. 각 함수(스택 프레임)는 샘플 수에 비례해 너비가 정해지는 직사각형으로 그려지므로 막대가 클수록 해당 함수에 더 많은 CPU 시간이 소비되었음을 의미합니다. X축은 스택 트레이스 컬렉션을 가로지르지만 시간의 경과를 나타내지 않으므로 왼쪽에서 오른쪽으로 정렬하는 것은 특별한 의미가 없습니다. 순서는 각 스택의 루트에서 리프까지 함수 이름을 기준으로 알파벳 순으로 정렬됩니다.

생성된 파일은 대화형이므로 커널 CPU 시간이 어디에 소비되는지 살펴볼 수 있습니다. [그림 16-2]에서 볼 수 있듯이, 이전 예시의 경우 INSERT 연산은 CPU 시간의 44%를 소비하고 있습니다.

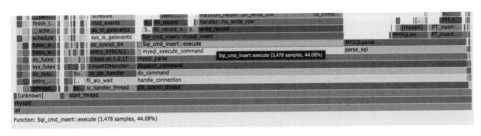

그림 16-2 INSERT 연산에 사용된 44% CPU 시간

16.3 소스를 사용한 MySQL 빌드

1장에서 설명했듯이 MySQL은 대부분의 일반 운영체제에서 사용할 수 있는 배포판이 있습니다. 일부 회사에서는 자체 MySQL 버전을 컴파일하기도 하는데, 페이스북은 RocksDB 엔진에서 작업해 이를 MySQL에 통합했습니다. RocksDB는 빠른 저장을 위한 임베딩 가능한 영구 키/값 저장소로, 공간 효율면에서 InnoDB에 비해 몇 가지 장점이 있습니다.

이러한 장점에도 불구하고 RocksDB는 복제나 SQL 계층을 지원하지 않습니다. 이 때문에 페이스북 팀은 RocksDB를 MySQL 스토리지 엔진으로 통합하는 오픈소스 프로젝트인 MyRocks를 구축하게 되었습니다. MyRocks를 사용하면 RocksDB를 백엔드 스토리지로 사용하면서도 MySQL의 모든 기능을 활용할 수 있습니다. 페이스북의 프로젝트는 오픈소스이며 깃허브(https://oreil.ly/ssWon)에서 사용할 수 있습니다.

MySQL을 컴파일한 또 다른 동기는 빌드를 커스터마이징할 수 있기 때문입니다. 예를 들어, 매우 구체적인 문제가 있는 경우 언제든지 MySQL을 디버그해 추가 정보를 수집할 수 있습니다. 이렇게 하려면 -DWITH_DEBUG=1 옵션으로 MySQL을 구성해야 합니다.

16.3.1 우분투 22.04 LTS(재미 젤리피시) 및 ARM 프로세서용 MySQL 구축

애플의 M1 칩이 등장하며 ARM 프로세서가 주목받기 시작했으므로, ARM에서 실행되는 우분투 22.04 LTS(재미 젤리피시)용 MySQL을 컴파일하는 방법을 안내하겠습니다.

먼저 디렉터리를 생성하겠습니다. 소스 코드를 위한 디렉터리, 컴파일된 바이너리를 위한 디렉터리, 부스트 라이브러리를 위한 세 번째 디렉터리를 생성합니다.

```
# cd /
# mkdir compile
# cd compile/
# mkdir build
# mkdir source
# mkdir boost
# mkdir basedir
# mkdir /var/lib/mysql
```

다음으로 MySQL을 컴파일하는 데 필요한 추가 리눅스 패키지를 설치해야 합니다.

```
# apt-get -y install dirmngr
# apt-get update -y
# apt-get -y install cmake
# apt-get -y install lsb-release wget
# apt-get -y purge eatmydata || true
# apt-get -y install psmisc pkg-config
# apt-get -y install libsasl2-dev libsasl2-modules libsasl2-modules-ldap || \
    apt-get -y install libsasl2-modules libsasl2-modules-ldap libsasl2-dev # apt-get -y
# apt-get -y install dh-systemd|| true
# apt-get -y install curl bison cmake perl libssl-dev gcc g++ libaio-dev \
    libldap2-dev libwrap0-dev gdb unzip gawk
# apt-get -y install lsb-release libmecab-dev libncurses5-dev libreadline-dev \
    libpam-dev zlib1g-dev
# apt-get -y install libldap2-dev libnuma-dev libjemalloc-dev libeatmydata \
    libc6-dbg valgrind libjson-perl libsasl2-dev
```

```
# apt-get -y install libmecab2 mecab mecab-ipadic
# apt-get -y install build-essential devscripts libnuma-dev
# apt-get -y install cmake autotools-dev autoconf automake build-essential \
    devscripts debconf debhelper fakeroot
# apt-get -y install libcurl4-openssl-dev patchelf # apt-get -y install libeatmydata1
# apt-get install libmysqlclient-dev -y
# apt-get install valgrind -y
```

이 패키지들은 우리가 실행할 CMake 플래그(https://oreil.ly/GOnBJ)와 관련이 있습니다. 특정 플래그를 제거하거나 추가하면 일부 패키지는 설치할 필요가 없습니다(예: Valgrind 로 컴파일하지 않으려는 경우 이 패키지가 필요하지 않음).

다음으로 소스 코드를 다운로드합니다. 이를 위해 깃허브의 MySQL 저장소(https://oreil.ly/6Jb4c)를 사용합니다.

```
# cd source
# git clone https://github.com/mysql/mysql-server.git
```

출력된 내용은 다음과 비슷합니다.

```
Cloning into 'mysql-server'...
remote: Enumerating objects: 1639611, done.
remote: Total 1639611 (delta 0), reused 0 (delta 0), pack-reused 1639611
Receiving objects: 100% (1639611/1639611), 3.19 GiB | 42.88 MiB/s, done.
Resolving deltas: 100% (1346714/1346714), done.
Updating files: 100% (32681/32681), done.
```

다음 명령어로 컴파일할 버전을 확인합니다.

```
# cd mysql-server/
# git branch
```

다음으로 빌드 디렉터리로 이동한 후 선택한 플래그를 사용해 CMake를 실행합니다.

```
# cd /compile/build
# cmake ../source/mysql-server/ -DBUILD_CONFIG=mysql_release \
    -DCMake_BUILD_TYPE=${CMake_BUILD_TYPE:-RelWithDebInfo} \
```

```
-DWITH_DEBUG=1 \
-DFEATURE_SET=community \
-DENABLE_DTRACE=OFF \
-DWITH_SSL=system \
-DWITH_ZLIB=system \
-DCMake_INSTALL_PREFIX="/compile/basedir/" \
-DINSTALL_LIBDIR="lib/" \
-DINSTALL_SBINDIR="bin/" \
-DWITH_INNODB_MEMCACHED=ON \
-DDOWNLOAD_BOOST=1 \
-DWITH_VALGRIND=1 \
-DINSTALL_PLUGINDIR="plugin/" \
-DMYSQL_DATADIR="/var/lib/mysql/" \
-DWITH_BOOST="/compile/boost/"
```

각 기능은 다음과 같습니다.

- DBUILD_CONFIG는 MySQL 릴리스와 동일한 빌드 옵션으로 소스 배포를 구성합니다(일부 옵션은 재정의할 예정임).

- RelWithDebInfo를 DCMake_BUILD_TYPE과 함께 포함해 최적화를 활성화하고 디버깅 정보를 생성합니다.

- DWITH_DEBUG를 사용하면 MySQL이 시작될 때 --debug="d,parser_debug" 옵션을 사용할 수 있습니다. 이렇게 하면 SQL 문을 처리하는 데 사용되는 Bison 구문 분석기가 구문 분석기 추적을 서버의 표준 오류 출력에 덤프합니다. 보통 이 출력은 오류 로그에 기록됩니다.

- DFEATURE_SET은 커뮤니티 기능을 설치할 것임을 나타냅니다.

- DENABLE_DTRACE는 DTrace 검사를 지원합니다. MySQL 서버의 DTrace 검사는 MySQL 내 쿼리 실행과 그 과정에서 활용되는 시스템의 여러 영역에 대한 정보를 제공하도록 설계되었습니다.

- DWITH_SSL 옵션은 암호화된 연결, 랜덤 번호 생성을 위한 엔트로피 및 기타 암호화 관련 작업에 대한 지원을 추가합니다.

- DWITH_ZLIB를 사용하면 압축 라이브러리에서 COMPRESS() 및 UNCOMPRESS() 함수를 지원하고 클라이언트/서버 프로토콜을 압축할 수 있습니다.

- DCMake_INSTALL_PREFIX는 설치 기본 디렉터리의 위치를 설정합니다.

- DINSTALL_LIBDIR은 라이브러리 파일을 설치할 위치를 나타냅니다.

- DINSTALL_SBINDIR은 mysqld를 설치할 위치를 지정합니다.

- DWITH_INNODB_MEMCACHED는 멤캐시된 공유 라이브러리(libmemcached.so 및 innodb_engine.so)를 생성합니다.

- DDOWNLOAD_BOOST는 CMake가 boost 라이브러리를 다운로드해 DWITH_BOOST로 지정된 위치에 배치하도록 합니다.

- DWITH_VALGRIND는 Valgrind를 활성화해 Valgrind API를 MySQL 코드에 노출합니다. 이는 메모리 누수를 분석하는 데 유용합니다.

- DINSTALL_PLUGINDIR은 컴파일러가 플러그인 라이브러리를 배치할 위치를 정의합니다.

- DMYSQL_DATADIR은 MySQL 데이터 디렉터리의 위치를 정의합니다.

- DWITH_BOOST는 CMake가 boost 라이브러리를 다운로드할 디렉터리를 정의합니다.

> **NOTE_** 실수로 단계를 놓쳐서 CMake 프로세스가 실패한 경우 다음 시도에서 이전 객체 파일이나 구성 정보가 사용되지 않도록 빌드 디렉터리와 이전 구성을 정리해야 합니다. 즉, CMake를 다시 실행하기 전에 유닉스의 빌드 디렉터리에서 다음 명령을 실행해야 합니다.

```
# cd /compile/build
# make clean
# rm CMakeCache.txt
```

CMake를 실행한 후 **make** 명령을 사용해 MySQL을 컴파일하겠습니다. 컴파일 프로세스를 최적화하기 위해 **-j** 옵션을 사용해 MySQL을 컴파일하는 데 사용할 스레드 수를 지정합니다. 이 예시에서는 ARM 코어가 16개이므로 스레드를 15개 사용하겠습니다(하나는 OS 활동을 위해 남겨둠).

```
# make -j 15
# make install
```

이 프로세스는 시간이 오래 걸릴 수 있으며 매우 장황합니다. 이 프로세스가 완료되면 **basedir** 디렉터리에서 바이너리를 볼 수 있습니다.

```
# ls -l /compile/basedir/bin
```

compile/build/bin/ 디렉터리에서 **mysqld** 바이너리 대신 **mysqld-debug**가 있을 수 있다

는 점에 유의하세요. 이는 이전에 설정한 `DWITH_DEBUG` 옵션 때문입니다.

```
# /compile/build/bin/mysqld-debug --version
/compile/build/bin/mysqld-debug Ver 8.0.23-debug-valgrind for Linux on aarch64
(Source distribution)
```

이제 바이너리를 테스트할 수 있습니다. 이를 위해 수동으로 디렉터리를 생성하고 권한을 구성하겠습니다.

```
# mkdir /var/log/mysql/
# mkdir /var/run/mysqld/
# chown ubuntu: /var/log/mysql/
# chown ubuntu: /var/run/mysqld/
```

그런 다음 **/etc/my.cnf**에 다음 설정을 추가합니다.

```
[mysqld]
pid-file       = /var/run/mysqld/mysqld.pid
socket         = /var/run/mysqld/mysqld.sock
datadir        = /var/lib/mysql
log-error      = /var/log/mysql/error.log
```

다음으로 MySQL 데이터 사전을 초기화하겠습니다.

```
# /compile/basedir/bin/mysqld-debug --defaults-file=/etc/my.cnf --initialize \
--user ubuntu
```

이제 MySQL을 시작할 준비가 되었습니다.

```
# /compile/basedir/bin/mysqld-debug --defaults-file=/etc/my.cnf --user ubuntu &
```

임시 비밀번호가 생성되며 오류 로그에서 비밀번호를 추출할 수 있습니다.

```
# grep "A temporary password" /var/log/mysql/error.log
2021-02-14T16:55:25.754028Z 6 [Note] [MY-010454] [Server] A temporary
password is generated for root@localhost: yGldRKoRf0%T
```

이제 원하는 MySQL 클라이언트를 사용해 연결할 수 있습니다.

```
# mysql -uroot -p'yGldRKoRf0%T'
mysql: [Warning] Using a password on the command line interface can be
insecure. Welcome to the MySQL monitor. Commands end with ; or \g.
Your MySQL connection id is 8
Server version: 8.0.23-debug-valgrind

Copyright (c) 2000, 2021, Oracle and/or its affiliates.

Oracle is a registered trademark of Oracle Corporation and/or its
affiliates. Other names may be trademarks of their respective
owners.

Type 'help;' or '\h' for help. Type '\c' to clear the current input statement.

mysql>
```

16.4 MySQL 충돌 원인 분석

mysqld 프로세스가 적절한 종료 명령 없이 종료되면 MySQL이 **충돌**crash한다고 말합니다. MySQL은 다음과 같은 다양한 이유로 충돌할 수 있습니다.

- 하드웨어 오류(메모리, 디스크, 프로세서)
- 세분화 오류(잘못된 메모리 액세스)
- 각종 버그
- OOM 프로세스에 의한 종료
- 우주 방사선(https://oreil.ly/Lq09r) 외 기타 원인

MySQL 프로세스는 리눅스에서 여러 시그널을 수신합니다. 가장 일반적인 시그널은 다음과 같습니다.

| Signal 15 (SIGTERM) |

서버를 종료합니다. 이는 서버에 연결하지 않고도 **SHUTDOWN** 문을 실행하는 것과 같습니다

(SHUTDOWN 권한이 있는 계정이 필요함). 예를 들어 다음 두 명령은 정기적으로 MySQL 프로세스를 종료합니다.

```
# systemctl stop mysql
# kill -15 -p $(pgrep -x mysqld)
```

| Signal 1 (SIGHUP) |

서버가 grant 테이블을 다시 로드하고 테이블, 로그, 스레드 캐시 및 호스트 캐시를 날리도록 합니다. 이러한 작업은 다양한 형태의 FLUSH 문과 같습니다.

```
mysql> FLUSH LOGS;
```

또는 다음과 같습니다.

```
# kill -1 -p $(pgrep -x mysqld)
```

| Signal 6 (SIGABRT) |

무언가 잘못되었기 때문에 발생합니다. 일반적으로 libc 및 기타 라이브러리에서 심각한 오류가 발생할 경우 프로그램을 중단하는 데 사용됩니다. 예를 들어, glibc는 더블 프리 또는 기타 힙 손상을 감지하면 SIGABRT를 보냅니다. SIGABRT는 다음과 같이 MySQL 오류 로그에 충돌 세부 정보를 기록합니다.

```
18:03:28 UTC - mysqld got signal 6 ;
Most likely, you have hit a bug, but this error can also be caused by...
Thread pointer: 0x7fe6b4000910
Attempting backtrace. You can use the following information to find out
where mysqld died. If you see no messages after this, something went
terribly wrong...
stack_bottom = 7fe71845fbc8 thread_stack 0x46000
/opt/mysql/8.0.23/bin/mysqld(my_print_stacktrace(unsigned char const*...
/opt/mysql/8.0.23/bin/mysqld(handle_fatal_signal+0x323) [0x1032cc3]
/lib64/libpthread.so.0(+0xf630) [0x7fe7244e5630]
/lib64/libc.so.6(gsignal+0x37) [0x7fe7224fa387]
/lib64/libc.so.6(abort+0x148) [0x7fe7224fba78]
```

```
/opt/mysql/8.0.23/bin/mysqld() [0xd52c3d]
/opt/mysql/8.0.23/bin/mysqld(MYSQL_BIN_LOG::new_file_impl(bool...
/opt/mysql/8.0.23/bin/mysqld(MYSQL_BIN_LOG::rotate(bool, bool*)+0x35)...
/opt/mysql/8.0.23/bin/mysqld(MYSQL_BIN_LOG::rotate_and_purge(THD*...
/opt/mysql/8.0.23/bin/mysqld(handle_reload_request(THD*, unsigned...
/opt/mysql/8.0.23/bin/mysqld(signal_hand+0x2ea) [0xe101da]
/opt/mysql/8.0.23/bin/mysqld() [0x25973dc]
/lib64/libpthread.so.0(+0x7ea5) [0x7fe7244ddea5]
/lib64/libc.so.6(clone+0x6d) [0x7fe7225c298d]

Trying to get some variables.
Some pointers may be invalid and cause the dump to abort.
Query (0): Connection ID (thread ID): 0
Status: NOT_KILLED

The manual page at http://dev.mysql.com/doc/mysql/en/crashing.html
contains information that should help you find out what is causing
the crash.
2021-02-14T18:03:29.120726Z mysqld_safe mysqld from pid file...
```

| Signal 11 (SIGSEGV) |

세분화 오류, 버스 오류 또는 액세스 위반 문제를 나타냅니다. 일반적으로 CPU가 물리적으로 주소를 지정할 수 없는 메모리에 액세스하려는 시도 또는 액세스 위반입니다. MySQL이 SIGSEGV를 수신할 때 core-file 매개변수가 다음과 같이 구성된 경우 코어 덤프가 생성됩니다.

| Signal 9 (SIGKILL) |

프로세스를 즉시 종료합니다(프로세스를 죽입니다). 가장 유명한 시그널입니다. SIGTERM 및 SIGINT와 달리 이 시그널은 포착하거나 무시할 수 없으며, 수신 프로세스는 이 시그널을 수신할 때 어떤 정리도 수행할 수 없습니다. SIGKILL은 MySQL 데이터를 손상시킬 가능성이 있을 뿐만 아니라, MySQL을 재시작할 때 복구 프로세스를 강제로 수행해 정상 상태로 되돌릴 수 있습니다. 다음 예시는 MySQL 프로세스에 수동으로 SIGKILL을 보냅니다.

```
# kill -9 -p $(pgrep -x mysqld)
```

또 리눅스 OOM 프로세스는 SIGKILL을 실행해 MySQL 프로세스로 종료합니다.

MySQL에서 시그널 11이 발생한 충돌을 분석해보겠습니다.

```
11:47:47 UTC - mysqld got signal 11 ;
Most likely, you have hit a bug, but this error can also be caused by...
Build ID: Not Available
Server Version: 8.0.22-13 Percona Server (GPL), Release 13, Revision 6f7822f
Thread pointer: 0x7f0e46c73000
Attempting backtrace. You can use the following information to find out
where mysqld died. If you see no messages after this, something went
terribly wrong...
stack_bottom = 7f0e664ecd10 thread_stack 0x46000
/usr/sbin/mysqld(my_print_stacktrace(unsigned char const*, unsigned...
/usr/sbin/mysqld(handle_fatal_signal+0x3c3) [0x1260d33]
/lib/x86_64-linux-gnu/libpthread.so.0(+0x128a0) [0x7f0e7acd58a0]
/usr/sbin/mysqld(Item_splocal::this_item()+0x14) [0xe36ad4]
/usr/sbin/mysqld(Item_sp_variable::val_str(String*)+0x20) [0xe38e60]
/usr/sbin/mysqld(Arg_comparator::compare_string()+0x27) [0xe5c127]
/usr/sbin/mysqld(Item_func_ne::val_int()+0x30) [0xe580e0]
/usr/sbin/mysqld(Item::val_bool()+0xcc) [0xe3ddbc]
/usr/sbin/mysqld(sp_instr_jump_if_not::exec_core(THD*, unsigned int*)+0x2d)...
/usr/sbin/mysqld(sp_lex_instr::reset_lex_and_exec_core(THD*, unsigned int*...
/usr/sbin/mysqld(sp_lex_instr::validate_lex_and_execute_core(THD*, unsigned...
/usr/sbin/mysqld(sp_head::execute(THD*, bool)+0x5c7) [0x1068e37]
/usr/sbin/mysqld(sp_head::execute_trigger(THD*, MYSQL_LEX_CSTRING const&...
/usr/sbin/mysqld(Trigger::execute(THD*)+0x10b) [0x12288cb]
/usr/sbin/mysqld(Trigger_chain::execute_triggers(THD*)+0x18) [0x1229c98]
/usr/sbin/mysqld(Table_trigger_dispatcher::process_triggers(THD*...
/usr/sbin/mysqld(fill_record_n_invoke_before_triggers(THD*, COPY_INFO*...
/usr/sbin/mysqld(Sql_cmd_update::update_single_table(THD*)+0x1e98) [0x11ec138]
/usr/sbin/mysqld(Sql_cmd_update::execute_inner(THD*)+0xd5) [0x11ec5f5]
/usr/sbin/mysqld(Sql_cmd_dml::execute(THD*)+0x6c0) [0x116f590]
/usr/sbin/mysqld(mysql_execute_command(THD*, bool)+0xaf8) [0x110e588]
/usr/sbin/mysqld(mysql_parse(THD*, Parser_state*, bool)+0x4ec) [0x111327c]
/usr/sbin/mysqld(dispatch_command(THD*, COM_DATA const*...
/usr/sbin/mysqld(do_command(THD*)+0x204) [0x1116554]
/usr/sbin/mysqld() [0x1251c20]
/usr/sbin/mysqld() [0x2620e84]
/lib/x86_64-linux-gnu/libpthread.so.0(+0x76db) [0x7f0e7acca6db]
/lib/x86_64-linux-gnu/libc.so.6(clone+0x3f) [0x7f0e78c95a3f]
Trying to get some variables.
Some pointers may be invalid and cause the dump to abort.
```

```
Query (7f0e46cb4dc8): update table1 set c2_id='R', c3_description='testing...
Connection ID (thread ID): 111
Status: NOT_KILLED
Please help us make Percona Server better by reporting any
bugs at https://bugs.percona.com/
```

> **NOTE_** 때때로 스택에 완전히 해석된 심볼이 포함되지 않거나 주소만 있을 수 있습니다. 이는 mysqld 바이너리가 제거되었는지 여부와 디버그 심볼을 사용할 수 있는지 여부에 따라 달라집니다. 일반적으로 디버그 심볼을 설치하면 디스크 공간을 약간 사용한다는 것 외에는 단점이 없으므로 디버그 심볼을 설치하는 것이 좋습니다. 디버그 심볼을 설치한다고 해서 MySQL 서버가 느린 디버그 모드로 실행되는 것은 아닙니다. 하지만 공식 MySQL 8.0 빌드는 항상 심볼로 표시되므로 걱정할 필요가 없습니다.

스택 추적은 위에서 아래로 분석됩니다. 충돌을 통해 이것이 퍼코나 서버 v8.0.22임을 알 수 있습니다. 다음으로, 이 시점에서 OS 수준에서 스레드가 생성되는 것을 볼 수 있습니다.

```
/lib/x86_64-linux-gnu/libpthread.so.0(+0x76db) [0x7f0e7acca6db]
```

스택을 계속 올라가면 코드 경로가 MySQL로 들어가서 명령 실행을 시작합니다.

```
/usr/sbin/mysqld(do_command(THD*)+0x204)...
```

그리고 충돌이 발생한 코드 경로는 Item_splocal 함수입니다.

```
/usr/sbin/mysqld(Item_splocal::this_item()+0x...
```

MySQL 코드(https://oreil.ly/OjTUs)를 조금 조사해보면 Item_splocal이 저장 프로시저 코드의 일부라는 것을 알 수 있습니다. 스택 추적의 끝에서 다음과 같은 쿼리를 볼 수 있습니다.

```
Query (7f0e46cb4dc8): update table1 set c2_id='R', c3_description='testing...
```

트리거에 변수가 포함된 경우 저장 프로시저 경로를 사용할 수도 있습니다. 이 테이블에 트리거가 있는지 확인하면 다음과 같이 표시됩니다.

```
CREATE DEFINER=`root`@`localhost` TRIGGER `table1_update_trigger`
BEFORE UPDATE ON `table1` FOR EACH ROW BEGIN
DECLARE vc1_id VARCHAR(2);
SELECT c2_id FROM table1 WHERE c1_id = new.c1_id INTO vc1_id;
IF vc1_id <> P THEN INSERT INTO table1_hist( c1_id,
c2_id,
c3_description)
VALUES(
old.c1_id,
old.c2_id, new.c3_description); END IF;
END
;;
```

이 모든 정보를 사용해 테스트 케이스를 만들고 버그를 보고할 수 있습니다.

```
USE test;
    CREATE TABLE `table1` (
    `c1_id` int primary key auto_increment,
    `c2_id` char(1) NOT NULL,
     `c3_description` varchar(255));

CREATE TABLE `table1_hist` (
    `c1_id` int,
    `c2_id` char(1) NOT NULL,
    `c3_description` varchar(255));
    insert into table1 values (1, T, test crash);

delimiter ;;

CREATE DEFINER=`root`@`localhost` TRIGGER `table1_update_trigger`
BEFORE UPDATE ON `table1` FOR EACH ROW BEGIN
DECLARE vc1_id VARCHAR(2);
SELECT c2_id FROM table1 WHERE c1_id = new.c1_id INTO vc1_id;
IF vc1_id <> P THEN INSERT INTO table1_hist( c1_id,
c2_id,
c3_description)
VALUES(
old.c1_id,
old.c2_id,
new.c3_description);
END IF;
END ;;
```

오류를 재연하기 위해 동일한 테이블에서 오류가 발생할 때까지 여러 명령을 동시에 실행합니다.

```
$ mysqlslap --user=msandbox --password=msandbox \
    --socket=/tmp/mysql_sandbox37515.sock \
    --create-schema=test --port=37515 \
    --query="update table1 set c2_id='R',
    *c3_description='testing crash' where c1_id=1" \
    --concurrency=50 --iterations=200
```

이 버그는 비교적 쉽게 재연할 수 있으므로 테스트해볼 것을 권장합니다. 이 버그에 대한 자세한 내용은 퍼코나의 Jira 시스템(https://oreil.ly/cAWbG)에서 볼 수 있습니다.

또 릴리스 노트(https://oreil.ly/izg4K)에 따르면 오라클이 버전 8.0.23에서 이 버그를 수정했음을 알 수 있습니다.

```
Prepared statements involving stored programs could cause heap-use-after-free memory
problems (Bug #32131022, Bug #32045681, Bug #32051928).
```

때로는 버그를 재연하기가 쉽지 않아 조사하기가 정말 답답할 수 있습니다. 숙련된 엔지니어도 특히 메모리 누수를 조사할 때 이러한 고충을 겪습니다. 이 장의 내용이 호기심을 자극해 충돌 원인을 분석해보는 계기가 되기를 바랍니다.

INDEX

INDEX

INDEX

INDEX

INDEX

INDEX

INDEX